窪添慶文著

墓誌を用いた北魏史研究

汲古叢書145

汲古書院

序

一九七〇年代以降、特に一九九〇年代以降、簡牘の出土が相次ぎ、戦国秦漢期研究は活況を呈している。魏晋期においても、走馬楼呉簡や郴州晋簡の出土があり、それらは全体像はいまだ明らかでないにせよ、前者については活発な研究が行われている。同じく出土資料である墓誌も、従来知られていたものに加えて、やはり近年多くの墓誌が出土ないし「出現」している。

墓誌は同時代資料である故に、文献資料の闕を補うものとして広く利用されてきた。筆者も中国史研究に取り組み始めた頃から、墓誌を用いており、『石刻題跋索引』は最も早く備えた工具書のひとつである。ただ筆者を含め、墓誌の利用は、諱や字、生没年、本貫、官歴、婚姻関係などを知り、補うということが中心であり、言うならば必要なところだけを取り出す「便利使い」の対象としたものが多いように思われる。

しかし、墓誌を史料として用いる場合、後に述べるように様々な問題があり、安易な利用は避けなければならない。

筆者は長年魏晋南北朝、特に北魏の官僚制の問題に取り組んできた。それらは二〇〇三年に『魏晋南北朝官僚制研究』（汲古書院）としてまとめたが、それらのいわば基礎的研究の先にあるはずの魏晋南北朝時代の官僚制の正確な理解、さらには貴族制、特に北魏後期のそれの問題にせまるには、どうすればよいか考えていた時、科学研究費補助金の分担研究者として担当したテーマが墓誌に決まり、それに取り組む中で、それまでとは異なる形での墓誌の利用によって、上記の問題をクリアできるのではないかと考えるようになった。

まず、墓誌の歴史について理解を深めることである。墓誌には基本となるスタイルがある。それがどのようにして出来あがってくるのかを理解すること、それが明らかとなれば墓誌は何のために作られるのかという墓誌の最も基本的な性格の解明につながる。また基本的なスタイルからはずれた墓誌があれば、それは何故かということから、その墓誌の史料としての性格を判断できよう(1)。第Ⅰ部はこの観点の下で行った研究である。

次に、墓誌を量的に処理することである。例えば個別の墓誌の官歴を正史の官歴と比較しても、それはひとつの事例にしかならない。しかし、墓誌と正史の双方をもつ多数の人物の官歴を比較すれば、そこから得られる結論は一定の信頼性をもってくるであろうし、その結果は当該時期の官僚制理解に大きく資することになろう。この観点から行った一連の研究を第Ⅱ部としてまとめる。

第三に、文献史料と墓誌を併用して政治社会史を追求すること。これは従来多く行われた方法であるが、筆者の場合、やはりできる限り多くの墓誌を用いるように心掛けている。第Ⅲ部にはこの観点からの研究をまとめた。

二

墓誌を扱うことに対する筆者の理解を述べておく必要があろう。最も大きいのは偽刻の問題である。

近年、拓影や釈文を載せた大型の図録本が多数刊行されている。筆者だけではないであろうが、それらを見ていて困惑することがある。収められた墓誌の少なからぬ部分について、どこから出土したものか記載されていないのである。石は某氏・某所所蔵とだけしか書かれていない。図録本だけでなく、公表される論文においても、市中で購入した拓本であるとしか説明のない墓誌が紹介され、重要史料として用いられることがある。本当に信頼してよいかどうか首をかしげながら読むことになる。

公的機関に原石があるといっても必ずしも信頼はできない。模刻の可能性があるからであり、筆者らは同一墓誌の「原石」を複数機関で見た経験がある。

墓誌の中には録文だけで偽刻が判明するものもある。魏晋南北朝史研究者が多用する趙超氏の『漢魏南北朝墓誌彙編』に、東予州刺史であった元顕魏の墓誌（孝昌元年）と青州刺史であった元伯陽墓誌（孝昌二年）両墓誌が収められている。(2) 標題の官職が異なり、墓誌主の名も異なり、葬年も異なるのであるから、別個の墓誌であると考えるのがあたりまえである。ところが墓誌の内容を較べてみると、両者はほとんど同一である。銘辞が完全に一致していることだけでも証拠として十分であろう。趙超氏は元伯陽墓誌の「孝昌二年十月壬申朔」という葬年記載について、十月壬申朔は孝昌元年にあり誤りであると注記するが、墓誌自体が偽刻とは述べていない。両墓誌には詳細な家族記載があるが、元顕魏の方では途中にあたる子息崇智の妻の記載で元伯陽墓誌は打ち切っている。また『洛陽出土石刻時地記』によると元顕魏墓誌は一九一六年洛陽城北後海資村出土だという。これらのことから考えると、元伯陽墓誌は元顕魏墓誌をもとにして作られた偽刻であろう。ただし元顕魏墓誌は一行二八字で二六行であるが、淑徳大学書学文化センターの蔵する拓本を見ると、元伯陽墓誌は一行二四字で二四行と、彫り方を変えている。これも偽刻と気づかなかった理由であろう。(3) なお余分なことを付け加えると、淑徳大学蔵拓本をよく見ると元伯陽の諱を判読できる。(4)

下敷きにする墓誌があってその一部を改変するというのはよくある偽刻の方法で、これは注意すれば見破ることが比較的容易である。別の墓誌を参考にしつつ新たな撰文をしている場合には、偽刻としての判断は難しくなる。例えば鷲谷の書道博物館に北魏の人李延齢墓誌が展示されているが、沢田雅弘氏は偽刻と目されている一連の墓誌から同一の文字を取り出してそれを比較するという方法を用いて、これも偽刻であると判定している。(5)

つまり墓誌の偽刻の判定は非常に難しい。真偽は書体、異体字、字の彫り方、墓誌の用語、墓誌の内容、さらに墓誌側面の彫刻部分や墓誌の材料である石の産地などの検討、それらを総合して判定する必要があるということになろう。それはかなり難しい。日本にいて拓本しか判断材料がない場合、真偽の判定はさらに困難となる。

正規の機関が発掘して得た墓誌であればよいが、「発見」の経緯が明らかでない墓誌の場合、それをどのように扱うべきか。発見経緯の明らかでない墓誌は利用しない、というのはひとつの見識である。ではあるが、そこに貴重な内容が含まれているものを放置したままにおくのも辛い。我々は今そのようなジレンマに陥っている。当面は偽刻でないかどうか、細心の注意を払って検討し、その上で利用するという方法を採らざるをえない。個別の墓誌を利用する場合これは必須の手順であろう。本書の場合、そのほかに大量の墓誌のデータを用いて一定の方向性を出すという方法を採っている。この場合は、少々の真実でないデータが含まれたとしても、大きな影響は与えないであろうという判断を下しうる。これもひとつの対処方法であろう。

真刻であっても全面的にその墓誌を信頼できるかと言えば、必ずしもそうではない。墓誌は通常、死者を褒め称える言辞で満ちており、死者にとって不都合なことは、虚偽を記すことはないまでも隠して書かない。例えば、官品が下がるような場合、それを明示するような官職は省いてしまう。(6)注意深く検討して行けばこれらの隠された真実は見えてくるであろうし、それが逆に当該墓誌に基づく研究に新たな観点を提供するであろう。それはかなり厳しさ難しさを伴う手立てであるが、しかし必要な手続きである。もっとも、本書がその手立てを十分に尽くしているかと問われれば、それははなはだ心許ないことを告白せねばならないが。

二〇一六年夏

註

（1）徐冲「従〝異刻〟現象看北魏後期墓誌的〝生産過程〟」（余欣編『中古時代的礼儀・宗教与制度』上海古籍出版社、二〇一二、二〇一一初見）参照。

（2）一九九二年版だけでなく、二〇〇八年の修訂版もそうなっている。

（3）魯才全「北魏〝元伯陽墓誌〟弁疑」（『魏晋南北朝隋唐史資料』一五、一九九七）がその偽刻であることを論じている。

（4）そのため元伯陽墓誌は元熹墓誌として採録されることがある。

（5）「偽刻家Xの形影——同手の偽刻〝北魏〟洛陽墓誌群」（『書学書道史研究』一五、二〇〇五）。

（6）室山留美子氏は、政治的な背景により墓誌に書かれる内容が異なってくることを指摘している（「北魏墓誌の史料的性格——追贈と改葬を手がかりに」気賀沢保規編『隋唐仏教社会の基層構造の研究』明治大学東アジア石刻文物研究所、二〇一五）。

目　次

凡　例

本書は同じ史資料を用いることが多い。その題名や刊記をその都度記載することをせず、共通の略称を用いる。

一　正史

基本は『　』を付して正規の名称を用いる。ただし以下の扱いをすることもある。

（1）『魏書』

現行の『魏書』は『北史』から取った部分がある。それも『魏書』として扱う。

『魏書』の語を示さなくても判断がつく場合、省略することがある。その場合は巻数もしくは「志」名を記す。

表などでの例示の場合は字数を短くするため『魏』（もしくは『　』を付さない）と記すことがある。

（2）他の正史

『北斉書』の如く『　』を付して正規の名称を用いる。ただし、表などの場合は『斉』のように一字をとって表記し、場合によっては『　』を付さないこともある。

二　墓誌収載書籍

頻度の高い墓誌収載書籍は下記の略称を用いる。表や例示においては『　』を付さないことがある。略称の後の数字は※以外はページ数。

『集釈』：趙万里著『漢魏南北朝墓誌集釈』（科学出版社、一九五六）※数字は図版番号

『北図』：北京図書館金石組編『北京図書館蔵中国歴代石刻拓本匯編』（中州古籍出版社、一九八九～一九九一）

『輯縄』：洛陽市文物工作隊編『洛陽出土歴代墓誌輯縄』（中国社会科学出版社、一九九一）

『彙編』：趙超著『漢魏南北朝墓誌彙編』（天津古籍出版社、一九九二）

『河北』：石永士等著『河北金石輯録』（河北人民出版社、一九九三）
『碑林』：高峡主編『西安碑林全集』（広東経済出版社・海天出版社、一九九九）
『選編』：朱亮主編『洛陽出土北魏墓誌選編』（洛陽文物与考古・科学出版社、二〇〇一）
『皇家』：天津人民美術出版社編『北魏皇家墓誌二十品』（天津人民美術出版社、二〇〇三）
『邙洛』：趙君平編『邙洛碑誌三百種』（中華書局、二〇〇四）
『疏証』：羅新・葉煒著『新出魏晋南北朝墓誌疏証』（中華書局、二〇〇五、修訂本二〇一六）、※数字は通し番号
『千唐』：呉鋼主編『全唐文補遺・千唐誌斎新蔵専輯』（三秦出版社、二〇〇六）
『拾零』：趙君平等編『河洛墓刻拾零』（北京図書館出版社、二〇〇七）
『研究』：王慶衛著「新見北魏《楊椿墓誌》考」（『出土文献研究』八、二〇〇七）
『集刊』：王慶衛・王煊著「新見北魏《楊津墓誌》考」（西安碑林博物館編『碑林集刊』一四、陝西人民美術出版社、二〇〇九）
『系列』：周俊傑主編『近年新出歴代碑誌精選系列』（河南美術出版社、二〇〇七～）
『校注』：毛遠明著『漢魏六朝碑刻校注』（線装書局、二〇〇八）
『晋刻』：太原市三晋文化研究会編『晋陽古刻選――北朝墓誌巻』（山西人民出版社、二〇〇八）
『補遺』：韓理洲等編『全北魏東魏西魏文補遺』（三秦出版社、二〇一〇）
『区系』：張乃翥輯『龍門区系石刻文萃』（国家図書館出版社、二〇一一）
『聖殿』：鄭州市華夏文化芸術博物館編『聖殿裏拾来的文明』（文物出版社、二〇一一）
『安豊』：賈振林編『文化安豊』（大象出版社、二〇一一）
『秦晋』：趙君平・趙文成編『秦晋予新出墓誌蒐佚』（国家図書館出版社、二〇一二）
『七朝』：斉運通編『洛陽新獲七朝墓誌』（中華書局、二〇一二）

『北大』：北京大学図書館金石組編『一九九六—二〇一二北京大学図書館新蔵金石拓本菁華』（北京大学出版社、二〇一二）

『西市』：胡戟・栄新江主編『大唐西市博物館蔵墓誌』（北京大学出版社、二〇一二）

『新見』：王連竜著『新見北朝墓誌集釈』（中国書籍出版社、二〇一三）

三　本書で墓誌を事例として挙げる場合、現在のところ最も記載数の多い『校注』における所在を基本として示し、同書不記載の事例については個別に所在を示す。ただし執筆段階では『校注』が未刊行の場合は、『彙編』を中心として所在を示す。

四　本書では煩雑を避けるため、原則として墓誌拓本の所在を示さない。梶山智史編『北朝隋代墓誌所在総合目録』（明治大学東アジア石刻文物研究所・汲古書院、二〇一三）を参照されたい。

五　宗室の表記については、孝文帝改革以前は姓を拓跋氏とすべきであるが、改革後を多く扱う本書では、『魏書』の表記に従い、基本的に元氏とする。

六　王の表記については元氏に限り、「趙郡王幹」のように、王号の次の姓は記さない。

七　官品を示す場合、例えば「正五品上階」とすべきところを、「正五上」のように品、階字を省くことがある。また「上階」は必ず上字を記すが「下階」の下字は省くことがある。

附：北魏王朝系図

代国（王となった者のみ）

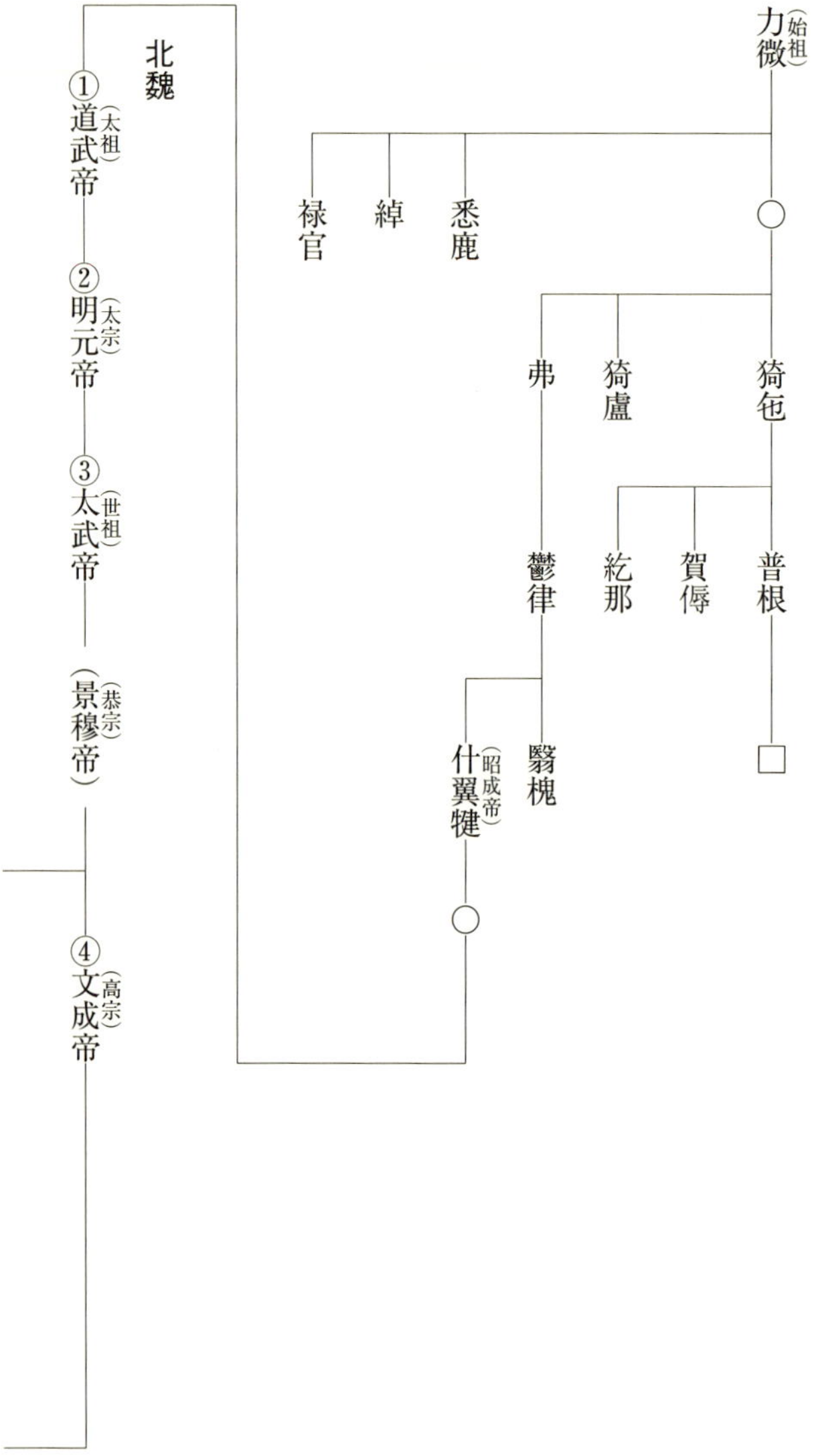

北魏王朝系図

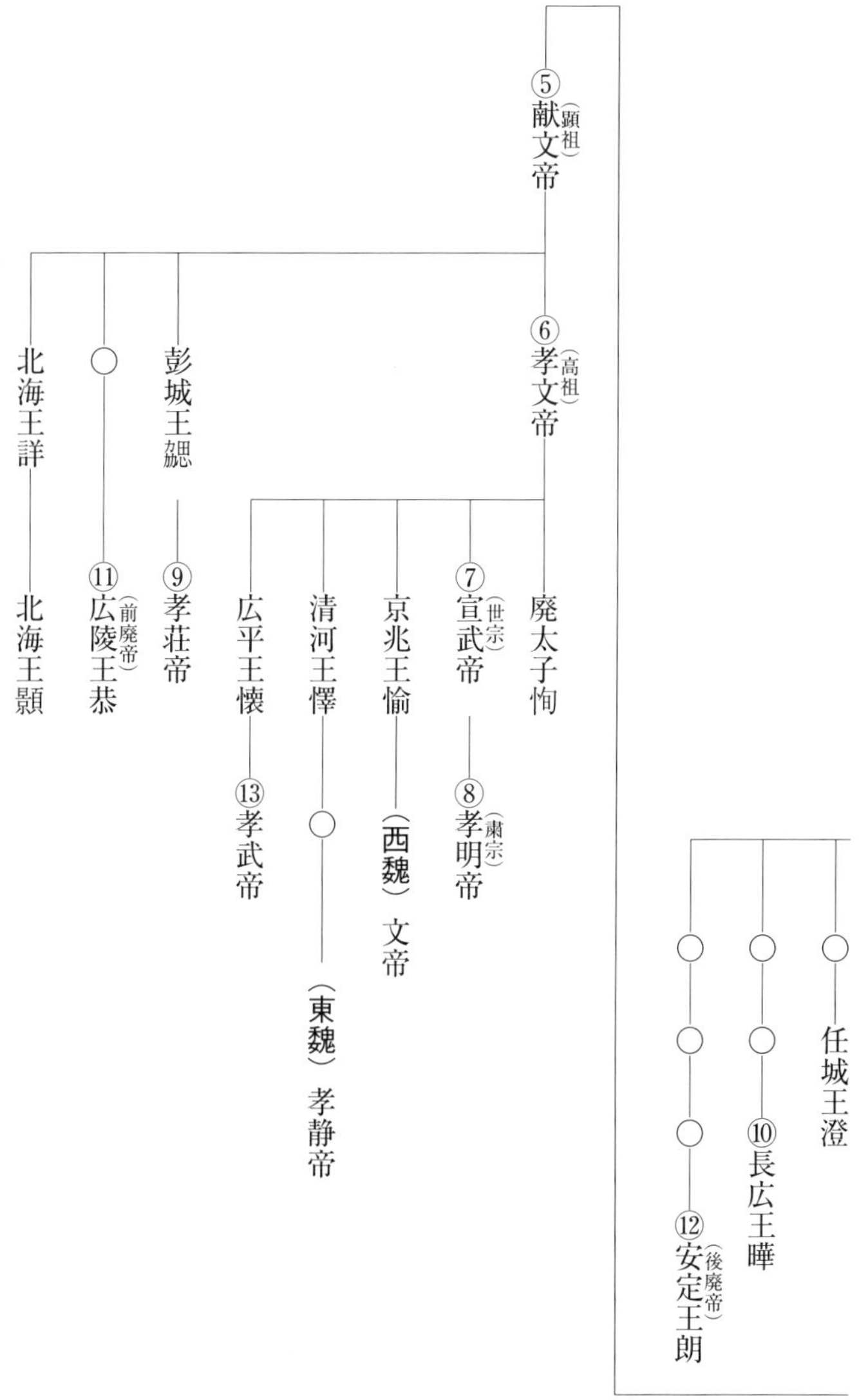

註：丸数字は北魏皇帝の代数。

墓誌を用いた北魏史研究

第Ⅰ部　北魏墓誌の位置

第1章　墓誌の起源とその定型化

はじめに

墓誌の起源についてはこれまでに数多くの議論が重ねられてきた。福原啓郎氏の整理によると、大きく二系統に分かれるという[1]。ひとつは、おもに後漢時代から登場する墓室内に刻まれていた被葬者に関する記録であり、「墓記」「封記」「画像石題字」「墓甎」などがそれに属する（A形式）。もうひとつは後漢時代に流行した墓碑・墓碣が立碑の禁止によって廃れ、それに代わって西晋時代から出現する墓室内の小型の碑形をもつ墓誌である（B形式、以下、小碑形と表現する）[2]。B形式は後漢の墓碑と後代の墓誌の橋渡しの役割を果たすとされるのであるが、福原氏は、単なる橋渡しではなく、西晋の小碑形の墓誌こそが中国における実質的な墓誌の起源であると考える。それは、（ⅰ）郷里から離れた異郷の地に墓を営まざるをえない、（ⅱ）郷里にある宗族の紐帯から析出された家族ないしは個人、という二重の疎外状況下に、喪失した本来のあり方への希求として現れたのが墓誌の本質であると考えられるからであるという。墓誌の成立を立碑の禁止といった外的条件の変化に求める見解に対して、これは、宗教や芸術への志向という西晋の時代精神のありかたをもふまえた、傾聴すべき見解であった。

ただし立碑の禁止が墓誌につながるとしても、いかなる時期がそれにあたるかが問題となる。立碑の禁止の最初は建安一〇（二〇五）年であるが、咸寧四（二七八）年に再度禁令が出され、東晋初に顧栄の立碑を許したことでまた禁が緩んだ結果、東晋末の義熙年間に三たび禁止されている。東晋朝においてはほぼ全期間立碑の禁止が緩んでいるが、その間にも墓誌の作成が見られるのである。

この碑と墓誌との関係から独自の見解を提示したのが中村圭爾氏であった(3)。中村氏は、『南斉書』礼志下の

有司奏、大明故事、太子妃玄宮中有石誌。参議墓銘不出礼典。近宋元嘉中、顔延作王球石誌。素族無碑策、故以紀徳。自爾以来、王公以下、咸共遵用。儲妃之重、礼殊恒列、既有哀策、謂不須石誌。従之。

という記事に着目する。ここでは石誌と墓誌が等置され、王球の死〈元嘉一八〈四四一〉年没〉後、紀徳の銘辞(4)をもった墓誌が流行するようになったことが示されている。紀徳の銘辞をもっていた立碑が禁止されたあとの南朝宋の段階で、墓誌が銘辞をもつようになった、というのである。そして、定型化した墓誌は一定の位置に置かれる銘辞を有するが、東晋の墓誌には銘辞がなく、宋になって銘辞をもつようになるが、まだ墓誌中に置かれる位置は一定せず、従って宋の時期は墓誌の過渡期であるという。

中村氏の見解は、単純な立碑の禁止が碑の地下化、つまり墓誌を導いたという理解を退け、碑と墓誌の性格の差を考慮すべきことを述べたものと考えられ、注目に値する。ただし東晋の墓誌に銘辞がなかったことを強調するが、従来西晋における銘辞をもった墓誌の存在が指摘されていることをどう考えるかなど、なお検討すべき点が残されている。福原氏が西晋墓誌を扱い、中村氏は南朝墓誌を主として扱い、また東晋を含めた考察を行った(5)。東晋墓誌についてはさらに川合安氏の専論がある(6)。本章では、三氏のほか趙超氏、およびそれ以前の研究に導かれながら、後漢・西晋の墓碑、墓誌から始めて、南朝、北魏の墓誌を対象として、墓誌の記載内容と記載順序を重視しながら、墓誌の起源とその定型化の過程をたどりたい。

一　墓誌の起源

（1）西晋の墓誌

既に述べたように西晋の墓誌と考えられるものには大きく分けてふたつの類型がある。長方形の磚に刻したもの（A形式）と、石製の小碑形の形をしたもの（B形式）である。後者には、碑であれば当然もつはずの碑額に相当する部分（上部に置かれる碑額と、碑額ではないが文の最初の行に置かれる標題（表題）を含め、以下、誌額と表記する）をもつものともたないもの、銘辞をもつものともたないものがあり、その組み合わせにより分類すると以下のようになる。(7)(8)

（イ）誌額と銘辞を有する墓誌：徐夫人管洛、魏雛、張朗、趙氾、美人徐義、王浚妻華芳

（ロ）誌額はあるが、銘辞はもたない墓誌：成晃、賈充妻郭槐、荀岳、劉韜、劉宝

（ハ）誌額はないが、銘辞をもつ墓誌：現在のところ未見

（ニ）誌額も銘辞ももたない墓誌：和国仁、裴祇、張永昌、左棻、石尠、石定、傅宣妻士孫松、夫人趙氏

碑の形から言えば、（イ）（ロ）には圭首、円首が多く、（ニ）は方首であるということを指摘できるが、碑形で明確な区別をすることは難しいのではないか。要するに、西晋のB形式墓誌のあり方は様々であり、先行研究がほぼ一致して認めるように、一定の形式をもたないと言ってよい。しかし、いずれも碑の形をとっていることからして、墓碑との関連性を意識して作成されたことはまず間違いないであろう。このことを碑、墓誌の形以外の点でも検証しておこう。

墓碑が出現したとされる後漢時代の墓碑のうち、一定の形式が定まったと判断される時期以降のものについて見る

と、ほぼ以下のような順序で内容が記載されている。

①碑額、②諱、③字、④本籍（記載のない墓碑の方が多い）、⑤家系、⑥品行、⑦官歴を中心とする履歴、⑧卒日、⑨享年、⑩追贈（記載例は少ない）、⑪葬日もしくは立碑日（記載例は少ない）、⑫銘辞

卒した地、墓所は記載されない。享年と卒日はどちらかが欠けることもあるし、順序は入れ替わることも多い。西晋の二墓碑について上記の丸数字を用いてその記載内容を出現順に並べてみると、

郛休墓碑　①、②、③、④、⑤、⑥、⑦、⑨、⑧、【卒地】、⑫

鄭烈墓碑　①、②、③、④、⑤、⑥、⑦、⑨、⑧、【卒地】、⑩、⑫、⑪

となっていて、卒地が加わっていることのみが違うが、他はほぼ同じである。立碑日記載が銘辞の後になる事例は後漢にも事例がある（孔宙碑）。つまり墓碑について見れば、後漢と西晋には大きな内容の違いはないと言ってよいであろう。

では西晋の墓誌の内容はどうなっているだろうか。上記の墓誌の内容を、墓碑の記載内容の分類例を用いて表示してみよう。丸数字は内容を示し、丸をつけない数字は個々の墓誌においてその内容が出現する順序を示す。「地」字は卒した土地、「葬」字は葬られた地を示す。標題は碑額と同じ扱いとする。

まず目につく点を確認しておきたい。（イ）（ロ）は姓を記した額もしくは標題をもつから、序（本文）には原則として姓を書かない。これは墓碑の場合と同じである。一方、（ニ）は額や標題をもたないから序で姓を記すことが必要となる。次に最終的な官職が額や標題に書かれるからであろう、（イ）（ロ）の男性墓誌では序においては官歴の記載が多く避けられる。例えば、張朗は誌額に沛国相とあるので、序の部分では官職を書いていない。同様に趙氾も碑額に宣威将軍と見え、魏雛はやはり額で武威将軍であることが判明する。（ロ）について見ると、成晃は碑額で処士

表１　西晋墓誌の内容

	墓誌主	①	②	③	姓	④	⑤	⑥	⑦	⑧	⑨	地	⑩	⑪	葬	⑫	備考
イ	魏雛	1	2	3				4	題額							5	一五二、柩銘
	張朗	1	2	3		4	5	6	題額	8	7			9		10	四一八、碑
	趙氾	1	2	3		4	5	6	題額		7			10	8	9	三四一、表
	徐君妻	1	2	3		4		5		7	6			8	9	10	二四四、墓碑
	徐美人	1	2			3	4	5	6	8	7		9	10		11	一〇〇一、銘
	王浚妻	1	3	4	2	7	6	8		10	5、9	11		14	12	13	一六三〇、銘
ロ	成晃	1	2	3		4		6		7	5						一七二、碑
	荀岳	1					3		8	2	4		7	6	5		六二七、墓
	劉韜	1	2	3			4		題額								四七、墓
	劉宝	1	2	3					題額					4			五七、銘表
	賈充妻	1	2	3		4	5	6		8	7	9			10		一七一、柩
ハ																	
ニ	石尠		3	4	2	1	5	6	7	8	10	9	11	12	13		四八一
	石定		3	4	2	1	5	6	7	8	10	9		11	12		一八五
	和国仁		5		4	3			2					1			三〇、墓
	裴祇		3	4	2	5			1	7	6			8			九三
	張永昌		4		3	2			1								二〇、神柩
	傅宣妻		3	4	2	1	5	6		8	7			9			一三九
	趙夫人				2	1								3			一五
	左棻		2	3	1	4			5	6				7	8		八九

註：備考欄の数字は字数。その後に、誌額や表題などで墓誌の性格を示すのに用いられた語を記す。

であるとわかる。従って官歴はない。劉韜は碑額により征東将軍軍司であり、劉宝も同様に都督幽州諸軍事であることがわかる。荀岳の場合は、碑額に中書侍郎とあるほか、墓誌の陰に詳細な官歴が記されているが、彼の場合は、故郷潁川の墓が水害で壊れて洛陽に墓地を賜って改葬した際の墓誌であって、その事情が詳細に記されている。従って、他の墓誌とは記載内容が異なっていると考えることができる。一方、（ニ）の墓誌は当然本文中で官職を記載することになる。

官歴の記載の特色を以上のように理解すると、（イ）の張朗と趙氾の二墓誌は後漢、晋の墓碑と形態のみならず、内容も（その記載順序を含めて）類似していると言える。張朗墓誌が「碑」と表現されているのは、その故であろう。銘辞をもった徐夫人管洛墓誌がずばり「墓碑」と称されていることを併せ考えると、このふたつの「碑」と称される墓誌は墓碑を意識して作成されたと考えてよいのではないか。趙氾墓誌は「表」と記される。その銘辞（墓誌では「頌」と記される）の末尾には「附表刻讃、勒石書銘」とある。表に頌が附された形としての意識のもとに刻されたと見てよいであろう。墓碑と同じく地上にあった墓表が墓室内に置かれるようになったことを意識するとともに、本来簡潔を旨とする墓表に褒辞を付したという形の性格付けを行ったのである。その結果は「表」というよりは「碑」に近くなっている。

一方、「銘」と表現される墓誌であるが、美人徐義の墓誌の末尾に「謹讃斯頌、終始素銘」とあって、「銘」字は記す、或いは刻み込むの意で用いられていて、徳を称える韻文はここでは「頌」と表現されている。「銘」字が用いられて「碑」の語が用いられていないのは、対象となる人物が二名とも女性であること、『南斉書』礼志にあった「素族無碑策」という当時の理解とが影響した可能性が考えられる。つまり「碑」の使用は避けられたのではないか。魏雛墓誌の構成内容が一般の墓碑と比べて大幅に少なく、また「柩銘」と題されていて柩が強く意識されているのも、碑の形こそ受け継いではいるが墓碑とは異なる、という意識があったからと理解してよいように思われる。

（ロ）に属する墓誌は、字数の多いものと少ないものに二分される。劉宝・劉韜墓誌はそれぞれ「墓」「銘表」と称されている。前者はそのものずばりで葬地を指し、後者は簡潔を旨とする本来の「墓表」を意識した表現であろう。字数が少なく、必然的に記載する項目数も限定されていることを併せ考えると、この二墓誌はA形式に近い。荀岳墓誌と賈充妻郭槐墓誌も「墓」「柩」と称されているが、こちらは字数、記載項目ともに多く、A形式とは言えないようである。成晃墓誌も同様。

（ニ）も短い墓誌と長い墓誌に分かれる。前者に属する和国仁・裴祇・張永昌・趙夫人墓誌は記載されない項目が多いのみならず、記載内容も簡単で、A形式に近いと考えられる。これを（ニ―a）としておく。石尠・石定父子の墓誌は、記載項目が墓碑のそれより多く、さらに自らの家族についても載せるなど、後代の墓誌の内容をほぼ網羅している。誌額、標題がない故に本籍、姓名を先に記す必要があるから、記載順序が一部相違するが、それを除けば記載順序も後代の墓誌と変わらない。後代の墓誌にも標題と銘辞をもたないものがあるから、それの先行例と考えることは可能である。しかし、この後この系統の墓誌は姿を消す。従ってこれを墓誌の定型化の事例と見ることはできない。なお、和国仁の場合は「墓」の表記が見えるが、官職、本籍、姓名が書かれて、その後に「墓」と記される形となっている。いわば全体が標題の形になっているのである。「神柩」の語が最後に置かれる張永昌墓誌も同じである。この形式は後代に類似例が多くなるので、注意すべきである。（ニ）は標題をもたないから、他の墓誌のようには刻石の性格を示す語は記されないことが多い。

このように見てくれば、成晃墓誌が銘辞をもたないにもかかわらず「碑」と題されているのが問題として残るが、西晋の小碑形墓誌にあっては、地表に立てられない墓碑を墓中に置くという意識をもって造られたと考えられる事例は、少数にとどまるようである。そもそも墓碑は墓所に立てられるのであるから、墓と明示する必要は全くないことを考えると、「墓」「柩」と書かれた墓誌を墓碑の継承と見るには、やや問題を感じざるをえないのである。

そもそも墓碑が立てられる目的は何か。「乃刊石、以旌遺芳」（鄭固碑）、「于是論功叙実、宜勒金石」（尹宙碑）、「乃刊斯石、欽銘洪基、昭示後昆、申錫鑒思」（孔彪碑）などとあるように、功徳を称え、それを後代に示すためであった。魯峻碑のように「刊石叙哀」と哀情を表す事例はごく少ない。『南斉書』礼志が墓碑は「紀徳」を旨とすると理解する所以である。ただしその墓碑は誰にでも立てられるものではなかったはずである。墓碑に内容まで類似した小碑形の墓誌が少ないのは、墓碑の基本的な性格に由来すると考えてよいであろう。

実のところ、小碑形の墓誌は、趙超氏が既に指摘しているように、後漢時代に既に、ごく僅かではあるが、存在している。一九七三年に山東省高密市で発見された孫仲隠墓誌は、圭首の小碑形をしていて、「青州従事、北海高密孫仲隠、故主簿、督郵、五官掾、功曹、守長。年卅、以熹平三年七月十二日被病卒、其四年二月廿一日戊午、葬於此」と刻されている。(9) ⑦④姓②③⑦⑨⑧⑪葬、の順序であり、先にみた裴祇墓誌に内容が類似する。その後三国期に類例が見られないので、確実性には欠けるのだが、小碑形墓誌のすべてが地中に入った墓碑に由来するわけではない、という可能性を補強するものと言えるであろう。

これに関連してA形式墓誌について一瞥しておこう。元来墓中にあって墓主の記録を示すA形式墓誌は、後漢以来の墓記、封記の系列につながるものであって、字数が少なくて記載内容も限定される。もちろん銘辞はないし、「某々墓誌」の如き標題もない。それらの内容を表1に倣って表2に示す。(10)

表2の七例は誌額や標題がない故に、いずれも姓が刻される。これらはいずれも卒年月もしくは葬年月から書き始める点で、小碑形墓誌（二―a）の和国仁墓誌に同じである。張光墓誌は記載内容も和国仁のそれに類似している。

表2　A形式の西晋墓誌の内容

墓誌主	①	②	③	姓	④	⑤	⑥	⑦	⑧	⑨	地	⑩	⑪	葬	⑫	備考
楽生				3	2				1	4						一八、石
蔣□				2									1			一三、磚、神柩
張光		4	5	3	2								1			一一、磚
張圭妻				2									1			一六?、磚
孟□妻		3		2					1	4						二八、磚
斉慈妻				2									1			二〇
鄧元女				2									1			一八

註：備考欄の数字は字数。

また和国仁の場合は、その記載内容はすべて「墓」の修飾の役割を果たしていたのであるが、この点では蔣某の記載が「神柩」の前に置かれていて、同じ構造となっている。

以上の点から考えると、字数が少なく、最小限の記録のみをとどめている西晋の小形の碑（ニ―a）の形をとった墓誌は、A形式の墓誌の流れをも汲んでいると言えるのではないだろうか。

A形式の墓誌は、小型の碑の形をとるようになると、記録が詳細化する傾向を示す。しかしこれらは功徳を示す銘辞をもつ墓誌群とは異なり、経歴が中心となった記載に終始する。この形式は、まだ明確に名称として墓誌の中には示されてはいないが、『南斉書』礼志に基づいて中村圭爾氏が考えたように、「誌」と称してよいであろう。つまり、西晋の場合、磚誌以外の墓誌において、「碑」系列と「誌」系列が見られるようになったのである。繰り返して確認しておくと、西晋の「碑」系列の墓誌は銘辞をもち、誌額もしくは誌額に代わるものとしての標題をもつ。「誌」系列の墓誌は銘辞をもたないと同時に誌額もしくは標題をももたない。これが両者の間の大きな相違点である。それ以外の記載内容はおおむね「碑」系列の方が詳細であるが、石尠のように額、銘辞以外の「墓碑」に盛り込まれたすべての項目が記載される「誌」系列墓誌（ニ―b）も出現している。そして、「碑」系列と「誌」系列との中間に、標題をもつが銘辞はもたないグループがあるが、それに属する墓誌の過半は、「誌」系列に近い記載内容だったのである。

補足として、家族の記載についてふれておく。B形式墓誌は父祖について記載することが多いが、そのほかに自らの妻子について記載をもつものもある。（イ）では張朗の妻についての記述があるが、これは墓誌の作成者が夫妻の子であることによる。通常では子が父の墓誌の文を作成することはないようである。王浚妻華芳の場合は、夫の父祖とその姻族、自らの父祖とその妻および兄弟姉妹について詳細に記すほか、晩年に得た二子についてもふれる。（ロ）では荀岳が陰面で家族、側面で夫人について記す。劉韜は末尾で妻と子について述べる。（ニ）では、和国仁に家族の記載がない。左棻は晋の武帝の貴人であって子の記載はないが、実家の父兄とその子達の記載で陰面は埋められる。このように見れば、墓碑の伝統に倣う墓誌は（ニ）では家族の記載を伴うことは少ないようだが、他の墓誌では、家系とともに自らの家族を記載することが少なからず見られたと言える。

（2）　東晋の墓誌

東晋の墓誌では、小碑形のものは現在知られている限りでは初期の二例しかないということについて、まずふれておく必要がある。太寧元（三二三）年の謝鯤とその二年後の太寧三年の張鎮の墓誌[11]で、東晋最初期ということになる。

この二墓誌の記載内容を、これまでの例に倣って表3にしてみる。(12)

両墓誌ともに誌額あるいは標題がなく、西晋の（ニ―a）の形式の和国仁と裴祗の墓誌に記載内容が類似する。字数も謝鯤六七、張鎮九八字（陰陽両面）であり、後者は裴祗とほとんど同じである。張鎮墓誌が方首でなく円首であること、謝鯤墓誌が高さが六〇cmであるのに幅が一七cmと非常に狭く、碑と言うには細長すぎる形をもっていることは、（ニ―a）形式の碑との相違である。なお小碑形ではないが、小碑形に類似する内容のものとして、墓室の壁に書かれた霍某墨書墓誌がある。この墨書は壁画の像に添えられているので「～之像」と題されているが、履歴した官職群が「～」の部分に書かれていて、この標題部分が全九一字の半ば近くを占める。他の記載は、②③④⑧⑪、そして葬地の順であって、最後の葬の部分を除けば西晋（ロ）の劉韜墓誌に類似する。(13)

東晋の時期には、墓誌の記載字数の減少という傾向が進んだようである。上述の小碑形の石誌と墨書墓誌以外の墓誌の記載内容を検討してみよう。次ページに表4で示す。後半は女性墓誌。標題と銘辞および卒地の記載をもつ墓誌はないから、それらの項目は表から省く。代りに⑪に示される墓誌の作成時期（葬年）を最初の欄に記す。

表4の墓誌は、王興之夫妻と王建之妻（劉媚之）(14)が石誌であるほかは、磚で作成されている（謝重墓誌は録文しか残されていないので不明）。明白なA形式の墓誌以外でも磚が用いられているわけである。数枚の磚を連ねる形式のものもあるが、磚を用いる墓誌は長文にはなりにくい。三一例のうち、一〇〇字を超える墓誌は石誌二例を含めて七例にすぎず、うち二〇〇字を超えるのは二例である。東晋を代表す

表3　東晋小碑形墓誌の内容

墓誌主	①	②	③	姓	④	⑤	⑥	⑦	⑧	⑨	地	⑩	⑪	葬	⑫
謝鯤		4	5	3	2			1					6	7	
張鎮		4	5	3	2		8	1	6	7					

表4　東晋墓誌の内容

墓誌主	葬年	②	③	姓	④	⑤	⑥	⑦	⑧	⑨	⑩	⑪	葬	備考
王興之	三四八	1	2		3			4	6	5		7	8	一一五、末尾に子
劉剋	三五七	3	5	2	1				6	4				三〇、背面に卒日
王閩之	三五八	3	4	2	1	5			7	6			8	八四、陰末に家族
謝琰？	三九六	4	5	3	1			2				6	7	六七、5の前に妻
蔡冰		3	4	2	1									八
劉庚		4		3	1			2						一二、「墓」
温嶠	三二九？	6	7	5	4	1		2		8	3			一〇四、末尾妻子
王康之	三五六	4	5	3	2				1	6		7	8	四四
謝温	四〇六	4	5	3	2	8			1			6	7	一三〇余？父祖
李緝	三五七	4	5	3	2			1				6		四三、6前に妻
李摹	三五七	4	5	3	2			1				6		二八、6は側面
高崧	三六六	4		3	2			1	5			6		三一
王企之	三六八	4	5	3	2			1	7	6		8	9	八八、末尾家族
王建之	三七二	4	5	3	2	6		1 7	9	8	10	11	12	二七五、末尾家族
李纂	三七五	4		3	2			1				5		二一
謝重	三九九	4	5	3	2			1	6			7		五五
謝球	四〇七	4	5	3	2	10		1	7	6		8	9	二二一、末尾父祖
孟某	三七六			4	2			3				1		二九、「墓」
顔謙妻	三四五			1					3	2		4		二四
王興之妻	三四八	3	4	2	1					5		6	7	八八、末尾父と弟
高崧妻	三五五			2	1				3			4		四〇
李纂妻	三五七			2	1							3		三四、1の前に夫
王丹虎	三五九		2			1			4	3		5	6	六六、父王彬詳細
保母李氏	三六五	2		1	3		4		6	5		7	8	一一七

王建之妻	三七二		3	2	1				5	4		6	7	一七〇、7前家族
王康之妻	三八九		4	2	1	3			6	5		7	8	七九、末尾子女
夏金虎	三九二	2		1	5				4	3				八五、末尾に子女
謝球妻	四一六	2		1					3			4	5	二九
黄夫人				1										九、子周氏、「墓」
王夫人				1										五、1前に夫卞氏
徐氏				1										一一、1前に夫劉氏

註：備考欄最初の数字は字数。劉庚および劉頵妻徐氏墓誌などには紀年がないが、発掘報告の判断に従う。王企之の「企」字は「仚」に釈するものあり。謝琰の「琰」字は「錟」に釈するものあり。

る名族琅琊王氏、陳郡謝氏関係者を含めてのこの数字は、墓誌一般の記載字数の減少を明白に物語る。**表4**からは省いたように、標題と銘辞をもたず、同じく省いた卒地についても、王建之夫妻以外には見られないのである。

繰り返すが、字数の減少は記載内容の減少を意味する。そもそも標題と銘辞がないことが記載内容の減少を象徴すると言ってよいのであるが、このことは東晋の墓誌が西晋の磚誌と（二）、特に（二―a）の系列の記載内容に集中する結果を生む。例えば、王興之墓誌がそうである。ただし、（二―a）とまったく同じというわけではない。王興之墓誌には標題がないのに姓の記載が欠けている。(15)

（二―a）には品行の記載が見られなかった。王興之墓誌にも見られないが、それ以外の小碑形の墓誌を含めた他の墓誌にも、このことは共通する。張鎮墓誌に「世為冠族、仁徳隆茂、仕晋元明、朝野宗重」、その妻について誌陰に「夫人貞賢、亦時良媛」とあり、保母李氏墓誌に「在母家志行高秀、帰王氏柔順恭懃、善属文能草書、解釈老旨趣」と記すのが例外で、他はまったく言及しない。一方、末尾に家族の記載を伴う事例は多い。父祖関係の記述を併せると、かなりの割合を占めることになる。謝温墓誌は父祖、伯叔父のみならず、その配偶者および自らの妻の父祖にもふれる。その一年後の謝球墓誌も同様であり、最末尾に簡単であるが、自らの子女の名を記す。いずれもそれらに関わる記述量が墓主本人に対する記述より多い。記述量の割合はそれほどではなくても、一〇〇字を超える墓誌が少ない中で、家系や家族部分に字数を割けば、他の記述量を少なくさせる道理である。東晋では卒日と葬日、葬地がともに記載される傾向が強まったから、なおさら墓主本人関係部分は少なくなったのである。

品行の記述が見られなくなったこと、父祖関係、家族関係記事の増加は、墓誌の記載内容がより記録性を重んじるようになったことを示すように思われる(16)。王閩之墓誌に「故刻塼於墓為識」、王康之墓誌に「故刻塼為識」とあるのは、墓誌が「しるし」としての意味を強くもたされていることを明示するであろう(17)。

A形式の墓誌は、もともと墓あるいは柩の所在を示す識別の「しるし」としての意味合いをもっていたのであるが、その系列の墓誌は**表4**にも見られる。蔡冰・劉庚・李緝・李摹・高崧・李纂・孟某・顔謙妻・高崧妻・李纂妻・謝球妻黄夫人・王夫人・徐氏墓誌がそれにあたる。なお、劉庚と孟某の場合は、末尾に「墓」の字が見える。

以上が東晋の墓誌の大きな特徴であると考えられるが、細かく見ると、叙述にいくつかのパターンがある。まず本籍から書き始める事例であるが、王閩之は「男子」という身分表記があり、二八歳、無官のままで死去した。劉剋は二九歳で死去しており、無官の可能性が高い。謝琰《?》は同様の書き出しで官歴記載をもつから、すべてがそうではないにせよ、このパターンは無官の場合に用いられたのではないかと考えられる。次に卒日から書き始めるものがある。謝温墓誌は父祖の官職や婚姻関係について多くを記す一方で、本人の官職や婚姻には一切ふれない。無官のままで死去したからであろう(18)。王康之は「男子」と記されていて王閩之と同じ。このパターンも無官のケースに用いられたのであろう。葬日から書き始める事例はこれに準じたはずであるが、孟某の場合は官職をもっている。つまり卒日、葬日から書き始めるすべてのケースにおいて墓主が無官であるというわけではないのである。もっとも官職を有した者は官職から記載するパターンが多かったようである。このうち王建之は最初に最終の官爵を記し、のちにあらためて履歴した官職を記載している。家系から書き始める温嶠の場合は、卒日、卒地、葬日を欠き、異例である。遷葬という事情が与っている可能性がある。

表4の顔謙妻以下の一三例は女性の墓誌である。女性の場合、夫や父の姓や名をまず記す。その次には本籍と姓を、前後は一定しないが書く。諱や字を双方ともに書く事例はないようであり、どちらか一方を記すことが多いが、双方ともに書かないこともある。卒日や卒地、葬日や葬地はともに書かれることが多いが、実家についての叙述は必ずしも多くない。他方で自らの子女についての記述が目立つが、王興之妻宋氏の場合は実家の父と弟を記載している。

（3）　五胡十六国の墓誌

五胡十六国時期の墓誌は多くない。これまでの例に倣って表5にしておく。享年と卒地、追贈の記載をもつものはないので、表からは省いておく。[19]

円首小碑形が四誌ある。そのうちの三墓誌は、誌額が「墓表」の二字のみであるので、①欄には○印でそれを示した。記載順序に相違があるが、記載事項は三墓誌とも一致し、特に呂憲・呂他墓誌に、[20]「葬於常（＝長）安北陵去城廿里」とあるように、少ない字数の中で葬所を詳細に記していることが注目される。誌額のない沮渠封戴墓誌は、葬地と本籍を記さないが、末尾が「墓表也」となっているから、呂憲などの三墓誌と同系統と見なしえよう。これらは形態上は誌額をもち、銘辞がない西晋の小碑形墓誌、表1の（ロ）につながる墓誌とすべきであるが、記載内容と順序には異なるところが多い。誌額の点を除くと（ニ―a）の和国仁墓誌と記載内容が重なり、呂憲・呂他は順序までも一致する。また、これら四誌は、誌額の点を除くと、崔遹・田煛墓誌と内容が類似する。つまり、五胡十六国時期

表5　五胡十六国の墓誌の内容

墓誌主	国名	①	②	③	姓	④	⑤	⑥	⑦	⑧	⑪	葬	⑫	備考
李廆	前燕		3		2	1				4				一五、磚誌
定遠侯	前秦					2			1	3				四四、磚誌
梁舒	前秦	○	4		3	2			1		5	6		七二、小碑形
崔遹	後燕		5		4	3			2		1			一六、石誌2
呂憲	後秦	○	5		4	3			2		1	6		三五、小碑形
呂他	後秦	○	5		4	3			2		1	6		三五、小碑形
田煛	夏		5		4	3			2		1			五三、磚誌、「銘」
沮渠封戴	北涼		4		3				2		1			四〇、碑形、「墓表」

註：備考欄の数字は字数。

の墓誌は、小碑形、方形石誌、磚誌を問わず、西晋の（二—a）形式との関連性が強いのである。ここで注意したいのは田煛墓誌である。全体が最後の「銘」字にかかる形となっている。これは和国仁の場合と同じであるから、同墓誌との類似性がいっそう強まる。考えてみるに、小碑形の三誌はいずれも碑額には「墓表」としか記されない。「墓表」は田煛墓誌の「銘」と同じ役割なのである。小碑形であれ、磚誌であれ、五胡時代の墓誌は西晋の和国仁墓誌に類似すると言えるのではないだろうか。なお、李廆墓誌はA形式。定遠侯墓誌は肝腎の墓主の姓名を欠くほか、戦争で捕虜となり、帰国後死亡して兵士によって埋葬されたことを記す。異例づくめの墓誌である。A形式を除くと、官職から書き始める事例と葬日から書き始める事例とで二分される。

（4）　西晋・東晋・五胡時期の墓誌

以上検討してきた結果を簡単にまとめてみると、後漢から見られた墓碑が立碑禁止によって墓室内に入ったことに墓誌の起源を求める見解は、必ずしも支持できない。西晋には墓碑に類似した形態と内容をもつ（イ）形式の他に、（ロ）誌額をもつが銘辞はもたない、（ニ）誌額も銘辞ももたないという各種の墓誌があるのであって、しかも誌額（または標題）と銘辞をもった墓誌は、東晋初以降は見られなくなるからである。なお、東晋では、A形式の磚誌のほかは、（ニ）形式、それも記載項目、字数ともに少ない（ニ―a）形式がほとんどを占め、他方で家族についての記載が三分の一弱の墓誌で見られるようになる。五胡時期には、小碑形墓誌がかなりの割合を占めるが、その記載内容はおおむね（ニ―a）形式と見てよい。

ここで「はじめに」で引いた『南斉書』礼志の記事を再度確認しておきたい。この記事は、宋の顔延之がはじめて銘辞の入った墓誌を作成し、それが流行したこと、地上に碑があれば、銘の入った墓誌は不要である理屈だと言っている。これは碑が銘辞をもつことを前提とした立論である。西晋に、一部ではあるが、碑と銘打たれたものが墓室に置かれたとき、それはあくまでも「碑」として認識されていたのであって、銘辞をもたなくてはならなかったのである。

二　墓誌の定型化

墓誌の定型化とは何を指すのか、まずこの点を述べておく必要があろう。明の王行『墓銘挙例』巻一は、墓誌の書法について、順序は前後することはあっても、諱、字、姓氏、郷邑、族出、行治、履歴、卒日、寿年、妻、子、葬日、葬地の各項目によって構成されているとする。これまで用いてきた丸数字に置き換えると、②、③、姓、④、⑤、⑥、⑦、⑧、⑨、妻、子、⑪、葬となる。これに①標題、⑫銘辞が当然加わるから、これまでの検討に用いてきた項目群でもって墓誌の定型化を論じてよいということになろう。ただし、北朝墓誌では、妻子記載はまだ一般化していたとは思われないので、この項目はこれまで通り表には含めないでおき、適宜本文でふれることとする。

(1)　南朝の墓誌

南朝の墓誌について、その記載内容をこれまでの例に従って掲載する（表6）。王朝ごとに区切り年代順に配列する。

まずA形式の墓誌が、現在知られている限りでは張某一例のみと激減し、代わって短くても一〇〇字を超える、多くは石製の方形横置き墓誌が見られるようになったことが注目される。しかも宋初の謝珫を最初として、標題をもつ事例が現れ、大明八年（四六四）には銘辞をもつ墓誌が見られるようになる。標題と銘辞は、それをもつものともたないものがあるから、その組み合わせによって表6の墓誌を分類してみると、

Ⅰ　標題と銘辞の双方を備える：劉懐民、劉襲、明曇憘、劉岱、蕭崇之妻（王宝玉）、桂陽王蕭融、同妃、永陽王

表６　南朝の墓誌の内容

墓誌主	年	①	②	③	姓	④	⑤	⑥	⑦	⑧	⑨	地	⑩	⑪	葬	⑫	字数
謝珫	四二一	1	5	6	4	3	9			2				7	8		六八一
宋乞	四二五		4	5	3	2	1			6				7	8		一一〇
謝濤	四六三		5	6	4	3	1		2	8	7			9	10		二一九＋
劉懐民	四六四	1	3			4			9	6	5			7	8	2	二二四
劉襲	四七〇	2	4	5	3	6	1	7	8	10	9	11		12	13	14	
張雅児	四七三		2		1						3			4	5	6	一三七
明曇憘	四七四	1	3	4		5	2	6	7		8			9	10	11	六六〇
張某	四八二				4	3			2					1			一四
劉岱	四八七	1	5	6	4	3	2	7	8	10	9	11		12	13	14	三六一
蕭崇之妻	四八八	1		3	2	4	5	6		7		8		9	10	11	二三〇
呂超	四九三	?	〇		〇				〇		〇			〇		〇	二八五？
桂陽王融	五〇二	1	2	3		4	5	6	7	9	8		10	11	12	13	四八五
桂陽王妃	五一四	1	3		2	4	5	6		7	8		9	10	11	12	六五四
永陽王敷	五二〇	1	2	3		4	5	6	7	8	9		10	11		12	九九四
永陽王妃	五二〇	1			2	3	4	5		6	8	7	9	10	11	12	七六五
程虔	五四九		3	4	2	6		7	1		5			8			一六二
衛和	五七〇	1	2		3	4		5	6		7			8	9	10	一四九
黄法氍	五七六	1	2		3	〇	?	?	?	?	?	?	?	?	?	?	?

註：〇印は碑面摩滅多く、記載は認められるが、順序は確定できないことを示す。備考欄の＋印は字数がそれ以上であることを示す。

蕭敷、同妃、衛和

Ⅱ　標題があるが銘辞はもたない：謝琉

Ⅲ　標題をもたないが銘辞をもつ：張雅《?》児

Ⅳ　標題も銘辞ももたない：宋乞、謝濤、張某、程虔

となる。このうちⅣは西晋の（二）と、誌形は別として同じ書き方であり、故に東晋で主流であった書式と同じであるということになる。宋乞は就官しなかったようであって、その故であろう、家系から書き始め、謝濤は就官したがやはり家系から書き始め、程虔は官職から叙述を始めるが、いずれも東晋にも見られた書き方である(21)。字数はいずれも一〇〇字から二〇〇字を超える程度で、東晋とあまり変わらない。張某はA形式。

他の三つの型は宋になってから出現した。Ⅲは一例のみで、データとしての信頼性に欠けるが、姓から書き始めている。記載の項目も少なく、字数も一三七字と多くはない。Ⅱも一例。宋のごく初期の事例だが、この墓誌は磚六枚で構成されるという形態上の異例さもさることながら、標題の次に卒日を記し、本籍、姓名、葬日、葬地、最後に家系と並べる書き方は、標題の点を除けば、やはり磚誌である東晋の謝温墓誌とほとんど同じである。この型も東晋の墓誌の流れの上に生まれたことが推測される。

Ⅰの型は劉懐民墓誌から始まり、宋代に既に三例が知られる。ただし劉懐民墓誌では、標題の次に銘辞が置かれ、官職記載が最後という、北朝を含めて類例のない書き方をしており、次の劉襲の場合も、標題の前に家系を記して書き方が異例である。明曇憘の場合は、標題が最初に置かれているが、次には家系記事が置かれ、この点では南斉の劉岱墓誌も同じである。しかし、その翌年に作成された蕭崇之妻（王宝玉）墓誌は、標題の次に姓、字、本籍という、後に定型化する書き方をしている(22)。女性であるからであろう、諱は書かれていないが、この場合字は諱に準じるとし

てよいから、標題の次には諱を記すという書き方の墓誌は、現在のところこの時期に見られるのである。墓誌の定型化は、上述したように標題、銘辞を備え、一定の項目記載で構成されることが要件であるが、項目の記載順序も、いくつかのパターンに収斂し、しかも多数が属するパターンがある。蕭崇之妻墓誌のような事例は出現しても、同時期の劉岱墓誌は書き方が異なっており、この点から見ても、宋、南斉の墓誌は定型化の完成には至っておらず、定型化の過程にあるという中村圭爾氏の判断は支持できる。とはいえ、劉懐民墓誌が標題に「墓誌銘」と刻していることの意味は大きい。既に引いた『南斉書』礼志によれば、顔延之が銘辞の入った墓誌を作ったのは宋の元嘉年間（四二四～四五三）であって、それ以後銘辞をもった墓誌が流行したという。劉懐民墓誌はその流行の一端を担ったわけである。

標題と銘辞を備えたその後の墓誌の記載内容と記載順序はどうなっているのか、一瞥しておこう。劉襲、明曇憘、劉岱墓誌の家系記事については前述した。東晋の場合は温嶠墓誌がこの書き方であったが、一例にすぎなかった。梁に入ると、父についてごく簡単に記されるが、これは時期による変化というよりは、宗室という立場から要請された記述方式である可能性がある。陳の衛和は父祖記載がない。事例が少ないので明確には言えないが、宋・南斉では家系関係記事の優越が見られる(23)。

家系関係記事が優先的な位置に置かれることと関わるのであろうが、南朝前半期において特筆すべきことは、父祖やその配偶者一族、そして自らの家族に関する記載量が非常に多い点である。既述のように謝珫墓誌は磚六枚に分けて刻されたが、その大部分（磚五枚分）が家系関係記事で占められていて、祖、父のみならず、父の兄弟姉妹、自身の兄弟姉妹について、その姻族までも、官歴、官職を詳細に記す。ただ、この墓誌の場合は自身の子女についての言及はない。これほど過剰ではないにせよ、父祖やその姻族への関心はその後も継承されたようで、劉襲の場合は、銘辞の一部が欠けているので字数で示せないが、襲自身に関わる記述が二五行であるのに対して、標題より前に記される父祖とその姻族の記載と自身の家族・姻戚の記載が三五行を占めている。また明曇憘は、それらと比べると割合は大幅に減少しているが、それでも三分の一強が、父祖と叔父・兄弟の官職と、それぞれの妻の父の官職記載に充てられている。標題のない宋乞墓誌の場合も、父祖関係記事が最初に置かれている。南斉の劉岱のケースは、高祖以下の官職とそれぞれの妻の父の官職を記しているが、記述量は少なくなって五分の一強である。事例が少ないから確実とは言えないまでも、一族とその姻戚への強い関心が、宋から南斉の墓誌に見られるとは言えよう。西晋や東晋の墓誌に見られるようになっていた傾向が、肥大化して現れたと言ってよいのではないか。もっとも劉懐民の場合は、夫人とその父について簡単にふれるのみであるから、すべての墓誌が家族関係に「強い」関心を示すとは言えないのではあるが。なお、明曇憘本人の妻とその父に関する記載は、父祖の場合とは異なり、銘辞の後、墓誌の末尾に置かれている。このような書き方は東晋の墓誌にも見られた。

東晋に見られなくなっていた本人の品行についての記述をもつ墓誌が、宋の後半から現れたことも、定型化という点では注目すべきである。明曇憘墓誌は、墓誌銘の語を含む標題と銘辞をもつほか、「君天情凝澈、風韻標秀、性尽沖清、行必厳損、学窮経史、思流淵岳、少擯簪縉、取逸琴書、非皎非晦、声迯邦宇」と、四字で構成された一〇句から成る品行表現をもつ。わずかに先立つ劉襲墓誌にも品行に関する記述が見られ、十余年後の劉岱墓誌をはじめ、その後の標題と銘辞をもつ墓誌は、多く品行について記すようになっている。後代の墓誌に見られる記載項目がほぼまんべんなく記載された墓誌は、この段階で現れたと言ってよいのである。ただし、家系関係記事が優先的に前に置かれ、かつ家系、家族に関する記載量が非常に多いなど、なお後代の墓誌と異なる点があることは前述した。

この変化は銘辞にも見ることができるようである。西晋期の銘辞は、魏雛や趙氾のそれが、墓誌主の性格や学問つまり品行に関わる表現でほとんどを占めているのは特別としても、五事例のすべてが品行についての表現をもっている。これは墓誌の銘辞であるから、当然ではある。このほかこのような優れた人物なのに、なぜ長命を与えられないかという死を示す表現は三例（張朗、徐美人、王浚妻）、死を悼む表現が二例（張朗、王浚妻）、石に刻して広くもしくは後世に行跡を知らしめんという表現が二例（趙氾、徐美人）ある。これに対して、本人の経歴・官歴に関する表現は、徐美人の後宮におけるあり方を示した一例のみしかない。ところが南朝になると、五事例のうち、三例で祖先に関する表現が見られるようになるほか（劉懐民、劉岱、桂陽王蕭融）、死を示す表現が四例（明曇憘、劉岱、蕭崇之妻、桂陽王蕭融）、死を悼む表現が三例（劉懐民、明曇憘、蕭崇之妻）、石に刻すという表現が四例（明曇憘、劉岱、蕭崇之妻、桂陽王蕭融）と、いずれも割合を増している。墓誌の序の部分に叙述された内容が、より多く銘辞にも反映され表現されるようになっているのである（ところが、経歴・官職に関する表現は劉懐民一例しか見られない。この点については後にふれることにしたい）。

このように見てくると、一部に標題をもたないものもあるが、標題、序、銘辞という順序で記載される墓誌の形式が、南朝五世紀の後半半ば頃に出現し、それ以後の主流となったことは間違いないようである。銘辞をもった墓誌が上掲の表記載例以外にも作成されたことは、『芸文類聚』を用いて中村圭爾氏が明らかにしたところである(24)。定型化の最も大きな要素は宋時期に出現していると言えよう。ただし、宋、南斉の場合、父祖やその姻戚への関心、および妻とその父、また自らの子女に対する関心が非常に強く、それが他の時代の墓誌と比べると非常に目立つ。記載の順序も様々で一定しない。梁代の墓誌は後代のそれと同じであって、完成形態とみなすことは可能であるが、全貌が判明する墓誌が皇族中心であって、その記載が一般の墓誌と同じかどうか、なお確認できないという問題がある。『芸文類聚』に収められている梁代の墓誌銘は、宗室以外を中心に三二例（うち二五例が銘辞と判断できる。残りは序の一部であろう）、宋代の三、南斉の六例（これはすべて宗室）と比べて圧倒的に多く、優れた文人による「作品」が多数作成されたことを裏付けるから、このこともこの時期を墓誌の完成時期と想定させる要因であるが、それらはいかんせん墓誌銘の一部であって、全体の姿を示すものではない。よって宋代に墓誌の定型化が始まりそれが梁代に完成したという、中村圭爾氏の考えは恐らく正しいと考えるのであるが、断定するのにはいささかためらいを感じるのである。

（2）北魏の墓誌——遷都以前

目を北魏に転じよう。北魏は太和一八（四九四）年に洛陽に遷都したが、まずそれ以前の墓誌について検討することとし、表7を作成する。(25)(26)（補註）

小碑形の墓誌が四例見える。韓弩真妻(27)と司馬金竜(28)は誌額をもち銘辞がないから、西晋の（ロ）の系列にあることになる。「碑」「銘」と称せられていて銘辞をもたないのは、成晃墓誌と同じである。もっとも女性である故に額には夫の名が記されるから、本文に姓を書く必要があるなど、記載の内容は異なる。張略は葬日を最初に、官職と本籍、姓名を記す点で、西晋の（ニ—a）の和国仁、そして五胡時期の崔遹、田煚（同時に呂憲、呂他）墓誌の系列に数えることができよう。張略は「墓」という墓の所在を示す語が末尾にあって、記載内容のすべてが「墓」の修飾句の形になっている。これも和国仁、田煚などの事例に合致する。もっとも司馬金竜も誌額を除く全文が末尾の「銘」の修飾語となっている。孫恪と司馬金竜妻の場合は方形であるが、陰陽両面に刻されていて、小碑形の形に倣ったものと想定でき、これらも「銘」の字が最後に置かれ、その前に表に示す内容が記載されている。このように、北魏の初期の小碑形の墓誌は、西晋の小碑形墓誌の系統、特に和国仁墓誌、そしてそれとつながると思われる五胡時期の墓誌の伝統を継承したと考えてよい。東晋初期に小碑形は姿を消しているから、東晋南朝政権下の地域からの影響ではない。司馬

表7 遷都以前の北魏墓誌の内容

墓誌主	年	①	②	③	姓	④	⑤	⑥	⑦	⑧	⑨	地	⑩	⑪	葬	⑫	備考
韓弩真妻	四五四	1	4		3						5			2			六三、小碑形、「碑」
劉賢	文成	1	2	3		4	5	6	7		8					9	一六五、小碑形、墓誌、遼寧
張略	四六八		4		3				2					1			一〇三、小碑形、「墓」遼寧
司馬金竜	四八四	1	6		5	3			4					2			六六、小碑形、「銘」大同
孫愭	正平		5		4	3			1				2				三二、両面、「銘」、大同
司馬金竜妻	四七四		4			2	3							1			一三〇、両面、「銘」、大同
申洪之	四七二		2		1	3	4	5			6			7	8		二三六、大同
万縦□夫妻	四三六		3		2									1			二一、磚、「墓記」
叱干渇侯	四六六		4		3	2								1			三五、磚、「冢銘」、大同
魚玄明	四六八		4		3				2					1			三四、磚、「銘」
陳永夫妻	四七六		5		4	2			3					1			四五、磚、「銘記」、大同
上官何陰妻	四七七		〇		〇									〇			二七、磚、「墓銘」、洛陽
宋紹祖	四七七		5		4	3			2					1			四〇、磚、「柩」、大同
楊衆慶	四八四	9	4		3	2			5		6		7	1	8		七一、磚、「銘」、大同
董富妻	四八八				3	2								1			二一、磚、「墓」、洛陽
王阿隫	四九〇		4		3	2								1			二七、磚、「墓銘」、西安
屈突隆業	四九〇		3		2									1			一八、磚、「記」、大同
蓋天保	四九二		4		3				2	1				5	6		五九、磚、大同

註：備考欄の数字は字数。出土地の判明するものは記載しておく。

金竜は東晋滅亡後に北魏に入った一族に属したが、彼とその妻の墓誌は華北の伝統に依ったのである。

小碑形の墓誌で異質なのは劉賢墓誌である。遼寧省朝陽市出土で「劉戍主之墓誌」という誌額をもち、方柱の四面にそれぞれ刻字があり、一八行一六五字。五句二〇字と非常に短く、叙された内容も銘辞にふさわしいとは思えないが、「鐫石文銘、其詞曰」とあって、銘辞らしいものをもつ。卒年、葬年の記載がないので、作成時期がはっきりしないが、文成帝時代（四五二～四六五）と想定されている。[29]この判断が正しいとすると、誌額と銘辞を備えた宋の劉懐民墓誌と時期的に近く、しかも劉懐民が「墓誌銘」と記すのと同様に「墓誌」の語を用いている。故に両者の間に何らかの影響関係を想定することも可能ではあろうが、両者は直接の関係はないのではないか。五胡時期の小碑形墓誌は「墓表」という誌額らしからぬ内容ではあるが、ともかく誌額を有していた。その伝統の上に韓弩真妻や劉賢の墓誌があったと考えるのが妥当であろう。[30]ただし、西晋の銘辞の継承は五胡時期には見られない。劉賢墓誌の作成時期は文成帝期と想定されているが、それに僅かに先立つ宋の元嘉年間（四二四～四五三）には、銘辞の付された墓誌が作成されて流行していた。当時、南北両朝は対立していたが交流もあった。[31]宋で「流行」していた銘辞が北魏に情報としてもたらされたとしても不思議ではない。もっともそれは北魏社会に広く受容されたわけではなかったようであり、銘と称するものも「茫茫天漢、皎皎恒娥、嗚呼哀哉、渠可奈何、嗚呼哀哉」という銘辞らしからぬ内容であった。

いまひとつ検討すべき墓誌がある。大同市で発見された申洪之墓誌である。縦六一、横四四㎝の長方形の石に一三行、二三六字が刻されているが、後半三行に他の四名とともに墓地を購入した記事が刻されているほかは、西晋の（二―b）の石尠・石定墓誌に記載項目とその順序が類似する。[32]墓誌によると申氏は代々五胡王朝に仕え、その後北魏の官僚となった。

こう見てくると、やはり西晋の墓誌の伝統は華北の地に残り、それが北魏初期に及んだと考えられるのである。そして、それらのなかでは（二）の系列がもっとも多く継承された、と見られる[33]。南朝の影響はごく僅かにとどまったのである。

この時期の北魏墓誌では磚誌の方が多い。字数が少なく、A形式の墓誌の系譜を引くとしてよいのであろうが、西晋のA形式墓誌は葬日から書き始めるものが過半であったこと、某某の「神柩」と書かれる事例が西晋にあったこと[34]、東晋で葬日から始めるのは孟某の例しかなく、「墓」と記す事例は二例しかないこと、それに対して北魏初期では、葬日を最初にもってくる書式でほぼ一致していること、ほとんどが「墓」「墓記」「銘」「墓銘」「柩」と、墓や柩の所在を示す語をもっていること、これらを併せ考えると、北魏初期の磚誌は、東晋墓誌との継承関係はなく、西晋から華北につながった伝統を継承したものと考えてよいように思われる。なお大同、洛陽、西安に出土地はまたがる。付け加えれば、小碑形墓誌、磚誌ともに、東晋に多く見られるようになった自らの家族への言及はごく少ない。例外は劉賢で、側面に家族を記載している。また蓋天保も末尾に「蓋興国父」と子と思われる記載がある。

（３）　北魏の墓誌――遷都以後正始末年まで

遷都以後に属する北魏の墓誌の数は急激に増加する。正始四年（五〇七）までの一四年間の墓誌だけでも表８のようになる[35]。

罫線で区切っておいたが、小碑形墓誌が四例ある。韓顕宗は誌額をもち、封和突は誌額はないが、標題をもつ。前者は「墓誌」と刻され、後者は「墓誌銘」と記され、これまでの「碑」「墓」「銘」とは表現が異なるが、北魏では劉賢墓誌に既に見られたことは前述した。記載内容も劉賢墓誌に類似するが、韓顕宗の場合、字数が大幅に増加し、特に銘辞は二四句九六字と劉賢の比ではない。封和突の場合は八句と貧弱であるが、劉賢と較べると銘辞らしくなって

表8　遷都以後正始末年までの北魏墓誌の内容

墓誌主	年	①	②	③	姓	④	⑤	⑥	⑦	⑧	⑨	地	⑩	⑪	葬	⑫	備考
韓顕宗	四九九	1	2	3		4	5	6		8	7	9	10	11	12	13	四〇九 L
李詵	四九九		4		3	2			5					1			三五 S
封和突	五〇四	1		4	3	5			2	7	6	8	9	10	11	12	一四二 D
奚智	五〇七		2	3	1	4	5	6			8	7		10	9		二二二 L
元楨	四九六		2				3	4	1	5	6	7	8	9	10	11	二九五 L
元偃	四九八		3		2				4				5	1			一二七 L
元簡	四九九		3	4	2	5	6	7	1	8	9	10	11	12	13	14	? L
元弼	四九九	1	2	3		4	5	6	7	9	8	10			11	12	三三八 L
元彬	四九九		2				3	4	1、5	6	7	8	9	10	11	12	三五五 L
曹永	五〇〇	1	2	3		4		5	◇		6	7			8		六四 L
元定	五〇〇	◆	6	5	4		2		3					1		7	一五六 L
元栄宗	五〇〇	◆	3				2							1		4	一五一 L
元羽	五〇一	1	3			4	5		2	6	7	8		9	10	11	一七六 L
趙謐	五〇一	◆	4		3	2			1					6		5	一五二 H
任城王妃	五〇一				2					1		3		4	5	6	一六六 L
穆亮	五〇二	◆	3		2		4	5	1	6		7	8	10		9	四〇一 L
李伯欽	五〇二	1	3			4	2	5		7	6	8		9	10	11	三五〇 H
献文帝嬪	五〇三	1			2	3	4	5			6			7			二四七 L
元誘妻	五〇三	1			2	3	4	5		7	6	8		9	10	11	二四六 L
張整	五〇三	1	2	3		4	5	6	7	9	8	10	11	12	13		二四九 L
崔某	五〇四	1	?	?	?	○	○	○	○	○	○	?		○	○	○	H
元龍	五〇四	1	2	3		4	5、13	6	7	8		9	11		10	12	七八七 L
崔隆	五〇五	1	2	3		4	5	6	7	8	9		10	11	12	13	三八七 L
元鸞	五〇五		3	4	2	5		6	1、7	9	8	10	11	12	13	14	二三八 L

元始和	五〇五		2	3	1	4	5	11		7	6	8		9	10	12	二八九　L
李蕤	五〇五	1	2	3		4	13		5	7	6	8	9	10	11	12	三三五　L
寇臻	五〇六	(1)	4	5	3	7	8	9	2	1		6	10	11	12		三七一　L
寇猛	五〇六	1	3	4		5	2	6	◇	8	7	9		10	11		二五三　L
宗慤	五〇六	1	2	3		4	5	6	7	8	9			10	11	12	一六二
元思	五〇七		1	2		3	4	5	6	7	8	9	12	10	11	13	二八五　L
元鑒	五〇七	13	3	4		5	6		1	7	8	9	2	10	11	12	三二八　L
元嵩	五〇七	◆	4	5	3	6	7		1	9	8	10	2	11	12	13	二五七　L
元緒	五〇七	1	2	3		4	5	6	7	9	8	10	11	12	13	14	六七八　L
元寿妃	五〇七	1			2		3	4		6	5	7			8		一一〇　L
員標	五〇二	1	4	5	3	6	7	8	2	9?	?	?	?	?	?	?	N
厳徳蚝	四九四		4		3	2			5					1	6		八一　H
趙阿祥妻	四九五		3		2	1								4			二二?
畢某妻	四九九		3		2									1			一六　L
廉君妻	四九九		2		1									3			二三　M
趙続生	五〇二		4		3	2								1			二三
許和世	五〇四		5		4	2			3					1			三八　A
盧萇	五〇四		3		2	4			1					6	5		四〇　G
車伯生息妻	五〇五		3		2									1			三五　L
虎洛仁妻	五〇六				2	1								3			九?

註：標題欄の（1）は蓋が残されているもの。官職が標題に記されていて、本文に述べられない場合は◇印で示した。標題に多くの項目が記載されている場合、◆で示し、その項目の数字に下線を引く。摩滅部分の存在により順序が確認できないものは〇印とした。備考欄の数字は字数、アルファベットは出土地を示す。Aは河南、Dは山西大同、Gは甘粛、Hは河北、Mは内モンゴル、Nは寧夏、Lは洛陽、Sは山西。記載のないものは出土地不明。

いる。記載内容を検討すると、両墓誌は、この時期の他の墓誌との間に明確な相違は認められない。この段階の小碑形の墓誌は形態こそ碑形をとるが、実質は方形の墓誌と同じであるとしてよいだろう。奚智墓誌の拓本は上方が楕円形となっており、小碑形と見られるが、確認はできない。ただ、小碑形であることの意味はあまりなくなっているから、こだわる必要性はないであろう。彼は処士であって、官職はない。ただし李詵は葬年・本籍・姓名・官職の後に「磚墓両堩、墓田周回五百歩」と墓の説明があり、他の小碑形墓誌とは異なる。

小碑形を含めて、この時期の石誌の特色は、標題または銘辞をもつ墓誌、もしくは両者をともに備えた墓誌が、主流となっていることである。石誌の中で標題をもつ、現在確認できる最初の事例は、太和二三年（四九九）九月の元弼墓誌であり、[36]銘辞をもったのはその三年前の元楨墓誌が最初である。標題と銘辞と双方を備えた最初も太和二三年の元弼墓誌で、十二月にできた小碑形の韓顕宗墓誌と同年ということになる。韓顕宗が誌額に刻されている故に官職の記載を欠き、元弼が理由は不明であるが葬年を欠いているが、両墓誌は記載内容もほぼ一致し、銘辞も元弼が二〇、韓顕宗が二四句とほぼ均衡する。ちなみに上掲の表8に見える銘辞は、おおむね四字句二〇～二八句で構成され、それ以下は封和突八句が例外的に少なく、李伯欽（一四句）、崔隆（一六句）、元栄宗（一八句）となり、多い方で元緒の三二句、元鑒の四〇句となっている。上表の中で磚誌を除く三五例のうち、

Ⅰ	標題と銘辞の双方を備えたもの	一八
Ⅱ	標題があるが銘辞をもたないもの	五
Ⅲ	標題をもたないが銘辞があるもの	七
Ⅳ	標題も銘辞ももたないもの	四
Ⅴ	残欠多く、確認できないもの	一

となっている。これだけを見ても、この時期に北魏の墓誌の定型化が始まったとしてよいであろう。

少々結論を急ぎすぎた嫌いがある。定型化とはその後の状況を検討した上ではじめて確認できるであろう。上掲の表8に載せられた諸墓誌についての検討を続けよう。

Ⅰのグループであるが、標題は通常「朝代＋官爵＋姓＋公墓誌（銘）」という書式となる。故に序では姓を書かず、諱、字、本籍、家系と続くことになる。ところが標題に履歴を含めた官爵や、姓名、本籍、さらには父祖の官爵までも書いてしまうことがある。表の◆を付した事例である。五胡時期の小碑形墓誌は⑪から書き始めるものと、⑦から始めるものがあった。⑪から始める田煚の墓誌は、「銘」字の前に五つの項目が並んでいたのであるが、表題に◆を付した元定と元栄宗父子の墓誌は、その「銘」字を「墓誌」に置き換え、そのあとに銘辞を加えただけの形となっている。⑦から書き始める事例は、記載項目が増えているので元定父子ほど明確な形とはなっていないが、やはり五胡時期の小碑形墓誌の痕跡を強く残していると考えられるのである。この書式の場合、◆の下線部分の記載は圧縮されるため、残りの部分に比べてその記述量が少なくなる傾向がある。例えば趙謐は銘辞が約四分の三を占め、元嵩も銘辞が半ばを超える。次に標題の次に官職を記すものがある。これも全般に序の記述が簡単で、銘辞が九六字と半ば以上を占める元羽の一例のほか、封和突は元来の字数が多くない。なお、標題が◆の形式の墓誌と官職から書き始める墓誌は、次の時期には見られなくなっていく。Ⅰのグループの墓誌の場合、序の部分は多くは諱から始まるのであり、これが主流の書き方であり、次の時期にも主流であり続ける。ただ、これにしても、項目欄のすべてを必ず記載するとは限らない。また穆亮墓誌が葬の年月を銘辞の後に記すなど、記載の順序が必ず一致するわけでもない。

Ⅱのグループでは、標題に官職を記したため、序部分では官職履歴にふれない事例が男性墓誌三例中二例ある（◇印）。これは◆のバリエーションと考えることもできるとは思うが、官職を除く他の項目はおおむね項目欄記載の順序に沿っている。残る張整墓誌はほとんどの項目についての記載が項目欄の順に並ぶ。ただし、この、標題に官職を書いて序ではふれない書き方は、次の時期にはⅠのグループに多いので、たまたまこの時期にⅡグループに集中したということであろう。

Ⅲのグループに属する男性墓誌七例のうち、五例までが、官職記載から書き始める。これは標題がない故であろう。最初に官職を書く場合、官歴のすべてにふれることはバランスの上から難しい。そのため、元彬、元鸞墓誌は官歴をあらためて述べる形をとっている。元始和は若くして死去し、官に就かなかったから、姓から書き始めたのであろう。元思は標題がないのに姓を書いていない。姓を記す部分がないと墓誌としての意味がなくなる道理であるが、北魏墓誌にはごく少数ながら、姓が記載されていない事例がある。

Ⅳのグループでは、標題がないから姓を記す必要があり、その姓を最初に書くものと、卒日もしくは葬日を最初に記すものとに二分されている。後者に属する元偃は、官職授与の記載のみで構成され、しかもそれが詔文であるなど、独自性が非常に強く、他の墓誌の体例とは全く異なっている。寇臻の場合は、卒日に続けて官歴を記し、これも独自性が強い。蓋があるのに序で姓を記している。このグループは西晋の（二）のグループに形式は似ているが、記載内容は全く異なっている。

宋の後半期から墓誌主の品行に関する記載が見られるようになったことは前述したが、遷都以前の北魏では、その記述は二例しか見られなかった。この時期になると多くの墓誌が品行に関する記述をもつようになっている。これもこの時期における墓誌の定型化という理解を支えるであろう。

ところで南朝宋・南斉の場合、父祖や自らの姻族や家族の記載が多かった。この時期の北魏の墓誌についてはどうであろうか。家系についてはおおむね記されるが、記載の仕方は比較的簡単であるものが多い。ただし例外もある。

穆亮墓誌では父祖関係の記載が詳細となっており、李伯欽の場合は婚姻関係を含んだ家系の記述で墓誌の半ばを占めるが、太和六年に一三歳で平城で死去、景明三年に鄴に遷葬した事情が反映している可能性がある。父祖に関する記述が銘辞の後にある事例もある（この形式は南朝にも見られたことは前述した）。李蕤墓誌がそれであり、父祖とその配偶者とその父、妻とその父について記述している。また元龍の場合は、父祖についていったんごく簡単に記した後、銘辞の後でその官職と父祖の夫人について記述する。墓誌主自身の家族についての記述はまったくないか、あったにしてもごく簡単なものが多い。韓顕宗は、末尾に妻の父の記載がある。元弼は夫人と合葬というが、夫人についてのそれ以外の記述はなく、他の家族記載もない。寇臻は妻についての記述が末尾にあるが、子は数のみであり、李蕤も子の数のみを記す。一方崔隆のように夫人と子息がごく簡単ではあるが記載された事例もある。この時期の父祖とその姻族、自らの家族に関する記述の淡泊さは、先立つ宋・南斉時期の南朝の墓誌とは際だった対照をなしているが、同時期の南朝の墓誌の事例がごく僅かであるので、十分な比較とならないことを遺憾とする。

罫線で区画した磚誌もかなりの数が見られるが、葬年をまず最初に記す書式は継承されているとしてよい。廉君妻は磚の中央に姓名を記し、その左に字を小さくして誌作成年を記す。これは北魏ではこれまで見られなかった形式である。姓名の後に記される言葉は、畢小妻が「銘」、趙続生が「銘記」、廉君妻は「墓」、許和世と車伯生息妻が「墓銘」で、これまでと変化はない。もっともこれらの語を伴わない墓誌もある。少々異例なのが趙阿祥妻で、夫の本籍、姓名につなげて、妻の姓名を記し、その後に葬日を書く。また本籍が最初に記される。また盧萇墓誌は磚四枚を用いている[37]。記載順序も官職を最初に記す。廉君妻墓誌は内モンゴル、この墓誌は甘粛東部と、この時期までの墓誌の出土の少なかった地域で発見された墓誌であり、あるいは地域性がもたらしたものかも知れない。虎洛仁妻の④は夫の本籍の可能性がある。

(4) 北魏の墓誌――永平年間から北魏末まで

遷都後一四年ほどの間に北魏の墓誌が定型化といってよい状況になったと前項で述べた。正始に続く永平以後の墓誌について、そのことを確認したい。ただ、墓誌の数が多いので、個別の墓誌を挙げることは避け、Ⅰ・Ⅱ・Ⅲ・Ⅳグループに属する墓誌の数を年号別に記載した表9を作成する。(38)

標題と銘辞をともに備えた墓誌は永平年間には約半数だったが、その後はその比率を増し、正光以後は八割以上を占める。表9全体では八二・〇%となる。小碑形墓誌は、先述したように記載内容が方形墓誌と特に相違しないため、区別しないで処理した。四例あるが、うち三例までがⅠに属し、Ⅱが一例である。(39)

墓誌記載の形式上の相違は、記載内容量の面で顕著な差異をもたらしたようである。Ⅱは五〇〇字を超えるのは二例のみ（封魔奴、徐起）、多くは二〇〇字以下で、六六字という事例もある（胡屯進）。Ⅲはそれよりは大型のものが多く、二〇〇字以下の事例は永平の北海王詳墓誌のみで、半数以上の墓誌は五〇〇字を超える。Ⅳは最大の甄凱墓誌でも四〇〇字に達せず、二〇〇字を超えるのは二例。一〇〇字以下が四例ある。Ⅰグループでは、二〇〇字以下は例外的である。それでも永平年間では五〇〇字を超えるのは二例（司馬悦・楊穎）であったが、延昌年間には八〇〇字を超える二誌が出現（皇甫驎、王紹）、熙平年間には一五〇〇字を越す墓誌（羊祉）も出現する。二〇〇字台の墓誌も見られ、大小様々であるが、一〇〇〇字を越す大型墓誌はこのグループに属する。他方、磚誌は一〇〇字以下である。

前項で、グループ内で書式に一定の傾向が見られることを述べた。表9記載の墓誌について、その内容を検討してみたい。

まず磚誌であるが、正光までの八例は、葬日から書き始め、「塚」「銘」「銘記」で終わる短い文であって、従前の

表９　永平以後北魏までの北魏墓誌の概要

年号	Ⅰ	Ⅱ	Ⅲ	Ⅳ	磚誌	計
永平（五〇八～五一二）	10	1	3	2	3	19
延昌（五一二～五一五）	15	1	1	1		18
熙平（五一六～五一八）	15	1	2		3	21
神亀（五一八～五二〇）	7		1			8
正光（五二〇～五二五）	40	3	3	4	2	52
孝昌（五二五～五二七）	41	6		1		48
武泰（五二八）	5	1				6
建義（五二八）	23	1				24
永安（五二八～五三〇）	21	1			1	23
普泰（五三一）	9		1			10
太昌（五三二）	16		1	1	1	19
永熙（五三二～五三四）	8					8
計	210	15	12	9	10	256

形態を保っていると言える(40)。ただ永安の王舒は標題をもち、諱、字、本籍、葬日、葬地、夫人と並ぶ。磚で作られた墓誌であるが、石誌のⅡのグループとして考えるべきであり、そう処置した。ただ、太昌の鄭胡墓誌は異例である。磚で両面に刻され、陽面は卒年、本籍、姓名と並べて「銘」で終わる一四字で構成される。典型的な磚誌のスタイルである。ところが陰面は葬日、官職、姓とならべて「銘」で終わる標題のあと、鄭氏の四祖について記す。この墓誌は特殊な状況を反映したものと考えられているから(41)、北魏後期の磚誌は、基本的には従前の磚誌の形態を維持していたとしてよいのではないか。

Ⅳのグループは、永平に二例、葬日から書く事例がある。周午は四二字と字数も少なく、末尾が「銘」となっており、元保洛は一〇〇字を超えるが、末尾がやはり「銘」である。これらは西晋の和国仁墓誌、そして五胡時期の田煚墓誌の事例につながる書き方であろう。表8で見た元偃墓誌は異例にすぎたが、ここで元保洛らの事例があるので、葬日から書く墓誌の伝統はなお継承されていると言える。官歴から書き始める事例は四。このほか表8では見られなかった姓もしくは諱から書き始める三事例がある。いずれも正光年間に書かれている。標題がないので、姓から書くことに合理性はあるが、二例までが諱から書いていて、姓がどこにも記されないという形になっているのは不可解である。蓋の存在を想定することで解決可能ではあるが(42)、蓋に標題の役割を委ねるとすれば、Ⅱのグループの事例に含めて考えることも可能であろう。字数の少なさという点で共通するし、ともに銘辞をもたないⅡとⅣの両グループは、性格が近接するように思われる。

Ⅲのグループは、表8では多くが官職から記載を始めたが、表9の墓誌では四例、そのすべてが熙平年までである。うち二例はその後あらためて序で官歴にふれる。また表8にも一例ずつあった姓から書き始める事例が永平に、卒日から書く事例が延昌にある。他の事例はすべて諱から書く方式で、これは神亀以後。つまり、Ⅲのグループは、標題こそないが、Ⅰのグループに書式が近づいたということになる。

Ⅱのグループであるが、表8ではⅠグループに見られた◆印の書式に類する事例が見られる。まず永平の楊範墓誌は姓名、字、本籍を標題に記し、熙平の劉顔墓誌は葬日を標題のトップに置く。孝昌の胡屯進は葬日、本籍、姓名の順で標題に記していて、標題以外は官歴のみである。表8で多かった標題の中に官爵を記載する事例は邵真墓誌のみ。逆にⅠグループに八例ある（司馬紹、孫標、郭定興、郭顕、元謐、元宝月、元珽、侯愔）。Ⅱでは、葬日を最初に書く事例が、高琨、渇丸瓌の二例。父祖から記すのが封魔奴の一例で、姓から記すのが寇偘の一例。Ⅱは定まった書式はないように見えるが、七例は諱から書く形となっている。表8でも◇以外は諱から書き始めていた。この書き方がⅡでは半ばに達するのである。

最後に圧倒的に数の多いⅠのグループについて述べる。ここでは、表８では一例もなかった⑤の家系から書き始める事例が目立つ。簡単に父祖の名と官職だけを書くものもあるが、父祖の妻とその父についてふれるものもある。楊氏のように遠祖に言及するものもある。それらを併せると二〇例、九・五％にのぼる。まず永平に、記載項目も字数も少ないが元君の例がある。次いで延昌に邢巒・邢偉と王紹、熙平に元睿と崔景邕・羊祉そして刁遵、正光に席盛・元秀・元尚之（家系の記述が七割強を占める）・元子直・郭顕、孝昌に于景・公孫猗、建義に元悌・元悛・元愔・王诵・王翊、太昌に弘農楊氏の侃・昱・順・遁・仲宣となっている。永平の頃からⅠのグループに家系から書き始める書式が行われるようになったということである。次に葬日を最初に書く事例がある。永平の元冏がそれであるが、葬日に続いて官職を記し、他方で本籍を記さないなど、他の墓誌とは異なるところが多い。いずれにせよ、葬日から書き始める事例はⅠの他の男性墓誌には見られない。表８に事例のあった標題の次に官職を書く事例は、神亀の元騰、正光の孫遼の二例があるのみであり、姓から書き始める事例も、熙平の楊播と楊舒、神亀の元祐と永平の元淑の四例にとどまっている。以上に対して、表８の段階で主流と目された、標題の次に諱、字そして本籍、家系と続ける書式が圧倒的に多い。

ただし、それらが各項目をすべて備えているわけではないし、その並べ方が全く同じであるとは限らない。しかし、②から⑪までの項目の多くを備え、享年と卒日をどちらを先に書くか、などといったあまり大きな意味をもたない差異は別として、項目の並びもほぼ数字順になる墓誌が多数を占める。これはまさしく定型化と言えるのであろう(43)。

その定型化した書式で、ふたつほどのバリエーションが見られることを指摘しておきたい。ひとつは、葬日を銘辞のあとに記すもので、元広、寇憑、奚真、元謐、崔鴻、元略、元瓚、元維、賈瑾、元延明、楊暐、元侔（誌陰）の一二例になる。葬地をも銘辞の後に置くものも少数だがある。葬日そのものと一致する場合もあり、しない場合もあるが、墓誌作成日を書くこともある。これはおおむね、銘辞の後である。

もうひとつは家系や家族の記事を銘辞の後に記すものである。まず⑤の家系の書かれる箇所に記載がなく、銘辞の後に記載されるケースで、熙平の楊熙僊・楊胤、正光の郭穎・王基の四例となる。両面に刻字があり、陰面に父祖の記載がある永平の元侔の事例もこれに属する。いったん⑤で簡単にあるいは抽象的に父祖についてふれたあと、あらためて銘辞のあとで詳細に記載するケースが、神亀の寇演、正光の元倪・元昭・元鑒之、孝昌の元煥・于進恩の六例ある。父祖という場合、単純に直系の父祖を述べるだけでなく、その妻と妻の父についても記すことが多い。父祖について記すだけでなく、墓主の妻（その祖先を記すことが多い）や子女（結婚している場合はその相手とその父について記すことが多い）について記載することもある。なお、永平の楊阿難は、男性祖先については⑤の位置で記し、曽祖母、祖母、母について末尾に記す珍しい事例である。次に⑤で家系について記したあと、銘辞の後に父祖や自らの妻子について記すケースがある。神亀の辛祥、正光の李璧、孝昌の元顕魏・寇治、武泰の元挙、建義の元彝、永安の元液、普泰の韓震[44]、太昌の元恭の九例である。最後に家系については⑤で記し、銘辞の後に自らの家族について記すケースがある。延昌の崔猷・邢巒・邢偉・皇甫驎、熙平の刁遵、神亀の寇憑、正光の奚真・李超、孝昌の元宝月・李謀・尹祥・元乂・崔鴻・秦洪・韋彧・元固、建義の楊済・元邵・元讞・元略・王馥、永安の元礼之・李略、普泰の赫連悦、太昌の長孫季・元徽、永熙の元爽の二六例となる（妻と記した場合、その父祖を含むことがある）。正光の李超は父祖にふれることなく、銘辞の後に自らの妻子について記す。自らの家族について序の部分に書く事例は羊祉・崔敬邕・叔孫協・席盛・于景の五例にとどまるから、序、銘辞を書き終えた段階で家族について記すというスタイルが、かなりの程度普及したことを理解できる。Ⅰでは三六例、一七・一％が末尾で家族に言及しており、序の部分における言及を併せると、一九・五％となる。もっともこれはⅠに限られない。Ⅱでは家族の記載がある事例が楊範・高琨・劉顔・

王舒・王遵敬の五例、三三・三％。Ⅲでは□伯超・趙猛の二例が、銘辞の後に家族への記載をもつ。一六・七％ということになる。全体として二割程度の墓誌が、家族に関わる言及を行っているわけである。

（５）墓誌の定型化

南朝宋においては、元嘉年間（四二四～四五三）に墓誌に銘辞を付す試みが行われ、以後銘辞をもつ墓誌が流行したとされる。銘辞をもつ墓碑には碑額があるのが通例であるから、墓誌にも誌額に相当する標題が付せられるのは、自然の成行であったろう。標題と銘辞を備え「墓誌銘」の語を有する実例は、四六四年には確認できる。ただし、宋や南斉には様々の書式が混じり、安定したスタイルを示す墓誌は梁に至って見られる。

一方、北魏では、南朝での銘辞の流行の情報を受けたのであろう、比較的早く銘辞を有する事例が現れたが、それは一般化しなかったようである。遷都直後から北魏の墓誌は標題と銘辞をもつものが主流となり、字数も二〇〇字を超えるものが多くなる。孝文帝は洛陽に遷された胡族の代の地への帰葬を許さず、邙山に宗室の墓域を定め、宗室以外の官僚もその周辺に少なからぬ墓を営んだ。この段階で、それまで墓誌を作成したことが確認できていない宗室をはじめとして、官僚には墓誌を作ることが求められたのではないか。少なくともそう考えないと、宗室が一斉に墓誌を作成し始めたことの説明がつきにくいように思われる。

この点に関係するかと思われるデータを示しておこう。『魏書』および『北史』に記載される宗室の人物のうち、洛陽遷都後から東西魏分立までの時期に死亡した者と、そのうち墓誌を有する者を表にしてみると、次の表10のようになる。太武帝以前子孫は死亡時期が上記の時期内か前後かを確定できない事例が多く、信頼性に欠けるので、景穆帝以後の四帝の子孫だけを扱う。伝に見える者に対する有墓誌者の比率をも掲載し、伝に見えないが墓誌を有する者

表10　墓誌をもつことが判明する人物の割合

	確定不可能	遷都~北魏末	有墓誌例	率	伝なき者の墓誌
景穆帝子孫	9	51	27	四五・〇	18
文成帝子孫	1	7	4	五〇・〇	3
献文帝子孫	0	22	14	六三・六	1
孝文帝子孫	1	4	2	四〇・〇	4
計	11	84	47	四九・五	26

の数をも示す。

没年が遷都から北魏末までではない可能性をもつ者を含めても、伝に記載がある者の半数が墓誌をもっている。遷都から北魏末までに没したことが確実な事例でいえば、墓誌をもつ率はさらに高く、五六・〇%となる。この数字は、遷都後、宗室はほとんどが墓誌をもつようになったことを反映しているであろう。伝に記載がないものについて見ても、明元帝子孫は、この時期に没した者は現行の正史ではひとりもいないが(45)、墓誌をもつ者は一三名の多きに達する。墓誌をもつ者も出たというレベルではないのである。

また、銘辞も標準のスタイルのひとつとして示されたのではないかと推測される。現在確認できる、遷都後最初に銘辞をもった元楨墓誌は、「帝緒昌紀、懋業昭霊、浚源流崐、系玉層城。惟王集慶、託耀曦明、育躬紫禁、秀発蘭坰。洋洋雅韻、遙遙淵渟、瞻山凝量、援風烈馨。巻命夙降、朱黻早齢、基牧豳檪、終撫魏亭。威整西黔、恵結東岷。旻不錫嘏、景儀墜傾。鑾和歇轡、委櫬窮塋。泉宮永晦、深埏長鋗。敬勒玄瑤、式播徽名。(帝緒は昌紀、懋業は昭霊、源を流崐に浚《ふか》くし、玉を層城に系《つな》ぐ。惟れ王慶を集め、耀きを曦明に託す。躬らを紫禁に育て、秀は蘭坰に発す。洋洋たる雅韻、遙遙たる淵渟、山を瞻て量を凝らし、風を援きて馨を烈しくす。巻命夙に降り、朱黻早齢よりす。基《はじ》め豳檪を牧し、終に魏亭を撫す。威は西黔を整え、恵は東岷に結ぶ。旻嘏《さいわい》を錫えず、景儀墜傾す。鑾和轡を歇め、櫬を窮塋に委ぬ。泉宮は永えに晦く、深埏は長えに錮《とざ》さる。敬んで玄瑤に勒し、式って徽名を播す)」と、長文ではないにせよ、祖先、本人の優れた性質と才能、官歴とよき政治を行ったことが述べられ、次いで、しかし天は長命を与えず、墓に葬ったこと、墓室は永遠に暗いが墓誌に刻みて名を後生に伝える旨が韻文で綴られる。このような銘辞をもった墓誌が突然に出現し、しかもそれが単独でなく一般化しているということを見れば、墓誌情報が一斉に共有されるようになった事情によるとしか考えられないのである。

　とはいえ、南朝の墓誌がそのまま北魏で再生産されたわけではないのではないか。宋・南斉における家系や家族に関する過剰とも思えるほどの記述は、北魏の遷都直後の墓誌にはないのであって、家系記載は概して淡泊であり、家族記載をもつものはあったにしても、やはり淡泊な記載にとどまっている。永平以降になって、標題に続けて家系から書き始める事例が出現するが、全体としては一割に満たない。また、遷都から景明二年（五〇一）までの銘辞八例を見ると、上の表11のようになる。

　それぞれの墓誌の銘辞が祖先、品行、経歴・官歴、死、哀悼、刻石に関してほぼまんべんなくふれるようになっている。しかもそれぞれに四句から八句を割り振る（刻石に関する表現は原則二句である）という字数上のバランスもきち

表11　銘辞の内容

	祖先	品行	経歴官歴	死	墓の状況	哀悼	刻石
元楨	○	○	○	○	○		○
元弼		△			○	○	
元彬	○	○	○	○	○		○
韓顕宗	○	○	○	○		△	○
元定		○		○		○	○
元羽	○	○	○	○	○		○
趙謐	○	○	○	○	○	○	
任城王妃	○	○		○		○	○

んと考えられている。これは南朝墓誌に見られた状況を発展させたものであると言えるのであろうが、それでも経歴や官歴に関する表現が、特に男性墓誌においてほとんどの場合に見られるようになっていることは、発展と言うよりは差と言った方が適切かも知れない。なお、もうひとつ注目すべきことがある。墓の周囲の状況や墓の中は永遠に暗いといった類の表現が多く見られるようになっていることである。もっとも、南朝墓誌ではわずかに劉岱墓誌で「窆説徒陳、泉門幽曖」という表現が見られるだけであるのと較べると、かなりの相違であるとは言えるが、北朝独特の表現とまでは言えないであろう。

標題と銘辞をもった元弼墓誌は四九九年に作られているが、同墓誌は記載項目も追贈と葬日以外は揃っており、記載順もその後の墓誌の大多数と同じである。つまり、この段階で北魏墓誌は完成化の段階に入ったと見てよい。ただし、字数を見ると、表8の段階では五〇〇字を超えるものは二例しかない。皇子である元楨や元羽にしてもそれぞれ二九五字、一七六字である。だが、表9の段階になると、多くの字数で書かれた大型の墓誌が相次いで出現する。字数の多さは、墓主の経歴記載が詳細化したのが最大の因であるが、銘辞の長文化（一〇〇句を超える銘辞の事例もある）や、家系、家族記載の多さ、など様々な要因がある。

そのような大型化の中で、記載順にはっきりした傾向が見られるようになる。標題の次に諱が書かれる形式が多くなるのである。これは先述したように特にⅠのグループに顕著であるが、Ⅱ、Ⅲのグループでも、永平以後にはそれぞれ七例、六例と多くなり、Ⅳのグループでも、同じく永平以後には新たに見られるようになってくる。つまり項目の並び順でも諱から書き始めるケースが圧倒的に多くなるのである。これは北魏墓誌の定型化の完成を意味するであろう。なお、定型化といっても、ひとつの型に収斂するわけではないことはあらためて確認しておく。

おわりに

墓誌を論ずる場合書体の検討ははずせないが、本章ではそれにはまったくふれえなかった。また記載内容自体の検討も形式面にとどまっている。墓誌は何を目的として作成されたのか、それが理解されなければ、定型化の問題は解決したとは言えないのである。遷都以後の北魏でなぜ墓誌の作成が行われる「必要」があったのか、これも重要な問題である。これら問題が残っていることを確認して、墓誌の成立と定型化の過程についての検討をひとまず終える。

註

（1）福原啓郎「西晋の墓誌の意義」（礪波護編『中国中世の文物』京都大学人文科学研究所、一九九三）。墓誌の起源に関する先行研究については、それを詳細に記す福原論文に委ねる。福原氏以後の墓誌起源に関する言及としては、趙超『古代墓誌通論』（紫禁城出版社、二〇〇三）参照。また黄金明『漢魏南北朝誄碑文研究』（人民文学出版社、二〇〇五）も参照した。なお、被葬者が誰であるかを告知するために墓中に埋納された名刺簡も、墓誌の起源を考える上では無視できない（関尾史郎「魏晋〝名刺簡〟ノート――長沙呉簡研究のために」〈『新潟史学』六〇、二〇〇八〉参照）。

（2）A形式とB形式をつなげる考え方も当然存在する。趙超氏は立碑禁止令が出されたものの、他方で銘刻をもって墓葬の標識とする（つまりA形式の）観念は急には改まらず、銘刻は地下に入ると考えている。

（3）中村圭爾「東晋南朝の碑・墓誌について」（同『六朝江南地域史研究』汲古書院、二〇〇六、初出一九八八）。なお、宋の墓誌から表題・銘辞をもち、梁に至って完成形態になるという点は、出土墓誌に基づいて羅宗真氏が指摘していると、中村氏は述べる。

（4）銘にはふたつの意味がある。葬礼において死者の柩の傍らにある銘旌や、後述する早期の墓誌に刻される「某之銘」のような、識別の目的で用いられる銘と、韻文で紀徳の目的をもつものである（中田勇次郎「中国の墓誌」〈同氏編『中国墓誌精華』中央公論社、一九七五〉）。本章では前者を銘、後者を銘辞と記して区別する。

（5）中村圭爾「江南新出六朝墓と墓誌」（註（3）所掲同氏著書所収）。

（6）川合安「東晋の墓誌」（平成一四年度東北大学教育研究共同プロジェクト成果報告書『〝歴史資源〟として捉える歴史資料の多角的研究』二〇〇三）、「東晋琅邪王氏墓誌について」（同『南朝貴族制研究』〈汲古書院、二〇一五〉第十一章、初出二〇〇七）。

（7）以下、A形式を含め、西晋の墓誌については、福原氏前掲論文が詳細な検討を行っており、それを参考にした。同論文に取り上げている墓誌の中で、鄭舒・劉氏などの残欠の墓誌は省く。徐文□は墓碣であって通常の墓誌とは異なると思われること、馮恭は石郭に刻された題字であることから、本章では取り扱わない。魯銓は墓誌の体例に大きく違うので、ここでは省略する。福原氏は偽刻の可能性を考えている。杜謖墓誌は、上部に鎮墓獣が描かれているようであり、性格に不明のところがあるので、除外しておく。王□侯墓誌は、上段の額らしき区画に六二字という長文の碑額に類する記載があり、郭玉堂『洛陽出土石刻時地記』を参考に『北図』の拓本を見ると、最終は「之碑」と記す。円首の碑の形式であり、小碑形の墓誌と考えることもできるが、拓本の状態が悪く、下方および陰の記載内容が判読困難であることにより、本章では考察外とする。ただ、福原氏は、碑額の中に墓誌の要素が入っているという点は和国仁墓誌と共通であるとしている。なお、この「碑」は陶製であり、厚さも一寸程度とされ、薄い。高さは六四㎝。他方、新たに『碑林』で夫人趙氏、張永昌墓誌を、また『輯繩』により斉慈妻墓誌を補う。なお、同書には張君、夫人劉氏墓誌をも収めるが、これらはレリーフ部分に連続していて、その石刻の性格が判然としないので、ここでは考察の中には含めないでおく。また同書の南陽王妃墓誌は偽刻の疑いがあり、楊駿墓誌は残欠であるので、ともに省く。また房宣墓誌も偽刻の疑いがあるので（福原啓郎論文参照）、これも考察に入れない。

（8）前註所掲の『輯繩』に収める羊祜墓誌は、小碑形墓誌である可能性がある。しかし、劉韜墓誌と形式がほぼ同じであり、かつ書体が酷似している。房宣墓誌と同じく偽刻の疑いがあり、ここでは取り上げないこととする。

（9）李儲森等「山東発現東漢墓誌一方」（『文物』一九九八―六）。

（10）馮恭は多く墓誌として扱われる。しかし、石槨に書かれた題字であって、独立性を欠く。よってここでは取り上げない。一八字で、葬の年月から書き始め、本籍、官職、姓名を記す。内容は小碑形の裴祇や和国仁墓誌に類似する。

（11）張鎮の場合、半ばは妻の記述となっていて、夫妻の合同の墓誌のような体裁となっている。川合安氏は妻の墓誌として考えているが、『彙編』では張鎮の墓誌とする。本章は男性の墓誌の記載内容を主として分析しようとするので、夫関係のものだけを取り出す。

（12）以下、東晋と南朝の墓誌については、中村圭爾氏註（3）、註（5）前掲論文、川合安氏註（6）前掲論文を参照した。ただし、両氏の論文に記載があっても、碑面摩滅や、録文が完全でなく、内容が把握できないなどの理由で、取り上げていないものもある。梁の安平王蕭秀・南平王蕭偉・桂陽王蕭象墓誌などである。

（13）この墨書墓誌は改葬に伴うものである。その故であろうが、末尾に「魂来帰墓」とあって、他の墓誌と同列に扱ってよいかどうか、問題がある。ではあるが、記載の内容は他の墓誌に通じるところがあるので、取り上げた。

（14）劉媚之墓誌は石誌のほか磚誌もある。

（15）標題がないのに姓も記していない王丹虎墓誌は、父王彬の官職姓名が最初に書かれているから特に記載されなかったもの。王興之の事例は理由がわからない。

（16）川合氏註（6）前掲論文は、東晋の墓誌について、一般に字数が少ないこと、内容が事務的な記述が大部分を占めるとしている。

（17）王企之、王建之墓誌などの「故刻石為志」「故刻石為識」も同じである。ただし、これらの文言をもつ墓誌が、彼等の妻の墓誌を含めて琅琊王氏一族に集中していることは、あるいは別の意味をも示すものかも知れない。

（18）川合氏註（6）前掲論文は、別の根拠を挙げて、謝温が無官であった可能性を述べている。

（19）五胡時期の墓誌については、兼平充明「書道博物館蔵〝後秦呂憲墓表〟について」（『明大アジア史論集』七、二〇〇二）を参照した。侯燦・呉美琳『吐魯番出土磚誌集注』上（巴蜀書社、二〇〇三）には、表に取り上げた沮渠封戴のほかに、張希宗・張幼達・張光明の三磚誌を載せて、北涼滅亡後の沮渠氏政権時代のものとする。しかし朝代が刻されていないので、ここでは取り上げない。三墓誌とも二〇字前後で、官職、本籍、姓名、夫人の順に記し、「墓表」の語が末尾にある。

(20) 呂憲・呂他の二誌は、行数と一行あたりの字数が異なるほか、字体、内容が同じであり、葬日までも一致している。両者は後涼の君主呂光の一族で、後秦に敗れて長安に移された（『文物』一九九七―一〇）。梁舒墓誌は武威から出土し、『文物』一九八一―二に紹介がある。呂憲墓誌の原石は日本の書道博物館蔵。李廆と定遠侯・田煚の三墓誌は、『疏証』によった。

(21) 宋乞は東晋の太元年間（三七六～三九六）に死去していたが、妻との合葬に際して、わずかに差異のある三種の墓誌を作成した。それぞれ本人と妻、両者合葬の墓誌とされる。ここでは本人の墓誌と思われるものを取り上げた（『疏証』宋乞墓誌）。謝濤と宋乞の墓誌が家系記事から始めるのは、先述したこの時期の傾向を反映したものであろう。その次に自らの官職を述べる点、謝濤墓誌は温嶠墓誌に類似すると見られ、官職に恐らく就かなかったであろうから官職記載を欠くが、宋乞墓誌は謝濤墓誌ひいては温嶠墓誌に類似すると言えるようである。

(22) 蕭崇之妻（王宝玉）墓誌は、一九九〇年代半ばに南京市から出土した。二一字×一三行。徐湖平総主編『古代銘刻書法南京博物院珍蔵系列』（天津人民美術出版社、二〇〇三）による。

(23) 現在全体の構成を確認できる梁の墓誌は帝室関係がほとんどであり、それらには共通性がある。ひとつは多くが長文であることで、詔文をそのまま引用することも多い（追贈や策命の場合。桂陽王・同妃・永陽王・同妃）。父祖の記載はおおむね簡略化し、永陽王の場合は皇帝の次兄とだけ書かれる。自身の家族（妻や子、その配偶者と配偶者の親）については、桂陽王妃は末尾にあり、永陽王が追贈の記載の前にごく簡単にふれるが、他は記載がない。父祖と家族に関する記載の少なさは、皇族としての特殊性からきたものという可能性があるが、あるいは宋・南斉時期からは記載内容が変化したことを意味するのかも知れない。程虔墓誌は標題、銘辞ともに欠けていて、かつ官職から書き始める形式は東晋の王企之らの墓誌に類似するが、家族についてふれず、逆に自らの品行について言及がある点が、東晋代とは異なるようである。

陳の墓誌は非常に少ない。衛和墓誌は一通りの記載内容を備えているが、記述量が少なく、銘辞は六句二四字にすぎない。何よりも父祖や家族に関する記載がないのが、それまでの墓誌と異なるところである。黄法氍墓誌は字数が七〇〇字を超えるようだが、摩滅して判読できない箇所が多いので、言及を控える。

(24) 中村氏前註（３）所掲論文。

(25) 北魏の墓誌については、梶山智史「北朝墓誌所在総合目録」（『東アジア石刻研究』創刊号、明治大学東アジア石刻文物研究所、二〇〇五）に依拠し、同目録に未掲示のものだけを註記する。なお、同目録は存目だけのものなどをも掲載しているが、本章は記載内容が不明のものは取り上げない。なお、少数ではあるが、同目録記載の墓誌で検討できなかったものがある。

(26) 表7所掲では、叱干渇侯と楊衆慶墓誌が『文物』二〇〇六―一〇にあり、韓弩真妻墓誌は殷憲「北魏早期平城墓銘析」（『北朝研究』一、一九九九）で紹介されている。

(27) この墓誌を紹介した殷憲氏によると、大同市内で購入した拓本とのことである。出土地は不明（同氏前註所掲論文）。

(28) 司馬金竜の墓からは、墓誌と同内容を刻し、墓表の文字を含む八字の碑額をもつ墓表も発見された。墓表は墓門の上部の位置にあり、墓誌は後室に通じる甬道にあったという（『文物』一九七二―三）。

(29) 曹汎「北魏劉賢墓誌」（『考古』一九八四―七）参照。

(30) 趙超氏は、劉賢墓誌には西晋時期の小碑形の墓誌の伝統が継承されたと考える（趙氏註（１）前掲書、五一頁）。劉賢は元来は朔方の人で、太武帝の時に燕地に徙民された。故にその喪葬のあり方には朔方のそれが影響したと考えることもできる。

(31) 堀内淳一「馬と柑橘――南北朝間の外交使節と経済交流」（『東洋学報』八八―一、二〇〇六）。

(32) 墓地購入に関わる三行五〇字は、字体もそれ以前と明白に異なる。

(33) 殷憲氏は、平城近辺には華北各地から来た様々な政治集団の漢族が住んでおり、墓誌の多様性はそれを反映していると言う。この判断の背景には、平城時代の胡族の墓があるのに、そこからは墓誌が発見されていないということがある。殷憲「一方鮮為人知的北魏早期墓誌――申洪之墓誌」（『北朝研究』一九九八―一）、および同氏前註（26）所掲論文参照。

(34) 楽生には、取り上げた墓誌のほかに「陽平楽生之柩」の磚も残されている。魏雛にも（イ）形式の墓誌のほかに、「元康八年二月甲戌朔十日将軍魏君之神柩也」という石柱柩銘がある。

（35）梶山氏の目録にない墓誌とその出典は以下の通りである。伊某妻：『選編』、盧萇：礼県老年書画協会・礼県博物館編『礼県金石集錦』二〇〇一）。なお、伊某妻墓誌は両面に刻されている。李詵墓誌は、墓が雨で損壊したため作り直した際の、墓誌というよりは墓地についての記述となっている。また、員標は磚に刻されていて、標題は磚の側面に刻されている。内容的には石誌のそれに類する。磚表面の刻文は完結しておらず、続きの磚があったのではないかと考えられている（『疏証』二六）。

（36）太和一八年（四九四）の陶浚墓誌が標題をもっている。ただし、この墓誌には偽刻の疑いがあるとされるので、除外した。註（25）所掲梶山氏目録参照。

（37）盧萇は范陽の人で、任地の梁州で死去し、その地に葬られた。

（38）註（25）所掲梶山氏の目録に載せられている墓誌のうち、女性墓誌、残欠の多い墓誌、存目のみの墓誌を除いたが、さらに以下の墓誌が未見。楊恩・楊祖興・郭翼・馬郝標・封竜・于泰・李林・元匡・李盛墓誌。一方、元暉・叔孫協・寇慰・薛広智の各墓誌を補った。なお、賈思伯墓誌はⅡグループに属するが、判読困難な箇所が少なくないので、本章では扱わないこととする。

（39）元淑墓誌は陰陽両面に刻されていて、小碑形の可能性がある。とすればⅢにも一例あることになる。また元均之墓誌は三面に刻されていて、方柱墓誌の可能性が高い。これはⅡグループに属する。

（40）李道勝墓誌は、『彙編』録文によると、葬日前に意味がはっきりしない句が置かれているが、中央の葬日から書き始める本文の附属の語句である可能性が考えられる。

（41）『疏証』五七参照。

（42）標題がない墓誌の場合、序で姓を記すのが通例である。ただし、そうなっていないものもある。女性の墓誌では、夫の姓名を記して、その夫人であることを表明するだけで、姓を記さないことが比較的多い。男性の場合について表7所掲以後北魏末までの墓誌を調査すると、標題にも序にも姓が記されていない事例が五例ある。うち劉滋墓誌は子が父の墓誌銘を作成した珍しい事例で、漢の中山王の子孫という記述で劉姓が判明する。甄凱（正光六年）と李謀（孝昌二年）墓誌は蓋に姓が記されている。元瑒（正光五年）と元弼（普泰元年）墓誌もやはり現在は残されていない蓋に姓が書かれていたのであろうか。ちなみに両者はそれぞれ明元帝、景穆帝の子孫と書かれているから、元姓であることはわかる。なお蓋に「黄県都郷石羊里鞠彦雲墓誌」と刻された鞠彦雲墓誌（正光四年）の場合は、序では本籍記載がない。また誌額に「賈散騎之墓誌」と刻された小碑形の賈瑾墓誌（普泰元年）は別に標題をもたないが、序では姓が書かれない。これらのことも、蓋に姓が刻されていた故に姓が墓誌本体に書かれなかった可能性を示すようである。ただ北魏の墓誌で、そのことを確認することはできなかった。

(43) 趙の神平二年に作成された王真保墓誌がある。北魏末の内乱の過程で甘粛東部に成立した趙国の司徒となった人物の墓誌である。この墓誌は標題、諱、本籍、家系、品行、官歴、享年、追贈、銘辞という順序で記され、末尾が誌の作成日（葬日にあたる）という内容となっている。家系の部分が非常に詳細であり、葬日が末尾に記されるなど、特色があるが、卒日の記載がない事例は他にもあり、おおむね、北魏墓誌の体例に合致するとしてよい。北魏における墓誌の定型化を支える墓誌であると考える。この墓誌については、梶山智史「大趙神平二年〝王真保墓誌〟について——十六国北朝時期における〝匈奴〟の一側面」（『駿台史学』一一九、二〇〇三）参照。

(44) 韓震墓誌は両面に刻され、それぞれに標題がある。陽面は家系の記載がごく簡略という点を除けば、通常の墓誌と変わらない。陰面は首行に標題が再度書かれ、次行以後は父祖および自らの家族に関する詳細な記載がある。変形であるが、陰陽両面でひとつながりの墓誌であると考えられる。

(45) 楽安王子孫以外は、明元帝の諸皇子の後は爵除、国除により絶えている。

補註　殷憲「蓋天保墓磚銘考」（『北朝研究』六、二〇〇八）で紹介された蓋天保墓誌は、この時期の墓誌として重要であるので、表7に補った。

（二〇一六年記）

補記1　本稿は二〇〇七年に武漢大学を会場とした魏晋南北朝史国際学術研討会暨中国魏晋南北朝史学会第九回年会に参加するに当たり提出した論文に、大幅な加筆を行ったものである。なお、執筆に当たり、明治大学東アジア石刻文物研究所ならびに淑徳大学書学文化センターで資料閲覧の便宜を与えられた。このことを記し、感謝申し上げる。
（二〇〇九年記）

補記2　上記学会に提出した中文版「墓誌的起源及其定型化」はその後『魏晋南北朝史研究：回顧与探索――中国魏晋南北朝史学会第九届年会論文集』湖北教育出版社、二〇〇九）に収められ、またダイジェスト版が『立正史学』一〇五、二〇〇九に「墓誌の起源とその定型化」として収められている。
（二〇一六年記）

第2章　遷都後の北魏墓誌に関する補考

はじめに

第一章で述べたように、北魏が洛陽に遷都した太和一八年（四九四）の直後から、第一行に被葬者が誰かを示す「標題」をもち、次に被葬者について述べる「序」があって、最後に銘辞を記す墓誌が作られるようになる。そして序の中で記載される要素がほぼ固まるとともに、それらがほぼ一定の順序で記載されるようになる。これを筆者は墓誌の定型化と見なし、洛陽遷都後十数年後の永平年間（五〇八～五一一）にはほぼ定型化と言ってよい状況になったと考えた。

しかし、その検討は、

標題、諱、字、姓、本籍、家系、品行、官歴を中心とする経歴、卒日、享年、卒地、謚や葬費の賜与などの追贈、葬日、葬地、銘辞

という各要素の有無とその記載順序の分析にとどまっていた。ところで、諱や字、姓、本籍などは書き方に変化が乏しい。卒日、享年、葬日も同様である。葬地はもちろん被葬者によって異なるが、書き方の基本は同じである。しかし、家系や品行、経歴は墓誌によって書かれる内容が大きく異なる。墓誌がどのように発展して行くのかを見る場合、要素の存在の有無だけでなく、要素の中身の分析にまで踏み込む必要がある。

また、前章では帝室元氏とその他の人々を区別していなかった。元氏一族でも、孝文帝の改革では、北魏皇帝の子孫と、帝国成立以前の代国時代の王の子孫に区別を設けている。その区別が墓誌の内容に相違をもたらしているかどうか、あるいは元氏と元氏以外の人々の墓誌は同じであるのかどうか、作成地域の差があるのかどうか、それらも検討しておく必要があろう。以上のような検討によって、北魏の墓誌が、全体としては次第に定型化に向かうにせよ、前章で記したような単純な道筋の理解でよかったのかどうかが明らかになるのではないか。

さらには、前章で遷都後最も早く出現したとした元楨墓誌より早い時期に作成された墓誌二方——馮熙・馮誕墓誌——の発見がその後報告された。その分析によって、遷都後の墓誌が作成されるに至る事情に、これまでより明確な理解を得ることができるように思われる。遷都後の北魏の墓誌について敢えてあらためて論ずるゆえんである。

一　遷都直後の墓誌に見られる相違

「はじめに」で述べた課題に取り組む前に、遷都直後といってよい時期に作成された三墓誌——（A）皇子の事例として太和二〇年（四九六）、遷都後最も早く作成されたとされてきた元楨墓誌、（B）代王子孫の事例として太和二三年作成の元弼墓誌、[1]（C）元氏以外の事例として景明三年（五〇二）作成の穆亮墓誌[2]——を取り上げ、その記載内容を比較しておきたい。今後の行論、特に第三節の議論に関わるからである。

（イ）墓主の表記

A：使持節鎮北大将軍相州刺史南安王楨、

B：魏故元諮議墓誌銘。君諱弼、字扶皇、

C：太尉領司州牧驃騎大将軍頓丘郡開国公穆文献公亮墓誌銘。

標題、姓、諱、字に関わる部分であり、いずれも墓誌の最初に記されている。Aは標題がなく、これは序の書き出し部である。官職と諱が書かれ、姓と字は書かれていない。Bは「銘」までが標題で、「君」以下は序の書き出し部。Cはこれ全体が標題で、標題の中に姓と諱も含んでいて、序には姓・諱を記さず、従って字も書かない。墓主の記載は墓誌には不可欠であるが、この時期にはこのようにまだ揺れが大きい。しかし十数年を経過するとBのタイプが主流となる。なおこの部分に関しては、蓋の存在を考慮しなければならない。蓋は通常「〜某公墓誌銘」と書かれる。「某」は姓である。つまり標題に類似するのであって、それが標題の有無、ない場合の序の書き出しに影響するのではないかと考えられるのである。蓋が闕けている墓誌は多数にのぼり、A、B、Cともにそうである(3)。

（ロ）本貫表記

A：なし。

B：河南洛陽人也。

C：なし。

墓主記載の次に書かれる。景明四年（五〇三）頃までは本貫記載がないものが三分の二ほどあり、挙げた事例でも二例に記載がない。しかしその後はほとんどが記載するようになる。

（ハ）家系、つまり祖先の表記

A：恭宗之第十一子、皇上之従祖也。

B：高祖昭成皇帝。曽祖根、清河桓王。祖突、肆州刺史。父嵩、秦雍二州刺史隴西定公。

C：高祖崇、侍中太尉宜都貞公。稟蕭曹之資、佐命列祖、廓定中原、左右皇極。曽祖闥、太尉宜都文成王。以申甫之俊、光輔大宗、弼諧帝猷、憲章百辟。尚宜陽公主。祖寿、侍中征東大将軍領中秘書監宜都文宣王。含章挺秀、才高器遠、爰毗世祖、剋広大業、処三司之首、総機衡之任。尚楽陵公主。父平国、征東大将軍領中書監駙馬都尉。位班三司、式協時雍。尚城陽長楽二公主。四葉重暉、三台畳映、余慶流演、実挺明懿。

本貫記載の次に書かれている。Aの恭宗とは太武帝の子で帝に先立って死去した皇太子を指し、景穆帝と諡され、その子たちは皇子の扱いを受けた。Bの昭成帝（追尊）は旧代国最後の王で、道武帝の祖父にあたる。Cは北魏建国に功績のあった高祖父から記し、父祖の官爵以外に簡単な業績をも記しているほか、その妻をも記載している。

（二）墓主の品行、才能に関わる記載

A：惟王体暉霄極、列耀星華、茂徳基於紫墀、凝操形於天儀。用能端玉河山、声金岳鎮、爰在知命、孝性諶越、是使庶族帰仁、帝宗攸式。

B：君祏緒岐陰、輝構朔垂、公族載興、仁驎攸止。是以霄光唯遠、綴彩方滋、淵源既清、余波且澈。君体内景於金水、敷外潤於鍾楚、名標震族、声華枢苑。臨風致詠、藻思情流、鬱若相如之美上林、子雲之賦雲陽也。然凝神瑋貌、廉正自居、淹辞雅韻、顧眄生規。

C：なし。

家系に続いて記されるが、基本として典故を多く用いた四字句、六字句で構成され、対句も多用する。従って抽象的な表現になることが多い。Aはその典型であろう。Bの前半部は祖先の余慶を受けた存在としての墓主という捉え方であるから、祖先の部分に含めてもよい。後半は本人について述べ、司馬相如や揚子雲が引き合いに出されているが、具体的な記述ではない。Cは記述なし。景明四年（五〇三）頃までは記述のないケースが三分の一強あるが、その後は多くが記述するようになる。

（ホ）墓主の経歴、官歴の記載

A：曁宝衡徙御、大訊群言、王応機響発、首契乾衷、遂乃寵彰司勳、賞延金石。

B：釈褐起家為荊州広陽王中兵参軍。頗以顕翼荊蛮、允彼淮夷、接理南嵎、而竹馬相迎。還朝為太子歩兵校尉。自以股肱皇儲、温恭夙夜。然高祖孝文皇帝思袞職之任、懐託孤之委、以君骨鯁之風、遷為太尉府諮議参軍。

C：公弱冠登朝、爰曁知命、内賛百揆、外撫方服、宣道揚化卅余載。

品行に続いて記載されるのが普通である。官職名は字数不等であるから、この部分はきれいな四六文にはならないはずである。それでも官職名を除けば、四字句、六字句にしようとする志向は多くの墓誌に共通する。Aは、洛陽遷都に際して功績があり、褒賞を受けたというだけで、具体性を欠いている。就任した官職名や受けた王爵名は（イ）にあり、この部分には記載されていないのである。それに対してBでは、起家官からその後転じた官職が、就任前後の情況を含めて叙述されていて、具体的である。Cは起家してから知命の年にいたるまで、内外の要任に就いたことを概括的に述べるだけで、具体性を欠いている。具体的な官爵名は（イ）に記されている。

（ヘ）死去に関する記載

A：而天不遺徳、宿耀淪光、以太和廿年歳在丙子八月壬辰朔二日癸巳、春秋五十、薨於鄴。

B：壮志焉達、禄願已終、昊天不弔、殲此良人。春秋卌七、以太和廿三年九月廿九日、薨于洛陽。

C：以景明三年歳在壬午夏閏四月晦、寝疾薨于第。

官歴に続いては、優れた人物なのに、天は長命を与えないという意味の叙述が、表現は異なるが、内容的にはほぼ共通して、四六文で記される。その後に某年に某歳で某地でなくなったことを記す。この箇所は具体的にならざるをえず、字数は不等である。享年、卒年、卒地のいずれかが欠けることがあり、且つ記載の順序は一定しないが、特に問題とすることではない。

（ト）寄せられる哀悼の意や皇帝からの贈謚、贈官や賜物の記載

A：皇上震悼。謚曰恵王、葬以彝典。

B：なし。

C：天子震悼、群公哀慟、賵襚之礼、有加恒典。

死去に続いて記載されるが、必ずしも記されるわけではない。謚が空欄のままの墓誌も少なからず見られる。ここではBに記載がない。

（チ）葬の日時と葬地

A：以其年十一月庚申朔廿六日乙酉窆於芒山。

B：与夫人張氏合窆于西陵。

C：維大魏景明三年歳次壬午六月丁亥朔廿九日乙卯。

（へ）または（ト）に続くが、これは具体的な記述にならざるをえない。Bは葬年月日が記載されていない。通常、この墓誌は太和二三年のものとして扱われるが、それは没年記載によるのであって、墓誌作成年がその年内であったかどうかは不明である。またこの墓誌の場合、夫人との合葬が記される。Cの場合、この記述は銘辞のあとの最終行に置かれている。故にこの年月日は葬日なのか、墓誌作成日なのか、不分明であるが、葬日であろう。

（リ）墓誌を刻する旨の記載

A：松門已杳、玄闥将蕪、故刊茲幽石、銘徳熏壚。

B：趙郡李珍、悲春秋之無始、託金石以遺文。

C：乃刊石立銘、載播徽烈。

（チ）に続いて述べられるが、ほとんどが短い四六文で構成される。Bの李珍は墓誌の撰文者であったと想定される。撰文者が判明する事例は北魏の場合ごく少ない。

（ヌ）銘辞

A：二六句、一〇四字

B：二〇句、八〇字

C：三二句、一二八字

最後に「其辞曰」「其詞曰」などの後に続けて、改行して記される。Aは一行一八字で一七行、実数は二九五字、Bは一行二〇字で二〇行、実数は三三八字で、Cは一行二二字で二〇行、実数は四〇一字である。いずれもまだそれほど大型ではない。銘辞はそれぞれ三五・三%、二三・七%、三一・九%と、かなり大きな比重を占めている。

以上のことから、次のことが言えよう。三墓誌の間で差が大きいのは（ハ）の家系の記載であり、（ホ）の官歴記載の差。Aでは官爵名が最初に置かれていることも大きな相違である。他方、（ロ）（ヘ）（ト）（チ）（リ）には、書かないことがあるものが存在しているにせよ、大きな差は生じない。（イ）は相違が大きいように見えるが、蓋が伴った場合には差はさほどではなくなる可能性がある。（ニ）の品行記載は、扱う内容、表現方法が千差万別で、むしろそのことが重んじられたであろう。（ヌ）の銘辞は、多くの場合、序の内容を韻文で表現したもので、本章でとくに取り上げる必要はないであろう(4)。

よって、本章では、分析の中心を家系、官歴に置き、他の項目では、（チ）のBの夫妻合葬のような注目すべき記載があれば、取り上げることとする。また、上記三墓誌の中には見られなかったが、北魏でも墓誌主の妻子の記載が見られるようになって行くので、祖先の妻の記載とともに取り上げることとする。また上記の字数はいずれも三〇〇～五〇〇字の間に収まるが、墓誌は時期が経つにつれ大型化の傾向を示すので、それも検討対象とする。

二　墓誌主から見た墓誌記載内容の異同

遷都直後から孝明帝の治世の最終年である孝昌三年（五二七）までに作成された墓誌を対象に、墓誌主をグループに分け、それぞれのグループごとに祖先、家族、官歴などの記載状況を、墓誌の字数とともに六四頁以下に掲載する**表1**に示す。グループごとに上記項目の記載がどのように異なるのかを見るためである。

取り上げた墓誌は、梶山智史氏作成の所在目録[5]掲載のものに限定した。同目録に掲載されない多数の墓誌が最近紹介されているが、二〇〇余を数える墓誌でさしあたりおおまかな傾向を知ることができると考えたからである。同目録掲載のものでも、短い記録的な墓誌であるので磚誌は省き、また官歴記載を有しないので、僧侶墓誌や女性墓誌も対象外とする。また欠字の多い墓誌（例えば正始元年の崔孝芬族弟墓誌）も十分なデータが得られないので除外する。[6]

グループ分けの基準は以下の通り。まず大きく元氏と元氏以外に分け、さらに前者を皇帝の子孫（王であった者は皇子、始蕃王、二蕃王、三蕃王の別を括弧内に記す）と代王の子孫に分け、後者を葬地によって洛陽と地方（＝洛陽以外の地）に分ける。

取り上げる項目について説明すると、まず字数であるが、墓誌の文字数を五つのクラスに分けて記号で示した。一〇〇〇字以上は◎、八〇〇～九九九字は○、五〇〇～七九九字は□、三〇〇～四九九字は△、二九九字未満は▲とする。但し実数ではなく、一行の字数に行数を掛けた数値による。次に標題の有無、銘辞の有無、官歴記載の有無を〇

×で示す。銘辞は磚誌などごく簡略なもの以外はほとんどの墓誌が備えているから必要はないかとも思うが、すべてが備えているわけではないので取り上げることとする。標題は、就任官職が標題にしかない墓誌が相当数あるので、それを示す目的もあって取り上げる。官歴欄に「標題」と記入されているのがそれである。それ以外の注目すべき就官に関する記載は「特記」欄に書く。次に祖先と家族。父と祖父についてはほとんどの墓誌が書くので、「父祖以外の家族」欄を設け、父祖以外の祖先や家族についても記載のあるものを記す。父と祖父についてはそれぞれの妻関係の記述ある場合にのみ、この欄に書く。父と祖父の記述がない場合はその旨を記す。「～以下」のように記しているのは、曽祖父あるいはそれ以前から記載があることを示す。墓誌は基本的に「作文」されるが、詔や発言を引用することがある。このような特に注目すべき記載がある場合は、「特記」欄に記した。なお、元氏と元氏以外に大別して、それぞれに葬年順に番号を付した。本章の後述の議論においては墓誌の名称を示さず、番号のみを用いる。同一年の墓誌の場合、月の前後は区別しない。

以下、**表1**に基づいて検討を加えよう。

（1）元氏の場合（a）——皇帝の子孫の場合

皇子は五一六年までの五例中三例が三〇〇字未満であり、2は△であるが実数は三〇〇字未満。残る3も後半部が欠けているが、正方形の墓誌（七〇・二㎝四方。右半分三一・七㎝残存）として推定すると一八字×一七行であり、五字のみの行があるから、実数は三〇〇字を割り込むであろう。五一七年の31で三〇〇字以上五〇〇字未満の事例が出るが、これとて一行一六字で二〇行、実数はわずかに三〇〇字を超えるのみである。その後五二五年の65まで皇子の事例はないが、65の場合、一挙に一〇〇〇字を超える大型墓誌となっている。

番号	元氏以外							
	洛陽埋葬	地方埋葬	字数	標題	銘辞	官歴	父祖以外の家族	特記
1	馮熙		△	○	○	標題	遠祖、妻の父・妹	
2	韓顕宗		△	額	○	額	高祖と父、自らの妻	小碑形
3		趙謐	▲	○	○	標題	父祖もなし	銘あるも序なし
4	穆亮		△	○	○	標題	高祖以下詳細、その妻	撰文者記載
5		李伯欽	△	○	○	標題	父祖とその妻	国子学生
6		員標	▲	○?	×	○	遠祖・曽祖父・父	標題は磚側
7	張整		▲	○	×	○	５世の祖のみ	
8		封和突	▲	○	○	標題		小碑形
9	李蕤		△	○	○	○	末尾に父祖と妻、本人妻	
10	崔隆		△	○	○	○	父の妻、自らの妻子	
11	寇臻		△	×	×	○	本人妻、最初に没年、次に官歴	
12	寇猛		▲	○	×	標題	曽祖以下とその妻	
13	宗慤		▲	○	○	○	父祖もなし	
14	奚智		▲	×	×	不仕	曽祖以下やや詳細、妻と合葬	小碑形
15	王瑆奴		□	額	○	○	高祖以下	小碑形
16		趙超宗	△	○	×	○	近祖１名	贈官の詔引用
17	穆循		△	×	○	○		蓋あり
18		楊恩	▲	○	×	標題	遠祖以下	末尾に小字で遷葬起誌事情記載
19	司馬紹		△	○	○	標題	高祖以下（過半）	
20	司馬悦		□	○	○	○		

表１　墓誌の内容　　註：左右見開きで１つの表を構成。

年号	西暦	番号	元氏							
			皇帝子孫	代王子孫	字数	標題	銘辞	官歴	父祖以外の家族	特記
太和19	495									
太和20	496	1	元楨（皇子）		△	×	○	序初		最初に官名
太和22	498	2		元偃	▲	×	×	○	父祖もなし	詔で官歴をつなぐ
太和23	499	3	元簡（皇子）		?	×	?	序初		最初に官名、後半闕
		4		元弼	△	○	○	○	高祖以下、妻合葬	官歴詳細、撰者名
		5	元彬		△	×	○	○		最初に官名
景明１	500	6	元定		▲	○	○	標題		標題前に葬日
		7	元栄宗		▲	○	○	標題		標題前に葬日、定の子
景明２	501	8	元羽（皇子）		▲	○	○	標題		最初に官名
景明３	502									
景明４	503									
正始１	504	9		元龍	○	○	○	○	父祖と自らの妻	官歴詳細
正始２	505	10	元鸞（始蕃王）		▲	×	○	○	父祖もなし	
		11	元始和		△	×	○	—	曽祖以下	17歳、官につかず死去
正始３	506									
正始４	507	12	元思（始蕃王）		△	×	○	×		抽象的官歴表現
		13	元鑒（３蕃王）		△	○？	○	○	高祖以下	最初に官歴、末尾に標題
		14	元嵩		▲	○	○	標題		
		15	元緒（２蕃王）		□	○	○	○	曽祖以下	
永平１	508	16	元詳（皇子）		▲	×	○	標題		
		17	元勰（皇子）		▲	○	○	標題	父と自らの妻	
		18		元淑	△	額	○	○	妻と合誌	小碑形、最初に官歴、撰者名
永平２	509									
永平４	511	19	元冏（２蕃王）		△	○	○	○		序の最初に葬年
		20	元悦（３蕃王）		△	○	○	○	高祖のみ	

21		楊範	▲	○	×	—	曽祖以下とその妻（過半）	19で死去。未就官
22		楊穎	□	○	○	○	曽祖以下とその妻	
23		楊阿難	△	○	○	—	曽祖以下とその妻	13で死去。未就官
24	斛斯謙		▲	○	○	○		
25	封昕		▲	○	○	標題	妻の姓	
26	鄯乾		△	○	○	○		
27		崔猷	□	○	○	○	妻子詳細、祖先多数	
28	孫標		△	○	○	標題	曽祖以下	
29	□伯超		△	×	○	○	曽祖以下とその妻、自らの妻子	最初に没年
30	王皓		▲	○	×	標題		
31	長孫瑱		△	○	○	標題		
32		高琨	▲	○	×	標題	父とその妻、自らの妻	序で標題の贈官を繰り返す
33		邢巒	□	○	○	標題	父祖とその妻	序では就官数一括
34		邢偉	□	○	○	○	父祖とその妻、自らの妻	
35	山暉		△	○	○	○	父祖記載なし	両面に刻
36	王禎		△	○	○	○	6世の祖以下	
37		皇甫驎	○	○	○	○	自らの妻	官歴詳細
38	王紹		○	○	○	○	父祖とその妻	
39	楊熙僊		□	○	○	○	13世祖、曽祖以下	
40	王昌		△	○	○	○		
41	吐谷渾璣		△	○	○	○	曽祖以下	
42	皮演		□	○	○	○	父祖やや詳細	
43	源叡		△	○	○	処士	曽祖以下	
44		楊播	◎	○	○	○		官歴詳細
45		楊胤	△	○	○	標題	遠祖以下	序は卒年から始める
46		羊祉	◎	○	○	○	父祖兄弟とその妻、自らの妻子詳細	
47		劉顔	▲	○	×	○	父祖の妻と自らの妻	
48		刁遵	◎	○	○	○	高祖以下とその妻、自らの妻、陰に兄弟と子息	卒後に人となりの記述12句
49		楊舒	□	○	○	○	遠祖も	
50		崔景邕	○	○	○	○	父祖とその妻	
51	乞伏曎		△	○	×	標題	曽祖以下	
52		張宜	□	○	○	○	遠祖	末尾に神道の石造動物を記載
53		楊泰	△	○	○	○		
54		高道悦	○	×	○	○	曽祖	贈官の詔
55	寇憑		△	○	○	○	遠祖、自らの妻	
56	寇演		△	○	○	○	曽祖以下とその妻	

		21		元保洛	▲	○?	×	○	曽祖以下（大半）	末尾に標題
		22		元倖	△	○	○	標題	5代祖以下とその妻（誌陰）	碑形（無額）
延昌1	512	23	元詮（始蕃王）		□	○	○	○		官歴詳細
延昌2	513	24	元顕儁		△	○	○	処士	遠祖（抽象的）、曽祖、父	
		25	元演		△	○	○	○		
延昌3	514	26	元颺		□	○	○	○		官歴詳細
		27		元珍	□	○	○	○	6代	官歴詳細
延昌4	515									
熙平1	516	28	元広		△	○	○	○		
		29	元彦（2蕃王）		□	○	○	○		
		30		元睿	□	○	○	○	父祖とその妻、自らの妻	官歴詳細
熙平2	517	31	元懐（皇子）		△	×	○	×		最初に最終官名
		32	元遙		○	×	○	○	妻	最初に官名、官歴詳細
		33		元萇	□	○	○	○	6代	
熙平3	518									
神亀2	519	34	元祐（始蕃王）		□	○	○	○		
		35	元騰		△	○	○	標題	曽祖以下、夫人と合誌	
		36	元瓚		□	○	○	○	曽祖以下、宣武皇后の義兄	

57	楊璉		□	×	○	○	遠祖以下（抽象的）	
58	羅宗		□	○	○	○	遠祖より	
59		辛祥	◎	○	○	○	遠祖、曽祖以下兄弟とその妻、自らの妻子	
60		郭翼	△	○	○	標題	父祖とその妻	
61	劉滋		▲	×	×	○	遠祖以下、自らの妻	
62		韓玄	▲	○	○	○	10世の祖、父祖なし	
63		邵真	▲	○	○	標題	遠祖と曽祖のみ	
64		司馬昞	△	○	○	○	8代の祖以下	
65		李璧	◎	?	○	○	陰に曽祖以下とその妻、自らの妻子	小碑形、拓本に額見えず
66	叔孫協		▲	○	○	○	遠祖も、妻の没年と没地	
67	穆纂		□	○	○	○	高祖以下	
68		封魔奴	□	○	×	○	父は妻も、妻同時遷葬	議者と帝の議論、銘辞不作成理由
69	沮渠愍		▲	○	○	○	高祖以下	
70	任栄		▲	○	○	○	遠祖、父	
71		鄭道忠	□	○	○	○	遠祖、父	
72	郭穎		△	○	○	標題	高祖以下とその妻	
73	郭定興		▲	○	○	標題	曽祖以下	
74	張盧		△	○	○	○	7世祖以下、父の妻、妻と合葬	
75		席盛	○	○	○	○	曽祖以下とその妻、自らの妻子	
76		鞠彦雲	▲	×	○	○	父祖とその妻	最初に官歴、蓋あり
77	王基		□	○	○	処士	6世の祖以下	
78	高猛		○	○	○	○		贈官の詔
79	奚真		△	○	○	○	高祖以下、妻合葬	
80	渇丸瓌		△	○	○	○	父祖の事績と官歴	
81	王虬		□	○	○	○	遠祖、父詳細、父祖の妻	
82	王静		△	○	○	○	曽祖以下とその妻、妻	
83		劉道斌	□	○	○	○	遠祖以下	
84		趙猛	△	×	○	○	遠祖以下、自らの妻	
85	侯掌		△	○	○	○	曽祖以下、官歴も	
86	呂通		□	○	○	○	遠祖以下記述で半ば、自らの妻	
87	長孫嵩		□	○	○	○	4代	郡守抜擢の記述で8句

		37		元琛	◎	○	○	○	高祖以下、曽祖以下は妻も	
神亀３	520	38		元暉	○	○	○	○	６代（一部抽象的）	
正光１	520	39	元晧		□	○	○	○	高祖以下	
		40	元譿		▲	○	○	○		
		41		元孟輝	△	○	○	○	７代（父は官歴を記す）	
正光２	521									
正光３	522									
正光４	523	42	元秀		□	○	○	○	高祖以下	
		43	元仙		□	○	○	○	曽祖以下、父は官歴	
		44	元倪		△	○	○	○	高祖以下とその妻、父は官歴	
		45	元敷		▲	○	○	○	曽祖以下	
		46	元霊曜		□	○	○	○	曽祖以下、自らの妻	
		47	元斌		△	○	○	○	曽祖以下	「墓誌銘并序」
		48	元尚之		△	○	○	標題	高祖、曽祖以下詳細	方柱形
		49		元鑒之	△	○	○	○	曽祖以下とその妻	
		50		元引	▲	○	○	○	４代	
正光５	524	51	元謐（始蕃王）		△	○	○	標題		大半が銘辞
		52	元隠		□	○	○	○	高祖以下	
		53	元子直		○	○	○	○		
		54	元瓚		□	×	○	○	曽祖以下	
		55	元崇業		△	○	○	○	曽祖以下	

88	郭顕		△	○	○	標題	父母妻子	
89	檀賓		□	○	○	○	曽祖以下	
90	宇文永		▲	○?	○	○	遠祖大単于のみ、父祖なし	蓋に標題
91	李超		□	○	○	○	父祖なし、自らの妻子	
92	徐淵		□	○	○	○	遠祖以下	
93		甄凱	△	○	×	処士	父のみ	
94		李遵	◎	○	○	○	高祖以下詳細	
95	裴譚		□	○	○	○	側面に妻子と配偶者	
96	張問		□	○	○	○	遠祖、父祖官歴、妻と合誌（別銘）	
97		賈思伯	◎	○	○	○	遠祖以下	
98	尹祥		□	○	○	○	遠祖（抽象的）、曽祖以下、自らの妻	
99	秦洪		△	○	○	標題	遠祖褒詞、太祖・高祖あり父祖なし、妻	
100	侯剛		◎	○	○	○	遠祖、高祖以下	遷官に年月を記す
101	楊乾		□	○	○	○	曽祖以下	贈官の詔
102	高広		△	○	○	○	父詳細	
103	染華		□	○	○	○	高祖以下詳細	
104	于景		○	○	○	○	自らの妻子	
105	公孫猗		□	○	○	○	高祖以下	
106	寇治		○	○	○	○	遠祖、曽祖以下、母と妻	
107	于纂		□	○	○	○	曽祖以下	卒後に人となりの記述
108	寇偘		▲	×	○	○	遠祖、曽祖以下	蓋あり
109		李謀	▲	額	○	○	遠祖と父、子息	小碑形
110		李頤	△	○	○	○	遠祖、曽祖以下	
111		崔鴻	□	○	○	○	自らの妻子、兄弟	
112		韋彧	◎	○	○	○	遠祖以下、父祖詳細、妻子	経歴詳細、贈謚の経緯
113	趙億		▲	○	×	○	父の遷葬について詳細	
114	呉高黎		▲	○	×	○	妻と合葬	
115	蘇屯		▲	○	○	標題	高祖と祖	

		56		元平				△		○	○	○	4代	
		57		元昭	◎					○	○	○	曽祖以下とその妻	胡国珍の発言記載
		58		元寧				△		○	○	○	遠祖、曽祖以下	
		59		元璨				△		○	○	○	曽祖以下、自らの妻	
正光6	525	60	元茂					△		○	○	△	曽祖と父	就官抽象的
孝昌1	525	61	元顕魏				□			○	○	○	父とその妻、自妻子（詳細）	
		62	元煥（2蕃王）			○				○	○	○	曽祖以下とその妻（詳細）	出継先と本祖双方
		63	元熙（2蕃王）			○				○	○	○	曽祖以下	死の前後の描写詳細
		64	元誘				□			○	○	○	父祖もなし	
		65	元懌（皇子）		◎					○	○	○	7代前と父	
		66	元纂					△		○	○	○	曽祖以下	
		67	元晫					△		○	○	○	高祖以下	
		68	元愨					△		○	○	○	曽祖以下	
		69	元宝月			○				○	○	○	父の妻と自妻子	贈諡の詔
孝昌2	526	70		元過仁					▲	○	×	処士	6世祖以下	無銘を明言
		71	元乂		◎					○	○	○	高祖と父、自らの妻子	死から葬に至る記述詳細
		72	元珽						▲	○	○	標題		
		73	元寿安		◎					○	○	○		
		74	元朗			○				○	○	○	祖先褒詞	
		75	元則						▲	○	○	○	曽祖以下	
孝昌3	527	76	元融（2蕃王）		◎					○	○	○	曽祖以下	死の前後の描写詳細

116	和邃		□	○	○	○	遠祖と曽祖以下（抽象的）	
117	于纂		□	○	○	○	曽祖以下、妻と合葬	贈官の詔
118	張斌		○	○	○	○	遠祖、高祖、父	
119	于神恩		□	○	○	○	遠祖褒詞、曽祖以下	
120	寧懋		▲	○	×	○	5世祖と父、妻と合葬	
121	楊宜成		△	○	○	○	遠祖、曽祖以下	
122	王仁		▲	○	×	○	嗣子（墓誌作成者）	圭首、額風の標題
123	胡屯進		▲	○	×	○	父祖なし	標題に葬年と本貫、序は官歴のみ
124		侯愔	▲	○	○	標題	遠祖、曽祖以下	
125		劉玉	△	○	○	○	遠祖詳細、祖先記述で大半	

31までの皇子墓誌六例にはもうひとつ共通性がある。官歴を記さないのである。標題がある場合には標題に最終官もしくは贈官が記されていて、序の文中には具体的な官名は書かれない。標題がない場合には序の最初に最終官もしくは贈官が記されていて、その後には書かれない。いずれの場合にも、書かれたとしても1のような抽象的な表現にとどまる。[7] もっとも16には、「仕歴散騎常侍已下至于太傅、十六除官」と一括表示で官歴が示され、17も全く同じで、「除官」数は一七である。多くの官職就任の経歴をもちながら、あえてそれを記さないというのが皇子墓誌の特色と言える。ところがこの特色は65になると打ち破られる。詳細な官歴記載が見られるのである。

皇子の場合は父が皇帝であるから、父祖については「某帝の第～子」と、簡単に父皇帝を記すだけである。父の妃や自らの妃や子についての記述は一例を除いて、ない。大型墓誌である65にもない。17のみが母（つまり皇帝の妃）と自らの妃、そして妃それぞれの父と祖父を記す。

このように、皇子の場合、遷都後から六鎮の乱が勃発するまでの約三〇年間、字数も内容も非常に抑制的な墓誌を作成していたと言える。

皇子を継承した始蕃王の場合であるが、皇子と同じような作り方のものがある。五〇七年作成の12がそれであり、字数が一行一七字で一八行であるが、実数は三〇〇字を割っていて、官歴も具体的でなく、皇子と同じと言ってよい。五二四年作成の51も二〇×二〇と字数は僅かに多いものの、官歴記載は皇子の事例と変わらない。他方、

		77	元暐		△	○	○	○	曽祖以下	
		78	元固		□	○	○	○	妻子	
		79	元子予		▲	○	○	○	末尾に子息	

五〇五年作成の10は字数が三〇〇字以下と少ないものの、官歴を記す。そして五一二年作成の23では、官歴を詳細に記すほか、字数も二二字×二三行と計算上では五〇〇字を超える。五一九年作成の34も同じ。始蕃王の場合、皇子と同じような墓誌を作る者がある一方で、比較的内容の詳細な墓誌を作る者も早い段階から出てきたということであろう。ただ、注目しないといけないのは、皇帝である祖父と父王以外には、家系や家族に関して言及しない。この点は皇子墓誌に通じる。

皇帝曽孫にあたる二蕃王の場合は、五〇七年という早い段階で15のように二七字×三六行という、一〇〇〇字に近い大型墓誌が出現している。この墓誌はわずか二官であるが官歴も記し、五一六年作成の29も五〇〇字を超え、かつ二官であるが官歴を記している。五一一年作成の19は字数が一五×二一と三〇〇字程度であるが、標題に諱がなく、序の最初が葬年記載であることなどは、特異な書き方である。

五二五年以後の二蕃王には、このほかに注目すべき記載が見られるようになる。63の中山王熙は相州刺史として反乱を起こして失敗、殺された人物であるが、その時の事情を「道無常泰、否運暫屯、正光元年、奸臣擅命、離隔二宮、賊害賢輔。王投袂奮戈、志不俟旦、唱起義兵、将為晋陽之挙、遠近翕然、赴若響会。而天未悔禍、釁起不疑、同義爪牙、受賊重餌、飜然改図、千里同逆、変起倉卒、受制羣凶。八月廿四日、与季弟司徒祭酒纂世子景献、第二子員外散騎侍郎仲献、第三子叔献同時被害。唯第四子叔仁年小得免。王臨刑陶然、神色不変、援翰賦詩、与友朋告別、詞義慷慨、酸動旁人。昆弟父子、倶瘞鄴城之側」と詳細に記す。76の章武王融の墓誌も反乱討伐に向かって敗死する時の記載が詳細である。ともに字数が多く、76は一〇〇〇字を超える。

総じて二蕃王は官歴と字数と詳細な説明箇所をもつ点で、皇子とは異なると言えよう。また始蕃王よりも独自性が強い。ただし、祖先については、皇帝であった曽祖父以下について簡単に述べるだけで、それら祖先の妻にふれるようになるのは五二五年作成の62からである。墓主自らの家族について述べる事例はない。

皇帝の子孫ではあるが王位を継承しなかった元氏の場合はどうであろうか。五〇七年作成の14は、字数と官歴記載の点で皇子墓誌に類似していると言ってよい。五〇〇年作成の6と7は父子関係にある。字数が少なく、官職が標題にのみ記されているところは皇子墓誌に類似するが、標題前に葬日を記すという特異な書式を採っている。皇子墓誌に類似していても独自性をもつわけである。また、四九九年作成の5の元彬は、元来は皇子である叔父を出継し章武王となった人物である。しかし、のちに爵位を奪われたまま、つまり王の身分に復することなく死去した。標題がなく最初に最終官名を記すところは皇子墓誌に似ているが、序で別官を記し、かつ最終官を示す表現もあって官歴記載と見なしうる。この点で皇子墓誌とは異なる。字数も三〇〇代の後半に達し、皇子墓誌と比べると僅かだが多い。五一四年の26になると字数が五〇〇字を超え、官歴も詳細となる。このように王でない皇帝子孫の場合は、墓誌が作られるようになった最初の頃から官歴を記したことが特徴である。しかし二蕃王と較べると大型化は遅れたようで、八〇〇字を超えるのは五一七年の32。一〇〇〇字超の墓誌となると初見が五二六年で、これは他の元氏とほぼ同時期である。

祖先については、皇帝の時点から記すので記載される人物数こそ多くなるが、記載される事項は一般に簡略である。しかし五二三年以後になると、祖先の最終官あるいは贈官だけでなく、43、44のように官歴をも記載する事例が見られるようになり、さらに44のように父祖の妻をも記す事例も増加する。そのように祖先記載が詳細化する事例が増えてくる一方で、五一三年作成の24は、曽祖父以下父までを記す前に、「若夫太一玄象之原、雲門霊鳳之美。固以瓊峰万里、秘壑無津、龍櫞紫引、綿於竹帛」と遠祖からの家系を讃える句を連ねる。同様の表現は74にも見られる。後述する元氏以外のケースにおいても、遠い祖先についての記述をもつ事例が見られるようになって行くが、それと一脈通じるところがある。

墓主の家族の記載については、五一九年作成の35に妻との合誌作成が見られる。五二三年になると46のように墓主の夫人とその父祖について記載する事例が見られるようになり、五二五年には61のように墓主の子女についても記載する事例が出てくる。家族記載は王となった者たちの墓誌とは異なるわけである。なお、五二六年の71には北魏末の権臣が闘争に敗れて死去し葬式に至る過程が詳細に記載されている。

（2）元氏の場合（b）——代王の子孫の場合

現在知られる最初の代王子孫の墓誌は四九八年作成の2であるが、この墓誌は標題も銘辞も父祖記載もなく、官職に任命する詔を三つ並べるという特異な形を採っている。既にBとして見たように、翌年の4は一行二〇字で二〇行とこの時期としては字数が多いとともに、官歴が詳細である。また、北魏墓誌としても珍しいが墓誌の撰者名を記す。祖先についても高祖父以下、詳細な記述があり、家族についても妻を合葬するという記述がある。このように代王子孫の墓誌は、墓誌作成が始まった段階で既に皇帝子孫の墓誌とは異なる記載内容であった。

その後の事例を見てみよう。まず字数であるが、五〇四年作成の9の段階で既に一行二九字で二九行と九〇〇字近い大型墓誌が出現し、その後は五〇〇字未満、三〇〇字未満の事例が多数を占めるものの、三分の一強が五〇〇字以上であり、一〇〇〇字以上の墓誌も五一九年作成の37と元氏の中では最も早い。この時期になると全体的に墓誌が大型化するから、37の意義はそれほど大きくはないが、代王子孫の墓誌の中には早くから字数が多い事例が出現したことは認められよう。

官歴という点では、代王子孫墓誌は、処士であって官歴を記しようのない一例と、標題に官職が記されるのみの一例（22）を除いて、いずれも官歴記載がある。しかも4のようにそれがある程度詳細であるものが早くから出現している。

父祖という点では、9が五〇四年の段階で父祖と自らの妻を記載し、元氏の中では最も早い。五一一年作成の21の事例は曽祖以下の記述で序の記載の半ば以上を占め、同年の22は誌陰が父祖とその妻の記述に充てられていて、その記述量は多い。祖先の代王から数えれば世代数が多いから、祖先の記載がどうしても多くなるということを考慮に入れても、祖先に対する意識、そして祖先の妻に対する意識が皇帝子孫に較べて強いと言える。もっとも遠祖については五二四年の58が最初で、特に関心は高くないようだ。他方、自らの妻についていては、妻合葬で挙げた4のほか、五〇四年の9と五一六年の30が記しており、いずれも元氏の中では早い。もっとも、他には五二四年の59が記すのみである。合誌も4のほか五〇八年の18がある。他方、自らの子女にふれる事例はない。

なお、五二四年の57は序の記述の中で外戚胡国珍の発言を引用している。

以上のように見てくると、代王子孫の墓誌は元氏墓誌の中で独自性を最も早くから示すと言えよう。

（3）元氏以外の場合（a）――洛陽に墓地がある場合

洛陽に墓地を営んだ元氏以外の人々の墓誌で最も早い事例は、ごく最近までは四九九年作成の2であった。1は章を改めて述べるので、ここでは2以下を扱う。2は小碑形の墓誌であるが、序に官歴記載がない。序に官歴がないのは元氏にも見られる書き方であるが、標題に相当する碑額に書かれているのは最初に就いた著作郎であって、これは異例である。五〇二年作成の4は太尉という高位に至ったにも拘わらず、標題に最終官が書かれるのみで官歴は記載されない(8)。ほかにも標題に官名が記され、序で官歴がない事例があるが、これは皇子墓誌にも見られたことで特に異とすることではない。官歴が序の中で記され始める事例は五〇三年作成の7からで、王でない皇帝子孫および代王子孫と比較すると少し遅いが、この時期の墓誌の出土数の少なさからすれば、さほど遅速を重視することはないだろう。その後は官歴記載をもつことが普通となる。

祖先の書き方は、高祖父から書くもの、曽祖父から書くもの、あるいはそれ以前から書くものと様々である。元氏の場合には代王もしくは皇帝から書くという一定のパターンがあったが、そのような基準は元氏以外の場合にはない。ただ注意すべきことは、代王子孫以外の元氏に較べて祖先の記載の詳細な事例が早くから現れていることで、4は、高祖父以下の各人ごとに、到達した官職のほか、その事績が簡単であるが述べられている(9)。到達した官職だけでなく、父祖の官歴や事蹟までも記す事例が五二三年作成の80に、遠祖記載は五一六年の39から見られる。

祖先の配偶者の記載は4で既に現れている。元氏の中では早かった代王子孫のケースより少し早い。その後少なからぬ墓誌でこの記載が見られ、この点は元氏との違いが明白である。合葬する妻の記載の初見は五〇七年作成の14であるから、これは代王子孫より少し遅れるが、墓主の妻の記載の方は既に2に見られ、元氏と較べかなり早いわけで、事例数も元氏より多い。子女の記載が見られるのは五〇五年の10が最も早く、五一三年作成の29にもあり、元氏の場合の五二五年と較べてかなり早い(10)。つまり、父祖の妻の記載こそ代王子孫の場合と大きな差はないが、墓主の家族の記載は元氏よりもかなり早くから始まるのである。

字数を見ると、2が誌額を含め約四五〇字。4もやはり四五〇字近く、いずれも同時期の皇帝子孫墓誌より多い。しかしその後は五〇八年の15を除けば、五一四年まで五〇〇字未満の事例が続き、八〇〇字を超えるのは五一五年の38、一〇〇〇字超は五二六年の100で初めて出現している。明らかに皇子墓誌以外の元氏と較べて大型化という点では遅れをとっていて、次に述べる地方における墓誌の大型化とは対称的である。

他の注目すべき記載は以下のようである。没後の贈賜の記載は普通であるが、贈官の沙汰を述べる詔を引用する事例が五二三年作成の78から見られ、その後散見する。詔の引用は代王子孫の2にあったが、それは文章の中に取り込んだものではなく、詔をただ並べただけであり、扱いが異なる。2を除く詔の引用は元氏墓誌では五二五年の70のみである。なお、五二六年作成の100は官職の異動を年だけでなく月までも記す。これは表に掲載した他の墓誌にはない記述様式である。

（4）元氏以外の場合（b）——地方に墓地がある場合

洛陽以外の地——基本的には故郷である——に葬られたケースについて、同様に検討してみよう。3、5、8と初期の三例はいずれも標題に官職が記され、官歴記載はないか、あったにしても抽象的な記載にとどまる。これは既に述べた（1）（2）（3）にも見られたが、（4）の場合、標題に官名を記す事例が五一一年の18まで目立つ。その中で五〇八年の16は官歴を序で記していて、この書き方が五一二年以後は主流となる。

祖先については、どの時点からかはそれぞれであるにせよ、記載するのが普通であり、五〇二年の6は遠祖にもふれる最初の事例である。また、五〇二年作成の5を皮切りに父祖とその妻の記述をもつ墓誌が目立ち、ほぼ半数にのぼる。墓主の妻の記載が現れるのは五一二年作成の27。墓主の子女に言及する事例も同じ27からで洛陽墓葬のケースと較べると少し遅い。注目すべきは祖先や家族に関する記述が重要な位置を占めていることで、四つのグループの中では最もその比重が大きい。

字数を見ると、五一一年には五〇〇字を超える22があり、五〇〇字超が半ばを超える四年間を経て、五一五年には八〇〇字を超える37が出現、その翌年には一〇〇〇字を超える44や46のような大型墓誌も見られるようになる。洛陽以外の地において作成された一〇〇〇字を超える元氏以外の墓誌は表1で七例にのぼり、元氏の総数より僅かだが多い。しかもその出現は元氏より早く、元氏で一〇〇〇字を超える墓誌が普通に作られるようになる時期以前に半ばの事例が出現している。（3）では一〇〇〇字超の出現は代王子孫を除く元氏の場合とほぼ同時期であったから、地方の墓誌は洛陽に葬られた者より早く大型化の傾向を示すと言ってよい。

注目すべき他の記載について見ると、序の中に詔を記載する最初の事例が五〇八年作成の16であるから、洛陽に葬られた事例よりかなり早い。また詔の記載に類するが、五二一年作成の68は、皇帝と議者との間の議論を引用しており、五二六年の112も贈謚の経緯に詳しい。それよりも注目したいのは、死去の後に墓主の人となりの記述がある事例が五一七年作成の48に見られることで、これも洛陽に葬られた者の事例（五二六年作成の107）より一〇年ほど早い。表に掲げた段階ではまだ数が少なく、元氏には見られないが、このような記載はその後の墓誌では非常に多く見られるようになる。墓誌は次第にその内容を豊かにして行くが、そのバリエーションのいくつかを洛陽以外の地の墓誌が導いている可能性があると言えよう。

以上の叙述は煩雑にすぎた。官歴記載や子女記述などの上に述べた内容が最初に出現した年を表2に示す。五〇〇字、八〇〇字、一〇〇〇字を超える墓誌の初出もあわせて示す。

表2は初出だけでその後については述べていないので限界があり、（1）～（4）の記述を参照していただく必要があるが、一見しても明らかなように、皇子墓誌は大きく他と異なる。始蕃王と二蕃王の墓誌は皇子に類似するが、早くから官歴記載をもつようになり、早く大型化する。始蕃王と二蕃王では、後者の方が大型化の時期が早い。王以外の皇帝子孫の元氏の墓誌は当初から官歴記載をしており、遠祖や本人の妻子記載などで皇子や王と異なる特色を示す。代王子孫も同様の特色をもつが、墓誌の大型化という点では代王子孫が先行する形となっている。表2には明示できていないが、五代以上前の祖先の記載を伴う事例がかなりあり、祖先に対する意識も代王子孫の方が高い。全体的に言えば、皇子が記述内容も字数も最も少なく、王、王以外の皇帝子孫、代王子孫という順序で記載内容が豊か

表2　墓誌記載内容の初出

年	元氏					元氏以外	
	皇子	始蕃王	二蕃王	王以外	代王子孫	洛陽墓葬	地方墓葬
四九八					官歴		
四九九				官歴	妻、撰者名	妻	
五〇〇				標題前に葬日			
五〇一							
五〇二						祖先詳細、祖先妻	父祖とその妻、遠祖
五〇三						官歴	
五〇四					父祖妻と墓主妻、八〇〇		
五〇五		官歴				子女	
五〇六							
五〇七			官歴、八〇〇			妻と合葬	

五〇八	五〇九	五一〇	五一一	五一二	五一三	五一四	五一五	五一六	五一七	五一八	五一九	五二〇	五二一	五二二	五二三	五二四	五二五	五二六	五二七
妻、父妻																	官歴、一〇〇〇		
				五〇〇															
																	祖先妻、死詳細		一〇〇〇
					遠祖	五〇〇			八〇〇		妻と合誌				父祖官歴・妻、墓主妻		子女	死詳細、一〇〇〇	
											一〇〇〇					遠祖、外戚の発言			
五〇〇							八〇〇	遠祖							父祖官歴、詔			遷官月記載、一〇〇〇、卒後人となり記載	
官歴、詔			五〇〇	妻、子女			八〇〇	一〇〇〇	卒後に人となり記載				皇帝と議者の議論						

なると言えそうである。死前後の詳細記載や、外戚の発言記載も、出現時期には後三者で差がないにせよ、それを支持する材料となろう。なお、始蕃王で八〇〇字、一〇〇〇字超墓誌が見られないが、これは発見されている始蕃王墓誌そのものの数の少なさによる可能性がある。

元氏以外では、父祖とその妻への関心が大であり、墓主本人の妻や子女に関わる記載も早くから現れる。官歴記載は元氏より遅れる傾向にあるが、詔文の引用、没後における墓主のひととなり記載、官職就任事情など、情況説明がより詳しいものが、元氏より早くに見られる。元氏を含めて洛陽に葬られた者と地方に葬られた者との間には、官職記載の形式においてしばらくの間相違が目立つ。また元氏以外で洛陽に葬られた者よりは、地方に葬られた者の方が、記載内容が豊かであり、墓誌も早くに大型化する。(11) これらのことからすれば、地方に葬られた者の墓誌が記載内容の多様化に最も貢献したと言えるのではないか。

なお、表1の銘辞の欄を見ると、元氏以外には銘辞をもたない事例がかなりあるのに対して、元氏の場合は銘辞をもたないのは僅かに二例のみである。しかもそれは代王子孫である。皇帝からの血縁が遠いほど、墓誌の記す内容が自由度を増すという上記の理解を支える一助となるかも知れない。

三　馮熙墓誌と馮誕墓誌の位置

本節では、最近紹介された馮熙・馮誕父子の墓誌が北魏墓誌の展開の中で占める位置について検討を行いたい。二〇一〇年に紹介された馮熙墓誌(12)は、これまで遷都後最初の事例とされていた元楨墓誌（太和二〇年一一月）に一年先立つ太和一九年（四九五）一二月に作成された。しかも『魏書』巻八三上の伝によれば「葬日、送臨墓所、親作誌銘」

とあってその墓誌銘は孝文帝が撰文したという。時期をとっても撰文者をとっても、極めて重要な意義をもつ墓誌である。馮誕墓誌は、二〇一〇年段階でその存在が知らされていたが[13]、墓誌拓本の紹介は二〇一一年末刊行の『秦晋』一三で行われた。馮誕は孝文帝の南斉親征に同行していたが、太和一九年に父の死と前後して病死し、孝文帝はそれを契機に南征を中止した。父の伝に付せられた馮誕伝によれば、「帝又親為作碑文及挽歌、詞皆窮美尽哀、事過其厚」とある。「誌」となっていないので、孝文帝が作ったのは墓誌ではなく、墓碑の可能性が高い[14]。『秦晋』によれば、両墓誌ともに洛陽市孟津県と偃師市の境界の地から出土したという。ただし出土情況は不明であり、原石は個人所有、特に馮誕墓誌は某氏となっていて、真偽の議論が起こる可能性がある。しかし、少なくとも馮熙墓誌は、真である可能性が高いと考えられる[15]。本節では両墓誌を取り上げて、これまでの検討で判明した事項と比較してみよう。

まず馮熙墓誌（一九字×一九行）を掲げる。説明のために丸数字を付す。

①太師京兆郡開国馮武公墓誌銘　②太師京兆郡開国公③姓馮④諱熙⑤字晋国、⑥冀州長楽郡信都県人。⑦畢公高之苗裔、燕昭文皇帝之孫、大魏太宰燕宣王之中子、景穆皇帝之壻、文明太皇太后之兄、顕祖献文皇帝之元舅也。又為国之外舅矣。⑧惟公含剛健之秀気、体慈順以苞神、武則震眩商収、仁焉喧盱生景。⑨遭家圮運、鴻漸西沼。睿后康基、或躍代淵、紹堂構於一朝、輝脩業乎来祀。孝光家遠、道藹国遙。精悟玄幽、沖尚微洞。欽覚帰和、識超欲津。⑩福履未鍾、星寓隧戻。⑪以太和十九年歳在乙亥正月辛未朔廿四日甲午、⑫年五十有八、⑬薨于代平城第。⑭謚曰武公。⑮其年十二月庚申、⑯窆于河南洛陽之北芒。⑰其辞曰、（銘辞省略）

①は標題、②は最終官爵、③④⑤は姓、諱、字。標題に官爵と姓があるので、序では書かないのが普通であるが、馮熙墓誌は繰り返している。⑥は本貫、⑦は家系であるが、自らの家系とは異なる北魏帝室との関係を記す。⑧は品行に相当し、きれいな四六文である。⑨は経歴をこれも四六文で記す。具体的な官爵記載はない。⑩は功業に見合う

幸いを得ないままに死去するという、墓誌の常套句。⑪は没年、⑫は享年、⑬は没地。⑭は贈諡、⑮は葬年、⑯は葬地。⑰は銘辞で、四字句で二四句。

馮熙	元楨	元弼	穆亮
①		1	1
②			
③			○
④	2	2	○
⑤		3	
⑥		4	
⑦	3	5	2
⑧	4	6	
⑨	1	7	3
⑩	5	8	
⑪	6	10	4
⑫	7	9	
⑬	8	11	5
⑭	9		6
⑮	10		9
⑯	11	12	
刻	12	13	7
⑰	13	14	8

註：穆亮の○は1に記載が含まれることを示す。

総字数が三二八字であるから、二九・三%となり、既に見た元楨、元弼、穆亮墓誌の平均値に近い。

以上を元楨、元弼、穆亮墓誌と比較してみよう。まず、馮熙墓誌の①以下が三墓誌にどのような順序で現れるかを右に掲げる。数字がないのは記載がないことを示す。馮熙墓誌には墓誌を作ることに関わる言及がないので、その入るべき箇所を「刻」で示す。

馮熙墓誌の記載項目が最も豊富であるが、その記載順が他の墓誌とも多く一致することが見て取れる（もっとも、①があれば②は通常書かれない）。そして項目数が接近するのは元楨と元弼の墓誌である。元楨墓誌の方が項目数が少ないが、同墓誌に蓋が伴っていれば、標題の内容の一部の機能を代行することができると想定できるから、項目の点からは、元楨墓誌と元弼墓誌は並ぶとしてよいであろう。

もっとも、これまでの検討が示してきたように、項目だけでなく、その内容の検討も必要である。⑥の家系については元楨墓誌では極めて簡略であった。元弼墓誌も直系祖先の代王まで遡る故にふれる人数は多くならざるをえないけれども、個々の人物の記載は簡単である。他方、馮熙墓誌は自らの遠祖だけでなく、北魏帝室との関係――それは婚姻関係とその結果である――を記している（この点では穆亮墓誌も同じであった）。ただし帝室との関係を強調する意図の存在は間違いないにせよ、その後の墓誌では父祖の妻および妻の父祖について書くようになるので、それと事情は同じである。その最も早い事例と考えればよいであろう。筆者としては、具体的官職が標題や首行に記されて、序の該当部分では具体性を欠くという書き方に注目したい。この点では元楨と馮熙は一致するが、元弼は明確に異なる。なお総字数が近いこと、典拠をもつ語を多く使用した抽象的表現が多いこと、銘辞の句数が接近していることは、馮熙墓誌と元楨墓誌の相似性を支持するが、これは元弼にも該当することではある。

孝文帝の作成した馮熙墓誌の構成、書き方は、代王子孫である元弼墓誌にも影響を与えたが、皇子である元楨墓誌に最も強く影響した可能性の高さが想定されてよいであろう。そして前節で見たように、皇子墓誌は他の墓誌より長く、当初の姿を継承した。

次に馮誕墓誌を見てみよう。（補註）□は文字が欠けていることを示し、一部が欠けているが推定可能な文字は□で囲む。

1　太和十九年□□□□□□□□辛酉侍中
2　都督中外諸軍事□□□□□騎大将軍太
3　子太師駙馬長楽郡開国公馮君誕字思正
4　春秋廿有九侍征道病薨于淮南鍾離之故
5　城厥明大斂及厥明輇輴北済三月廿五日
6　還曁乎洛京有　詔追贈使持節仮黄鉞大
7　司馬領司徒都督太師駙馬公如故典策備　　司徒と都督の右に小字で「侍中」を刻している。
8　物依晋斉王攸故事謚[元]懿礼也五月四日

9　壬申葬于乾脯山之陰□本則冀壌長楽信
10　都今実河南洛陽嬋嫣如周流于馮郷中葉
11　建国寔曰有燕於皇魏□　文明太皇太后
12　兄太師京兆郡開国公之元子母曰博陵長
13　公主幼以貴戚聡令入侍禁幄寛雅凝粋姿
14　儀秀偉秉志協于震御居遊契乎軒禁少尚
15　懿主妹登后位徳勲日□□秩日隆生栄亡
16　哀古今罕二固以昭被図紀光勒碑表矣是
17　用略諸玄誌触銘泉堂云　　葬日建

内容は大略以下のようであると考えられる。

（ⅰ）1行～5行最初の「城」まで：官爵が明記された馮誕が二九歳で遠征途上の鍾離で病死したことを記す。標題はなく、没年、没地、享年、姓名、字、官職が一文にまとめられて墓誌の最初に置かれている。この書き方は馮熙墓誌とは異なるわけである。『魏書』高祖紀上によれば馮誕は二月辛酉に死去している。この年の二月は庚子が朔日であるから、辛酉は二二日となる。とすれば、1行目の八文字分の欠落部分は、「二月庚子朔廿二日」と復元できよう。2行目の五文字の欠落部分には、『魏書』巻八三上の列伝・高祖紀上の記載からして将軍号の一部「車」（車騎将軍）と「司徒」が入ることは間違いない。

（ii）5行第二字～6行第五字：翌日鍾離で大斂の儀式を行い、棺を柩車に乗せて洛陽に戻ったことを記す。これについては列伝に対応記事がある。なお、輇は葬車、輤は葬車の飾り。これらの記述は同じように洛陽から遠く離れた地で死に洛陽に運ばれて葬られた馮熙墓誌にはない。

（iii）6行第六字～8行第一三字：贈諡、贈官、賜物の記事。斉王司馬攸は西晋の武帝の弟。その故事に倣った賜物があったというのは並みの特典ではない。

（iv）8行第一四字～9行第九字：葬日と葬地。

（v）9行第一一字～10行第七字：居住地の記載。ここから墓主の生前についての記載が始まるから、馮熙墓誌とは書き方が大きく異なるわけである。なお、馮氏は長楽信都を本貫記載としていたから、河南洛陽人ではないはずである。

（vi）10行第八字～13行第二字：祖先の記載。燕国主の子孫であり、文明太后、博陵長公主との関係が父馮熙とともに記される。馮熙墓誌も北魏帝室と文明太后との関係については詳細に記していたから、この点に関しては相違はない。

（vii）13行第三字～16行第一六字：馮誕の経歴やひととなりが述べられる。四六文が基調であるが、馮熙墓誌と較べると抽象度が低いようだ。幼くして宮中に入り、妹が皇后になり、自らも公主を娶り、繁栄したことが述べられる。官歴をほのめかす記載はない。なお、「震」は震宮、すなわち東宮を指す。

（viii）16行末字以下：墓誌作成をしたことが述べられる。「触銘」とはあるが、銘辞がないから墓誌作成を意味するのであろう。

以上のように、馮熙墓誌とは明白に記載順序が異なるし、馮熙墓誌が四六文を多用し、抽象度の高い文章であったのに対して、馮誕墓誌は具体的な記述内容が目立つことを指摘できる。(ii)と(iii)の部分でとくにそれが目立つ。ともに『魏書』巻八三上の列伝に記されている事実であり、特に重要であるから記載されたのであろうが、馮熙の葬礼もその列伝によれば西晋の安平王司馬孚の故事に則っている。その点馮誕と変わらないのに馮熙墓誌には記載がないし、また贈官の記述も記されない。明らかに両墓誌は異なる作り方をされたと言わざるをえない。

本書第Ⅲ部第四章で述べ、本章のこれまでの叙述でも明らかにしてきたように、馮熙墓誌はその後の北魏墓誌の体例につながるものであった。馮誕墓誌の記載内容は、定型化して以後の北魏墓誌とは大きく異なるだけでなく、同じ太和一九年に作成された父の馮熙墓誌とも、大きく異なる。では馮誕墓誌は異例の墓誌として捉えるべきなのであろうか。

ここで馮誕墓誌が没年を最初に記していることに注目したい。没年から書き始める事例は、西晋時代の墓主の簡単な記録としての墓誌に見られるが、文字数は多くて二八字である。東晋になると、三五六年の王康之、四〇六年の謝温墓誌と二例あり、やや長くなって前者は四四字、後者は一三〇余字。両者とも、没年の次には本籍、姓、諱、字と続き、葬日、葬地があって、後者は家系記事が最後に置かれる。(16)しかし、謝温墓誌にしても、馮誕墓誌との隔たりは大きい。南朝や五胡時期には事例がなく、北魏においても遷都以前には未発見である。ただ馮誕以後となると、任城王妃(五〇一年)、寇臻(五〇六年)墓誌に類例が見られる。(17)

没年を最初に記す事例は系譜をたどりにくいが、葬日を最初に記載する形式はどうであろうか。西晋の小碑形墓誌のひとつ和国仁墓誌(『校注』二―二八七)は、

晋故太康五年十一月辛卯朔十九日己酉、広野将軍趙国中丘和国仁之墓。

とある。四行に分かち書きされるが、これで全文で、僅かに三〇字。標題に類似する書き方である。年月日は、葬日を記したものと判断するが、これを、没日記載と見なせば、「没日＋官職＋姓名」という馮誕墓誌の書き出し部に一致する。少字数の墓誌では没日と葬日双方を記載する余裕はなく、どちらかを記せばよいと考えられたのであろうが、西晋の少字数の墓誌はすべて、没日もしくは葬日から書き始めている。(18) そしてこの書式は、五胡時代の墓誌の多く——発見例の半数強——に採用される。その内容を掲げておこう。

燕建興十年昌黎太守清河武城崔遹。（『校注』三—六九）

弘始四年十二月乙未朔廿七日辛酉、秦故遼東太守略陽呂憲葬於常安北陵、去城廿里。（小碑形、『校注』三—八一(19)）

弘始四年十二月乙未朔廿七日辛酉、秦故幽州刺史略陽呂他葬於常安北陵、去城廿里。（小碑形、『校注』三—八三(20)）

唯大夏二年歳庚申正月丙戌朔廿八日癸丑、故建威将軍・散騎侍郎・涼州都督・護光烈将軍・北地尹・将作大匠・涼州刺史武威田煚之銘。（『疏証』一七(21)）

このうち呂憲と呂他は小碑形墓誌である。

この書式が北魏前期の墓誌にも受け継がれていることも前章で述べた。ただし前章では表で示しただけであるので、墓誌の文章を確認しておこう。まずは四六八年の張略墓誌。

惟大代皇興二年歳次戊申十一月癸卯朔十三日乙卯、涼故西平郡阿夷県凌江将軍・万平男・金昌白土二県令・東宮記室主簿・尚書郎民部・典征西府録事戸曹二参軍・左軍府戸・曹参領内直・征西鎮酒泉后都護留府・安弥侯・常侍・□南公・中尉・千人軍将張略之墓。（『疏証』二二）

小碑形墓誌であり、墓主は北涼から北魏に入ったと『疏証』は想定している。官歴記載が長いだけで、書き方は上述の五胡時代のそれと同じである。次は四八四年の司馬金竜墓誌。

維大代太和八年歳在甲子十一月庚午朔十六日乙酉、代故河内郡温県肥郷孝敬里使持節・侍中・鎮西大将軍・吏部尚書・羽真・司空・冀州刺史・琅琊康王司馬金竜之銘。（『校注』三―二六七）

この墓誌は、上部が円形の小碑形の形、司空琅琊康王が付されてはいるが「墓表」の文字が上部に刻されていること、などの書式が、（官職名など長くなっているものの）呂憲・呂他墓誌によく似ている。司馬金竜妻の墓誌（『校注』三―二六八）も同じ書式をとる。司馬金竜は東晋の帝室の一員であって北魏に亡命したのであるが、妻は西涼の君主禿髪傉檀の孫娘であるから、やはり五胡時代との関係を窺わせる。

小碑形であっても劉賢・孫恪・韓弩真妻墓誌はこれら三例と書式が異なるが、そもそも南朝にはその姿を消した小碑形墓誌が北魏前期に見られること、しかもその半数において葬日から書き始められていることに注目すべきである。また遷都以前の磚誌は、知られる事例のほとんどが葬日から書かれていることにも注意を払うべきであろう(22)。なお、遷都以前の北魏墓誌の中で、延興二年（四七二）の申洪之墓誌は、標題はないが姓から書き始め、葬年・葬地を末尾に置き、記載項目も多い。方形墓誌で二三六字に達する文字数とともに、以上に述べた北魏墓誌とは異なっている。このような墓誌も出現するようになっている(23)。

その上で注意したいのは、五胡時期の影響を受けた痕跡が顕著なものであれ、それとは異なる内容の墓誌であれ、劉賢墓誌が、銘辞とは言えないような銘辞をもつ以外は、遷都以前の墓誌には銘辞を記さないという特色を共有していることで、これが、北魏前期墓誌の特色である。

以上のように見てくれば、馮誕墓誌は、北魏前期に見られた墓誌の流れの上に作成されたと考えてよいのではないか。字数を見ても、一行一七字で一七行、実数は二八五字。遷都直後の墓誌の標準から言えば、元氏と較べても尋常の大きさである(24)。このような位置づけのできる墓誌を偽作することは難しい。馮誕墓誌は真刻であろうと考えられる。

これに対して馮熙墓誌は、北魏墓誌の新たな体例を切り開いた位置にある。[25]

おわりに

遷都以前の北魏墓誌は、西晋の伝統を受けた五胡十六国時期の墓誌の影響下にあった。それとは異なる内実をもつ北魏の墓誌は、遷都直後から突然に作られるようになる。遷都直後から作られるようになった墓誌は、おそらく南朝の影響を受けたであろう。第一章ではこのような見通しを述べた。この点について再度検討し、「おわりに」に替えたい。

現在知られる限りで標題と銘辞を備えた最も早い南朝墓誌は、四六四年作成の劉懐民墓誌（『校注』三―一一八）である。官歴を記し、漢代に祖先が名をなしたなどの簡単な祖先言及があり、自らの妻とその父を記すが、これらの記述される順序は、遷都後に作られ始めた北魏墓誌とは大いに異なる。四七〇年作成の劉襲墓誌（『古刻叢鈔』巻五）の場合、標題の前という北魏墓誌には事例がない位置に家系が記されるが、そのほかにも父祖とその妻、兄弟姉妹とその配偶者などを延々と記していることが注目される。四七四年作成の明曇憘墓誌（『校注』三―一二三）は、標題に引き続いて父祖とその妻だけでなく、叔父たちや兄弟たちの官職や妻とその父を記していて、これが六〇〇字を超える字数のほぼ半ばを占める。四八七年に作られた劉岱墓誌（『校注』三―一三三）は北魏遷都に最も近い時期の事例であるが、やはり高祖父以下の官職とその妻を標題の次に記載し、さらに末尾で妻と子供たちについて述べる。

このように、現存する北魏遷都以前の時期の南朝墓誌はいずれも、遷都後に作られ始めた段階の北魏墓誌と大きく異なるところがある。もちろん、墓誌を構成する要素を数え上げればほぼ合致しているけれども、そこで述べられる事項の比重が異なり、項目の記載順序についても、南朝のそれに次第に北魏墓誌は近づいているが、なお異なる箇所がある。特に南朝墓誌は北魏の皇子墓誌とは非常に大きく隔たる。

参考までに北魏遷都以後に成る梁の墓誌を見てみよう。遷都後間もない時期である五〇二年に作られた桂陽王蕭融墓誌（『校注』三―一四五）は、定型化した後の北魏墓誌と同じ項目が同じ順序で記されている。北魏墓誌が定型のスタイルをもつようになった頃の五二〇年作成の永陽王蕭敷墓誌（『校注』三―一六一）も同様である。両者ともに皇帝の子であることだけを記して他の祖先記載はなく、自らの妻や子の記載もない。この点は北魏皇子墓誌に類似する。

ただし、異なるところもある。例えば北魏皇子墓誌と違うのは官歴を記している点である。もっとも、他の北魏墓誌では官歴を記すから、北魏墓誌との違いではない。字数を見ると、桂陽王墓誌は二八字で二〇行、五〇〇字超である（実数は四八五字）。後者は一〇〇〇字超（実数で九九四字）。永陽王墓誌が作成されて間もない頃には北魏でも同規模の皇子墓誌が出てくるが、桂陽王墓誌の場合、その作られた時期の北魏皇子墓誌に比べると字数が多い。ただし他の北魏墓誌と比べると特に多いとは言えない。次に両墓誌ともに序に詔文が引用されるが北魏皇子墓誌には詔引用の事例は見つかっていない。ただし北魏墓誌には詔を引く事例があるから、北魏墓誌との相違ではない。

また、桂陽王墓誌の場合、首行には「墓誌銘序」とだけ記し、二行目から始まる序の記述が終わった段階で、「梁散騎常侍撫軍大将軍桂陽融諡簡王墓誌銘、長兼尚書吏部郎中臣任昉奉勅撰」と記載し、以下が銘辞となる。つまり「銘」が中心であることがはっきり分かる形となっている。もっとも、永陽王墓誌の場合は、「故侍中司空永陽昭王墓誌銘。尚書右僕射太子詹事臣徐勉奉勅撰」から始まり、桂陽王太妃墓誌も永陽王墓誌に近い書き方になっているから、南朝において桂陽王のような形が一般的であったわけではないようである。ではあるが、北魏の場合、序と銘を区分する書き方の初見は五二三年作成の元斌墓誌の「墓誌銘并序」であるが、銘辞は遷都直後から書かれているのであるから、序と銘の区分は当然知られていたわけで、南朝との差と問題視するには当たらないだろう。桂陽王・永陽王墓誌ともに撰者名が記されるのも、北魏皇子墓誌との相違点である。ただし、皇帝の命令で書いたという特殊事情によると考えれば、特に注目せねばならない相違点であるとも思えない。

以上、梁の皇子墓誌は北魏の皇子墓誌に似ているところと異なるところがあるが、北魏の他の墓誌との相違点は皇子墓誌ほど多くはないことが分かる。事例数が少ないから確実とは言えないが、南朝墓誌は宋・斉を経て次第に形を整え、それが北魏に知識としてもたらされたと考えてよいように思われる。

もう一度四六四年作成の劉懐民墓誌に立ち返ってみよう。彼は墓誌によると華山に葬られた。『集釈』巻一によると、華山は華不注山で山東省歴城県にあるという。この地は献文帝の時に北魏の領域に入り、淮水北部のほかの地域の民とともに、主立った住民は平城の近くに移された（平斉民）。四六九年のことである。故に、南朝で行われていた墓誌作成の情報がこの時北魏にももたらされた可能性は大である(26)。この時期から洛陽遷都までには二五年という時間が経過している。墳墓の地への帰葬を許されなかった平斉民であるが、この期間において平城近辺で墓を営むことは当然あったはずであり、墓誌を作成する人々に影響を与えたと考えることができよう。平城時代の墓誌の作成には山東地方を経由した南朝の影響も考えられるべきなのである(27)。

ただし、洛陽遷都直後から作成され始めた墓誌に、山東地域そして平城に行われていた墓誌が直接影響を与えたと想定するにはためらいを感じざるをえない。むしろ遷都前後の時期直前の南朝における墓誌作成情報が影響を与えた可能性を考えた方がよいのではないか。遷都の前年の四九三年には南朝最大の名門琅邪王氏の王粛が北魏に亡命して、孝文帝の改革に貢献した。彼のような亡命者から最新の墓誌情報を得たという可能性が考えられてよいのではないか。宋・南斉では一流の文人の手になる墓誌が作成されていた(28)。それらは誰にも知られず墓内に蔵められたというわけではなかったはずである。優れた墓誌は何らかの形で世に伝わるのである。直接とは言わないまでも、その情報が北魏にも伝わったと想定してよいのではないか。皇子墓誌は特殊かも知れないが、当時の墓誌のあり方を反映していたはずであり、先述の梁の皇子墓誌の書き方が北魏墓誌の書き方に一定の影響を与えた可能性は十分に考えられよう。

もっとも、南朝で行われていた墓誌と同じような墓誌が北魏で作られたわけではないことは、これまでの叙述で明らかである。情報を得ても取捨選択が行われているのである。最も大きな差は、祖先や家族の記載が見られないか、見られても量的に少ないところから遷都後の北魏墓誌が出発していることである。

遷都以後、新しいタイプの墓誌が突然に、しかもそれまで墓誌を作らなかった鮮卑族によっても作られはじめた。そこには北魏皇帝サイドの政策的意図を想定せざるをえない。その最初の段階で馮熙墓誌が孝文帝によって作られ、南朝墓誌の影響を受けながらも新たな体例となり、それが北魏墓誌のその後のあり方に大きな影響を与えた。この体例は宗室の諸王、特に皇子にはかなり厳格に三〇年ほどは継承され続け、始蕃王、二蕃王もある程度の期間それに従い、王以外の皇帝子孫はもう少し自由度が大きく、代王子孫はさらに自由度が大きかった。元氏以外は祖先記載である程度詳細にならざるをえない事情もあり、必ずしも体例遵守は求められなかった可能性があり、それは洛陽以外に葬られる場合により明確に現われる。しかし、それでも初期には字数が少ない、官職記載がないなど、馮熙墓誌に近い形で墓誌が作られていたのである。官僚達はそれぞれの置かれた環境によって体例から受ける影響を異にしながら墓誌を作るが、しかし間もなく、墓誌の記載項目が多くなって固定的となり、そしてそれら項目の記載順序も固定化する方向をたどる。

対象として扱った墓誌の数はそれほど多くはない。従ってここで述べたような見方が本当に成立するのかどうか、やや心許ないところがある。しかし、皇帝からの距離が近い者ほど孝文帝の示した体例に近い墓誌を作るという基本的な理解は成り立つのではないかと考える。なお、墓誌には様々な形式、内容のものがあるから、本章はあくまでも大勢を述べたにすぎない(29)。

註

(1) 代王子孫墓誌では太和二二年の元偃墓誌が早いが、同墓誌は特異な内容であるので、比較に適した元弼墓誌を用いる。
(2) 太和二三年の韓顕宗墓誌と景明二年の趙謐墓誌の作成時期が早いが、比較に適した穆亮墓誌を用いる。
(3) 斉郡王簡の妃の場合、墓誌は失われているが、蓋が残っている。太和二三年（四九九）の元簡墓誌は蓋が知られていないが、妃に蓋があれば、夫にも蓋があったと考えてよい。
(4) 銘辞については、次の第三章で論じる。
(5) 梶山智史「北朝墓誌所在総合目録」「新出北朝隋代墓誌所在総合目録（二〇〇六―二〇一〇年）」（『東アジア石刻研究』一・三、二〇〇五・二〇一一）。
(6) 前註所掲梶山目録には載せられているが、一部未見のものがある。また元伯陽墓誌など偽刻のもの、および偽刻の疑いのあるものは除いた。
(7) 既に引用したAの事例参照。
(8) 既に引用したCの事例参照。
(9) 同前。
(10) 墓主の子による造誌の記載が五〇五年の元氏10に見られるが、特に妻子を記載しようという意図があったわけではないようだ。
(11) 官位が墓誌の大きさを規定するものではないという松下憲一氏の指摘（「北魏後期墓誌における官位と大きさの関係」（『史朋』四四、二〇一一））は支持できるが、洛陽に葬られた元氏以外の墓誌の大型化が遅れるのは、墓誌作成に関して何らかの制約があった、或いは制約を感じた可能性を示すように思われる。
(12) 趙君平「魏孝文帝撰〝馮熙墓誌〟考述」(『河洛文化論叢』五、二〇一〇)ほか。
(13) 前註所掲趙論文で言及。
(14) 孝文帝が洛陽に帰還したのは本紀によれば五月癸未(一五日)。墓誌によれば馮誕は五月四日に葬られている。孝文帝の作った挽歌は葬儀で用いられた筈であるから、墓碑の文章が先に都に届けられた可能性はあるが、洛陽帰着後に墓碑を作成したと考えたい。
(15) このことは本書第Ⅲ部第四章で論じている。
(16) 西晋と東晋の事例は第一章の表2・表4参照。
(17) 第一章の表8参照。
(18) 第一章の表2参照。拙稿では脱落させているが、元康八年(二九八)の除文□墓誌(『校注』二―三二二)も同じ。
(19) この墓表は二点発掘された。ほぼ同文であるが、一方は、「燕」字がなく、「東」字が「武城」の前にある。
(20) 呂憲と呂他墓誌は官職名と諱が異なるだけで、他は同文。ともに上部に「墓表」の二字が刻されている。しかし、前者は清末出土で『八瓊室金石補正』巻一〇に収められており、後者は一九七〇年前後の発見ながら、西安碑林博物館に収められて、『文物』一九九七―一〇で紹介されている。
(21) 出土時期や地点が不明である魯潜墓誌(『校注』三―八七)も書式は共通する。
(22) 第一章の表7参照。
(23) 殷憲「北魏早期平城墓銘折」(『北朝研究』一、二〇〇〇)、侯旭東「北魏申洪之墓誌考釈」(吉林大学古籍研究所編『〝一―六世紀中国北方辺疆・民族・社会国際学術研討会〟論文集』科学出版社、二〇〇八)参照。
(24) 大同の文物や遺跡に詳しい殷憲氏によれば、平城に都があった時期には、拓跋宗室や代人は、墓葬に墓誌を作らなかった。その時期には漢族のほか、東方の後燕や北燕、西方の秦・涼の地域から遷ってきた人々も簡単な磚誌を作っていた。たとえば「太和十四年十一月三日屈突隆業塚之故記」という磚誌が二〇一〇年に大同から発見されているが、彼は中原もしくは長安から移ってきた人である。殷憲「近年所見北魏書蹟二則」(『書法叢刊』二〇〇五―三)・同「大同新出土北魏墓磚四種簡述」(『書法叢刊』二〇〇九―四)参照。また二〇〇二年に大同で発見された太安元年(四五五)葬の叱干渇侯墓磚も、長安県民とあり、元来の代人ではない(『文物』二〇〇六―一〇)。『校注』三―二五二には延興五年(四七五)の元理墓誌(洛陽出土という)を載せているが、「元」という姓を見るだけで偽刻である(馬立軍「北魏〝給事君夫人韓氏墓誌〟与〝元理墓誌〟辨偽――兼談北朝墓誌著録中的偽刻問題」〔『江漢考古』二〇一〇―二〕に偽刻である旨が記されている)。

(25) 馮熙の子、馮誕の弟の馮聿の墓誌の発見もごく最近報ぜられた。宮万瑜「邙洛近年出土馮聿、源模、張懋三方北魏墓誌略考」(『中原文物』二〇一二―五)に釈文とごく簡単な説明がある。拓本写真は不鮮明で釈文の正確さは確認できない所が少なくないが、宮氏の釈文によると、官歴を記した標題、諱、字、本貫、祖先(具体性を欠く)、品行、経歴(具体性を欠く)、享年、没年、没地、葬年、葬地、銘辞の順に叙述されている。標題に官歴を記し、序では具体的には記さないという馮熙墓誌の体例が踏襲されているが、他は、叙述項目は馮熙墓誌より後の定型化したスタイルに近づいていて、正始三年(五〇六)という墓誌作成の時期に適合している。一行一八字で二二行、三六二字で構成されている。列伝に最後に記される河南尹の官職が標題にないのが気になるが、取り上げる官職の伝との食い違いはありがちなことである。なお、「乾脯山之陽」に葬ったとあり、「乾脯山之陰」の馮誕と山の南北に分かれているが、実際に出土した場所に立たなければ、事情は明らかにならない。

(26) この点については中村圭爾氏の教示を受けた。明曇憘も平原郡が本籍であり、この地もこの時北魏領となっている。ただし明曇憘本人が葬られたのは建康であった。

(27) 殷憲氏は、申洪之は南朝から太武帝の時に北魏に入った申謨の兄弟かと想定している(註(23)所掲論文)。

(28) 『芸文類聚』巻一六・四五・四七・四八に九篇の宋、南斉時の墓誌銘が収録されている。

(29) 例えば景明三年(五〇二)に作成され、一九六四年に寧夏回族自治区彭陽県で発見された磗製の員標墓誌は、右側面に「□岐涇三州刺史新安子員世墓□銘」とあり、正面が「兗岐涇三州刺史新安子姓員諱標(下略)」と墓誌本文の位置を占める。とすれば、右側面は標題としての役割と考えられるが、しかし、最初の□は兗であろうから、朝代名を欠いているわけである。しかも、「員世」の「世」は諡である（このことは『疏証』二六、『校注』三—三六五が指摘している）。この墓誌は続く磚が失われていて完全な形を知りえないのであるが、それでも明らかに異例と思われる箇所を複数指摘できるのである。

補註　本章の元となる論文を公表した段階で参照しえた『秦晋』所収の馮誕墓誌は、拓本写真が不鮮明で釈文も付せられていなかった。『中原文物』二〇一六—三に掲載された劉連香「北魏馮熙誕墓誌与遷洛之初陵墓区規画」の拓本写真は鮮明である。それに基いて釈文を改めた。ただし註（25）は元のままで残した。

（二〇一六年記）

補記1　本章は平成二四年度科学研究費補助金（基盤研究（A）「石刻史料批判による魏晋南北朝史の基本問題の再検討」による研究成果の一部である。また本章作成に際しては明治大学東アジア石刻文物研究所の資料閲覧を許され、特に梶山智史氏には多くの力をお借りした。記して感謝の意を申し上げる。

（二〇一三年記）

補記2　本章および第一章に関わる研究として、梶山智史「北魏における墓誌銘の出現」（『駿台史学』一五七、二〇一六）がある。

（二〇一六年記）

第3章　北魏墓誌中の銘辞

第一章と第二章において魏晋南北朝期の墓誌について検討し、北魏が遷都した四九四年直後から銘辞をともなった墓誌が急速に普及し、正始末年（五〇八）までの一四年ほどの間に定型化と言ってよい状況が生まれ、その状況は続く永平年間（五〇八〜五一二）でより明確になったことを示した。それは墓誌の記載内容の分析から得た結論であったが、その際、銘辞についてはごく簡単にふれるにとどまった。だが、墓誌銘の場合、銘辞が主であって、他の記載は「序」という位置づけになる。その銘辞は墓誌全体の定型化とどのように関わるのであろうか。本章はこの問題に焦点を当てる。本章で扱う問題自体は小さいけれども、銘辞が表現しようとしたものは何であったのかという、これまで十分に検討されてこなかった点についての検討を行う出発点となる。なお、検討の対象とした墓誌は前章で取り上げたものと変わらず、『集釈』『彙編』『疏証』を中心とし、適宜他書で補った。

一　銘辞の全字数中に占める割合

本節では、銘辞の形式面での検討を行う。

まず、墓誌の定型化に関連するが、銘辞をもつ墓誌の割合について述べる。第一章では、正始年間までの墓誌の事例を掲げたが、それに基づくと銘辞をもつ墓誌の割合は七五・八％である。これが続く永平年間となると、銘辞は八一・二％に見られるようになり、延昌以後はさらにその割合を増して、九〇・九％になる。[1] ほとんどの墓誌が銘辞をもつ状況は、九〇％を超えた段階を指すべきだろうが、永平年間はその状態に近づいている。

その銘辞は、どのような形態だったのであろうか。まず、銘辞は基本的に一句四字で構成されることを指摘できる。例外的に句の数が五～八字のものがあるが、四例にすぎない。[2] 一句四字の形式は、漢籍に載録され、あるいは新たに発見された晋、南朝の墓誌の銘辞においても同じである。[3] そして次に指摘できるのは、偶数句末に、ほぼ正確な押韻がなされていることである。[4]

では、銘辞の字数は墓誌銘全体の中でどれほどの割合を占めるのであろうか。第一章で永平年間までにほとんどの墓誌が銘辞をもつようになったと述べたので、永平末年（五一二）までと、それ以後北魏末の永熙三年（五三四）までに分けて、銘辞の句数で墓誌を分類すると、表1のようになる。なお、表の△は墓誌の全字数の中で占める銘辞の字数の割合が三〇％を超えるもの、〇は四〇％超、◎は五〇％超を示す。

永平年間の終わりまででは、男性墓誌の銘辞の平均は二三・九句、女性墓誌の平均は二九・四句。女性の方が長くなっているが、事例数が少ないから、そのまま信頼することはできない。平均すると二四・八句となる。延昌から北魏末までは、男性で三二・七句、女性で二七・一句、平均すると三一・六句である。墓誌がほぼ定型化したあと、銘辞が長くなっている。

銘辞は長くなる傾向にあるけれども、銘辞が墓誌全体の字数に占める割合は逆に減少する。永平年間までは、男女合計四三例中で銘辞の割合が三〇～三九％のものが六例、四〇～四九％のものが七例、五〇％以上のものが八例を占める。実に四八・九％が、多くても一六〇字という比較的短いものながら、しかし墓誌の字数の三分の一程度もしくはそれ以上の割合を占める銘辞をもっている。銘辞の比重が非常に大きい。特に女性の墓誌の場合、その傾向が顕著

表1　銘辞の句数

句数	太和～永平					延昌～永熙				
	男		女		計	男		女		計
6						3		2		5
8	1				1	5				5
10	1				1			3		3
12						1		3		4
14	3	△1			3	6		5	△1	11
16	2				2	10			2 △1	12
17								1		1
18	2	○1			2	6			2	8
20	4	◎○各1			4	7	△1		1	8
22	3	△2			3	8	△1		1	9
23						1				1
24	8	◎○△各1	4	◎2	12	31	○△各1	7	○1△2	38
26	2	△1	1	○1	3	6		2	○△各1	8
28	1	◎1	1	◎1	2	3	○1			3
30						6	△1	2	△1	8
32	2	△1			2	54	○2△6	8	△2	62
34	1	◎1			1	3				3
36	1				1	5		3	○2	8
38	2				2	2	△1	1	◎1	3
40	2	○2	2	○◎各1	4	14	○△各1	3		17
42								1		1
44						1				1
46						2	○1	1	◎1	3
48						9	△2	5	◎2△2	14
49						1				1
50						4				4
52										
54						1	○1			1
56						5	◎△各1	1		6
58						2				2
60										
62						1				1
64						6	○1			6
66						1				1
68						2				2
70										
72						3	◎△各1			3
96						1	△1			1
104						1	△1			1
	35		8		43	211		54		265

である。なお、銘辞の句数でいえば二〇～二四句のものが中心となっている。他方、延昌以後は、男女合計二六五例で三〇～三九%のものが二八例、四〇～四九%のものが一二例、五〇%以上が六例、併せて一七・四%であり、その割合は永平までと比べて激減している。つまり墓誌の字数が長くなるほどには銘辞は長くはならないのである。永平年間までは銘辞の句数は二〇～二四句が多く、その中でも二四句が最も集中度が高かったが、延昌以後は、三二句が最大の集中度を示す。これだけで六二例、二三・四%を占める。他方、二四句の銘辞にも相当の比重があり、二四句、三二句が北魏の銘辞の標準的な句数であったと言えるのではないか。

もっとも、四二句以上の事例に限ると銘辞が総文字数の三〇%以上を占める墓誌が四八例中で一六例、三三・三%と、上記の一七・四%のほぼ倍の割合となる。これは非常に長大な墓誌の場合、銘辞も長くなる傾向を示していて、特に女性の墓誌の場合、銘辞の占める割合が非常に高くなっている。

これを南朝の墓誌銘と比べてみよう。宋大明八年（四六四）の劉懐民が二〇句で三五・七%、元徽二年（四七四）の明曇憘が一八句で一〇・九%、南斉永明五年（四八七）の劉岱が一六句で一七・七%、その翌年の蕭崇之妻が一六句で二七・八%、梁の場合は、天監元年（五〇二）の桂陽王蕭融が三四句で二八・〇%、天監一三年（五一四）の桂陽王妃が三六句で二二・〇%、普通元年（五二〇）の永陽王蕭敷が五八句、二三・三%、その妃が四八句で二五・一%となっている。梁になると銘辞が長くなり、特に永陽王とその妻の場合は長大である。梁の皇族を除くと、宋斉の時代の銘辞は二四句未満で、遷都直後の北魏の墓誌と大差はない。第一・二章で南朝の墓誌の影響を受けて北魏の墓誌の定型化が行われたと推測したが、銘辞の字数からもそのことが裏付けられると言えよう。北魏の墓誌の銘辞の長大化はあるいは梁の皇族墓誌の影響かも知れない。もっとも、梁の長大な銘辞の事例はいずれも皇族のものであり、彼等の身分が影響している可能性がある。(5)

二　銘辞の内容

本節では銘辞の記載内容を扱う。

（１）南朝と北魏の男性墓誌の場合

第一・二章で述べたように北魏の墓誌は南朝墓誌の影響を受けたと考えられる。故に現在知られる中で最も早く銘辞をもった南朝墓誌である劉懐民墓誌（『彙編』二二）をまず取り上げる。その銘辞は以下の通り[6]。

（a）苕苕玄緒、灼灼飛英。分光漢室、端棌宋庭。（苕苕《ちょうちょう》たる玄緒、灼灼たる飛英。光を漢室に分け、棌を宋庭に端《ただ》す。）

（b）曽是天従、凝睿窮霊。高沈両剋、方円双清。（曽《すなわ》ち是れ天従、睿を窮霊に凝らす。高沈両つながら剋《た》え、方円双つながら清し。）

（c）眩紫皇極、剖金連城。野獣朝浮、家犬夕寧。（紫を皇極に眩《かがや》かし、金を連城に剖《さ》く。野獣朝に浮かび、家犬夕に寧らかなり。）

（d）淮棠不剪、澠鴞改声。履淑違徴、潜照長冥。（淮棠剪らず、澠鴞《べんきょう》声を改む。淑を履み徴を違《さ》け、潜かに長冥を照らす。）

（e）鄭琴再寝、呉涕重零。銘慟幽石、丹涙濡纓。（鄭琴再び寝み、呉涕重ねて零《お》つ。慟きを幽石に銘み、丹涙纓を濡《うるお》す[7]。）

故事を多く引用し、難解であるが、aの部分は遠祖からの輝かしい家歴が宋の時期に至るまで及んでいる旨を表明している（この種の表現を「祖先」とする。以下、表現のパターンを括弧を付して示す）。「漢室」の語は、劉氏が漢の膠東王の子孫であると主張していることによる。次いでbで本人の優れた資質（「資質」）を述べ、さらにcで朝廷で高い官位に就き、その統治が安定していたことを示す（「履歴」）。dもその事跡を称える部分であろう。そしてeは前半でその死を暗示し（「死去」）、後半で優れた人を失った悲しみ（「悲哀」）とその業績を石に刻すること（「刻石」）を述べる。

ほぼ同時期の明曇憘墓誌（『彙編』二二）の銘辞は次のようになっている。

（a）斯文未隧、道散羣流。惟此冑彦、映軌鴻丘。佇艶潤徽、皓詠凝幽。（斯文未だ隧《ほろ》びず、道は羣流に散ず。惟だ此の冑彦、軌を鴻丘に映ず。佇艶徽を潤し、皓詠幽を凝らす。）

（b）測霊哉照、発誉騰休。未見其止、日茂其猷。（霊哉の照を測り、誉れを発して休いを騰《あ》ぐ。未だ其の止を見ず、日々に其の猷を茂《さか》んにす。）

（c）巨沴于紀、侈侵陵将。金飛輦路、玉砕宸孃。（巨沴《てん》紀に于《お》いてし、侈侵して陵将す。金は輦路に飛び、玉は宸孃に砕かる。）

（d）霜酸精則、気慟人遊。鐫塵玄窆、志揚言留。（霜は精則に酸《いた》み、気は人遊に慟《なげ》く。玄窆《せき》に鐫《せん》塵し、志は揚がり言は留まる[8]。）

aの最初の二句は、当時の一般的な学問の状況を述べている（「一般」の表示でこのような一般的な状況叙述を示す）。それにより墓主の優れた学問、文学的才能を引き出すことになる（「資質」）。bは難解であるが、官についての功績を称えたものと考えられる（「履歴」）。cは桂陽王劉休範の反乱によって死亡したことを記す（「死去」）。そしてdで死者に対する痛みと（「悲哀」）、石に刻する旨を述べる（「刻石」）。劉懐民墓誌と比べると、祖先に関する言及がないが、逆に学問一般の状況を述べて導入とする二句が加わっている。その他は同じ構成となっている。

北魏の遷都に最も近い南斉永明五年（四九三）の劉岱墓誌の場合を見てみよう（『彙編』二四）。

（a）悠悠海岳、綿綿霊緒。或秦或梁、乍韋乍杜。（悠悠たる海岳、綿綿たる霊緒。或いは秦或いは梁、乍《たちま》ち韋乍ち杜。）

（b）淵懿継芳、世盛亀組。徳方被今、道迺流古。（淵懿芳を継ぎ、世々亀組を盛んにす。徳方めて今に被り、道迺《すなわ》ち古に流る。）

（c）積善空言、仁寿茫昧。清風日注、英猷長晦。（積善は空言、仁寿は茫昧。清風日々に注げども、英猷は長しえに晦《くら》し。）

（d）窀設徒陳、泉門幽曖。敢書景行、敬遺千載。（窀設徒らに陳ね、泉門は幽かに曖《くら》し。敢えて景行を書し、敬んで千載に遺す。）

aは祖先のこと、すなわち劉氏は殷で豕韋氏、周で杜伯に封ぜられ、晋の士会の子が秦にあって劉氏となり、戦国の時魏の大夫となり、秦が魏を滅ぼして大梁に移ったことを記す（「祖先」）。bは代々官僚の家柄であり、それが劉岱本人に及ぶことが述べられる（「祖先」）。cになると一転し、よい人間なのに天は必ずしも報いないことを述べ（「不幸」）、次に死を暗示する（「死去」）。dは墓に収めるに際してその業績を記し後世に残す旨が述べられる（「刻石」）。前半は墓所の情景であろう。この銘辞の場合、本人の人となり（性格や学問）や官僚としての経歴への言及が明確な形で書かれていないことが劉懐民、明曇憘墓誌銘と異なり、逆に善人であるのに天が長命を与えないという表現が用いられ、また墓の暗さが述べられる（以下、墓の近辺、墓室内部の様子を示す表現を「墓景」で示す）。

では北魏の墓誌を見てみよう。孝文帝の祖父の時代の劉賢墓誌は（『彙編』五〇二）、茫茫天漢、皎皎恒娥。嗚呼哀哉、渠可奈何。嗚于哀哉。（茫茫たる天漢、皎皎たる恒娥。嗚于哀しい哉、渠《か》れ奈何すべきや。嗚呼哀しい哉。）

とあって、韻は合っているが、悲しみの表現（「悲哀」）しかない。これに引き替え遷都直後の太和二〇年（四九六）の南安王楨墓誌（『彙編』三六）の場合は次のようになっている。

（a）帝緒昌紀、懋業昭霊。浚源流岷、系玉層城。（帝緒は昌紀、懋業は昭霊なり。源を流岷に浚《ふか》くし、玉を層城に系《つな》ぐ。）

（b）惟王集慶、託耀曦明。育躬紫禁、秀発蘭坰。洋洋雅韻、遙遙淵渟。瞻山凝量、援風烈馨。（惟れ王　慶を集め、耀きを曦《ぎ》明に託す。躬らを紫禁に育て、秀は蘭坰《けい》に発す。洋洋たる雅韻、遙遙たる淵渟。山を瞻《み》て量を凝らし、風を援《ひ》きて馨を烈しくす。）

（c）巻命夙降、朱黻早齢。基牧豳檪、終撫魏亭。威整西黔、恵結東氓。（巻命夙に降り、朱黻《しゅふつ》早齢よりす。基《はじ》め豳檪を牧し、終に魏亭を撫す。威は西黔を整え、恵は東氓に結ぶ。）

（d）旻不錫嘏、景儀墜傾。鑾和歇轡、委櫬窮塋、（旻《てん》は嘏《さいわい》を錫《あた》えず、景儀墜傾す。鑾和轡を歇《や》め、櫬を窮塋に委ぬ。）

（e）泉宮永晦、深埏長扃。敬勒玄瑤、式播徽名。（泉宮は永えに晦く、深埏《えん》は長えに扃《とざ》さる。敬んで玄瑤に勒し、式《も》って徽名を播す[9]。）

aで祖先について象徴的な文言を連ね（「祖先」）、bで王が帝室に育ち、優れた性質と才能をもっていたこと（「資質」）、続いてcで官僚——地方長官としてよき政治を行ったことを記す（「履歴」）。しかし天は長命を与えず、葬に至ったこと（「不幸」、「死去」）がdで述べられ、最後にeで永遠に閉ざされた墓室は永遠に暗いこと（「墓景」）、墓誌にその名声を刻むこと（「刻石」）が記される。劉懐民、明曇憘、劉岱墓誌の記述内容が、表現こそ異なるが、見られる。

次に銘辞をもつ墓誌は太和二三年（四九九）の事例であり、南安王楨の第二子元彬墓誌（『彙編』三八）は以下のような内容となっている。

（a）綿基崇越、寔浪遐分。胤業帝緒、纂世蕃君。（綿基は崇越、寔浪は遐《とお》く分かる。業を帝緒に胤《つ》ぎ、世を蕃君に纂《つ》ぐ。）

（b）亀玉流篆、冕黻暉文。弱而好恵、長則騰芬。（亀玉は篆に流れ、冕黻は文を暉《かがや》かす。弱にして恵を好み、長ずれば則ち芬を騰《あ》ぐ。）

（c）曰自宗哲、出撫幽民。荒黎承徳、朔野怖聞。終莅西岳、胡狡帰仁。（曰《ここ》に自ら宗哲、出でて幽民を撫す。荒黎徳を承け、朔野怖れ聞く。終に西岳に莅《のぞ》み、胡狡仁に帰す。）

（d）方旋徳猷、与政時動。天乎爽祜、永即徂泯。（方に徳猷を旋らし、政を時動と与にすべきに、天　祜《さいわ》いに爽《たが》うに乎《お》いてし、永く徂泯《そびん》に即く。）

（e）哀纏下国、痛結朝淪。窀穸有礼、託附先墳。（哀は下国に纏い、痛みは朝淪に結ばる。窀穸《ちゅんせき》礼有り、先墳に託附す。）

（f）松坰方晦、泉堂永曛。敬勒玄石、式揚清塵。（松坰《けい》方に晦く、泉堂永く曛《くら》し。敬みて玄石に勒し、式って清塵を揚ぐ[10]。）

aは祖先が遠く代々王の地位を継いできたこと（「祖先」）を述べ、bで墓主の人となりを記す（「資質」）。cは官歴、地方長官としての成績が優れていたこと（「履歴」）、dでは、しかし天はその功績に酬いないで、死がもたらされたと記す（「不幸」）。そしてeでは人々の悲しみ（「悲哀」）と墓所の設定、最後にfで墓室の暗さ（「墓景」）と勒石（「刻石」）

が述べられる。句数も父と同じであるが、記載内容も、もちろん表現こそ非常に異なるが、ほとんど同じである。敢えて言えば、墓を父の側に営んだこと（「墓所」）が明記されているのが相違である。

ただし、同年に作成された元弼墓誌の銘辞は、異なる内容を示す（『彙編』三七）。

（a）巖巖垂岫、岋岋高雲。鑒茲既鏡、懐我哲人。（巖巖たる垂岫、岋《きゆう》岋《きゆう》たる高雲。茲の既鏡を鑒《み》て、我が哲人を懐う。）

（b）重淵余静、椒葶方紛。如何斯艶、湮此青春。（重淵の余静、椒葶方に紛たらんとす。如何ぞ斯の艶、此の青春を湮《ほろぼ》す。）

（c）騒騒墟壟、密密幽途。悲哉身世、逝矣親疏。（騒騒たる墟壟、密密たる幽途。悲しきかな身世、逝けるかな親疏。）

（d）沈沈夜戸、瑟瑟松門。月堂夕閉、窮景長昏。（沈沈たる夜戸、瑟瑟たる松門。月堂は夕べに閉ざされ、窮景は長しえに昏し。）

（e）感哀去友、即影浮原。攸攸靡弔、莫莫不存。（哀を去りし友に感じ、影を浮原に即くに、攸攸として弔う靡《な》く、莫莫として存せず。）

dで墓の周りの情景（「墓景」）を描くほかはすべて死去した人への悲しみ、追慕の情の表明（「悲哀」）である。わずかにbが盛りに死亡したことを恨む気分を漂わせるが、「不幸」に分類するほどの強さではない。もっとも、元弼墓誌にしても、他の銘辞にない要素をもっているわけではない。これまで見たように、遷都直後からの北魏墓誌は、南朝墓誌に見られた内容からはずれていないようである。

ところで、南朝墓誌にせよ、北魏墓誌にせよ、これまで取り上げたのは、一六句から二六句までの銘辞であった。

句数が少ない、あるいは長大な銘辞の場合、どのような内容が盛り込まれているのかを、見ておきたい。

まず、句数の少ない事例について。南朝では陳の衛和墓誌が六句の銘辞をもつ（『彙編』三三）。蒼天不吊、靳与寿考。黄土毋情、長埋忠孝。樹茲碩徳、終焉食□。（蒼天吊《とぶら》わず、寿考を与うるを靳《おし》む。黄土情毋《な》く、長しえに忠孝を埋む。茲の碩徳を樹て、終焉食□。）判読できない文字があるため、末尾の二句は意味が取れないが、前四句は天が長命を与えないという。「不幸」に該当するが、それ以外の表現は見られない。

遷都以後の北魏では正始元年（五〇四）の封和突墓誌が八句から成る銘辞をもつ（『彙編』四四）。少深岐嶷、長朂寛明。内尽孝思、外竭忠誠。在高無危、処端不盈。鐫模玄石、庶揮風清。（少くして岐嶷を深くし、長じて寛明を朂く。内に孝思を尽し、外に忠誠を竭す。高きに在りて危うき無く、端に処りて盈《あふれ》ず。玄石を鐫模し、風清を揮《かが》やかすを庶う。）前六句は墓主の人となりを述べたもの（「資質」）、末尾の二句は石に刻してその清なる生涯を称える旨（「刻石」）が述べられる。

より短い事例として正光元年（五二〇）の邵真墓誌の六句を挙げよう（『彙編』一一五）。神姿隕謝、秘玉幽泉。無以暢志、託名旌文。銘詠千載、万古流芬。（神姿隕《お》ち謝《さ》り、玉を幽泉に秘す。以て志を暢ぶる無く、名を文に旌するに託す。銘詠千載、万古芬を流す。）前二句は死を示し（「死去」）。後の四句は、石に刻して後世に伝える望みを記す（「刻石」）。

要するに短い銘辞は、序に記されたような生涯をすべて表現しようとするものではない。悲哀の情とか刻石の意図などを限定して述べるにとどまる。

一方の長大な墓誌の場合を取り上げよう。南朝では最大の五八句から成る梁の普通元年（五二〇）作成の永陽王蕭敷の銘辞である。長大であり、かつ判読できない文字が多いので、訓読は避ける。なお、蕭敷は南斉時期の四九七年に死去し、弟の蕭衍が梁を建国した後、永陽王に追封された。妻の死の時に、墓誌があらためて作られたのである。

（a）惟山峻極、羣峰以搆、惟海泱泱、百流是湊。赫矣皇業、昭哉洪冑、布葉分□、如彼列宿。
（b）恭惟茂徳、英明在躬、該茲学行、穆是清風。令問不已、羽儀克隆、若林之蔚、若川之冲。
（c）資　以冥、乗心而蹈、立人之美、亦符前誥。泰靡革情、約不移操、莫覯其涯、莫視其奥。
（d）爰初理翰、振藻騰光、出高蕃采、入映華坊。且文且会、煥彼周行、言弍河輔、綽有余芳。
（e）関候未息、乱縄宜理、作守漢浜、威懐斯俟。既弭烽□、又清獄市、樹蹟来帰、復遊衡里。
（f）□云与善、遙途始半、黛萃繁霜、遽捐華館。歳時荏苒、松陰行□、□□□飛、典章有爛。
（g）姫公□制、祔礼載□、幽扃斯啓、容物暫陳。窮泉□□、於焉反真。
（h）我皇□□、□徳攸新、俾諸来葉、永鑒清塵。(11)

aからfまで八句ごとに韻を換えることにより段落が明確となっている。aは帝室のまわりの藩屏の存在が強調されている。遠い祖先からの家系を誇るスタイルを採ってはいないが、帝室の一員であることを示すから、「祖先」のバリエーションと考えてよいだろう。bとcはともに墓主の学問資質の優れていることを述べている（「資質」）。dとeの一六句は官僚としての在り方を示しているが、特に随郡太守としての功績が強調されている（「履歴」）。fでは盛りに死去したことがまず述べられるが、後半は墓誌の作られるまでに時間があったことを述べたものであろう。gとhは韻が共通し、ひとつながりの意図が伺われようが、敢えてふたつに分けてみた。gは礼に従い墓を営み、祭具を設けたことが述べられ（「墓所」）、hでは墓誌を作成したとは明示しないけれども、後世に墓主の生き様に学ぶようにさせるとの意志が示されており、「刻石」のバリエーションとしてよいだろう。それは「我皇」すなわち梁の武帝の意図でもある。総じて、八句から一六句で示すから表現は豊かになっているが、内容そのものは、二〇句前後で構成される銘辞と変わらないと言ってよいであろう。

北魏の場合、永平までの事例中で最長の銘辞は四〇句から成る。永平四年（五一一）の楽安王悦墓誌を見てみよう（『彙編』六三）。紙数の関係で訓読は避ける。

（a）綿綿皇運、眇眇帝霊、金火相遣、麟鳳送迎。配天建統、演景垂明、功冠百辟、道済蒼生。

（b）於穆君王、承乾胙土、連晷星門、参光月戸。緝義崇仁、綏文纂武、踵迹河平、継風梁楚。峻峙嵩巖、澄渟漢渚。

（c）猗歟哲人、実唯天穎、物莫不関、聞無不領。望若夏日、即似冬景。処闇弗煩、在公能整、如玉之潔、如玉之潔。

（d）方隆崇構、剋広鴻烈、晦明弗殊、倚伏同轍。

（e）良木其摧、忽焉徂逝、即窆玄丘、潜霊下世。

（f）松霜暁凝、蘭燈夜滅、遺愛在人、休声無缺。

換韻により段落を分けてみた。内容も韻による段落に合致する。aは北魏が皇帝として天下を統治する所以を述べる。広い意味で「祖先」にあたる叙述としてよいだろう。bは墓主が王に封ぜられたことと、その人となりを述べている。cはbに引き続いて人となりとしてもよい記述ではあるが、「公に在りては能く整え」とあることから、官僚としての在り方の賞賛であると考えるのが妥当であろう。dでは、これからさらに優れた人となるはずなのに、暗が明に続くことになるという。「不幸」に該当しよう。そしてeでは「死去」が述べられる。最後のfの前二句は墓所の情景描写ともとれるが、墓主の死によっても、その名声は人々に受け継がれて行くことを述べたものと考えたい。「刻石」につながる表現であると言えよう。

楽安王の銘辞も句数は多くなり、表現の工夫がこらされているものの、内容的には半分ほどの句数のものと変わらないことがわかる。一方、長い銘辞でも、内容が多岐にはわたらない事例もある。正始四年（五〇七）に作られ、同じ四〇句から成る武昌王鑒墓誌（『彙編』五一）は以下のような内容をもつ。

（a）奕奕修徽、蟬聯遐胤、分瓊乾芳、別華景振。堂構累栄、襲封重潤、弼化崇光、維城作鎮。
（b）霊射畳祉、詔遷嵩宇、乃詮宗叡、京尹是撫。好爾懿哲、惟王斯挙、剋暢澄猷、犖釐斯怙。
（c）照照鴻度、恢恢虚沖、六術内朗、五典外融。私光子敬、公闡臣忠、喉讃帝闈、宜侍皇風。
（d）戚類分陝、効邁伊姜、帝酬休烈、奄有海箱。化溢東夏、渭区再汪、式遵先恵、世済其光。
（e）撫斉慕齢、渭岷順軌、作牧彭蕃、導徳斉礼。猛協秋凝、仁迎冬晷、燮揚道風、頌郁遐邇。(12)

aの前半は北魏帝室の長さを述べ（「祖先」）、後半はそれに続けて王となったことを述べる。bで遷都後河南尹となったこと、eで斉州刺史と徐州（＝彭蕃）刺史になったことが述べられる。つまりbの後半からeの前半までは官僚としての在り方を述べているのであり（「履歴」）、その間のcを中心に「資質」と思われる記述がはさまれるが、「不幸」「死去」「墓景」「悲哀」「墓所」の叙述は見られない。わずかにeの後半が墓主の声望を記すが、遠近への声望であって、後世とはなっていないから「刻石」もないことになる。字数が多くても、記載内容が限られ、墓主の資質、特に履歴にのみふれる銘辞があることは、注目すべきである。この墓誌は官歴が最初に記され、序の記述がごく簡単で、銘辞がほぼ半ばの字数を占める。その銘辞がまた限定された叙述に終始しているわけである。

時期は降るが北魏時代の最大の銘辞についても一瞥しておこう。孝昌三年（五二七）の章武王融のものである（『彙編』二〇四）。

（a）葳蕤赤文、氛氳緑錯、帝図爰炳、玄功已爍。握紀代興、大人有作、分唐建魯、麟趾旁薄。
（b）令望令問、乃牧乃蕃、詵詵公子、穆穆王孫。英華挺出、煥若瑜璠、克岐克嶷、載笑載言。
（c）容止可観、徳音可佩、如彼王人、堂堂誰輩。行著閨門、風成准裁、有矩有規、無玷無悔。
（d）勿称千里、翻飛九重、透迤龍沼、独歩無双。逢茲克譲、値此時雍、一見入賞、寧待為容。
（e）遭離閔憂、蒸蒸幾滅、毀甚寅門、哀踰泣血。形乎兄弟、被之甥姪、遠邇欽風、華夷仰轍。
（f）亦既君王、朱紱斯煌、酎金無爽、執玉有光。建旂絳北、持斧晋陽、信孚白屋、恩結緑棠。
（g）再擁旌旄、于彼青土、馳伝褰幃、問民疾苦。万里晏然、六条云挙、四履若斉、一変如魯。
（h）綴旒下岳、亦尹上京、目己被物、先教後刑。遘伊貝錦、逢彼営営、獲非其罪、高志弥清。
（i）睿明反政、害馬斯除、崇章峻秩、暢轚高旟。作翼鑾左、受脤出車、運茲奇正、密算潜図。
（j）封豕縦突、長蛇肆噬、義厲其心、衝冠烈眥。奮殳刺逆、抽戈自衛、力屈勢孤、俄然取斃。
（k）悲同黄鳥、痛貫蒼旻、哀纏逆衆、悼感凶羣。徐輴而反、其送如雲、魂帰帝壟、身窆金墳。
（l）二宮軫慟、百辟傷哀、爰登下衮、俄陟中台。亀龍掎扼、雲樹徘徊、万春自此、一去不来。
（m）河水之南、邙山之北、芳草無行、寒松黯黒。丘墓崔嵬、泉扃眇黙、深谷為陵、於焉観徳。⒀

八句ごとに綺麗に押韻している。内容を見ると、aは帝室の一員としての封建を述べる。景穆帝皇子の曽孫、三代目の章武王である墓主の祖先を述べた部分と考えてよい（「祖先」）。b、c、dはその子孫元融の人となり、才能の優れたことを言う。eもその継続であるが、父の喪に服することが深く、兄弟や兄弟の子への恩愛があり、人々に慕われたとする（「資質」）。b～eは序の部分より賞賛の内容が多い。f以下は官歴とそれぞれの時期の業績を称える（「履歴」)。具体的には、fでは并州刺史、gでは青州刺史、hでは河南尹就任時を叙述する。そしてiでは、『魏書』巻一九下の伝を参照すれば、元乂の専政が終わり、霊太后による執政の時期であることが判明するが、左光禄大夫に任じたこと、jでは北魏末内乱で葛栄討伐に向かって敗死したことが述べられる。kではその死が広く悼まれ、賊軍も鄭重に遺体を扱ったこと、lでは孝明帝や霊太后ほかが哀悼したことを述べる。この一六句は「悲哀」にあたる。そしてmでは邙山の墓所の情景を示す(「墓景」)。このように長大ではあるが、記載される項目内容は二〇句前後の銘辞のそれと違いはない。ただ、各項目が非常に詳細、また具体的になっていて、一部は序よりも記述量が多くなっている。長大な銘辞はおおよそこのような傾向をもつようである。

以上の検討をふまえ、銘辞の構成を後掲の表2にしてみよう。「祖先」以下の各項目が表現されるにあたり用いられた句の数を示す。記入のない項目は記載がない。さしあたり、永平末年までの男性墓誌の事例を示し、対照のために南朝の銘辞の構成をも掲げる。墓主は南北朝に分けて、南朝を前に置き、墓誌作成順に並べる。なお、「不幸」は「死去」を伴う表現であることが多いので、その場合は「不幸」の項目で句数を記し、「不幸」の句を含まない場合の死を「死去」の項目に記す。明確に両者を弁別できる場合は双方の欄に記す。また元始和の銘辞は「邈矣霊化、諧陰調陽、覆載大魏、誕育英良」(邈なるかな霊化、陰を諧《ととの》え陽を調う。大魏を覆載し、英良を誕育す)から始まるが、これは天地が優れた人物、つまり墓主を生んだことを述べたものであり、特に祖先としての北魏帝室のことを述べたとは考えなくてよい。このような叙述も「一般」に含める。「墓所」は墓の位置を述べる表現を記す。

表2からは以下のことを指摘できよう。銘辞で祖先に言及する事例は約半数である。特に祖先を述べなくて、一般的な説き起こしをする場合が元鸞・元始和・元侔・王瑆奴の四例あるが、それを含めても半数をわずかに超える程度である。しかし、南朝でも必ず祖先に言及するわけではないから、南朝との差とみなす必要はない。墓主の資質につ

いては三例を除く全てが叙述する。南朝よりは割合が高いが、これも差とみなす必要はないであろう。句数は北魏で最大一二句、南朝で一六句で大差はない。本人の履歴・官歴については、二八例が扱うから、ほとんどと言ってよいであろう。南朝よりは割合が高く、また北魏では最大で三二句を費やすのに対し南朝では一六句と少ないが、これらは南朝の事例が少ないだけに差とみなすにはためらいを覚える。優れた人なのに不幸にも、という表現は死去したという表現とほぼ同じであるとすると、そのどちらもない事例が、北魏で四例あり、南朝では見られないが、これも差とまでは言えないだろう。費やす句数は、北魏でも南朝でも、あわせて八句以内。悲哀の情の表現は、北魏で一四例であるから四割弱程度。南朝でも二例にすぎないから、必ずしも表現されないということで、南北同じであるとしてよいだろう。ただ、北魏の場合、悲哀の表現に費やす句数は一般に南朝のそれよりも多く、数は少ないが多くの句数を用いる事例もあることには注意しなければならない。ただし本質的な差とまで言えるであろうか。刻石の記述は北魏で二一例と約六割であるが、南朝ではほとんどが記す。北魏の事例がやや少ないが、過半が記すことを重視すべきだろう。後述する女性墓誌の場合、北魏の刻石の記載の割合は高くなっていることを併せ考慮すべきである。句数はともに二句が多いが、それ以上の事例は北魏に見られる。墓の内外の情景を描写する表現は、北魏の場合三分の一弱に見られる。南朝では二例でほぼ同率。墓の位置についての言及は北魏に二例あり、南朝にはないが、北魏の事例自体が非常に少ないので、差とみなすのは困難である。

要するに、銘辞の表現内容は、南朝墓誌と北魏のそれの間に大きな差はないのであって、北魏墓誌は南朝墓誌の影響を受けて作成が始まり、その定型化は早い段階で完成に近づくという第一、二章の結論を支持する結果となっている。

表2　銘辞の構成（南朝と北魏——男性）

墓主	句数	祖先	資質	履歴	不幸	死去	墓景	悲哀	刻石	墓所	一般	採録
劉懐民	20	4	4	8				2	2			彙22
明曇憘	18		4	4		4		2	2		2	彙22
劉岱	16	8			2	2	2		2			彙24
蕭融	34	8	12			6			8			彙25
永陽王	58	8	16	16		8	6		4			彙27
衛和	6				4				2			彙33
劉賢	5							5				彙502
南安王楨	26	4	8	6	4		2		2			彙36
元弼	20						4	16				彙37
元彬	26	4	4	6	4		2	2	2	2		彙38
韓顕宗	30	4	8	4	4			4	2		4	彙39
元定	20		6	4	4			4	2			彙40
元栄宗	18		8		4			4	2			疏24
広陵王羽	24	4	2	10	4		2		2			彙40
趙謐	28	8	8	4	4		2	2				疏25
穆亮	32	8	8	8	6				2			彙41
李伯欽	14		4		2		4				4	疏27
封和突	8		6						2			彙44
元龍	24	4	4	8		4		4				彙45
崔隆	16			6	2	2		（4）	2			輯17（14）
元鸞	24		4	8	4			2	2		4	彙46
元始和	24		4	4		4		8			4	彙47

												出典
李蕤	24	4	8	2		2	6		2			彙48
宗慤	14		6	2	4						2	淑
元思	20		4	8	4			4				彙50
武昌王鑒	40	4	4	32								彙51
元嵩	34		4	8	4		2	14	2			彙52
楽安王緒	32	8		20		4						彙52
北海王詳	20	4	8	4	4							彙54
彭城王勰	22	2	12	4	4							彙59
王㻙奴	36		8	10		6		8			4	書
元淑	38	4	4	22		6			2			疏28
穆循	18		8	6	2		2					疏30
元君	?	?	?	?	?	?	?		?	?	?	邙9
司馬悦	38	4	12	10	4		4	?	2	2		彙57
陽平王冏	22		4	6	4	4			4			疏31
司馬紹	14	4	4		4				2			彙59
元侔	22		8	4		4			2		4	彙60
楊穎	24		4	8	4		2		2		4	彙61
楊阿難	24		12	4	4	2			2			彙62
楽安王悦	40	8	10	10	4	4			4			彙63
封昕	10		6			2			2			彙64

註：採録欄の「彙」は『彙編』、「輯」は『輯繩』、「疏」は『疏証』、「邙」は『邙洛』。「淑」は淑徳大学書学文化センター蔵拓本。「書」は『書法叢刊』二〇〇五―六。

（2）　南朝と北魏の女性墓誌の場合

次に同時期の女性の墓誌について見ておこう。表2に準じた表3を作成する。前半が南朝、後半が北魏である。女性は官職をもたないことが多いから、履歴として明確に区分できる記述が少ない。妻となること、王妃となるこ

表3　銘辞の構成（南朝と北魏――女性）

墓主	句数	祖先	資質	履歴	不幸	死去	墓景	悲哀	刻石	墓所	一般	採録
蕭崇之妻	16		8			4		2	2			古
桂陽王妃	36	4	20			4	6		2			彙26
永陽王妃	48	4	36			4	2?		2?			彙29
任城王妃	24	8	8		4			2	2			彙41
元融妻	26	8	8		4		4		2			彙42
江陽王妃	40		24			4		6	2		4	彙55
章武王妃	24	8	8		4	4						疏63
元原平妻	24	4	12		4				4			彙56
寧陵公主	28	4	8			8	4		4			彙57
辛祥妻	40	8	16		4	4	4		4			山

註：「古」は徐湖平編『古代銘刻書法』（天津人民美術出版社、二〇〇三）、「山」は山西考古研究所編『山西碑碣』（山西人民出版社、一九九七）。

とは男性で言えば履歴に当たろうし、「蕃国に母儀たり」(桂陽王妃)などの妃となることで果たす役割を示す語も見られるが、それとはっきり判断できる表現は少ない。「資質」の中に含めて表示するほかないようである。かつ「履歴」記載がないことによるのであろうが、「資質」の記述に費やす句数が多く、その全体字数に占める割合が男性墓誌より高い。それらは南朝、北魏に共通する性格であり、そのことを含めて、上述の男性墓誌と同じことを指摘できる。

(3) 西晋墓誌の場合

遡って西晋時代の墓誌銘の記載内容を見ておきたい。銘辞をもつ西晋墓誌は下記の六例であり、その銘辞の句数と全体の字数に占める割合を、墓誌銘作成順に示す。

徐君妻(『彙編』四)　一六句　二六・二%
魏雛(『彙編』八)　一二句　三一・六%
趙氾(『疏証』二)　二二句　二五・八%
張朗(『彙編』一一)　一四句　一三・四%
徐美人(『彙編』八)　二六句　一〇・四%
王浚妻(『彙編』一二)　三二句　七・九%

王浚妻を除けば、句数は多くはない。その全体の字数に占める割合は北魏のそれと比べるとやや少なくなっているが、大きな差ではないようである。王浚妻の場合は、四面にわたって記される墓誌銘の半ば近くが夫の王浚の係累の記載で占められているという特殊な体裁を採っていて、総字数がそのために多く、結果として銘辞の割合が低くなっている。

銘辞の構成は如何であろうか。北魏、南朝の例に倣って表4を作成する。事例数が少ないので、男女併せて一表とするが、前半が男性墓誌である。

徐美人は恵帝賈皇后の乳母の故に美人の地位を得た。故に「履歴」にふさわしい記述がある。王浚妻の場合は妻としての華氏のありかたと、二児の誕生が記述されているので、「履歴」欄に含めた。

男性の場合、履歴に関する記述が見られず、「祖先」「不幸」もしくは「死去」、そして「悲哀」「刻石」に関わる記述も、南朝、北魏と比べて少ない。他方、墓主の「資質」に関わる記載が多くなっている。女性の銘辞の場合、南朝や北魏の墓誌に合致するところが多い構成となっている。しかし「祖先」の記述がないことが目を引く。

晋の墓誌銘は事例数が少ないから、これで結論を出すことは危険であるが、南朝や北魏の墓誌のような多彩な記述

表4　銘辞の構成（西晋）

墓主	句数	祖先	資質	履歴	不幸	死去	墓景	悲哀	刻石	墓所	一般
魏雛	12		12								
趙氾	22		20						2		
張朗	14	2	6		4			2			
徐君妻	16		6		6			4			
徐美人	26		4	8	8			4	2		
王浚妻	32		8	8		8		8			

内容をもつ銘辞はまだ少なかったのではないか。晋の場合、銘辞をもたない墓誌の方が多数であったことは第一章で示した。銘辞をもつにせよ、その銘辞は資質や悲哀の情を中心としたものであって、祖先や履歴に関わる内容を含むことは必ずしも一般的ではなかったのではないか。女性の徐美人は特殊な政治的立場にあり、王浚妻の場合は通常の「履歴」とはやや異なるから、ここに述べた見通しを否定するものとはならないだろう。なお、墓の周辺や内部の状況を述べる記述は、晋の場合まだ見られないようである。

おわりに

本章では、銘辞の分析を通して、南朝の墓誌の影響を受けて、遷都後短い期間内に北魏の墓誌の定型化がなったという第一、二章の結論が支持されることを示した。また銘辞を見ても、晋の場合はまだ南朝や北魏のような、豊かな構成要素をもっていないことを示した。費やした紙数に比して、論じた内容は少ないが、本章を、今後、銘辞が何を表現しようとしたか、ひいては墓誌のもつ意味は何かを考える出発点としたい。

註

（1）以上は第一章表8、表9に基づく。表8の員標は後半が欠けているので省き、磚誌も除外する。

（2）武泰元年の徐起（二四句）が五字で構成される二句をもち（『邙洛』）、建義元年の元順（四八句、『彙編』二二三）がひとつの五字句、元彝（五〇句、『彙編』二二五）が六字と八字で構成される各二句、三字でできた一句をもち、同年の元誕（二三句、『彙編』二三三）が五字と六字から成る各一句をもっている。

（3）『芸文類聚』巻一六、一八、四五～五〇、七六～七八に載せられた南朝墓誌の四九例中で、銘辞と判断されるものは三三例であるが、そのうちで一例のみが六字の二句をもっている。

（4）銘辞の押韻については于安瀾著・暴拯校改『漢魏六朝韻譜』（河南人民出版社、一九八九、以下『韻譜』と略す）を参照した。本章に掲載する銘辞の押韻は同書による限り正確になされており、各銘辞についていちいち説明することは避ける。

（5）『芸文類聚』の載せる銘辞は、中村圭爾氏が指摘したように全文ではない。ごく短くなっているので、参考にならない。中村氏「東晋南朝の碑・墓誌について」（同『六朝江南地域史研究』汲古書院、二〇〇六、第一〇章所収、原刊一九八八）参照。

（6）以下、墓誌の訓読に際しては中田勇次郎編『中国墓誌精華』（中央公論社、一九七五、以下『精華』と略す）及び『中国書道全集』第二巻（平凡社、一九八六、以下『全集』と略す）を参照した。

（7）aの「杀」を『彙編』二二は「彔」に作り、eの「涙濡纓」を『彙編』は不明字としている。『精華』に従った。逆に『精華』はdの「冥」を不明としているが、『彙編』に従う。

（8）『全集』はbの「休」を「烋」に、「止」を「心」と作るが、『彙編』に従った。逆に『彙編』二二はcの「嬢」を「嬛」に作るが、韻に合致する『全集』の「嬢」をとる。

（9）cの「朱」を『彙編』三六は「未」に作るが『精華』『全集』に従う。逆に『精華』『全集』はcの「圝」を「圅」に作るが『彙編』に従う。またeの「扃」は拓本を見ると扁が金で旁りが向である。そうするとこの字は「嚮」の譌字となるので、この場合は「扃」の異体字と見るべきである。北川博邦編『偏類碑別字』（雄山閣出版、一九七五）参照。『彙編』も「扃」としている。「とざす」の意になり、韻も合致する。

（10）bの「篆」を『彙編』三八は「彖」に作り、cの「曰」を「日」に作るが、いずれも『精華』に従う。dの「祜」を『精華』は「枯」に作るが、拓本により改める。『彙編』も判然とはしないが「祜」字としているように見える。

（11）『彙編』二七と『全集』で相違が大きいので、『全集』の録文を掲げておいた。『彙編』は次のようになっている。a「搆」は「構」、「湊」は「□」、「葉」は「□」。cの「革」は「華」。eの「蹟」は「績」、「復」は「優」、「衡」は「衢」。fの最初の「□」は「孰」、「儻」は「倏」、「飛」の前の二字は「后天」。gの三つの□はそれぞれ「垂」「申」「一」で、「反」は「友」。

なお、cの「資」の後の一字は原闕。

(12)『彙編』五一に従って記した。『選編』一六の録文との相違は以下の通り。aの「修」は「攸」、cの「闈」は「闌」、dとeの「渭」は「淄」。eの「燮」は「唋」、「郁」は「鬱」。

(13)『彙編』二〇四と『選編』一一一の録文には以下の相違がある。dの「勿」は『選編』では「幼」、fの「白」は『選編』では「曰」、jの「衝」と「奮」は『選編』では「衡」と「舊」となっている。

(14)崔隆の銘辞には、後世に芳名を流していて、悲しむべきであるが称えるべきだと解しうる四句がある。「悲哀」で一貫しているわけではないので、括弧内に入れた。

補註　本章は取り扱う対象墓誌を限定した。その後存在が知られる墓誌が多数にのぼり、しかもその発見状況が明確でないものが少なくないからであるからである。しかし、一例、言及すべき墓誌がある。ごく最近『河洛文化論叢』五（二〇一〇年六月刊）に趙君平「魏孝文帝撰〝馮熙墓誌〟考述」が載せられた。題名からわかる通り、馮熙の墓誌である。馮熙は太和一九年（四九五）三月に平城で死去したあと、孝文帝の命令で遺体は、先に死去していた妻の棺とともに洛陽に運ばれ、孝文帝がその誌銘を書いたと、『魏書』巻八三上の伝にある（墓誌には一月に死去したとあるが、高祖紀下では三月となっている。南朝斉への親征に赴いていた孝文帝のもとに知らせが届いたのが三月ということであろう）。その墓誌と思われるものが「発見」されたのである。墓誌の「原石」は洛陽竜門博物館（二〇一一年開館予定）の準備室に置かれている。趙氏の釈読によると、一行一九字で一九行、総字数は三二八字、うち銘辞は二四句九六字。全文字数の二九・三％となる。これらの数字は本章で述べた事例と較べ、特に異例とみなせるものはない。序については、注目すべきことがいくつかあるが、本章ではそれにはふれない。銘辞は、趙氏の釈読に従うと、

瓊光肇姫、琇業闡晋、凝馮命姓、升燕祚胤。
金風蕩允、蘭雲周震、気陵霜飈、慧発曦巾。
出牧均姜、実恬民咨、入台同鄭、寔融大順。

聯芳睿姚、燿□坤鎮、承霊国婭、深基畳峻。
道逸曩華、望騰時儁、渟渟淵照、鏘鏘玉韻。
上玄泯宝、川輟瑤爐、殲神冥墟、含痛鐫問。

となる。「祖先」「資質」「経歴」「死去」「刻石」などが述べられている。形式、内容ともに、北魏遷都後の墓誌のあり方と異ならない。しかも、遷都後最も早く銘辞をもった元楨墓誌より一年早い。かつ孝文帝の作である可能性が高い。とすれば、孝文帝がまず墓誌のモデルを示した可能性が考えられる。

ただ、問題はこの馮熙墓誌の「発見」の経緯がはっきりしないことである。石は存在する（実は筆者は本年九月、この墓誌を実見している）。しかしその真偽はまだ確定していない。記載された内容のほか、石の質、石の側面に彫られた紋様、書体、多くの異体字と他の墓誌に見える異体字の比較、彫り方なども総合して判断すべきもので、現段階では真偽を論ずる段階にはないが、仮にこの墓誌が真だとすれば、その時期、内容からして、筆者の北魏墓誌定型化の考えを支持するものであるので、一言補註として述べさせて頂く。なお、李風暴「北魏〝馮熙墓誌〟考釈」（『中国書法』二〇六、二〇一〇年六月）は撰文だけでなく、書も孝文帝の手に成るとする。

補記　本章は二〇一〇年一〇月に脱稿している。その後に本書第Ⅲ部第四章のもととなる一文を草した。馮熙墓誌はそこで詳細に扱っているので、補註は省くことも考えたが、馮熙墓誌の所在先が変動していることもあり、敢えて残して当時の記録とする。また順序は異なるが、内容の連続性を考えて、本章を第三章に置くことにした。

（二〇一六年記）

第Ⅱ部　墓誌を用いた北魏官僚制研究

第1章　正史と墓誌の官職記載の比較
――北魏墓誌の官歴記載を中心に――

はじめに

墓誌が歴史研究に用いられることは少なくない。ただし、墓誌史料が豊富であり、かつ内容も多岐にわたる記述を多く含む唐宋期の研究と違い、北朝墓誌は記載内容が限定的であることもあり、北朝史の場合、墓誌によって列伝や志など正史の記載を補い、誤りを正す形、あるいは文献史料に記載されていない家族や婚姻関係を発見するという形での利用が多い。しかし、墓誌の性格についての理解を十分にもって利用されているかと言えば、必ずしもそうではない。墓誌の記載を一義的に文献史料より正確であると判断し、墓誌の記載をもって文献史料の記載を正す、という方法が採られがちである。一般的に言って、墓誌の方が正史等よりも信頼できることは確かである。正史等には編纂者の選択が働くし、書写や印刷を重ねることによる誤りも生じやすい。しかし、墓誌にも虚偽や隠蔽はありうる。墓誌の性格に関するきちんとした理解のもとに利用する必要がある。

第Ⅰ部において、魏晋南北朝期の墓誌の定型化の過程について検討したが、それは北朝墓誌の性格の一端を考えるためであった。それに続いて、本章では、正史（『魏書』や『北史』）の列伝の記載する官歴と墓誌の記載する官歴とが、どのように違うのか同じなのかについて検討してみたい。それによって、墓誌の記載がどの程度信頼できるかを確認できるであろう。それは同時に、族譜的な書き方を採っている結果、ごく情報量の少ない列伝記載者が多数いる『魏書』や『北史』の記述を、より効果的に利用することにも役立つであろう。

一　北魏宗室の場合

二〇〇五年末の段階で検索しえた、多少なりとも列伝に記載があり、一方で北魏末年までに没して墓誌をもつ北魏宗室元氏の事例は五五例ある。(1)このうち、北海王詳（正始元年没、『彙編』五四）(2)の場合は、散騎常侍任官後を一六回と数字でまとめて示し、彭城王勰（永平元年没、『彙編』五四）の場合も侍中以下一七回叙任されたと記すのみで、具体的な官職名を挙げない。ただしこれらは例外であり、他は具体的に官職名を、それが就任したすべての官職であるかどうかは別として、記している。故にこの二墓誌を除外した残る五三例について、正史列伝の記載内容と比較してみよう。以下、ケースに分けて検討する。

それに先立ち、以後の検討がどのように行われるのか、ひとつの事例で示しておこう。『魏書』巻一九下に伝があり、『彙編』二〇四に墓誌が収められている章武王融の就いた官職を、その順序に従って記すと、次頁のようになる。『魏書』の記載を上に、下に墓誌の記載を記す。

列伝と墓誌に記載された官職が、非常によく対応していることがわかる。戦死することになる出陣で、大都督のもとにあって左軍の指揮を委ねられたことについて、墓誌が古めかしい「領左将軍」という表現を採っているが、実体は「左軍都督」と同じである。この章武王の場合は墓誌の方が将軍号などの記載が丁寧であるが、兼司空と行瀛州事については墓誌に記載がない。兼司空は宣武帝の景陵の造営を指揮する目的で任命されたもので、官職の遷転の原則

列伝（巻一九下）	墓　誌
秘書郎	秘書郎（一二歳）
章武王（復先爵）、驍騎将軍	章武王、驍騎将軍
仮節・征虜将軍・別将	仮征虜将軍、（都督中山王）別将
行揚州事	行揚州事
仮節・征虜将軍・并州刺史	仮節・征虜将軍・督并州諸軍事・并州刺史
兼司空	
宗正卿	宗正卿
（以本官）行瀛州事（不行）	
散騎常侍・平東将軍・青州刺史	使持節散騎常侍平東将軍都督青州諸軍事青州刺史
秘書監	平東将軍・秘書監
中護軍・撫軍将軍・領河南尹	長兼中護軍
	（加）撫軍将軍・領河南尹（護軍如故）
（加）征東将軍	征東将軍（撫軍・尹如故）
削除官爵	官爵倶免
章武王・征東将軍・持節・都督	章武王・征東将軍・使持節・征胡都督
（加）散騎常侍・衛将軍・左光禄大夫	（加）散騎常侍・征東将軍・左光禄大夫
	衛将軍
車騎将軍・前駆左軍都督	車騎将軍・領左将軍

に合致しない、臨時性のものである。また行瀛州事には就任しなかった。これらは特殊なケースである故に、墓誌の記載から省かれたと考えられるのであって、章武王の場合、墓誌と列伝は記載内容が一致するとしてよいであろう。以下の表や記述はこのような検討を加えた結果を記したものである。なお、兼官については、墓誌は記載しないことが少なくない(3)。兼官を記す墓誌も少なからずあるが、以下の検討に際しては、兼官は就官の数に入れないこととする(4)。

(1)　墓誌の方が列伝より官職記載の内容が少ない場合

このケースは次の一一例がある。半数強が墓誌が作成され始めた太和末年から宣武帝の正始末年までのものである。この時期には、標題でも序でも官歴を記載しない墓誌と、序では官歴を記さないが標題で就任官職の一部を記すものが併せて五例、その後は標題で官歴を記して序ではふれない事例が中心となるが、北海王顥の場合は標題でも序でも官職を示さない。このほかに城陽王鸞は序で官歴を記すが、それは涼州刺史就任以後のものであり、それ以前はすべて省略に付しており、その結果墓誌の官職記載の方が少なくなっている。墓誌の官職記載の内容が列伝より少なくなっている事例は以上の一一例のみであると言ってよい。しかも明確な基準をもって省略していると考えられる。

人名	没年	出典
南安王楨	太和二〇（四九六）	『彙編』三六
斉郡王簡	太和二三（四九九）	『彙編』三七(5)
広陵王羽	景明二（五〇一）	『彙編』四〇
城陽王鸞	正始二（五〇五）	『彙編』四六
楽陵王思	正始三（五〇六）	『彙編』五〇
元嵩	正始四（五〇七）	『彙編』五二
広平王懐	熙平二（五一七）	『彙編』九二(6)
趙郡王謐	正光四（五二三）	『彙編』一四二
北海王顥	永安三（五三〇）	『彙編』二九一
城陽王徽	永安三（五三〇）	『彙編』二九九
臨淮王彧	永安三（五三〇）	『彙編』五三〇

なお、付言すると、上記の墓誌では官歴に関する情報量が少ないのであるが、それでも官歴研究に寄与できる内容をもっている。墓誌は多くの場合没年と没時の年齢を記している。それを用いると、景穆一二王のひとり南安王楨の皇興二年（四六八）の封王・任官時の年齢は二二歳。文成帝皇子である斉郡王簡の封王の時期も二二歳である。南安王と同時に王に封ぜられた三人の弟、(7) 斉郡王と同時に封ぜられた弟の安豊王猛は二二歳以下であることになるわけであるが、このように二〇代になってからの封王・任官という事例が献文帝末年と孝文帝前期にかけて見られることは注目されてよい。献文帝皇子である北海王詳は太和九年（四八五）に授爵、叙任されているが、その時には一〇歳であった。太和九年には孝文帝自身が一九歳であるから、一斉に封王された弟の咸陽王禧以下六人の皇子は、北海王の一〇歳を最も年下とする一〇代であったことになる。つまり、時代が降るにつれ封王の年齢が低くなる傾向を指摘できるのである。

他方、皇子以外の王の場合は、王爵を継承したのであるが、父の死に伴う措置であるから、必ずしも年齢に連動するわけではないであろう。このことに関しては、楽陵王思（伝では思誉）のケースが注目される。彼は献文帝の時に襲爵したとあるが、正始三年（五〇六）に四〇歳で没したのであるから、孝文帝即位段階（四七一年）では五歳にすぎない。この当時には爵と将軍号は世襲されているから、襲爵と同時に将軍号が認められているはずであるが、それは列伝には記されていない。一方、列伝には、孝文帝初年に柔然が塞を犯したので思は鎮北大将軍・北征大都将として出陣したとされる。形式的な指揮官であって若年であっても問題なかったという可能性がないわけではないが、あまりにも若年すぎる。列伝のこの記載の信頼性には疑いがもたれるのである。

（2）墓誌の官職記載が列伝と較べて同数、もしくはより多い場合（a）

五三例から上記の一一例を差し引いた四二例が列伝と較べて墓誌の方が官職記載が多い、もしくは同数であることになる。この中には列伝の記載との間で考慮すべき事例がいくつかあるので、それを除いたものをまず扱うと、三四例ある。後の検討の便を考えて、事例には（イ）～（エ）の記号を付し、（A）人名、（B）没年または葬年のほか、（C）没時の年齢、（D）列伝に見える就任事例数、（E）墓誌の記述の中で列伝に見える官職に就任した数、（F）E以外に墓誌の記述の中に見える官職就任数、（G）出典、の各項目を設定して、後掲の**表1**を作成した。人名に王号を記した者は皇子またはその爵の継承者を示し、括弧内の数字はその世代数を示す。東海王頊のように皇子でも嗣王でもなく、新たに封王された場合は王号は記さない。

八例がF欄が0、つまり列伝と墓誌の官職記載数が一致している。残る二六例は墓誌の方が記載数が多い。これはこれまで認められてきた墓誌の記載の特質に合致するものであるが、注目すべきことはD欄とE欄の差を示すF欄の数字が小さいことである。2以下が一四例ある。つまり列伝に履歴したと記載されている官職名の多くが墓誌にも記載されているということになる。もちろん、数字が一致しているからといって両者が必ずしも完全に一致しているというわけではない。例えば（ソ）元順は伝によれば太常少卿（正四品上）から父の喪を経て給事黄門侍郎（正四品上）となったが、墓誌では同様の事情を記して銀青光禄大夫（正三品）・領黄門郎と記す。官職の遷転は一般に官位が上昇する形で行われるから、墓誌の方が正確な記載であると考えられる。つまり伝では銀青光禄大夫を略しているわけである。しかし門下省の重要な官職であった給事黄門侍郎任官が一致しているので、この時の任官は列伝と墓誌双方ともに記載されているとして扱ってよいだろう。また将軍号は列伝の方では略されることが少なくない。これも例を挙げよう。（ム）元遙は、伝では「亮弟𣑱、字道明。太尉府行参軍、司徒掾、鎮遠将軍、太僕少卿。出除安西将軍・東秦州刺史」とごく簡単に記されるが、墓誌では「拝太尉府咸陽王参軍事、又除宣威将軍・給事中。……乃璧君為鎮遠将軍・司徒掾、又除冠軍（将軍）・太僕少卿。……乃除君右将軍・東秦州刺史」と記している。この場合、墓誌の方が将軍号と官職を正確に記載していると考えられるのであり、列伝は将軍号を略す傾向がある上に、略し方も一定していない。さらに列伝では同時期の就官と思われる書き方をしているが、墓誌によると異なる時期の就官であることが判明する事例もある。遷転の過程では一回と数えられるはずのものが実は二回であったというわけである。これも実例を示そう。（ヌ）中山王熙は、伝では「累遷兼将作大匠、拝太常少卿・給事黄門侍郎、尋転光禄勲」とあるが、墓誌を見ると「拝将作大匠、……徙太常少卿。……遷給事黄門侍郎、転光禄勲卿、黄門郎如故」とあって、太常少卿と黄門郎は同時期の就官ではないのである。逆に墓誌の方に誤りと思われる記載のあるケースもある。（ナ）元端は、墓誌では「為通直散騎常侍・鴻臚少卿、……転除太常卿、（通直）常侍如故。……又遷散騎常侍・安東将軍・都督青州諸軍事・青州刺史」とされるが、巻二一上の伝では「累遷通直常侍・鴻臚・太常少卿・散騎常侍。出為安東将軍・青州刺史」となっている。通直常侍は正四品下、少卿は正四品上、散騎常侍は従三品、太常卿は正三品である。太常卿から散騎常侍という遷転がないわけではないだろうが、何の理由も記されていないここでは、太常卿ではなく列伝の記す太常少卿の方が正しいと考えられるのである。（タ）元乂も墓誌では散騎常侍・光禄少卿から光禄卿に転じているのに、墓誌では散騎常侍・光禄卿と記している。いちいち挙げていては紙数が足りなくなるので、例示は以上にとどめるが、列伝と墓誌双方を見比べて、妥当と思われる遷転の記述を確定し、比較したのが表1である。

そのような作業に基づいた表1で列伝に記載される官職が多く墓誌にも記載されているということを、どう考えたらよいであろうか。この問題は次項の列伝と墓誌の記載に矛盾があるケースを検討してからあらためて取り上げたい。

表1　墓誌と列伝の官職記載数の比較（a）

	A	B	C	D	E	F	G
イ	元偃	太和二二（四九八）	―	1	4	3	巻一九上、彙三六
ロ	章武王彬（2）	太和二三（四九九）	36	3	3?	0	巻一九下、彙三八⑧
ハ	武昌王鑒（4）	正始三（五〇六）	43	5	5	0	巻一六、彙五一⑨
ニ	安楽王詮（2）	永平五（五一二）	36	3	9	6	巻二〇、彙六四
ホ	元彦（景略）	熙平一（五一六）	―	2	2	0	巻一九下、彙八八⑩
ヘ	元遙	熙平二（五一七）	51	5	11	6	巻一九上、彙九三
ト	斉郡王祐（2）	神亀二（五一九）	32	1	2	1	巻二〇、彙一〇七
チ	元暉	神亀二（五一九）	55	6	12	6	巻一五、彙一一〇
リ	元譿	神亀三（五二〇）	31	2	2	0	巻二一上、彙一一五
ヌ	中山王熙（3）	正光一（五二〇）	―	8	9	1	巻一九下、彙一六九
ル	清河王懌（1）	正光一（五二〇）	34	3	6	3	巻二二、彙一七二
ヲ	元纂	正光一（五二〇）	―	1	1	0	巻一九下、彙一七五
ワ	元昭	正光三（五二二）	60	6	13	7	巻一五、彙一四四
カ	元子直	正光五（五二四）	―	5	6	1	巻二一下、彙一五〇
ヨ	元顕魏	正光六（五二五）	42	2	3	1	巻一九下、彙一六六
タ	元乂（元叉）	孝昌二（五二六）	41	6	6	0	巻一六、彙一八一
レ	章武王融（3）	孝昌二（五二六）	46	15	16	1	巻一九下、彙二〇四
ソ	元順	建義一（五二八）	42	12	12	0	巻一九中、彙二二三

ツ	任城王彝（3）	建義一（五二八）	23	1	2	1	巻一九中、彙二二五
ネ	元譚	建義一（五二八）	41	12	14	2	巻二一上、彙二二九
ナ	元端	建義一（五二八）	36	7	8	1	巻二一上、彙二三三
ラ	趙郡王毓（3）	建義一（五二八）	20	0	1	1	巻二一上、彙二四四
ム	元遒	建義一（五二八）	47	4	6	2	巻一六、彙二五五⑪
ウ	元欽	建義一（五二八）	59	4	18	14	巻一九上、彙二四九
ヰ	元廞	建義一（五二八）	43	2	3	1	巻一九下、彙二四〇
ノ	元子正	建義一（五二八）	21	3	4	1	巻二一下、彙二四五
オ	元湛（珍興）	建義一（五二八）	38	3	9	6	巻一九下、彙二三九
ク	元讞	建義一（五二八）	40	4	6	2	巻二一上、選一三一
ヤ	元均	永安二（五二九）	52	2	7	5	巻一六、彙三六〇
マ	元頊	永安三（五三〇）	29	11	12	1	巻二一上、彙二九〇
ケ	元恭（顕恭）	永安三（五三〇）	｜	6	8	2	巻一九下、彙二九七⑫
フ	元文	永安三（三五〇）	9	0	0	0	巻二一下、彙二九六⑬
コ	元天穆	永安三（五三〇）	42	6	11	5	巻一四、彙二七六
エ	安豊王延明（2）	梁（五三〇）	47	8	21	13	巻二〇、彙二八六

註：出典欄の「彙」は『彙編』、「選」は『選編』を示す。

（3）墓誌の官職記載が列伝と較べて同数、もしくはより多い場合（b）

列伝と墓誌の記載は必ずしも一致するものではないが、記載に考慮するべき点がある八つのケースを前項とは別に取り上げる。表1に倣った形式で表2にしておこう。事例ごとに（テ）～（シ）の記号を付す。

問題は列伝に記載されている官職が墓誌に記載されていない事例である。では、どのような官職が墓誌に記載されていないのか。（テ）と（キ）は、伝に記載されているのが一官しかないのに、それが墓誌に記載されていない。具体的に見てみよう。（テ）元徳は巻一五に「封河間公、卒於鎮南将軍」とあるが、磚誌では「冗従僕射・羽林監・偏城太守」とある。公爵をもっていながら何故に墓誌に書かれないのか疑問であるし、趙万里氏は伝と官爵が全く一致しないことと筆勢などから偽刻を疑っている。しかし氏は、先人の著録があるからとして、著書に載録している。[14]同一人物かどうか確言はできないが、元徳は伝によれば常山王素の子であるとされ、墓誌には常山王の孫とある。素の父遵も常山王である。素の孫の可能性もあるものの、遵の孫として、同一人物と考えておきたい。伝、墓誌ともに記載量が少ないので、これ以上のことは言えないが、或いは磚誌であって全三八字と字数が少ないことが、爵と将軍号を記さなかった理由かも知れない。（キ）元珽は巻一九下の伝では「司州治中」とのみある。このような書き方の多くはそれが最終官であることを示すが、この場合は違うようである。墓誌では標題に「左軍将軍・司徒属」とある。贈官は別に記載されているので、標題の方が最終官のはずである。七年前に先だって死去した妻の穆玉容墓誌（『彙編』一〇九）の蓋には「羽林監、軽車将軍・太尉府中兵参軍元珽」と記されている（標題には羽林監を欠く）。羽林監（正六品）が起家官で、軽車将軍（従五品）・太尉中兵参軍事（正六品上）は、妻没時に元珽が在職していた官職であろう。妻の没年からの七年の間に司州治中に任じ、その後左軍将軍（従四品上）・司徒属（従五品上）に至って没した可能性が考えられるのではないか。もしそうであれば、列伝の記載が十分でなかったことになる。もっとも、いずれも列伝の記載が簡略にすぎたのであるから、敢えて墓誌との相違を云々するほどのことはないとも言える。

他はいずれも起家官もしくは初見官が列伝と墓誌で食い違っている。まず（ア）の元誘であるが、巻一九下の伝では「自員外郎稍遷通直郎」とあり、員外郎つまり員外散騎侍郎（正七品上）が初見官であり、その後別の官をはさんで通直散騎侍郎（従五品上）に遷ったとされている。ところが墓誌では「初以王子知名、召為散騎侍郎、在通直」とあり、通直散騎侍郎が起家官であると受け取れる書き方をしている。墓誌では員外郎が記載されていないわけである。しかし、兄の中山王煕の起家官が正七品の秘書郎であるから、伝の員外郎が正しいと考えられる。一方、太子中舎人

表2　墓誌と列伝の官職記載数の比較（b）

	A	B	C	D	E	F	G
テ	元徳	永平二（五〇九）	｜	1	（3）	2	巻一五、彙五六
ア	元誘	正光一（五二〇）	37	5	5	0	巻一九下、彙一七一
サ	元寿安（脩義）	孝昌二（五二六）	｜	6	16	10	巻一九上、彙一九〇
キ	元珽（珍平）	孝昌二（五二六）	33	1	（1）	0	巻一九下、彙一九〇(15)
ユ	元瞻	建義一（五二八）	51	5	10	5	巻一九中、彙二二七
メ	元略	建義一（五二八）	｜	8	6	1	巻一九下、彙二三七
ミ	元粛	永熙二（五三三）	｜	7	11	4	巻一九下、彙三〇三
シ	元爽	永熙二（五三三）	33	3	7	4	巻一六、彙三〇七

（正五品上）が列伝では記載漏れとなっている。結果としてG欄は0となる。（メ）も類似の例で、巻一九下の伝では「自員外郎稍遷羽林監、通直散騎常侍、冠軍将軍、給事黄門侍郎」とあるが、墓誌では「釈褐員外散騎常侍、復遷通直。……尋転給事黄門侍郎、加冠軍将軍」となっている。これも墓誌では員外郎が記載されていない。員外郎は正七品上、羽林監は正六品であるが、員外常侍は正五品上であり、起家官のランクが全く異なる。元略は元誘の弟であり、誘の場合と同様の理由から伝の記述の方が正しいと考える。ちなみに元誘・元略の弟の元纂・元歆も墓誌をもっているが、いずれも正七品上で起家している。なお、この墓誌は、伝に記載されている他の官も記載していないという珍しい事例でもある。(16) その結果、記載する官職名は伝の方が多くなっているが、他にも伝と墓誌のズレは多くあり、（1）に含めなかった。（シ）の元爽も巻一六の伝には「解褐秘書郎、稍遷給事黄門侍郎、金紫光禄大夫」とあるが、墓誌によれば員外散騎侍郎から秘書郎に遷ったことになっている。その員外郎は正七品上で秘書郎は正七品であるから、墓誌の方が誤っている可能性があるが、記載する官職は墓誌の方がはるかに多い。

以上は墓誌の起家官記載に誤りがあった可能性のある事例であるが、列伝の誤りという事例もありうるであろう。（ユ）元瞻は巻一九中の伝では「高祖時、自□大夫稍遷宗正少卿……」とあり、□大夫が起家官であるかどうか判然としないが、墓誌では「初為歩兵校尉」と明確に起家官が正五品の歩兵校尉であることを示し、その後の遷転においても大夫の官は墓誌では見られない。歩兵校尉から二官をはさんで宗正少卿に任じたと墓誌にはあり、孝文帝の没時には二一歳であると計算されるので、墓誌記載以外の官職を経歴した可能性は低いのではないか。伝に何らかの誤りがあるのではと考える。

列伝と墓誌のどちらに問題があるのか、現段階では判断に苦しむ事例もある。（サ）元寿安は巻一九上の伝によれば「自元士稍遷左将軍・斉州刺史」とある。元士は墓誌には見えない。元士は太和後令にはなく太和前令に見られる官で正四品下とされている。孝文帝在位時の起家ということになる。寿安は第五子であるが、第六子の元固も墓誌（『彙編』二一一）によれば太和中の起家である。元士は宗室の初任の官として他にも事例がある。一方墓誌では「年十七、以宗室起家、除散騎侍郎、在通直」とある。通直散騎侍郎は前令で正四品中、後令では従五品上であり、宗室の起家としては一七歳は尋常である。官品からして通直侍郎から元士に転ずることはないであろうが、元士から通直侍郎に転ずる事はありうる。しかしわざわざ「宗室を以て起家」と記載していることを無視しえない。現在の段階ではどちらが正しいか決定することはできないのであるが、参考までに墓誌によりその後の官歴を見ると、揚州任城王開府司馬（宣武帝期の任城王澄の府官、従四品）、司空長史（従三品）、散騎常侍（従三品）、行相州事、左将軍（正三品）・斉州刺史、右将軍（正三品）・秦州刺史……と昇進している。列伝は元士から斉州刺史までの間を「稍遷」の語でもってすべて省略しているわけである。（ミ）元粛も巻一九下の伝では「起家員外散騎侍郎、転直寝」とあるが、墓誌では「起家兗州平東府録事参軍、仍転徐州安東府録事参軍。……特除給事中、尋稍直寝、遷直閤」となっていて、起家官が全く異なる。員外郎も兗州平東府録事参軍もともに正七品上であるから、ランクは同じであるが、このように異なるのはどちらかに誤りがあるのであろう。

以上、起家官については墓誌と列伝で異なるケースが少なからずあり、列伝の誤りと思われるものもあるが、墓誌の方が誤りである場合もあることが判明した。起家官を除いた部分について見てみると、列伝の記載が簡略で墓誌の官職記載もごく僅かである二例を除くと、（ア）・（サ）・（ユ）・（ミ）・（シ）の五墓誌に、列伝に記載されたほとんどの官が見える。これらはそれぞれに列伝に記載されていない官職をも別に記載しているが、これは表1にも見られたことで、特に異とするに足りない。それよりは列伝に記載された官職を、起家官表記で問題にした官爵を除けば墓誌でもほとんどすべて記載していることの方が重要であろう。起家官関係を除けば、基本的に表2は表1と合体させることが可能なのである。つまり墓誌は列伝にある官職を多く記載しているが、すべてを記載しているわけではなく、墓誌の方が誤っていることもある。一般に墓誌の方の官職記載が詳細であるが、（1）で示したように列伝より少ない記載数の墓誌も少なからず存在する。このことからすれば、列伝にせよ墓誌にせよ、その一方では官職を十分には把握できないということになる。

二　宗室以外の場合

北魏宗室以外の、列伝に官歴が記載され、かつ墓誌を有する者の事例を検討してみよう。『彙編』（出典記載は彙で表示）と『疏証』（出典記載では疏で表示）の両書に収められたあわせて三一例あるが、このうち司馬金竜（太和八年没、彙三五）、穆亮（景明三年没、彙四一）の二墓誌は官歴を記さず、高植（神亀年間没、彙一一二）は判読不明の文字が多く、比較に堪えないので、残る二九例が検討対象となる。

説明を要する事例が多いので、本節では表を用いない。また前項とは記述の順序を変える。記述の便のため、事例ごとに（い）～（や）の記号を付しておく。

（1）　墓誌の官職記載が列伝と同数の場合

この分類に属する事例は六例である。

（い）高道悦（太和二〇〈四九六〉没、三五歳。巻六二、彙一〇四）：伝・墓誌ともに就官数は五。ただし内実は異なる。墓誌の侍御史を伝は記さず伝の主爵下大夫を墓誌には書かない。伝で兼御史中尉として孝文帝が鄴に赴いたときに洛陽を留守したことを、墓誌では記していないが、これは兼官を書かないことの多い墓誌の書法で説明はつく。

（ろ）寇臻（正始二〈五〇五〉没、没年齢不詳。巻四二、彙四八）：伝、墓誌ともに就官数は六。

（は）王紹（延昌四〈五一五〉没、二四歳。巻六三、彙八二）：伝、墓誌ともに就官数は三。

（に）崔敬邕（熙平二〈五一七〉没、五七歳。巻五七、彙九八）：伝、墓誌ともに就官数は八。

（ほ）爾朱紹（永安二〈五二九〉没、二八歳。巻七五、彙二六三）：伝、墓誌ともに就官数は五。

（へ）楊遁（普泰一〈五三一〉没、四二歳。巻五八、疏六三）：伝、墓誌ともに就官数は五。

（ほ）は、伝では官歴を一括して記載しているが、墓誌に基づいて整理した結果を就官数として示した。また（へ）は、伝には「兼黄門郎、参行省事」という記述が別にある。逆に（は）は伝の方が兼吏部郎を欠いている。いずれも兼官であるので数に入れていない。

（2）墓誌の官職記載が列伝と較べて多い場合

この分類に属する事例は一八例である。没年順に並べるが、弘農華陰の楊氏の一族の場合は最後にまとめて記す。

（と）封魔奴（太和七〈四八三〉没、六八歳。巻三二、彙一二五）：伝は四官を記し、墓誌は五官を記載する。伝は内朝官である内行内小[17]を記載していない。内行内小は『魏書』においては中散と書かれることが多いが、この場合は中散官系列が記載されていないのである[18]。

（ち）李蕤（正始二〈五〇五〉没、四二歳。巻三九、彙四八）：伝で三官、墓誌で六官を歴したとされている。伝では最初に就いた三官が省略されている。その中には内朝官が含まれているが、この墓誌の場合は『魏書』にも記載されることの多い「侍御中散」でもって記されている。

（り）司馬悦（永平一〈五〇八〉没、四七歳。巻三七、彙五七）：伝で七官、墓誌で一〇官を歴している。伝の初見官は司空司馬（後令で正四品上）で、南朝からの入国者という特別待遇を受けるに値する経歴をもつにせよ、いささか高位にすぎるようである。また墓誌の一四歳で禁中に入侍したあと司州主簿となったこと、司空司馬の次に大将軍司馬となったことを、伝は省略している。その後の官歴は一致する。(19)

（ぬ）邢偉（延昌三〈五一四〉没、四五歳。巻六五、彙七八）：伝では最終一官を記すのみであるが、墓誌で三官を加えうる。

（る）羊祉（熙平一〈五一六〉没、五九歳。巻八九、疏三五）：伝で九官、墓誌で一二官が記載されている。(20)

（を）司馬昞（景和）（正光一〈五二〇〉没、没年齢不詳。巻三七、彙一一七）：附伝である故に三官しか記録されていないが、墓誌で四官を加えうる。

（わ）高猛（正光四〈五二三〉没、四一歳。巻八三下、疏四四）：附伝である故に官歴が簡略化されており、最後の方の四官が記されているのみであるが、墓誌により七回にわたると考えられる遷転を補いうる。

（か）李遵（正光五〈五二四〉没、五二歳。巻三九、彙一六三）：伝で四官、墓誌で八官を記す。伝の記載が簡略であるから、この結果となったのである。ただし、伝によれば相州別駕の前に相州治中となっているが、この記載を墓誌は欠いている。

（よ）寇治（正光六〈五二五〉没、六九歳。巻四二、彙一九八）：墓誌では官歴をまとめて記していて遷転の過程が必ずしも明確にならないが、伝と合わせると、伝では八官を記すものの、従五品の洛陽令以前の官歴をすべて省略していることがわかる。その後も六官を脱している。

（た）韋彧（孝昌一〈五二五〉没、五一歳。巻四五、疏五四）：官歴の途中の司空中郎（正五品）と大将軍中郎（正五品上）、兼太常卿、および司徒諮議参軍（従四上）を脱した九官を、伝は記している。

（れ）于景（孝昌二〈五二六〉没、年齢不詳。巻三一、彙一九六）：伝は五官を記録するが、直後と直寝の武官二職を脱している。

（そ）李憲（孝昌三〈五三七〉没、五八歳。巻三六、彙三二八）：伝は一二の官職を記すが、それでも正四品上の太子中庶子と従三品の大将軍長史の二官の記載を欠いている。

（つ）王誦（建義一〈五二八〉没、四七歳。巻六三、彙二四一）：伝の官職記載は並記のものが多く、遷転をつかみにくいが、一一官を歴したようである。その多くは墓誌によって確認できるが、伝では光禄大夫系列の官職の記載が十分でなく、故に三品官を歴任したあとの最終の官職が正四品下の給事黄門侍郎となっていることの意味がよくわからなくなっている。墓誌の最終官「鎮軍将軍・金紫光禄大夫、黄門如故」が正しいと考えられる。(21)さらに行幽州事が伝には見えない。

（ね）王翊（永安一〈五二八〉没、四五歳。巻六三、彙二五三）：北魏に入ってから司空主簿（正六品上）となったと伝は記すが、墓誌はその前に秘書郎（正七品）と員外散騎侍郎（正七品上）に就いていて、司空主簿の後には司空従事中郎（正五品）であったことを記載している。また伝は行定州事と安南・銀青光禄大夫（正三品）も欠く。これ以外は、加官を伝が載せていないものの、伝と墓誌は一致しているとしてよい。伝の記す官職は七官である。

（な）楊穎（永平四〈五一一〉没、三八歳。巻五八、彙六一）：伝の記載が簡略で、最終官である本州別駕のみを掲げる。墓誌では中書学生から書き始めて、その後に三官を経て本州別駕を記す。

（ら）楊暐（建義一〈五二八〉没、五五歳。巻五八、疏五八）：伝が官職の並列記載になっているが、墓誌とあわせると遷転の過程が明確になる。起家官と官歴の終わりの頃の官職を伝では記していて、それは四官と計算できる。墓誌では八官を記載する。なお、墓誌は兼官である兼武衛将軍を省略しているが、兼官の省略は墓誌ではよく見られることについては前述した。

（む）楊順（普泰一〈五三一〉没、六六歳。巻五八、疏六一）：普泰元年に弘農楊氏は爾朱氏により大打撃を被り、多くの一族が死亡した。その墓誌には共通する書き方が見られる。履歴した官職をまとめて記すことが多いのである。全体を一括するのではなく、数回分をまとめて、それらを「遷」とか「除」といった語でつなぐ。故に墓誌よりも伝の方が記載する官職の数が多い形にもなる。であるが、伝とあわせてみると、基本の官職の遷転の過程は判明する。楊順の場合は、伝では起家後の六回の遷転を記しているが、墓誌の方が官職を多く記載している。ただし回数は確実にはしがたい。なお、伝では撫軍将軍・冀州刺史が最終官となっているが、墓誌ではその後にも右光禄・左光禄大夫就任を将軍号とともに記す。『疏証』は爾朱氏政権時代に就任した官職を伝では嫌って載せなかったとしている。

（う）楊仲宣（普泰一〈五三一〉没、四八歳。巻五八、疏六二）：伝で「稍遷」となっている部分の官職を記すなど、一回の遷転と判断できる墓誌の方が詳細である。伝は七官を記す。なお、墓誌では爾朱氏政権時代の官職と『疏証』が推測する征東将軍・金紫光禄大夫を記すが、楊順と同じく、伝では不記である。[22]

以上一八の事例を見ると、列伝の官歴記載が少ない場合には墓誌の記載数との差が大きいという、想定しやすい事情を裏付けるものが多い。ただ、墓誌の記載が就いた官職のすべてを網羅しているとは限らない。既に言及してきたことではあるが、兼官は記さないことが多いし、将軍号は必ず記すとは限らない。また「累遷」のような語を用いて官歴の一部を省略することもあるからである。それを除いた、いわば遷転の基本ともなるべき官職群がきちんと記載されているかどうかが、問題となる。例えば、官歴を見た場合、官品の上昇が大きすぎる事例が散見する。（る）の司馬昞は従六品上の給事中の次に正四品上にあたる車騎大将軍長史となっている。（を）の高猛も、官歴を「歴位」として正四品下の通直散騎常侍から記載している。これらは、官職を省略している可能性を疑わせるのであるが、特別の事情によるものかも知れない。官品の上昇が大きい事例については第三章であらためて述べる。他方、年齢によって官職遷転の回数が異なってくるという事情もある。若ければ遷転数が少ないのは当然であるからである。しかし、一定の年齢をとっても、個人によって遷転の数が異なることは当然ありうる。要するに官位上昇の程度を含めた検討を行わないと、正確なことは言えないのであるが、ここではさしあたり、多くの墓誌が基本的な官職を記載しているという想定が可能であることを確認しておきたい。また、加官や将軍号を除外した基本となる官職に関しては、列伝に見られる就官の記載を、墓誌において確認できるとしてよい。

（3）　墓誌の方が列伝より官職記載の内容が少ない場合

この分類に属するのは五例である。

（ゐ）崔鴻（孝昌一〈五二五〉、四八歳。巻六七、彙一八五）：一三回の就官が伝に記載されている。このうち、起家官と次に就いた員外郎は一致しているが、墓誌ではそれを含めた七官しか記載していない。

（の）侯剛（孝昌二〈五二六〉、六一歳。巻九三、彙一八八）：将軍号や加官のみの授与をも回数に数えると、伝の方は一九回に及ぶ官職遷転を詳細に記す。これに対して、墓誌が記す回数は少ない。ただし、

（ⅰ）内小（伝では中散と記す）→虎威将軍・冗従僕射→奉車都尉・嘗食典御という遷転の後、「累遷至武衛将軍・通直常侍」と省略を明示している（ちなみに伝は冗従僕射の後は、「稍遷奉車都尉、右中郎将、領刀剣左右、加游撃将軍、城門校尉」と数度の遷転を記している）。

（ii）衛将軍・侍中から左衛将軍に遷ったことを、墓誌は記さない。
（iii）左衛将軍になっての後に嘗食典御を解かれ散騎常侍を加えられたと伝は記すが、墓誌ではこの記事もない。ただし墓誌では衛尉の時に散騎常侍となっており、この加官については伝は記さない。墓誌の方は、既に散騎常侍加官を記している故に敢えて書かなかった可能性がある。
（iv）元乂の没落に伴い失脚した侯剛は、他の官職はすべて失い、車騎大将軍からは大幅に下位にある征虜将軍の号のみを保持して死去した。このことについては墓誌はふれない。不名誉である故に敢えて記載を避けたものと思われる。

という差異であることを考えると、（ii）を除くと、他は特に大きな問題ではなく、（ii）以外は、基本となる遷転は墓誌でも記載されていたとしてよいのではないか。また墓誌でも「累遷」といった表記で官職の遷転を省略することがあることが判明する。

（お）穆紹（普泰一〈五三一〉、五一歳。巻二七、彙二八二）：加官や辞退して就任しなかった事例をも回数に含めると、伝では二一回の就官を記す。ただし「遷秘書監、侍中、金紫光禄大夫、光禄卿」とある記事が、墓誌によると光禄卿は遅れての加官であると判断できるので、二二回の就官とすべきである。このうち一九回の就官を墓誌は記していると見られる。見られる、としたのは、墓誌と伝で、就いた官職は一致するものの、就いた順序にいくつか相違があるからである。墓誌に見られない官職は、僅か九歳の時に東宮に侍学する際に任ぜられた員外郎と、中書令から転じた七兵尚書の二官および北海王顥に任命された兗州刺史である。遷転の順序は官品から考えると伝の方が正確であると思われるから、この場合は伝の方が信頼性が高いと言えるようであるが、二二回の遷転のうち一九回を墓誌も記しているいることが、重視されてよいのではないか。

（く）楊昱（普泰一〈五三一〉没、五四歳。巻五八、疏六〇）：（む）で述べた楊氏墓誌に多く見られる書き方で官歴が記載されている。楊昱の場合、北中郎将に就任するまでの一二回の官職履歴は一致し、その後は都督や行台としての活動が多く、その遷転は把握するのが難しいが、最後からひとつ前の南道大都督のみ、墓誌に対応する記載がないようである。であるが、一六回の遷転のうち一五回が一致している。ここでは形式的に墓誌の方が記載が少ない項目の中に含めたのであるが、実体は墓誌と伝の官歴数が一致する項目に含めてよい。

（や）楊侃（普泰一〈五三一〉没、四四歳。巻五八、疏五九）：楊昱墓誌に類似する形で墓誌が書かれているが、伝と一致する官職名が多いので、それによって遷転の過程を判断することができる。伝には一四回の官職就任の記載がある。墓誌はそのうち一〇回に相当する官職名を記す。墓誌にないのは、

（i）揚州録事参軍と雍州録事参軍の間の統軍。これは軍官であって、官品令にはないので、書かなかったと考えられる。

（ii）冠軍将軍・東雍州刺史のあと「除中散大夫、為都督、鎮潼関」と伝にあるが、東雍州が廃止されたのに伴う恐らく臨時の措置であり、かつ正四品の中散大夫は都督の帯びる官職としてはあまり見られない。故に墓誌では重視されなかったと思われる。

（iii）右将軍・岐州刺史のとき、元顥入洛事件が起こり、行北中郎将となって対処したが、これは行官であるので、省略されたのであろう。

（iv）兼尚書僕射として関右慰労大使となっているが、墓誌は兼官は書かないことが多い。

以上は羅列する官職群に記載される可能性の低い事例であると判断できるが、最終官として伝にある「侍中・衛将軍・右光禄大夫」のうち、墓誌は正三品の侍中は記すが、正二品である右光禄大夫を記していないのは、やや問題で

ある。しかし光禄大夫は官位を示して、実体としての職能は薄くなっており[23]、故に記さなかった考えることが可能である。要するに、官職羅列という書き方を採っていて省略される官職群があるにせよ、主要な官職は網羅していて、その点では伝と一致していると見てよいのである。

以上、列伝に就官したと記す官職を墓誌で記載しない事例があることがわかる。ただし、記載されなかった官職の数は、崔鴻が三官とやや多いものの、ほとんどが一官、多くて二官にとどまり、履歴した官職の数の一部を占めるにすぎず、基本的には伝と一致する墓誌が多い。

三　列伝と墓誌の記載

列伝や墓誌にごく少ない官職しか記載されていない場合、果たしてそれですべてであろうかと、疑念が生じうる可能性があるが、そのような場合でも、就官したすべてが記載されていると思わせる事例がある。正始三年（五〇六）五月に死んだ楽陵王思（伝では思誉）を嗣いだ子の**表1**（ホ）元彦（伝は字の景略で記される）について、伝と墓誌の記載は

列伝（巻一九下）	墓　誌
驍騎将軍 持節・冠軍将軍・幽州刺史	驍騎将軍 持節・督豳州諸軍事・冠軍将軍・豳州刺史

となっている。墓誌によれば驍騎将軍となったのが永平年間（五〇八～五一二）、豳州刺史となったのが延昌年間（五

一二～五一五)、死去が熙平元年(五一六)である。父の死後の服喪の期間を考慮に入れると、これ以外の官職に就かなかったとしておかしくはないのである。なお、列伝の幽州は豳州の誤りであろう。

もっとも、官歴不記の墓誌、最終官のみ記す墓誌があり、墓誌が必ず履歴した官職のすべてを記すわけではない。次のような事例もある。巻二一上に伝がある**表1**(リ)元譿の場合、羽林監と直閤将軍就任で伝、墓誌とも一致しているが、兄の**表1**(ネ)元譚の場合は伝、墓誌とも羽林監→高陽太守→直閤将軍となっていて、郡太守をはさんでいる。元譿の場合も或いは郡太守就任が省略されているかも知れないのである。ではあるが、伝、墓誌ともに郡太守が記載されていないということは、それを墓誌で省略する理由がないだけに、両者の依拠した資料そのものに郡太守が欠落していたか、郡太守就任がそもそもなかったかのいずれかとなろう。

おわりに

やや粗雑にすぎる感のある検討であるが、墓誌の記載と正史の記載を比較した結果、墓誌の官歴記載の方がおおむね正確であること、墓誌の場合は履歴した官職を網羅的に記した墓誌が少なくないことを確認できたのではないか。もっとも、すべての墓誌がそうであるとは限らず、実務の官職でも稍遷、累遷などの語を用いないで省略されることがままあり、兼官を省略したり、将軍号を略することもある、或いはまた誤ることもあることが判明した。よって、墓誌の利用にあたっては、ひとつひとつの墓誌について詳細な検討を行うことが必要であろう。墓誌と列伝双方を併せて検討した結果が、より正確な官職遷転を示すのである。

ところで、墓誌の方がより正確であるケースが多かったことは確かであるにせよ、墓誌と伝の記載がかなり多く一致することも本章で明らかにしえたことである。そのような事態はどうして生じるのであろうか。列伝と墓誌の作成に「行状」が用いられたことはこれまでにも屢々指摘されている。墓誌の依拠したものは必ずしも行状に限られず、その材料には例えば告身の類いが用いられることがあった可能性があるが、いずれにしても履歴した官職のほとんどを墓誌が記載していないと、本論文で述べたような列伝記載の官職が墓誌にほぼすべて記載されている状況は生じないであろう。

註

（1）梶山智史「北朝墓誌所在総合目録」（『東アジア石刻研究』創刊号、二〇〇五）による。その目録に載せられていない墓誌の拓本がその後かなり知られるようになっているが、それらの多くは出土状況が不明であり（出土地、出土年不明）、また石が個人蔵である。中には偽刻の疑いが濃いものもあり、その利用には慎重な検討を必要とするように思われる。もちろん多くは真物であると考えられるが、弁別の手続きが別に必要であると考え、ここでは省いておく。なお、梶山氏目録に載せられている墓誌中にも、出土地、出土年不明のものがあるが、既に研究などに引用されている事例もあるので、それらは排除しないでおく。

（2）以下、『彙編』を基本として用い、他に所収する書籍があっても言及しない。同書に記載のない墓誌を用いる場合は別に明示する。

（3）列伝に兼官が記されていて、それが墓誌にも記載されている事例が、元延明（二官）・元恭・元寿安・元順（兼右僕射）・楊昱の六例、伝に兼とあるが、墓誌では兼字が省かれて正官の扱いになっているものが、元熙・元頊・寇治・楊順の四例。伝に兼官が記されていて墓誌にはないものが、元順・高道悦・崔鴻（二例）・楊暐・楊侃（二例）・楊遁の八例ある。逆に伝に記載がないが、墓誌に兼官の記載があるものが元鷙・元詮・元湛（字士淵）・元湛（字珍興）・王誦・崔景邕・羊祉の七例ある。兼官であっても墓誌に記す事例が多いが、兼官を記さない事例も少なくないのである。

（4）洛陽遷都後に作成された北魏墓誌は、標題と、散文で書かれた序と、韻文で書かれた銘辞とから成る。官歴は多くの場合序の中に記される。以下、官歴記載の有無を述べる場合、断らない限り序において記載される事例を用いるが、標題に就任した官職を列挙する場合は、それを取り上げる。
（5）斉郡王簡の墓誌は後半部が欠けているが、墓誌の記載内容からすれば欠けた部分に官歴が書かれていたとは考えにくい。
（6）広平王懐は列伝も脱文が多く、官歴は不詳。本紀などで司州牧、司空領司徒に任ぜられたことが判明する。墓誌の標題では侍中・大保領司徒公となっている。贈官ではない。
（7）南安王楨の弟は四名であったが、胡児は封王前に死去していた。
（8）墓誌の序では夏州刺史となったことを記すが、その後については「後以山胡校乱、徴撫西岳」と記すのみ。しかし標題には汾州刺史とあり、この表現が汾州の刺史となったことを示している。なお、伝では吐京胡が反乱を起こしたので、彬は平北将軍を仮せられて行汾州事となり、乱鎮定後汾州刺史となったとある。墓誌では行汾州事を明確にそれと述べているわけではないが、一連の措置であるので、それを含んでいると考える。
（9）墓誌は序では官歴を記さないが、標題に記してある。厳密に言えば、伝にある孝文帝南伐の際の平南、斉・徐州刺史の際の征虜という二つの将軍号を墓誌は落としているが、本質的な差異ではない。
（10）伝では景略が諱で字は世彥としているが、墓誌によれば彥が諱で景略は字である。
（11）伝では馗であるが、墓誌では逵と書かれる。
（12）伝では諱を顕恭、字を懐仲とするが、墓誌では諱が恭、字が顕恭となっている。
（13）伝では諱を質とするが、墓誌によると諱は文、字は思質である。永安二年に八歳で封王されたが、官職はない。
（14）『集釈』五三。
（15）伝は珍平とのみ記すが、墓誌によればこれは字である。
（16）伝には、員外郎から遷った羽林監（正六品）をも記す。員外常侍を起家官とするなら、員外郎とともに員外常侍より官品の低い羽林監については、墓誌は書くことができない道理である。また、給事黄門侍郎の後、懐朔鎮副将に黜せられているが、これも墓誌には記されていない。他の事例からすると、黜の場合、必ずしも墓誌には記されないようである。

(17)　内行・内行内小および中散官については少なからぬ研究があるが、さしあたり、松下憲一「北魏石刻史料に見える内朝官――〝北魏文成帝南巡碑〟の分析を中心に」(『北魏胡族体制論』北海道大学出版会、二〇〇七、初出二〇〇〇)及び本書第Ⅲ部第2章参照。

(18)　封魔奴の没年は太和七年であるが、正光二年に遷葬した。その段階で墓誌が作成されたのである。類似の事例は他にもある。

(19)　墓誌では建興と河北の太守となったことを具体的には記していない。しかし「出撫両邦」という表現がある。別に「再牧郢予」という表現があり、これは郢州と予州の刺史になったことを示すので、「出撫両邦」は建興太守と河北太守を示すものと考えてよい。

(20)　羊祉については、なお多く註記する必要がある。伝には爵を嗣いだあと「司空令輔国長史」となったことを記す。司空令については不明であり、『魏書』校勘記が述べるように何らかの脱誤があるのだろう。輔国長史は墓誌に「開輔国大将軍府、国棟時□、民□長□」とあるので、輔国大将軍府長史であろうか。太和初年に襲爵したのであるから、同時に将軍号も受けたはずであり、伝では記さないが、墓誌により振武将軍であったことがわかる。輔国長史のあと建威将軍を加えられ、征西大将軍司馬になって、太和六年に統軍となっている。これらのことは伝に見えない。また兼官は墓誌では省略されることが多いが、この墓誌は逆に墓誌に兼黄門侍郎とあって、伝にはそれが見えない。ただ兼官は数に入れない。また、伝によると最後に黜せられて平北将軍となっているが、墓誌ではその部分が明示されていないものの、文意からそれがほのめかされているように見える。なお羊祉墓誌については、周郢「新発現的羊氏家族墓誌考略」(『周郢文史論文集』山東文芸出版社、一九九七、所収)参照。

(21)　光禄大夫については拙稿「北魏における〝光禄大夫〟」(『魏晋南北朝官僚制研究』汲古書院、二〇〇三、初出一九九二)参照。

(22)　伝では通直常侍を通直侍郎の次に記し、墓誌では通直常侍はなくて中書侍郎となっている。遷転の上ではどちらでも問題を生じないが、伝は誤りであろう。

(23)　註（21）所掲拙稿参照。

補記　本章は元来は「正史と墓誌――北魏墓誌の官歴記載を中心に」と題し二章構成であったが、後半部分を本書第3章として大幅に書き直したので、前半部分のみを新たに章として体裁を改めた。それに伴う若干の補訂を行っている。また第3章で行なった官僚の遷転の検討結果を反映させて本章の数字や記述の一部を改めている。

（二〇一六年記）

第2章　北魏後期における将軍号

はじめに

『旧唐書』職官志一に「後魏及び梁、皆　散号将軍を以て其の本階を記す」という記事がある。北魏と梁では散号将軍が官僚としての地位を表現していたというのである。この記事のみが根拠となっているわけではなかったが、唐代の散官の起源をどこに求めるかという場合、従来北魏と梁の将軍号が注目されてきた。例えば秦漢魏晋南北朝の官階制度の研究で知られる閻歩克氏は「散階制度の発展において、将軍号の進展は最も早く、少なくとも蕭梁と北魏にあっては、それが厳密に秩序だった階官の序列を呈していた」[1]と述べている。しかし、岡部毅史氏は梁においてはこの記事が該当しないことを明らかにした[2]。では北魏においてはどうであろうか。

宮崎市定氏は早くに北魏の将軍号のほとんどすべてが武官の散官であったという理解[3]を示した。筆者もかつて州の等級や光禄大夫を論じた際に[4]、宮崎氏の理解に沿って将軍号を分析の手段として用いている。ただし、宮崎氏の上記の理解は、厳密さを欠いている。何よりも、武官の散官を光禄大夫などの文官の散官と対応させて用いた氏の理解では、文官の散官があるのに文官に対して武官の散官が与えられるのはなぜか、という根本的な問題について説明ができないと思われる。

これに対して閻歩克氏は、官階とは別に軍階・軍級の存在を考えた。軍階は軍功、軍勲に対して与えられるのであるが、軍階としての序列があって、下位から上位へと昇って行くとする。そして次のように言う。

官職の等級から見れば、官品の正従上下はひとつの階級を構成し、将軍号もひとつの階級を構成する。個人の官資から見れば、秩満・考課或いは「増位」で獲得するのはひとつの階級であり、軍勲に由来する「勲階」は別にひとつの階級を構成する。以上の四項は区別があるも交錯して用いられる。秩満・考課によって遷る「階」は一般的な選任資格を構成し、「勲階」に対しては通常、より高い将軍号で酬われる。ただしこれにとどまらず、日常の昇進は常に将軍号で階級を昇るのであって、「軍級」「勲階」を獲得した者も将軍号以外のその他の官職で酬われることが可能となる。(5)

ここでは本来軍勲により得られる将軍号が官職の授与と結びつくことが示されている。また、北魏時代の将軍号は「品位」(人に伴う地位)の意義をもっていたとし、また「本階」化していたとも述べている。氏は北魏の将軍号は唐代の散官的な機能を果たしていたと理解しているとしてよいであろう。ただし、「もとより軍号の応用範囲には限度があり、例えば官僚のすべてが将軍号をもつわけではない」ということに留意して、「これは唐代の〝入仕者　皆散位を帯び、これを本品と謂う〟のとは、なお同じでない」とも言う。(6)官僚全員が将軍号をもつわけではない故にまだ唐の散官と同じでないとしているとと考えられるのであって、将軍号が唐代の散官的なあり方をしているという氏の理解は随所に窺われるのである。

そしてその結果として、官職の除授に際して帯びる職事官が低い時には、将軍号がより高い品位を維持する機能を果たす、軍階は他の人物に回授することができるなどの、重要な指摘をしている。しかし、軍階が軍功に対して与えられるという側面は確かに認められるにせよ、軍功なくして将軍号が上昇する事例も数多くあること、将軍号が記されないままの遷転が頻見すること、などの事象を、氏の理解では十分に説明できないと思われる。さらには将軍号をもつ場合ともたない場合の相違はなぜ生じるのかという根本的な疑問も残されている。

北魏の地方長官は将軍号をもつのが通例であるが、中央官で将軍号をもつ事例はどれほどになるだろうか。試みに『魏書』列伝に記されている人々の事例から抽出すると、北魏後期で四百例を超す。これは遷転した官職群を一括して表記した場合を除いているし、墓誌をもつ人物の事例を除いているから、実際はこれよりかなり多い。このうち、大半は、中散・太中・銀青光禄・金紫光禄・左右光禄の大夫系、また散騎常侍系や侍中などの散官的官職と併せて授与された、閻氏が命名した双授制(7)のケースであるが、約三分の一が、実際の職務をもつ文官に与えられている。墓誌の事例を併せるとさらにその数は増える。このことは将軍号が散官として機能していたという理解を支えるに足る数字と言えないこともない。しかし、将軍号をもたない中央の文官もまた多いのである。それをどのように説明するかが問われなければならないであろう。

また筆者はかつて官僚の遷転過程を検討した一文を草し(8)、遷転の過程において将軍号が一定の役割を果たしていることに注目したが、それは将軍号の性格自体を検討した結果を適用して得られたものではなかった。その故もあり、多数の文官が帯びる将軍号の事例の分析を精密に行い、あらためて北魏後期の将軍号の果たした機能を解明したい。

なお、北魏前期の将軍号は世襲されるなど、後期と異なるあり方を示すので、本章の検討の対象は後期、それも太和後令が適用される宣武帝即位以後とする。

一　文官に与えられる将軍号

列伝と墓誌は必ずしも将軍号と官職双方を十全に記すわけではないが、双方を併せた場合、確実性は増す。列伝と

表1　北魏後期における将軍号を帯びた文官（1）

官品	将軍号	就任した文官職	就任人物
従5	軽車	尚書郎中（正6）	元爽、邢偉、崔鴻
従5上	陵江	太宰主簿（正6上？）	李騫
	伏波	廷尉評（正6）	楊機
正5上	寧遠	司空掾（従5）	宇文善
		司徒掾（従5上）	元顕魏
従4	寧朔	尚書郎（正6）	元爽
従4上	中堅	宗正卿（正3）	元讞
正4	鎮遠	尚書郎（正6）	楊元譲
		司徒掾（従5上）	元遙
		中書侍郎（従4上）	王翊
	平遠	尚書左丞（従4）	元昭
従3	竜驤	太府少卿（正4上）	※崔敬邕
	冠軍	給事黄門侍郎（正4上）	※元略
		太僕少卿（正4上）	元遙、元譚
	輔国	尚書吏部郎中（正4上）	元欽
		度支尚書（正3）	元徽
	征虜	中書侍郎（従4上）	楊昱、楊仲宣
		司徒右長史（正4上）	宇文測
		衛尉少卿（正4上）	元誘
		光禄少卿（正4上）	賈思伯
		廷尉少卿（正4上）	楊鈞
正3	前後左右	司徒諮議（従4上）	王誦

墓誌双方をもつ人物の経歴の中から、宣武帝初期から北魏末までの期間で将軍号を帯びた文官の事例を表1として掲げる。もっとも墓誌・列伝双方で将軍号・官職がともに一致して記載されるケースは少ないので、就任人物に※を付してそれを示すこととし、一方、墓誌と列伝のどちらかに将軍号と文官職が併せて記載されている事例をも取り上げる。対象とする墓誌は梶山智史『北朝隋代墓誌所在総合目録』（明治大学東アジア石刻文物研究所、二〇一三）所掲のものに限定する。同目録は最も豊富に、最近までの墓誌の情

従2		給事黄門侍郎（正4上）	元延明
		太府少卿（正4上）	楊倹
		廷尉卿（正3）	元延明
	四平	給事黄門侍郎（正4上）	元爽、元誕
		御史中尉（従3）	元昭
		秘書監（正3）	元融、元延明、元淵
	四安	都官尚書（正3）	元謐、元寿安、元顥
		秘書監（正3）	※元熙
		侍中（正3）	元延明
		大司農（正3）	※元恭
		廷尉卿（正3）	賈思伯、楊鈞
		太僕卿（正3）	楊椿
	撫軍	侍中（正3）	※侯剛
		侍中（正3）・光禄卿（正3）	※穆紹
		侍中（正3）・領崇訓太僕	元昭
		都官尚書（正3）	※楊椿
		度支尚書（正3）	楊昱
		殿中尚書（正3）	元寿安、邢巒
		七兵尚書（正3）	元欽、※李憲
		衛尉卿（正3）	楊椿、楊津
	鎮軍	七兵尚書（正3）	楊昱
		度支尚書（正3）・兼黄門侍郎	※楊侃
	中軍	大宗正卿（正3）	元項
		吏部尚書（正3）・兼右僕射	元順

報を記載しているからである。ただし、ごく一部であるが筆者未見の墓誌がある。なお、双授制と目されるケースは除外(9)し、扱う将軍号は外号将軍(10)に限定(11)(12)する。

表1を見れば多数の文官に与えられた将軍号を知ることができる。墓誌によってしか経歴の知られない人物、列伝に載せられるが墓誌のない人物を含めると、さらに多数の事例を補いうるが、紙数の都合もあり、表1では少数に留まっている四品以下の将軍号に限って補うこととし、表2とする。双授制と見なされる官職を省くことは表1と同じ。

	四鎮	七兵尚書（正3）	元昭
		吏部尚書（正3）	元寿安
		侍中（正3）	元延明
		衛尉卿（正3）	元淵
正2	四征	給事黄門侍郎（正4上）	元誕
		大丞相司馬（正4上？）	封延之
		殿中尚書（正3）	※元昭、高猛
	衛	侍中（正3）、領国子祭酒	元延明
		侍中（正3）・太常卿（正3）	※穆紹
		中書監（従2）	※穆紹
		吏部尚書（正3）・侍中（正3）	元淵
	車騎	御史中尉（従3）・常侍・衛尉（正3）	侯剛
		中書監（従2）	元頊
	衛大	吏部尚書（正3）・散騎常侍（従3）	元寿安
		侍中（正3）・尚書左僕射（従2）	元暉
		中書監（従2）	元欽
従1	車騎大	侍中（正3）・尚書左僕射（従2）	元頊
	驃騎大	侍中（正3）・司徒公（1）・領尚書令	元子正
		尚書令（正2）	穆亮

人物名の下に括弧を付して記すのは出典である。[13] なお、将軍号の前後双方に官職が記されている場合は、そのどちらに付した将軍号なのかの弁別が必要なので、表2ではそのような事例は省いてある。

表1、2から判明するのは以下の点である。まず文官に与えられる将軍号が広範囲にわたっていること。確認のため『魏書』官氏志に記載されている将軍号を官品ごとに整理し、それへの就任事例数を表3（一六三頁）で示す。ただし従三品以上の将軍号はそのすべてに就任者が確認できるので省略する。将軍号欄の空欄は、将軍号不配置による。

七品以下の場合には与えられた事例がまったく確認できない将軍号があるが、それより上の官品の将軍号には、従五品の虎威を除いてすべて授与された事例が存在する。そもそも八品以下では就任が確認できる官職はごく少なく、

表2　北魏後期における将軍号を帯びた文官（2）

官品	将軍号	就任した文官職	就任した人物と出典
正9上	曠野	石窟署丞	徐淵（『校注』五—三一四）
正8上	殄寇	符節令（従8上）	江式（九一）
従7上	盪寇	斎帥	李翼（四九）
正7	討寇	将作丞	穆良（『秦晋』五二）
正7上	威烈	諸冶令（従8上）	侯海（『校注』七—三八五）
従6上	襄威	大宗正丞（正7）	元斌（『校注』五—二三六）
		領侍御史（正8）	何琛（『安豊』一八二）
正6上	明威	太学博士（従7）	宋季儒（八八）
		司徒祭酒（正7上）	穆良（『秦晋』五二）
	宣威	領門下録事（従8上）	唐耀（『校注』六—二三五）
		符璽郎（従6上）	江式（九一）
		尚書郎（正6）	辛子馥（四五）
従5	威遠	太尉参軍事（正7上）	李季凱（三九）
		冗従僕射（正6）	山徽（『校注』六—二七八）
		尚書郎（正6）	谷穎（三三）、酈道慎（四二）、畢聞慰（六一）
	軽車	符璽郎（従6上）	江式（九一）
		尚書郎（正6）	元霊曜（『校注』五—一九九）、劉懋（五五）、羊深（七七）
		中書舎人（正6）	董紹（七九）
		太尉録事参軍（正6上）	崔鸕（『校注』七—一七三）
従5上	伏波	太倉令（従8上）	杜纂（八八）
		大司農丞（正7）	穆彦（『校注』六—二九九）
		秘書著作郎（従7）	元鑒之（『皇家』一二）
		太常博士（従7）	趙明度（『安豊』一五四）
		尚書郎（正6）	李瑒（五三）、裴敬（『北大』七八）

正5上	寧遠	廷尉正（正6）	崔纂（五七）
		司空録事参軍（正6上）	元道隆（『校注』六―二四四）
		太尉中兵参軍（正6上）	楊済（『校注』六―二二八）
		謁者僕射（正6上）	常景（八二）
		司空倉曹参軍（正6上）	張普恵（七八）
		治書侍御史（正6上）	畢祖朽（六一）
		太尉属（従5上）	元玕（『校注』七―一四一）、陸昶（四〇）
従4	揚武	国子博士（正5上）	封軌（三二）
	寧朔	尚書郎（正6）	高道穆（七七）、唐耀（『校注』六―二三五）
従4上	中堅	司徒従事中郎（正5上）	奚鑒（二九）
		尚書右丞（従4）	李蘊（四六）
		司徒録事参軍（正6上）	辛珍之（七七）
	中塁	司空諮議参軍（従4）	李遵（四九）
正4	顕武	太尉諮議参軍（従4上）	李叔虎（七二）
	立忠	司空諮議参軍（従4）	房堅（四三）
	建節	尚書郎（正6）	崔勉（五七）
	平遠	符璽郎中（従6上）	辛匡（四五）
	安遠	尚書郎（正6）	崔忻（四九）
		中書侍郎（従4上）	盧道裕（四七）
	鎮遠	国子助教（従7）	任恭（『秦晋』七七）
		尚書郎（正6）	朱元旭（七二）
		司徒従事中郎（正5上）	陽固（七二）
		太尉諮議参軍（従4上）	韋珍（四五）

表3　正四品以下の将軍号授与事例数

官品	官氏志記載の将軍号	就任事例数
従9		
従9上	偏・裨	0
正9		
正9上	曠野・横野	1
従8	厲武・厲鋒・虎牙・虎奮	0
従8上	掃寇・掃虜・掃難・掃逆	0
正8		
正8上	殄寇・殄虜・殄難・殄夷	1
従7		
従7上	盪寇・盪虜・盪難・盪逆	1
正7	討寇・討虜・討難・討夷	1
正7上	武烈・武毅・武奮	0
	威烈・威寇・威虜・威戎・威武	1
従6		
従6上	襄威・厲威	2
正6		
正6上	宣威・明威	5
従5	虎威	0
	軽車・威遠	12
従5上	伏波・陵江・平漠	8
正5		
正5上	寧遠・鷹揚・折衝・揚烈	10
従4	建武・振武・奮武・揚武・広武	1
	寧朔・建威・振威・奮威・揚威・広威	3
従4上	中堅・中塁	5
正4	恢武・勇武・曜武・昭武・顕武	1
	立義・立忠・立節	1
	建義・建忠・建節	1
	鎮遠・安遠・平遠	11

七品官の場合もほとんどが起家官であるから、[14]将軍号が付与されている事例が上記のような結果となることは十分に想定できるのであり、むしろ文官に与えられている将軍号が六品以上ですべて確認でき、しかもその数が少なくないことに注目すべきなのである。

続いて気付くのは、文官の官品と将軍号の官品が異なる場合、将軍号の方がほとんどの場合で高いということである。[15]表1、2における例外は三例にとどまる。元子正の場合、従一品将軍で正一品の司徒に任ぜられている。しかし従一品将軍は、同じ従一でも上位に置かれている儀同三司と双授されることが多く、他の将軍号とは扱いが異なっていたようである。故にこれを例外とすること自体に問題があると言える。[16]元譿の場合、中堅将軍・宗正卿は伝には記載がない。前後の就官からすれば宗正は宗正少卿（正四上）の方が正しいと思われるが、それでも将軍号の方が低い。中堅将軍から宗正少卿に移ったとすると官品上の問題は解消するが、単独で将軍号を得たとも考えにくく、この事例は説明困難である（元延明のケースも該当するように見えるが、次章で見るように説明可能である）。

墓誌と列伝をもつものの表1には載せなかった事例、また表2では省略した従三品以上の事例についても言及しておく必要があろう。ほとんどは将軍号の方が同時に帯びた文官職より上位であるが、そうでない事例も僅かであるが存在する。元徽（『魏』巻一九下）[17]は、従三の輔国将軍で正三の度支尚書に任命された。「後に安西将軍・秦州刺史を拝す。詔書旦に至りて夕べに発す。徽、以て将に秦部に之かんとし、闕に詣りて恭授せられんことを請い、仍りて表啓して固陳し、職に之かざらんことを請う。輔国将軍を改授し、度支尚書を加え、号を鎮東将軍に進む」とある。事情があるにせよ赴任を断ったため、正三の安西から従三の輔国へ下げられた、つまり懲罰的意味合いの将軍号授与であった可能性が考えられるのであり、その上で旧の安西より上位の従二の鎮東に変えている。文官職より下位の将軍号を与えられたのは特殊な事情によるとしてよい。また『魏書』巻六五の李諧は兼著作郎の時に従三の輔国と正三の銀青光禄大夫を同時に加官（双授）された。低い将軍号と組み合わされた光禄大夫の事例はほかにない。また『魏書』巻九四の宦官の封津の場合、任ぜられた中侍中に征虜将軍が加えられている。中侍中の官品は不明であるが、侍中に準ずるならば正三で従三の征虜より高く、とすれば説明困難な事例となる。

以上の併せて六例は、特別の事情によると想定しうる事例を含んでいるが、仮にその事情を考慮に入れないとしても、僅かな事例数にすぎず、例外として処理することができよう。圧倒的多数の事例は将軍号の官品の方が高いのであり、文官の帯びる将軍号は文官職より高いのが原則であったとしてよいであろう。

なお、表1の正三品将軍の場合、同じ正三の文官職を授与されているケースが少なくない。しかし、その官職は官品表では帯びた将軍号より下位に置かれている。また表からは除外した双授制の場合も、前述の李諧の場合を除いて、散官としての文官職より将軍号の方が高位にあることを付記しておく。

最後に確認しておきたいのは、すべての文官が将軍号をもつのかどうか、という問題である。王翊の遷転過程を見てみよう。(18)［　］で遷転を示す語を記す。傍線は列伝にも記載のある官職を示す。

［解褐］秘書郎中（正七）→［転］員外散騎侍郎（正七上）→［除］襄威将軍（従六上）→［補］司空主簿（正六上）(19)→［遷］司空従事中郎（正五）→［特除］中書侍郎（従四上）、加鎮遠将軍（正四）→［為］清河王友（正五上）、余官如故→［除］左将軍（正三）・済州刺史→［加］平東将軍（正三）→行定州刺史→［除］平南将軍・散騎常侍（従三）→［転］安南将軍（正三）・銀青光禄大夫（正三）、加散騎常侍→［除］鎮南将軍（従二）・金紫光禄大夫（従二）、領国子祭酒（従三）、常侍如故

中書侍郎就任以後はいずれも鎮遠・左・四平・四安・四鎮と上昇する将軍号が記載されている。その多くはいわゆる双授制の事例になるが、今はそれは問わない。他方、それ以前は襄威以外は将軍号の記載がない。しかも表3に明らかなように、従六上の襄威と正四上の鎮遠の間には多数の将軍号が配置されている。それらの将軍号のいずれかを帯びたというのであれば、それを明示する必要があったはずである。司空従事中郎に在任していた時、将軍号は帯びていなかったと考えてよいであろう。

このような事例は少なからずある。一、二を挙げておこう。伝はないが『校注』六―一四七に墓誌が載せられる元暐は、南平王の爵位を嗣ぎ、孝文帝末年に輔国将軍（従三）・光州刺史であったが、その後に「給事黄門侍郎に除せられ、将軍・王は故の如し。……散騎常侍を改授せられ、王は故の如し」とある。黄門となった時には将軍号・王号がもとのままであることが明記され、次の常侍を授けられた時に、王についてだけ「如故」とされているのは、常侍が輔国より上位にあるので将軍号を省かれたからであろう。また、表1には載せていないが『魏書』巻一九上の伝の

ほか『校注』四―三五〇に墓誌のある元遙は、宣武帝期に入って平西将軍・涇州刺史に任ぜられ、次いで正三の七兵尚書となり、同じく正三の中領軍に転じ、次いで、鎮東将軍・冀州刺史となった。正三の平西から従二の鎮東の間には正三の四安将軍、従二の撫軍・鎮軍・中軍将軍があるのにそのいずれもが記されていないのは、四平より上位の尚書の時には将軍号はもっていなかったからと考えられる。

これに関しては、前の将軍号が維持されているので書かれなかった可能性の有無について言及しておく必要があろう。次節で述べるように、前に得た将軍号が維持される場合には屢々記載から省かれる。ただし、それは新たに任じた官職が将軍号より低いケースである。王翊の場合、襄威を維持して司空従事中郎となったとすれば、従六上↓正四上と将軍号の上昇幅が大きくなりすぎる。元遙も同じ正三品でも上位にある尚書や中領軍に平西を保ったまま任命されることになる。先に将軍号と文官職がセットで記載される場合、ほとんどの場合将軍号の方が、官品が高いか、同じ官品でも将軍号の方が上位にあることを示した。そのことからすれば、下位の将軍号を保持したままで上位の文官職を帯びるということは原則としてなかったとすべきである。

王翊の事例に戻れば、起家官である秘書郎、次に転じた員外郎、そして司空主簿も、将軍号を帯びていなかったと考えてよいであろう。そもそも将軍号を帯びない文官職の存在を最もよく示すのは、王翊の場合もそうであるが、起家官である。地方長官の軍府の府官となる事例を除くと、知られる起家の官・初見の官はほとんどすべてが文官である。ところがその起家官に将軍号が伴って記載される事例は、列伝、墓誌を問わずごく少ない。将軍号が付された可能性のある事例はないわけではないが、例外と言ってよく、ごく少ない(20)。また表1、2に取り上げた事例では四品以下の将軍号を得た数が非常に少なかったが、これに対して四品以下の文官に就任し、将軍号が併記されていない事例は、列伝を瞥見しただけでも直ちに確認できるように、はるかに多い(21)。

以上で述べたことからすれば、文官のすべてに将軍号が与えられるのではなく、文官にも将軍号が与えられることがある、と考えるべきであろう。

二　将軍号の機能

では文官に与えられる将軍号はどのような機能を果たしたのか。『魏書』巻九一の江式の事例を見てみよう。彼が殄寇将軍（正八上）・符節令（従八上）の時、宣武帝の生母が皇太后に追尊され、その尊号謚策を書いた功績で「特に奉朝請（従七）に除せられ、仍お符節令」という措置を受けた。符節令という実際の職務を担う官職は変えず、正八上から従七に官僚としての地位を上昇させる措置が執られたとしてよい。このことから考えると、殄寇将軍は、彼の官僚としての地位を示していたのである。次に江式は宣威将軍（正六上）・符璽郎（従六上）に除せられた。璽印を担当する官職に遷ったのであるが、続いて「尋いで軽車将軍（従五）を加えらる」とある。「加」とあるから符璽郎は変わらず、宣威に替えて従五の軽車が与えられたのであり、これも官僚としての地位の上昇が将軍号で示されていることになる。とすれば、宣威将軍も奉朝請に代わってより上位の地位に遷ったことを示していたのである。なぜ将軍号でなく奉朝請が授与されたのかが疑問として挙げられるかも知れないが、従七品には将軍号は配置されていないことが回答となろう。江式は、実務の官職は下位にとどめられたのであるが、官僚としての地位は正八上→従七→正六上→従五と順調に上昇した。将軍号は奉朝請などの文官職とともに官僚の地位を示す機能を果たしたのである。

次に巻六八の高聡の事例を見ると、「世宗親政するや、給事黄門侍郎に除せられ、輔国将軍を加えらる。散騎常侍に遷り、黄門故の如し」とある。正四上の黄門侍郎は変わらず、最初は従三の輔国が加官され、次いで同じ従三の散騎常侍が与えられている。黄門のみ「如故」とあって輔国にはふれられていないから、輔国は除かれたと思われる。これは何を意味するのであろうか。官氏志の官品表では、従三は下位から散伯―竜驤―（一官）―輔国―（二官）―冠軍―（三官）―征虜―（六官）―散騎常侍という配置になっている。従三品将軍を複数経歴する事例は多数あるが、例外なく竜驤→輔国→冠軍→征虜という序列に従っている（ただし、そのすべてを経るというわけではない）。前後左右、四平、四安の正三品将軍など同一官品内に複数配置される将軍号についても同様のことが言える。正一の太師以下司空に至る官職についてもきちんと序列通りの遷転が確認できるように、官品表の配置は序列を示すのである。とすれば高聡は散騎常侍を与えられた（恐らくは加官である）段階で、下位の輔国を維持する意味はなくなると考えてよい。輔国という将軍号は散騎常侍を得た段階で取り去られたのである。これは散官としての機能をも果たす散騎常侍が輔国に替えて与えられたと言い換えることもできよう[22]。

奉朝請や散騎常侍のような散官的官職の場合だけでなく、実務をもった文官職の場合も適用される原則は同じであろう。とすれば新たに就任した文官職の官品がそれ以前に保持していた官職・将軍号の官品より上位に位置すれば、将軍号を授与される意味はなくなる。つまり将軍号なしの文官職就任となると考えてよいのではないか。このことを実例で確認しておこう。先にもふれた元遙は宣武帝の初めに平西将軍・涇州刺史となったが、中央に徴されて七兵尚書、次いで中領軍を経て鎮東将軍・冀州刺史に転じた。官品表を見ると、四平将軍―尚書―中領軍―四安将軍―中・鎮・撫軍将軍―四鎮将軍となっている。平西を維持していたとすれば、次の鎮東までにはふたつの将軍号群を跳び越えることになる。官品表の配置通りの昇進であったと見るべきであろう。つまり尚書の時には将軍号をもたなかった。中領軍は近衛の長官であるから、敢えて将軍号をもつ必要はない。

次に検討すべきは同じ官品内に将軍号が複数配置されていることの意味である[23]。「威」字など同一の字が冠せられる将軍号は一セットであって同格であるが、将軍号と将軍号との間に別官が入っている場合、二つの将軍号グループの間には上下の関係が生ずる。そのことについては既に見たところである。従三以上の将軍号の場合、伝や墓誌に記載されることが非常に多いのは、それら将軍号が与えられる機会の多さを反映する。なぜそうなるのであろうか。遷転の事例は数多いので、一々の検討は避けて、代表的な一事例だけを取り上げる。本来であれば、墓誌と列伝双方をもつ事例を取り上げるべきであろうが、墓誌は未発見の『魏書』巻六九の裴延儁の列伝記事を検討対象とする。起家官から二品官までの多数の官職が記載されていて、将軍号の記載も少なくなく、また遷転を示す語も丁寧で、検討結果は他の事例と矛盾しないからである。経歴を単純化して示すと、次のようになる。遷転を示す列伝の用語を〔　〕で示す。丸数字は遷転を示す語が付されている順序を示す。

挙秀才→①〔除〕著作佐郎（従五上）→②〔遷〕尚書儀曹郎（正五上）→③〔転〕尚書殿中郎（正五上）・太子洗馬（従四上）→④〔又領〕太子友、本邑中正→⑤〔除〕太尉掾（従五上）兼太子中舎人（正五上）→⑥〔為〕散騎侍郎（正五上）→⑦〔除〕雍州平西府長史（従五上）、加建威将軍（従四）→⑧〔為〕中書侍郎（従四上）→⑨〔除〕司州別駕（従四上）、加鎮遠将軍（正四）→⑩兼太子中庶子→⑪〔即〕正（＝太子中庶子）（正四上）、別駕如故、加冠軍将軍（従三）→⑫〔遷〕散騎常侍（従三）、加前将軍（正三）→⑬加平西将軍（正三）〔除〕廷尉卿（正三）→⑭〔転〕平北将軍・幽州刺史→⑮〔拝〕太常卿（正三）→⑯兼尚書・西北道行台→⑰〔除〕七平尚書（正三）・安南将軍（正三）→⑱〔徙〕殿中尚書（正三）・加中軍将軍（従二）→⑲〔転〕散騎常侍（従三）・中書令（正三）・御史中尉（従三）→⑳以本官、兼侍中（正三）・吏部尚書（正三）

裴延儁は太和二〇年の廃太子事件により免官となり、⑤で復帰した。宣武帝期の官歴は⑥以降であるが、参考までに全官歴を記しておく。④までの官品は太和前令により、⑤は太和後令に近かったという太和中令施行時期にあたるので、⑥以下と同様に後令の官品を記す。①から④、⑤から⑨までは、それぞれ官品が常に上昇していることを確認できる。またこの段階では地方官になる時以外は将軍号をもっていない。将軍号によって官僚としての地位の上昇を示す必要がない故であろう。

⑪以後は従三から従二までの間での遷転であり、その狭い幅で一〇回の除授が行われている。一回の昇進機会だけでは上位の官品への到達は困難であり、同一の官品内での遷転が少なからず見られるようになっているのである。この場合、一〇回の除授の中で、将軍号が冠軍→前→四平→四安→中軍と上昇していることに注意が必要である。ただし、将軍号と帯びる他の官職との関係は単純ではない。⑪以降の関係官職を官品表により下位から順に記載すると、冠軍―御史中尉―散騎常侍―前―幽州刺史―廷尉―平西・平北―尚書―侍中―中書令―太常―安南―吏部尚書―中軍となる。⑪から⑫、⑫から⑬は実務の官（散騎常侍が双授制の可能性はあるが、ここでは特に問題にしなくてもよいだろう）だけでも前職の将軍号より上であり、その官職への就任自体が昇進を示し、将軍号は不要となるが、新たに与えられた官職より上位の将軍号を加えて昇進幅を大きくしている。⑭は刺史への転出であり、それだけ見れば前職より下位にあるが、将軍号が同じ四平だから、官僚としての地位は変わらないわけである。⑭から⑮であるが、太常卿は⑬⑭の実務の官、将軍号より上位にあって昇進であることは明白である。故に将軍号は必要ではなかった。この場合は将軍号をさらに高くする措置は執られていない。⑯は行台尚書として外に出たのであるが、兼任であるから、正規の昇進ルートと見なさなくてよい。とすれば⑮から⑰へという関係の検討になるが、尚書は太常卿の下位にあるから、それだけ見れば左遷であり、昇進にはならない。故に太常より上位の安南将軍を加える措置が執られたのである。⑰から⑱は同じ尚書省内部での異動であるが、将軍号を四安の上位の従二品にしている。

このように、同一官品内に単独もしくはグループになった将軍号が、二～三箇所に配置されているのは、昇進と大きな関係がある。官僚としての地位が重大視される社会にあって、三品以上の狭い枠内で昇進を保証し続ける方式は如何にすれば可能になるのか、という課題に答えるのが、将軍号を適度に配置して、それを上にたどらせることによって昇進であることを示すという方式であったのではないかと考えられるのである。

なお、将軍号が地位を表示するということに伴い、次のような働きをもったようである。ポストの空き具合や政治的な配慮もあって常に上位の実務もしくは散官職への昇進が保証されるわけでもないという状況も多く生まれたであろうから、遷転後の官職の方が前職より官品が下位にあるケースが発生する度合いもかなり大きかったはずである。つまり左遷となるが、将軍号を維持するか高くすることによってそれを避けることができるのである。裴延儁の事例について言えば、三品以上についてはすでにふれたが、それ以前にも二つの将軍号に関わるケースがあった。⑥の散騎侍郎から⑦の平北長史への就任は官品上では下落である。故に散騎侍郎より上位の将軍号を加えて、昇進の扱いとしたのである。また⑧の中書侍郎と⑨の司州別駕は同じ官品ながら、官品表では司州別駕が上位に置かれていて、それだけでも上昇といえるが、鎮遠将軍を加えることにより、官品自体を上昇させたのである。

ところで、⑱→⑲は、別の問題を提供する。尚書より中書令は上位に置かれているが、中軍将軍よりは官品が下がる。この場合、⑲で書かれていないが中軍将軍が維持されていたと考えると、この問題は解消できる。実際にも彼が死去した時の贈官には「本将軍」が含まれており、死去時に将軍号を保持していたことが確認できる。つまり、その前にもっていた将軍号が次の任官にも維持される場合は、多くの場合「本将軍」「将軍号如故」と書かれるのであるが、書かれないこともあるということである。これはやっかいな問題で、将軍号が書かれていない場合については、将軍号がなくなったのか、維持されているのか、ひとつひとつの検討が必要となる。例えば⑭→⑮であるが、幽州に伴っていた母が病気で、都に帰ることを許されて太常卿となった。同じ正三であるが、太常卿は平北より上位にある。

とすれば⑮の場合は将軍号はなかった可能性が高い、こういった検討である。

以上の検討で浮かび上がった、北魏宣武帝期以降の官職遷転の方式を箇条書きにまとめてみよう。

イ　通常の異動の場合、上位の官品、同一官品であれば上位に置かれる官職、に遷る。

ロ　同一官品の官職への異動の場合、他の官職を同時に与えることにより、昇進という形を確保することができる。将軍号がその役割を担うことが多い。

ハ　官品が下位、同一官品であれば下位に置かれる官職への就任の場合、他の官職を同時に与えることにより、下落を回避するか、昇進の扱いとすることができる。将軍号がその役割を担うことが多い。

ニ　同一官品内に単独、もしくはグループをなす将軍号がそれぞれ別の位置に配置されているのは、同一官品内での昇進を示す目的による。

ホ　遷転した後の官職が将軍号を含む前職より上位にあれば、将軍号は不要である。従って将軍号はもたない。

ヘ　遷転後にも遷転前の将軍号を維持する場合、「将軍如故」「本将軍」と明記されることが多いが、書かれないこともある。

ト　将軍号は軍勲によって得られるが、遷転の必要上与えられることもある。

遷転の事例を検討すると、ほとんどが以上のような理解で説明できる。ただし、この理解に合致しないかのように見える遷転もあるから、その事例のひとつを見ておこう。表1に載せる王誦が宣武帝の初期に南朝から入国した後の経歴を墓誌によって示す。丸数字や遷転を示す語の扱いなどは裴延儁の場合と同じくし、伝に記載のある官職には傍線を付した。

①〔解褐〕員外郎（正七上）・司徒主簿（正六上）→②〔転〕〔司徒〕府属（従五上）→③〔遷〕司空諮議（従四）・

通直常侍（正四）・領汝南王友（正五上）→④〔復為〕司徒諮議（従四上）、加前将軍（正三）→⑤〔旬日除〕光禄大夫（正三）、諮議如故→⑥〔俄解〕諮議、領散騎常侍（従三）→⑦以本官行幽州事→⑧〔除〕左将軍（正三）・幽州刺史（正三）→⑨〔為〕秘書監（正三）・兼度支尚書、又兼都官→⑩〔除〕度支尚書（正三）→⑪〔為〕平南将軍（正三）・光禄大夫・給事黄門侍郎（正四上）→⑫〔遷〕鎮軍将軍（従二）・金紫光禄大夫（従二）、黄門如故

①は起家官であるが、二官並記はほとんど事例がなく、②の司徒属との官品差を考えると員外郎から司徒主簿に転じた可能性が高い。同様の可能性は②と③の間にもある。司徒属から通直常侍に遷るとすると昇進幅が大きいからである。またこのように複数回の遷転をひとつの「遷」や「転」の語で表すことはよくある。ただし大幅な昇進幅のケースがないわけではないので、③は同一時の就任であった可能性も残る。次いで④の従四上の司徒諮議は正四の通直常侍より下位にあるため、正三の前将軍を加えられたと考えるべきであろう。[24] 以上は（正七上→正六上）→従五上→（従四→正四）と、順調な昇進である。

ところが⑤では司徒諮議はもとのままで光禄大夫に除せられているが、諮議のみ「如故」とあって将軍号の記載がない。将軍号がないとすれば、光禄大夫は同じ正三でも前将軍より下位にあるから格下げとなる。この場合、墓誌が「旬日」とわざわざ断っているように、④の直後の措置であることを考慮すれば、修正措置が加えられたという想定が可能である。将軍号が省かれていたので、⑧で前将軍と同格の左将軍をあらためて与えられることになる。だが前将軍が維持されていたという可能性もある。⑪のように将軍号・光禄大夫・実務の官職が同時に与えられることはよくあり、⑤もそれと同様の措置であって、将軍号は維持されたままであるから、書かなかったという説明となる。どちらも成立するであろうが、前将軍をなぜ奪われたかの説明が難しいので、後者の可能性を採りたいところである。

次に⑧左将軍・幽州刺史を経て⑨秘書監となり、度支尚書を兼任し、⑩正規の度支尚書となった。ここでは将軍号

が記載されていない。官品表では下位から光禄大夫―左将軍―秘書監―四平将軍―尚書の順であるから将軍号を帯びる必要がなかったのである。だが、次に⑪平南将軍・光禄大夫・給事黄門侍郎となったことは、遷転上では格下げとなる。ただし、その故であろう、ただちに⑫黄門は元のまま鎮軍将軍・金紫光禄大夫となった。修正措置が講ぜられたと考えられるのである。

王誦の場合、一一度に及ぶ遷転機会のうち、一度（或いは二度）官僚としての地位の下落という局面が生じているが、修復の措置が早くに講ぜられている。格下げの人事の事例はほかにもあるので、表1に載せた人物の事例からそれを見ておこう。全体の遷転ではなく、該当部分のみを示す。元延明は左将軍（正三）・徐州刺史から右将軍（正三）・雍州刺史を拝したが、久しく地方官であったということで「不之部」つまり赴任せず、「留拝廷尉卿、将軍故の如し」という扱いとなった。そして次に前将軍・給事黄門侍郎（正四上）に転じている。官品表の正三では前後左右将軍より廷尉卿が上位に置かれているから、将軍号の方が下位にある。この場合、赴任を拒否したので廷尉卿に遷すが、敢えて将軍号を元のままにしたと考えることもできるが、廷尉卿は廷尉少卿（正四上）であった可能性が考えられる。廷尉就任は伝にはなく、墓誌では少卿を卿と記すことが少なくないからである。(25) 将軍号は変わらないが、実務の官職を低くする措置が執られたことになるが、次に転じた黄門侍郎は、官品表では同じ官品ながら廷尉少卿より上位に配置されている。将軍号は前将軍のままで職事の官を上昇させたとする理解は十分に成立しよう。

李憲は太子中庶子（正四上）から尚書左丞（従四上）に遷ったが、これでは左遷となるから固辞した。よって驍騎（正四上）を与えることで左丞就任を実現させようとしたが、驍騎も太子中庶子より下位にある。あらためて中庶子より上位の吏部郎（正四上）を長兼の扱いで与えるという措置を李憲は受け入れている。(26)

これに類似すると思われる事例を表1以外を含めて検討しておこう。韋彧は大将軍従事中郎から散騎侍郎に遷ったが、同じ正五上でも散騎侍郎は下位に置かれている。そのためであろう、正三の太常卿を兼任で与えられた。乞伏宝は南中郎将から武衛将軍に遷ったが、同じ従三でも下位に位置する。その故にであろう、近衛の武官として上位の左衛将軍（正三）を兼任で与えられた。これらは上位の官品を兼任で与えてバランスを取ったと考えられる。

もっとも、降格に対しての措置がいつも直ちに取られるわけではないだろう。元項は、「給事黄門侍郎（正四上）・仍（光禄）卿（正三）→平北将軍（正三）・相州刺史（正三）」という経歴をもつが、光禄卿の方が平北より上位にある。しかし次には四安将軍を飛ばして中軍（従二）・大宗正卿（正三）に昇進している。辛祥は并州平北司馬（従五上）から行并州事を挟んで郢州竜驤長史（正六上）・帯義陽太守となったが、次には従四上の始蕃王長史となった。降格があってもその次には補償がなされているとも解しうる。

同様に考えることができるかも知れないのが、李挺の事例である。彼は中書監（従二）・兼吏部尚書から「余任を解除し、正位選曹（＝吏部尚書（正三））」の措置を受け、吏部尚書一職のみを保持した。墓誌のこの記載に従えば、降格となる。ただし次には四鎮将軍を飛ばして衛（正二）・右光禄大夫（正二）に遷っている。もっとも李挺は孝荘帝の外戚中の「望」として尊重され、この段階では実権を握る爾朱栄との関係もよかった。その彼が吏部尚書として人事権を握ることが孝荘帝にとって重要であったからの就任であったとすれば、降格とならない措置が同時に執られた可能性がある。

除名・免官処分は降格措置の重要な根拠であるから、敢えて言及する必要もないであろうが、その扱いについても一瞥しておこう。元継は度支尚書（正三）の時、免官されて平東（正三）で復活したもののなお尚書の下位であったが、次には度支尚書に復帰している。楊椿も撫軍（従二）・定州刺史の時除名処分を受け、のち輔国（従三）・南秦州刺史で復活し、のち岐州刺史を挟んで撫軍・衛尉卿と除名前の位置を回復している。(27)

格下げの遷転に対しては修復措置が執られるという上の説明は少しく強引にすぎたかも知れないが、しかし表１に見える人物のすべての遷転の事例を検討しても、（イ）～（ト）で述べたことに合致しないか、合致しないように見える事例は、上述の少数例にとどまるのである。

おわりに

本章での検討結果は（イ）～（ト）に尽きるが、閻歩克氏が既に明らかにしたことによりながら、それをより深め精密化したものにすぎないとも言える。ただ強調したいのは、官僚としての地位の表示が必要な場合にのみ将軍号が与えられるのであって、特にそれが必要でない場合には将軍号は与えられなかったという本章の理解である。前職に帯びていた将軍号は必要がない場合には取り去られたのである。地位を示すという意味では散官的であるが、それをもたない官僚も多数存在するのであるから、唐代の散官とはあり方が異なる。唐代の散官と同じではないという結論は閻氏と同じだが、根拠が異なるのである。

ところで、筆者が唐代の散官という場合、貞観令以降の散官のあり方を指す。『通典』巻三四文散官に

武徳令、職事高者解散官。欠一階不至者為兼、職事卑者不解散官。貞観十一年改令、以職事高者為守、職事卑者為行。(28)

という記事がある。唐初の武徳令の規定では、職事官の方が高いと散官は解かれ、職事官の方が低いと散官は解かれないとなっている。これは筆者の理解する北魏後期の将軍号のあり方に通じるのではないか。もちろん北魏後期の将軍号のあり方がただちに唐初の散官のあり方につながるわけではないことはこれまでの研究史で明らかであるが、両

者の関係の深さがより鮮明になったとは言えよう。

最後に残された課題について簡単に述べておく。まず、将軍号が官品表に官品として表示され、しかも同一官品内に複数配置されていることを、従来問題となってきた「階」の理解にどうつなげるかという課題がある。(29)筆者が光禄大夫系列の官と将軍号が結びついて与えられる現象に着目した際、「階が将軍号を指しているように思われる」と、将来の検討方向を示しておいた。(30)本章を経て、筆者なりの階に関わる理解を得ることができるのではないかと考えている。また、本章から、官職の遷転の理解には将軍号を含めなければならない、という確信を得た。北魏の官職の遷転過程の再検討が必要であろう。より重要には、岡部毅史氏が示したように、梁陳時代の将軍号がほとんど地方官と結びついていた、(31)つまり中央の文官が将軍号を帯びる事例がきわめて少数に留まっていたという事実、あるいは藤井律之氏が南朝官僚制の昇進過程においてあたかも「分銅」のごとき役割を果たしたとする将軍号の機能(32)が、北魏の将軍号には見られない事実をどう考えるかという、南北における官僚制のあり方の相違に関わる問題がある。また同一州でも刺史の帯びる将軍号には幅があるように、地方長官の将軍号をどう捉えるかという問題もある。(33)唐代の散官の起源という問題以外にもこのような課題があり、本章はそれに迫るための基礎的作業であることを確認して、ひとまず擱筆したい。

註

（1）　閻歩克『品位与職位――秦漢魏晋南北朝官階制度研究――』（中華書局、二〇〇二）、特にその第八章「軍階的演生」。以下、本章で閻歩克氏に言及する場合、この章を指す。引用部分は四一〇頁。

（2）　岡部毅史「梁陳時代における将軍号の性格に関する一考察――唐代散官との関連から」（『集刊東洋学』七九、一九九八）。

(3) 宮崎市定『九品官人法の研究——科挙前史』(東洋史研究会、一九五六)四〇三頁。
(4) 拙稿「北魏の州の等級について」初出一九八八、「北魏における〝光禄大夫〟」初出一九九二、いずれも『魏晋南北朝官僚制研究』(汲古書院、二〇〇三)所収。
(5) 前註(1)所掲書四六九頁。括弧は原文に従う。
(6) 以上の二文は同上書四四一頁。
(7) 註(1)所掲書の第九章「西魏北周軍号散官双授考」。
(8) 拙稿「正史と墓誌——北魏墓誌の官歴記載を中心に」(平成一八—二〇年度科学研究費補助金成果報告書・伊藤敏雄編『魏晋南北朝史と石刻史料研究の新展開——魏晋南北朝史像の再構築に向けて』二〇〇九)。その前半部は本書第Ⅱ部第1章として収めたが、後半部は大幅に改稿して第3章としている。
(9) 双授制の対象となる官職については前註(1)所掲書五二〇~五二一頁の表によった。なお将軍号と散官的官職のみを与えられる場合と、他の文官職に加えて将軍号・散官的官職が与えられる場合とがあるが、後者も双授制の中に含めておく。
(10) 藤井律之『魏晋南朝の遷官制度』(京都大学学術出版会、二〇一三)序章第三節の定義に従い、梁の天監官制改革後も十八班制に残り続け、『南斉書』百官志が西省と呼ぶ将軍・校尉などを内号将軍、十八班制から独立して独自の序列を形成した将軍を外号将軍とする。この内号、外号それぞれに含まれる将軍号の区別は、北朝でもほぼ当てはまる。
(11) 表1に掲げる人物の列伝と墓誌の所在を記す。墓誌は『校注』(本註では校一字で示す)で所在を記し、同書に含まれない墓誌は略称を記す。数字は頁数(『校注』は巻数と頁数)。数字のみは『魏書』の巻数である。
元爽(一六、校七—六八)、邢偉(六五、校四—一七四)、崔鴻(六七、校六—三〇)、李騫(三六、『梶山』)、楊機(七七、校七—一三二)、宇文善(四四、『聖殿』七四)、元顕魏(一九下、校五—三三九)、元讞(二一上、校六—一九六)、元昭(一五、校五—二五三)、楊元譲(五八、『安豊』三四五)、元遼(一六、校六—二六一)、王翊(六三、校六—二五八)、崔敬邕(五七、校四—三六一)、元略(一九下、校六—二〇五)、元譚(二一上、校六—一七七)、元欽(一九上、校六—二三八)、楊昱(五八、校七—七)、楊仲宣(五八、校七—一二)、宇文測(『周書』二七、『秦晋』四二)、元誘

（一九下、校五―三五四）、賈思伯（七二、校五―三七〇）、楊鈞（五八、校六―二三三）、王誦（六三、校六―二一五）、元延明（二〇、校六―三七二）、楊倹（五八、『千唐』四四二）、元誕（二一上、校七―一六三）、元融（一九下、校六―九四）、元淵（一八、『秦晋』二九）、元謐（二一上、校五―二四四）、元寿安（一九上、校六―四二）、元顥（二一上、校六―三八〇）、元煕（一九下、校五―三五一）、元恭（一九下、校六―三九九）、楊椿（五八、『研究』）、侯剛（九三、校六―三三六）、穆紹（二七、校六―三三九）、邢巒（六五、『河北』二一一）、李憲（三六、校七―二一七）、楊津（五八、『集刊』）、楊侃（五八、校七―一六）、元頊（二一上、校六―三七七）、元順（一九中、校六―一六四）、封延之（三二、校七―二八一）、高猛（八三下、校五―二二九）、元暉（一五、校五―四六）、元子正（二一下、校六―二二五）、穆亮（二七、校三―三五七）

(12) 正三品の侍中は加官として用いられることが多いが、正官のケースもあり、判別が困難であるので、ひとまず表1には記載しておく。

(13) 註（11）の記載方式を踏襲する。

(14) 起家官のほとんどが将軍号をもたないことについては後述する。

(15) このことに関しては、既に陶新華『北魏孝文帝以後北朝官僚管理制度研究』（巴蜀書社、二〇〇四）一二五～一二六頁に指摘がある。本章では網羅的に検証した結果を述べた。

(16) そもそも正一品には外号将軍は配置されていない。

(17) 墓誌は校七―一に載せられるが、最終官しか官歴を記さない。故に表1では省いた。

(18) 前註（8）所掲の拙稿で王翊を扱った際の記述を修正する。後述の王誦も同じ。

(19) 王翊墓誌には「除襄威将軍、補司空主簿」と記載される。この書き方では、同時の任官、つまり従六上の襄威将軍で正六上の司空主簿に補せられたとも受け取れるのであり、とすれば将軍号の方が低いことになる。その可能性はあるが、まず襄威に任じられ、次に司空主簿に補せられた、つまり前後の関係と捉えたい。彼は秘書郎（正七）から員外散騎侍郎（正七上）に転じ、次いで上に引いた襄威以下の記述となっている。そして「追申起家之屈、遷為従事中郎、特除中書侍郎、加鎮遠之号」の一文が続く。起家からの官職が低すぎたので修正して昇進させたというのである。正七→正七上→従六上→正六上という昇進が問題となったのであり、故に修正して正五の司空従事中郎としたと解することができよう。それでも修正幅が小さいので、特別に従四上の中書侍郎に遷し、正四上の鎮遠将軍を加えたのであるが、ここではこれ以上の言及は避けよう。以上のように解釈することが自然であると考え、表1にも加えなかった。

(20) 稀な事例の一つかと思われるのが、表2の宋季儒の「起家太学博士・明威将軍」である。ただし、太学博士→明威という遷転であった可能性がある。なお孝昌年間以後には正七上の威烈（『安豊』二〇六郭欽、『秦晋』七七任恭）や正七の討寇（『安豊』一八二何琛）といった将軍号を加えられた奉朝請起家の人物の事例が増える。北朝末に顕著に見られるようになる双授制の一環と見なしうる。

(21) 本章では中央の文官に限定して論を進めたが、地方長官の軍府に所属する府官は、将軍号をもつ者、もたない者が混在する。例えば永平三年（五一〇）の南石窟寺碑（『校注』四―一四〇）を参照。

(22) 前節で取り上げた元暐の場合、「喉脣」たる黄門を「謙撝」して就任した散騎常侍は加官ではない。

(23) 複数の将軍号が同一官品内に配置されていることについては、既に註（1）所掲の閻歩克氏著書が述べていて、文官の官階とは別に軍級が存在していたと説明している。

(24) 伝では前軍将軍（従四上）とあるが、同じ官品でも司徒諮議より下位にあるので、加える意味が不明となる。前将軍の誤りであろう。

(25) 例えば表1に載せる元譚の場合、伝の太僕・宗正少卿を墓誌では太僕卿、大宗正卿と記す。

(26) 墓誌には長兼の文字はないが伝に従う。

(27) 除名や免官のあと直ちに元の地位に復活する事例もあるが、それは通常の遷転に含めておく。

(28) 『旧唐書』職官志一はほぼ同文の後に「仍各帯散位」という句を付している。

(29) 階については、註（1）所掲閻歩克氏著書のほか、岡部毅史「北魏の〝階〟の再検討」（『集刊東洋学』八三、二〇〇〇）、同「魏晋南北朝の官制における〝階〟と〝資〟――〝品〟との関係を中心に」（『古代文化』五四―八、二〇〇二）等の研究がある。

(30) 註（4）前掲「北魏における〝光禄大夫〟」。

(31) 岡部氏註（2）前掲論文。

(32) 藤井氏註（10）所掲書、第二・三章。

(33) 地方官の帯びる将軍号については別個の検討が必要である。

補記　本章は平成二五年度科学研究費補助金（基盤研究（A）「石刻史料批判による魏晋南北朝史の基本問題の再検討」）による研究成果の一部であり、平成二五年一二月に高知大学で行われた第三〇回四国東洋学研究者会議における報告に加筆訂正を加えた。なお、本章作成の過程で岡部毅史氏の教示を得た。記して謝意を表する。

第3章　北魏後期の官僚の遷転

はじめに

第2章において、宣武帝以降の北魏における将軍号に関して以下の諸点を明らかにした。
・通常の官僚の異動の場合は、上位の官品、同一官品であれば上位に置かれる官職、に遷る。
・同一官品の官職への異動の場合は、他の官職を同時に与えることにより、昇進という形を確保する。将軍号がその役割を担うことが多い。(1)
・官品が下位、同一官品であれば下位に置かれる官職への就任の場合、他の官職を同時に与えることにより、下落を回避するか、昇進の扱いとすることができる。将軍号がその役割を担うことが多い。
・同一官品内に単独、もしくはグループをなす将軍号がそれぞれ別の位置に配置されているのは、同一官品内での昇進を示す目的による。
・遷転した後の官職が、将軍号を含む前職より上位にあれば、将軍号は不要である。従って将軍号はもたない。
・遷転後にも遷転前の将軍号を維持する場合、「将軍如故」「本将軍」と明記されることが多いが、書かれないこともある。
・将軍号は軍勲によって得られるが、遷転の必要上与えられることもある。

そしてこの結果を用いる宣武帝以後の官僚の遷転過程の再検討が必要であると述べた。筆者は北魏後期の官僚の遷転過程を検討したことがあったが[2]、その段階では将軍号の理解に不十分な点があったからである。またその執筆段階と較べると、現在は利用できる墓誌の数が増加している。よってあらためて官僚の遷転過程を検討したい。

対象とする時期を宣武帝初年からと限定するのは、太和前令と太和後令では同一官職でも官品に相違があるからである。また孝文帝末年には宣武帝以降の遷転と同じような事例を見出すことができるのは確かであるが、列伝などでは太和という二三年に及ぶ期間のどの時期に当たるかを判断することはなかなかに困難である。よって比較的判断がつきやすい宣武帝期以降とする。事例数はかなり多く、検討には十分であると考える。

北魏末まで、としたのは、東西魏以降には、都督や侍衛武官などに就任する事例が多くなり、北魏後期とは異なる状況が生まれるからであり、また将軍号が乱発され、将軍号と実務の官職との乖離が大きくなるからである。そのような状況は北魏末の内乱の時期には既に見られるようになってきているが、まだ従来の遷転の理解で検討しうる事例の方が多い。

孝文帝の改革後、北魏の官僚制度の整備が進み、東魏・北斉の制度を経て、隋唐の官僚制度に影響を与える。その北魏の官僚制度をより精密に解明することは、より正確に隋唐時代の制度を理解することにつながろう。本章は、遷転がどう行われたかという、きわめて限定されたテーマの検討を行うが、それはこの時期の官僚制度の実態の解明の基礎とも言うべき作業である。また、北魏後期における遷転のあり方の解明は、北朝ひいては隋唐の貴族制の理解にも関わってこよう。

一　遷転表の提示

列伝の官歴にせよ、墓誌の官歴にせよ、官歴のすべてを網羅しているわけでは必ずしもない。[3] しかし、両者を接合させることにより、すべての官歴ではないかも知れないが、より確度の高い官歴を知ることができるであろう。宣武帝以降北魏末までの遷転が墓誌と列伝の双方に複数回にわたり記載のある事例を取り出して、それを本章末に「宣武帝以降の北魏官僚の遷転過程一覧」として掲げる。[4][5] 複数回としたのは、一度の就任では遷転とは言い難いからである。墓誌と列伝の食い違いなど、どのように処理するべきか難しい判断を求められる箇所が少なくないが、それらは一つ一つについて注記しておいた。そのすべてが正しい判断であるかどうかには問題が残るにせよ、多数の事例から導かれた結果は一定の方向性を示すであろう。

各人の遷転過程一覧に基づき、就任した官職の官品ごとに、就任した回数を次頁以下に表1として示すことにする。その作成手続きは以下の通りである。

・将軍号と実務の官職など同時期に複数の官職をもつ場合には、高い方の官品の項に記載する。ただし兼任の官職の場合は、たとえそちらの官品が高くても採用しない。単独で「長兼某官」とある場合はこの限りではない。「仮」字の付く将軍号は数えない。

・使者として派遣された場合に帯びる官職（例えば散騎常侍など）も、通常の遷転とは異なる臨時性のものであるので、採用しない。

・宣武帝以前にも官歴がある場合は矢印（↓）でそのことを示す。東西魏に官歴がある場合は、その王朝名のみ

表1　官職就任回数表

番号	姓名	従7	正7	従6	正6	従5	正5	従4	正4	従3	正3	従2	正2		備考
1	元鸞								王	↓	2				
2	元詮							王	↓	1	3	1			四平3
3	元彦						王	↓	1	1					
4	元萇							↓	1	4	3				従3のうち輔国・征虜各1
5	元遙									↓	3	1	3		四征大2
6	元暉					↓	1	1	1	1	2	2	2		
7	元譓				1										転じた直閤将軍は官品不明
8	元昭					↓	1	1	2	1	1	4	1		正4品は上下各1、従2品は撫軍3
9	元子直						1	1	2	2					正4品は上下各1、従3品は冠軍2
10	元顕魏		1			1	1								
11	元熙		1	1			王		2		4				正3品のうち四安3
12	元誘		1	稍遷		1	1		1	1	1				
13	元懌									王		2	1		
14	元乂		1			1				1	1	1	1		
15	元寿安						↓	1	1	1	☆5	2	1		☆で1官（行州事）、正3のうち前後左右2
16	元融					↓	王		1	☆1	4	1	5		☆で2官（仮征虜）、正3のうち四平2、正2のうち四征3
17	元淵			1		1		1	1	2	3	4	4		正4の前に王爵、従3は冠軍と征虜、従2は四鎮4、正2のうち衛2
18	元順			1		超転		1	1		4	3	1		正3のうち四安3、従2のうち護軍2
19	元瞻								↓	2	3	2			従3は竜驤と征虜、正3のうち四平2、従2のうち撫軍2
20	元譚				1		〔2官〕		1	4	4				従3のうち冠軍3（別に仮左1）、征虜1、正3のうち四平、四安各2、仮四安1
21	元端						1		2	1	2	2			正3は四安2、従2は撫軍・鎮軍
22	元讞				2	1		1		1	1				正6は上下各1
23	元略		1	稍遷	1				1	2	1				従3は冠軍2、正3の前に亡命、帰国、封王

番号	姓名	従7	正7	従6	正6	従5	正5	従4	正4	従3	正3	従2	正2		備考
24	元湛		1	1	1			2			3				正3のうち前将軍2
25	元廞		1	☆ 1	☆		1			1					☆に1官を挟む（官品不明）
26	元子正						1	1	1		王				
27	元欽							↓	1	2	3	2	1		
28	元遵			↓	1				1	1	2				
29	元継								↓	1	2 ☆ 2	1	1		正3の時免官により四平と尚書を繰り返す（実質2）
30	元天穆		1				1			1	1		王		
31	元延明							王		3	7	1	6		正3のうち前後左右4、正2のうち衛大将軍4
32	元頊					1	1	1		1	3	2	☆ 3		光禄卿2、中軍2、車騎3。車騎の間に封王
33	元恭			1	1			1		1	2	2			
34	元粛		2	1	〔2官〕		王			1	1		1		
35	元爽		2			1		1			1		2		正7は上下、但し上↓下
36	元誕					1		1		☆ 2	1		2		従3の竜驤と征虜の間で封王
37	元鷙			↓		〔2官〕		1		1	1	3	3		散騎常侍は数えず、従2は撫軍2、正2は四征2
38	元均						↓	1		3	1				従3は冠軍2と征虜
41	寇猛					↓	1	歴転		1					
42	司馬悦							↓	1	2					従3のうち征虜2
43	楊播									↓	4				正3のうち四安3
44	王紹					1	1	1							
45	羊祉						↓	2		3	☆ 2				従4は左軍2、従3は竜驤2、征虜。☆で免官
46	崔敬邕						↓	1		3					従3は竜驤2・征虜
47	辛祥			↓	★	1	☆	1							★はマイナスの遷転。☆は2官（行州事）
48	司馬昞	1	2	1	1			1	1 ?						正7の1は推定。推定通りだと上下の関係

49	劉道斌			↓	1			2	☆		3				従4は広武と広威、☆に郡太守、正3は右将軍3
50	李遵	↓	1	☆		1		2	1						従4は中塁2、☆で2官（州官）
51	賈思伯								↓	7	8				従3は輔国5・征虜2、正3は左右4、四安4
52	崔鴻	↓	1	1	1	☆①	1	1	2		3				☆で1官（官品不明）、正4は上下、正3は前将軍3
53	侯剛				↓	1			2	1	3	1	5		正3で右衛2、正2は衛3・車騎2
54	于景	1	1				1	2		2					従4は寧朔2
55	寇治				↓	1	1	2	1	3	2	1			従4は上下、従3は竜驤と征虜各1、正3は前将軍2
56	楊鈞						↓	2	☆1	3	3	2			☆で太守、中塁2、竜驤2と征虜1、四安2、撫軍2
57	韋彧			1	〔2官〕		4	1	1	2					正5は下↓上が1、正5上の内の1は格下げ、従3は征虜2
58	宇文延	1	☆①					2	☆						☆に各1官（武官）、従4は建威2
59	宇文善	↓1	1	1	1		1	1		1	2				正3は後将軍2
60	辛穆			↓	1		☆		1	3					☆に1官、従3は竜驤2と征虜
61	王誦		1		1	1		1	1		8	1			正3は前後左右5
62	源延伯		1			1				2					従3は竜驤と仮冠軍
63	楊暐	↓	1	1			1?	1	☆	1	1				☆で1官（官品不明）を履歴
64	王翊		2	1	1		1		2		5	1			正7は上下。正4は鎮遠2、正3のうち四平3
65	爾朱紹							1				3			従2は撫軍3
66	穆紹							↓	1	1	1	2	6		正2のうち衛5
67	楊椿						↓	1		1+2	3	2☆2	3		正3・従2は四安・撫軍各2、☆で除名後輔国・撫軍、衛各2
68	楊津					↓	1	1	1	1	8	3	4		正3のうち右2、四平5、従2で撫鎮軍3、正2で衛・車騎各2
69	楊昱	↓2	1		1	1	1			5	1	3	2		従3は征虜5、従2は撫軍2

70	楊侃			2	1				2	2	2	1	2		正4は鎮遠2、従3は冠軍2、正3は右将軍2
71	楊遁		1	累遷	1			1			2		1		
72	楊逸		1				2		2		2				正5は寧遠2、正3は四平2
73	楊仲宣	1	1		1	2			1	2	2		1		従5は上下。従3は征虜2
74	楊謐	1					1					1	1		
75	乞伏保		↓	1		1	1	☆	2	2	3	1			☆は軍官2、正4は顕武2、正3は四平3
76	楊機	↓1	1	1		6			4		8		2		従5上は伏波4・陵江2、正4は鎮遠4、正3は左2、四安5、正2は衛2
77	傅豎眼						↓	2	1	3	3	2			従3は冠軍1と征虜2
78	封延之		1	2		☆		2			1	1	2		従4は中堅2
79	李挺	1	1				1		2		2+1	3	☆1		従2のうち鎮軍2。☆の段階で降格（3品の＋1）
80	李憲					↓		△	1+2	1?	1?+3	2	2		正4↓従4（固辞、△印）↓正4、正3で除名あり、正2で四征2
81	宇文測	1				1		〔2官〕		1		西魏			2官は州官と府官
82	楊倹	1	1						3		1☆2		2	西魏	正4は上下。正3のうち左2。☆で免官
83	李彬		1					2		1	2	1	2	東魏	正3は衛尉2
84	李騫			1		1				1	2	東魏			正3は左2
85	薛脩義	↓	1			〔軍指揮官〕				2	2	東魏			従3の時反乱、降伏あるも旧号を維持、正3は前後左右2

を記す。

・当該時期においては八品以下の就任事例はないので、従七品以上を掲載する。正四品以下の場合は上下階の区分があるが、表示しない。各官品の上下階双方に就任した場合は備考欄でそれを示す。

・正従一品への就任数は表示しない。正一品に将軍号が配置されていないこと、従一品将軍を帯びながら正一品の官職に就任するなど、将軍号は同時に就いた官職の官品より上位にあるという第2章で得た理解に該当しないことがあるからである。

・網掛けを施した官品はそれより上位の官職への就任がなかったことを示す。正二品の次の欄に網掛けのない事例は、一品への昇進があったことを示す。

・遷転を示す語のあるごとに一回と認定するが、その語がなくても遷転と判断できるものは回数に加える。備考欄に同じ将軍号や官職のもとに他の官職を帯びた回数を記す。

・官品が不明の官職就任の事例は、前後の官職の間の欄に☆もしくは〔　〕で示す。なお、官品が不明の場合でも、前後の就官から推測可能な場合はこの限りではない。☆はまた除名や封王のあった時期を示すことにも用いる。

・「稍遷」など就任官職の省略の可能性を示す語があれば、前後の官職の間に記載する。

・表1の前半には元氏、後半にはそれ以外の諸氏を記載する。記載順はおおむね没年順（没年不明の場合は葬年）による。元氏が38まで、元氏以外は41以降とし、容易に弁別できるようにした。

二　正四品以下と従三品以上の遷転に見られる相違

表1を一見すれば明らかなように、正四品以下と従三品以上では同一官品内に属する官職に就任する回数に相違がある。このことを確認しておこう。

従七は一一例中一〇例までが一度の就任だけにとどまる。残る一例は同一官品の下位から上位に遷ったものである。(6)

正七は二五例が一度だけの就任にとどまり、四例が二度就任しているが、48と64は正七↓正七上と上階に昇進している。34はともに正三品将軍の録事参軍であるから、官品は同じである。ただ、府主の将軍号が四平、四安と異なり、後に就いた四安の方が上位であるから、その録事参軍の方が格上という認識はあったかも知れない。35は正七上↓正七という遷転で不可解である。伝は、墓誌では二度目の就官とされる正七の秘書郎を起家官としている。何らかの特別な事情があったのかも知れない。ともあれ、この事例は例外扱いとしてよいであろう。なお、58は禁衛武官の直後を経て正七の員外侍郎に異動している。直後の官品が不明であるので、従七、正七いずれの欄を二（度）とすべきか判断ができないので、この就任については検討対象から除外し、上位の正七の欄に☆印を記し、員外侍郎への就任を丸数字で表す。以下、上下の官品の差が一以内で官品不明の官職に就任した場合の扱いはこれに準ずる。

従六は一五例が一度にとどまる。78が二度であるが、大将軍の田曹参軍から長流参軍への横滑りで、同一官職扱いに含めてもよいような事例である。70は同一官品ながら、その官品内では上位への異動である。このほか25は従六上の前に騎兵参軍を経ているが、府主の地位が不明であり、官品を判断できないので、この事例は集計からは除外する。

正6は一六例までが一度にとどまる。7は次に遷った官職の官品が不明であるので数えない。残る22は上階への遷転であり、昇進である。47は従五上からのマイナスの遷転であるが、正六に一度就任したことは間違いない。

従五は一九例が一度にとどまる。（☆を付した52はこの前に官品不明の官職に就いているので集計からは除外する。）二度の就任である73は従五↓従五上という上階への異動であるが、76は伏波将軍の時に四度、同格の陵江将軍の時に二度、すべて異なる実務の官職に遷るという、珍しい事例である。

正五は二二例が一度にとどまるが、うち10はそれ以上の昇進がなくて終わっているので、集計からは除外すべきだろう。他方、63の相国従事中郎は官品表に見えないのでひとまず集計から除外しておくが、相国が二大二公に準ずるとすればその従事中郎は正五となる。複数の就任は二例ある。72は給事中から正員郎に遷ったのであるが、正員郎は給事中に加えられていた寧遠より下位にある。それを「不受」つまり拒否したのであるが、父の楊津が定州で葛栄に包囲されていることを朝廷に訴えて爾朱栄派遣に結びつけたことによる授官であり、褒賞の意味があるのだから、下位への遷転とは考えにくい。正員郎の時には寧遠を維持していたと考えられる。次に57であるが、司空従事中郎から司徒従事中郎へは上階への遷転で昇進であり、これは他の官品でも見られることである。しかし司徒従事中郎と次に遷った大将軍従事中郎は官品表では同格である。強いて言えば、大将軍が司徒より上位であるからこれも昇格という認識はあったのかも知れない。ともあれ、正五上という同じ官品の実務の官職に三度も就任するのは、このレベルでは珍しい。また、次の散騎侍郎は官品表では司徒従事中郎より下位に置かれていて、格下げとなる。異例づくめの事例である。

従四では二七例が一度にとどまるが、うち44と47はそれ以上の昇進がなくて終わっているので、集計からは除外すると、二五例となる。49は一見すると同格であるが、広武将軍と広威将軍は「広」字を共有するが、両将軍の軍級は異なる。昇進である。それ以外のケースについて見ると、55は上階への昇進であり、24・83も同一官品ながら後に就いた官職の方が上位にある。これに対して、45・50・54・56・58・78はいずれも同一の将軍号を保持しつつ別の官職に就いた事例である。77は行州事への就任で、将軍号を維持していた可能性が高い。

正四は二四例が一度にとどまるが、うち48（清河郡は上郡であろうからその太守は正四に数えてよいであろう）と50はそれ以上の昇進がなくて終わっている。また64はもとの官職を帯びたままで王友となったもので、むしろ一度の就任に含めるべきであろうから、差し引き二三例と考えてよいだろう。このほかは8・9・52・82が上階への昇進。もっとも、82はその後正四上の枠内であるものの下位に遷る。また21・53・72・79は同一官品であるが、上位への昇格となっている。70・75・76は同じ将軍号を保持したままでの実務の官職の異動であるが、このうち76は四度にのぼる。しかも従五の時にも同一の将軍号で複数の官職に就いていたという珍しい事例である。56は官品を確定できない官職を経ているので、集計数から除外する。(7) 11は同一官品ながら官品表では後に遷った黄門侍郎の方が下位に置かれている。80は正四から従四上への異動を固辞し、その結果正四の官職を与えられた事例であり、判断が難しいが、事情を勘案して二度の同一官品の官職就任の事例として扱う。(8)

以上をまとめておこう。正従五品以下の遷転においては、一つの官品に属する官職を一度の就任でクリアする事例が八九・一%を占め、下階から上階及び同一官品内の上位への昇進を含めると、九四・一%となる。遷転の機会には上位の官品（上の階を含む）を得るのが原則であったと言ってよく、それ以外のケースはごく僅かで、例外と見てよい。従四の場合は、一度で官品をクリアする事例が六九・四%と低下し、正四となると、一度で官品をクリアする事例が六三・九%とさらに低下するが、それでも約三分の二が一度で正四および従四を突破している。なお、同一官品の上階への異動を含めると、従四で七二・二、正四で七五・〇%となり、同一官品内の上位への昇進を含めると従四・正四ともに八割を超える。これに対して従前の将軍号を維持したままで別の実務の官職に異動するなど、同一官品に留まる事例が増えてくるものの、正従四品ではなお一度でそれを突破するのが通常のあり方であったとすると言いすぎかも知れないが、それに近い状況であったことは否めない。

これに対して従三品以上の場合は、同一官品内の異動が目立つ。従三を一度で通過する事例は二三例（一度の従三就任で死去した3、25、41と、長兼の扱いが難しい80、☆を含む16の事例は除く）であるのに対して、二度以上従三の官職に就く事例が二六例（除名の前後での同一官品就任を含む67を除く）と拮抗してくる。正三の場合になると、一度での通過が一一例（一度の正三就任で死去した12、22、38、63の四例を除く）であるのに対して、二度以上正三に就任した事例は四六例と、四倍強である。従二になると一〇（一度の従二就任で死去した2、55、61、64、75の五例を除く）対二一、正二で七（一度の正二就任で死去した8、18、71、73、74の五例を除く）対二〇と比率は減少するが、なお二度以上の就任がはるかに上回る。従三以上の遷転のあり方がそれ以下とは異なっていることは明らかである。

三　正四品以下の遷転における上昇幅

表1を見れば、正四品以下でもすべての官品を経由して遷転するわけではないことがわかる。それは上昇幅を反映するのであろう。ではどのような上昇幅であったのか。

一回ごとの遷転の官品差を示す表を作成することとし、煩雑になるが、表1に付した番号を用いてひとつひとつの遷転がどの官品差にあたるかが判明するようにする。本節では正四品以下の遷転を扱い、表2とする。官品差〇の場合は、同一官品内の下階から上階への遷転を「下→上」、同一官品同一階ではあるが、官品表でより上位に置かれる官職への遷転を「上昇」、その反対のケースを「下落」、それ以外を「同格」で示す。

官品差一が最多で四〇・四%を占めている。四割が直上の官品に異動しているわけである。ただし上の官品への遷転が基本であるものの、遷転のたびに必ずしも常に官品が上がるわけではない。同じ官品でも下階と上階が区別されていたのであれば、上階への異動は明らかに昇進である。同じ官品で上下階も同じであっても、官品表の下位への異動がほとんどなく、上位への異動がかなり見られることは、それも地位の上昇のひとつであると認識されていたからであろう。これらも幅は大きくはなかったにせよ、上位への異動であると考えてよいであろう。また、将軍号が同じままで異なる官職へ異動する、あるいは同一の府主のもとで異なる曹の参軍事に転じるなどのことは日常的にありう

表2　遷転における上昇幅——正4品以下

官品差		事　　例	事例数
マイナス		47,80	2
0	下　落	35,57,82	3
	同　格	34,45,50,54,56,57,58,64,70,72,75,76,76,76,76,76,76,76,76,77,78,78	22
	上　昇	21,24,49,53,69,70,72,79,83	9
	下→上	8,9,22,48,52,55,57,64,73,82	10
1		6,6,8,8,9,9,10,11,12,15,17,18,22,24,24,26,26,32,32,33,34,44,44,48,48,48,50,52,52,52,52,52,54,54,55,55,55,57,57,59,59,59,59,61,61,63,64,64,68,68,69,69,69,70,73,73,75,76,76,77,78,79,82	63
2		12,17,17,21,22,22,35,36,50,59,61,61,64,64,69,72,73,75,76,79,84	21
3		10,14,24,25,33,35,48,49,53,62,71,73,76	13
4		23,28,30,54,70,72,79,81	8
5		11,58,74,83	4
6		82	1

るのであり、とすれば、官品差一と官品差〇（下落のケースを除く）を遷転の基本であったと想定することは可能であろう。併せると六六・七％に達する。

しかし、官品差二以上の遷転の事例も三割ほどあったことを表2は示している。64の場合、墓誌は

> 解褐為秘書郎中……俄転員外散騎侍郎、又除襄威将軍、補司空主簿。追申起家之屈、遷為従事中郎、特除中書侍郎、加鎮遠之号、又為清河王友、余官如故。

と記す。正七↓正七上↓従六上↓正六上と官品差一の範囲内で昇進した段階で「起家之屈」つまり、起家官が低すぎたという理由で正五の官を授けられている。従五を跳び越した、つまり官品差二の遷転であった[9]。また次に就任した中書侍郎は従四上であるが、加えられた鎮遠は正四であるから、官品差はやはり二となり、これは「特除」とされている。このように何らかの理由があれば官品差は一ではなく、それ以上になったのである。官品差二は全体の一三・五％であり、官品差三は八・三％。

官品差が四以上の事例を見てみると、官品差四の70は

雍州で反乱を起こした蕭宝夤に対処するための任命であり、それは叔父楊椿が前の雍州刺史、かつ長安のすぐ東方の弘農華陰を郷里とすることに重きが置かれた故であろう。孝明帝期から孝荘帝期にかけて弘農楊氏、特に楊播兄弟とその子たちは大きな政治的役割を果たす(10)。それを反映してであろうが、この時期彼らの官職の上昇幅は大きくなる。72・74はその弘農楊氏の一員である。28は墓誌によれば太和二一年（四九七）と計算される起家で、正三の安西を得るまでの二六年間で三官が記載されているだけであり、記載漏れが考えられてよいだろう。30の元天穆も爾朱栄の腹心として并州刺史となるまでの経歴が起家官を含めて二官しか記録されず、永安三年（五三〇）四二歳の死去ということから考えると、記録の脱落の可能性が高い。11は従六の給事中のあとに王を襲爵した。王は従四品以上の官に就くのが通例である。よって正四上の太常少卿となった。これは王である故の特例であるが、伝によると「累遷」の語が用いられており、襲爵以前に別官に就任していた可能性もある。

正光四年（五二三）に六鎮の乱が勃発したあと北魏の政治社会は混乱し、軍功に対する褒賞が多く、また一律に「階」を与える措置が何度も執られた。さらに建義元年（五二八）の河陰の変で大量の官僚が命を落としたことにより、その後を埋めるための人事が行われる必要があった。この時期には、このような事情による大幅な官品上昇が見られるようになる。62は孝昌三年に二四歳で戦死したが、一七歳で起家しているから、それは正光元年となる。81は正光中の起家、78は永安三年（五三〇）に従四上の中堅将軍となっている。熙平元年（五一六）に正七上の員外郎であった58が従四の官に就いたのは孝昌年間（五二五～五二七）であったし、弘農楊氏ではあるが、楊播の系統ではない82が正四の官を得たのは建義元年であった。83が従四の官を得たのも孝荘帝即位（五二八年）の直前である。これらはこの時期特有の事情による大幅な上昇を得た可能性が考えられるのである。

さらに23は「稍遷」等の語によって省略した官職の存在の可能性が考えられ、79のみ現在のところ大幅な官品上昇の理由の説明が見つからないが、官品差四以上は、やはりそれなりの理由があったのではないか。

官品差三の事例の中にも、特別の理由が判明する事例がある。14は孝明帝期、霊太后の妹を妻にしていた関係で立身が早かった。33が正光三年（五二二）の起家であるように、大幅な官品上昇に遭遇している可能性のある事例は他にもあろう。

このように見てくれば、安定している時期においては、官品差一の遷転が基本であり、補正などの事情によって官品差が二となることもあったが、官品差三以上は特別な事情を背後にもっていたと考えてよいのではないか。

マイナスの遷転の事例についてもふれておく。80は正四上の太子中庶子から従四上の尚書左丞に遷った。これは明白な左遷となるからであろう、固辞されて中庶子より上位の驍騎を与えることで左丞就任を実現させようとしたが、驍騎は太子中庶子より下位にある。よって中庶子より上位の吏部郎を長兼させることでバランスをとったのであろう(11)。47は并州平北司馬（従五上）から行并州事を挟んで郢州竜驤長史（正六上）・帯義陽太守となったが、次には行郢州事を挟んで従四上の始蕃王長史となった。降格があってもその次には補償がなされているとも解しうる。マイナスとなる遷転の場合、このような後処理が求められたのである。なお同一官品内での下落のケースであるが、35は正七上の員外侍郎から正七の秘書郎に遷った。伝では秘書郎を起家官としているので、何らかの誤りの可能性がある。

ところで、官品差が一であるという場合、正七と従六を例に取れば、正七→従六、正七→従六上、正七上→従六、正七上→従六上という四ケースを含む。同一階の上下の差（「差」と表現）を一とした場合、正七→従六は二、正七→従六上は三、正七上→従六は一、正七上→従六上は二の差となる。ひとつの品の内部は上下で二となるから、一と三はそれぞれ一の幅だけ加減されているわけである。官品差〇のケースで下→上を区別して示したからには、この差は無視できない。よって表2の官品差一と二の場合について、上記の計算による差がいくつであるか、あらためて検討する必要があり、その結果を示すと以下のようになる。

まず官品差一の場合であるが、「差」一が九、「差」二が四二、「差」三が一二となる。それぞれ一四・三％、六六・七％、一九・〇％であり、「差」二が三分の二を占める。しかも、「差」一のうち、9、52、55、73は官品差〇ながら下階→上階という遷転の経歴を別にもつ。つまり二度の遷転によって、通常の「差」二の上昇を達成したと考えることも可能である。「差」一、二と較べると三「差」の事例が61以降、つまり北魏末に多いことも、内乱以前の通常の遷転が「差」二の上昇で行われていたことを裏付けるであろう。官品差二の場合、併せて二一の遷転事例のうち、一八回までが「差」四である。これも遷転が「差」二を基準としていたことを支持するであろう。

要するに、正四品以下においては、官品差で言えば差一、上下階の差を一とした場合で二の幅で上昇するのが遷転の基本で、官品差二の上昇の場合も、上下階の差を一とした場合で四の遷転が通常のあり方であった。

四　従三品以上の遷転における上昇幅

同一官品にとどまる事例が多い従三品以上の昇進はいかなる形で行われたのか。ここで、同一官品内に将軍号グループがそれぞれ別の位置に配置されているのは、同一官品内での昇進を示す目的による、という第2章の指摘を想起したい。正四品以下でもこの指摘は該当するであろうが、正四品以下では、同一官品にとどまる事例がごく少数であったので、将軍号で昇進であることを示す必要はあまり生じなかったはずである。従三品以上では同一官品にとどまる事例が非常に多くなるので、将軍号で昇進を示す必要が生じると考えられる。

『魏書』官氏志所載の太和後令では、正三品に属する官職は、下位から上位へと次のように配置されている。

開国県伯　(銀青) 光禄大夫　前後左右将軍　左右衛将軍　諸王師　秘書監　上州刺史　河南尹　六卿　四平将軍　列曹尚書　侍中　太子詹事　中書令　太子少保　太子少傅　太子少師　三卿　中護軍　中領軍　四安将軍

吏部尚書

前後左右、四平、四安将軍を境にしてこれらの官職群を分けて、ある将軍号からその直上の将軍号への上昇幅を一と仮定してみよう。正四品以下の上下の階に相当する区分として仮定してみるのである。前後左右将軍を例に取れば、四平将軍までは一、四安将軍までは二となる。また直上の将軍号までの間に含まれる官職に就任し、将軍号は帯びなかった場合も一とする。例えば左将軍・某官 (従三品上階以下) から秘書監に転じた場合は一の上昇幅と考えるわけである。侍中に転じたら二、吏部尚書に転じたら四となる。従二品の官職群は「中軍・鎮軍・撫軍」将軍と四鎮将軍、正二品の場合は四征将軍と衛将軍、そして車騎・驃騎将軍が境界となる。(12) ただし、次のことも仮定に加えなければならない。官品の境界を越える場合を一と計算しないということである。従二品の最下位は、下位から「散侯―金紫光禄大夫―中・鎮・撫軍将軍」となっている。正三品の四安将軍から吏部尚書に遷ると幅一の上昇であるが、さらに金紫光禄大夫に遷ってまた幅一の上昇とすると、直上の官、そして直上の官と間隔なく遷っただけで、幅二の上昇となる。上昇幅が狭すぎるのである。よって四安と撫軍の間を幅一と仮定するのである。つまり、従三の竜驤から正二の驃騎まで、将軍号 (群) の間隔をもって幅一とする。

なお、従三品の場合は、征虜、冠軍、輔国、竜驤の各将軍が境界であるとひとまず考えておく。これらの将軍号の間には他の官職が挟まれているからである。ただし、厳密にこれらの将軍を区別すべきかどうか疑問があるが、この問題については後節であらためて考えることとして、ひとまず、表１に示した事例の各上昇幅を以上の方式で計算した結果を、表３として示そう。事例の項目に記す数字は表１の番号である。なお、免官や除名の直後に就任する官職

表3　遷転における上昇幅――従3品以上

	元　氏		他　氏		
幅	事　例	数	事　例	数	計
-6			67	1	1
-3					
-2			79	1	1
-1	29,32	2	61,75	2	4
0	2,2,4,5,5,6,8,8,9,11,11,15,15,15,16,16,16,16,16,16,17,17,17,17,17,18,18,18,18,19,19,20,20,20,20,20,20,21,21,22,24,27,31,31,31,31,31,31,31,31,31,31,32,32,32,32,33,34,37,37,37,38	62	42,43,43,45,46,49,49,51,51,51,51,51,51,51,51,51,51,51,52,52,53,53,53,53,54,55,55,55,56,56,57,59,60,61,61,61,61,62,64,64,65,65,66,66,66,66,66,67,67,67,67,67,68,68,68,68,68,68,68,68,69,69,69,69,69,70,70,71,72,75,75,76,76,76,76,76,76,77,78,79,80,80,82,83,84,85,85	87	149
1	1,4,4,4,4,5,5,6,6,8,8,8,11,12,14,15,15,15,15,16,16,17,17,17,17,17,18,19,19,20,20,21,24,27,27,27,27,29,29,29,31,31,31,31,33,33,35,36,37,37,38	51	43,51,53,53,53,55,56,56,59,61,61,64,64,66,67,67,68,68,68,68,68,69,69,69,70,73,76,76,77,77,77,77,77,77,79,79,80,80,80,82,82,83,84	43	94
2	4,6,8,14,16,16,17,17,18,18,19,20,21,28,28,29,31,31,31,32,33,36,37	23	45,51,51,53,56,61,64,66,66,67,67,67,69,70,70,73,75,78,78,79,80,83,83	23	46
3	2,5,13,14,19,23,27,30,32,36,37,38	12	45,46,53,55,56,60,66,68,69,70,73,74,75,78,79	15	27
4	2,6,13,15,23,27,32,35,36	9	55,63,71,76,82,85	6	15
5	6,29	2	83	1	3
6	34	1	67	1	2
計		162		180	342

はケースにより異なる扱いを受けているが、特に区別することなく計算し、必要に応じて言及する。ただ、使者として赴く際に帯びる官職（散騎常時など）は臨時性であるので対象外とし、その前後の官職で幅を計算する。また、ある官に就任した後に「加～」として記載される官職（将軍号が多い）は、それによって地位が上昇する場合は一つの事例として数える。

最も多いのは、上昇幅〇、つまりそのほとんどが将軍号が「本将軍」や「将軍如故」と記されるか、あるいはもとのままと想定されるケースである。短い期間で他の官職に異動する場合などは、その都度の地位の上昇を避けるという考え方が採られた方式ではないかと想定できるのである。元氏の場合で三八・三％、元氏以外で四八・六％、平均して四三・七％と四割強の事例がこれにあたる。次に多いのが上昇幅一の事例。元氏で三一・五％、元氏以外で二三・九％、平均して二七・五％である。上昇幅二の場合は、元氏で一四・二％、元氏以外で一二・八％、平均して一三・五％であるが、上昇幅三となると元氏で七・四％、元氏以外で八・四％、平均して七・九％と一割を大きく割り込む。

以上、従三品以上の場合、将軍号（群）間の隔たり幅を一と措定した場合、同じ将軍号を維持したままで他官に遷るケースが最多で、幅一上位の地位に遷る事例がそれに次ぎ、幅二の上昇の事例を併せると、この三つの遷転が基本であったと言ってよいのである。

五　正四品上以下から従三品以上への異動

以上の分析において、正四品上以下の官職から従三品以上の官職への遷転は取り上げていなかった。正四品以下と従三品以上では基準の設定に相違があったからである。本節ではこの問題を扱う。

表4　遷転における上昇幅――正4品上以下から従3品以上へ

官品の変動	官品差	内　訳	数	百分率
正4上→従3	1	3,6,8,9,12,15,16,17,20,21,27,53,56,68,	14	42.6
正4　→従3	1	4,23,28,42,55,57,60,66,70,73,75,77	12	
正4上→正3	2	11,18,52,72,79,82	6	34.4
正4　→正3	2	61,64,76	3	
従4上→従3	2	32,33,36,37,45,63,83	7	
従4　→従3	2	38,46,54,59,67	5	
従4上→正3	3	24,71,78	3	13.1
従4　→正3	3	35,49	2	
正5上→従3	3	25,30,69	3	
従4　→従2	4	65	1	6.6
従5上→従3	4	14,84	2	
従5　→従3	4	62	1	
正5上→従2	5	74	1	1.6
正4上→従1	5			
正4上→正1	6	26	1	1.6

註：判断困難な22、長兼官が連続する80は除外する。

表1の中で、正四品上以下から従三品以上への昇進事例を抽出してケースごとに分けると、上の表4のようになる。官品差一の事例が半ば近く、官品差二を加えると七七・〇％と八割近くにもなる。これは通常の遷転では一つ上の官品、もしくは二つ上の官品に属する官職に遷るという正四品以下の検討で明らかにした結果と対応している。正四品上以下の官職から従三品以上の官職に就く場合は、官品の幅が基準とされていたと考えてよいようである。

官品差が四以上の事例について見ておこう。14は元乂、65は爾朱氏の一員、いずれも他にも大幅な上昇があって、それについては既に言及した。74は、本人の判明する経歴は非常に簡単であって、省略の可能性が考えられるが、前述した弘農楊氏の一員であるので、他の楊氏と同じように大幅な上昇を勝ち取った可能性もある。26は孝荘帝の兄弟で、帝の即位に伴い、一気に官位が上昇した。62は恐らくは第三節でもふれた六鎮の乱による混乱に際会しての上昇である。84は太宰主簿となったことから、孝荘帝期か続く前廃帝期であることが判明するが、なぜ大幅な上昇となったかは不明である。伝では征虜の記載がないから、あるいは陵江→中散大夫という上昇幅三の遷転であったかも知れない。いずれにせよ、大幅な官品の上昇を伴う遷転にはそれなりの理由が伴うという、前二節において確認したことが、ここでも当てはまるのである。

ところで正四品までは上下階の間隔を一、従三品以上を将軍号（群）の間隔を一として数えるという前二節の方式（正四上から上がる場合、竜驤までが一、輔国までが二、冠軍までが三、征虜までが四、散騎常侍までが五、前後左右までも五、四平将軍までが六となる）を適用して計算すると、表4の諸事例はどうなるであろうか。官品差一の二六例の場合、幅一が一例、幅二が四例、幅三が五例、幅四が八例、幅五が七例、幅六が一例となる。官品差二以上は省略するが、正四品以下の場合、官品差で言えば差一、上下階の幅（差）を一とした場合で二の幅（差）で上昇するのが遷転の基本で、官品差で二、上下階の幅を一とした場合で四の幅（差）の遷転がそれに次ぎ、従三品以上の場合、上昇する幅は〇が最多で一が次ぎ、その次が二、という前二節の検討結果と大いに異なり、上昇幅が大きすぎることになる。

これは計算方式に問題があるからではないか。実は表3において上昇幅が大きいものには従三品に属する事例が多く含まれている。よって従三品の官職就任事例をあらためて検討してみよう。

従三品に配置される官職を官品表の下位から記すと、

竜驤将軍　中州刺史　輔国将軍　太中大夫　護羌等校尉　冠軍将軍　武衛将軍　太子左右衛率　二大二公長史
征虜将軍　（省略五官）　四方中郎将　散騎常侍

となっている。正四品上以下から従三品の官職に遷った者が、その次に就いた官職を調べると（同じ将軍号を維持している場合は、その次の官職を採る）、以下のようになる。

竜驤の場合　∴征虜に遷る　七例（19、36、45、46、55、56、60）

正三に遷る　三例（37、83、85）

輔国の場合：散騎常侍に遷る　一例（27）

太中大夫に遷る　一例（4）

征虜に遷る　一例（51）

正三に遷る　一例（6）

輔国で終わる　一例（25）

太中大夫の場合：征虜に遷る　一例（31）

冠軍の場合：征虜に遷る　四例（17、20、38、77）

正三に遷る　四例（28、63、67、70）

冠軍で終わる　二例（3、9）

武衛の場合：征虜に遷る　一例（54）

正三に遷る　二例（32、53）

武衛で終わる　一例（41）

征虜の場合：正三に遷る　九例（12、16、29、30、59、68、69、73、84）

征虜で終わる　三例（42、57、81）[13]

中郎将の場合：正三に遷る　一例（33）

降格　一例（75）

常侍の場合：正三に遷る　七例（8、14、15、21、22、34、66）

遷った官で終る事例を除くと、武衛将軍までは正三に遷る事例より従三にとどまる事例の方が倍近く多く、しかもそれは征虜に集中している。

何故に将軍号をこのような配置にしたのか。正四品以下の同一官品に複数の将軍号（群）が配置されていたのと同様の措置であろう。将軍号は軍勲に対して与えられるという側面をもっていた。軍勲が官品とは別の原則によって運用されていたことは閻歩克氏の明らかにしたところであるが、[14]『魏書』孝荘紀建義元年五月条の詔に

又以旧叙軍勲不過征虜、自今以後、宜依前式、以上余階、積而為品。

とあり、軍勲によって与えられる将軍号は征虜までという規定があったことがわかる。征虜までは軍勲に対応するために設けられた将軍号であったから、征虜、冠軍、輔国、竜驤の諸将軍は正四品以下の諸将軍の場合と同様に、従三品において分けて配置されなければならなかったのである。例えば正四品では、鎮遠など遠字を共有する三将軍、建字を共有する三将軍、立字を共有する三将軍、武字を共有する五将軍という、四つの将軍号群が配置されているように、である。但し、従三品将軍号はそれぞれ離れて配置されていても、上で見たように、竜驤から冠軍までと征虜とは明らかに異なる扱いを受けている。竜驤～冠軍は一群として理解すべきではないか。先の計算方式によれば、正四上から冠軍までは幅（差）一、征虜までは幅（差）二とすべきであろう。[15]

この判断に基づき、正四品以下から従三品以上に遷った場合の幅を計算し直すこととする。その結果は以下の通りである。なお特別の事情があると考えられる官品差三以上は省略する。[16]

（イ）官品差一の場合

幅一：　七例（3、6、9、17、20、27、56）

二：一一例（4、12、16、23、28、53、55、60、68、70、77）

三：　六例（8、15、21、42、57、73）
四：　二例（66、75）
（ロ）官品差二の場合
幅三：　八例（18、36、45、52、63、79、82、83）
四：　九例（32、37、38、46、61、64、67、72、76）
五：　四例（11、33、54、59）

この結果は、正四品以下の昇進のあり方に準ずるものであると言える。正四品以下から従三品以上に昇進する場合、

・官品差一が最多で官品差二がそれに次ぎ、これが基本である。
・官品の上下階幅（従三品は冠軍将軍までを一グループと想定する）を一とした場合、官品差一について一～二の上昇が七、八割に達し、これが通常のあり方であったとしてよい。

ということになろう。

六　従三品の将軍号と官職の再検討

前節の検討の結果、表3は、修正の必要が生じる。修正箇所と、それに基き修正した表3の集計部分だけを掲示し、各上昇幅の百分率を示すと次頁のようになる。

上昇幅三以上の割合の減少を指摘できるが、上昇幅〇、一、二のケースはほぼ変わらない。もとの将軍号を維持する場合を除くと、上昇は将軍号（群）の間隔を一とした場合、一、二の幅であったという結論は動かないのである。

修正	事例	内　　訳
-6 → -5	1	67
1 → 0	1	4
2 → 1	1	51
3 → 1	7	19,36,45,46,55,56,60
3 → 2	1	27
4 → 2	1	85
5 → 4	2	6,83
6 → 4	1	67

幅	元氏	他氏	計	百分率
-4	0	1	1	0.3
-2	0	1	1	0.3
-1	2	2	4	1.2
0	63	87	150	44.0
1	52	47	99	29.0
2	22	24	46	13.5
3	11	10	21	6.2
4	10	7	17	5.0
5	1	0	1	0.3
6	1	0	1	0.3

つまり、従三以上の遷転においては、上昇幅が〇から二までが九割近い。孝明帝の時期には大きな政治的闘争があり、自派の官僚の優遇という状況が広く見られた。また前にも述べたように六鎮の蜂起以後の内乱は、河陰の変における大量の官僚の虐殺をも伴い、失われたポストの補塡が必須となり、官僚の昇進速度、幅ともに大きくなる。そのような状況の中でなお上昇幅が二以下に止まる事例が八六・五%に達するということは、官僚の遷転が、能う限りで階梯を踏む形で行われていることを示しているのである。

上昇幅が大きい事例について説明しておこう。34の元粛は爾朱栄に協力して王となり、後将軍・広州刺史に任ぜられ、次いで衛将軍・肆州刺史となった。弟が爾朱氏に擁立されて皇帝となるのはこの直後である。爾朱氏との関係がこのような大幅な将軍号の上昇につながったのであろう。67は撫軍・定州刺史の時に除名処分に遭い、マイナス四と大幅に下がった後に輔国・南秦州刺史として復活した。大幅な降等の理由は不明だが、それに対する回復措置と理解できる。79は中書監・兼吏部尚書の時、「解除余官、正位選曹（=吏部尚書）」との扱いを受けた。たとえ中書監の時に将軍号を保持していたとしても「余官は解除」という措置の対象となったと考えられ、とすればマイナス二の左遷となる。理由は不明。その次に衛将軍となったから、吏部尚書からは三の上昇という形になるのであるが、中書監からだと上昇幅は一となって通常の遷転の範囲内に収まる。回復措置と通常の遷転が合わさった形での異動であった。また29元継は元乂の父。侍中・領軍から特進・驃騎に遷ったのはその関係が働いたのであろう。なお、正二品の四征将軍以上は、

四征将軍　衛将軍　車騎将軍　驃騎将軍　尚書令　特進　太子三師　衛大将軍

と、短い間隔で将軍号が配置されている。車騎と驃騎は同格として、それぞれを一の幅として計算した結果を表3にしたが、正二品の昇進の幅がこれでよいのかどうか、問題は残る。実は、幅四とした事例のうち、6、13、15、27、32、76は、この正二品の扱いによるのである。とすれば差四の事例は九例のみとなり、全体の二・六％にしかすぎなくなる。

79以外のマイナスの遷転事例にもふれておこう。75は南中郎将から武衛将軍に遷った。これは官品表では左遷となる。しかし同時に南中郎将よりは幅二上位の左衛将軍を兼任しているから、これでバランスを取った可能性がある。次に遷った平南は左衛より上位に置かれている。29は免官から復帰した官職が免官以前より低かった事例。免官から復帰した場合の扱いは、『魏書』巻七八張普恵伝に「故事、免官者は、三載の後に一階を降して叙せよ。才優れて擢授するが若きは此の限に拘わらざれ」という規定があるが、実例は一定してはいない。除名の場合も同じであるが、いずれもこのように下がった地位につけられる場合もあれば、前官と同じ扱いの場合或いは上昇する場合もある。(17) 67は先にもふれたように前官より大幅に下がった地位に落とされたが、一官を経て除名前の位置に復活している。32の光禄卿から平北・相州刺史への遷転、61の度支尚書から平南・光禄大夫・給事黄門侍郎への遷転はいずれも地位の下落であるが、その理由は不明にせよ、次には前者が中軍・大宗正卿、後者が鎮軍・金紫光禄・黄門侍郎という前官よ

り上位に遷っている。

七　遷転の間隔

ところで遷転を問題にする場合、前職とどれだけ年数が隔たっていたかが、併せて問われなければならないだろう。第三節で長い期間に就任記録がないいくつかの事例を挙げ、記載脱落の可能性ありとしたが、逆に短期間に多数の官職を経るケースも少なくない。遷転一覧に記載した中で墓誌や伝に就任した年が明記されている事例を選び、その間にいくつの官職（兼官や臨時の官職は除く）を経たかを調べ、一官職あたりの在職年を計算して表5を作成してみた。世宗宣武帝即位以後が基本であるが、即位と同年の太和末年の事例も含めることとする。また六鎮の乱勃発後は汎階が繰り返され、大幅な昇進が行われるので、粛宗孝荘帝即位までに限定する。宣武帝は太和二三年（四九九）四月の即位、孝明帝は延昌四年（五一五）一月の即位であるので、就任記載に「世宗初」あるいは「世宗即位」とあれば四九九年、「粛宗初」とあれば五一五年として処理する。なお、官に就いたまま死去した場合は、没年までの年数を最終官を含めた経歴官数で割って平均在職年とするが、実際は最終官に就いてからの年数があるので、平均在職年はそれより短くなる。故に「－」記号を付す。免官や除名の措置を受けている事例は、その期間が不明であるものの、官職に就いていた平均年数は短くなるはずであるが、表5には該当者はいない。なお、不拝・不行の事例は就官期間の計算にはさほどの影響を与えないと考えられるので、就官数から除く。父母の喪に服する時期が計算範囲内に含まれている事例は不確定要素を与えるので、省いてある。また第三、四、五節で用いた昇進幅が○の回数を、備考欄に示す。昇進幅○を経験しない事例は記載しない。

表５　在官年数

	姓名	経　　歴	官	平均年数	備　　考
1	元鸞	世宗初に平東 →正始２(505)安北で没	2	3－	
2	元詮	世宗初に冠軍 →元愉の反(508)後に左僕射	3	3	1
5	元遙	景明初に平西 →延昌３(514)に征南大	5	3	
6	元暉	世宗初に散騎侍郎 →神亀２(519)に左僕射で没	9	2.2－	
11	元熙	世宗没(515)で太常少卿 →神亀１(518)に安東	5	0.6	3
13	元懌	世宗初に金紫光禄大夫 →神亀３(520)太傅で歿	5	4.2－	
21	元端	粛宗初に鴻臚少卿 →孝昌３(527)に撫軍	5	2.4	2
24	元湛	永平４年(511)に秘書郎 →建義１(528)廷尉卿で没	8	2.1－	1
25	元廞	粛宗初に員外郎 →建義１(528)に輔国で没	5	2.6－	
30	元天穆	永平１(508)に員外郎 →荘帝即位(528)に太尉	5	4	
31	元延明	粛宗初に刺史 →荘帝即位(528)に大司馬	16	0.8－	8、不行１
33	元恭	正光３(522)に襄威 →永安３(530)に安東	4	2.0	不拝１
42	司馬悦	世宗初に鎮遠 →征虜で永平１(508)没	2	4.5－	1
46	崔敬邕	景明４(503)に都督長史(18) →延昌４(515)に征虜	3	4	1
49	劉道斌	世宗初に謁者僕射 →正光４(523)に刺史で没	7	3.4－	4
53	侯剛	世宗初に奉車都尉 →正光６(525)に儀同三司	15	1.7	5
63	楊暐	太和23(499)に奉朝請 →孝昌２(526)に冠軍	6	4.5	1
68	楊津	延昌末(515)に右 →永安初(528)に衛	10	1.3	6
69	楊昱	延昌３(514)に宣威 →孝昌初(525)に征虜	3	3.7	

これらを平均在官年数で分類してみよう。

一年未満　11、31
一年以上～二年未満　53、68
二年以上～三年未満　1、6、21、24、25、33
三年以上～四年未満　2、5、49、69
四年以上　13、30、42、46、63

事例はかなり拡散している[19]。ところで、将軍号が変わらず、実務の官職が変わる場合は、官僚としての地位に変化はないと考えられる。考課が上中であれば昇進するのであるから、地位が上昇しないのは考課の成績が悪いからという可能性はあるが、ほとんどが上中であるという当時の考課の状況[20]からすると、そのことはあまり考慮に入れなくてよさそうである[21]。とすれば、上位の地位に昇進するほどの年数が経過していない、或いは昇進資格が不足しているという可能性を、もちろんそれ以外の可能性もないではないであろうが、考えるべきであろう。よって表5の備考欄の数字を経歴した就任数から差し引いて計算し直すと、次のようになる。

一年以上～二年未満　11、31
二年以上～三年未満　6、24、25、33、53
三年以上～四年未満　1、5、68、69
四年以上　2、13、21、30、42、46、49、63

これによれば、三年以上を経て上位の地位に昇る事例が六割強あり、二年以上となると約九割となる。傍線を付した六例は在任中に死去した事例であるから、一官平均の在職年数はこれより短かった可能性をもつが、三年以上が過半である状況は動かない。上位の政治的地位に登るには二年以上かかるのが通常であったことがまず確認されるのであり、時には五年以上を要することもあった（46、49、63の三例）ことも注目されるのである。

ところで服喪の期間がある故に表5には含めなかった52崔鴻の場合、遷転の年度が比較的多く伝に記載されているので、これをこれまでの検討結果と照合させてみよう。

①景明三（五〇二）　員外郎↓給事中↓尚書郎↓
②永平初（五〇八）　行台鎮南長史↓軽車・尚書郎↓員外常侍・領郎↓
③延昌三（五一四）　父の喪↓
④延昌三（五一四）　復本官（員外常侍・領郎）↓
⑤延昌四（五一五）　加中堅、常侍・領郎故如↓中散大夫・領郎↓
⑥其年　（延昌四）　司徒長史↓
⑦正光一（五二〇）　加前将軍↓
⑧孝昌初（五二五）　給事黄門侍郎、尋加散騎常侍↓
⑨孝昌一（五二五）　死去

員外郎から②の長史までは六年であるから一官平均二年となる。③の服喪を挟んで②の員外常侍・領郎は④と同一官であるから、長史から④までは三官として計算できるはずで、平均二年余の就任となる。一年未満で終わっている服喪の期間を考慮するとさらに短いことになろう。しかし②の長史は一〇月に起こった予州の城人白早生の反乱に対処する行台の属官であり、一二月に乱が平定されると間もなくその任は解かれたとしてよいであろうから、軽車・尚書郎は翌永平二（五〇九）初め頃の就任と想定可能であり、とすれば②～④の軽車および員外常侍の就任期間は平均して三年という考え方が成立する。ここまでは表5に基づく計算と合致する。ところが④⑤は尚書郎の本職は変わらず、正五上→従四上→正四と官僚としての地位の上昇が図られたと考えてよいが、その就任期間は併せても一年ほどと非常に短い。これは表5からは読み取れない結果である。そして⑥以後になると状況は一転し、⑦の加官があるまでに五年、それから最終官となった⑧への就任までにも五年を要していて、正三の前将軍で一〇年間を過ごしたことになる。これは長期間にすぎるという感はあるけれども、先述した、時には五年以上を要することがある、という事例のひとつに数えることができるであろう。

とすれば、宣武帝、孝明帝期の北魏においては、二年以上、そして五年未満程度で上位の地位に遷転するという大まかな状況を認めてよいのではないか。ただし、崔鴻の事例で明らかなように、遷転に要する年数にはかなり大きなばらつきがある。考課とそれに伴う叙任が規定のようには行われていなかったという事情も手伝っていたのであろうが、官僚の遷転には個人的な事情や時期的な問題などによる差があったのであろう。(22)

比較的短い期間での遷転に窺える事情の一般を探ってみよう。短い遷転の一般的な要因として指摘できるのは、まず、表5によってもわかるように、同じ将軍号等のもとでそれより下位の官職をいくつか遷るケースである。これは政治的地位という点では変化を生まない。次に六鎮の乱以後、度重なる汎階によって将軍号が乱発されたことが、重要な要因として挙げられよう。これは政治的地位の上昇を伴う。さらに建義元年（五二八）の河陰の変による多数の官僚の死亡など、政治的な混乱も官僚の遷転に影響したはずである。

他方、個別の事情も少なからず関わっていたことも間違いない。表5からは省いてあるが、8元昭についてはその伝に

世宗時、昭従弟暉親寵用事、稍遷左丞。世宗崩、于忠執政、昭為黄門郎、又曲事之。忠専権擅威、枉陥忠賢、多

昭所指導也。霊太后臨朝、為尚書・河南尹。聾而佷戾、理務峭急、所在患之。尋出為雍州刺史、在州貪虐、大為人害。後入為尚書、諂事劉騰、進号征西将軍、卒。

とある。于忠の専権は宣武帝が没した延昌四年（五一五）一月から九月までと短いが、従弟の元暉が孝明帝の初めから神亀二年（五一九）九月の死去まで尚書僕射として吏部を摂選し、正光元年（五二〇）七月には元乂・劉騰が権力を掌握する。つまり、元昭の短期間での遷転を可能にしたのは人事権をもつ者、権力者との結びつきだったのである。

また11元熙についていては、その伝に

延昌二年襲封、累遷兼将作大匠、拝太常少卿、給事黄門侍郎。尋転光禄勲。時領軍于忠執政、熙忠之婿也。故歳中驟遷。

と、より明確な証言がある。当権者との姻戚関係が年内の数度の遷転をもたらしたのである。

さらに6元暉であるが、上に引いた元昭の記事に「親寵愛用事」の句があるほかに、暉本人の伝にも

再遷侍中、領右衛将軍、雖無補益、深被親寵。凡在禁中要密之事、暉別奉旨蔵之於櫝、唯暉入乃開、其余侍中・黄門莫有知者。

と、宣武帝による親寵ぶりが記される。それにより昇進が早かったのであろう。

他の事例も同様の検討が行えればよいのであるが、それはなかなかに困難である。けれどもこれまでの検討によれば、宣武帝、孝明帝の時期においては、短い期間での遷転がある一方で、通常、上位の官職への遷転には二年以上、それも多くの場合三、四年ほどを要したとしてよいのではないか。

おわりに

本章で確認できたことをまとめると次のようになる。

（ａ）正四品以下の場合、一つの官品を一度の就任でクリアする。その内実は官品の上下階の隔たりを一とした場合、幅二の異動である。これが基本で、官品差二の遷転（上下階の隔たりでは幅四）がそれに次ぐが、これは通常とは異なるという認識があった。

（ｂ）従三品以上の場合は、同一官品の官職を何度か経ることが非常に多いが、それは同一の将軍号（同一の官職のこともある）を維持しているケースが半ば近い。上位に遷る場合は、将軍号（群）と直近上位の将軍号（群）の隔たりを一とした場合で、一もしくは二幅での上昇が基本であった。

（ｃ）正四品上以下から従三品以上に遷る場合は官品差一、二の上昇が基本であるが、従三品以上の将軍号（群）間の隔たりを一とした場合、官品差一について通常一～二幅の上昇であった。

（ｄ）これらの上昇幅を超える遷転には特別の事情の存在があった。

（ｅ）つまり、従三品の壁を突破するまでは官品差一または二で昇進し、それ以後は将軍号（群）の差を一とした場合一または二の幅で昇進する。これが北魏後期の遷転の基本的なあり方であったと考えられる。

（ｆ）上位の官職への遷転には通常二年以上、それも多くは三、四年ほどを要した。

政治社会の状況によってこれに違う事例が多くなるが、しかし、これらが基本のあり方として存在していたことは、システマティックな形で北魏後期の官僚の遷転が行われていたことを示している。一方で、通常より短い期間で上位の官職に遷転する事例があるとともに、逆に長い事実を経てようやく政治的地位が上昇する事例もあることが明らかとなった。これらの事実は、北魏の官僚制のみならず、貴族制の理解に影響を与えるであろう。[23]そのような大きな問題以前にも、従来見解が一致していない「階」について新しい見方を可能にするであろう。[24]

墓誌や列伝の記載に欠落がある可能性は否めないし、確実性を欠く遷転判断に立脚しているという批判が起こるであろうことも想定できるが、八〇を超える事例から抽出した結果が一定の方向性を示していることも間違いないと考えられることを補足として述べて、ひとまず擱筆したい。

註

(1) 外号将軍である。本章で将軍号という場合は外号将軍を指す。ただ遷転の過程では内号将軍に就任する場合もあり、それも遷転表に反映させた。

(2) 「正史と墓誌——北魏墓誌の官歴記載を中心に」(平成一八—二〇年度科学研究費補助金成果報告書・伊藤敏雄編『魏晋南北朝史と石刻史料研究の新展開——魏晋南北朝史像の再構築に向けて』、二〇〇九)の後半部(第二章)。前半部は本書第Ⅱ部第1章である。

(3) 本書第Ⅱ部第1章。

(4) 本章で取り上げる墓誌は梶山智史『北朝隋代墓誌所在総合目録』(明治大学東アジア石刻文物研究所、二〇一三)所掲のものに限定する。同目録は最も豊富に、最近までの墓誌の情報を記載しているからである。ただし、ごく一部であるが筆者未見の墓誌がある。

(5) 複数の官職を記載してある墓誌には、就任官職群を一括して表記するものがあり、列伝を参照しても遷転過程を明確に示しえない場合には、取り上げない。

(6) **表1**の区分を示す。以下も同じ。

（7）中山郡は上郡の可能性が高く、正四の官職と思われるが、その前にもっていた従四品将軍を維持していた可能性も残る。

（8）後に一九七頁でマイナスの遷転についてふれる時の説明を参照。

（9）64王翊については本書第Ⅱ部第2章第一節でふれている。

（10）本書第Ⅲ部第5章参照。

（11）伝によれば長兼吏部郎。次の左長史も長兼となっている。なお、表2、3においては長兼した二官職は正官に準ずる扱いであったと考えて処理する。それが誤りであったとしても大勢に影響を与える数ではない。

（12）車騎→驃騎という遷転事例が少なからずあるが、官品表に付せられた両将軍の原註に「二将軍の大を加うる者は、位　都督中外の下に在り」とあるので、同格として扱う。衛将軍と車騎将軍との間には差があると考えるべきである。なお、官品表には「諸将軍加大者」が四征将軍の下にあり、原註によると、四鎮大将軍は衛将軍の下、四征大将軍は衛大将軍の下、衛大将軍は太子太師の上とある。いずれも正二品の扱いである。これらは切れ目となる将軍号として機能した可能性もあるが、衛大将軍以外は実例は極めて少ないこともあり、その扱いからは除外しておく。衛大将軍は実例が多いが、正二品の最上位となるので、驃騎より幅一の上位とすればよく、間隔の計算には支障を来たさない。

（13）81は征虜を得たあと西魏の時期に入る。

（14）『品位と職位――秦漢魏晋南北朝官階制度研究』中華書局、二〇〇二。

（15）閻歩克氏は、既に前註所掲書（四五九～四六〇頁）に載せる奚康生の軍勲の計算において、征虜・輔国・竜驤の諸将軍を同一群として扱っている。しかし、これらの将軍号は、それぞれの間に他官を挟んで配置されており、同一として扱うにはその根拠を示す必要があったであろう。

（16）37は竜驤将軍で計算した。武衛将軍を採れば数字が異なる。また39は官品不明の官職からの遷転であるので除外した。22は説明困難な遷転に属するので除外する。

（17）たとえば55寇治は征虜将軍で免官されたが、復帰した時は同じ従三であるものの征虜より上位の将作大匠であった。

（18）元英が義陽を攻める時の都督長史となったのである。元英の義陽攻撃は本紀によると景明四年である。崔敬邕は景明初に母の喪に服し、喪が終わって都督長史となった。

(19) 母老に侍すために官を離れた、さらに除名があったなどの事情で、全時期を通しての検討が難しいので表5から省いた67楊椿の事例を見ると、景明四年（五〇三）に冠軍・行梁州刺史として官職に復帰し、正始二年（五〇五）には光禄大夫・仮平西将軍として仇池の叛氐を討ち、同年にはさらに光禄大夫の肩書きで武興の楊集起を討っている（粛宗紀）。ともに梁州に在任していた故の任命であろう。そして正始五年（五〇八）に安東・太僕卿となった。足かけ五年の梁州在任であったと考えられる。その間に光禄大夫となっているから、一度の政治的地位の上昇には平均二年半を要したということになる。続いて永平三年（五一〇）に安北・朔州刺史、延昌三年（五一四）年に撫軍・都官尚書となった。太僕で二年、朔州刺史で四年の在任であるが、四安将軍には六年ほどとどまったわけである。その後撫軍・定州刺史となって神亀二年（五一九）には在任していたことが息子の楊昱伝から判明する。昱は正光元年（五二〇）の元乂のクーデターによって済陽内史に出される。椿が弾劾によって除名されるのも、恐らくこのクーデターの時と思われる。とすれば、定州刺史となった時期は判明しないものの、尚書と刺史の時期を合わせて六年となり、従二品の将軍号は六年ほど維持していたことになる。もっとも、除名から復活後は、六鎮の乱に際会し、官職の変動は激しくなる。

(20) 『魏書』巻六七崔鴻伝に「窃見景明以来考格、（中略）自非犯罪、不問賢愚、莫不上中、才与不肖、比肩同転」とある。

(21) 考課についての先行研究は数多いが、福島繁次郎『増訂中国南北朝史研究』名著出版、一九七九、陶新華『北魏孝文帝以後北朝官僚管理制度研究』巴蜀書社、二〇〇四、戴衛紅『北魏考課制度研究』中国社会科学院出版社、二〇一〇、を挙げておく。

(22) 散官の考課は四年一考という考え方が行われていた時期があり、太守や県令は六年一考とされたことがあり、また長期にわたる刺史就任の事例があり（陶新華前註所掲書第一章参照）、官僚の遷転期間を一律に計算することの問題は承知しているが、政治的身分が上昇するために要する期間をおおまかにでも推定することに意味があると考えたことを付記しておく。

(23) 例えば、『通典』巻一六・選挙四に孝明帝の時、「官人失序」の状態であることについて清河王懌が行った上表を載せて、孝文帝の時の起家官の定めが守られなくなったことを問題にしている。これは本章にも関わる重要な記事ではあるが、第5

章で詳細に扱う。

(24)「階」については、次の第4章で論じる。

附：宣武帝以降の北魏官僚の遷転過程一覧

凡例

・元氏と元氏以外に分け、没年（没年不明の時は葬年）順に並べる。それぞれに番号を付すが、元氏は1～38、元氏以外は41～85である。

・皇帝名は廟号で示す。世宗以前に官歴のある場合は省略し、最初に→を記して省略を示す。東魏、西魏以後の官歴も省略し、末尾に→を付してそれを示す。

・遷転は→で示し、墓誌もしくは列伝に遷転を示す語があれば〔　〕の中に記入する。官職の後の（　）内の数字は官品である。

・将軍号は紙数の関係で将軍の語を省略する。

・王爵を得た者は就官に差が生じるので、それを得た段階で〔王〕と記す。

・墓誌を中心に記載し、列伝に記載のある官職は下線を付す。墓誌記載量が少ない場合には列伝を中心に記載し、その旨を註記する。

・註記は各事例ごとに加える。

・人名の後に列伝（『魏書』の場合は巻数のみ）の所在と、墓誌の所在を記す。論文の場合は、それぞれの箇所に註記する。

1　元鸞（19下、校4-51）

〔王〕→〔除〕平東（３）・青州刺史→〔転〕安北（３）・定州刺史

2　元詮（20、校4-213）

〔王〕→〔除〕冠軍（従３）・涼州刺史→〔進号〕平西（３）→平南・都督南討諸軍事→〔除〕平北・定州刺史→

〔除〕侍中（３）・尚書左僕射（従２）[a]

註ａ：伝によれば「尋除侍中、兼以首告之功、除尚書左僕射」とある。京兆王愉の反乱に対する功績が勘案されての大幅昇進であった。侍中となったのと同時の可能性が高い。

3　元彦[a]（19下、校4-314）

〔王〕→〔授〕驍騎（４上）→〔遷為〕冠軍（従３）・豳州刺史[b]

註ａ：伝では景略を諱とするが、墓誌は彦が諱で景略は字。なお伝では世彦が字となっている。

註ｂ：伝では幽州とするが、贈官が予州刺史であることを考えれば豳州が正しい。中華書局本校勘記（９）参照。

4　元萇（14、『拾零』23）

→鎮遠（４）・撫冥鎮都大将→輔国（従３）・都督南征→太中大夫（従３）・兼太常卿（３）→散騎常侍（従３）・北巡大使→征虜（従３）・恒州刺史→〔為〕北中郎将（従３）・帯河内太守→河南尹（３）→侍中（３）・度支尚書（３）→散騎常侍・安西（３）・雍州刺史（３）[a]

註ａ：全体として一括表記であるが、間に句が入ることにより北巡大使、河内太守で切れることは確実である。残りの弁別が難しいが、輔国＜太中大夫＜征虜＜四中郎将という序列であるから、それに依拠した遷転として、このように分けた。なお、北魏では使節の時に帯びる散騎常侍は兼任であることが多いので、北巡大使の時に帯びた散騎常侍も同じであろう。

5　元遙（19上、校4-350）

→平西（3）・涇州刺史→〔為〕七兵尚書（3）→〔遷〕中領軍（3）→〔拝〕鎮東（従2）・冀州刺史（3）→〔除〕護軍（従2）・加右光禄大夫（2）(a)→征南大（2）・都督南征諸軍事→〔除〕征北大・都督北征諸軍事

註a：伝では左光禄大夫、領護軍の後に冀州刺史就任を記すが、校勘記は『高氏小史』などから採った際の誤りであるとする。

6　元暉（15、校5-46）

→散騎（侍郎）（5上）→中書侍郎（従4上）→〔為〕給事黄門侍郎（4上）→河南尹（3）・加輔国（従3）(a)→〔転〕侍中（3）・領右衛（3）→〔転〕吏部尚書（3）・加散騎常侍（従3）→〔為〕鎮東（従2）・冀州刺史→〔為〕尚書右僕射（従2）・摂吏部選事(b)→〔遷〕左光禄大夫（2）、尚書僕射・常侍悉如故→〔転〕侍中・衛大（2）・尚書左僕射

註a：伝では「世宗即位、拝尚書主客郎、巡省風俗、還奏事称旨、為給事黄門侍郎」とあるが、正6の尚書郎から黄門郎への遷転は幅が大にすぎるし、墓誌では尚書郎・太子洗馬になった後、世宗の即位とされている。伝には誤りがあると考えられ、墓誌に従う。また墓誌には「世宗践阼、頻遷散騎中書郎給事黄門侍郎加輔国将軍河南尹」とある。句読が難しいが、「散騎」の用例を墓誌から採ると、于纂（校6-71）の父の官が散騎であった。これは散騎常侍もしくは散騎侍郎の省略であろう。また元仙（校5-187）は太和中に起家して散騎となり、太子舎人（前令で5中、後令で従6）に転じている。これに該当する散騎は後令には見当たらない。よって散騎中書郎は散騎侍郎と従4上の中書侍郎のことと考えられる。次が黄門侍郎で、これは伝に記載がある。次に従3品将軍号が加えられ、3品の河南尹に転じたのである。この場合、将軍号の方が低いことになるが、地方長官の場合は将軍号が低いことはよくある。或いは武昌王鑒の伝（巻16）に「加冠軍将軍、守河南尹」とあることから考えて「守河南尹」であった可能性もある。いずれにせよ4上→従3という遷転と考えておく。

註ｂ：伝では尚書左僕射となっている。その後の官歴は記さない。墓誌には後にも左僕射になっているが、伝では冀州刺史の後に「徴拝」とあるので、冀州刺史→左僕射となる。

7　元譓（21上、校5-90）

〔歴〕羽林監（６）→直閤将軍

8　元昭（15、校5-253）

→〔除〕員外常侍（５上）→尚書右丞（従４）・兼宗正少卿（４上）→〔遷〕尚書左丞（従４上）、加平遠（４）[a]→以本官兼散騎常侍・北箱行台、巡省州鎮→〔除〕給事黄門侍郎（４上）→司徒左長史（従３）・散騎常侍（従３）→御史中尉（従３）・平南（３）→侍中（３）・撫軍（従２）、領崇訓太僕[b]→〔除〕度支尚書（３）・本将軍・河南尹（３）→〔為〕散騎常侍（従３）・本将軍・雍州刺史（３）→〔為〕鎮西（従２）・七兵尚書（３）→〔除〕散騎常侍・征南（２）・殿中尚書

註ａ：墓誌では員外散騎常侍から加平遠将軍まで一括表記となっているが、右丞と左丞が同一時の就任ということはありえないから、３回の遷転に分けうる。なお、昭は尚書殿中郎であったとき、太和23年の斉郡王簡の死に際して停廃の処分を受けた。よってその後に記される員外常侍からを世宗期と見なす。

註ｂ：墓誌は給事黄門侍郎から領崇訓太僕までを一括表記する。将軍号と散騎常侍を除く職事の官を順次経歴したと考えると、上記のような分け方になる。

9　元子直（21下、校5-282）

〔起家〕散騎侍郎（５上）→〔転〕中書侍郎（従４上）→〔遷〕通直常侍（４）→〔転〕給事黄門侍郎（４上）→加冠軍（従３）、仍居門下→〔除〕本（＝冠軍）・梁州刺史

10　元顕魏（19下、校5-339）

〔初為〕員外郎（７上）→〔除〕給事中（従６上）、加伏波（従５上）→〔転〕司徒掾（従５上）、加寧遠（５上）

11　元熙（19下、校5-351）

〔起家〕秘書郎（７）→〔遷〕給事中（従６上）→〔王襲爵〕→［拝］将作大匠（従３）(a)→〔徙〕太常少卿（４上）→〔俄遷〕黄門侍郎（４上）(b)→〔転〕光禄勲（３）、黄門郎如故→〔拝〕安西（３）・東秦州刺史(c)→〔為〕秘書監（３）・安西(d)→〔拝〕安東・相州刺史(e)

註ａ：将作大匠は世宗の山陵造営のための臨時の就任である。伝では「兼」とする。

註ｂ：伝では太常少卿と黄門侍郎を併せて「拝」と記す。太常少卿の方が官品は同じでも上位にある。「俄」の語が付せられているので、何らかの事情の存在が考えられる。

註ｃ：伝は将軍号を平西とするが、同じ正3品でも光禄勲より下位にあるので、昇進にならない。安西は光禄勲より上位にある。墓誌が正しいであろう。

註ｄ：墓誌は将軍号を記さないが、秘書監は安西より下位にあるので、伝の「進号安西将軍、秘書監」が示すように、安西を維持したのであろう。

註ｅ：伝は「本将軍」とする。但し相州刺史であれば安西ではなく安東のはずである。

12　元誘（19下、校5-354）

員外郎（7上）→〔稍遷〕通直郎（従5上）[a]→〔除〕太子中舍人（5上）→〔遷〕太子中庶子（4上）→〔転〕征虜（従3）・衛尉少卿（4上）[b]→〔授〕左（3）・南秦州刺史[c]

註a：墓誌は通直郎から記載を始めるが起家官としては高すぎ、伝の記載が正しいと思われる。拙稿「北魏の宗室」（『魏晋南北朝官僚制研究』汲古書院、2003所収）参照。

註b：伝では通直郎以下少卿まで並列になっており、墓誌には征虜が記載されていない。征虜が、太子中庶子、衛尉少卿の孰れに加えられたのか、判断が難しいが、少卿は中庶子より下位にあり、よって征虜が加えられたと考える。

註c：伝では「右」。

13　元懌（22、校5-357）

〔王〕→〔拝〕侍中（3）・金紫光禄大夫（従2）→〔遷〕尚書僕射（従2）→〔転〕特進（2）・左光禄大夫（2）→侍中・司空（1）・太子太師（2）[a]→〔進〕司徒（1）・侍中如故→〔登〕太傅（1）、領太尉公（1）

註a：世宗紀延昌元年条には光禄大夫から司空になったとあるから、墓誌の記載を分割した。

14　元乂（16、校6-18）

〔初除〕員外郎（7上）[a]→〔転〕通直郎（従5上）→〔遷〕散騎常侍（従3）・光禄少卿（4上）・領嘗食典御→〔転〕光禄卿（3）[b]→〔転〕侍中（3）・領軍（従2）・領左右[c]→〔尋加〕衛（2）→〔授〕驃騎大（従1）・儀同三司（従1）・尚書令（2）、侍中・領左右如故→〔除名〕

註a：墓誌では散騎侍郎とし、次に通直に転ずるとする。とすれば、この散騎侍郎は員外でなくてはならない。

註b：墓誌では少卿を記さず、光禄少卿を光禄勲としている。少卿から正卿へ転じ、他の官職はそのままであったと考えてよい。

註ｃ：伝は侍中に遷り余官はもとのまま領軍を加えられたという。

15　元寿安（19上、校6-42）[a]

→〔転〕揚州任城王（鎮南）開府司馬（従４上）→〔為〕司空長史（４上）→〔入補〕散騎常侍（従３）→〔出〕行相州事→〔除〕左（３）・斉州刺史→〔授〕右（３）・秦州刺史→〔加〕平西（３）→〔為〕太常卿（３）→〔遷〕安南（３）・都官尚書（３）→〔授〕殿中尚書、加撫軍（従２）→〔遷〕鎮東（従２）・吏部尚書（３）→〔転〕衛大（２）、加散騎常侍、尚書如故→〔授〕仮驃騎大（従１）・兼尚書右僕射・行秦州事・西道行台、本官如故→散騎常侍・衛大・雍州刺史→以本官、加開府儀同三司・秦州都督・兼尚書左僕射・西道行台・行秦州事

註ａ：伝では墓誌が字とする脩義を諱とし、寿安を字とする。通直郎（従５上）で起家した時が世宗期の可能性があるが、ここでは確実な司馬から記しておく。

16　元融（19下、校6-94）

→〔王〕→〔除〕驍騎（４上）→仮征虜（従３）、〔為〕別将→行揚州事→〔除〕征虜・并州刺史（３）→〔拝〕宗正卿（３）→以本官行瀛州事（不行）→〔為〕散騎常侍（従３）・平東（３）・青州刺史（３）→以本将軍〔除〕秘書監（３）→長兼中護軍（３）→加撫軍（従２）・領河南尹（３）、護軍故如→〔遷〕征東（２）、護軍・尹如故→〔官爵削除〕→（復王封）本将軍・征胡都督→〔加〕散騎常侍（従３）・本将軍・左光禄大夫（２）→〔除〕衛（２）→〔遷〕車騎（２）・領左将軍[a]

註ａ：伝は前駆左軍都督とする。これが正規の名称であろう。

17　元淵（18、『七朝』23）

〔初為〕給事中（従６上）→〔転〕通直郎（従５上）→〔為〕中書侍郎（従４上）→〔王〕→〔為〕給事黄門侍郎（４上）→〔増号〕冠軍（従３）・前駆伐蜀→〔授〕征虜（従３）・肆州刺史→〔為〕河南尹（３）・兼都官尚書→〔除〕平南（３）・秘書監（３）→〔為〕安北（３）・恒州刺史→〔遷〕鎮南（従２）・衛尉卿（３）→〔転〕光禄勲（３）→〔除〕殿中尚書（３）→以本将軍都督北征諸軍事(a)→〔増〕侍中（３）、〔進号〕征北、除吏部尚書・兼右僕射北道行台、即為大都督→〔授〕侍中・衛（２）・定州刺史(b)→〔為〕吏部尚書（３）、侍中・将軍如故→〔転〕車騎（２）、余官如故→〔授〕驃騎大（従１）・儀同三司（従１）・兼僕射東北道行台、領前軍、余官仍本(c)

註ａ：「本将軍」とあるから、光禄勲・殿中尚書の時にも鎮南を保持していたことになる。

註ｂ：伝では侍中・右衛となっている。侍中は帯びていたであろうが、右衛は衛の誤りであろう。

註ｃ：伝では儀同三司・大都督となっている。

18　元順（19中、校6-164）

〔起家〕給事中（従６上）→〔超転〕中書侍郎（従４上）→〔遷〕太常少卿（４上）→〔喪〕→〔除〕銀青光禄大夫（３）・領給事黄門侍郎（４上）(a)→〔為〕安北（３）・恒州刺史(b)→〔転為〕安東・斉州刺史→〔為〕黄門郎(c)→以本官〔除〕護軍（従２）・加散騎常侍（従３）→〔遷〕侍中（３）、護軍如故→〔為〕中軍（従２）・吏部尚書（３）・兼右僕射（従２）→掌選如故、〔加〕征南（２）・右光禄大夫（２）→〔転〕兼左僕射(d)

註ａ：墓誌では中書侍郎以下を「歴遷」と一括表記するが、伝によって遷転を確認できる。

註ｂ：伝は平北とするが、それでは光禄大夫の下位になるので、墓誌が正しい。

註ｃ：元乂と対立して地方に出されていたが、元乂失脚により都に復帰した。黄門郎だけでは形式的にはかなりの左遷となりかねないから、安東を維持したままと考えられる。

註d：伝は黄門郎復帰の後を、兼殿中尚書→侍中→護軍・太常卿→吏部尚書・兼右僕射→征南・右光禄大夫→兼左僕射と記す。正3の太常卿が墓誌に見えないが、護軍将軍は従2であるから、遷転上は問題は生じない。墓誌は兼官を省略することが多い。

19　元贍（19中、校6-173）

→竜驤（従3）・光州刺史[a]→加征虜（従3）→〔為〕左（3）・散騎常侍（従3）→平南（3）・行兗州事→〔拝〕平東・兗州刺史→〔授〕撫軍（従2）・行雍州事→以金紫光禄大夫（従2）〔加〕散騎常侍、撫軍如故

註a：墓誌では「初為歩兵校尉」とあり、伝では「高祖時、自□大夫稍遷宗正少卿」とあり、起家官が一致しない。その後は員外散騎常侍、前軍、顕武、宗正少卿と昇進した。建義元年に51歳で死去しているから、世宗の初めは22歳。いつから世宗の時期になるのか、判断が難しいが、伝に従って宗正少卿までは高祖時としておく。

20　元譚（21上、校6-177）

〔初為〕羽林監（6）→〔遷〕高陽太守→〔除〕直閤将軍→〔転〕太僕少卿（4上）→宗正少卿（4上）・〔加〕冠軍（従3）[a]→仮左（3）・行徐州事→〔転〕光禄少卿（4上）→行南兗州事[b]→〔除〕征虜（従3）・涇州刺史（不行）→〔遷〕平南（3）・武衛（従3）・銀青光禄大夫（3）→仮安北・幽州大都督[c]→〔授〕司徒左長史（従3）、銀青如故、仍平南之号→〔除〕安西（3）・唐州刺史→〔改授〕秦州刺史、仍本号

註a：墓誌では「転太僕卿、冠軍将軍、宗正卿」とし、正光4年（523）に葬られた妻司馬氏の墓誌（校5-196）にも大宗正卿とするが、伝の「歴太僕・宗正少卿、加冠軍将軍」の方が正確であると考える。次の光禄卿も伝の光禄少卿が正確であろう。「加」は伝による。

註b：行徐州事、行南兗州事の時は正規の将軍号冠軍を保持していたであろう。

註c：墓誌は「遷」から幽州大都督までを一括して記している。伝によれば武衛就任の後に杜洛周を討伐しており、大都督とはこの時のことを指すから、分けるべきである。

21　元端（21上、校6-193）

〔起家〕散騎侍郎（5上）→〔為〕通直常侍（4）・鴻臚少卿（4上）→〔除〕太常少卿（4上）・常侍如故(a)→〔遷〕散騎常侍（従3）(b)→〔為〕安東（3）・青州刺史（3）→〔為〕度支・都官二曹尚書（3）(c)→〔除為〕撫軍（従2）・兗州刺史→〔遷〕散騎常侍・鎮軍（従2）・金紫光禄大夫（従2）(d)

註a：墓誌は太常卿（3）とする。太常少卿元端の記事は『魏書』礼志などに散見する。なお、太常少卿は鴻臚少卿より上位に置かれる。

註b：墓誌は「除太常（少）卿、（通直）常侍如故、……又遷散騎常侍・安東将軍・都督青州諸軍事・青州刺史」とするが、伝は「累遷……散騎常侍、出為安東将軍・青州刺史」とある。散騎常侍を維持したまま刺史として赴任したと解釈しておく。

註c：列曹尚書は安東の下位にあり、安東を維持したと考えられる。

註d：青州刺史以後の官歴は墓誌と伝で大きく異なる。伝では撫軍・金紫光禄大夫・東南道大使、次に鎮軍・兗州刺史となり、都官尚書で没したという。度支尚書就任の記載はない。大使となったのは梁軍の侵攻に対処するためであり、そのまま刺史となったことを伝は記す。墓誌も兗州刺史として梁軍に対処して活躍したことを詳細に記す。しかし、元端の活躍を裏付ける記載は『魏書』などには見られない。ここでは墓誌の記載に従っておく。なお、遷転上から言えば、尚書の時に墓誌では安東を帯びていたが、伝の場合だと鎮軍を帯びていたかという違いが生じる。

22　元讞（21上、校6-196）

〔為〕羽林監（６）→〔転〕司徒主簿（６上）→〔遷〕通直散騎侍郎（従５上）[a]→〔除〕中堅（従４上）・宗正（少）卿（４上）[b]→〔辟〕散騎常侍（従３）→〔加〕左（３）・太中大夫（従３）、常侍如故

註ａ：伝では正員郎つまり散騎侍郎（５上）となっている。これでも昇進過程としては問題にはならない。

註ｂ：墓誌では卿とあるが、次の昇進が散騎常侍であることから考えると、正３品の宗正卿ではなく、宗正少卿が正規の任命であって、それを卿と表現したということであろう。ただし、そのように考えても、将軍号が低い。この点については第２章でふれたように説明困難である。

23　元略（19下、校6-205）

員外郎（７上）→〔稍遷〕羽林監（６）→通直常侍（４）[a]→〔転〕給事黄門侍郎（４上）、加冠軍（従３）→〔黜〕懐朔鎮副将[b]→（梁に亡命→帰国）→〔義陽王〕、〔除〕侍中（３）→〔封〕東平王、〔拝〕左光禄大夫（２）・儀同三司（従１）、領左衛（３）、加車騎大（従１）、侍中（３）如故[c]→〔遷〕驃騎大（従１）・儀同三司（従１）、領国子祭酒（従３）→〔陟〕尚書令（２）[d]

註ａ：墓誌では員外常侍（５上）で釈褐と記すが、伝では員外郎を初見官とする。皇子の孫であるが、始蕃王の第４子である人物の起家官としては高すぎるので、伝の伝えるところが正しいであろう。拙稿「北魏の宗室」（『魏晋南北朝官僚制研究』汲古書院、2003）参照。また墓誌では次が通直常侍となっているが、伝に「自員外郎、稍遷羽林監・通直散騎常侍・冠軍将軍・給事黄門侍郎」とあるので、羽林監を挟んだと考えられる。伝の「稍遷」の語は複数の官職にかかっているが、このような書き方は他にもあり、35元爽は伝には「稍遷給事黄門侍郎、金紫光禄大夫」とあるが、墓誌によれば「除給事黄門侍郎、……除散騎常侍・征東将軍・金紫光禄大夫」となっている。なお、羽林監と通直常侍を同時任命と考えると、あまりにも官品差の大きい官職を同時に受けたことになり、その可能性は低いと考える。

註ｂ：墓誌には元乂によって左遷された鎮副将は省かれている。将軍号は維持した可能性がある。

註ｃ：墓誌は義陽王を記さず、侍中を次の任官の時に合わせて記す。ここは伝に従う。伝ではさらに左光禄大夫（従２）・儀同三司も与えられていて、これは本紀で確認できる。

註ｄ：伝では大将軍となっているが、校勘記も言うようにこれは驃騎大であろう。儀同三司も維持していたことは、河陰の変における死をこの官で記していることでわかる。

24　元湛（19下、校6-209）

〔起家〕秘書著作郎（７）→〔除〕司空任城王騎兵参軍（従６）→〔補〕尚書左士郎（６）→〔遷〕左軍（従４上）→〔除〕中書侍郎（従４上）→〔勅〕兼吏部郎（４上）→〔遷〕前（３）・通直常侍（４）→〔除〕廷尉少卿（４上）[a]→〔拝〕（廷尉）正卿（３）

註ａ：廷尉少卿の時には前将軍を維持したと考えられる。

25　元廞（19下、校6-212）[a]

〔為〕員外郎（７上）→〔為〕騎兵参軍（？）→復本任、加襄威（従６上）→〔遷〕員外常侍（５上）→十州都将→〔遷〕輔国（従３）・通直常侍（４）

註ａ：伝は字の義興のみで諱を記さない。

26　元子正（21下、校6-225）

〔除〕散騎侍郎（５上）（不拝）→〔改〕中書（侍郎）（従４上）→〔転〕太常少卿（４上）→〔王〕、〔除〕侍中（３）・驃騎大（従１）・司徒公（１）、領尚書令

27　元欽（19上、校6-238）

→〔除〕司徒右長史（４上）→〔為〕輔国（従３）・吏部郎中（４上）→〔授〕散騎常侍（従３）・黄門侍郎（４上）→〔除〕大鴻臚（３）→〔授〕度支尚書（３）→〔転〕大宗正卿（３）・七兵尚書（３）→〔加〕撫軍（従２）、仍尚書→［母の喪］→〔除〕鎮南（従２）・金紫光禄大夫（従２）→〔遷〕衛大（２）・中書監（従２）→〔除〕尚書右僕射（従２）、加車騎大（従１）・儀同三司（従１）→〔授〕宗師・侍中・尚書左僕射・驃騎大（従１）、仍儀同→〔為〕大将軍・二道都督→〔除〕司州牧（従２）、仍驃騎・儀同三司→〔授〕侍中（３）・特進（２）・左光禄大夫（２）[a]→〔除〕侍中・司空（１）

註ａ：病気が理由である。

28　元澄（16、校6-261）

→〔除〕宣威（６上）・給事中（従６上）[a]→〔為〕鎮遠（４）・司徒掾（従５上）→〔除〕冠軍（従３）・太僕少卿（４上）→〔除〕右（３）・東秦州刺史→〔授〕安西（３）・北華州刺史[b]

註ａ：太和21年に太尉参軍事となっていて、その次の任官である。

註ｂ：伝では安西・東秦州刺史。

29　元継（16、校6-272）[a]

→〔除〕征虜（従３）・青州刺史（３）[b]→〔転〕平北（３）・恒州刺史→〔為〕度支尚書（３）→〔免官爵〕→〔為〕平東→（王爵に復帰）〔復〕（度支）尚書（３）[c]→〔除〕侍中（３）・領軍（従２）→〔除〕特進（２）・驃

騎（２）、侍中・領軍如故→〔加〕侍中・驃騎大（従１）・儀同三司、特進・領軍如故→〔遷〕司空公（１）、侍中如故→〔転〕司徒公（１）、仍加侍中→〔転〕太保（１）、侍中如故→〔転〕太傅（１）、侍中如故→〔除〕侍中・太師（１）・大将軍（１）・録尚書事・大都督→〔転〕太尉公（１）、侍中・太師・録尚書・都督如故→〔廃〕→〔為〕太師・司州牧

註ａ：墓誌は官歴を一括表記している。点線を附してそれを示す。遷転は伝の記載による。

註ｂ：高祖の時に安北・鎮北将軍を経歴している。

註ｃ：四平より尚書は上位にあるので、尚書の時は将軍号をもたなかったと考えられる。その後免官があったので、四平→尚書という過程をやり直したのである。従って実質的な遷転は四平→尚書の１度である。

30　元天穆（14、校6-324）

〔起家〕員外散騎侍郎（７上）→〔除〕員外散騎常侍（５上）・嘗食典御→領太尉掾（従５上）→充西北道行台〔除〕征虜（従３）・并州刺史→〔加〕安北（３）、仮撫軍（従２）兼尚書行台→〔王〕〔除〕太尉公（１）→〔仍除〕侍中（３）・兼領軍（従２）・驃騎大（従１）・京畿大都督→東北道諸軍事、（京畿）大都督・本官如故→〔加〕録尚書事、本官如故→〔除〕世襲并州刺史、本官・王如故(a)→〔為〕行台・大都督→〔遷〕太宰（１）

註ａ：この箇所、伝では「録尚書事・開府・世襲并州刺史」と記し、孝荘紀では「為大将軍・開府・世襲并州刺史」とする。伝は別々の任官をまとめて記したのであるが、本紀の大将軍はどういう意味があるのであろうか。州刺史として必要な将軍号が大将軍であるということであろう。太尉より上位に置かれている故に、その次に太宰に任命する際に本紀は「大将軍元天穆」と表記している。

31　元延明（20、校6-372）

〔王〕→〔起家〕太中大夫（従３）→〔除〕征虜（従３）・予州刺史（従３）→〔加〕散騎常侍（従３）→〔除〕左（３）・徐州刺史→〔除〕右（３）・雍州刺史（不行）→〔拝〕廷尉卿（３）、将軍如故(a)→〔除〕前（３）・給事黄門侍郎（４上）→〔除〕秘書監（３）・平南（３）、仍黄門→中書令（３）、并仍黄門(b)→〔除〕侍中（３）・安南（３）→〔除〕鎮南（従２）、仍侍中→〔除〕衛（２）、仍侍中、領国子祭酒（従３）→以本官兼尚書右僕射（従２）→〔除〕衛大（２）・東道僕射大行台、本官如故→以本大行台本官、行徐州事→〔除〕本将軍・徐州刺史、侍中・大行台僕射如故→〔除〕本将軍・雍州刺史→〔除〕徐州刺史、仍侍中・本将軍→［加］驃騎大（従１）・儀同三司（従１）→〔除〕侍中・驃騎大・開府儀同三司・領国子祭酒・兼尚書令（２）→〔除〕大司馬（１）

註ａ：廷尉卿とすると将軍号が低いので廷尉少卿の可能性が高い。このことについては第２章参照。

註ｂ：秘書監より并仍黄門まで一括表記となっている。「并」とあるから、秘書監と中書令は同時就任ではなく、両職の時にいずれも黄門であったのである。とすれば平南はどちらに付くか。前後左右＜秘書監＜四平＜中書令の順序である。秘書監は前将軍より上位であるから、平南を加え、中書令は平南より上位であるから、平南は省かれたと考えたい。

32　元頊（21上、校6-377）

〔起家〕通直侍郎（従５上）、加朱衣直閤→〔転〕正員郎（＝散騎侍郎）（５上）→〔移〕中書侍郎（従４上）→〔遷〕武衛（従３）→〔徙〕光禄卿（３）(a)→〔転〕給事黄門侍郎（４上）、仍（光禄）卿→〔遷〕平北（３）・相州刺史（３）(b)→〔為〕中軍（従２）・大宗正卿（３）→仍本将軍〔授〕給事黄門侍郎（４上）→〔遷〕侍中（３）・車騎（２）・左光禄大夫（２）(c)→〔封王〕→〔転〕中書監（従２）・本将軍→〔復〕侍中（３）・尚書左僕射（従２）(d)→〔拝〕車騎大（従１）、加侍中(e)

註ａ：伝では光禄少卿（４上）となっているが、武衛の下位になるので、正卿と考える。

註ｂ：ここでは格下げとなっている。故に次には大幅な上昇となったと考える。第２章参照。

註ｃ：伝では侍中・車騎、封王となっているが、本紀では黄門郎から王となったとある。侍中車騎は封王に伴う任官である。なお、伝には左光禄大夫任官は中書監就任の時となっている。

註ｄ：車騎を維持していたと考えられる。

註ｅ：墓誌には車騎大、侍中の記載なし。

33　元恭(a)（19下、校6-399）

〔除〕揚州別駕、加襄威（従６上）→〔為〕司徒主簿（６上）→〔俄遷〕中書侍郎（従４上）→〔授〕北中郎将（従３）→〔除〕左（３）・東徐州刺史（不拝）→〔除〕安東（３）・大司農（３）→〔除〕中軍（従２）・東荊州刺史(b)→〔除〕鎮西（従２）・兼尚書左僕射（従２）西北道大行台・晋州刺史(c)

註ａ：字は顕恭。伝では諱を顕恭、字を懐忠としている。

註ｂ：伝では荊州刺史であるが、本紀では東荊州。

註ｃ：墓誌では将軍号と刺史を欠いている。

34　元粛（19下、校7-45）

〔起家〕兗州平東府録事参軍（７上）(a)→〔転〕徐州安東府録事参軍（７上）→〔特除〕給事中（従６上）→〔補〕直寝→〔遷〕直閤将軍(b)→〔王〕→〔除〕散騎常侍（従３）→〔除〕後（３）・広州刺史→〔除〕衛（２）・肆州刺史・常侍故如→〔除〕侍中（３）・太師（１）・録尚書事→(c)〔除〕驃騎大（従１）・東南道大行台・青州刺史（不行）→〔除〕太師

註ａ：伝では員外散騎侍郎（７上）で起家したとする。

註ｂ：墓誌では直閤とのみ記すが、本紀では直閤将軍から王に封ぜられたとあるので、それに従う。
註ｃ：墓誌は前後を一括表記するが、伝により分割する。なお墓誌は将軍号不記。

35　元爽（16、校7-68）

〔起家〕員外郎（７上）[a]→〔遷〕秘書郎（７）→尚書起部郎（６）・加軽車（従５）[b]→〔転〕寧朔（従４）、郎中仍本→〔除〕給事黄門侍郎（４上）・加平東（３）→〔除〕散騎常侍（従３）・征東（２）・金紫光禄大夫（従２）・領直長→〔遷〕衛（２）・領左右、余故如

註ａ：伝では次の秘書郎を起家官としている。
註ｂ：墓誌の「遷秘書郎中・尚書起部郎、加軽車将軍」は分割して理解すべきであろう。

36　元誕（21上、校7-163）

〔起家〕通直侍郎（従５上）→〔遷〕中書侍郎（従４上）→〔遷〕通直常侍（４）、加竜驤（従３）→〔王〕→〔加〕征虜（従３）→〔遷〕平東（３）・給事黄門侍郎（４上）・加散騎常侍（従３）→〔遷〕征東（２）、黄門・常侍如故→〔遷〕衛（２）・侍中（３）→（東魏）

37　元鷙（14、校7-277）

→〔転〕直寝→〔拝〕直閤将軍[a]→〔拝〕左軍（従４上）、直閤如故→〔除〕竜驤（従３）・武衛（従３）[b]→〔除〕散騎常侍（従３）・巡撫六鎮大使→〔除〕銀青光禄大夫（３）、武衛如故→〔除〕金紫光禄大夫（従２）→〔除〕撫軍（従２）・柔玄鎮大将→〔除〕北中郎将（従３）、将軍如故→〔除〕征北（２）・護軍（従２）・領左衛

（３）→以本官〔除〕領軍（従２）・京畿都督(c)→〔除〕衛（２）、本官如故→〔拝〕車騎大（従１）・儀同三司（従１）・中軍大都督・改封華山王、護軍・領軍如故→〔除〕散騎常侍・驃騎大（従１）、儀同三司・王・余官如故→〔除〕本将軍・加開府・徐州刺史・侍中、王如故→（東魏）

註ａ：「拝直閤将軍故如」とあるが、将軍号の記載はこの前にない。何らかの誤りがあると考えられる。
註ｂ：同じ従３であるが、武衛の方が外号将軍の竜驤より上位にある。
註ｃ：伝では畿部都督。この京畿は洛陽を中心とする地域である。

38　元均（16、校7-382）
→〔為〕関右大使(a)→〔拝〕員外常侍（５上）・寧朔（従４）→〔転〕冠軍（従３）→〔為〕関中大都督(b)→〔除〕征虜（従３）・通直常侍（４）→〔加〕散騎常侍（従３）・安東（３）(c)

註ａ：永安２年（529）に52歳で没している。「弱冠」の年と記載される前に員外郎に就任しているが、これは太和期となる。
註ｂ：冠軍を維持していたと考えられる。
註ｃ：伝では平東となっている。これでも散騎常侍よりは上位であるが、孝荘帝即位に際しての功績を評価されての任命であるので、安東が正しいであろう。

41　寇猛（93、校4-68）(a)
→〔為〕歩兵校尉（５）・千牛備身→〔歴転至〕武衛（従３）・燕州大中正

註ａ：墓誌は標題に官歴を記す。一括表記であるが、伝と照合すれば、官歴が判明する。

42　司馬悦（37、校4-155）

→〔除〕鎮遠（4）・予州刺史→〔為〕征虜（従3）・郢州刺史→〔為〕征虜(a)・予州刺史

註a：伝では本将軍。

43　楊播（58、校4-307）

→兼侍中（3）、大使→〔転〕左衛（3）、本官（＝平北（3）・太府卿（3））如故→〔為〕安北（3）・并州刺史（固辞）→〔為〕安西・華州刺史→〔授〕安北・定州刺史→［除名］

44　王紹（63、校4-286）

〔起家〕太子洗馬（従5上）(a)→〔転〕員外常侍（5上）→〔遷〕中書侍郎（従4上）

註a：宗室以外の起家官としては高すぎる。特例か。

45　羊祉（89、校4-317）

→〔為〕左軍（従4上）・将作都将(a)→〔為〕梁州軍司(b)→兼給事黄門侍郎（4上）→竜驤（従3）・益州刺史→〔為〕梁秦二州刺史、将軍如故→〔転〕征虜（従3）→〔免官〕→〔徴〕仮平南（3）・光禄大夫（3）→〔加〕平北(c)

註a：墓誌には将作都将の記載はない。

註b：墓誌は梁州軍司とは明示しないが、軍司として武興の氐を討ったとあるから梁州とわかる。次の兼官の時とともに左軍を維持したと考えられる。

註 c ：墓誌では平南に「仮」字はない。しかし没後の詔では「新除平北将軍」とあるので、平南の時には仮であって、その後正規の四平将軍になったと考えてよい。詔によれば、死の段階では光禄大夫であったことが確認できる。

46　崔敬邕（57、校4-361）

→〔母の喪〕→〔為〕左中郎将（従 4 ）・大都督府長史（ 5 上）(a)→〔授〕竜驤（従 3 ）・太府少卿（ 4 上）→〔除〕営州刺史、将軍如故→〔為〕征虜（従 3 ）・太中大夫（従 3 ）

註 a ：中山王英の都督府である。

47　辛祥（45、校5-63）

→〔転〕并州平北府司馬（従 5 上）(a)→行并州事→〔遷〕郢州竜驤府長史（ 6 上）、帯義陽太守→行郢州事→〔遷〕華州安定王征虜府長史（従 4 上）(b)

註 a ：この前には并州府属となっているが、府主元丕の経歴から高祖期であると考えられる。なお、墓誌には平北司馬の記載はない。

註 b ：安定王休の爵を継いだ元燮が征虜・華州刺史となっている。始蕃王の長史であるので、従 4 上となる。その前の郢州竜驤府長史の官品が格下げとなっていたので、この任官で補った可能性がある。第 2 章参照。

48　司馬昞（37、校5-96）

〔為〕奉朝請（従 7 ）→牧王主簿（ 7 ？）→員外郎（ 7 上）→給事中（従 6 上）(a)→竜驤府上佐（ 6 上）(b)→〔遷〕揚州車騎府長史（従 4 上）(c)、帯梁郡太守→〔授〕清河太守（ 4 か）

註ａ：以上を墓誌は一括表記しているが、兼任を示す表現もなく、このように昇進したと考えてよいと思われる。牧王主簿は、王であった州刺史の主簿の意であろう。始蕃王、二蕃王の主簿であれば正７に当たる。

註ｂ：竜驤将軍の長史・司馬は正６品上である。

註ｃ：伝では驃騎府長史（従４上)。妻孟敬訓は延昌３年に死去したが、彼女の墓誌（校4-250）によると、その時昞は揚州長史であった。その段階での揚州刺史は李崇ということになるが、彼は車騎将軍であった。驃騎と車騎は同じ官品であり、いずれにしても長史の官品は変わらない。墓誌は車騎大とするが、車騎が正しいと考える。

49　劉道斌（79、『河北』214）

→〔除〕謁者僕射（６上）→〔転〕歩兵校尉（５)、広武（従４)・領中書舎人（６)[a]→〔加〕広威（従４)・行河北郡事→〔除〕武邑太守→〔除〕右（３)・太中大夫（従３）→〔遷〕本将軍・恒農太守→〔授〕右・岐州刺史

註ａ：墓誌は謁者から中書舎人まで一括表記。

50　李遵（39、校5-324）

→〔除〕員外郎（７上)[a]→〔転〕相州治中[b]→〔除〕相州別駕→〔拝〕奉車都尉（従５上）→〔出補〕冀州征北大将軍府長史（従４上)、加中塁（従４上）→〔除〕冀州安東府上僚[c]→〔遷〕司空司馬（４上）

註ａ：高陽王雍の法曹行参軍となっているが、遷都後のことで、さらに服喪を経ている。故にこの官職からを世宗期と判断する。

註ｂ：伝では別駕の前に相州治中となったとある。員外侍郎就任を記さないが、員外郎より下位とは考えられず、ここに置いた。

註ｃ：長史もしくは司馬であろう。従５上であるが、中塁を維持したと考えられる。

51　賈思伯（72、校5-370）[a]

→〔除〕輔国（従３）→〔為〕任城王軍司→〔為〕河内太守（不拝）→〔改授〕鴻臚少卿（4上）[b]→〔母の喪〕→〔除〕滎陽太守→〔授〕征虜（従３）・南青州刺史→〔父の喪〕→〔除〕征虜・光禄少卿（４上）[c]→〔遷〕右（３）・兗州刺史→〔徴〕給事黄門侍郎（４上）[d]→〔免〕→〔転〕右（３）・涼州刺史（未拝）→〔転〕太尉長史（従３）→〔遷〕安東（３）・廷尉卿（３）→〔転〕衛尉卿（３）→〔遷〕太常卿（３）・兼度支尚書（３）→〔転〕殿中尚書（３）[e]

註ａ：神亀２年に兗州刺史としての治績を頌えられた碑もあり、校5-17に載せられている。

註ｂ：輔国を維持したと考えられる。前後の太守の時も同じ。本墓誌は維持した場合の将軍号は１例を除き記載していない。

註ｃ：墓誌には光禄少卿、将軍号ともに不記載。ここは碑の記載を採用した。伝は少卿・将軍号ともに記載。

註ｄ：右将軍を維持したであろう。後の太尉長史も同じ。

註ｅ：伝では正都官（尚書）となっている。衛尉・太常卿・殿中尚書の時は安東を維持したであろう。

52　崔鴻（67、校6-30）[a]

→〔遷〕員外郎（７上）・兼尚書虞曹郎中（６）→〔遷〕給事中（従６上）・兼（尚書）祠部郎→〔転〕尚書都兵郎中（６）→〔為〕行台鎮南長史[b]→〔徙〕尚書三公郎中（６）・加軽車（従５）→〔遷〕員外常侍（５上）、領郎中→〔父の喪〕→〔復〕本官→〔加〕中堅（従４上）、常侍・領郎如故→〔遷〕中散大夫（４）・高陽王友（５上）、領郎→〔為〕司徒右長史（４上）→〔加〕前（３）→〔拝〕給事黄門侍郎（４上）→〔尋加〕散騎常侍（従３）[c]

註ａ：墓誌よりも伝の方が記載内容が豊富である。よって伝の記載を中心とする。墓誌は点線で示す官職しか記載していない。

註ｂ：この時の行台邢巒は仮鎮南将軍であった。正規の２品将軍ではない。従って長史も正規の５品上ではなかった可能性がある。

註ｃ：子の崔子元（『魏書』67）の上奏文に「臣亡考故散騎常侍・給事黄門侍郎・前将軍・斉州大中正鴻」とある。前将軍は黄門侍郎の時にも保持されていたのである。なお前は正光５年、黄門侍郎は孝昌元年の授与。

53　侯剛（93、校6-36）[a]

→①〔除〕奉車都尉（従５上）→②右中郎将（従４）・領刀剣左右・加游撃（４上）→③城門校尉（４上）[b]→④〔遷〕武衛（従３）・通直常侍（４下）、仍領（嘗食）典御[c]→⑤〔進〕右衛（３）→⑥以本官（＝右衛）領太子中庶子（４上）→⑦〔除〕衛尉卿（３）・散騎常侍（従３）→⑧〔為〕侍中（３）・撫軍（従２）→⑨〔遷〕衛（２）・侍中[d]→⑩〔除〕左衛（３）、余官如故→⑪〔解〕（嘗食）典御→⑫〔加〕散騎常侍[e]→⑬〔遷〕車騎（２）・御史中尉（従３）、常侍・衛尉如故[f]→⑭〔為〕侍中・左衛、還領尚食典御[g]→⑮〔加〕車騎大（従１）・領左右→⑯〔加〕儀同三司（従１）→⑰〔拝〕御史中尉、余官如故→⑱〔拝〕領軍（従２）、加侍中、車騎・儀同・中尉如故→⑲本将軍・冀州刺史、儀同如故→⑳征虜[h]

註ａ：説明の便宜のため、遷官ごとに丸数字を付す。

註ｂ：②③は墓誌は不記載。伝は①②③を「稍遷」として一括するが、墓誌により明らかに①は別時の任命である。また城門校尉は加官である游撃より同じ４上でも上位にあるから、③は②からの昇進と考える。

註ｃ：伝には通直常侍の前に「加」字がある。典御は墓誌には不記載であるが、太和年間からこの官職を維持し続けている。

註ｄ：墓誌は⑧⑨を一括表記するが、伝により⑨はその後の任命として扱う。⑨は撫軍から遷ったのであり、加官である。

註ｅ：⑩⑪⑫は墓誌には不記載。⑩の後、侯剛は罪に問われ、30年近く続けて任ぜられてきた嘗食典御の職を解かれた。散騎常侍を加えられたのは、侍中も解かれていたためであろうか。

註f：衛尉は⑦で就任して以後、ずっとその職を維持してきていたということであろう。なお、墓誌では常侍・衛尉のことは⑦で記してここでは不記載。

註g：墓誌は侍中・左衛就任を「復入居常伯、還領禁戎」と記す。典御のことは不記載。なお、⑭の時、車騎は保持していたと考えられる。

註h：政変による左遷である。

54　于景（31、校6-55）

司州主簿（従7）→〔解褐〕積射（7上）・直後→（父死去）→〔復起〕歩兵校尉（5）、領治書侍御史（6上）(a)→〔除〕寧朔（従4）・直寝・恒州大中正→〔為〕寧朔・薄骨律高平二鎮将→〔為〕武衛（従3）→〔黜為〕征虜（従3）・懐荒鎮将(b)

註a：伝は「自司州従事、稍遷歩兵校尉・寧朔将軍・高平鎮将」とする。

註b：武衛より征虜の方が上位である。この「黜」は、中央の武官から鎮に出されたことを表現しているのであろう。権臣元乂の排除を企てたことに対する措置である。

55　寇治（42、校6-65）

→〔徙〕洛陽令（従5）(a)→〔転〕歩兵校尉（5）→〔授〕建威（従4）・魯陽太守→［父の喪］→〔起〕前軍（従4上）(b)→〔遷〕鎮遠（4）・東荊州刺史→〔拝〕竜驤（従3）→〔授〕征虜（従3）→［免官］→〔除〕将作大匠（従3）→〔除〕前（3）・東荊州刺史→〔母の喪〕→〔除〕前・河州刺史→〔免官〕→〔遷〕兼廷尉（3）・兼度支尚書（3）(c)→遷鎮南（従2）・金紫光禄大夫（従2）・行台尚書

註ａ：19歳で州主簿となっているが、これは太和12年と計算される。釈褐の官も中散であるから、太和年間。その後冠軍長史、太子翼軍校尉、洛陽令を歴任するが、いつから世宗期に入るのか判然としない。ただ、「帝郷」と洛陽を表現しているので、就任が遷都後であることは確かである。もっとも世宗期であるかどうかはやはり判断できないが、その後の遷転と年数を考慮して、洛陽令から世宗期と考えておく。なお太子翊軍校尉は太和後令では従５だが洛陽令より上位に置かれている。ただし太和中令では上下関係が異なっていた可能性はある。

註ｂ：墓誌は正３品の前将軍とするが、その後の将軍号授与を見れば、前将軍はありえない。前軍の誤りであろう。

註ｃ：墓誌には「兼」字はない。ただ、河州刺史の時、反乱に際会し、また城民に貪状を訴えられ、赦によって免れはしたが、次の廷尉への任官には「久之」とある。墓誌は忌諱してふれていないが、伝の記載が真実を伝えている可能性が高い。もっとも前将軍は奪われていた可能性がある。

56　楊鈞（58、『周書』22、『千唐』440[a]）

→〔転〕中塁（従４上）・*洛陽令*（従５）[b]→行河南尹[c]→〔除〕中山太守[d]→〔除〕司空長史（４上）[e]→〔除〕徐州刺史[f]→竜驤（従３）・東荊州刺史[g]→〔除〕征虜（従３）・廷尉少卿（４上）→〔除〕平北（３）・斉州刺史→〔母の喪〕→〔除〕*安北*（３）・*恒州刺史*→以本号〔除〕*廷尉卿*（３）→〔除〕撫軍（従２）・*懐朔鎮*大都督[h]→〔授〕撫軍・*七兵尚書*（３）・*北道大行台*

註ａ：『魏書』巻58の伝、『周書』巻22の伝、墓誌でかなり相違がある。堀井裕之「“北魏・楊鈞墓誌”の訳注と考察」（『駿台史学』144、2012）が略年譜を作成しているので、それを参照しつつ、筆者の判断を加える。なお『周書』にもある記載は斜体字とした。

註ｂ：伝に「為長水校尉、中塁将軍、洛陽令」とある。墓誌には長水校尉と中塁は不記載。長水校尉は太和後令では正５。この官を経ての洛陽令任命であるかどうか不明であるが、同時であるとしても、洛陽令とともに中塁より官品は低い。中塁を帯びていたはずである。

註ｃ：『周書』では河南尹の前に左中郎将（従４）を記す。行河南尹と同時の就任の可能性がある。その場合でも中塁は維持したであろう。

註ｄ：伝のみの記載。中塁を維持していたら従４、維持せず上郡であれば正４、いずれの可能性も考えられる。

註ｅ：伝では中山太守と徐州刺史の間に司徒左長史を記す。墓誌にはない。司空長史→司徒左長史の可能性はあるが、司徒左長史は従３で、後の竜驤の授与とは整合性に欠ける。伝のみの司徒左長史は司空長史の誤りであると判断する。

註ｆ：伝のみの記載。

註ｇ：伝では東荊州、墓誌では荊州となっている。これはいずれとも決定しがたい。上州である徐州の後に上州ではない東荊州刺史就任ということがまず問題となる。可能性はないわけではないが、恐らく徐州は東徐州の誤りであろう。東徐州の時の将軍号の記載はない。司空長史からの異動であるから、それより上位の将軍号となると、正４上にはないから従３品将軍となるはずで、その最下位は竜驤である。つまり東徐州・（東）荊州刺史の双方で将軍号は竜驤であったと考えられる。

註ｈ：伝は鎮将。

57　韋彧（45、校6-77）

→〔為〕太尉騎兵参軍（従６）(a)→〔為〕雍州治中→〔転〕別駕→［父の喪］→〔拝〕司空中郎（５）→〔俄〕司徒中郎（５上）・領司徒掾（従５上）→〔為〕大将軍中郎（５上）→〔拝〕散騎侍郎（５上）(b)→兼太常卿（３）→司徒諮議参軍（従４上）→平遠（４）・東予州刺史→〔詔〕大将軍征西府長史（従３）、〔除〕通直散騎常侍（４）・征虜（従３）(c)→本官・兼七兵尚書（３）・西道行台

註ａ：墓誌によれば広陽王嘉が奏して騎兵参軍となっている。元嘉が太尉となった記録はないので、この太尉は別人。或いは太尉が誤りか。次の雍州治中は任城王澄が刺史の時の就任であるが、澄は世宗時に雍州刺史となった。騎兵参軍を好まず官を去って、その後治中に就いていることから、騎兵参軍任命は世宗期であったと考える。

註ｂ：同一官品であるが、散騎侍郎は大将軍従事中郎より下位に置かれていて、格下げである。故に太常卿を兼任で与えられた。第２章参照。

註ｃ：墓誌では散騎常侍となっているが、伝では「遇大将軍京兆王継西征、請為長史、拝通直散騎常侍」となっており、長史となった段階で散騎常侍を与えられていると判断できるのであるが、従３の最上位の散騎常侍ではなく、４品の通直常侍を帯びたと考えられる。

58　宇文延（44、『聖殿』75）

〔釈褐〕奉朝請（従７）→〔為〕直後→〔遷〕員外侍郎（７上）[a]→〔父の喪〕→〔復本任〕→〔授〕建威（従４）西道別将→〔特除〕員外常侍（５上）[b]→〔遷〕直寝

註ａ：伝は員外常侍に誤る。

註ｂ：建威は維持していたであろう。

59　宇文善（44、『聖殿』74）

→〔転〕強弩（従７上）→威烈（７上）[a]→〔遷〕司空士曹参軍（従６）→〔転〕（司空）功曹参軍（６上）→〔遷〕（司空）掾（従５）、加寧遠（５上）→〔除〕寧朔（従４）・三門都将、仍領府掾→〔父の喪〕→〔除〕征虜（従３）・中散大夫（４）→〔遷〕後（３）・太中大夫（従３）→〔為〕北道都督[b]

註ａ：墓誌には「散騎、頻転武騎・強弩将軍・威烈将軍」とある。散騎と武騎常侍は太和前令には見えるが、後令にはない。強弩以下を世宗期以後と考えておく。

註ｂ：伝には平南（３）・光禄大夫（３）となったことを記すが墓誌には記載がない。北道都督の時に帯びた可能性があるが、ここでは墓誌に従い、北道都督の時は後将軍を維持していたとしておく。

60　辛穆（45、『七朝』24）

→〔転〕東荊州竜驤長史（６上）・帯西義陽太守[a]→〔除〕汝陽太守→〔遷〕中散大夫（４）→〔尋加〕竜驤（従３）→〔除〕平原相[b]→〔拝〕征虜（従３）・太中大夫（３）

註ａ：太和11年に秀才に挙げられている。いつから世宗期に入るか明言がないが、北魏が南斉から義陽を奪ったのが正始元年（504）であるので、その前後の就任であると考え、ここからを世宗期とする。

註ｂ：郡太守の官品は上郡でも正４。よって竜驤を保持していると考えられる。

61　王誦（63、校6-215）

〔解褐〕員外郎（７上）→司徒主簿（６上）→〔転〕司徒属（従５上）→〔遷〕司空諮議（従４）→通直常侍（４）・領汝南王友（５上）[a]→〔為〕司徒諮議（従４上）・加前（３）[b]→〔除〕光禄大夫（３）・司徒諮議如故[c]→〔解〕司徒諮議、領散騎常侍（従３）→以本官行幽州事→〔除〕左（３）・幽州刺史→〔為〕秘書監（３）[d]・兼度支尚書（３）→〔正除〕度支尚書（３）→〔為〕平南（３）・光禄大夫・給事黄門侍郎（４上）[e]→〔遷〕鎮軍（従２）・金紫光禄大夫（従２）、黄門如故

註ａ：伝では「自員外郎・司徒主簿転司徒属・司空諮議・通直常侍・汝南王友」とあり、後半は明らかに遷転を含む履歴を一括表記している。前半も２官を一括表記した可能性が高い。墓誌でも前半は「解褐員外散騎侍郎・司徒主簿、仍転～」とあって、２官を同時に受けたかの如き書き方になっているが、起家官が官品の異なる２官である事例はほとんどない。また正６の起家も高すぎる。２度の就任を併せて書いたと考えてよいだろう。また、墓誌の「遷司空諮議参軍・通直散騎常侍・領汝南王友」も、司空諮議→通直常侍・領汝南王友であった可能性が高い。第２章の記述参照。

註ｂ：伝は前軍（従４上）とあるが、司徒諮議より下位にあるので、加える意味がない。前が正しいであろう。

註ｃ：司徒諮議のみ「故如」とあるので、前将軍は省かれた可能性も考えられるが、左将軍に転ずるまで、前将軍を維持したとしておく。

註ｄ：伝は長兼秘書監とする。その場合は左将軍を維持していた可能性がある。

註ｅ：尚書→平南は格下げである。前註ｃを含め第２章参照。

62　源延伯（41、七朝28）

〔初為〕司空参軍事（７）→〔拝〕威遠（従５）・西征統軍→〔授〕竜驤（従３）・行夏州事→〔除〕諫議大夫（従４）・仮冠軍（従３）[a]・北討都督

註ａ：墓誌は仮字なし。伝に従う。竜驤が正規の将軍号で仮に冠軍を与えられたのである。

63　楊暐（58、校7-39）

→〔辟〕司徒西閤祭酒（７上）[a]→〔転〕司空外兵参軍（従６）→〔為〕相国従事中郎（５上か）→〔除〕直閣将軍・散騎侍郎（５上）、加中堅（従４上）→〔転〕嘗食典御・兼武衛→〔除〕冠軍（従３）・通直常侍（４）→〔除〕安南（３）・武衛（従３）、加散騎常侍

註ａ：太和末に奉朝請で起家した。その次の官職から世宗期と考えておく。

64　王翊（63、校6-258）

〔解褐〕秘書郎（７）→〔転〕員外侍郎（７上）→〔除〕襄威（従６上）→〔補〕司空主簿（６上）[a]→〔遷〕（司空）従事中郎（５）[b]→〔特除〕中書侍郎（従４上）、加鎮遠（４）→〔為〕清河王友（５上）、余官如故→〔除〕

左（3）・済州刺史→加平東（3）→行定州→〔除〕平南・散騎常侍（従3）→〔転〕安南（3）・銀青光禄大夫（3）、加散騎常侍→〔除〕鎮南（従2）・金紫光禄大夫（従2）、領国子祭酒、常侍故如

註a：襄威に除せられて司空主簿に転じたという可能性と、襄威・司空主簿に除せられた可能性とが考えられるが、前者であると考えておく。第2章参照。

註b：墓誌によれば「追申起家之屈」つまり起家官が低すぎたという理由づけがなされている。

65 爾朱紹（75、校6-281）[a]

〔起家〕寧朔（従4）・歩兵校尉（5）→〔遷〕撫軍（従2）・金紫光禄大夫（従2）、〔即除〕散騎常侍（従3）・左衛（3）→〔授〕侍中（3）→〔転拝〕御史中丞（従3）[b]

註a：字は承世。伝では爾朱世承となっている。

註b：伝では加侍中領御史中丞となっている。侍中の時とともに撫軍・金紫光禄は維持したのであろう。

66 穆紹（27、校6-339）

→〔除〕通直常侍（4）・高陽王友（5上）→〔父の喪〕→〔転〕散騎常侍（従3）・領主衣都統→〔授〕秘書監（3）→〔遷〕侍中（3）・金紫光禄大夫（従2）[a]→以本官（＝侍中）加撫軍（従2）・光禄卿（3）（未拝）→〔除〕衛（2）・中書監（従2）[b]→〔授〕衛（2）・太常卿（3）、侍中如故→〔授〕衛・冀州刺史→〔固辞、免官〕→〔復即〕本号（＝衛）・中書令（3）（不拝）→〔仍除〕殿中尚書（3）[c]→〔母の喪〕→〔除〕衛大（2）・左光禄大夫（2）、加散騎常侍（従3）[d]→〔授〕侍中・車騎大（従1）・儀同三司（従1）[e]→以本号（＝車騎大）〔為〕定州刺史・開府儀同三司（不行）→〔還除〕前任（＝侍中・車騎大）、加特進（従1）→〔拝〕尚書令（2）・

司空（１）→（元顥政権の）兗州刺史→〔除〕驃騎大（従１）・開府儀同三司・青州刺史

註ａ：秘書監以下を伝では「遷秘書監・侍中・金紫光禄大夫・光禄卿、又遷衛将軍・太常卿」と省略して記しているが、この中の金紫光禄大夫（従２）が墓誌に見えない。侍中の時に加えられた可能性を考えておきたい。

註ｂ：次の任官が「侍中故如」とあるから、この時も侍中であった。

註ｃ：衛将軍を維持している。なお、伝ではこの前に七兵尚書（３）就任を記す。その可能性はある。衛将軍を維持しているから遷転上の問題はない。

註ｄ：伝では衛大・左光禄大夫・中書監となっている。実は墓誌で衛・中書監となっている箇所は伝には記載がなく、中書監がここに記されている。その可能性もあるが、墓誌の記載に従っておく。どちらにしても遷転上の問題はない。

註ｅ：伝によると、先に侍中になり特進を加えられ、その後に儀同三司・領左右となっている。車騎大は刺史に任ぜられた時に初めて見える。特進は衛大将軍より下位に位置するから、その加官は実際にあったとしてもおかしくはないが、後述する侍中任官時の特進加官が間違ってここに付されたのではないか。墓誌の記載に従っておく。

67　楊椿（58、王慶衛(a)）

→〔降為〕寧朔（従４）・梁州刺史(b)→〔母老による解還〕→冠軍将軍（従３）・都督西征諸軍事・行梁州刺史(c)→兼征虜、持節招慰→〔拝〕光禄大夫（３）、仮平西（３）・督征討諸軍事(d)→〔為〕別将→〔入〕太僕卿（３）、加安東（３）(e)→〔除〕安北（３）・朔州刺史(f)→加撫軍（従２）・〔入除〕都官尚書（３）→以本将軍〔除〕定州刺史→〔除名〕→〔除〕輔国（従３）・南秦州刺史→〔転授〕岐州刺史→〔除〕撫軍・衛尉卿(g)→〔転〕左衛（３）・領右衛(h)→征西（２）・兼尚書僕射（従２）（不行）→〔加〕衛（２）→〔除〕本将軍・雍州刺史→〔進号〕車騎大（従１）・侍中・開府儀同三司→以本官加侍中兼尚書右僕射〔為〕行台→〔除〕本将軍・開府儀同三司・雍州刺史・討蜀大都督→〔除〕司徒公（１）→〔拝〕太保（１）・侍中（３）

註a：王慶衛（「新見北魏《楊椿墓誌》考」（『出土文献研究』８、2007）。遷転については同論文参照。

註b：墓誌は将軍号を記さない。その前には冠軍・済州刺史であったが、免官された。そのため降格されたのである。

註c：墓誌は平西・梁州刺史。本紀景明４年条は行梁州事のみ。

註d：墓誌は銀青光禄大夫とのみ。本紀正始２年条は「詔光禄大夫楊椿仮平西将軍、率衆以討之」とある。

註e：墓誌は安東を記載しない。以上、墓誌と伝では食い違いが大きいが、それはもっぱら墓誌の将軍号の扱いによる。寧朔に降る前の将軍号は冠軍（従３）であった。その後免官になったが、不名誉であるので、墓誌には記さない。復活した段階で将軍号が下がる。免官を記さなかったから降格の理由がなくなるので、墓誌は梁州刺史だけを記す。こうするとその前の冠軍を維持したままであると読む者は理解するので不名誉にはならない。母老による離職の後に復帰した際の将軍号冠軍は免官前と同じなので、これも書けない。冠軍より上位の平西は、次に仮されるので、虚偽にはならない。よって梁州刺史の際の将軍号は平西と墓誌は記したのである。c、dで示したようにこの時の椿の官職は本紀によって確認できるが、伝に一致する。次の太僕の場合は安東としても何の問題もないのに墓誌は記載しない。この理由は不明である。

註f：伝は平西となっているが、これは明らかに誤りである。

註g：除名以後ここまで、再度墓誌は将軍号について糊塗行為を行う。除名処分を受けたことと、従２の撫軍から従３品将軍に降されたことを墓誌は記さない。したがって衛尉になったときに加えられた撫軍も書かない。それより上位の将軍に任命されて初めて将軍号を墓誌は記す。

註h：撫軍を維持していたと考えられる。

68　楊津（58、王慶衛・王煊[(a)]）

→〔遷〕長水校尉（５）、仍直閤→〔拝〕左中郎将（従４）[(b)]→〔遷〕驍騎（４上）、仍直閤→〔除〕征虜（従３）・岐州刺史→〔母の喪〕→〔起〕右（３）・華州刺史→〔除〕北中郎将（従３）・帯河内太守[(c)]→〔転〕平北（３）・

肆州刺史→〔転〕并州刺史、将軍如故→〔拝〕右衛（3）→〔加〕散騎常侍（従3）→以本官行定州事[d]→〔加〕安北（3）・北道大都督・右衛→〔転〕左衛・加撫軍（従2）→〔除〕衛尉卿（3）、征官如故→〔加〕鎮軍（従2）・討虜都督・兼吏部尚書・北道行台→〔加〕衛（2）[e]→本将軍・荊州刺史、加散騎常侍（不行）→兼吏部尚書（3）→〔除〕車騎（2）・左光禄大夫（2）・仍吏部→〔為〕中軍大都督・兼領軍将軍（3）→〔為〕司空（1）、加侍中（3）→〔為〕驃騎大（従1）・兼尚書令・并州刺史・北道大行台、侍中・司空如故

註a：王慶衛・王煊「新見北魏《楊津墓誌》考」（『碑林集刊』14、2009）。伝の方が詳細なので、伝によって遷転過程を記し、墓誌に記載のあるものには下に点線を付す。

註b：墓誌は「加驍騎将軍、尋除左中郎将」となっている。長水校尉→左中郎将→驍騎と地位が上昇し、その間一貫して直閤であったとする伝の記載に従う。なお、左中郎将となったのは、景明2年（501）の咸陽王禧の謀反事件の後である。

註c：右将軍を維持していたと考えられる。

註d：ここまで四平を維持していたと考えられる。

註e：行定州事以下衛までは定州城に入って葛栄らの包囲攻撃を防いだ時の官職の変化である。墓誌では安北・行定州刺史→撫軍・左衛→衛尉卿→鎮軍・定州刺史→衛とやや簡略化している。墓誌では正規の刺史になったとあり、その可能性はある。ただし楊津の地位は鎮軍で示されているので、特にこだわらないでおく。

69　楊昱（58、校7-7）

〔起家〕広平王左常侍（従7）→〔為〕太学博士（従7）[a]→〔転〕員外郎（7上）→領太子詹事丞、加宣威（6上）・給事中（従6上）[b]→〔辟〕太尉掾（従5上）・帯中書舎人（6）→〔除〕揚烈（5上）・済陰内史→〔除〕征虜（従3）・中書侍郎（従4上）→〔遷〕給事黄門侍郎（4上）→〔免官〕[c]→〔除〕征虜・涇州刺史→〔徴〕吏部郎中（4上）→〔転〕武衛（従3）→〔転〕北中郎将（従3）、加安東（3）・銀青光禄大夫（3）[d]→〔除〕

撫軍（従2）・度支尚書（3）(e)→〔除〕散騎常侍（従3）・徐州刺史（3）→鎮東（従2）・東南道都督→〔除〕
征東（2）・右光禄大夫（2）・南道大都督(f)→〔除名〕→〔遷〕車騎（2）・兼右僕射・東南道行台(g)

註a：16歳であるから太和17年（493）のこととなるが、皇子常侍に起家したと墓誌は記す。この皇子は伝によれば広平王懐であり、彼は本紀の記載では太和21年の封王。墓誌の年齢記載に誤りがあることになる。正始年間に広平王の国官であったことは伝で確認できる。故に世宗期の任官に含めた。なお、太学博士は王国常侍より上位に置かれる。

註b：伝では「以本官帯詹事丞」となっていて、員外郎が本官であったようである。員外郎ではあまりに官位が低いので、宣威・給事中を加官したのであろう。

註c：免官の記載は墓誌にはない。なお、黄門郎の時は征虜を保持していたであろう。また、復帰後の征虜は吏部郎中、武衛の時にも保持されていたと考えられる。

註d：武衛から光禄大夫まで墓誌は一括して記載するが、伝を参照して分割する。なお、武衛までは征虜を維持していたと考えられる。

註e：墓誌は度支尚書に続けて鎮軍・七兵尚書を記す。しかし孝荘帝紀を見ると北海王顥が梁国を占領したのに対して撫軍・前徐州刺史の昱が鎮東・東南道大都督として派遣されたとあり、徐州刺史の時は撫軍であったはずである。この時に鎮軍というのは納得しがたい。伝では度支尚書の前に兼七兵尚書・都督として雍州を防禦しており、その時の事がここに入った可能性がある。とすれば鎮軍は仮の授与であろう。

註f：北海王の梁国接近に対して派遣された昱の官職は伝では征東・右光禄大夫・南道大都督である。都督号・将軍号とも前註（e）と異なっている。鎮東であったのは永安元年8月、北海王顥の梁国占領は永安2年5月であるから、この時の将軍号は征東と考える。なお、対応する墓誌は右光禄大夫・河南尹。

註g：この墓誌は伝との相違が目立つ。特に将軍号がそうである。まず征虜。武衛は征虜の下位に位置するので、武衛在任中まで、中書侍郎の時に加えられた征虜を維持していたと想定される。墓誌はこの間、将軍号（といっても征虜の1号のみであるが）を書かない。不名誉のことは記載を避ける傾向が墓誌にはあることを考えると、書けば免官処分に関係することになる将軍号は省いて、それを除けば順調な昇進の形となる書き方を選んだのではないか。撫軍以降の将軍号の食い違いであるが、墓誌と列伝それぞれの内部での将軍号の序列、官職の序列には問題ない。従って伝と墓誌のどちらが正しいか判断は留保せざるをえないが、墓誌不記載の征東以外は、墓誌の記載に従った。

70　楊侃（58、校7-16）[a]

〔釈褐〕太尉騎兵参軍（従６上）→〔為〕揚州撫軍大録事参軍（従６上）[b]→統軍→〔除〕車騎大将軍雍州録事参軍（６上）、帯長安令→〔除〕鎮遠（４）・諫議大夫（従４）・行台左丞（従４上）→〔除〕通直散騎常侍（４）[c]→〔除〕冠軍（従３）・東雍州刺史→〔除〕中散大夫（４）、為都督、鎮潼関[d]→〔除〕右（３）・岐州刺史→行北中郎将→〔除〕鎮軍（従２）・度支尚書（３）[e]・兼給事黄門侍郎（４上）→正黄門侍郎・加征東（２）・金紫光禄大夫（従２）→兼尚書僕射・関右慰労大使→〔除〕侍中（３）、加衛（２）・右光禄大夫（２）

註ａ：墓誌は伝より官職記述量が少なく、かつ数次の履歴した官職をまとめて記すことが多いので伝によって官歴を記し、墓誌に記載あるものは下の点線で示す。

註ｂ：墓誌では撫軍録事参軍（従６）となっているが、この時の雍州刺史は長孫稚であり、稚の伝によれば彼はこの時撫軍大将軍であった。正２品将軍の録事参軍は従６上であり、太尉騎兵参軍と同一官品ながら上位に置かれている。

註ｃ：諫議大夫を通直常侍に改めたのであり、行台左丞は変わらず。鎮遠を維持していたと考えられる。

註ｄ：冠軍を維持していたと考えられる。この任命は墓誌には不記載。

註ｅ：墓誌は度支尚書以下を一括記載し、かつ征東不記載。伝により分割した。

71　楊遁（58、校7-19）

〔釈褐〕鎮西府主簿（７）→〔累遷〕尚書郎（６）[a]→〔除〕尚書左丞（従４上）→〔為〕平南（３）・光禄大夫（３）、仍左丞[b]→兼黄門郎（４上）、参行省事→〔遷〕征東（２）・金紫光禄大夫（従２）

註ａ：墓誌は「転」とあるが、伝の「累遷」に従う。

註ｂ：伝には平南の記載なし。墓誌には「除尚書左丞・平南将軍・銀青光禄大夫」とあるが、伝によれば「除尚書左丞、又為光禄大夫、仍左丞」とするから、平南・光禄大夫は後に加えられたものである。なお、６品から従４上への昇進は、北海王顥の入洛に際して山東で活動した功績によると考えられる。

72　楊逸（58、窪添[a]）

〔釈褐〕員外郎（７上）→〔除〕給事中（従６上）、加寧遠（５上）→正員郎（５上）（不受）[b]→〔特除〕給事黄門侍郎（４上）、領中書舎人（６）[c]→〔除〕吏部郎中（４上）→〔除〕平西（３）・南秦州刺史、加散騎常侍（従３）（不行）→〔改除〕平東・光州刺史

註ａ：本書第Ⅲ部第５章参照。

註ｂ：正員郎つまり散騎侍郎は同じ正５上でも寧遠の下位にある。寧遠を維持したまま、給事中から散騎侍郎に転じるという措置を拒否したのである。

註ｃ：孝荘帝が河陽に在る時、いち早く駆けつけた故の特除である。

73　楊仲宣（58、校7-12）

〔解褐〕奉朝請（従７）→〔転〕員外郎（７上）→太尉記室参軍（６上）→太尉掾（従５）→〔除〕中書舎人（６）・通直郎（従５上）→〔加〕鎮遠（４）[a]→〔除〕征虜（従３）・中書侍郎（従４上）→〔遷〕通直常侍（４）[b]→〔遷〕平西（３）・正平太守・散騎常侍（従３）[c]→〔加〕安西（３）・銀青光禄大夫（３）[d]→〔転〕征東（２）・金紫光禄大夫（従２）

註ａ：墓誌は員外郎から太尉記室までを一括して記すが、従７→７上→６上→従５と上昇したと考える。続いて墓誌は、「尋

去台翼、入司帝言、除中書舎人・通直郎」と記す。台翼は太尉の属官を指す。入司帝言は言うまでもなく中書舎人である。従5から正6に遷ることになるので、従5上の通直郎を与えられたのであろう。ここまでを伝では「自奉朝請稍遷太尉掾・中書舎人・通直散騎侍郎、加鎮遠将軍」と記すから、中書舎人に鎮遠をも加えられた可能性があるが、従5から4品の官品の差は大きく、特別の事情も記されていないので、一度の授与と見るよりは、鎮遠は暫く時間を経ての加官と考えたい。

註b：伝にはあるが、墓誌には記載がない。正4の通直常侍に遷ったのであり、従3の征虜は維持されていたはずである。

註c：墓誌は平西・正平太守・常侍・安西・銀青光禄大夫を一括記載するが、伝を参照して分割した。ただし平西・正平太守→平西・散騎常侍という遷転の可能性もある。

註d：伝では太守として有能である故に安西を加えられたとしている。その後都に戻った日に一族とともに殺害されたとし、征東・金紫のことは記載がない。都に徴される段階での任命の可能性あり。

74　楊謐（58、校7-22）(a)

〔解褐〕太尉行参軍（従7上）→〔転〕寧遠（5上）・員外常侍（5上）→〔遷〕鎮軍（従2）・金紫光禄大夫（従2）→〔転〕衛（2）

註a：伝では諱が謐、字遵智であるが、墓誌によると諱、字ともに遵智である。

75　乞伏宝（86、校7-50）(a)

→〔遷〕給事中（従6上）(b)→〔転〕威遠（従5）・羽林監（6）→〔拝〕歩兵校尉（5）→仮寧朔（従4）・統軍→仮振武（従4）・都将→〔除〕顕武（4）・左中郎将（従4）→〔遷〕鄯善鎮将、将軍如故→〔母の喪〕→〔起〕南中郎将（従3）(c)→〔拝〕武衛（従3）・兼左衛（3）(d)→〔除〕平南（3）・銀青光禄大夫（3）・太府卿（3）

→〔為〕大鴻臚卿（３）[e]→行広州事→〔除〕鎮南（従２）・襄州刺史

註ａ：『魏書』孝義伝に見える乞伏保と履歴した官職が一致するので、同一人物であると思われる。

註ｂ：太和時期から任官しており、いつから世宗期なのか判断が難しいので、明確に太和期であることが判明する官職からを記す。

註ｃ：伝では長兼となっている。その可能性はある。

註ｄ：同じ禁衛の将軍で上位の左衛を兼ねる故に中郎将よりは上位に位置づけられた可能性が考えられる。ただし武衛の時には上位の南中郎将を維持していた可能性もある。第２章参照。

註ｅ：太府卿と大鴻臚は同格であるから、平南を維持したであろう。次の行州事の際にも維持したと考えられる。

76 楊機（77、校7-132）[a]

→〔解褐〕奉朝請（従７）[b]→〔為〕京兆王国中尉（７上）→〔転〕給事中（従６上）→〔遷〕伏波（従５上）・廷尉評（６）→行河陰県事→〔為〕荊州平南長史（従５上）・行荊州事→〔為〕涇州平西府長史（従５上）[c]→〔拝〕陵江（従５上）・河陰令→〔転〕洛陽令（従５）、仍本将軍→〔遷〕鎮遠（４）[d]・司州治中（従６）→〔転〕（司州）別駕（従４上）→兼尚書左丞・南道行台→〔除〕中散大夫（４）、〔復為〕別駕[e]→〔除〕左（３）・清河内史→〔改授〕河北太守[f]→〔拝〕平南（３）・光禄大夫（３）・兼廷尉卿（３）→〔除〕安南（３）・司州別駕→〔拝〕安南・銀青光禄大夫（３）・河南尹[g]→〔転〕廷尉卿（３）→〔徙〕衛尉卿（３）、将軍如故[h]→〔除〕安西・華州刺史→〔入〕衛（２）・右光禄大夫（２）→〔除〕度支尚書（３）

註ａ：墓誌より伝の方が詳細である。よって官歴は伝により記述し、墓誌に見えるものは下の点線で示す。

註ｂ：この前に河南尹功曹となっているが、これは高祖期である。

註ｃ：平西長史は伏波の下位に位置する。２度の長史は伏波を維持していたと考えられる。

註d：伝は鎮軍とするが誤りである。
註e：中散大夫は鎮遠の下位にある。ここまで鎮遠を維持していたと考えられる。
註f：左将軍を維持していたと考えられる。
註g：伝はこの箇所を「行河南尹」とのみ記す。
註h：この表現からすれば、廷尉の時も将軍号は元のままであったはずである。

77　傅豎眼（70、『補遺』344）[a]
→〔為〕建武（従4）[b]→行南兗州刺史→〔転〕昭武（4）・益州刺史→〔進号〕冠軍（従3）→〔除〕征虜（従3）・太中大夫（従3）→〔為〕鎮南軍司[c]→〔為〕右（3）・益州刺史→〔加〕散騎常侍（従3）・平西（3）・西征都督[d]→〔転〕安西（3）・岐州刺史、常侍故如→〔授〕撫軍（従2）・梁州刺史[e]→〔加〕鎮西（従2）・西道大尋台撫軍部尚書、刺史如故

註a：墓誌は磨滅して判読できない箇所が多い。よって伝を中心として記載し、墓誌に見られる箇所に下線（点線）を施す。
註b：その前に「常為統軍、東西征伐」とある。揚州の賊討伐に際してこの将軍を得たのである。なお東西に討伐した時の官である左中郎将（従4）は後令では建武の上位にある。太和前令・中令では不明。
註c：軍司の時には征虜を維持していたと考えられる。
註d：墓誌では「除平西将軍・益州刺史」とある。益州刺史は変わらず、将軍号以下が加えられたのである。なお、この時安西将軍を「仮」されてもいる。
註e：墓誌では「撫」とのみあるが、撫軍の誤りであろう。伝では「転梁州刺史、常侍・将軍如故」とあり、次には仮鎮軍（従2）・都督3州諸軍事とある。撫軍就任の記載はない。また次の鎮西以下の記載もない。『魏書』巻101獠伝に梁州刺史傅豎眼が行台であったことが記載されているので、『補遺』の「大尋台」は「大行台」とすべきだろう。「撫」は或いは「兼」の可能性もある。撫軍は鎮軍と同格であるから、梁州刺史に任命されたとき、どちらの可能性もあるが、ひと

まず撫軍であるとし、また次に鎮西に進んだと考えておく。

78　封延之（32、『北斉書』21、校7-281）

州主簿→〔起家〕員外郎（7上）→〔為〕大将軍田曹参軍（従6上）→〔転〕長流事→仮征虜・行渤海郡事→〔除〕中堅（従4上）・散騎侍郎（5上）→〔為〕大行台右丞（従4か）(a)→〔除〕平南（3）・済州刺史→〔加〕中軍（従2）→〔除〕征東（2）・大丞相司馬→〔除〕衛大（2）・左光禄大夫（2）、司馬如故→（東魏）

註a：伝では大行台左光禄大夫。校勘記は大行台左丞かと疑っている。右丞は従4であるから、この時には中堅を維持したと考えられる。

79　李挺（39、校7-303）(a)

〔釈褐〕奉朝請（従7）→〔転〕司徒祭酒（7上）→（司徒）従事中郎（5上）(b)→〔拝〕驍騎（4上）・中書侍郎（従4上）→〔遷〕太常少卿（4上）→〔除〕前（3）・荊州刺史→〔拝〕大司農卿（3）→〔授〕鎮軍（従2）・行相州事→〔拝〕散騎常侍（従3）、領殿中尚書（3）→〔転〕中書監（従2）・兼吏部尚書(c)→「解除余任、正位選曹（＝吏部尚書（3））」(d)→〔遷〕衛（2）・右光禄大夫（2）→〔授〕散騎常侍・驃騎大（従1）・左光禄大夫・儀同三司（従1）・兼尚書左僕射→（東魏）

註a：伝は字の神儁で記載している。

註b：墓誌・伝ともに「転」として2官を並べるが、同じ司徒府の官であるから同時の就官ではない。

註c：墓誌は散騎常侍以下を並列するが、伝により分割する。常侍の時は鎮軍を維持していたであろう。

註d：この墓誌の記載に従えば、官品上は降格となる。ただし李挺は孝荘帝の外戚の中の「望」として尊重され、この段階では爾朱栄との関係もよく、左遷の理由は見当たらない。吏部尚書となったことが重要であったからこの表現を採ったと考えられ、降格とはならない措置が同時に採られた可能性がある。第２章参照。なお伝では挺が恐れて解官を求め、衛・右光禄大夫となったとし、吏部尚書のみとなったことを記さない。

80　李憲（36、校7-217）

→〔為〕太子中庶子（４上）(a)→〔為〕尚書左丞（従４上）（固辞）→〔除〕驍騎（４上）・尚書左丞（従４上）（未拝）→〔除〕長兼吏部郎中（４上）(b)→〔転〕長兼司徒左長史（従３）→〔遷〕守河南尹（３）→〔除〕左（３）・兗州刺史→〔除名〕→〔拝〕銀青光禄大夫（３）→〔加〕安西（３）、以本官行雍州事→〔為〕撫軍（従２）・七兵尚書（３）→〔転〕鎮東（従２）→〔為〕征東（２）・東討都督(c)→〔除〕征東・揚州刺史・淮南大都督

註ａ：太和15、6年に散騎侍郎として南斉使者を接待しており、その後、趙郡内史、吏部郎中の時母の死に会う。その後に太子中庶子となった。世宗期に入るかどうか明確ではないが、この時からを記すこととする。なお、太和後令では吏部郎は太子中庶子と同じ官品だが、吏部郎の方が上位にある。しかし、太和前令では太子中庶子が正３中であるのに対し、吏部郎は従４上である。

註ｂ：尚書左丞のみでは左遷となる。固辞されて驍騎を与えることで左丞就任を実現させようとしたが、驍騎も太子中庶子より下位にある。よって中庶子より上位の吏部郎を与える（伝によれば長兼吏部郎、それに従う）ことにしたのであろう。吏部郎は太子中庶子より上位であるから、長兼であっても受け入れたのであろうか。伝によれば次の左長史も長兼となっていて、次に河南尹に遷ったとする。墓誌では「守」の語を明記していて、河南尹は次の左将軍の上位に位置することを併せ考えて「守」の記載を採用する。長兼・守は正位の官職ではないが、正位に準ずる扱いではあったようだ。

註ｃ：伝では仮鎮東・徐州都督となっている。墓誌は明確にふたつに分けているので、それに従う。第２章参照。

81　宇文測（『周書』27、『秦晋』42）

〔起家〕司空行参軍（従７上）[a]→〔拝〕伏波（従５上）・羽林監（６）、領殿中侍御史（従８上）→〔除〕南兗州別駕→〔転〕洛州長史→〔拝〕征虜（従３）[b]・司徒右長史（４上）→（西魏）

註ａ：正光中起家と墓誌は明言する。一方、伝では奉朝請（従７）で起家とする。

註ｂ：伝は安東（３）とする。

82　楊倹（58、『千唐』442）

〔起拝〕奉朝請（従７）、領侍御史（８）→〔転〕員外郎（７上）、領任如初→〔遷〕鎮遠（４）・頓丘太守[a]→〔為〕黄門侍郎（４上）→〔除〕太府少卿（４上）→〔加〕左（３）→〔免官〕→以本将軍潁州刺史→〔尋加〕散騎常侍（従３）・平南（３）（不行）[b]→〔除〕征南（２）・金紫光禄大夫（従２）→〔除〕衛（２）[c]・北雍州刺史→〔除〕侍中・驃騎大（従１）[d]→（西魏）

註ａ：伝では寧遠（５上）となっている。どちらの可能性もある。

註ｂ：墓誌は免官の事実を書かないと同時に左、平南の将軍号も記載していない。ただし散騎常侍は記す。

註ｃ：伝は本将軍（＝征南）と記す。

註ｄ：この後孝武帝に従い宇文泰のもとに走る。

83　李彬（『北史』100、『安豊』189）

〔釈褐〕司空参軍事（７）→〔除〕中書侍郎（従４上）→〔除〕大将軍諮議参軍（従４上）→〔遷〕竜驤（従３）・通直常侍（４）→〔除〕衛尉卿（３）→〔仍除〕散騎常侍（従３）[a]→〔加〕撫軍（従２）→〔遷〕征南（２）・

金紫光禄大夫（従２）→〔仍転〕車騎（２）・左光禄大夫（２）[b]

註ａ：衛尉のままで散騎常侍が与えられたのであろう。墓誌はこの後に旬を挟んでから撫軍加官のことを記すので、別時のこととして扱う。衛尉卿は衛尉少卿だった可能性もある。

註ｂ：葬年が武定２年（544）なので、終わりの頃の就官は東魏時期の可能性がある。

84　李騫（36、梶山[a]）

大将軍法曹参軍（従６上）→太宰主簿（６上？）、加陵江（従５上）[b]→〔転〕中散大夫（４）・征虜（従３）[c]→左（３）・太中大夫（従３）・開府長史→〔遷〕中書舎人（６）、加通直常侍（４）[d]→（東魏）[e]

註ａ：梶山智史「稀見北朝墓誌輯録」（『東アジア石刻研究』５、2013）参照。

註ｂ：墓誌は太宰主簿で起家したとする。伝は国子学生となったあと、「歴大将軍法曹参軍・太宰府主簿」と記す。従５品の将軍号をもった起家官は、起家官が高くなる傾向が現れている時期であってもかなり高きにすぎ、伝の記載を採用する。

註ｃ：墓誌は中散大夫以下、東魏興和３年（541）の梁への遣使以前までを一括表記する。伝を勘案して以下のように分割する。

註ｄ：左将軍を維持していたと考えられる。

註ｅ：次は墓誌では中軍将軍・散騎常侍、伝では「尋加散騎常侍・鎮南将軍（従２）・尚書左丞（従４上）」となっている。いずれにせよ、その次が梁へ使節となるから、この就官は東魏に入ってからの可能性が高いと考え、除外する。

85　薛脩義（『北斉書』20、『安豊』235）[a]

→〔転〕徐州墨曹参軍（７）[b]→統軍→西道別将→大都督→〔除〕竜驤（従３）・竜門鎮将→〔反乱、降伏〕→〔為〕４郡大都督[c]→〔為〕右（３）・陝州刺史→〔為〕後（３）・南汾州刺史[d]→（東魏）

註ａ：『安豊』は「脩」字を「循」と誤読している。

註ｂ：この前に司州牧咸陽王禧の法曹従事となっているが、これは太和年間である。徐州参軍の時の刺史は始蕃王である北海王顥であり、その将軍号は撫軍である。始蕃王と従２品将軍の列曹参軍事は同じ官品である。

註ｃ：次に右将軍を得ているから、この時は竜驤～征虜の将軍号をもっていたであろう。

註ｄ：墓誌は陝州刺史を記さず、「右将軍・南□□刺史」となっている。右将軍と後将軍は同格であるので、□□には汾州が入るであろう。

第4章　北魏後期における品と階

はじめに

周知のように唐代の官職は正従一八品三〇階に分けられ、文武の散官が官人の本階を示した。そのような階はどのように成立したのか、という場合に、先行研究が注目するのは北魏後期における階のあり方であった。早くは宮崎市定氏(1)が、孝文帝の太和後令で各品に上下階を分かつようになって上下各々を半階と称し、併せて一階としたとし、階と品が対応することを指摘したが、その理解では説明できない事例が存在することは岡部毅史氏(2)が明らかにした通りである。岡部氏は、階は元来昇進コースを遷転する過程で蓄積される任官資格を表現したことを強調するが、品内部の補助的な機能を果たす階が北魏では存在することを認めてもいる。しかしそれが品とどういう関係にあるかという点に関しては検討を深めてはいない。また閻歩克氏(3)は、北魏の階には官職に関わる階と軍勲に由来する軍階の二種類があることを明らかにし、軍号によって構成される階級と、秩満・考課・増位によって獲得する階級は交叉して用いられるとする重要な指摘を行ったが、実際に両者がどのように交叉するのかは明確ではない。第2章で北魏後期の将軍号のあり方を解明し、それに依拠して第3章で官僚の遷転過程を検討した。その成果に立脚すれば、北魏における階、そして階と品の関係について理解を深めることができるのではないかと考える。本章を草する所以である。なお、前章を承けての考察であるので、北魏後期、それも宣武帝期からが対象となる。

一　考課と汎位の場合における品と階

第3章において、筆者は、宣武帝以後の通常の昇進においては、正四品以下（従三品に入るまでを含む）の場合、官品が一つ上の官職への遷転となることを明らかにした。しかし、何故にそうなるのかについては、第3章ではふれないままであったので、あらためて検討してみよう。通常の場合官僚の遷転は考課によるから、それとの関わりが問題とされる必要がある。(4)

『魏書』高祖紀太和一八年（四九四）九月条に載せる詔文に

三載考績、自古通経、三考黜陟、以彰能否。（中略）是以朕今三載一考、考即黜陟、欲令愚滞無妨於賢者、才能不壅於下位。各令当曹考其優劣、為三等。六品以下、尚書重問。五品以上、朕将親与公卿論其善悪。上上者遷之、下下者黜之、中中者守其本任。

とあって、三年に一度考課を実施し、それに基づいて黜陟を行うようにすることが述べられている。ただし三年に一度という考課は必ずしも規定通りに実施されたわけではないようで、その故に官吏の昇進に関わる措置が別に執られることになる。『魏書』巻六四郭祚伝（括弧等の記号を付す）に

祚奏曰、「謹案前後考格雖班天下、如臣愚短、猶有未悟。今須定職人遷転由状、超越階級者即須量折。①景明初考格、五年者得一階半。正始中、故尚書・中山王英奏考格、被旨：但可正満三周為限、不得計残年之勤。又去年中、以前二制不同、奏請裁決。旨云、『黜陟之体、自依旧来恒断』。今未審従旧来之旨、為従景明之断、為従正始為限。②景明考法、東西省文武閑官悉為三等、考同任事、而前尚書盧昶奏上第之人三年転半階。今之考格、復分

為九等、前後不同、参差無準」。詔曰、「③考在上中者、得汎以前、有六年以上遷一階、三年以上遷半階、残年悉除。考在上下者、得汎以前、六年以上遷半階、不満者除。其得汎以後考在上下者、三年遷一階。④散官従盧昶所奏」。

とある景明考格、正始考格、今之考格がそれである。この議論は難解であるが、それについては深入りせず、[5]傍線部に注目したい。「上下」は「上中」の誤りであるという先行研究に従う[6]。「汎以後」というのは正始四年（五〇七）の汎位の措置以後を指すが、汎位については後述するとして、正始四年以後は、考課が上中であれば、三年で一階上昇させるという内容であり、これが詔として示されたわけである。これは『魏書』巻二一上高陽王雍伝の

復尋正始之格、汎後任事上中者、三年升一階、汎前任事上中者、六年進一級。三年一考、自古通経。今以汎前六年昇一階、検無愆犯、倍年成級。

に対応するが[7]、①を見れば三年を超えた場合の扱いが問題とされていて、正始四年以前の景明初年（五〇〇）の段階でも三年で一階を得るのが基本であったことがわかる。

他方、『魏書』巻六七崔鴻伝に

窃見景明以来考格、三年成一考、一考転一階。貴賤内外万有余人、自非犯罪、不問賢愚、莫不上中、才与不肖、比肩同転。

とあって、三年に一度の考課ではほとんどの人が上中の評価を得て一階上昇するとしている。ほとんどの人が一階上昇という表現は議論にありがちな誇張を含むであろうし、遷転は考課によってのみ行われるものでもないから、確認できる実例によれば半数近くが直上の官品に属する官職に昇るという第3章で述べた実態は、このような考課のあり方を反映しているとしてよいのではないか。考課によりほとんどの官僚の地位が上昇する一階とは、正四品以下の場

合、官品差一、つまり品と品との隔たりに相当すると考えられる。

この考課とそれに伴う進階に関しては、正始の汎位についてふれなければならない。『魏書』世宗紀正始四年九月の詔に

其以司空・高陽王雍為太尉、尚書令・広陽王嘉為司空、百官悉進位一級。

とある。汎位、汎階とは位や階を一律に上昇させることであり、この場合は百官の位を一律に一級上昇させたのである。『魏書』巻一九中任城王澄伝の

初、正始之末、詔百官普昇一級、而執事者不達旨意、刺史・守・令、限而不及。澄奏曰、竊惟雲構鬱起、沢及百司、企春望栄、内外同慶。至於賞陟、不及守宰、爾来十年、冤訟不絶。封回自鎮遠・安州入為太尉長史、元匡自征虜・恒州入作宗卿、二人遷授、並在先詔。応蒙之理、備在於斯（下略）。

という記事は、地方官の多くには及ばなかったとされているけれども、この措置の結果を示していて、封回は鎮遠将軍（正四）・安州刺史（正四）から太尉長史（従三）となっている[8]。下州刺史は正四品の中でも下位にあり[9]、鎮遠は正四品の最上位に置かれる。両者の間には武字を共有する五将軍、立字をもつ三将軍、建字をもつ三将軍が配置されている。従三品では竜驤・輔国・冠軍・征虜の各将軍のさらに上位に二大・二公長史つまり太尉長史が置かれる。封回の「進位一級」とは、将軍号の序列である軍階とは明らかに異なり、正四品（鎮遠）から従三品への一品の昇進を意味したという理解が成立しよう[10]。正始の汎位は太和一八年以後考課が必ずしも定期的に行われなかったことによる補償措置と考えられるのであり[11]、考課と同じように官品差一の上昇となるのは当然の扱いであったと言えよう。なお、今後の叙述にも屢々将軍号を用いるので、**表1**として将軍号（外号将軍）の一覧を掲げるので、参照されたい。

正四品以下から従三品以上への遷転の場合は、正四品以下の場合と同じく官品差が適用された（第3章参照）から、

表1　将軍号表（太和後令）

官品	将軍号	官品	将軍号
従9			寧朔・建威・振威・奮威・揚威・広威
従9上	偏・裨	従4上	中堅・中塁(2)
正9		正4	恢武・勇武・曜武・昭武・顕武
正9上	曠野・横野		立義・立忠・立節
従8	厲武・厲鋒・虎牙・虎奮		建義・建忠・建節
従8上	掃寇・掃虜・掃難・掃逆		鎮遠・安遠・平遠
正8		正4上	
正8上	殄寇・殄虜・殄難・殄夷	従3	竜驤・輔国・冠軍
従7			征虜(3)
従7上	盪寇・盪虜・盪難・盪逆	正3	前後左右
正7	討寇・討虜・討難・討夷		四平
正7上	武烈・武毅・武奮		四安
	威烈・威寇・威虜・威戎・威武	従2	中軍・鎮軍・撫軍
従6			四鎮
従6上	襄威・厲威	正2	諸将軍加大者
正6			四征
正6上	宣威・明威		衛
従5	虎威		四鎮大
	軽車・威遠(1)		驃騎・車騎
従5上	伏波・陵江・平漠		四征大
正5			衛大
正5上	寧遠・鷹揚・折衝・揚烈	従1	驃騎大・車騎大
従4	建武・振武・奮武・揚武・広武		

註（1）：閻歩克氏は従5下の3将軍を一括するが、官氏志では虎威と威遠の間に開府掾が置かれているので、階を別にすると考える。

註（2）：中堅将軍は本来は内号である。しかし身分表示としての機能も果たしており、閻歩克氏の軍号表にも載せている（454、456頁）。

註（3）：閻氏の軍号表は従3以上は官品内での区別をしていない。

封回の事例は正四品以下の場合も同様であったことを示唆する。軍勲に依らない通常の考課による昇進は官品差一、一階の上昇であったとしてよい。では従三品以上の場合はどうであろうか。

仮に三品以上の遷転においても、正四品以下の場合のように官品差一の上昇であったとしてみよう。その場合には同じ官品にとどまる事例は正四品以下の場合と同じように少ないはずである。しかし、第3章で論じたように、従三品以上では同一官品内にとどまる遷転が多く、正四品以下とは明白な相違があった。

第2章で、従三品以上の場合、品の内部を上下の二より多くの数に分割することによって昇進という形を明白にしようとしたこと、そのために将軍号（群）で官職を区分したことを明らかにした。とすれば、正四品以下においては上下階で官職が区切られていたように、従三品以上の場合は、官職が将軍号（群）による階で区切られていたと考えることができるのではないか。第3章で示したように、従三品以上のある将軍号（群）と直上の将軍号（群）との隔たりを一とすれば、通常の遷転幅は二以下であった。正四品以下の場合の品の内部の上下階の幅を仮に一とすれば、一階の上昇は幅二の上昇となり、従三品以上の将軍号（群）の差を一とした場合と上昇幅は同一となる。従三品以上の場合、上昇幅が一であるケースが上昇幅二のケースの二倍近くであったことは、正四品以下と異なるが、従三品以上の就任可能なポスト数が多くはないことからする、必然的ともいえる扱いであったと考えられる。

従三品以上正二品最上位までを将軍号（群）によって区分すると、一一のクラスになる（品と品の間は数えない）。

従三品の竜驤・輔国・冠軍という一群と征虜の都合二群(12)

正三品の前後左右と四平、四安の三群

従二品の中・鎮・撫軍と四鎮の二群

正二品の四征と衛、そして車騎・驃騎、それに衛大将軍を加えた四群(13)

他方、従三品以上正二品までは官品では四クラスにしかならないから、考課あるいは汎位の結果が一階の上昇であれば、同一官品にとどまる事例が主であるような状況は生まれてこないであろう。従三品以上の場合、階が品を指すことはありえない。これが一一クラスに分けられるとすると、同じ官品内にとどまるにせよ、昇進という形を示しうる。以上の考察の結果を明示しておこう。北魏後期においては、正四品以下では官品の上下の間隔がそれぞれ半階と見なされたように、従三品以上においては、将軍号（群）の隔たりが半階と見なされたと考えてよい。従三品以上の場合、汎位により上昇する一級、考課により上昇する一階とは、将軍号（群）間の隔たりに基づく一級・一階であろう。

問題は、そう考えた場合、実例に適合するかどうかである。先に掲げた任城王澄伝で封回と並んで正始の汎位の適用を受けた元匡のケースについて見てみよう。彼は従三品の征虜将軍を帯びる、恐らく中州である恒州の刺史（従三）から正三品の宗正卿に遷った。従三→正三で一品の昇進、これは正四品から従三品に遷った封回と同じであるという理解も成り立つが、征虜と宗正の間には前後左右将軍が配置されているのみであるから、征虜→前後左右で半階、前後左右→宗正で半階、合計一階の昇進という計算も成立する(14)。

正従一品に属する官職について一言しておく。従一品には車騎・驃騎大将軍が中位に置かれているが、この将軍号は必ずしも常時授与された者がいたわけではないようであり、また上位の儀同三司と双授されるなど、下位の官職しか帯びない二品将軍以下とは扱いが異なっていたようである。また正一品に外号将軍は配置されていなかった。つまり正従一品では将軍号が品内部を区分することはなかったと考えられる。では正従一品では階が存在しなかったのかと言えば、そうではなかったであろう。例えば太尉、司徒、司空は正一品の下位に並んで置かれているが、実例を見ると、多く司空→司徒→太尉の順序で昇進している。このことからするとそれぞれが半階の間隔ととらえられていた可能性がある。ただし可能性にすぎず、現在のところ、明白な根拠を示すことはできない(15)。

以上、四品以下では同一官品の上下の差が半階、三品以上では将軍号（群）の間隔が半階とされたと考えるべきことを述べた。

二　軍勲の場合における品と階

前節で見たように、正始の汎位は、実施されなかった考課に代わる措置であった[16]。しかし、北魏末には頻繁に汎階の沙汰があり、それらは章末の表2に示すが如くである。汎階の多くは、例えば建義元年（五二八）のそれが、爾朱栄に擁立された孝荘帝即位直後のものであることが示すように、恩典を与えることによる官僚の支持や従軍者の確保を目的としていて、「加～」「優～」「普汎～」と表現され、増される数字は「級」「階」で示される。しかもその数字は二以上がほとんどである。この汎階において加えられるのは閻歩克氏が明らかにしたように軍階であった。本節では、先行研究に依拠しつつ、軍階についての筆者の理解を述べておく。

元来、軍階は軍事的功績により獲得するものである。軍事的功績がどのように評価され、どのような形で報われるかの具体的なあり方については、『魏書』巻七六盧同伝に記載される孝明帝時代に行われた彼の上奏に詳しい。これについては朱雷氏及び古賀昭岑氏[17]の詳細な研究があり、それによって要点を述べると次のようになる。

軍勲には「斬首成一階已上」「斬三賊及被傷成階已上」というように具体的な基準があり、その基準に基づいて階で示される。これらは勲簿に一括記載されて、指揮官である行台や督将が提出する。五兵尚書[18]配下の中兵局が勲簿に基づき上奏案を作成し、それが皇帝の確認を経ると、吏部に送られて、吏部の勲簿が作成される。吏部はその軍勲に対して階を加えるのであるが、一度の軍勲で二度も褒賞を受け、また名を変えて褒賞を受けるという不正が起こりえた。それに対して「除階」のあと、勲簿にその月日を注記することによって改竄をなくすようにと、盧同は提案した。

つまり、軍階を得る手続きには二種類の階があることがわかる。吏部に送られるまでの勲簿に記される階と、吏部による「除階」である。『魏書』巻七三奚康生伝を見ると、

以殺（張）伏護、賞帛一千匹。又頻戦再退其軍、賞三階、帛五百匹。（中略）一戦大破之、賞二階、帛一千匹。

とあって、太和二二年（四九八）に王粛に従って南斉の義陽を攻め、敵将を斬るなどの軍功があった奚康生に三階が与えられ、続いて渦陽に攻めかかってきた南斉の裴叔業に対して王粛に渦陽応援が命ぜられ、その時にも功績を挙げた奚康生に二階が賞として与えられている。個々の戦闘ごとの軍勲に対して階が与えられるのである。もっともこれは統軍としての功績であって、彼が自ら敵兵を斬るなどの軍功を挙げたというわけではないだろうが、ともかく、これが勲簿に記載される階であると考えられる。

ところで、奚康生の軍勲は、ただちに官職に跳ね返るわけではない。盧同の上奏では、行台・督将が都に戻って勲簿を作成するのは一、二年後になることが多かったという。これは孝明帝期のことであるが、孝文帝末年でも勲簿は一連の軍事行動が終わってから作成されたと考えてよいであろう。そのためであろう、奚康生は宣武帝のはじめにも三戍を抜くなどの功績があり、(19) つまりさらに軍勲を加えて、「以功遷征虜将軍、封安武県開国男、食邑二百戸」という扱いを受けた。軍勲で得られる階は積み上げることができるので、奚康生の例は「三＋二＋a」となろう。それらは個々に勲簿に記されて上奏され、吏部に回されて、吏部が、合算した結果に基づいて、「除階」するのである。

奚康生は上記の戦いに従軍する以前は中堅将軍（従四上）・太子三校（従五）・西台直後であった。戦いにおける彼の行動は部隊指揮官である軍主、統軍として正史には記載されていて、帯びていた官職には変化はなかったようであり、一連の軍事行動を終えたあと、軍功によって征虜将軍（従三）となった。閻歩克氏は、得た軍勲は五階であるの

に対し官品の上昇幅は三であるから、奚康生の得た階は中堅→征虜という将軍号の変化に示されているとする[20]。軍功で得た階が将軍号の変化に示されるという指摘は正しいであろう。ただし奚康生の軍功の大半が太和末年であったにせよ、実際にそれが征虜の授与に結実したのは宣武帝期である。よって計算には閻歩克氏のように太和前令を用いるべきではなく、太和後令を適用すべきである。後令の従三品将軍はそれぞれの間に別官を挟んでおり、それぞれが別の軍階を表現していた。表1が示すように、中堅から征虜までの軍階は五階ではなく、八階である。「＋α」が三階に相当したのであろう。

ところで『魏書』孝荘紀建義元年五月条の詔に

又以旧叙軍勲不過征虜、自今以後、宜依前式、以上余階、積而為品。

とある。以前は征虜将軍までという規定があったが建義元年（五二八）段階では守られておらず、それ以上の将軍号までが軍勲に対して与えられるようになっていたことを指摘している。征虜将軍までという制限はあるが、軍勲の階に対応して将軍号（軍階）が与えられる規定であったことが、明確に記されている。この対応が盧同伝に見える吏部の「除階」であった[21]。

以上のような軍階の扱いが適用されたのが、孝昌年間以後の汎階である。汎階で加えられた級数（階数）分、将軍号が上昇し、官品体系中に位置づけられるのである[22]。

三　品と階——実例による検証

前の二節で階には官職の内部を区切る機能を果たすものと、軍勲によって積み上げるものとがあることを示し、その具体的な適用方法にもふれた。前者については、「品の上下各々が半階」という宮崎市定氏の見解[23]や閻歩克氏等の考え[24]があり、正四品以下のケースにおいてはその考えが該当する。しかし岡部毅史氏が、宮崎氏の見解では説明できない事例をいくつか挙げていて[25]、他にも、階に関して問題となる事例がいくつかある。それらの多くは従三品以上が関わる事例であるが、あらためて検討し、もって本章の理解の妥当性を確認したい。引用史料中の官職については官品を括弧に入れて参考に供するが、品字は省く。

（A）『魏書』巻五八楊侃伝

還朝、除右将軍（正三）・岐州刺史。属元顥内逼、詔以本官仮撫軍将軍為都督、率衆鎮大梁、未発、詔行北中郎将。孝荘徙御河北、（中略）至建州、叙行従功臣、自城陽王徽已下凡十人、並増三階。以侃河梁之誠、特加四階。侃固辞、乞同諸人、久乃見許。於是除鎮軍将軍（従二）・度支尚書（正三）・兼給事黄門侍郎・敷西県開国公、食邑一千戸。

爾朱氏に擁立された孝荘帝は、南朝梁の援助を受けた北海王顥の攻撃を避けて永安二年（五二九）に洛陽を脱出して河北に向かい、従う臣下に三階を増すが、楊侃にはその前年の孝荘帝即位段階の功績を加味して特に四階にしようとした。ところが侃はそれを断り、他の人と同じ三階の賞を受けたというのである。岡部氏は中散大夫か下州の岐州刺史から鎮軍へという組み合わせしか三階に該当しないとし、それは恣意的にすぎる解釈であるとするが、将軍号を考慮に入れていない。表2の従駕の人々に汎階が与えられる事例から考えれば、閻歩克氏も認めるように[26]この場合は軍勲に準ずる扱い、つまり軍級を適用すべきであって、右→四平→四安→鎮軍は、三階の上昇となる。前節で示したように、孝荘帝即位段階では軍勲の置換は征虜までとされていたが、重大な政治的軍事的危機である故に、特別の措置が執られたということであろう[27]。なお、楊侃と同時に三階の加階を受けた城陽王徽であるが、巻一九下の伝によれば「荘帝践阼し、司州牧（従二）を拝す。尋いで司徒（正一）に除せられ、仍お牧を領す。元顥入洛し、徽は荘帝に従い北巡す。車駕還宮するに及び、謀に与るの功を以て、侍中（正三）・大司馬（正一）・太尉公（正一）に除せられ、羽葆・鼓吹を加えられ、増邑して通前二万戸、余官は故の如し」とある。岡部氏は、一品内部での遷転であり、三階の上昇とはならないという。ただし、先述したように一品の場合、二品以下の階のあり方とは異なっていた可能性があることを考慮すべきであろう。正一品は下位から記すと司徒―太尉―二大（大将軍、大司馬）という序列であるから、司徒→大司馬で二階と計算した可能性がある。残る一階は、司徒→太尉で一階と想定できるのではないか。つまり複数の官が与えられる場合、その双方が計算の対象となる可能性を想定するのである。もっとも間隔が半階の計算かも知れず、現段階ではあくまでも想定にすぎないのであるが。

（B）『魏書』巻六四張彝伝

尋除安西将軍（正三）・秦州刺史。（中略）其年冬、太極初就、彝与郭祚等倶以勤旧被徴。及還州、進号撫軍将軍（従二）、（中略）見代還洛、猶停廃数年、因得偏風、手脚不便。然志性不移、善自将摂、稍能朝拝。久之、除光禄大夫、加金章紫綬（従二）。（中略）粛宗初、侍中崔光表曰、彝及李韶、朝列之中唯此二人出身官次本在臣右、器能幹世、又並為多、近来参差、便成替後。計其階途、雖応遷陟、然恐班秩猶未賜等。昔衛之公叔、引下同挙、晋之士丐、推長伯游。古人所高、当時見許。敢縁斯義、乞降臣位一階、授彼汎級、斉行聖庭、帖穆選叙。詔加征西将軍（正二）・冀州大中正。

張彝は宣武帝の時の権臣高肇に睨まれ、停廃の憂き目に遭ったが、免官ではないので、撫軍のみを保持していたのであろう。その後風疾を患って手足が不自由となり、元来病疾の官吏が任ぜられることの多かった金紫光禄大夫となったのであるが、金紫は撫軍より下位にあるから、なお撫軍を保持していたはずであり、それに代えて征西を加えられたのである。閻歩克氏はこれを従二→正二という官階一階の昇進と理解する。しかし筆者は以下のように考える。宣武帝は延昌四年（五一五）一月に死去し、二月に高肇が誅殺される。その直後の三月には「文武群官の位一級を進む」（粛宗紀）という汎位の措置が執られた。崔光の上表には「授彼汎級」の語があり、この汎位で一級が進められた崔光は、恐らくその新たに獲得した分を張彝らに与える（ひとり当たり半階となる）よう要請したと考えられる。「授彼汎級」とあるように、ふたりにも汎位は及んでいたはずであるが、それは除官には結実していなかったので、それにプラスせよとの要請である。その結果、撫軍より「半階＋半階」上位にある征西を金紫に加えられたのである。(28)

（C）『魏書』巻六九袁翻伝

孝昌中、除安南将軍（正三）・中書令（正三）、領給事黄門侍郎（正四上）、与徐紇倶在門下、並掌文翰。（中略）後拝度支尚書（正三）、尋転都官（尚書・正三）。翻表曰、臣往忝門下、翼侍帳幄。同時流輩皆以出離左右、蒙数階之陟。唯臣奉辞、非但直去黄門、今為尚書後、更在中書令下。於臣庸朽、誠為叨濫、準之倫匹、或有未尽。窃惟安南之与金紫（光禄大夫・従二）、雖是異品之隔、実有半階之校、加以尚書清要、位遇通顕、準秩論資、似加少進。語望比官、人不願易。臣自揆自顧、力極求此、伏願天地成造、有始有終、矜臣疲病、乞臣骸骨、願以安南、尚書換一金紫。時天下多事、翻雖外請閑秩、而内有求進之心、識者怪之。於是、加撫軍将軍（従二）。

少し内容が入り組んでいるので、説明を加えておこう。安南将軍・中書令であった袁翻は同時に黄門侍郎をも領していた。安南の方が中書令より上位である。その後度支尚書、次いで都官尚書に遷り、黄門侍郎の領職は恐らく止められた。両尚書とも中書令の下位にある。だが安南を維持しているので、官僚としての地位はもとのままであり、人事担当者としては特に問題を感じなかったと思われる。だが、袁翻はそれを不服とし、理由を述べ立てた上で、安南・都官尚書と金紫光禄大夫の交換を申し出た。担当者は昇進を求める袁翻に対して撫軍将軍を加えたのであるが、この加官は都官尚書に対してであろう。安南に代えて撫軍を与えたのである。

ところで袁翻の申し出は傍線部のように説明されている。安南将軍と金紫光禄大夫は品は異なるけれども実際は半階の隔たりしかないというのである。品が異なるというのはその通りであるが、半階とはどういうことを意味しているのであろうか。閻氏は、官階つまり一品の半分だというにとどまる。岡部氏は、宮崎説に基づけば半階ではなく一階になるはずで、かつ三品以上は上下階を分けない官氏志と矛盾すると、宮崎説を否定する根拠として用いているが、ではどう考えるべきかは述べていない。ここに、三品以上の階は将軍号（群）によって隔てられるという本章の理解を適用してみよう。四安将軍の直上は中・鎮・撫軍将軍であるから、その間隔は半階。金紫光禄は四安と撫軍の中間に置かれているから、その半階の枠内に収まる。下線部に示される袁翻の発言はきれいに説明できるのである。

（D）『魏書』巻八四李業興伝

又除征虜将軍（従三）・中散大夫（正四）、仍在通直（散騎侍郎、従五上）。太昌初、転散騎侍郎（正五上）、仍以典儀之勲、特賞一階、除平東将軍（正三）・光禄大夫（正三）、尋加安西将軍（正三）。

閻氏は征虜→平東は軍階では二階となるとして疑問を呈するが、これは儀礼に関わる功績に対する褒賞であるから、軍階を適用すべきではない。一階の賞は「半階＋半階」の上昇となるはずで、征虜→（前後左右）→四平はそれに合致する。

（E）『魏書』巻三二封軌伝

太和中、拝著作佐郎（従七）、稍遷尚書儀曹郎中（正六）。兼員外散騎常侍、銜命高麗。（中略）有司奏軌遠使絶域、不辱朝命、権宜曉慰、辺境来蘇、宜加爵賞。世宗詔曰、「権宜徼口、使人常体、但光揚有称、宜賞一階」。転（尚書）考功郎中、除本郡中正。

同じ尚書郎への遷転では加賞にならないので、閻歩克氏は考功郎の任務の重さと忙しさは正四上の吏部郎に匹敵するから、その官品は他の尚書郎より高かったのではないかと推測する。この場合、将軍号は双方に見えず、帯びていなかったと考えられるから、官職のみで判断せざるをえないので、閻氏のように考功郎の官品が通常の尚書より高い扱いであった可能性を考えておきたい。一階高かったとすれば、従五品扱いだったのではないか。

（F）『魏書』巻七六盧同伝

同兄琇、少多大言、常云、公侯可致。至此始為都水使者（従五）。同啓求回身二階以加琇、琇遂除安州刺史。論者称之。

孝明帝時の事例である。従五品から二階上の官品は従四品となる。安州は下州であると思われ、とすれば正四品であるから、計算が合わない。閻歩克氏は「二階」に誤りがあるか、都水使者の時に散官を帯びていて、その官品が基準となったかとしている。それよりも州刺史は将軍号を帯びるのが通例であるから、安州刺史の時に帯びたはずの将軍号の官品が低かった可能性が考えられてよいだろう[29]。

（G）石信墓誌[30]

除使持節・寧州諸軍事・本将軍（＝征東、正二）・寧州刺史、開国如故（＝白馬県開国伯）。特優両大階、遂授車騎将軍（正二）、進爵平舒県開国侯、増邑二百戸、並減渤海王国内之封。

年代が明示されていないが、東魏に入った頃の事例である。閻氏、岡部氏ともに、征東→車騎について、同一官品であり上昇とはならないと言う。故に閻氏は、征東→（衛）→車騎の二階の上昇を指すとするが、それでは「一大階」にはなるが「両大階」にはならない。本章の立場に立つとこれは一階の上昇になるが、「大階」とは言えないだろうから、やはり閻氏のように軍階二級を「大階」と称したと考えるべきであろう。孝荘帝即位段階における軍勲は征虜までという指示は、（A）の楊侃の場合にもそうだったように、その後の戦乱時期には再度顧みられなくなっていたのであろう。では残る「一大階」はどうか。岡部氏は爵位をも考慮に含めて、開国伯（正三）→開国侯（正二）は、宮崎説に立脚すれば一大階となるかも知れないが、二大階とはならないとする。同氏の場合は、宮崎説を否定することに主眼があり、伯→侯の上昇は仮定されているにすぎないが、これは注目すべき提案である。軍級二の上昇、爵位に示される二階の上昇、二階と二級と、官階・軍階双方で「大階」の上昇があるので、「両つの大階」と表現した可能性が考えられる。

（H）侯忻墓誌[31]

延昌年除本郡丞、（中略）正光二年除魏平令、（中略）又転園池令、（中略）永安年復□大長秋丞（正八上）、（中略）又加布汎、除宣威将軍（正六上）、加建明・普泰汎、除竜驤将軍（従三）・中散大夫（正四）。（中略）春秋六十、普泰二年二月廿五日、卒於延寿里。

太和五年（四八一）に起こった法秀の乱に巻き込まれて僅か三歳で腐刑を受け、郡丞、二県の令を歴任して、五七、八歳頃になって、しかも大きな汎階を受けてようやく正六品上であるから、侯忻の官僚としての地位の上昇には非常に時間がかかっている[32]。その侯忻が短期間で従三品に登りえたのは汎階による。表2によると、永安二年（五二九）四月に内外百寮に一級が加えられ、翌年にも文武百寮に汎二級の沙汰があった。永安二年七月には北海王顥に逐われていた孝荘帝が再び洛陽に戻るのを迎えた官には二級、随駕の官には五級が加えられている。それらが「布汎」の語で示されているのであろうが、そのすべてに与ったとすれば五級もしくは八級である。大長秋丞から数えると宣威将軍までの軍階の隔たりは七級で数が合わないが、恐らく彼は加八級の中に入っていたのであろう。その後も汎階は続き、爾朱栄に擁立された長広王の建明元年（五三〇）の時に「普汎四級」、前廃帝の普泰元年（五三一）二月に内外文武の官僚に「普汎四階」の措置が執られた。合わせると八級の上昇となる。宣威から竜驤の隔たりは表1で確認すると一二である。永安から普泰は年数も少なく、これ以上の汎階の記録はないので、宣威までの剰りの一級を含めても差の四級分が何によるのか判然としないが、少なくとも閻歩克氏も言うように、官階では一層説明不可能である。疑問点が残るにせよ、これは汎階によって実際に大幅な上昇が行われていることが示されている貴重な事例であるとは言える。(33)

以上、一部推測を挟まざるをえない事例もあるが、従来の階の解釈では問題が残る事例でも、本章の考え方を適用すれば説明できると考える次第である。(34)

おわりに

『魏書』巻八二常景伝に

景在枢密十有余年、為侍中崔光・盧昶・游肇・元暉尤所知賞。累遷積射将軍、給事中。延昌初、東宮建、兼太子屯騎校尉、(門下）録事皆如故。其年受勅撰門下詔書、凡四十巻。尚書元萇出為安西将軍・雍州刺史、請景為司馬、以景階次不及、除録事参軍・襄威将軍、帯長安令。甚有恵政、民吏称之。

とある。常景は実務の職は久しく従八上の門下録事のままであったが、官僚としての地位は正七上の積射将軍、続いて従六上の給事中に昇っていた。この状況は延昌元年一〇月の孝明帝立太子の時にも変わらず、ただ従五上の太子屯騎校尉を兼ねたが、兼任であるから、官僚としての地位は給事中で示される。たまたま度支尚書であった元萇が刺史となったので、その司馬として常景を希望した。しかし従五上の安西司馬就任には階が不足しているとしてストップがかかり、正七上の安西録事参軍となり、従六上の襄威将軍を加えられた。三品将軍の府官では司馬の次位は録事参軍であるから、府官として迎えたいとする元萇の意向に応えようとすればそれに任命するより他はないが、常景の階、つまり任官資格はそれより上位にあったので、襄威将軍を加えた、このように解釈できる。(35) なお同じ従六上でも襄威の方が給事中より上位に置かれているから遷転上の問題はない。

常景伝が明示するように、階が任官資格を示すという岡部毅史氏の主張は間違いなく認められる。他方、北魏後期においては、本章で明らかにしてきたように、九品を通じて共通する原則——四品以下では官品と官品の間隔を一階、官品内の上下の間隔を半階とし、三品以上では将軍号(群)の間隔を半階として、通常の遷転では一階上昇する——でもって官吏の昇進の階梯を規定していた。このため、第3章で示したように、四品以下では直上の官品に属する官職への異動が通常の遷転の形となり、三品以上では必ずしも直上の官品に属する官職への遷転とはならない。もちろん、個別の事例をとればこの原則に必ずしも一致しない事例が見られるが、多くの事例から帰納すると、この原則の存在が見て取れるのである。

軍事的功績で得た軍階は累積したその数によって対応する将軍号に置き換えられ、将軍号と同等或いは下位の官職を得る。軍事以外の勤務上の功績は軍階とは異なるがやはり階として加算され、(汎位で代替されることもあるが)考課の結果もやはり階の上昇として示される。そして上昇した階によって将軍号もしくは官職を得る。階が不足すれば基本的にはその官職には就けない。このような、数字で説明が可能な、かなりシステマティックな形で官僚制度が運用されていたと、評価することができるのではないか。それは一面で年功序列的側面を呈して批判を浴びたにせよ、唐代の考課による昇進というシステムに近いものであったと思わされるのである。

問題は、第3章で遷転の過程を検討した時、本章の理解に置き換えると半階や一階半の上昇にあたる事例が少なからずあったことである。郭祚伝では汎位の前の期間によって一階半の上昇という措置が執られるべきことが議論されていたが、そのことが示すように遷転までの職務の在任期間の長短、或いは何らかの功績が別に加算されたなどの事由の存在があっての措置と想定できるのであるが、明確な根拠は現在のところ見出せない。また一階上昇が本来基本となると考えられるのに、二階の上昇がかなりの割合で見られるが、それは何故なのだろうかという問題もある。第3章で王翊が正五品の司空従事中郎から従四品上の中書侍郎に遷り、正四品の鎮遠将軍を加えられたことが「特除」とされたと述べた。二階の上昇は特別という認識が当時あったと考えてよいであろう。しかしさらにそれを超えるような事例も見られる。唐代のことであるが、宰相に至るような人物の場合、その官歴を見ると「隔品規定」を経ているという(36)。北魏においてそのような規定が存在したとは思えないが、実態としては階を跳び越える事例は存在した。それらはどうして可能であったのか、そしてそれはどのような結果に結びつくのか、今後の課題となろう(37)。

問題点や課題は残るにせよ、通常、一定期間を経て一階上昇するという形で官僚の遷転が行われていたということは、北朝における貴族制の理解に大きく関わってこよう。そこに小論のもつ意義があると考える。

註

（1）宮崎市定『九品官人法の研究——科挙前史』（東洋史研究会、一九五六）。

（2）岡部毅史ⓐ「北魏の〝階〟の再検討」（『集刊東洋学』八三、二〇〇〇）、ⓑ「魏晋南北朝期の官制における〝階〟と〝資〟——〝品〟との関係を中心に」（『古代文化』五四—八、二〇〇二）。

（3）閻歩克『品位与職位——秦漢魏晋南北朝官階制度研究』中華書局、二〇〇二、第八章「軍階的演生」。

（4）北魏の考課については多くの先行研究がある。その主なものを挙げると、福島繁次郎『増訂中国南北朝史研究』名著出版、一九七九、陶新華『北魏孝文帝以後北朝官僚管理制度研究』巴蜀書社、二〇〇四、戴衛紅『北魏考課制度研究』中国社会科学院出版社、二〇一〇。

(5) 議論の概要を説明しておく。郭祚の奏は二点を問題としていて、まず①で、景明の考格は三年一考が通例であるのに二年の残年の扱いを認め、正始の考格は三年に限定している。どちらに従うのか、という問題を示す。これは正始四年に百官の位を一律に一級進めるという、汎位の措置があったことによる、それ以前と以後の扱いを尋ねたものである。それに対する回答は③で示され、考課が上中・上下であった者についてそれぞれ汎位以前と以後で扱いを異にするというものであった。次に②は東西省の文武の閑官（④の散官に該当）は景明の考格では上中下の三等に分かれていて、盧昶は上第のものは三年で半階と述べているが、今は九等に分かれていて、両者の扱いが分からないという二つめの問題の提示。これに対しては④の盧昶の奏に従え、が回答となっている。

(6) 陳琳国氏（『魏晋南北朝政治制度研究』文津出版社、一九九四、二七一頁）は、傍線部は正始末年に汎階を得られなかった地方長官に対する補償措置であるとし、陶新華（註（4）前掲書三四、三五頁）は、かつて考課はほとんどが上中の評価で、上下は犯罪の人だけだった。今はそうではないので、上下は上中に等しいという措置だと考える。だが福島繁次郎氏（註（4）前掲書附録三九頁）は「上下」は「上中」の誤りだと述べていて、戴衛紅氏（註（4）前掲書六八頁）も同様に考える。福島氏らの見解に従いたい。

(7) 福島氏はこの伝の記載を根拠として前註の指摘を行った。

(8) ふたりのこの遷転は、汎によると明示こそされてはいないものの、各自の伝（元匡は巻一九上、封回は巻三二）で確認できる。

(9) 安州が下州であることは拙稿で論じた。『魏晋南北朝官僚制研究』（汲古書院、二〇〇三、第一部第五章、初出一九八八）参照。以下の州のランクへの言及も同論文参照。

(10) 閻歩克氏の理解である。註（3）前掲書四六七頁は、太尉右長史（正四上）を想定するが、根拠不足である。

(11) 考課が実施された年度の理解については、論者による相違があるが、それについてはここではふれないこととする。

(12) 竜驤から征虜までの四将軍は、他の官職を挟んで配置されているが、これらの将軍号は竜驤～冠軍と征虜で区分されていたことについては第3章を参照。

(13)　官氏志の官品表の将軍号の配置を厳密に示すと表1のようになる。ただ正二品の諸将軍加大者、四鎮大・四征大への就任事例はごく少ないので、第3章での検討では用いていない。本章でもこれらを省いて四群としたが、正二品の将軍号（群）の区切りはもっと多かった可能性がある。

(14)　封回の場合は正四品から従三品に遷っていて、官品差が適用される。第3章参照。

(15)　先に引いた正始四年の詔で、高陽王は司空から太尉に遷っている。これは一階の上昇と見ることができる。しかし広陽王の場合は尚書令から衛大将軍、車騎・驃騎大将軍を跳び越えて司空となっていて一階以上となる。この二人は詔で別に取り上げられていて、特別事例と想定され、他の者と同じように一級が適用されたわけではないと考えられる。

(16)　延昌四年（五一五）の文武群官の「進位一級」、正光元年（五二〇）の内外百官の「進位一等」も同様の措置であると思われる（いずれも粛宗紀、表2参照）。

(17)　朱雷「跋敦煌所出《唐景雲二年張君義勲告》——兼論〝勲告〟制度淵源」（『敦煌吐魯番文書論叢』甘粛人民出版社、二〇〇〇、所収）及び古賀昭岑「北朝の行台について（三）」（『九州大学東洋史論集』七、一九七九）。

(18)　厳耕望「北魏尚書制度考」（『厳耕望史学論文選集』聯経出版事業公司、一九九一、初出一九四八）によれば、北魏後期に置かれていたのは七兵尚書とされている。

(19)　寿春が来降した時、奚康生は羽林千人を率いて同城に入り、桓和、陳伯之らを破った。これは宣武帝の景明元年（五〇〇）のことであり、その後に征虜将軍になっている。

(20)　閻歩克氏註（3）前掲書、四五九～四六〇頁。

(21)　「以上の余階は積みて品と為せ」について、岡部氏註（2）ⓐ論文は、官職に叙された後に次の官職を拝するには足りず余っている階を指す、としているが、「軍勲を将軍号に置き換えるのは征虜までで、それ以上に階が余っていても将軍号に直接置き換えることはしない。余った階は将軍号以外の官職に就任するために充当する」と解した方がより正確であろう。

(22)　第2章で明らかにしたように、将軍号をもたない官僚は多数いた。彼らに対する汎階はどう措置されたかを示す明確な史料はないが、現官職の位置するところから数えるのであろう。たとえば従四の尚書右丞であれば、一級の汎を得たら、従四の寧朔～広威の五将軍のいずれかを得ることになると考えられる。二級の汎であれば正四の中堅・中塁のいずれかであろう。

(23) 宮崎氏註（1）前掲書、四一〇頁。

(24) 閻氏註（3）前掲書、三七八頁。

(25) 岡部氏註（3）前掲論文ⓐ。本節で岡部氏の理解に言及する場合、この論文を指す。

(26) 以下の本節の閻歩克氏の見解は註（3）前掲書の四六〇～四六八頁参照。

(27) 奚康生の場合と同じように「余階」が開国公となったことに示されている可能性もある。しかし楊侃はこれ以前には華陰伯を襲いでいた。開国県伯は正三品、開国県公は従一品であるから、その官品差だけでも三となる。将軍号の上昇が入る余地がない。爵位の授与は別の基準によったと考えるべきである。

(28) なお、張彝とともに名の挙げられた李韶であるが、巻三九の伝によれば、撫軍将軍・相州刺史であった彼は、孝明帝初めには殿中尚書・行雍州事となっており、これは昇進にならない。次に中軍大将軍（正二）・吏部尚書（正三）が記録されているが、二階の上昇と思われる。つまりこの段階での昇進を跡づけるのは困難である。

(29) 州刺史の場合、刺史としての官品より帯びた将軍号が低い事例は少なからずある。安州の地位についてともに前註（9）拙稿参照。

(30) 『校注』九―八八。

(31) 『疏証』五五。なお周錚「北魏侯忻墓誌考釈」（『北朝研究』一九九七―三）は□を「除」字と推定する。

(32) 『魏書』巻五九蕭宝夤伝に見える正光四年の上表に「然及其（＝守令）考課、悉以六載為程、既而限満代還、復経六年而叙」とある状況が影響した可能性がある。

(33) 『秦晋』に収められている穆良墓誌には、「建義汎」「普泰四級」「中興四級」「天平汎一級」など汎階を示す語とその結果としての就任官職が記される。残念ながら拓本が不鮮明で、判読できない箇所が多いので、史料として引用を避けるが、汎階による昇進を示す重要な史料であると考えられる。

（34）本節で取り上げた事例の多くについては陶新華氏註（4）前掲書第二章も論じている。ただし陶氏は正四品以下は一官品が一階（上下は半階）という宮崎氏等に通じる理解であるのはともかく、正一品～従三品は正従併せて一階と考えていて、将軍号の扱いも本章とは大きく異なる。故に一々の指摘は避けた。

（35）常景の府官就任に関する理解については、鍾盛「北魏州軍府制度考論」（『魏晋南北朝隋唐史資料』二八、二〇一四）に言及がある。

（36）小島浩之「唐代後半期の官僚人事と八儁」（『明代アジア史論集』一八、二〇一四）参照。

（37）贈官の場合は、昇進の場合とは異なる扱いがなされた可能性がある。閻歩克氏前註（3）所掲書四六八頁に、「加二等」の贈の扱いを受けた元朗の事例は、将軍号に変化がなく、刺史号の上昇が二等の内容であるのでは、と述べている。

補記

本章は平成二六年度科学研究費補助金（基盤研究（A）「石刻史料と史料批判による魏晋南北朝史の基本問題の再検討」）による研究成果の一部である。

表2　汎位・汎階級表（孝文帝末～東魏末）

年号	対象	用語	階級	出典（『魏書』）
太和22・4	従征武直之官	進位	3階	高祖紀下
	文官		2級	
	外官		1階	
太和23・8	宮臣	増位	1級	世宗紀
景明2・2	宿衛之官	進位	1級	世宗紀

景明3・7	文官従征（陳）顕達宿衛者	加	2階	世宗紀
	閑散者		1階	
正始4・9	百官	悉進位	1級	世宗紀
延昌4・3	宮臣	進位	1級	粛宗紀
延昌4・3	文武群官	進位	1級	粛宗紀
正光1・7	内外百官	進位	1等	粛宗紀
孝昌1・6	従軍二〇〇日の文官	優	1級	粛宗紀
	武官	優	2級	
武泰1・2	内外百官文武、督将征人	普加	軍功2階	粛宗紀
	禁衛武官		軍功3階	
建義1・4	従太原王督将軍士	普加	5階	孝荘紀
	在京文官		2階	
	在京武官		3級	
永安2・4	内外百僚（←文穆廟完成）	普汎加	1級	孝荘紀
	太原王下将士	汎加	2級	
永安2・7	北来軍士及随駕文武、馬渚立義	加汎	5級	孝荘紀
	河北執事之官		2級	
	河南立義及迎駕之官、并中途扈従		2級	
	諸州郡遣使奉表行宮者	並加	1大階	
永安3・10	文武百僚（←皇子誕生）	汎	2級	孝荘紀
建明1・10	（長広王曄迎立）	普汎	4級	孝荘紀

普泰1・2	内外文武	普汎	4階	前廃帝紀
普泰1・8	爾朱天光下文武討宿勤明達者	汎	3級	前廃帝紀
中興1・10	文武百官	普汎	4級	後廃帝紀
	留守者		2級	
中興1・10	(高歓の)将士	汎	5級	後廃帝紀
中興2・1	(鄴を抜いた)将士	汎	4級	後廃帝紀
太昌1・6	内外百司	普汎	6級	出帝紀
	在京百僚	加	中興4級	
	義師将士	並加軍汎	6級	
	在鄴百官		3級	
	河北同義之州		2級	
	河橋建義者	加	5級	
	関西		2級	
太昌1・6	建明・普泰の汎階の追奪			出帝紀
太昌1・7	皇子汎2級(永安3)は還授	普進		出帝紀
	文穆廟の汎(永安2)は停廃、追奪			
天平4・4	内外百官	普進	1階	孝静紀
興和2・1	内外百官	普進	1階	孝静紀
	営構主将	別優	1階	
武定7・8	内外百官	普加	2級	孝静紀

第5章　北魏後期の門閥制
――起家官と姓族分定――

はじめに

北魏後期においては貴族制が導入されたとされる。魏晋南北朝の貴族制を如何に理解するか、その解答は容易ではないが、官僚制の姿をとって現れていることには疑いはなく、北魏の貴族制についても門閥制の傾向が強く現れたと指摘されている(1)。しかし、その門閥制の傾向が如何なる実態を示すのかという検討はいまだ十分になされていない。

筆者は近年北魏後期の官僚制のあり方の一斑について一連の研究を行ってきたが、その結果、北魏後期の官僚の遷転が、通常の場合ある程度の幅はあるが、一定の年限後一、二階分上昇するというきわめてシステマティックな形で行われたことを明らかにした(2)。とすれば起家官の差がその後保たれたままで官僚たちの遷転が行われた可能性が想定される。それは門閥制につながりやすいであろう。

宮崎市定氏(3)以来、魏晋南朝において起家官がもつ重要性は広く認識されている。起家官がその後の官僚としての歩みを大きく規定するが、やがて家格が起家官を規定するようになって、貴族制を生み出す要因のひとつとなると理解されている。とすれば貴族制を導入したとされる北魏孝文帝の改革以後、起家はどのように行われたのかが問題とされなければならない。しかし専論はいまだにないようであり、汪征魯氏の大著『魏晋南北朝選官体制研究』（福建人民出版社、一九九五）が入仕の官職を挙げてはいるが、官品としての扱いはしておらず、前期と後期の区別もなされていない。

筆者はかつて北魏後期の宗室の起家官についてごく簡単であるが考察したことがある。(4) しかし利用できる墓誌の数が増大した現在、若干の修正が必要であるし、より精密な理解が可能と思われる。何よりも旧稿では、なぜそのような起家官の差が生じるのか、皇帝からの隔たりが同じであるのに起家官に差が生じるのはなぜか、といった問題が残されている。さらにより重要な課題として、宗室以外の諸姓の検討が必要である。

そして次には、北魏後期の起家官のあり方がどういう政策から生み出されたかが検討されなければならない。孝文帝の官制改革と時期を同じくして姓族分定が行われている。それと起家官の関係を解明することが必要となろう。また孝文帝が採用したこのような門閥制につながる施策がどのような狙いをもっていたかも検討する必要がある。

本章は以上の問題を扱うことになる。それが北魏後期の貴族制の理解に聊かでも資することになれば幸いである。

一　宗室の起家官

（1）　起家官の差を生むもの（ⅰ）

前述したように筆者が以前に北魏後期の宗室の起家官について考察した内容は修正加筆の必要がある。まず、王を嗣いだ者以外の宗室の起家官一覧を表1として示そう。この表は、起家を明示する語を伴う事例に、明示する語は伴わないものの状況から起家官と判断できる事例を加えて作成した。太和後令が施行された宣武帝即位（四九九年）後から孝荘帝即位（五二八年）までの時期における事例を対象とする。北魏末までの墓誌と列伝双方をもつ人物のほか、列伝のみ、墓誌のみの人物をも取り上げた。出典欄は前半が『魏書』[5]、後半が墓誌である。[6] なお、王爵を嗣ぐ者が襲爵前に任官することがある。その場合は、王ではなく、「王の子」として扱う。爵位欄は設けない。[7] また官品表示においては「正」「品」字を省く（以下の本文、表においても省くことあり）。父祖欄の「第〜子」は推定を含む。

表1　宗室の起家官一覧

姓名		用語	起家官	官品	時期	年齢	出典	父祖	備考
元端	②	起家	散騎侍郎	5上	世宗期か		二一上、校六―一九三	皇子（高陽王雍）長子	弟が襲爵、五二八年に三六歳没
元子直	②	起家	散騎侍郎	5上	世宗期か		二一下、校五―一二八二	皇子（彭城王勰）子	五二四年没
元子正	②	歴	散騎侍郎	5上	世宗期か		二一下、校六―一二二五	皇子（彭城王勰）子	初見官が兄子直と同官、五二八年二一歳没
元誨	①		散騎侍郎	5上	粛宗	12	校六―三一八	皇子（広平王懐）庶長子	五三〇年に二六歳没
元演	④	初除	太子洗馬	従5上	世宗期か		校四―一二三一	皇子（斉郡王簡）長子	五一三年に三五歳没
元諶	②	自	通直郎	従5上	世宗		二一上	皇子（趙郡王幹）長子	
元叡	②	起家	通直郎	従5上			二一上	皇子（高陽王雍）第三子	五二八年没
元誕	②	起家	通直郎	従5上	粛宗		二一上、校七―一六三	皇子（高陽王雍）第四子	五三七年に三二歳没

元項	②	起家	通直郎	従5上	粛宗期か		二一上、校六―三七七	皇子（北海王詳）第二子	五三〇年に二九歳没
元譚	②	初為	羽林監	6	世宗		二一上、校六―一七七	皇子（趙郡王幹）第三子	五二八年に四一歳没
元讞	②	自	羽林監	6	延昌4	27	二一上、校六―一九六	皇子（趙郡王幹）第四子	五二八年に四〇歳没
元譿	②		羽林監	6			二一上、校五―九〇	皇子（趙郡王幹）子、讞の弟	初見だが兄弟と同官、五二〇年に三一歳没
元周安	⑦		羽林監	6	永平2		校六―二三三	皇子（汝陰王天賜）の第九子	
元彝	⑧		羽林監	6	神亀2	14	一九中、校六―一七〇	始蕃王（任城王澄）第四子	襲爵前に起家、五二八年二三歳で没
元湛	⑬		羽林監	6	粛宗か		一八、校七―三七二	二蕃王（広陽王淵）長子	孝荘帝期襲爵前に就官、五四四年三五歳で没
元順	⑧	起家	給事中	従6上	景明4	17	一九中、校六―一六四	始蕃王（任城王澄）長子	五二八年に四二歳没
元淵	⑫	初為	給事中	従6上	世宗		一八、七朝二三	始蕃王（広陽王嘉）の子	襲爵前に起家、五二六年に四二歳没
元子邃	⑤	起家	給事中	従6上			校八―三七四	始蕃王（安豊王延明）の子	起家後父に従い徐州を討つ（五二五年）
元昉	③	投褐	給事中	従6上	粛宗		校六―二一八	始蕃王（趙郡王謐）の子	起家官のままで五二八年に一九歳で没

元子永	⑤	出身	給事中	従6上	粛宗		校六―二五〇	皇子（斉郡王簡）の孫、始蕃王養子	始蕃王（河間王）の養子、五二八年二五歳没
元礼之	⑥	起家	給事中	従6上	粛宗		校六―二四八	皇子（斉郡王簡）の孫	子永の弟、五二八年二三歳没
元液	⑨		司徒外兵参軍	従6上	神亀初	23	校六―三〇四	皇子（京兆王子推）の孫	二三歳故に起家官と判断、五二八年に三四歳没
元顕魏	⑧	始為	員外郎	7上	世宗期か		一九下、校五―三三九	始蕃王（城陽王鸞）第三子	五二五年に四二歳没
元誘	⑧	自	員外郎	7上	世宗期か		一九下、校五―三五四	始蕃王（中山王英）第三子	墓誌は通直郎が初見、五二〇年に三七歳没
元略	⑧	自	員外郎	7上	世宗		一九下、校六―二〇五	始蕃王（中山王英）第四子	墓誌は世宗時に員外常侍起家
元纂	⑨	釈褐	司徒祭酒	7上	延昌中		一九下、校五―三六三	始蕃王（中山王英）第六子、叔父を継ぐ	五二〇年没
元歆	⑨	年暨堪任	員外郎	7上	粛宗初	30	一九下、校六―二一二	始蕃王（中山王英）の子、叔父を継ぐ	五二八年に四三歳没
元粛	⑨	起家	平東録事参軍	7上	粛宗期か		一九下、校七―四五	皇子（南安王楨）の孫	起家から二官で孝荘帝期
元乂	⑮		員外郎	7上	世宗		一六、校六―一八	二蕃王（江陽王継）長子	五二六年に四一歳没
元爽	⑮	起家	員外郎	7上	粛宗		一六、校七―六八	二蕃王（江陽王継）第三子	五三三年三三歳没、伝では秘書郎起家

元天穆	⑱	起家	員外郎	7上	永平1	20	一四、校六―三二四	代王（平文帝）子孫	五三〇年に四二歳没
元鑽遠	⑩	釈褐	員外郎	7上	粛宗		校七―七一	二蕃王（済陰王弼）の子	五三三年に三二歳没
元昂	⑨	登仕	員外郎	7上	粛宗		七朝二七	皇子（陽平王新成）の孫	五二八年に三五歳没
元曄	⑨	起家	員外郎	7上			校六―九一	皇子（京兆王子推）の孫	五二四年没
元熙	⑧	起家	秘書郎	7	世宗		一九下、校五―三五一	始蕃王（中山王英）第二子	五一三年の襲爵前の起家
元曄	⑨	起家	秘書郎	7	粛宗期か		一九下	皇子（南安王楨）の孫、元粛の弟	孝荘帝初に封王
元湛	⑧	起家	秘書郎	7	永平4	21	一九下、校六―二〇九	始蕃王（章武王彬）第三子	五二八年に三八歳没
元凝	⑧	起家	征虜録事参軍	7			一九下	始蕃王（章武王彬）子、元湛の兄	
元誕業	⑨	解褐	揚州撫軍主簿	7	世宗	17	校六―二四二	皇子（陽平王新成）の孫	五二八年に三一歳没
元道隆	⑨	釈褐	夏州平西中兵参軍	7	世宗	17	校六―二四四	皇子（陽平王新成）の孫	「以皇宗釈褐」、五二八年三〇歳没
元崇業	⑨		秘書郎	7	世宗期か		校五―二九五	皇子（陽平王新成）の孫	誕業の兄、五二四年に三八歳没
元璨	⑨		秘書佐郎	7			校五―二八九	皇子（陽平王新成）の孫	五二四年に四三歳没
元霊曜	⑨	起家	秘書郎	7	世宗期か		校五―一九九	皇子（京兆王子推）の孫	五二二年に三七歳没

元襲	⑨	弱冠除	著作佐郎	7	世宗期か		校六―三九四	皇子（京兆王子推）の孫	五二九年に四四歳没
元斌	⑨		并州章武王騎兵参軍	7	永平2	16	校五―二三六	皇子（京兆王子推）の孫	五二三年に三〇歳没
元孝輔	⑪	釈褐	秘書郎	7	粛宗末か		秦晋五三	皇子（陽平王新成）の曽孫	五五二年に四二歳没
元愔	⑱	起家	司空参軍事	7			校六―一八四	代王（昭成帝）子孫	二官目に五二八年没
元玕	⑰	起家	秘書郎	7			校七―一四一	二蕃王（南平王霄）の孫	五三五年に四四歳没
元禹	⑯	起家	司空参軍	7			一六	三蕃王（陽平王顕）の子	東海太守の時爾朱栄に附す
元則	⑭	弱冠為	斉州平東中兵参軍	7	粛宗期か		校六―六九	始蕃王（楽安王良）の孫	五二五年に起家官のまま三一歳で没
元均之	⑭	弱冠之年	瀛州平北中兵参軍	7			校六―一六八	始蕃王（楽安王良）の孫	五二八年に三八歳没
元弼	⑭	解褐	司空行参軍	従7上	延昌3	25	校六―三二八	始蕃王（楽安王良）の孫	五二九年に四〇歳没
元保洛	⑱	出身	高陽王行参軍	従7上	世宗期か		校四―一六一	代王（昭成帝）子孫	二官目に五一一年没
元賢	⑱	出身	司徒行参軍	従7上	粛宗期か		校八―二六四	代王（平文帝）子孫	五三一年に第三官就任、五五一年没

表1の理解の便を図り、次頁に宗室の血縁関係の模式図を掲げる。◎は王を、○は王でない者を示す。○の中の数字は起家官が判明する人物の位置を示す。表1の姓名の次の欄の丸数字はこれを移記したものである。

次に表1のデータを用いて、皇帝との血縁関係により、起家官品がどのように分布するのかを、表2として示そう。皇帝との関係の欄に加えた丸数字は模式図の番号に対応する。始蕃王の子は皇子の孫に含まれるが別扱いとし、以下、王の子の扱いは同様である。

表2　宗室起家官の分布

皇帝との関係＼官品	正五上	正五	従五上	従五	正六上	正六	従六上	従六	正七上	正七	従七上
皇子の子　①②④⑦	4		5			4					
始蕃王の子　③⑤⑧⑫						1	5		3	3	
皇子の孫　⑥⑨							2		5	8	
二蕃王の子　⑩⑬⑮						1			3		
始蕃王の孫　⑭										2	1
皇子の曽孫　⑪										1	
二蕃王の孫　⑰										1	
三蕃王の子　⑯										1	
代王子孫　⑱									1	1	2

一見して明らかなように、父祖である皇帝からの世代数の隔たりが起家官の差となって現れている。まず皇子の子が別格の扱いを受けている。正六上以上の起家は皇子の子以外にはないし、皇子の子の場合の起家の下限である正六にしても、その他においてはごく限られた者だけが獲得できる地位である。

皇子の子と皇子の孫を較べると明白に孫の方が劣る。曽孫になるとさらに低い地位での起家となる。始蕃王の子と

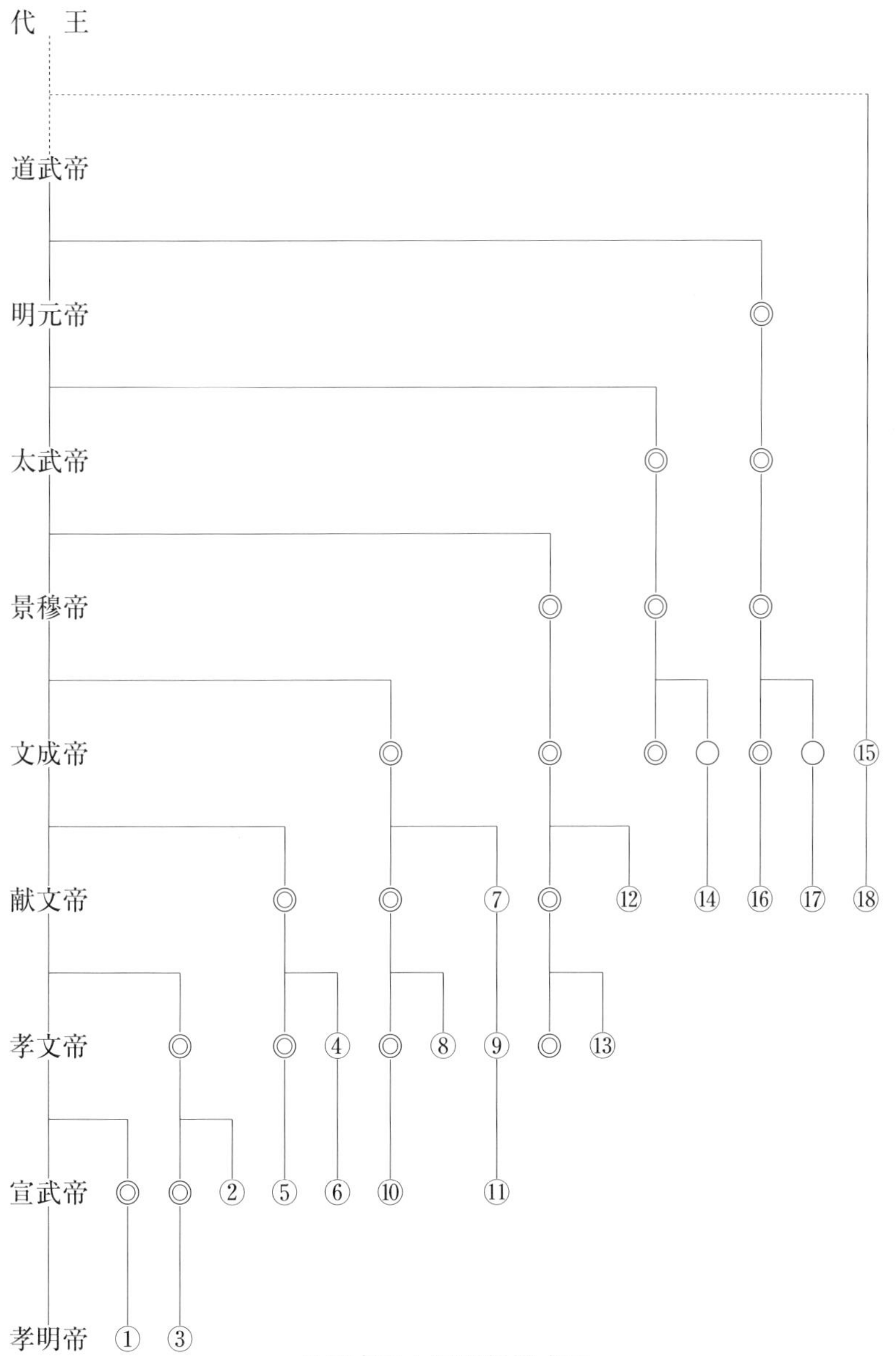

北魏宗室血縁関係模式図

始蕃王の孫を較べると、これも明白に孫の方が劣る。二蕃王の子と孫を較べても同じことが言えそうである。

ところで、皇帝からの世代数の隔たりという場合、現皇帝との血縁の濃淡は影響しないのであろうか。献文帝の始蕃王の子③と文成帝の始蕃王の子⑤、景穆帝の始蕃王の子⑧、太武帝の始蕃王の子⑫は、同じく始蕃王の子であるが、現皇帝からの血の濃淡はそれぞれに異なる。その差は起家に影響しなかったであろうか、という問題である。就任事例は

③従六上

⑤従六上、従六上

⑧六、従六上、七上、七上、七上、七、七、七

⑫従六上

となる。事例数の偏りがあって、不確定要素となっているが、現皇帝との血縁の濃淡は、特に問題とされていないように思われる。

一方、父祖である皇帝との世代数という点では同じであるはずの始蕃王の子と皇子の孫との間には、子細に見ると差がある。始蕃王の子は、半数が従六上以上で起家する一方、下限と見られる正七での起家は四分の一と少ない。それに対して皇子の孫の場合は、正七での起家が半数強を占め、従六以上が正七の四分の一であるから、始蕃王の子と比較して劣位にあると見てよいようだ。また、始蕃王の孫よりも二蕃王の子の方が優位にあることも明らかである。つまり、皇帝からの隔たりという点では同じでも、王である者の子は、王の子でない者よりも起家の点では優遇される傾向を指摘できる。

まとめると、まず父祖としての皇帝からの世代数の隔たりという点で差がつけられ、次に世代数という点では同じ

でも、皇帝の子、王の子がそうでない者よりも優位の地位で起家できたのである。なお、皇帝の子孫の場合は正七が起家の下限であったごとくであり、従七上以下は一例にすぎない。これに対して、代王子孫は従七上以下が半ばを占める。このうち三公行参軍は後述するように正七品並みに扱われた可能性があるが、四七歳で没した元平は、二〇歳の時に従七の奉朝請で起家している（校五―二五〇）。正光五年（五二四）の葬であって太和二一年頃の起家と計算されるから**表1**、３には入れていないが、代王の子孫は皇帝の子孫より一段低い起家であったという可能性が高い。

（２）　起家官の差を生むもの（ii）

宗室の起家に関しては、もうひとつ検討すべきことがある。同じ皇子の子でありながら起家の官品が大きく異なるのはなぜかという問題である。それは例えば始蕃王の子の起家官にかなり差がある理由は何か、という問題であり、以下、同様である。

（イ）　皇子の子（①②④⑦）

皇子の子は始蕃王とその兄弟である。その中で注目すべきは②献文帝皇子の子たちである。献文帝には六人の皇子がいた。咸陽王禧は宣武帝の初期に謀反して死去したので、その子にはこの段階での議論の対象となる人物はいない。趙郡王幹は太和二三年に死去し、その爵は謐が継いだが、謐の初見官は通直常侍（正四）・加竜驤（従三）[8]で襲爵後の任官、従って**表1**の対象外である。他方、兄の謀の起家は従五上、弟の譚・钀・譓の起家官はいずれも正六である。広陵王羽は宣武帝期に死去し、爵は恭（後の前廃帝）が嗣いだ。その初見官は襲爵後の延昌年間の通直常侍（正四）であるが、彼は太昌元年（五三二）に三五歳で死去しているから、延昌元年（五一二）には一五歳で、これが起家官であろう。その兄の欣は正四が初見であるが、孝明帝期であるから起家官ではない。高陽王雍は王のまま五二八年の河陰の変で死去し、その嫡子泰も同時に殺されたが、泰はその先に官途に就いていて、初見官は従四上の中書侍郎。ただし通常宗室の起家するのは実務のある官職ではなかったようであるから、中書侍郎は起家以後に就任した官職の可能性が高い。世子段階での起家官は不明ということになる。泰の兄の端は正五上、弟の叡と誕はともに従五上での起家である。北海王詳は宣武帝期に死去し、顥が嗣ぐが、その初見官は従三品であり、起家官とは思えない。弟の頊は従五上での起家。彭城王勰は宣武帝期に死去し、劭が嗣いだ。起家官の宗正少卿（正四上）は襲爵後のものである（巻二一下）。兄の子直、弟の子正はともに正五上で起家している。

皇子の王爵を嗣いだ者が従四品以上で起家していることはほかの事例からも窺えるが、他の皇子の子の起家の下限は正六であることを確認できる。またひとりの兄が弟たちより高い官品で起家する傾向も指摘できるのではないか。これらはそういう方式が存在していたということで理解できる。しかし彭城王勰の子ふたりと高陽王雍の子のひとりが正五上で起家しているのに、他の皇子の子は従五上での起家が最高で高陽王雍の子の残るふたりと同じレベルであることには、何らかの事由があったと思われる。

彭城王勰は孝文帝の信頼篤く、宣武帝初期には輔政の任務に当たっていた。宣武帝には疎まれていたとはいえ、声望は高かったとされ、高陽王雍は宣武帝・孝明帝期には三公を歴任し、輔政の任務に当たってもいた。他方、北海王詳は宣武帝初に輔政の任に当たり、死去時には太傅の地位にあったが、彭城王勰や高陽王雍ほどにはその政治的力量はなかったようであり、記録に残っていない。また趙郡王幹は太和末年に死去しており、官職は司州牧が最高位であった。将軍号は征東大である。このように見ると、同じ皇帝の皇子の子でも、父の政治的地位、ないし力量が、子の起家に影響を及ぼしていると見てよいと思われる。

なお、正五上で起家した①の元誨は孝明帝即位の年に太保・領司徒となった孝明帝皇子広平王懐の庶長子。父の勢威の後押しが考えられる。また従五上で起家した④元演は太保に至った文成帝皇子斉郡王簡の長子であるが、簡の王爵は弟の元祐が嗣いだ。正六で起家した⑦の元周安は景穆帝皇子の汝陰王天賜の第九子である。いずれも献文帝皇子の事例から判断した結果に合致し、それを支持するものとなっている。

（ロ）始蕃王の子（③⑤⑧⑫）

正六で起家したのは⑧の元彝のみである。父の任城王澄は、宣武帝期に輔政の任に当たり、司徒に至り、政治的に重要な役割を果たした。元彝はその第四子であるが、世子に立てられ、父の死去に先立ち、正六の官に就いた。父の力の影響が考えられる。澄の長子の元順は従六上で起家している。起家の年は彝より早い景明四年で、輔政の任にあった任城王澄は帰第させられ、宣武帝の親政が行われ始めた時期である。彝より低い起家官はその故とも考えられるが、世子ではない故の差と考える方がよいであろう。

他にも⑧の事例は多い。南安王楨は洛陽遷都直後に起こった穆泰の反に連坐して国除とされたが、宣武帝初に子の元英が中山王として復活した。中山王英は洛陽遷都後の時期から宣武帝期における南朝との戦いに北魏側で中心となった人物であり、将軍号は征南、官職は尚書僕射に至った。それを考慮すれば子の起家官は高くてもよいと思われるのに、第三、四子はいずれも正七上である。第二子である元熙がさらに低い正七で起家したのは、南安国が除かれ、英が王の身分を失っていたからと説明できよう(9)。城陽王鸞は宣武帝期に安北・定州刺史で死去した。その爵を嗣いだのは元徽で、兄の元顕魏が正七上で起家したのは世子でない故であると考えたい。章武王彬は削封の措置を受けたままで太和末年に死去した。彬を嗣いだ元融は宣武帝初期に王爵に復帰したが、その弟の凝・湛がともに正七起家にとどまっているのは父が王爵を失った故である可能性がある。

以上から、⑧の場合、始蕃王の世子は従六上、その兄弟は正七上での起家が基本であったと見ておきたい。任城王澄の子の場合は、父の故にそれより一ランク上で起家できたということであろう。

⑧以外の事例を見てみよう。⑤元子邃は文成帝系始蕃王広陽王嘉の子で、墓誌に「旧勲を追録し、以て父爵を襲ぐ」とあるので、世子であった可能性がある。⑫元淵は太武帝系始蕃王安豊王延明の子で父の爵を継承するが、襲爵前に起家している。世子であることが従六上での起家の背景と考えてよいだろうが、嘉が太武帝系の重鎮として、宣武帝初期には輔政の任に当たり、その後には司徒に至っていることも与っているかも知れない。⑤元子永は文成帝系始蕃王の河間王琛の養子である。二歳年少の弟の礼之は、養子という語がないので皇子の孫の項目に入れたが、子永と同じ給事中で起家し、その後琛が南征する際に子永は別将、礼之は軍主で従軍している。とすれば両人の従六上起家の背景に、琛が権勢を振るっていた劉騰に諂事したこと（巻二〇）が考えられるのではないか。[10] 残る③元昉は「少子」とあり、安南・都官尚書と正三品止まりである趙郡王謐の子の起家官としては従六上は高い。謐の爵を嗣いだ兄毓は一九歳で起家し、翌五二八年の河陰の変で死去した（巻二一上、校六―一二一〇）。昉も河陰で死去したが、その時一九歳。とすれば兄と同じ時の起家であろう。危機が最高潮に達する直前という政治的状況が生み出した起家官の高さであろうか。

こう見てくると、始蕃王の子の起家官は正七上が基本で、世子は従六上、特別の場合にはそれより一ランク上での起家であったと考えられる。正七で起家した事例があるが、父が王爵を失っていた時機に当たっていた故で例外であろう。また父の政治的地位や勢威が起家に影響を与えるほか、時期的状況も高い起家官をもたらす可能性を指摘できる。

（ハ）皇子の孫（⑥⑨）

始蕃王の子と輩行は同じである皇子の孫の場合であるが、⑨景穆系皇子の孫は事例が多い。陽平王の孫の元昂の父は夏州刺史、この州は下州である。不記の将軍号が高かった可能性は残るが、正七上での起家。これに対して同じ陽平王の孫である元道隆の父元振は征西大・夏州刺史であったが、その長子である道隆は正七の起家と元昂に劣る。(11)征北大・尚書僕射に至った元欽の子である元崇業・元誕業兄弟も正七の起家。元璨の父衍は四州の刺史を歴任し、璨は正七での起家。また京兆王の孫を見ると、荊州刺史の父太安(12)の子の元斌と元霊曜、洛州刺史の父をもつ元襲が正七の起家で、ひとり驃騎大・儀同三司（贈官の可能性）の父をもつ元暐だけが正七上で起家している。

一方、南安王系を見ると、中山王英の弟の元怡は鄯善鎮将どまりでしかも逃亡中に死去したにも拘わらず、その子の元粛は正七上、弟元曄は正七で起家している。ともに英の兄弟を継いだ英の第四子元歛、第六子元纂も正七上で起家していて、いずれも始蕃王中山王英の子たちと同じレベルの起家である。英の子という立場が考慮されたのであろうか。

なお、城陽王長寿の孫元液の場合、従六上と例外的に高い起家官となっている。城陽王を嗣いでいる元徽は霊太后再臨朝期に寵臣となったが、神亀年間は州刺史クラスで、その政治力はそれほど高くないと想定される。また父は冠軍・滄州刺史を贈られた。墓誌では少卿を卿と記すことが少なくないので、正七の司徒外兵行参軍で起家したのを司徒外兵参軍事と称した可能性がある。

以上、皇子の孫の場合、既に述べた⑥礼之を含め従六上起家が二例あるが、それぞれに疑問符が付いた。景穆帝系皇子の孫の場合正七上の起家も少なくないが、南安王系のように別の要素が加味された可能性がある。それよりも陽平王系が父祖の地位に拘わらず正七起家であったこと、京兆王系統の多くが正七起家であったことを重視したい。つまり皇子の孫の場合は正七起家がベースであるが、別の基準が加味された結果であろうが、正七上で起家することもあったということになろう。

（二）二蕃王の子（⑩⑬⑮）

二蕃王の子の場合は判断が難しい。⑬元湛は既に述べた元淵の長子で正六の起家。元淵は六鎮の乱初期に征北（正二）・北道大都督で討伐に当たり、孝昌二年（五二六）の没時には驃騎大・儀同三司。湛は父の没時には一七歳で、それ以前に「侍書に引入せられ、羽林監に除せらる」とあるから、皇帝の近くに侍ることが目的の就任で、これは特例であろう。

⑮の元乂・元爽は道武系二蕃王江陽王継の長子と第三子。元継は孝明帝期には勢力を獲得するが、元乂が起家した宣武帝期には四平将軍・尚書どまりである。元乂が正七上で起家できたのは宣武帝の胡充華（霊太后）の妹の夫であった故ではないか。胡氏が孝明帝を生んだ永平三年（五一〇）には乂は二五歳であるが、霊太后が臨朝した延昌四年（五一五）に通直散騎侍郎（従五上）に転じている。太后の縁で特別の扱いがあった可能性を考えれば、五年で三階の差はさほど大きくない。乂の起家は太后の出産前後であったと想定可能であるからである[13]。

⑩の元鑽遠は景穆系二蕃王済陰王弼の子。ただし、弼は世嫡であったが、王爵を同母兄の子の誕に奪われ、憤慨して山に入って布衣粗食して卒している（巻一九上）。王爵に復したのは孝荘帝時で、没後長い期間を経ていた[14]。鑽遠は山に入って学問に努め、評判高くなり孝明帝が員外郎に辟したというから、起家官であることは間違いないようであるが、もと王の子であること以外にも評価されたところがあってのことと考えられる。

元乂の弟の元爽は兄と同じ正七上の起家であるが、その次に官品が下がる秘書郎（正七）に転じていて、不可解である。伝には秘書郎起家とあり、その方が正しいかと思われる。

事例数が少ないので断定は困難であるが、二蕃王の子の場合は正七起家が基本ではなかったか。それに特別の理由があって、より高い起家官を得ることがあったということであろう。

（ホ）始蕃王の孫以下

いずれも事例がごく少ないが、二蕃王の子と輩行が同じ皇子の曽孫、始蕃王の孫は正七起家が標準、二蕃王の孫、三蕃王の子も同様であったと考えたい(15)。代王子孫の場合は、正七起家が半ばを占めるが、従七起家もあり、皇帝の子孫より一段低い起家と位置づけることができよう。

（3）　宗室起家と年齢

墓誌や伝に起家年齢が明記されているか、没年などの計算から起家年齢が確定できる事例は多くない。それらは表1に記載してあるが、年齢順に並べると、誨が一二歳、彝が一四歳、斌が一六歳、順・誕業・道隆が一七歳と一〇代が六例ある。この他にも、広陽王淵の子湛は孝荘帝初に一九歳で襲爵する前に就官しており、子正は起家後に三官を経て二一歳で没している。また建義元年（五二八）に二五歳と二三歳で没した子永と礼之の兄弟であるが、兄は起家後に別将として南征し、弟は軍主として河間王琛に従い南討した。河間王は正光五年（五二四）に寿春に攻め寄せた梁軍の応接に向かっており、子永らもそれに従ったのであろう。この段階で兄弟は二一歳と一九歳。起家はそれ以前であるから、子永も一〇代の可能性がある。つまり一〇代起家に四例を加えることができる。併せて一〇例である。

このほか元熙や元誘も一〇代起家の可能性が高い[16]。

これに対して二〇代は、天穆が二〇歳、湛が二一歳、液が二三歳、弼が二五歳、讞が二七歳。均之も二〇歳としてよいだろうから六例。このほか讞の兄弟を見ると、譚が二八歳であった粛宗初に直閤将軍であった。その前々官が起家官であるから、その時は二〇代前半かと思われる。弟の譿は起家の次に直閤将軍となって三一歳で没した。譚が羽林監で起家し、高陽太守を経て直閤将軍となっていることを参照すると、譿も一官を挟んでの直閤将軍就任であった可能性があり、その場合は二〇代半ばの起家であろうか。いずれにせよ趙郡王幹の子たちの起家は二〇代前半から後半に行われている。この二例を加えて二〇代の起家と判断できるのは八例。前述の乂も恐らく二〇代の起家だから、併せて九例となる。

三〇代の起家は三〇歳の歆一例のみ。この他に則が孝昌元年（五二五）に起家官である斉州平東中兵参軍のままで三一歳で没した。ところでこの時期斉州刺史であった人物を探ると、平南と将軍号が異なるが袁翻（巻六九）がいる。伝の記載では正確な就任時期は確定できないが、呉廷燮「元魏方鎮年表」によると、孝昌元年に当てている。孝昌元年からさほど遠くない時期に則は起家したと見てよく、二〇代の終わりか三〇代最初の頃であろう[17]。

三〇代はごく少なく、一〇代起家が過半数を占める。宗室の起家についてはこのように言うことができよう。ただ、兄や王の世子が一段高い起家である事例はあるが、宗室の起家においては皇帝からの世代が重視されていて、年齢が影響する度合いは少ないように思われる。それには年齢差を考慮せずに検討した（イ）から（ニ）までの宗室の起家のあり方がかなりはっきりした方向性を示していることが支えとなろう。趙郡王幹の子たちは起家年齢が高かったが、だからといって他の皇子の子より高いレベルで起家しているわけではなかったのである。

（4）小　結

本節で述べたことをまとめておこう。皇子の子は正六品以上で起家し、始蕃王の子は正七品上が基本で世子は従六上、皇子の孫と二蕃王の子は正七品が基本だがそれ以上の場合もあり、その他の皇帝の子孫は正七品での起家が基本であるというように、皇帝からの世代の隔たりと皇帝や王の子であるか否かで基本となる起家のレベルが異なっていた。代王子孫は従七品起家があって皇帝の子孫とは差が認められる。起家年齢は一〇代が半ばを占めるが、年齢の高下によって以上のような起家のレベルが左右されることはなかったと見られる。

基準より上位で起家する事例も少なからずあるが、嫡子や長子であることのほか、父親の政治的地位や勢威が影響している。また起家した時期の政治的状況が影響した可能性がある事例も見られる。理由が不分明である事例も少なくないが、何らかの特別の事由があって基準となるレベルより高い起家官を得たと想定できるのではないか。

二　宗室以外の起家官

宗室以外の人々の起家官について、表3を作成した。墓誌と列伝双方をもつ人物、墓誌だけをもつ人物のうち、起家を示す語のある事例を取り上げている。対象とする時期は、宣武帝即位時期から孝荘帝末年までとする。孝荘帝在位の三年分、表1よりは長い。墓誌はないが伝に起家を明示する語をもつ事例や、起家を明示する語はないが起家官と推定できる事例は数が多いので、表には含めず、行論中で適宜取り上げることとしたが、これも表1との相違である。また起家前に爵位を有していた場合を示す欄を設けた。ただし、いずれも永平の選式(18)の規定より高く起家しているから、以後の叙述には関係してこない。なお生没年から計算して孝文帝期の可能性がある事例を含むが、表から判明するように高年齢での起家の事例が散見するので、年齢のみで孝文帝期と断定することは困難である。故に「高祖期？」とした。高祖期であるにしても参考にはなろう。また、胡漢の別を知るために、本貫欄を設けた。記載のないのは胡族を示す。もっとも北朝末には漢族を標榜する胡族が少なくない。本貫を記してある事例にも胡族である可能性があるものが含まれるが、明白に胡族であるもののみ、欄を空白としておく。

表3　宗室以外の起家官

姓名	用語	起家官	官品	爵位	時期	年齢	出典	本貫	備考
爾朱紹	起家	寧朔将軍・歩兵校尉	従四		荘帝初	27	七五、校六—二八一		五二九年に二八歳没
王紹	起家	太子洗馬	従五上	昌国侯	世宗		六三、校四—二八六	琅邪	五一五年に二四歳没
裴譚	起家	太子洗馬	従五上	蘭陵公	世宗		七一、拾零三〇	河東	王紹・高貞とともに。五二四年に三三歳没
高栄（a）	解褐	奉朝請、加伏波将軍	従五上				安豊二五三	渤海	五五八年に六五歳没
長孫子梵	起家	司徒中兵参軍	六上				邙洛二九		五三〇年に二七歳で没
于纂（字万年）	解褐	明威将軍・冗従僕射	六上	富平伯	景明2	44	校六—一〇八		五二七年に七〇歳没
穆子巌	釈褐	給事中	従六上		孝昌1か	11頃	二七、校八—一五〇		五四九年に三五歳没
司馬僧光	釈褐	給事中	従六上		粛宗末か		安豊一七九	河内	四一歳没、五四一年葬
劉懿	起家	大将軍騎兵参軍	従六上		武泰1		斉一九、校七—二四〇		
楊侃	釈褐	太尉騎兵参軍	従六上	華陰伯	神亀1	31	五八、校七—一六	弘農	五三一年に四四歳没
李謀	解褐	厲威将軍・県令	従六上				校五—三八三	遼東	五二三年に二七歳没

源剛	釈褐	司空外兵参軍	従六				七朝四二		五四七年に四〇歳没
王誦	解褐	員外郎	七上		世宗		六三、校六―二一五	琅邪	五二八年に四七歳没
楊逸	釈褐	員外郎	七上				五八、窪添	弘農	五三一年に三二歳没
封延之	起家	員外郎	七上		正光末前		斉二一、校七―二八一	渤海	起家前に州主簿、五四〇年に五四歳没
楊孝邕	釈褐	員外郎	七上				五八、秦晋三六	弘農	五三二年に三四歳没
鄐乾	起家	員外郎	七上	臨沢侯	高祖？		校四―二一九		五一二年に四四歳没
穆彦	解褐	員外郎	七上		正光初	22	校六―二九九		起家前に司州主簿、五二九年に三一歳没
閭伯昇	起家	員外郎	七上				校七―二五二		次は司徒任城王記室参軍
鞠基	解褐	員外郎	七上				秦晋六三	東萊	五六一年に六四歳没、荘帝後の可能性
陸紹	出身	渤海公郎中令	七上		高祖？		校六―一九九		五二八年に五一歳没
閭子傑	解褐	司空祭酒	七上		永安		安豊二二六		その前に司州主簿、粛宗挽郎
王温	釈褐	平原公郎中令	七上		景明末	37	校七―二八	楽浪	五三二年に六六歳没
辛匡	釈褐	威烈将軍・県令	七上		永安初	26	四五、新見八四	隴西	五三七年に三五歳没
陸延寿	釈褐	威烈将軍	七上				安豊三六二		五七二年に九五歳
任恭	解巾	奉朝請、加威烈将軍	七上				秦晋七七	西河	五七四年に七二歳没、起家後に邢杲の乱
郭欽	釈褐	奉朝請、加威烈将軍	七上		孝昌初	30	安豊二〇六	太原	五四九年に五四歳没
劉通	解巾	積射将軍	七上				安豊三五一		五七二年没、高歓に附す
王翊	解褐	秘書郎	七		世宗		六三、校六―二五八	琅邪	五二八年に四五歳没
穆景相	解褐	秘書郎	七				二七、七朝三八		五一歳没、五四七年葬
穆景冑	起家	秘書郎	七			12	七朝二五		五二八年葬

于纂（字栄業）	釈褐	秘書郎	七				校六―七一		五二六年に三九歳没
李彬	釈褐	司空参軍事	七				北一〇〇、安豊一八九	隴西	三八歳没、五四四年葬
源延伯	初為	司空参軍事	七		神亀1	15	四一、七朝二八		五二七年に二四歳没
源模	辟為	司空参軍事	七			12	四一、七朝二九		五二六年没
高湛	起家	司空参軍事	七		熙平	21頃	校七―二三三	渤海	五三八年に四三歳没
張略	出身	益州驃騎主簿	七		孝昌年中	59頃	安豊一七五	清河	五三九年に七三歳没
楊済	釈褐	撫軍田曹参軍	七		神亀中	41頃	校六―二二八	天水	五二八年に五一歳没
楊遁	釈褐	鎮西府主簿	七		粛宗	近30	五八、校七―一九	弘農	五三一年に四二歳没
尉囧	出身	討寇将軍	七				秦晋七二		五七一年に七三歳没
趙鑒	出身	強弩将軍、加討寇将軍	七		荘帝？		秦晋四四	南安	五三七年に五二歳没
何琛	起家	奉朝請、加討寇将軍	七		永安初		安豊一八二	廬江	五四三年没
楊尊智	解褐	太尉行参軍	従七上				五八、校七―二二	弘農	五三二年に二三歳没
司馬昇	釈褐	太尉行参軍	従七上		孝昌2	32	校七―一四六	河内	五三五年に四一歳没
崔景播	釈褐	太尉行参軍	従七上				校七―三五〇	博陵	五四一年に三二歳没
慕容鑒	釈褐	太尉行参軍	従七上				安豊一五二		五三七年に四九歳没、討寇将軍は「尋加」
尹祥	脱巾	司空行参軍	従七上				校六―二二	天水	五二四年没
穆良	起家	司空行参軍	従七上		神亀2	24	秦晋五二		五四歳没、五四八年葬
宇文測	起家	司空行参軍	従七上		正光中	37頃	周二七、秦晋四二		五三七年に五四歳没
韓震	起家	平北主簿	従七上		高祖？		校六―三四七	昌黎	五二六年に六二歳没
高雅	釈褐	司徒行参軍	従七上		景明中		五七、校七―一八七	渤海	熙平四年（？）に四四歳没
陸子玉	釈褐	平西城局参軍	従七上				安豊一九二		五三七年に四六歳没

郭肇	起家	安西外兵参軍	従七上				新見九三	太原	五四三年に六八歳没
韋隆	解褐	盪寇将軍・行同官県事	従七上				校八―二二二	京兆	起家前に州主簿、五五一年没
崔鶡	起家	冠軍長流参軍、加湯寇	従七上		永平1	23	校七―一七三	清河	五二八年に四三歳没
馮景之	釈褐	強弩将軍	従七上		正光中	43頃	周二二、梶山	長楽	五四四年に六七歳没
楊元譲	解巾	太学博士	従七				五八、安豊三四五	弘農	五七一年に六〇歳没、起家後に五三一年の家難
楊暐	解褐	奉朝請	従七		太和23	26	五八、校七―三九	弘農	五二八年に五五歳没
楊仲宣	解褐	奉朝請	従七				五八、校七―一二	弘農	五三一年に四八歳没
楊倹	起拝	奉朝請	従七		孝昌中		五八、千輯四四二	弘農	
楊機	解褐	奉朝請	従七		高祖？		七七、校七―一三二	天水	起家前に河南尹功曹、五三三年に五九歳没
宇文延	釈褐	奉朝請	従七		永平2		四四、聖殿七五		五二五年に没
李挺	釈褐	奉朝請	従七				三九、校七―三〇三	隴西	五四一年に六四歳没
敬顕儁	解褐	奉朝請	従七		粛宗か		斉二六、萃編巻三〇	平陽	霊太后臨朝前の起家
邢偉	起家	奉朝請	従七		高祖？		六五、校四―二七四	河間	五一四年に四五歳没
王偃	解褐	奉朝請	従七		高祖？		校七―三五五	太原	五四三年に七五歳没
鄧子詢	釈巾	奉朝請	従七				校八―一八八	南陽	五四六年に五三歳没
賈祥	起家	奉朝請	従七				七朝二〇	武威	五二六年に三七歳没
赫連悦	起家	奉朝請	従七		正始2	18	校六―三二一		五三一年に四四歳歿
姫静	解褐	奉朝請	従七		正光末	28	安豊一四一	広寧	五三二年に三六歳没
寇永	解褐	奉朝請	従七				七朝三六	上谷	起家前に郡功曹、五二九年に三五歳没
趙紹	釈褐	奉朝請	従七		高祖？		千輯四四二	南陽	五三六年に八三歳没
張彦	起家	奉朝請	従七				秦晋三〇	上谷	三六歳没、五二八年葬

辛術	釈褐	奉朝請	従七		孝昌初	45頃	北大一一一	隴西	五四四年に六四歳没
張徹	出身	奉朝請	従七				秦晋二五	清河	五二四年没
独孤忻	出身	奉朝請	従七			19	安豊二二九		孝昌末以前に起家
趙静	釈褐	奉朝請	従七				安豊三一五	襄陽	五六九年に六二歳没
張宗憲	起家	奉朝請	従七				安豊三二八	敦煌	五七〇年に六八歳没
高栄（b）	解褐	奉朝請、加伏波	従七				安豊二五三	渤海	五五八年に六五歳没
席盛	釈褐	殿中将軍	八上		高祖？		校五―一七六	安定	六一歳没、五二三年葬
和照	解褐	殿中将軍	八上		孝昌末	34？	校八―一七九		四九歳没、五四二年葬
劉悦	起家	殿中将軍	八上				七朝三九	河間	六九歳で没、五五二年葬
劉欽	解褐	殿中将軍・鎮城都督	八上		孝昌末	33頃	安豊二〇四	燕郡	五四八年に五四歳没
華孝	釈褐	殿中将軍	八上		永安2	40	安豊二六二	平原	五六一年に七二歳没
韓売奴	出身	殿中将軍・員外司馬督	八上				晋刻七五		懐朔鎮人か、五二五年に四五歳没
郭挺	解褐	殄寇将軍・右衛府録事	八上		太和23	24	秦晋四七	太原	五三六年に六一歳没
唐耀	出身	中山王国中尉	八		正始初	23	校六―二三五	魯郡	五二八年に四七歳没
公孫略	起家	侍御史	八				校七―二三六	遼東	次に「釈巾奉朝請」、五三九年に六七歳没
長孫盛	解褐	侍御史	八				七朝三二		四六歳没、五三一年葬
樊上	釈褐	太師長兼行参軍	従八上				安豊三五二	南陽	五七二年に六九歳没
徐淵	啓用	曠野・石窟署丞	九上				校五―三一四	高平	五二五年没

註：「萃編」は『金石萃編』、「梶山」は「稀見北朝墓誌輯録」（明治大学東アジア石刻文物研究所『東アジア石刻研究』五、二〇一三）、「窪添」は本書第Ⅲ部第５章所掲。

（1）特別の起家官

従六品以上の官職で起家した者について、任命事情を見てみよう。爾朱紹は、爾朱栄の従祖兄の子であり、伝によれば孝荘帝初の起家。とすれば、孝荘帝を擁立した爾朱氏の力を背景にした任命であると判断できる。そうでなければ、王でなければ宗室でも不可能な従四起家を認められるとは思えない。明らかに特別事例である[19]。

従五上で起家した王紹は、孝文帝の改革に深く寄与した王粛の嗣子であり、景明二年（五〇一）に死去した父の侯爵を嗣いだ。父の死去時には一〇歳であって、二四歳で卒している。実は王紹の太子洗馬就任は他の二名と同時であった。表3では次に掲げる裴譚の伝に、「世宗譚及び高皇后の弟貞、王粛の子紹を以て倶に太子洗馬と為す」とある。譚の祖父は裴叔業。景明元年（五〇〇）に梁から北魏に降って、淮水を北渡する前に病気で死去。その子蒨之は叔業に先立って死去していたから、叔業の受けた蘭陵郡開国公は譚が継ぐことになる。五〇〇年には譚は九歳であり、ともに起家できる年齢に達した段階で受けた措置であろう。高貞は高肇伝に記載はないが、宣武帝皇后の弟。高肇の甥になる。父偃は太和一〇年（四八六）に死去しているから、五〇〇年の段階では若くても一四歳と計算できる。権力者高肇の甥、皇后の弟としては、大きく離れた年齢の人物と同時に太子洗馬となることは避けられたであろうから、王紹らと数歳の年齢差で、同時の起家と考えてよいであろう。つまり、叙上の四名は特別な事情を背景としていた故に従五上という高いレベルの起家官を得たと考えてよい。これに比べると高栄の場合は問題がある。正官が奉朝請と従七であるのに従五上の伏波将軍が加えられていてその隔たりが大きすぎる。さらに、次に北斉初年に平原太守となり、天保九年（五五八）に六五歳で没し、墓誌の標題が「伏波将軍平原太守」であることも問題となる。起家の後に「魏道分崩し、四方瓦解す」とあるから、六鎮の乱直前の起家と見られるのに、その後に将軍号が全く変化しないからである。とすれば、加官は起家の後である可能性がまず考えられる。仮に加官が起家と同時であるとすれば、時期の問題があろう。通常の起家官に将軍号が加えられた形が表3ではほかにも見られるが、正七上の任恭・郭欽、正七の趙鑒・何琛はいずれも六鎮の乱勃発後の事例である。この時期には、本来のレベル＋加官という形で起家する事例が見られるようになったと考えられる。起家官のレベルの検討に当たっては、これらの事例は本来の起家官のレベルに含めるべきであろう。つまり高栄（a）は高栄（b）で扱うべきである。

もとに戻ると、このほかに伝によれば従五上で起家した事例が二例ある。巻二七の穆長嵩は穆亮の孫で穆紹の子。通直郎で起家したという。公主に尚した人物を多数輩出している胡族きっての名族の子であるから通常より高い起家官を与えられたとしても不思議ではないが、後述するように弟の穆子厳が父の功績を背景として起家していることを考えれば、特例としての従五上起家としてよいであろう。「起家太尉参軍事、加威遠将軍」とある李季凱（巻三九）は西涼の国主の血を引く。しかし次兄が京兆王愉行参軍（愉は太和二一年封、後令で従七上）で起家したことから考えると、この起家官は高すぎよう。長兄は宣武帝初期の咸陽王禧の反に加わって誅され、次兄も死を賜った。季凱も坐して辺境に徙され、赦されて起家した時には少なくとも四九歳になっていた。その事情が勘案されての高位の起家であった可能性がある。ただし、太尉参軍事（正七上）で起家した後に威遠を加えられたという可能性の方を採りたい。つまりこの場合は特例には入らないことになる。

正六上で起家した事例は表3では長孫子梵と于纂（万年）のみ。長孫子梵は征虜（従三）・征討都督として父の征討に従い、この官でもって永安三年（五三〇）に二七歳で落命しているので、起家した時には父が高位にあったことが窺われる。あるいは北魏末という状況が影響したのかもしれない。于纂は祖父が安西大・燕州刺史、父が後・朔州刺史であるが、没年から計算すると四四歳で起家している。三二歳で伯爵を継いでいるのに、何故にこの時までに官途に就いていないのか、疑問である。何か事情があったと考えるよりほかないが、とすれば、「八姓」に数えられる家格を背景にしたとしても他より高い起家官を得た理由にこの高年齢があった可能性がある。このほかに巻三四の伝によれば、万纂が司徒倉曹参軍で起家している。父は安城王で太和一五年に死去。その爵を纂は嗣いだが、太和一六年(四九二)の例降の措置により公爵となった。宣武帝期の起家であるが、没年及び没年齢が不明であるから、起家の遅速は判断できない。あるいは、もと王であったこと、祖母、母ともに公主であったことが考慮されたのかも知れない。

五例ある従六上に移ろう。先述の穆長嵩の弟子厳には事情がある。孝昌元年(五二五)に霊太后は元乂を打倒して再度臨朝するが、その企てに父の穆紹が賛成したので、その功により、恐らく一一歳であろう次男の子厳が給事中で起家という措置が執られたのである(穆紹伝)。兄の長嵩との差は、父の爵を嗣ぐ立場の者とそうでない者との差、もしくは年齢差であろうか。

同じ従六上である大将軍爾朱栄の騎兵参軍で起家したのは劉懿である。[20] 爾朱栄は後廃帝を擁立した武泰元年(五二八)に大将軍となった。懿は同時に第一酋長にも任ぜられていて、同年、孝荘帝が爾朱栄によって即位した段階では開国伯にもなっている。爾朱栄の配下で重みをもった存在であったことが窺われ、それが影響したと考えてよいだろう。

この二例は特別の事情によるものと判断できるが、残る二例も必ずしも明白ではないものの事情の存在が窺われる。李謀の父は裴叔業とともに景明元年(五〇〇)に南朝から帰国した功績があったが、二年後、謀が六歳の時死去している(巻七一)。謀の起家に際してはその事情が配慮された可能性がある。楊侃については次節で検討するように、高いレベルでの起家の理由の一端は説明できる。ただ司馬僧光の場合は異なる。彼は明元帝期に入国し、琅邪王の爵を得た司馬楚之の曽孫で、王爵を嗣いだ司馬金竜の孫である。父は王爵を嗣いだとあるから司馬徽亮であろうが、彼は例降により公となったあと、穆泰の乱に連座してその爵を失う。宣武帝期に公爵に復帰したのは司馬裔であり、僧光ではない（巻三七）。僧光が給事中で起家した背景は不明と言わざるをえない。このほか巻五六に見える崔子朗は「軍功を以て」襄威将軍・員外郎で起家している。後に見るように博陵崔氏の起家官としては突出して高いが、明白に軍功によると理由が記されている。

従六は一例で源剛が司空外兵参軍（従六）で起家している。曽祖父賀・祖懐は隴西王、父纂は太僕少卿の時に河陰の変（五二八）で死去している（巻四一）。後に見る正七起家の従兄弟源延伯兄弟と同様に賀、懐の功績が考慮されてのことと考えられるが、延伯らより高い従六で起家しえたのは何故なのだろうか。纂は特に権勢をもった様子はなく、官職も特に高くはなかったし、延伯らの父子雍の場合のような孝明帝との結びつきもない。起家官の次に記される京畿大都督司馬の官職が墓誌の標題にあって、その後の遷転は記されず、東魏が成立して一三年後の武定五年（五四七）に死去して鄴で埋葬されたことからすると、京畿大都督就任は東魏時代のことと考えられるが、そのことと四歳の年上である延伯よりは起家の時期は遅かったはずであることを併せて考えると、起家は父の死後だったのではないか。孝荘帝期という時期が起家官に影響した可能性がある。父の喪が明けてからの起家となれば孝荘帝期以後の可能性があり、そうすれば表3の範囲外となる。このほかに巻三九で知られる事例として隴西の李孚が鎮北功曹参軍で起家している。理由は不明であるが、父祖の官職は高い（後述参照）。

以上、従六品以上での起家については、一部に根拠不明の事例があるものの、大半は特別事情の存在が確認できた。列伝を含めて確認できる事例数も多くはない。

（2）通常の起家官

これに対して、正七品上階以下の起家は事例数が多くなる。**表3**には正七上が一三例、正七が一二例、従七上が一五例、従七が二七例等となっているが（先述の加官の事例――高栄・任恭・郭欽・趙鑒・何琛――は本来のレベルで扱う）、列伝の事例を含めるとはるかに多くなる。例えば正七上では、員外郎起家が尉豹（巻二六）・穆衍（巻二七）・陸希質（巻四〇）・柳楷（巻四五）・韋融（巻四五）・盧道約（巻四七）・鄭先護（巻五六）・畢祖朽（巻六一）・裴慶孫（巻六九）・裴礼和（巻六九）・裴約（巻七一）、太尉参軍起家が李希宗（巻三六）、司徒参軍起家が穆季斉（巻二七）・李燮（巻三九）の一四例ある。**表3**と合わせると二七例となり、正七上だけで従六以上の二倍近くになる。列伝の正七以下の事例を挙げることは省略するが、正従七品が宗室以外の起家官の大多数を占めるのである。

ただし、それら名族の子弟が正従七品の枠内であるにせよ、必ずしも同一のレベルで起家しているわけではないことも、**表3**を見れば直ちに了解できよう。次には一族内で起家官がどのように異なるのかを分析してみよう。

（3）　一族内における起家官の差

イ・胡族

a・穆氏

表3では五例見られる。これに巻二七の伝や墓誌で起家を明示する語を伴う事例を加えると、穆氏の起家官は次のようになる。※は**表3**記載であることを示す[21]。父祖の官職が太和後令の従三品以下の場合は斜体で表示し、官品を確定しがたい場合は傍線で示す。父祖の官品を後令で表示するのは適切を欠くことは承知しているが、比較の目安とするためである。なお、地方長官の場合は将軍号で判断するが、将軍号が不明の場合、上州刺史のみ正三品以上の扱いとする。以下、本節で扱う各氏も同様である。

官品	官職	名	祖	父	備考
従五上	通直郎	長嵩	司空	衛大・侍中①	崇六世孫（亮の孫）
従六上	給事中	子厳※	司空	衛大・侍中①	同右（長嵩の弟）
正七上	員外郎	衍	中書監	鎮北・恒州刺史（贈）	崇五世孫（熙の子）
	員外郎	彦※	寧西・青州刺史（贈）	*中山太守*	崇六世孫（仁の子）
	司徒参軍事	季斉	西海王→公	前・行揚州事②	崇四世孫（翰の曽孫）
正七	秘書郎	建	中書監	鎮北・恒州刺史（贈）	崇五世孫（衍の兄）
	秘書郎	景冑※	太尉・長楽王	*通直常侍*	崇五世孫（亮の甥）
	秘書郎	景相※	司空（贈か）	*斉州刺史*（贈）	崇五世孫
従七上	太尉行参軍	纂③	*冠軍・散騎常侍*	*司徒左長史*	崇五世孫（長城の子）
	司空行参軍	良※	刺史	*散騎侍郎*	崇の宗人の子孫

①長嵩・子厳の起家段階での官職。
②神亀元年（五一八）頃の官職。
③墓誌（校五―一〇八）に起家を示す語がないので表3には入れなかったが、宣武帝期の起家。

従六上起家の子厳と伝によるとより高い通直郎（従五上）で起家したその兄の長嵩については既に特例として言及した。祖父はともかく父の地位が他の者より高いが、兄弟の起家の高さは先述したように霊太后臨朝に父紹が賛成した功績による。特例を除くと、正七上・正七での起家が六例、従七上起家が二例となっているが、この二例はいずれも三公府の行参軍であり、府主を見るといずれも有力な皇子である。纂の場合[22]の高陽王雍は献文帝皇子であり、次の孝明帝期には輔政の任に当たる。官品は低いが高陽王の太尉の属官は他の一族の起家官に劣らないという認識があった可能性がある。良の場合の司空についても、その年に任城王澄から京兆王継に交代していて、新任の司空の属官としての就任と考えられるが、継は道武帝の子孫であり、子の元乂が権勢を握ったことにより顕官の仲間入りをする。司空はそれによる任官である。とすれば、ふたりの起家した行参軍はそれなりの重みをもった可能性があり、単純に官品からのみでは判断しきれない。また、三公の府官は起家官としての扱いには特別のものがあることも考慮する必要がある。(23)

以上見たように、穆氏の場合、正七品上下階での起家が通常であった。

b・陸氏

表3の三名と巻四〇の列伝で起家が確認できる三例を併せると以下のようになる。

官品	官職	名	祖	父	備考
正七上	渤海公国郎中令	紹※	冠軍・俟懃地何	安西・敦煌鎮大将	
	威烈将軍	延寿※	北部尚書・岐州刺史	内行尚書	本貫：代郡永固
	員外郎	希質	司徒・平原王	征北大・定州刺史	父叡は王→公
従七上	平西城局参軍	子玉※	安南・青州刺史	驃騎大・左光禄大夫	
	司徒行参軍	暐	太保・建安王	竜驤・南青州刺史	伯父琇、穆泰の乱に連坐
正八	侍御史	恭之	太保・建安王	竜驤・南青州刺史	暐の弟

陸氏も胡族中の名門で、祖父の欄に二名の王が見える。しかし、洛陽遷都後の穆泰の乱に琇が連坐して、陸氏の地位には陰りが見られるようになる。暐と恭之兄弟の起家はその影響を受けた可能性がある。もっとも、司徒行参軍は単純に官品だけで判断できないことは前述したし、侍御史も表3を見ると、他にも錚々たる名族の一員が起家しており、これも官品だけでは判断できないところがあるようだ。(24) それにしても兄弟で起家に差があることは認めなければならないだろう。

希質の起家は文成帝擁立に大功のあった麗とその王爵を嗣いだ叡という父祖からすれば妥当であろう。子玉は麗の弟の孫であるが、墓誌でしか知りえない父の官は恐らく贈官であろう。子玉は天平四年（五三七）に四六歳で没していて、起家は六鎮の乱以前であると思われ、その段階での父の官職は贈官よりかなり低かったとすれば、従七上起家の理由にはなろう。(25)

残る二名は巻四〇に記載される人物との関係が不明。紹は河陰の変により五一歳で死去するが、その時には、「俄かに遷った」司空城局参軍（従六）で、起家官からは僅かに半階上昇しただけである。起家してそれほど期間を経ないで死去した可能性つまり高年齢での起家が考えられる。ちなみに贈官は記載されていない。延寿は本貫を「代郡永固」としていて、伝の侯の子孫とは系統を異にすると考えられる。墓誌は起家の後に「稍遷」した輔国・中散大夫など官歴を詳述するが、二重に封爵を獲得するなど北魏末以降に多見する遷転を含んでいること、宣武帝初年に二二歳であったことを勘案すると、起家の年齢がかなり高かった可能性が考えられる。

陸氏は正八～正七上で起家していている。その中で正七上での起家の背景には起家年齢の高さ、また政治的に重要な系列という要素があったと考えてよいと思われる。

c・その他

源氏は表3の三例のみしか該当事例がない。従六起家の剛については特例として述べたが、その時記したように源氏は南涼の君主の後裔で、賀と子の懐が北魏で重用された。司徒に至った懐の子の子雍(26)は孝明帝の皇太子時期太子舎人として仕え、即位すると「宮官の例を以て」奉車都尉に転じている。その長子延伯は一五歳、次子模は一二歳で、ともに正七の司空参軍事で起家した。延伯は孝昌三年（五二七）に二四歳で戦死したから、神亀元年（五一八）の起家である。時の司空は任城王澄であった。模の卒時の年齢は不明であるが、任官の年齢からすると延伯と同じ頃の起家と考えてよいであろう。任城王澄という実力者の属官に、しかも若年で任命されているのは、賀以来の源氏の北魏政権における位置を反映していると見ることができよう。

于氏も表3の二例のみ。うち一例は特例として述べた。それと同名の于纂（字は栄業）は太尉（于烈か）の孫である。于烈の系統としての正七起家であろう。父は「散騎」とのみ記される。

長孫氏は表3の二例のみ。子梵については特例の項でふれたが、正八侍御史起家の盛の父祖については系列、官歴とも不明である。

宇文氏は表3の二例のみ。延は太僕卿であった宇文福の第三子で従七の起家。祖は不明。測は従七上起家であるが伝は奉朝請起家と記す。祖は平北・営州刺史、父は征虜・武川鎮将。墓誌には宇文泰の族子とあるが、泰が台頭する以前の起家である。

表3で二例ある閭氏の伯昇、子傑はいずれも柔然国主の子孫で正七上の起家。前者の祖は斉州刺史、父は儀同とあり、「名公の冑を以て起家」とある。後者の父祖の官名は不記であり、前者との関係も不明。

劉氏はもと独孤氏。劉は漢姓にもあり、弁別が困難であるが、特例で挙げた劉懿は明白に胡族である。表3には他に二例ある。劉通も父祖が「郷酋」とあるから胡族。「少くして良家の冑を以て占募し功有り、解巾」とあるので、軍功があったので正七上で起家しえたのである。従七で起家した独孤忻は、曽祖父が司徒に至った劉尼、祖は雍州刺史、父は虎牢鎮将である。三者の関係は不明。

尉氏は表3の冏一例のみ。北魏初の功臣尉元の曽孫で祖は驃騎大・恒州刺史。これが鎮遠・太守と低い父の官位を補ったのであろうか、冏は正七で起家している。

赫連氏は一例。従七で起家した悦の祖は尚書郎、父は撫軍・汾夏二州刺史。

慕容氏も一例。従七上で起家した鑒の祖は幽州刺史、父は陳郡太守。

胡族では帝室十姓の長孫氏、孝文帝の姓族分定によって胡族最高の名族「八姓」として認められた穆・陸・于・劉（独孤）・尉（尉遅）氏、官氏志に代国時代東部にあって最も強盛であったとされる宇文・慕容氏、南涼の国主禿髪氏の後である源氏、夏の君主の一族と覚しい赫連氏、柔然の君主の系統を引く閭氏と、名族が以上に挙げた事例に含まれている。鄯善王の血を引き「王孫之望」を以て正七上で起家した鄯氏もそれに加ええよう。つまり、胡族の最高の名族でも、通常は正七上～正八の範囲内で起家したのである。ただしその中でも相違は見られる。穆氏は正七以上での起家が通常であるが、陸氏では系統によって起家するレベルが異なるように見える。その背景には父祖が政治的に重要な地位にあったかどうかが影響した可能性が想定される。他の諸姓は事例が限られており、また父祖の官職が不明のケースが多いから、確実とは言えないが、父祖の官職が起家に影響していると考えてもよさそうである。また軍功や起家年齢の高さも考慮されたようであり、北魏末という時期的な要素も起家の高さに影響を与えた可能性がある。

ロ・漢族

a・弘農楊氏(27)

表3に九名が見える。このうち八名までが播とその兄弟の系統である。列伝で補いうる事例はない。

官品	官職	名	祖	父	備考
従六上	太尉騎兵参軍	侃※	安南・洛州刺史	鎮西・雍州刺史（贈）	播の子
正七上	員外郎	逸※	安南・洛州刺史	右・華州刺史か①	津の子
		孝邕※	撫軍・衛尉卿②	*征虜*・中書侍郎②	椿の孫
正七	鎮西主簿	遁※	安南・洛州刺史	右・華州刺史か①	逸の兄
従七上	太尉行参軍	遵智※	安南・洛州刺史	右・華州刺史か①	逸の弟
従七	太常博士	元譲※	安南・洛州刺史	安南・武衛将軍	暐の子
	奉朝請	暐※	*河内等太守*	安南・洛州刺史	播の末弟
		仲宣※	安南・洛州刺史	平西・北中郎将③	順の子
		倹※	*河間太守*	撫軍・尚書④	播子孫とは別系統

①逸の起家に近い延昌末の官職。
②父祖の官職は孝昌元年段階のもの。
③孝荘帝即位前の官職。
④正光末年段階での官職。

最も起家官の高いのは播の子の侃で、既述のように従六上であるが、府主の汝南王悦が太尉となったのは正光元年

（五二〇）。その時には侃は三一歳であった。他の楊氏の子弟は早くから就官したが、侃は「苟しくも良田有らば、何ぞ晩歳を憂えん。但だ才具無きを恨むのみ」という態度であって、起家が遅かった。それは自らの意思による。同様に起家が遅かったのは播の第四弟津の長子遁であるが、伝には「其の家貴顕、諸子弱冠、咸な王爵に縻がる。而るに遁の性澹退、年三十に近く、方めて鎮西府主簿為り」とあり、侃の起家年齢とは少なくとも二年は開きがある。それでも他の楊氏の子弟よりは遅い起家であったというから、これからすれば侃の正六上での起家は年齢の高さを反映している可能性が高い。

遁の次弟逸は正七上の員外郎で起家した。後に転じた寧遠・給事中の時に、平北・北道大都督であった父津が孝昌二年（五二六）に定州で包囲される事件に遭遇しているが、この段階で二七歳であった。とすれば兄より若く起家した可能性が高い。

逸の弟遵智(28)は太尉行参軍（従七上）の起家。普泰二年（五三二）に二三歳で正二の衛将軍で没していて、この間に員外常侍、金紫光禄大夫を歴任し、衛将軍に任じていた普泰元年に一族が虐殺されて自らも逃亡していることを考えると、起家は弱冠の歳より以前であったはずである。仮に一八歳とすれば武泰元年（五二八）年に定州が陥落するまで父が包囲に堪えていた時期にあたる。この間に父の将軍号は安北、撫軍、鎮軍と上昇していた。兄たちより低い官品での起家であるのは起家年齢の低さが関わっていた可能性があるが、三公の府官という側面にも留意する必要があろう。

播の第三弟順の子仲宣は奉朝請（従七）での起家、次に員外郎になっている。普泰元年（五三一）に四八歳で没した。父順は孝荘帝擁立の功績で太僕卿となった時には六三歳であり、立身は遅い。仲宣はその時には四五歳。起家はそれよりはかなり前と想定してよいであろう。起家段階では父の官職は従三品にも到達していなかった可能性がある。

播の末弟暐は、二六歳の時、つまり太和二三年に奉朝請（従七）で起家した。楊播はその時正三の太府卿。祖父は太守どまりで、楊氏はまだ勢力を築くには至っていない。その子元譲は太学博士（従七）での起家。墓誌によると起家の後に爾朱氏による家難（普泰元年）に遭遇したとあるが、その時には二〇歳であった。起家が一〇代であった可能性が高い。

播の次弟椿の長子昱の子の孝邕は正七上での起家。員外常侍（正五上）を経て普泰二年に三四歳で没した。正七上から正五上の隔たりは小さくないが、孝荘帝以後の北魏は汎階が相次いだから、このような遷転はありうる。二官の経歴しかなかったとすれば、彼の起家は三〇歳に近かったと想定される。年齢の点からすれば、侃や遁の事例に似ているが、北魏末期の段階における楊氏の勢力を反映した起家であるという見方も成立しよう。[29]

このほか、侃らから五代前の祖先を共にする倹は奉朝請の起家である。

以上、楊氏の起家官は特例を除けば従七～正七上に分布しているが、注目すべきことは、兄弟でも起家官のレベルが異なることである。その理由は記されないが、起家時の年齢の高い者の起家官の高さを指摘することができるのではないか。もっとも年少でありながら兄より高い起家官を得た逸の事例からすると、兄の「性濬退」など別の要素が考慮された可能性もある。また椿や津の子の方が、長兄播を除く他の兄弟の子たちより高い起家官を得ていることから見ると、父の政治的勢力が起家官に影響した可能性を考えることができるようである。

b・琅邪王氏

表3に三例見えるが、巻六三で一例補いうる。

官品	官職	名	祖	父	備考
従五上	太子洗馬	紹※	(斉)尚書左僕射	車騎・揚州刺史	粛の嗣子
正七上	員外郎	誦※	(斉)尚書左僕射	(斉)給事黄門侍郎	粛の甥
正七	秘書郎	翊※	(斉)尚書左僕射	(斉)司徒従事中郎	誦の従兄弟
	著作佐郎	衍	(斉)尚書左僕射	(斉)給事黄門侍郎	誦の弟

特例の項で説明した紹の父粛は太和一七年に南朝から帰国したが、その時同行しなかった誦や翊らは、宣武帝初期に秉に率いられて北魏に入る。誦の弟の衍は伝によると「著作佐郎より尚書郎に稍遷」とあって正七での起家と見られる。彼の起家官の低さが問題になったかどうかはわからないが、琅邪王氏の場合は正七上もしくは正七での起家であったとしてよいであろう。それには南朝から「帰国」したという功績があったとして恐らくは誤りないが、南朝における琅邪王氏の位置も考慮された可能性があるのではないか。

c・博陵崔氏

博陵崔氏は表3には景播の太尉行参軍(従七上)のみであるが、巻四九・五六・五七に分散する列伝では起家の判明する事例が多いので、以下に掲げる。初見官であるが、起家官と想定できる事例をも取り上げ、☆印でそれを示す(以下、同じ)。

官品	官職	名	祖	父	備考
従六上	襄威・員外郎	子朗	*濮陽太守*	*竜驤*・南兗州刺史（贈）	挺の甥
従七上	司徒行参軍☆	仲哲	*冠軍*・青州刺史（贈）	安西・燕州刺史①	秉の子
	司徒行参軍☆	孝芬	*濮陽太守*	*輔国*・幽州刺史	挺の子
	太尉行参軍☆	孝政	*濮陽太守*	*輔国*・幽州刺史	孝芬の弟
	太尉行参軍	景播＊	*雍州長史*	*冀州司馬*	仲哲と同じ祖父
	司空行参軍	孝直	*濮陽太守*	*輔国*・幽州刺史	孝芬の弟
	安東外兵参軍☆	孝暐	*濮陽太守*	*輔国*・幽州刺史	孝芬の弟
	安西外兵参軍☆②	孝演	*濮陽太守*	*輔国*・幽州刺史	孝芬の弟
	平南外兵参軍☆	忻	*冠軍*・青州刺史（贈）	安西・燕州刺史①	仲哲の兄
従七	奉朝請	模		安南・定州（贈）	弁の子③
		楷		安南・定州（贈）	模の弟③
		遊			纂の従祖弟
	奉朝請☆	融			纂の弟
		子盛		左・済州刺史（贈）	挺の従祖弟の子
	太学博士	季良	*冠軍*・青州刺史（贈）	安西・燕州刺史①	仲哲の弟
	太学博士☆	勉	*輔国*・幽州刺史	*寧朔*・員外常侍④	孝芬の子
		纂			挺の族子
		倹		*州主簿*	挺の従祖弟の子
正八	侍御史☆	孝忠		*州主簿*	倹の弟

①仲哲戦死の段階での父の官職。
②瀛州であるのに軍号が安西である。州名か西に誤りがある可能性がある。
③兄の逸が孝文帝期に活躍しているから、模と楷も孝文帝期起家の可能性がある。
④勉の起家の段階における父の官職。

この中で起家の官品が最も高いのは子朗の襄威（従六上）員外郎であるが、軍勲が反映しての起家であった。(30) 他の事例は従七品上下階に集中している。博陵崔氏の場合は、従七品レベルでの起家が通常であったと判断できよう。その中で、挺の子と秉の子が従七上（しかも三公行参軍が多い）で起家し、他は従七での起家が中心であるので、系統により差があった可能性を指摘できるようだ。なお、正八の孝忠と従七の倹は兄弟である。

d・清河崔氏

清河崔氏は表3では一例のみ。巻二四・六六・六七に記載される清河崔氏で起家官の判明する事例を含めると次のようになる。

官品	官職	名	祖	父	備考
従七上	盪寇・冠軍長流	鷫※		*梁郡*太守	系統不明
従七	奉朝請	伯驎	（宋）泰山太守	*竜驤*・南青州刺史	父は平斉民
		伯鳳	（宋）泰山太守	*竜驤*・南青州刺史	伯驎の弟
	奉朝請☆	鍾	鎮西・陝城鎮将	鎮西・泰州刺史	祖は涼土から入国
従七上	司空行参軍☆	祖竜	（宋）泰山太守	*竜驤*・南青州刺史	伯驎の弟

鸛は冠軍長流参軍（従七）で起家したが、宣武帝期であるので加官の盪寇を採る。判明する事例は多くはないが、清河崔氏の起家官は従七品中心であると言えるようだ。ただ、鍾の祖の寛は涼土から入国して鎮西・陝城鎮将、父である衡も鎮西・秦州刺史と伯驎兄弟の父祖より地位が高いので、鍾の従七起家には何らかの事情があった可能性がある。

e・隴西李氏

西涼の国主の子孫である隴西李氏の場合、表3に二例見えるほかに巻三九・五三・巻八三下で起家を示す語が確認できる事例が一一例ある。事例が多いので、初見官は示さない。

官品	官職	名	祖	父	備考
従六	鎮北功曹参軍	孚	鎮北・懐荒鎮将	光禄大夫	宝の孫、茂の子
正七上	太尉参軍事	静	鎮北・懐荒鎮将	光禄大夫	孚の兄
		季凱	鎮北・懐荒鎮将	*征虜*・秦州刺史（贈）	宝の孫、輔の子
正七	司空参軍事	彬※	司空（贈）	左・光州刺史①	祖は沖、父は延寔
	司空参軍事	燓	*竜驤*・雍州刺史（贈）	撫軍・秦州刺史	宝の曽孫、承の孫
	青州始蕃王主簿②	処黙	光禄大夫	*征虜*・涼州刺史（贈）	季安の子
	鎮北城局参軍	延慶	鎮北・懐荒鎮将	*征虜*・秦州刺史（贈）	季凱の弟
従七上	司空行参軍	遐	光禄大夫	*東平原*太守	静の子
		暧	*竜驤*・雍州刺史（贈）	後・燕州刺史③	燓の従兄弟
	彭城王行参軍	季安	鎮北・懐荒鎮将	光禄大夫	孚の弟
	京兆王愉行参軍	仲尚	鎮北・懐荒鎮将	*征虜*・秦州刺史	季凱の次兄

従七	奉朝請	挺※	鎮北・懐荒鎮将	*征虜*・秦州刺史（贈）	宝の孫、佐の子
	高陽王常侍	昞	*竜驤*・雍州刺史（贈）	後・燕州刺史③	曖の弟

①孝明帝末段階での官職。
②伝では青州彭城王主簿とある。彭城王勰の子の劭が青州刺史となっている。
③曖兄弟が二五歳前後の父の官職。

全員が李宝の孫または曽孫である。過半が正七以上で起家、従七品レベルでも、三公行参軍二名のほか、京兆王愉・彭城王勰の行参軍、高陽王雍の常侍と有力者の属官・国官である。ひとり挺のみが奉朝請で起家しているが、次には正七上に転じている。隴西李氏は正七品及びそれに準ずるレベルで起家したと見てよいであろう。これは巻三九の末尾に「李氏初めて魏に入るより、人位兼ね挙がり、沖の寵遇に因り遂に当世の盛門と為る」とあるように、孝文帝期に宝の子李沖が寵遇を受け、皇帝及び帝室と婚姻関係を重ねたことの反映と見ることができよう。

ただし、他の事情も考慮された可能性がある。季凱は宣武帝初の咸陽王禧の謀反事件に関与して処刑された兄に連坐して辺境に徙され、その後も長く就官できず、起家できた時には少なくとも四九歳になっていた。その弟の延慶も兄と同様であったと思われ、起家した時には最も若く計算しても四四歳になっていた。また静の場合、父は景明三年（五〇二）に死去、伝に「襲（爵）、太尉参軍事に解褐す」とあり、父の死後の起家とすれば、服喪の期間を計算に入れて四〇歳頃となる。このように隴西李氏の場合、年齢が高くなって起家した事例が多い。それが正七以上の起家官に反映した可能性も考えられるのである。(32)

f・渤海高氏

渤海高氏は特別の事例とした皇后の弟貞以外にも表3に三例見え、巻六八と巻七七で三例知りうるが、系統はそれぞれ異なる。

官品	官職	名	祖	父	備考
正七	司空参軍事	湛※	冀州刺史（贈）	司徒	父は高肇（外戚）
	秘書郎	長雲	（宋）員外郎	安北・青州刺史	
従七上	司徒行参軍	雅※	光禄大夫	楽陵太守（贈か）	
	司徒行参軍☆	叔山	（宋）員外郎	安北・青州刺史	長雲の弟
従七	奉朝請	栄※			父祖不詳
		謙之	寧遠・駙馬都尉	漁陽太守（贈）	

正七で起家した湛の祖颺は巻八三下によるともと渤海の人と自称したとあり、孝文帝初期に高句麗から入国、娘が宣武帝皇后となった。皇后の兄の肇の子が湛である。湛の起家は専権を振るった肇の失脚直後であるから、正七は穏当な措置であったと見られる。従七上で起家した雅は後燕に仕え、それが滅びた段階から北魏に仕えた一族の系統。正七の秘書郎で起家した長雲は平斉民である聡の子である（巻六八）。弟の叔山は従七上の司徒行参軍が初見であり、官品は低いが三公行参軍であることを考慮すべきであろう。同じく奉朝請で起家した謙之（巻七七）の父崇は献文帝初期に帰国した潜の子である(33)。

渤海高氏は、四系統に分かれて『魏書』に記載され、起家レベルは正七、従七上の三公行参軍、従七であった。

g・滎陽鄭氏

滎陽鄭氏は表3には見えないが、巻五六で起家を示す語を伴う事例を補うことができる(34)。四例は鄭羲の孫の世代であるが、曽祖父を同じくするのみで、相互の血縁関係は近くない。三例は羲の叔父の曽孫である。

官品	官職	名	祖	父	備考
正七上	員外郎	先護		*冠軍*・済州刺史（贈）	連山の孫
正七	著作佐郎	敬祖	秘書監	秘書監	羲の孫
従七	奉朝請	輯之	*中書博士*	*征虜*・南青州刺史（贈）	小白の孫
	奉朝請☆	仲明	*滎陽太守*	*冠軍*・予州刺史（贈）	恬の曽孫
	北海王常侍	貴賓		*輔国*・済州刺史	簡の曽孫
	高陽王常侍	道忠	*東萊太守*	*冠軍*・青州刺史（贈）	叔夜の孫
	太学博士	季明	*滎陽太守*	*冠軍*・予州刺史（贈）	仲明の弟

鄭氏は羲の系統が最も栄え、道昭の世代では彼が正三品の秘書監である以外は、他の系統はほとんどが将軍号が従三品の州刺史を贈官されていた。つまり生前の官職は将軍号と同等か、それ以下の官品である。多くが従七の起家である中で、敬祖が正七起家であることは、羲・道昭の系統の故と理解できる(35)。先護の父は武功で立身し、咸陽王禧の謀反事件に連坐して辺境に徙され、赦にあったが官には復帰することなく死去していて、先護の敬祖より高い起家の理由は不明。彼も「武幹」ありとされるから、武功が加味されての起家であったのであろうか。

鄭氏は通常従七で起家したが、羲―道昭の系統は正七レベルで起家できたようである。

h・河東裴氏

裴氏の場合、特例の太子洗馬（従五上）起家の譚以外に巻四五・六九・七一・八五で起家官が判明するものが七例ある。

官品	官職	名	祖	父	備考
正七上	員外郎	約		左・南青州刺史（贈）	叔業の甥
		慶孫			延儁の従祖弟の子
		礼和			延儁の族子
従七上	汝南王行参軍	景顔		*征虜*・東秦州刺史（贈）	延儁の従祖弟の子
従七	奉朝請	詢	平南・秦州刺史（贈）	*輔国*・東秦州刺史（贈）	駿の孫
		伯茂		*征虜*・東秦州刺史	景融の弟
	太学博士①	景融		*征虜*・東秦州刺史（贈）	景顔の兄

①景融は秀才に挙げられて太学博士となったから、起家官と認定。

裴叔業より一年遅れの景明二年（五〇一）に兄の子の彦先が南朝から入国した。彦先の子の約は、起家した後に給事中を経て永平年間（五〇八～五一一）に丹陽太守となっているから、入国直後か、それより間もない頃の起家と思われ、入国の功績を評価されてのことと考えてよい。ただ特例として先に述べた譚には及ばないのは、遅れての帰国の故であろうか。

ところで譚と約は南来呉裴と称される系統であるのに対し、他の事例は中眷裴に属する一族である。両系統の隔たりは大きい。ただし、巻六九裴延儁伝に記される中眷裴関係者でも、血縁はかなり隔たっている。詢は巻四五裴駿伝に載せられ、また別系統である。

南来呉裴の譚と約とは異なり、他の系統は伯茂兄弟や詢のように主として従七クラスで起家したと見られるが、中には正七上で起家した事例も複数ある。それが系統によるものであるのか、個別の事情によるものであるかは、父祖の記述が不明であるので現在のところ判断できない。

i・京兆韋氏

京兆韋氏で**表3**に載せるのは隆一例であるが、巻四五で六例を補いうる。

官品	官職	名	祖	父	備考
正七上	員外郎	融	*鎮遠*・南青州刺史（贈）	撫軍・雍州刺史（贈）	閬の族弟珍の孫
従七上	左将軍城局参軍	休之	（宋）予州刺史	右・華山太守	閬の族子崇の子
	蘯寇・行同官県事	隆※	雍州刺史	*馮翊*等二*郡*太守	
従七	奉朝請	猶之	（宋）予州刺史	右・華山太守	休之の兄
		鴻	*鎮遠*・南青州刺史（贈）	*征虜*・東徐州刺史①	朏の子
		禎		*馮翊*太守	閬の甥の子
	太学博士	朏	*安遠*・雍州刺史（贈）	*鎮遠*・南青州刺史（贈）	融の叔父

①孝明帝末の官職。

正七上起家は一例、他は従七上が二例、従七が四例となっている。閭の伝に付されているが血縁関係は大きくは三つに分かれている。韋氏の起家は、従七もしくは従七上であったとしてよいであろう。融ひとり正七上の起家であるが、父が京兆王継の西征長史（従三）となり、この時の功績で男爵を得ている。融伝の「員外散騎侍郎に解褐し、軍功を以て賜爵長安伯」という記載からは、父の征西に従い功績を挙げた結果としての伯爵賜与であり、それが正七上起家につながった可能性が窺える。なお、隆の起家した将軍は三公行参軍の上位に置かれており、従七上の下位にある諸官とは扱いが異なっていた可能性がある。(36)

j・渤海封氏

渤海封氏は表3に員外郎（正七上）の延之ひとりが見えているが、巻三二と『斉』巻二一で四例を補うことができる。

官品	官職	名	祖	父	備考
正七上	員外郎	延之※	平東・冀州刺史（贈）	鎮東・冀州刺史①	祖は宦官
従七	奉朝請	隆之	平東・冀州刺史（贈）	*司徒右長史か*②	延之の兄
		業		*征虜*・廷尉少卿	延之の父の族兄弟
	太学博士	興之	平東・冀州刺史（贈）	平北・瀛州刺史③	延之の兄
		偉伯		*征虜*・廷尉少卿	業の兄

①正光末段階での官職。
②大乗賊鎮圧以前の起家。その段階では父回はこの官職であった可能性が高い。孝明帝初の官職。
③従七で起家し、平北長史（従五上）で孝昌中で死去。四階半の遷転には約一〇年を要すると考えると孝明帝即位後間もない時期の起家である。その段階での父の官爵。

延之以外は従七での起家となっている。延之は弱冠で州主簿となり、正光末に起家した。興和二年（五四〇）に五四歳で没したから、三八歳頃の起家である。兄隆之も弱冠で州郡の主簿となったが、奉朝請で起家し、次の汝南王中兵参軍の時、延昌四年（五一五）の大乗の乱に遭遇した。武定三年（五四五）に六一歳で没したから、この時には三一歳。とすれば起家は二〇代の可能性が高い。これに比べると、延之の起家はかなり遅いと言える。そのことが反映しての員外郎起家であった可能性がある。あるいは父回がこの段階では少なくとも平北・尚書、可能性としては鎮東・冀州刺史に至っており、そのことが影響したのであろうか。渤海封氏の場合は通常は従七レベルで起家としてよいであろう。

k・范陽盧氏

范陽盧氏の場合、表3には該当者がいないが、列伝を見ると起家と明示される事例が三例あり、初見官で起家と想定可能なものを併せて、以下に記す。観は巻八五、文偉は『斉』巻二二に伝があり、その他の者は巻四七による。

官品	官職	名	祖	父	備考
正七上	員外郎	道約	平東・青州刺史	秘書監	玄の曽孫
	員外郎☆	文符	平東・青州刺史	前・光禄大夫	道約の従兄弟
		文翼	平東・青州刺史	前・光禄大夫	文符の兄、文甫の弟
正七	秘書郎	義僖	平東・青州刺史	*威遠*・范陽太守（贈）	道約の従兄弟
		元緝	平東・青州刺史	鎮西・雍州刺史	道約の従兄弟
	司空参軍①☆	文甫	平東・青州刺史	前・光禄大夫	文符の兄
従七上	司空行参軍☆	義悰	平東・青州刺史	*威遠*・范陽太守（贈）	義僖の弟
		仲義		*楽陵*等二*郡*太守	溥の五世孫
		子剛	*楽陵*等二*郡*太守	*驃騎法曹参軍*	仲義の甥
	平北長流参軍☆②	文偉			溥の四世孫
従七	太学博士☆②	観			仲義の従兄弟
		懐祖	秘書監	*竜驤*・太常少卿（贈）	道約の甥

①『魏書』では司空参軍だが、『北史』では司空行参軍となっている。
②挙秀才の後の就官。

正七品上下階と従七品上下階が混在するが、系統で分けると区別がある。盧玄の孫に淵・敏・昶・尚之がおり、彼らの子たちはそれぞれ道・義・元・文の文字を共有するが、これら従兄弟たちは義悰ひとりを除き正七品上下階で起家している。義僖兄弟の父敏の官位が低いのは、彼が議郎で早卒したことによる。ただし、その女が孝文帝の嬪になっていて、それが義僖の起家に反映したのであろう。また弟の義悰の司空行参軍の扱いが微妙であることは前述した。

彼らの子の世代である懐祖は従七の起家であるが、あるいは父の到達官位が低いことによるのであろうか。他方、玄の従祖弟溥の子孫は司空行参軍を含むにせよ、従七品上下階で起家している。范陽盧氏の場合、系統によって起家のレベルが異なっていたようである。

1・趙郡李氏

趙郡李氏も表3に該当者がいないが、[37] 巻三六、四九、八四により次の事例を補いうる。

官品	官職	名	祖	父	備考
正七上	太尉参軍事	希宗	平東・西兗州刺史		憲の子だが、伯父を嗣ぐ
正七	征東法曹参軍	緯①	*行河間太守*	*征虜・幽州刺史（贈）*	霊の子孫
従七上	盪寇将軍・斎帥	翼	*建武*	*南趙郡太守*	霊の弟の子孫
従七	奉朝請	同軌			熙の族孫
		皦			秀林の族子か
	奉朝請☆	仲旋			皦の従兄弟
		粛			秀林の族子
		育	*趙郡太守*	*州主簿*	詵の従子の子孫
	汝南王常侍	裔			秀林の子、伯父を嗣ぐ

①『魏書』では「系」。『北史』に従う。

趙郡李氏は伝には多くの系統が記載され、そのため父祖の官職を知りえないことが多い。ただ、知りうる官職を見る限り、三品以上に登る父祖をもつ事例は一例のみである故に緯が正七でなぜ起家できたのかわからない。ただ、趙郡李氏が従七中心の起家をしていて、正七での起家は限られていたと見ることはできよう[38]。

以上から漢族の起家に関しては一定の見通しが得られるであろう。ここまでの事例をまとめて表4にしてみよう。初見官はすべての姓で扱ったわけではないので表4からは除外する。従七上でも異なる扱いを受けた可能性のある事例数は括弧内に示す。

表4　漢族の起家官

姓氏	～従六	正七上	正七	従七上	従七	正八上～
弘農楊氏	1	2	1	1（1）	4	
琅邪王氏	1	1	2			
博陵崔氏	1			2（2）	4	
清河崔氏				1	2	
隴西李氏	1	2	4	4（2）	2	
渤海高氏			2	1（1）	2	
滎陽鄭氏		1	1		4	
河東裴氏	1	3		1	3	
京兆韋氏		1		2	4	
渤海封氏		1			4	
范陽盧氏		1	2			
趙郡李氏		1	1	1	3	
計	5	13	13	13（6）	32	0

取り上げた諸姓はいずれも名族である。胡族の「八姓」は漢族の「四姓」と同じ扱いとされたが、その「四姓」は清河崔・范陽盧・趙郡李・太原王・滎陽鄭氏であるとされ、博陵崔・隴西李氏がそれに匹敵するとされる。このうち表4に載せなかったが、太原王氏は表3に奉朝請起家の偃の一例あるほか、巻三八王慧竜伝によれば、遵業の初見官が正七の著作佐郎となっている。偃の祖は南朝の江夏

王司馬、父は兗冀二州刺史であったというが、贈官の可能性がある。遵業は著作佐郎に就官して崔鴻と起居注を撰したというが、これは正光元年のことで、その時には父瓊は左・兗州刺史であったと思われる。祖父は竜驤将軍。他の太原王氏の起家の事例は知られないので明確には言えないが、他の「四姓」と同じレベルの起家であったと考えてよいだろう。つまり「四姓」は正七上～従七での起家であったとしてよい。京兆韋・河東裴・渤海高・渤海封・弘農楊氏も「四姓」に次ぐ名族である。要するに北魏の漢人名族の起家官は正七上～従七（一部正八の官職を含む）が基本であった。[39]

また同じ姓であっても起家官に差があることも間違いなく指摘できる。琅邪王氏は正七以上のみであるが、これは起家官の判明する総数が少ないことに由来する可能性があり、琅邪王氏全体がこのレベルで起家したとは思えない。本貫を同じくする姓であっても、系統によって正七品上下階（従七上の一部を含む）で起家するものと、従七品上下階（正八の一部を含む）で起家するものとに分かれると考えてよいであろう。また系統によるほかに年齢、その時点における父あるいは一族の政治的地位、「帰国」や軍功などが起家を分ける要素として存在していたことも忘れてはならない。

（4）小　結

胡族と漢族ごとにまとめたことと重複するが、本節で論じたことを箇条書きにしておこう。

（イ）従六品以上の起家は事例が少ない。多くの場合には特別の事情が背景にあり、特例と考えてよい。

（ロ）胡漢の名族は基本的に正七品上～従七品（正八品を含む）で起家している。

（ハ）正七品上下階での起家の事例には何らかの事由の存在が判明する事例が目立つ。その事由とは、起家年齢の高さ、軍功、南朝からの「帰国」、父祖の政治的地位、勢威などであり、北魏末の政治的状況によると思われる事例もある。「王孫の望」（鄯乾）や「名公の子」（閭伯昇）などの起家理由も、そのバリエーションと考えてよいであろう。

（ニ）上の（ハ）で述べたのは個別の事例についてであるが、このほかに、正七品上下階（一部の従七品上を含む）で起家することのできる人物を多く出す一族、あるいは系統があった。例えば胡族では穆氏の大半が正七品以上で起家しているし、陸氏も半ばがそうである。漢族では盧玄の系統など。それには父祖の政治的地位が影響していた可能性を想定できる。

付随して以下のことをも述べておく必要がある。

（ホ）表3に見える正八品上階以下の起家官の事例は非常に少ないが、このレベルでの起家があったことは明白である。世宗紀永平二年一二月条に載せる「五等諸侯選式」によると、同姓（宗室）は公爵の正六下～男爵の正七下、異族（胡族）は公爵の従七上～男爵の従八上、清修（漢族）は公爵の従八下～男爵の従九下とある。これは有爵者本人に対する処遇であろうが、従九品下階までの起家官が想定されていたということになる。とすれば実際にも正八品上以下で起家した事例は多かったはずである。(40)(41)

三　起家の後

第3章で明らかにしたように、北魏後期の官僚の遷転はシステマティックに行われた。(42) とすれば起家官の官品の差はその後の昇進にそのまま反映する可能性が高い。本当にそうなるのであろうか。本節ではこの問題を扱う。

（1）宗室の場合

a・中山王の子息

中山王英の子息たちは起家官が同じレベルであって、特定の年における在職官が判明するので、起家後の昇進の問題を考察するのに便利である。判明する六名の子のうち、長子は早く死去したので、後嗣となったのは次子の熙であった。ただ、彼は既述の事情の故であろうが、弟たちより半階低い正七の秘書郎で起家している。熙はその後父の爵を嗣いで王となったので、従六上の給事中から正四上の太常少卿となり、安東・相州刺史であった正光元年（五二〇）に挙兵して敗死した。年齢は不詳。第三子誘は左・南秦州刺史の時、兄の挙兵を知っていたとして斬られた。三七歳であったから、四八四年の生まれとなる。同じ正三品将軍でも、左は安東より一階下に位置する。起家段階の位置からすると一階半逆転しているわけであるが、熙が王となったことによるのであろう。誘の弟略は冠軍（従三）・黄門侍郎から懐朔鎮副将に黜せられて赴任する前に兄の挙兵に遭遇し、南朝に亡命する。つまり正光元年の段階では誘より一階下の地位にあった。略は後に帰国して建義元年（五二八）に四三歳で死去したから四八六年の生まれとなり、誘より二歳の年下。恐らく起家した年が二年程度遅く、それが一階の差に反映しているのであろう。

伝では熙の異母弟とされる歛は、建義元年に四三歳で死去しているから、略と同年の生まれである。墓誌には第四子とあるから、同年でも略より早く生まれたことになる。伝によれば孝明帝初めに員外郎。伝は起家と明言しないが、墓誌では「年　仕に堪うるに曁び」とあるから員外郎が起家官であろう。孝明帝初であれば最も早くて延昌四年（五一五）のことであり、その時でも既に三〇歳になっていた。伝によると次に五二〇年の熙の挙兵に遭遇したが、歛は叔父を出継していた故に処罰を免れ、その後稍遷して輔国・通直常侍で河陰の変で没した。この段階でようやく亡命前の略のレベルに到達できたわけである。他の事情も加わった可能性もあるが、恐らく起家の遅さによるであろう略との差は回復されていない。

英の第六子で、叔父の後を継いでいる纂は、司徒祭酒で延昌年間に起家し、遷転が記録されない状態で熈の挙兵に遭遇し、死去した。年齢は不詳であるが、五二〇年までの期間を考えると、起家は延昌も末年に近い、歆の起家と近い時期であった可能性が高い。纂と歆はほぼ同じ頃同じ官品で起家し、正光元年にはともに同じレベルにあったと思われる。

整理しよう。中山王英の子たちの場合、叔父を出継した二人を含めて起家官のレベルは正七上と見なしうる。ただし年齢差もあるので起家した時期が同じとは限らない。各自の起家した時には兄弟との官品差が生じているわけで、その官品差が維持されて経過したという形になっていると見られる。つまり、システマティックな形の遷転であれば、基本的にはそうなるであろうと想定される形に適合している。

b・趙郡王の子息

趙郡王幹の第三子譚と第四子讞は正六の羽林監が起家官である。ともに河陰の変（五二八）で四一歳、四〇歳で死去したが、譚は安西・秦州刺史、讞は左・太中大夫・散騎常侍であった。同じ正三品将軍であるが、安西の方が一階高い。起家の先後を示す材料はないが、年長の譚が僅かではあるが早く起家し、その差が死去の際の階の差となっていた可能性が考えられる。なお、長子の謐は趙郡王は嗣がず、従五上の通直郎で起家したと考えられ、河陰の変直前に擁立されていた孝荘帝の初年に魏郡王となったが、その前には中軍（従二）・都官尚書であった。その没年齢は不詳であるが、少なくとも弟たちよりは起家官、河陰の変段階で到達していた官職の官品ともに高かった、とは言えよう。

c・高陽王の子息

高陽王雍の嗣子は第二子泰で、長子端は正五上の散騎侍郎で起家し、三六歳で河陰の変で死去した時には鎮軍（従二）・金紫光禄大夫であった。他方、第三子叡と第四子誕はともに従五上の通直郎で起家している。伝にしか記録のない叡は河陰の変で死去した時には正四上の光禄少卿で年齢は不詳。誕は天平三年（五三六）に三二歳で死去したから、河陰の変当時は二四歳であった。誕は永安三年（五三〇）、竜驤・通直常侍の時に王に封ぜられているので（孝荘紀）、変の当時は、起家官の次に記される中書侍郎（従四上）、もしくはその次の通直常侍・加竜驤（従三）であったことになる。孝荘帝が即位した段階では、百官の官位が進められているので[43]、竜驤はその時の加官で、河陰の変当時には中書侍郎であった可能性が考えられる。天平四年（五三七）に三二歳で没した誕と端の間には一二の年齢差があるので、五二八年段階での従二と従四上との官品差（階でいえば四階半）はそれで説明できないわけではないが、やはり正五上と従五上という起家官の差も影響していると考えてよいであろう。叡は五二八年には正四上の中でも上位に位置する光禄少卿であり、誕の従四上との間には官品差があるから、年齢は数歳誕より上で、起家の時期も誕よりは早かったと考えてよいであろう。つまり、同じ起家官であるにせよ、年長である故に早く起家した者と遅れて起家した者との差が河陰の変当時の官品差となって現れていると考えられる。なお、泰は河陰の変で死去した時には鎮東（従二）・太常卿であった。同じ従二品でも鎮東が兄の端の鎮軍より半階高い。兄より高い官職を得ているのは、世子として起家官がより高かった可能性を示すであろう。

d・元順と元譿

献文皇子の子である元譿は延昌四年（五一五）に二七歳で正六の羽林監で起家し、四〇歳の時河陰の変において散騎常侍・加左（正三）太中大夫で死去した。景穆系始蕃王の子である元順は景明四年（五〇三）に一七歳で従六上の給事中で起家し、四二歳の時河陰の変に遭って征南（正二）・右光禄大夫・兼尚書左僕射で死去した。起家官は皇子の子と始蕃王の子の相違を反映しているが、順は墓誌によると正光五年（五二四）、三八歳の時に安北（正三）・恒州刺史となっていて、この段階で既に譿の没時より一階上位に到達している。(44)

これは決して逆転ではない。順の方が一二年早く起家している。三年ほどで一階の昇進があったとすれば、一二年の差は四階程度の差となると考えられるからである。左と征南は二階半の隔たりがある。起家時には順の方が半階下位にあったから、順と譿の没時の差はほぼ順当であったと言えるのではないか。(45)

e・陽平王の孫

景穆系陽平王新成の孫が五二八年の河陰の変で死去した事例を検討してみよう。征西大・夏州刺史（贈官か）振の長子道隆は、一七歳で「皇宗」を以て平西中兵参軍（正七）で起家し、二官を経た後の三〇歳の時、伏波（従五上）・司空録事参軍で没した。起家は延昌四年（五一五）となる。尚書右僕射・儀同三司を経て司空で没した欽の子の誕業は、一七歳の時揚州撫軍主簿（正七）で起家し、「俄かに襄威将軍（従六上）・員外散騎侍郎に転ず」と記された後、三一歳で死去した。起家は延昌三年となる。同じ官品で一年早く起家した誕業の方が、到達官位が二階も低いことになる。父の官位を比べてみても、誕業の方がよく、しかも誕業の父は河陰の変の犠牲者のひとりであるから現役の従一品の地位にあったわけで、この事態は理解しにくい。さらにわかりにくさを増しているのは贈官である。道隆は輔国（従三）・南秦州刺史、誕業は安東（正三）・斉州刺史と、生前の官位が低い誕業の方が高い贈官を得ている。(46) ここでもうひとりの孫である昂の事例を見てみよう。(47) 父は夏州刺史・西郡公とあるが、名は不明。昂は正七上の員外郎で起家し、後軍長史（従五上）と寧朔（従四）・歩兵校尉を経て、「直閤将軍、本官如故」を以て河陰の変で死去した。(48) 三五歳で、贈官は平東・光州刺史である。正七上から従四までは五階半。道隆の正七から従五上までは三階半。昂の方が道隆より五歳年長だから順調に昇進すると一、二階差となるはずだから、昂と道隆の没時の二階の差は納得できる数字である。昂と道隆の起家段階での差は没時の官階差となっていると理解できるのである。誕業は何らかの事由があり、官位は上昇しないままで死去したが、同じく河陰の変で死去した父に対する扱いが影響して、破格の贈官を得た。推測になるがこのような可能性が考えられる。

f・元湛と元均之

景穆系始蕃王の子の湛は、二一歳の永平四年（五一一）に正七の秘書郎で起家し、河陰の変で死去した三八歳の時は前（正三）・廷尉少卿であった。他方、明元系始蕃王の孫均之（『校注』六―一六八、伝はなし）は「弱冠之年」に瀛州平北中兵参軍、同じく正七での起家である。均之はその後定州刺史元世遵の録事参軍となったが、府主は三蕃王で平北将軍である。(49) 世遵はその前に襄陽内附に応接しており、これは正光二年（五二一）のことで、また孝昌元年（五二五）に死去している。つまり正光二年から孝昌元年の間に均之は正七上の平北録事参軍に任じたことになり、その後行趙郡太守の時、河陰の変により三八歳で死去している。「弱冠之年」という表現は二〇歳を明示したものであろうから、起家は永平三年（五一〇）のことになる。起家から録事参軍就任までは最少でも一一年である。通常であれば、半階の昇進にそれほどの期間を要することは考えられない。その間に何か事情があり、昇進が長期間とどめられていた可能性が高い。贈官を見ても、均之は平西（正三）・瓜州刺史であり、湛の征東（正二）・青州刺史・儀同三司（従一）と比べると、明白に低い。同年齢で同じ正七で一歳年上で一年早く起家し、同じ年に同じ年齢で死去しながら、到達官品は逆転しただけでなくかなりの差が生じていることは間違いない。

以上、没年が同じである事例を中心として検討してきたが、北魏後期における宗室は、起家当時の官品差が保たれるような形でそれぞれの官歴を重ねたと言えるようである。つまり、同年齢で同一官品で起家した者は、X年後にはほぼ同じ官品の官職に到達している可能性が高いということになる。これはシステマティックな形で遷転が行われたという筆者の理解を支持することになろう。しかしながら、それがすべてではないこともまた明らかとなった。昇進が他の者と比較してかなり遅い、或いはかなり早いという事例も存在する。そのことに関連して元乂の事例を挙げておこう。

二蕃王の子である元乂は正七上の員外郎で起家した。墓誌には「年方弱冠、応物来仕、掩浮雲而上征、摶積風而鼓翼、初除（員外）散騎侍郎」とあるので二〇歳頃の起家と考えてよいであろう。伝でも墓誌でも次に記されるのは従五上の通直散騎侍郎であるが、伝によると霊太后臨朝の時、つまり延昌四年（五一五）に、太后の妹の夫ということで任命されたとある。この年には乂は三〇歳。一〇年も官職を遷らなかったとは考えにくく、かつ両官の間には三階もの差があるので、就任官職の記載が省略されていると考えてよいであろう(50)。妻の姉の霊太后の臨朝で一階加えられたとして一〇年で二階、という想定も可能である。これは想定にすぎないけれども、それまでの昇進が特に早いというわけではないとは言えよう。その後、正光元年（五二〇）には侍中・領軍将軍（従二）に至っており、五年間で六階を昇ったことになる。明らかに昇進のスピードが上がっているのは霊太后に寵幸されたことによる。何らかの事情で、昇進には遅速が生じるのである。

（2）宗室以外の場合

a．弘農楊氏

弘農楊氏は孝荘帝が爾朱栄を誅殺するのに協力し、爾朱氏の反撃により、普泰元年（五三一）に一族多数が殺害された。この段階での年齢および官職を知りうる。ただし、孝荘帝即位以前と以後でかなりの相違が見られるので、まず起家後、建義元年（五二八）の河陰の変以前までの状況を検討しよう。

宣武帝期前の起家であるが、楊椿の子の昱は二〇歳の太和二一年（四九七）に広平王左常侍、[51]椿の弟暐は二六歳の太和二三年に奉朝請で起家した。いずれも従七である。暐は安南（正三）・武衛将軍で河陰の変において死去したが、昱はこの時には撫軍（従二）・徐州刺史であったと思われる。[52]安南と撫軍の差は半階である。二年違いで起家した時の両者の差は保たれていると見ることができよう。

楊播の子の侃は楊順の子の仲宣より四歳年少である。仲宣の起家年齢は不明であるが、侃の場合三一歳とかなり高い年齢の起家であったことは先述した。年少でもある故に侃は仲宣よりかなり遅れての起家であるはずだが、河陰の変の段階では侃が鎮遠（正四）・通直常侍、仲宣が鎮遠・通直郎と同じレベルにあった。[53]三年程度で一階上昇という第3、4章の理解を適用すれば、侃は仲宣より七、八年程度遅いものの仲宣の従七より二階半高い従六上での起家であったことを考えれば、河陰段階での同レベルの説明ができることになる。つまり起家時の差が保たれていたと考えられるのである。

次には楊津の子たちについて見てみよう。逸は、河陰の変の直前、爾朱栄に擁立された孝荘帝（未即位）のもとに駆けつけ、二階上の給事黄門侍郎（正四上）に特除された。これは孝荘帝即位後の就任に含めてよい。その前つまり河陰の変直前の官は寧遠（正五上）・給事中である。逸より一〇歳年少で逸の正七上より一階下の従七上で起家した謐は、河陰の変段階では一九歳。起家年齢が相当に低かったことは間違いないが、特筆されていないから一〇代前半とは考えにくい。とすれば、伝、墓誌とも次に記す寧遠（正五上）・員外常侍は、孝荘帝即位に伴う増位によるものと判断できよう。孝荘帝即位直後を比べると正四上の兄逸より二階下位にある。九歳の年齢差があり、謐の起家年齢が逸より早かったと想定することで説明が可能な数字ではあるが、もとよりそれが正しいとは言い切れない。逸の一〇歳年長の遁であるが、伝によると前節で述べたように起家が三〇歳近くと遅かったが、その鎮西府主簿（正七）起家に続けて伝は「尚書郎（正六）に累遷す。荘帝北巡し、詔を奉じて山東を慰労す。車駕入洛し、尚書左丞（従四上）に除せられ、又光禄大夫（正三）と為り、仍お左丞たり」と記す。墓誌も鎮西主簿→尚書郎→尚書左丞という遷転は同じである。荘帝北巡とは永安二年（五二九）の北海王顥の洛陽占拠に際して孝荘帝が河北に難を避けたことを指す。正六と従四上は三階半の開きがある。孝荘帝即位に伴う増位と山東慰労の功績を考えると三階半は納得できる数字であるので、尚書郎は河陰の変前の到達点であったと判断したいところである。この場合、遁は何故孝荘帝即位段階での増位に与らなかったか、という問題が残る。逆に尚書郎であってなお河陰の変の虐殺を何故免れたのかという疑問も生じる。何らかの事情がそこに存在したのであろう。さらにそれより大きな問題がある。遁は建義元年には三九歳であるので、約一〇年で一階しか上昇していなかったことになるからである。弟の逸とは一〇歳の年齢差があり、起家年齢もそれほど離れていないのに、河陰の変直前には二階半も下の地位にとどまっているわけで、いずれにせよ何らかの事情があった可能性が高い。

逸兄弟の場合、不明確さを残すが、起家から孝荘帝初年までの間に、昇進速度にかなりの相違があったことを示す

	建義元年	普泰元年
侃	冠軍（従三）東雍州刺史	衛（正二）右光禄大夫
昱	鎮東（従二）東南道都督	車騎（正二）東南道大行台
仲宣	征虜（従三）中書侍郎	征東（正二）金紫光禄大夫
遁	（平南（正三）尚書左丞）	征東（正二）金紫光禄大夫
逸	給事黄門侍郎（正四上）	平東（正三）光州刺史
謐	寧遠（正五上）員外常侍？	衛（正二）金紫光禄大夫

と考えてよいであろう。

以上のように孝荘帝即位までの楊氏の事例は、逸兄弟のように起家後の昇進に差がある事例もあるが、起家段階での差が保たれる形で昇進したことを示している。ところが、孝荘帝を支えた楊氏のその後の昇進のあり方はそれまでと大きく異なってくる。普泰元年（五三一）に爾朱氏によって壊滅的な打撃を受けた時の官職と、建義元年段階の官職を比較してみよう。謐は普泰二年の死去であるが、官職は変わらなかったと見られるので、元年に含める。また遁の場合建義元年の官職は不明で翌永安二年の就任を括弧に入れて示す。

謐の場合は従七上で起家して二三歳で没したから、正五上は孝荘帝即位に伴う大幅上昇の事例と想定したが、寧遠が孝荘帝即位段階でない可能性も残る。それにしてもその後の昇進が鎮軍（従二）・金紫光禄大夫、そして衛将軍に転じていて、一〇代半ば頃の起家としても二三歳の死までの短い期間でこのような大きな上昇を得たのは何によるのか、理解しがたいところがある。よほどの事情がなければならないであろうが、伝も墓誌もそれらしい記載はない。

謐の場合は例外としても、他の事例も上昇幅がかなり異なることは一見して明らかである。孝荘帝即位段階の官職の認定に誤りがある可能性があるが、全員について誤りがあるとは思えない。

建義元年以後は、それまでより以上に政治的混乱が続き、皇帝が相次いで擁立されては廃された。その都度大幅な汎階の措置が執られ、また個別に功績が評価されて、官職が高められた。楊氏の場合、侃は北海王顥が洛陽に迫った時に孝荘帝に従って河北に逃げ、四階の増を断って三階を加えられている。遁は北海王顥入洛に備えて山東を慰労し、孝荘帝が都に戻ると尚書左丞に、ついで平南（正三）・光禄大夫・尚書左丞となった。いずれも功績による大幅な昇進と考えてよい。逸は特除の給事黄門侍郎から吏部郎中を経て平東・光州刺史に遷ったが、地方官の場合には汎位が及びにくい状況があったことが作用した可能性とともに、また光州で特に功績がなかったからであろうか、ひとり到達官職が低くなっている。このような功績の評価のされ方の差が、その後の得た官職の差となったのであろう。根拠の不明な事例があるので確実とは言えないが、理解の方向は間違っていないと考える。

b・琅邪王氏

王誦は正七上の員外郎で起家し、鎮軍（従二）・金紫光禄大夫・給事黄門侍郎の時、五二八年四月の河陰の変で死去した。誦の二歳下の従兄弟翊は正七の秘書郎で起家し、「孝荘初」（五二八）に鎮南（正二）・金紫光禄大夫・領国子祭酒・散騎常侍となり、その年内の永安元年に死亡した。その前は安南（正三）・銀青光禄大夫・加散騎常侍であったから、誦の死去段階での翊の官職はこれであったと考えられる。とすれば、半階分誦の方が高いことになる。員外郎と秘書郎の差はやはり半階であるから、両者の差は結局縮まらなかったと見ることができるが、両者には年齢差が二歳あるから翊の起家が誦の起家の年よりも遅かった可能性がある。その場合、五二八年初めにおける半階の差はスタートの年の遅れを反映したものという理解も可能である。両者の起家した年齢、起家した年度が不明であるので、どちらとも決めがたいが、両者の五二八年初における官品は起家時のそれに平行しているとは言える。

ここで翊が二度に亙る特別の昇進を経ていることに言及しておきたい。司空従事中郎（正五）から中書侍郎、加鎮遠（正四）に転じる時、「追申起家之屈」という理由が付されて「特除」とされている。その内実は二階の昇進である。そして実権を握る元乂と婚姻関係を結んだことにより、次には左（正三）・済州刺史を「超拝」した（伝による）。これも二階の上昇となる。誦の場合は員外郎の次に司徒主簿（正六上）であるから二階の上昇、通直常侍（正四）・領汝南王友から司徒諮議・加前（正三）がやはり二階の上昇、という経歴がある。この場合は特別の昇進であるとの記述はないが、翊と同じ上昇であれば、やはり「特除」であったことになる。両者は特除をともに二度ずつ経験しており、それが五二八年初における半階の差の維持につながったのである。翊が最初の特除を経験したのは、五度目の遷転の時期であった。誦は二度目に既に特除を得ている。とすれば、翊との差は広がっていたはずであり、それが「追申起家之屈」の内実であった可能性がある。

表3記載のその他の胡漢諸姓はいずれも起家年齢、起家年などを用いた比較に堪えうる事例数が少ない。宗室と比べて取り上げた姓が少ないので、結論の妥当性に問題が残るが、宗室の検討から得た指摘に合致する傾向を示すと言えよう。

（3）小　結

本節においては、宗室にせよそれ以外の胡漢諸姓にせよ、同一年齢で同一官品で起家した者は、X年後にはほぼ同じ官品の官職に到達している可能性が高いことを確認した。他方、昇進が他の者と比較してかなり遅い、或いはかなり早いという様相も確認できる。権力者との関わり、功績の評価などによる「特除」など種々の事由により、各人の昇進はかなり大きく異なってくるのである。そのため起家段階における官品差が逆転することが起こりえた。

四　姓族分定と北魏後期の門閥制

本節では、第一～三節で述べたような起家官のあり方は如何なる政策から生じたのか、そして北魏後期の門閥制はシステマティックな昇進という形でのみ理解してよいのかどうかという問題を扱う。

（１）　姓族分定

『通典』巻一六選挙四に、現行『魏書』には見えないが、元来は『魏書』に載せられていたと考えられている次の記事がある。(54)

孝明帝時、清河王懌以官人失序、上表曰、①孝文帝制、出身之人、本以門品高下有恒、②若準資蔭、自公卿令僕之子、甲乙丙丁之族、上則散騎秘著、下逮御史長兼、皆条例昭然、文無虧没。（下略）

孝明帝の時に行われた清河王懌の上表では、①で孝文帝の時の制度では門品の高下で起家のレベルが決まっていたと述べ、②で公卿や尚書令・僕射の子、甲乙丙丁姓の子は、上は員外郎（正七上）(55)・秘書郎（正七）・著作佐郎（正七）、下は侍御史（正八）(56)・三公の長兼行参軍(57)までというように、門品の高下による起家の基準を具体的に述べる。

甲乙丙丁姓については『新唐書』巻一九九柳芳伝に次のような言及がある。

郡姓者、以中国士人差第閥閲為之制、凡三世有三公者曰膏粱、有令・僕者曰華腴、尚書・領護而上者為甲姓、九卿若方伯者為乙姓、散騎常侍・太中大夫者為丙姓、吏部・正員郎為丁姓。凡得入者、謂之四姓。又詔代人諸冑、初無族姓、其穆・陸・奚・于、下吏部勿充猥官、得視四姓。

甲・乙・丙・丁という四つの家格に属する姓を指し、北魏の姓族分定詔に見える「四姓」に該当するという考えが示されている。もっとも、柳芳のこの考えについては後に見るように疑問も投ぜられているが、孝文帝の姓族分定によって代人(58)に家格を設けたのは周知の事実であり、それによって起家官が決まって行くという理解は動かしがたい。故にまず姓族分定について論じたい。

太和一九年（四九五）に孝文帝が発した姓族分定の詔及びそれに続けて出された別敕は官氏志(59)によれば、以下のような内容であった。

代人諸胄、先無姓族、雖功賢之胤、混然未分。故官達者位極公卿、其功衰之親、仍居猥任。比欲制定姓族、事多未就、且宜甄擢、随時漸銓。其穆・陸・賀・劉・楼・于・嵇・尉八姓、皆太祖已降、勲著当世、位尽王公、灼然可知者、且下司州・吏部、勿充猥官、一同四姓。自此以外、応班士流者、尋続別敕。原出朔土、旧為部落大人、而自皇始已来、有三世官在給事已上、及州刺史・鎮大将、及品登王公者為姓。若本非大人、而皇始已来、職官三世尚書已上、及品登王公而中間不降官緒、亦為姓。諸部落大人之後、而皇始已来官不及前列、而有三世為中散・監已上、外為太守・子都、品登子男者為族。若本非大人、而皇始已来、三世有令已上、外為副将・子都・太守、品登侯已上者、亦為族。凡此姓族之支親、与其身有緦麻服已内、微有一二世官者、雖不全充美例、亦入姓族。五世已外、則各自計之、不蒙宗人之蔭也。雖緦麻而三世官不至姓班、有族官則入族官、無族官則不入姓族之例也。

（下略）

まず漢族の家格の認定を行い、それに倣ってこれまで家格というものがなかった代人の家格を定めて、官吏登用の基準としようとしたものであるが、その要点を箇条書きにすると、

a・代人の「八姓」の者は、漢族の「四姓」と同様に猥官に充ててはならない。

　b・部落大人の子孫であるかどうか、父祖三代の就任官職・爵位によって姓・族に区分する。
　c・傍系親族も緦麻親までは父祖の就官によって姓・族に入ることができる。
ということになる。しかし、この詔および別敕の内容を正確に把握するのは容易ではない。まず「四姓」であるが、『資治通鑑』巻一四〇斉建武三年正月条の胡三省注に「四姓、盧・崔・鄭・王なり」とあるように具体的な高門大姓を指すという考え方がある。代人の名門である「八姓」に匹敵する漢族であるとされるから、確かに当代最高の家格を誇る大姓はそれにふさわしい。だが先に引いた『新唐書』柳芳伝には、北魏の姓族分定の「四姓」は甲・乙・丙・丁という四つの家格に属する姓を指すという考えが示されている。
　これによって現代の研究者の理解も様々に異なっている。宮崎市定氏はこのふたつの説を説明したあと、「これは両説を併存させて差し支えないのである」とする[60]。楊徳炳氏は具体的な高門説を支持し[61]、黄恵賢・聶早英氏は「姓」の中に甲乙丙丁が含まれ、その下に「族」があるとし[62]、また陳爽氏は、「八姓」が具体的に姓を挙げるのに、「四姓」が具体的でないのは詔として論理整合性に欠けるとして柳芳説を退ける[63]。
　これに対して筆者は次のように考える。「八姓」以外の代人に関わる別敕によると、「姓」「族」に属するのは
　姓１：部落大人の子孫　：三代が　ⓐ給事以上か刺史・鎮大将　ⓑ王公爵
　姓２：非部落大人の子孫：三代が　ⓐ尚書以上　ⓑ王公で中間で官緒が降らない
　族１：部落大人の子孫　：三代が　ⓐ中散監以上か太守・子都　ⓑ子男爵
　族２：非部落大人の子孫：三代が　ⓐ令以上か副将・子都・太守　ⓑ侯爵以上
とされている（準「姓族」は省略）[64]。ここに記された官職は太和前令でも官品不詳のものを含むが、「姓」姓に分類される事例を見ると、給事は従三上、尚書は正二中であるから、「姓１」「姓２」においては、部落大人の子孫の方が、そ

うでない者よりも官が下位にあってもよいということになっている。爵位を見ても王公であることは同じであるが、「姓2」の方は中間で官緒が降らないという条項が付されている分、「姓1」より条件が厳しくなっている。「族」姓についても爵位の差を見れば同様の差があることがわかる。父祖が部落大人であったということが家格設定においてかなりの比重を与えられているわけである。

ただしここで「姓」「族」認定の条件を記したのは、以上のことを示すのみが目的ではない。漢族について記す柳芳の説と比較してみよう。括弧内は太和前令の官品である。

膏粱：三代三公（正一中）
華腴：三代尚書令（従一上）・尚書僕射（従一中）
甲姓：三代尚書（正二中）・領軍（正二中）・護軍（正二中）以上
乙姓：三代九卿（従一下と正二上）もしくは方伯
丙姓：三代散騎常侍（正二下）・太中大夫（正三下）
丁姓：三代吏部郎（従四上）・散騎侍郎（正四上）(65)

膏粱以下丁姓に至るまで、漢族の家格を定める際には、代人の家格の設定の場合と同じく父祖の官職が基準となっていたことがわかる。爵位は記されていないが、節略の可能性がある。

その父祖の官職の内容を子細に見ると、「姓2」と甲姓の基準が尚書という点で一致する。先に見たように部落大人の子孫は非部落大人の子孫より到達官爵が一段下がっても「姓」姓に含まれた。その一段下がる官職に刺史が含まれる。乙姓の方伯はこれに該当する。そもそも漢族は部落大人にはなれないから、厳密に対応させると、代人の「姓2」のみになり、条件が厳しすぎることになる。その故に、到達官職のレベルがより低い「姓1」の基準を適用できる範囲を設定して、それを乙姓としたと考えられるのである。もっとも甲姓と乙姓の官職を見ると、官品が逆転していることが気になるが、これは太和前令と太和中令の差によるのであろう。太和一九年に頒布された中令の官品は不明であるが、宮崎氏は後令とあまり変わっていないと想定している。[66]後令では尚書・中領軍・中護軍ともに正三、九卿も正三であるが、上位から中領軍―中護軍―太常・光禄・衛尉の三卿―尚書―太僕等の六卿という序列で、尚書の方が九卿の中の多数である六卿より上位にある。乙姓の基準は厳密に言えば六卿以上ということになるのであろうが、九卿という表現に置き換えても実質的には問題ない。つまり乙姓の指標となる官職も制定当時の基準で言えば、序列通りなのである。また丙姓の基準である散騎常侍（後令で従三）と乙姓の基準である九卿（後令で正三）とは前令・後令のいずれでも官品に上下の差がある。刺史は前令では不明であるが、後令では上州刺史でも九卿の下位に置かれる。[67]以上のことから考えると、甲姓・乙姓は姓族分定の「姓」姓の範疇に該当するとしてよいであろう。

次に丙・丁姓と姓族分定詔との関わりについて見てみよう。「族2」の「令」は、太守と並列されているから県令とは考えられず、とすれば中華書局本『魏書』校勘記が記すように上に脱字があるはずで、参考にはならない。「族1」の中散監は官品不明。子都将と太守は双方に見えていて、恐らく州のように上下等の区別があって、それによる差が「族1」と「族2」を分けることになっていたはずであるが、その官品を知ることはできない。ただ爵位の侯と子男から考えると、「族2」の方の官品が高く設定されていたことは間違いない。他方、丁姓は吏部郎・散騎侍郎とあり、太和前令で言えばそれぞれ正・従四品の上階となっている。丙姓が正二下と正三下、丁姓が正・従四上と、前令でも丙姓と丁姓には明確な区分があるが、後令では吏部郎は正四上、散騎侍郎は正五上、散騎常侍と太中大夫はともに従三と、やはりはっきりした区別がある。このように前令・後令いずれをとっても丙姓と丁姓に官品上の区別が認められるが、「姓」姓の1、2の区別は太和前令ではなく、詔施行時行われていた中令に基づく官品で判断されていたのであるから、「族」姓の場合も中令で解すべきであろう。つまり我々としては後令によって判断してよいことになる。丁姓と認められる下限の官職は正五上の散騎侍郎となる。「族1」の男爵が後令の「散男（従五上）」と「開国県男（正五）」のいずれに置換されたかは不明であるが、少なくとも爵位でも五品が下限であったことは疑いなく、それは官職の下限の五品に対応していると考えたい。このように「族1」の示す官爵は丁姓に対応していたと考えられるのであり、とすれば「族2」は丙姓のそれに対応したはずである。(68)

以上の考察に誤りなければ、孝文帝の姓族分定における代人と漢族の家格の対応関係は次のようになる。

代人	八姓	姓	族
漢族	四姓	甲乙姓	丙丁姓

孝文帝はまず漢族の家格を設定したが、それは父祖の官爵に基づくところが大きく、恐らく柳芳の言うように、「膏粱・華腴」、そして甲乙丙丁の姓に分かれていたと考えられる。それに続いて孝文帝は、代人の家格の設定に手を着けるが、その作業は「甲乙姓」「丙丁姓」の区分に対応する形で行われたのである。つまり主旨においては一体化した基準のもとで代人と漢族の家格が定められたことになる。

ただし実例を見るに、孝文帝改革以前、三公や尚書令・僕に就任しえた漢族の人物はごく少ない。(69)「膏粱・華腴」という枠組みはあっても厳密に適用すれば漢族には該当する家はほとんどなかったはずであり、甲乙丙丁姓に入る家が圧倒的に多かったと考えられる。唐長孺氏は「先朝の官爵」も入魏後の官爵と併せて考慮されたと想定している。(70)氏が挙げている隴西李氏や河東薛氏の事例を見れば、先朝とは入魏以前に仕えた国を指すと理解され、傾聴すべきである。また宋徳熹氏は、清河崔・趙郡李・范陽盧氏の就官事例から、漢族の門第（家格）は、祖先の官職の上下に基づくのではなく、門風・家範を見て設定した、という[71]。巻六〇韓顕宗伝に見える上表の一節に「朝廷人士を選挙する毎に則ち其の一婚一宦を校し、以て升降を為す。何ぞ其の密なるや」とある。この上表は洛陽遷都と劉昶の大将軍府諮議参軍への就任希望との記事との間に置かれており、劉昶の南伐は太和一八年のことであるから、韓顕宗の指摘は姓族分定直前の状況を記していることになるので、漢族の家格認定に際しては婚姻関係も併せ考慮されていたと考えてよいだろう。入魏以前と以後の官爵のほか、門風・家範・婚姻などを考慮して、「膏梁・華腴」の諸姓が決定され、それらが「四姓」という語で表現されたのであろう。

付言すれば、姓族分定詔は、「八姓」について「四姓」に同じくせよと特別の扱いを指示している。「四姓」が仮に甲乙丙丁姓に相当するとすれば、代人の「姓」「族」に甲乙丙丁姓並みの扱いをせよと指示したことになり、それは何ら特別扱いにはならない。詔の「四姓」は漢族の中でも特別の家とすべきであり、具体的には崔・盧・鄭・王[72]を指すと考えるべきであろう[73]。

なお、姓族分定は代人と漢族を対象としたが、元来代人であるのに宗室は含まれていない。宗室元氏は少なくとも「八姓」より劣ることはなかったはずであるから、宗室が「八姓」や「四姓」に優越する規定は別に定められていたと想定される[74]。

(2)　姓族分定と起家官

姓族分定は代人や漢族の家格を定めたが、「八姓は四姓に同じく猥官に充ててはならない」との表現に見られるように、家格は官職に反映される。最も明瞭に家格が反映するのは起家官である。第一、二節で明らかにした北魏後期における起家官のあり方と比較してみよう。

まず王以外の宗室成員は正七起家が最低の基準で、父祖たる皇帝との血縁が近い者や王の子はそれより高く起家していて、宗室の起家は他の胡漢の名族と比べて明白に高かったことであるが、これは姓族分定の主旨と矛盾するものではない。前節末尾で宗室に関わる規定が別にあったはずであると述べたのは、実例から帰納した想定である。

では胡漢問わず名族は正七上~従七（正八を含む）で起家したという点は、どう考えるべきだろうか。一見すると、「姓」「族」の区別、甲乙丙丁姓の区別がないかの如くであるが、実際にそうであろうか。

先に一部を引いた『通典』巻一六の清河王懌の上表に関わる記事全文を掲げてみよう。

孝明帝時、清河王懌以官人失序、上表曰、①孝文帝制、出身之人、本以門品高下有恒、②若準資蔭、自公卿令僕之子、甲乙丙丁之族、上則散騎秘著、下逮御史長兼、皆条例昭然、文無虧没。③自此、或身非三事之子、解褐公府正佐、地非甲乙之類、而得上宰行僚。自茲以降、亦多乖舛。④且参軍事専非出身之職、今必釈褐而居、秘著本為起家之官、今或遷転以至。⑤斯皆仰失先準、有違明令、非所謂式遵遺範、奉順成規。⑥此雖官人之失、相循已久、然推其弥漫、抑亦有由。何者、信一人之明、当九流之広、必令該鑑氏族、弁照人倫、才識有限、固難審悉。所以州置中正之官、清定門冑、品藻高卑、四海画一、専尸衡石、任実不軽。故自置中正以来、曁於太和之日、莫不高擬其人、妙尽茲選、皆須名位重於郷国、才徳允於具瞻、然後可以品裁州郡、綜覈人物。今之所置、多非其人。乞明為敕制、使官人選才、備依先旨、無令能否乖方、違才易務、并革選中正、一依前軌。庶清源有帰、流序允穆。

霊太后詔依表施行、而終不能用。

姓族分定による家格が起家官の差となって表われることを①が示していることは先述したが、その内実についてあらためて検討しよう。公卿の語は元来は三公と九卿を指すが、九卿は柳芳の説では乙姓の基準とされているので、②で甲乙丙丁姓と対照された公卿と令僕とは、三公と令僕を指したと考えるべきであるが、その三公と尚書令・僕射は柳芳の言う「膏粱・華腴」の基準と同じである。つまり②は「膏粱・華腴」を含めた甲乙丙丁姓の起家の上限が正七上であることを示している。他方、侍御史は正八、三公の長兼行参軍は従八上・従八であるから、②はまた甲乙丙丁姓の起家の下限が従八にあることをも示している。[75]

次に③は、現在は孝文帝の時の起家の制から外れる状況が生じていることを問題にする。すなわち三公（及び令僕）の子でないのに公府の正佐、家格は「甲乙姓」でもないのに上宰の行僚となっていると言う。公府の正佐とは三公府の参軍事であろう。功曹などの六曹参軍事・列曹参軍事・曹名のつかない参軍事は、司徒・太尉府では正六上～正七上に、司空府では正六上～正七に配置される。ただし②で起家の上限が正七上と限定されているから、ここで言う公府の正佐とは司徒参軍事と太尉参軍事（正七上）及び司空参軍事（正七）となる。これらを起家官としうるのは三公（及び令僕）の子に限られていたのである。また上宰であるが、対句表現の一方であるから三公を指すはずで、行僚はその行参軍であろう。[77]列曹行参軍は司徒・太尉府では正七上、司空府では正七、曹名のつかない行参軍は三公等しく従七上である。「丙丁姓」が就くことが問題視されているから、元来これらの官職で起家できるのは「甲乙姓」であったということになろう。[78][76]

以上の内容を次頁に表示してみよう。三公（及び令僕）、甲乙、丙丁姓を本来のあり方と現在の状況に分けた欄を設け、それぞれの姓が就くべきとされる箇所に◎、就くべきでない箇所にXを記す。就くべきでないのに就くようになっている箇所は○印で示す。

ところで清河王懌の議論からはこれ以外にも推定できることがある。まず、「丙丁姓」は公府行参軍で起家できないのだから公府正参軍では当然起家できないはずである。また②では甲乙丙丁姓の起家の上限は正七上、下限は従八であるとしている。これは甲乙丙丁姓が等しくこの範囲で起家できたことを意味するものでないことは自明である。

		本来			現在		
		三公	甲乙	丙丁	三公	甲乙	丙丁
正七上	司徒・太尉参軍事	◎	X		◎	○	
	司徒・太尉列曹行参軍		◎			◎	
正七	司空参軍事	◎	X		◎	○	
	司空列曹行参軍		◎			◎	
従七上	三公行参軍		◎	X		◎	○

もしそうであれば甲乙丙丁姓の決定に父祖の官職の官品が用いられる必要はないからである。孝文帝の制度では、「甲乙姓」は三公参軍事での起家はできず、正七上～従七上の三公のすべての行参軍で起家できた。しかし「甲乙姓」が起家できるのは三公の行参軍だけではなく、三公（及び令僕）の子も公府参軍事のみで起家するわけではない。官氏志によれば司空参軍事は正七の最上位に置かれている。とすれば三公（及び令僕）の子は正七上のすべての官職で起家できたと考えてよいであろう。また正七上・正七起家の事例が三公（及び令僕）の子に限られていたわけではないことは第二節の検討で明らかである。「甲乙姓」の子は正七もしくは正七上で起家できるが公府参軍事には就くことができなかったと解すべきであろう。同様に「丙丁姓」は公府行参軍では起家できないが、従七上の他の官職では起家できたと考えることができよう。問題は「甲乙姓」が公府行参軍以外の従七上の官職でも起家しえたかどうかである。三公（及び令僕）の子が正七品上下階で起家しうるという上記の判断を援用すれば、公府行参軍より上位の従七上でも起家できたと考えてよいのではないか[79]。

もうひとつ論ずべき問題がある。清河王懌の現在は「丙丁姓」も公府行参軍で起家するようになっているという指摘の示す範囲である。三公の行参軍は正七上、正七、従七上に分布する。そのすべてに「丙丁姓」が起家しうるようになっていたのであろうかという問題である。「丙丁姓」が三公府のすべての行参軍で起家するようになっていたならば「甲乙姓」と起家できる官品の差がなくなるから、清河王懌が批判するのは最も低い従七上の曹名のつかない行参軍起家を指すと考えられる。そもそも「甲乙姓」は官品の点だけから言えば三公府正参軍事でも起家できるはずなのにそれができなかった。三公府正参軍事に就くには官品だけではない要件があったのである。公府行参軍も同様であったであろう。「丙丁姓」は従七上で起家できたが、公府行参軍では起家できないというのが、孝文帝の時の制度であったのであろう。官品上では就任可能でも、就任できない官職が「甲乙姓」「丙丁姓」にはあったのである。(80)

以上の検討に基づき、正参軍、行参軍以外の官職を「他」欄として加えて、上表を改定してみよう（次頁）。◎とXの記号はそのまま残すが、この表では起家できると考えられる箇所には○を、起家できないと思われる箇所には×を記入する。その官品の少なくとも一部は就任可能である場合は△とする。

さらに従七以下について考えてみよう。従七以下の官職には当然三公（及び令僕）の子は就かなかったはずである。「甲乙姓」の子も従七上の上位の官には就いたと考えられるが、従七以下には就かなかったはずである。「丙丁姓」の子の場合、孝文帝の時には正八の侍御史、従八の長兼行参軍が起家官として認められていた。とすれば、正八の起家はありえたはずであり、従八の少なくとも一部は起家官とされていたことになろう。その制度が清河王懌の時期になお維持されていたかどうかは不明であるが、維持されていたとして問題ないであろう。

以上の考察に誤りないとすれば、孝文帝の定めた制度は、

a：三公（及び令僕）の子は正七上で起家するが、正七の司空参軍事でも起家した

		正七上			正七			従七上	
		司徒・太尉参軍事	司徒・太尉列曹行参軍	他	司空参軍事	司空列曹行参軍	他	三公行参軍	他
本来	三公	◎	○	○	◎	×	×	×	×
	甲乙	X	◎	○	X	◎	○	◎	△
	丙丁	×	×	×	×	×	×	X	△
現在	三公	◎	○	○	◎	×	×	×	×
	甲乙	○	◎	○	○	◎	○	◎	△
	丙丁	×	×	×	×	×	×	○	△

b：「甲乙姓」の子は三公参軍事を除く正七上、正七で起家し、従七上（上位の一部）でも起家することがある

c：「丙丁姓」の子は三公行参軍を除く従七上～従八（少なくともその一部）で起家する

としてよいであろう。なお、柳芳の説によれば、「甲乙姓」の上に三世三公の膏梁、三世令僕の華腴があったのであるが、aの三公（及び令僕）は「膏梁・華腴」を指すとしてよいと考えられる。

以上のように、清河王懌の上表文は、姓族分定による漢族の家格が起家官にそのまま反映していたことを示している。とすれば、漢族の「甲乙姓」「丙丁姓」の起家官はそれぞれに対応する「胡族」の「姓」姓、「族」姓にも適用されたはずである。第二節で明らかにした実例では、宗室以外の胡漢の大多数（しかも多くは名族）は正七上～正八で起家していた。つまりそれらの人々は「甲乙姓」「丙丁姓」、「胡族」で言えば「姓」姓・「族」姓に属する人々であったと考えてよいであろう。そして本節で示したように従八の公府長兼行参軍が甲乙丙丁姓の起家の下限であったとすれ

ば、正七上～正八ではなく正七上～従八が宗室以外の胡漢の名族に数えられる人々の起家官であったということになる。(81)

しかも上のb、cに示した「甲乙姓」「丙丁姓」の基準は、第二節で明らかにした起家官が正七品クラスと従七品クラスに分かれる基準にほぼ相当する。第二節においては、起家の差が生まれる要因のひとつに政治的地位を挙げておいたが、本節の検討によってそれは父祖の官職と考えることができるのではないか。第二節で掲げた胡漢諸姓の父祖欄の記載に基づく起家官品と父祖の官職の官品の関連を表5に示そう。「甲乙姓」は（太和後令の）正三以上、「丙丁姓」は（太和後令の）従三以下とする柳芳の説を用い、祖と父の官職を正三と従三で区分する。起家官は正七上～正八に分けるが、従七上については三公行参軍以上をA、以下をBとする。将軍号不記の刺史は上州のみ正三として扱い、他は官品不明として扱う。将軍号不記の太守は従三品以下の扱いとする。

表5　起家官品と父祖の官職の官品

起家官品	父祖ともに正三以上	父祖の一方が正三	父祖ともに従三以下
正七上	8	4	0
正七	7	5	1
従七上A	2	6	6
従七上B	1	2	4
従七	4	8	9
正八	0	1	1

正七上、正七、従七上A起家の人々は父祖ともに正三以上であるケースが一七例であるのに対して父祖ともに従三以下であるケースは七例である。父祖の一方又は双方が不明の場合が一四例あるが、判明する一方が正三以上が六例あるのに対して、一方が従三以下のケースは二例にとどまっている。逆に従七上B・従七・正八起家の場合、父祖ともに正三以上のケースは五例にすぎず、父祖ともに従三以下が一四例ある。父祖の一方又は双方が不明の場合が二三例あるが、一方が従三以下のケースが一二例であるのに対し一方が正三以上のケースは五例。これにより「甲乙姓」の起家は正七品上下階と従七上Aの三公行参軍が基本であり、従七上B・従七・正八で起家するのは基本は「丙丁姓」であったと理解してよいであろう。

従七上A起家は父祖ともに正三以上という事例が父祖ともに従三以下という事例より少ないが、清河王懌の上表によれば「丙丁姓」が従七上Aで起家するようになっているとあるから、特に問題としなくてよいだろう。

表5にはなお問題点がある。子の起家の時点では、祖はその最高の地位に到達もしくは死去していた可能性は高いとしてよく、従って贈官を含めて記載した祖の官職の信頼性は高いとしてよいであろうが、父はなお官途の途中である可能性がかなりの程度残る。これが第一。ただ、贈官にせよ、伝に記載された最終官職にせよ、子の起家段階での父の官職はそれより以下であったことは間違いないから、父が従三以下であったということの確認には用いることができる。父欄の記載はそれなりの意味がある。さらに官品表示に後令を用いていて、父祖の官職の位置を正確には反映できていないことなどの問題がある。また父祖の一方が正三であるのに従七起家という事例がかなり多い。何らかの事由があったのであろうが、これが説得力を弱めていることも否めない。

問題はあるがしかし、表5は父祖の官職が子孫の起家官に影響を及ぼしていることを示すとしてよいのではないか。父祖がともに正三以上であれば「甲乙姓」で子は（一部の従七上を含む）正七品上下階（以下「正七クラス」と表現）で起家し、父祖がともに従三以下にとどまれば「丙丁姓」で子は従七品の上下階（正八の一部を含む。以下「従七クラス」と表現）で起家する可能性が高い。(82) 父祖の一方が正三であれば「甲乙姓」「丙丁姓」双方の可能性がある。逆に言えば、起家官を見ればある程度の確率でその家格の推定が可能となる。(83)

一族あるいは系統の政治的地位と第二節で表現したが、それは官品でもって示されうるのである。もっとも、父祖の一方が正三である事例は正七、従七双方に同じような比重で分布しているから、なぜそのように分かれるのかということが問題として残るが、それは今後の検討に俟つことにしたい。あるいはそこに中正、就中州大中正の存在を考えるべきかも知れない。

ところで父祖の官職からは「膏粱・華腴」に該当する漢族は、ほとんど見出せないと先述したが、「胡族」の方では穆氏や陸氏など父祖の官職が「膏粱・華腴」に相当する家が存在する。「八姓」である。このことからも「膏粱・華腴」は「八姓」に相当する「四姓」を指したことがわかるが、第二節で見たように穆・陸つまり「八姓」の子弟の実際の起家の事例は「正七クラス」である。つまり「膏粱・華腴」の起家は官品という点では「甲乙姓」と同じレベルであった。では両者で何が異なるかと言えば、まず「膏粱・華腴」と「八姓」は三公府の正参軍事で起家できたこと、次に姓族分定詔が「八姓」は「司州・吏部に下して猥官に充ててはならぬこと、四姓に同じ」とする扱いを受けたことであろう。「猥官」とは低い官職を指すという可能性もあるが、宮崎市定氏が言うように「清官でないもの」であろう。(84) 孝文帝の官制改革以後、官職に清濁の観念が付され、太和後令の官職には「第一清」「第二清」「第三清」「士人官」の区別があったようである。(85)(86) 清官とされる官職以外には充ててはならない、と姓族分定詔は指示したのであって、それは「八姓」「四姓」の起家官品が「(八姓を除く) 姓」族や「甲乙姓」並であることを妨げるものではなかった。

清河王懌の上表文の後半に移ろう。④は孝文帝時には起家官専用の官職であったのに、今は遷転途中に到達する官職として用いられているものがあること、逆に起家官ではなかった官職が起家官として用いられるようになったことを批判している。実例を見れば秘書郎、著作佐郎は確かに起家官として用いられているが、これらの官は正七であるから「膏粱・華腴」や「八姓」の起家官となりえた。一方、「従七クラス」で起家した「丙丁姓」が上位への遷転の途中でこの官に就く可能性はあるわけで、実際にもそのような現象が起こったので、それを問題にしたのであろう。また「参軍事」であるが、先述のように三公の参軍事は「膏粱・華腴」や「八姓」の起家官としても機能していたから、ここで元来は「出身の官」ではなかったという参軍事は、地方長官の開く府（将軍府）の参軍事を指すのであろう。[87] 軍府の参軍事起家は非常に実例が多い。奉朝請などは実務専門ではなく、多数の員数を抱えることが可能であったと見られ、実例では他の官職を圧して就任事例が多い（表3参照）。ただ特定の官への過度の集中を避けるには、州の数の増加に伴いポスト数も比例して増している軍府の参軍事が起家する人物の受け入れ先として適切と考えられたのであろう。

続けて清河王懌は⑤で④までをまとめて孝文帝の定めた制度に違反していると総括し、⑥でこのような状態を招いたのは中正官の選び方に問題点があったからだとして、その改善を求めているが、この点については特にここで言及すべきことはない。

（3）　孝文帝の門閥観

孝文帝の改革においては、家格の認定に伴い、かなり厳密な形での起家の制度が整えられていたらしいことが判明した。東晋南朝の貴族制においては、周知の通り起家官が重要な意味をもっていたから、貴族制を取り込んだとされる孝文帝が起家官を重視せねばならなかったことは理解できる。他方、起家後の官職の遷転においては、考課あるいは考課に代わる措置による一階の上昇という、かなりシステマティックな運用がなされていて、起家時の官品差が維持される結果を招いていたことは第三節で示した通りである。起家官のもつ意味は非常に大きかった。

しかしながら、これも第三節で示したように、起家官の官品差が逆転する場合もある。墓誌や列伝を見ると、「特除」や「超階」といった語が、頻繁とまでは言えないかも知れないが、よく出現する。その意味を考察してみよう。「甲乙姓」の起家は「正七クラス」である。その甲姓と乙姓の起家官を分かつ基準がどこにあったのかは明らかでないが、仮に甲姓が正七上、乙姓が正七（従七上の上位を含む）であったとしよう。両者の差は半階、最大でも一階にすぎない。乙姓は一回の「特除」で甲姓に追いつき、場合によっては追い越すことができる道理である。家格に基づく起家官の差が小さいのは、或いは逆転がありうることを許しているのではないかと疑わせるに十分である。この点について孝文帝の意図は奈辺にあったのであろうか。

巻六〇韓顕宗伝に孝文帝が臣下と交わした議論がある。よく引用されて周知の史料であるが、敢えて再掲する。問答が繰り返されるので、便を図り括弧を付す。

高祖曽詔諸官曰、「自近代已来、高卑出身、恒有常分。朕意一以為可、復以為不可。宜相与量之。」李沖対曰、「未審上古已来、置官列位、為欲為膏粱児地、為欲益治讃時？」高祖曰、「俱欲為治。」沖曰、「若欲為治、陛下今日何為専崇門品、不有抜才之詔。」高祖曰：「苟有殊人之伎、不患不知。然君子之門、仮使無当世之用者、要自徳行純篤、朕是以用之。」沖曰、「傅巖・呂望、豈可以門見挙。」高祖曰、「如此済世者希、曠代有一両人耳。」沖謂諸卿士曰、「適欲請諸賢救之。」秘書令李彪曰、「師旅寡少、未足為援、意有所懐、不敢尽言於聖日。陛下若専以門地、不審魯之三卿、孰若四科。」高祖曰、「猶如向解。」（韓）顕宗進曰、「陛下光宅洛邑、百礼唯新、国之興否、指此一選。臣既学識浮浅、不能援引古今、以証此議、且以国事論之。不審中・秘書監令之子、必為秘書郎、頃来為監、令者、子皆可為不。」高祖曰、「卿何不論当世膏腴為監・令者。」顕宗曰、「陛下以物不可類、不応以貴承貴、以賤襲賤。」高祖曰、「若有高明卓爾、才具儁出者、朕亦不拘此例。」

この議論は『資治通鑑』巻一四〇斉建武三年正月条が姓族分定に続けて記載するように[88]、認定した家格による起家官の問題をめぐるものであり、二重傍線の箇所はそれを明示する。また傍線部の、「中・秘書監令の子は必ず秘書郎より起家するとすれば、この頃に中・秘書監令となった者の子は皆秘書郎から起家するのでしょうか」という発言は、親の官職が子の起家官に必ず反映するのか、という意味であろう[89]。そして実際の起家の事例は、既に述べたようにその答えが「是」であることを示している。つまり、孝文帝は胡族の姓族分定、漢族の甲乙丙丁姓認定の基準を示すとほぼ時を同じくして、それぞれの家格に対応する起家官の基準を示して、臣下の意見を聴取したのである[90]。

父祖の官職を基準とした家格の認定、家格に対応して決まる起家官の導くものは門閥制である。尋ねられた臣下はそれに疑問を挟む。それは「門地」と才能は対応するかどうかという、当然とも言える疑問であった。孝文帝は「門地」から徳が生まれるという論理と、「特別の才能があれば抜擢する」という論理を用いて対抗する。「門地」が生み出す人格的に優れた子弟の採用を基本とし、特別の才能をもった人物がいれば、やはり採用するが、その数は多くないので副次的となるという論理である[91]。

孝文帝のこの考えが実施に移されて実現したのが北魏の門閥制度である。ただし、それには起家に関する論理の延長ともみなしうる制度が属していた。考課の制度である。考課自体は北魏初期から実施されていたが、明確な形で宣布されたのは姓族分定に僅かに先立つ太和一八年（四九四）九月のことである。『魏書』高祖紀下に

九月壬申朔、詔曰、三載考績、自古通経、三考黜陟、以彰能否。（中略）是以朕今三載一考、考即黜陟、欲令愚

滞無妨於賢者、才能不壅於下位。各令当曹考其優劣、為三等。六品以下、尚書重問、五品以上、朕将親与公卿論其善悪。上上者遷之、下下者黜之、中中者守其本任。

とある。三年に一度の考課は必ずしも守られたわけではないが、粛宗紀孝昌元年二月壬寅の詔に、

勧善黜悪、経国茂典。其令毎歳一終、郡守列令長、刺史列守相、以定考課、弁其能否。若有濫謬、以考功失衷論。

とあり、州の長官は郡の長官、郡の長官は県の長官の考課を毎年行うことが求められているように、宣武帝・孝明帝期にも考課自体の必要性は変わらず認識されていた。

壬申詔は、愚者が賢人の途を妨げ、才能ある者が下でくすぶることがないようにすることが考課の目的であるとする。これは「門地」によって徳を身につけたとしても、その者が才能ある者の進路を妨げる可能性があることを前提にしている発言であるということになろう。孝文帝は門閥制度を採用するに当たり、そのはらむ問題点を把握し、それを防ぐ手段として考課とそれに基づく黜陟を重視したのである(92)(93)。

家格による起家官の差が小さいほど考課とそれによる黜陟の効果は大きくなる。それによって賢才・有能の人物が高門の子弟に追いつき追い越すことが容易になる。孝文帝の導入した門閥制度は、門閥主義の装いの中に賢才主義を含み込んだ内容であったと考えられる。実際にも孝文帝は家格が低いとみなされていた士人を重用している。その代表である李彪など、これまでにも多くの論者がふれているから、これについてはこれ以上は述べない(94)。

（4）小　結

本節においては、漢族の家格設定が、父祖三代の就任官職をベースにしながら婚姻など他の要素を考慮して定められ、それに対応する形で代人の家格が定められたこと（姓族分定）、漢族の「甲乙姓」（甲姓・乙姓）と代人の「姓」姓、

漢族の「丙丁姓」（丙姓・丁姓）と代人の「族」姓、漢族の「四姓」と代人の「八姓」が対応したこと、そのようにして定められた家格が起家官に反映したことを述べた。家格と起家官の関係を、第一、二節の成果を含めて、あらためて箇条書きにしてまとめると以下のようになる。

（イ）宗室（元氏）の起家は正七が下限であり、父祖の皇帝との血縁の近い者や王の子はより高い官品での起家ができた。しかし代王子孫は従七レベルでの起家も見られ、皇帝子孫より一段低い扱いであった。
（ロ）代人の「姓」族、漢族の「甲乙姓」は正七上・正七（従七上の上位の官を含む）で起家した。
（ハ）代人の「族」族、漢族の「丙丁姓」は従七上〜従八（少なくともその一部）の官職で起家した。
（ニ）代人の「八姓」、漢族の「四姓」は、官品上では「甲乙姓」（恐らくは甲姓）と同じレベルでの起家であった(95)。
（ホ）官職の清濁の別などの要素も、起家および遷転に影響を与えたようである。例えば「八姓」「四姓」は清官以外の官職に就かないとされ、また三公府の各種参軍事には家格による制限があった。

なお、以下の三点を付け加えておく。
（ヘ）様々な事由により、家格に見合った起家官のレベルより上あるいは下のレベルの起家官からのスタートになることがある。しかし大筋は家格に見合ったレベルで起家したと見てよいであろう。
（ト）孝文帝期に定められた制度は、清河王懌の上表に見えるように、その後一部に変化が生じている。しかし、骨幹をなす（イ）（ロ）（ハ）部分には変動は生じていないと考えられる。
（チ）代人に含まれない胡族の扱いについては姓族分定詔には述べられていないが、代人に準ずる扱いであったと推測してよいのではないか。（イ）（ロ）（ハ）の代人は胡族に置換できよう。

そして、この基準に北魏後期のシステマティックな昇進が加わると門閥制をもたらすが、孝文帝は家格による起家官の幅を狭くすることと考課による黜陟を併用して、賢才主義の考えを門閥主義に中に盛り込んだことを示した。

おわりに

本章で述べたことは各節の「小結」にまとめているので、再述することはしない。孝文帝の改革のその後について述べ、今後の検討課題を示すことで「おわりに」に替えたい。第四節で述べたような孝文帝の意図は、その後必ずしも貫徹されたわけではないようである。清河王懌の上表文はその一端を示すが、より大きいのは、賢才主義とは相容れない形での昇進が行われるようになったことである。巻一五元昭伝に

世宗時、昭従弟暉親寵用事、稍遷左丞。世宗崩、于忠執政、昭為黄門郎、又曲事之。忠専権擅威、枉陥忠賢、多昭所指導也。霊太后臨朝、為尚書・河南尹。聾而佷戾、理務峭急、所在患之。尋出為雍州刺史、在州貪虐、大為人害。後入為尚書、諂事劉騰、進号征西将軍、卒。

とある。同じ宗室でも皇帝の子孫とは僅かであれ差がつけられていた代王子孫である元昭は、宣武帝に親寵された元暉や宣武帝が没した後に専権を振るった于忠に「曲事」し、さらに霊太后臨朝時に元乂とともに権力を握った劉騰に「諂事」することによって官職が昇進した。また巻一九下元熙伝には、

延昌二年襲封、累遷兼将作大匠、拝太常少卿、給事黄門侍郎、尋転光禄勲。時領軍于忠執政、熙、忠之婿也、故歳中驟遷。

とあり、王爵を継承しながらも、当権者である于忠との姻戚関係が年内の数度の遷転（昇進）をもたらしたとされて

いる。

これら宗室だけではない。胡族や漢族にも類似の事例は多い。このことについては旧稿でふれたのでいちいち事例を挙げることは避けるが、(96) 宗室や胡族以上に漢族、しかも「四姓」に属する諸氏や、渤海高氏・清河張氏・広平宋氏などの名族が恩倖や権勢者と結びついている。旧稿ではその事実だけ述べて、何故そのようなことが起きたのかは今後の検討課題としているが、その課題にようやく答えうるのではないか。

名族であってもその成員のすべてが同じような政治的地位を獲得できるわけではない。第二、三節で示したように従兄弟という近い関係にあっても地位には差が生じるのであり、その差が、起家官の形でそれぞれの子孫に影響を及ぼして行く。たとえ名族であってもその内部で相互の競争は起こりうるのであり、また他の諸氏に勝ろうとする意識があって不思議ではない。少なくとも、一定のレベル――膏粱・華腴、甲乙丙丁姓、「族」「姓」に入りうる基準――の確保を目指すために権勢者や恩倖に頼ろうとしたと考えられる。

胡漢名族の求める姿は必ずしも政治的身分の上昇・維持のみではなかったであろうから、以上が答えのすべてではないであろうが、答えの一部にはなりうると考えたい。

姓族分定とそれに伴う起家官の枠組みを明らかにしたところで長大にすぎた本章をひとまず閉じ、少なからず予想される叱正を待ちたい。ただ、今後の検討課題を挙げることを許されたい。

まず孝文帝が何故にこのような制度を設けたのかという問題がある。筆者は建国後百年を経た北魏の変化によると考えるが、詳細は次に委ねざるを得ない。

また、胡漢の名族であっても（特例を除いて）正七上の起家にとどまり、下限は従八に及んだのに対し、（代王の子孫の一部を除く）宗室は正七が起家の下限と、宗室と他の胡漢の人々との間の起家には大きな差が設けられていた。かって筆者は孝文帝の改革の前後において宗室のあり方に大きな変化があったことを述べ[97]、河陰の変における犠牲者の分析を通じて宗室が官界上層部に大きな位置を占めるようになっていたことを論じたが[98]、それにつながるのが、本章の示した宗室のあり方である。この宗室を門閥制あるいは貴族制の中に如何に位置づけるかという課題が残る。

さらに、少なくとも孝明帝期までは起家官が「甲乙姓」「丙丁姓」そして「姓」「族」を分かつ基準となる可能性が高いと考えてよいであろうことが判明した。例えば、第二節で博陵崔氏は従七上の三公行参軍で起家する系統と従七で起家する系統に分かれるのではないかと述べたが、第四節の検討の結果、前者が「甲乙姓」、後者が「丙丁姓」であったことが想定される。他の諸姓については割愛するが、このような理解に大過なしとすれば、それを援用することによって北魏後期の政治社会の分析がさらに進むことになるであろうと期待できるのである。もっとも、様々な条件が加わることにより家格通りに起家官が決まるとは限らないから、この課題の遂行にはかなり困難が伴うとは予想されるのであるが。

註

（1）谷川道雄「北魏官界における門閥主義と賢才主義」（『増補隋唐帝国形成史論』筑摩書房、一九九八、第Ⅱ編第二章、初出一九五九）など。
（2）第2、3、4章、特に第3章参照。
（3）宮崎市定『九品官人法の研究――科挙前史』（東洋史研究会、一九五六）。
（4）「北魏の宗室」（『魏晋南北朝官僚制研究』汲古書院、二〇〇三所収、初出一九九九）。本章では扱わないその問題点について述べておく。
a・代王子孫の元鷙の起家官を墓誌によって正六品の給事中としたが、給事中就任は太和二〇年のことであり、太和後令の官品を適用すべきではなかった。また、伝によると、羽林隊仗副を経歴している。この段階で恐らく何らかの官品を保持していたと考えられ、羽林監起家ではなかったとすべきである。

b・高陽王泰（巻二一上）は、中書侍郎（従四上）を初見官とするが、父高陽王雍が当時存命であり、王にはなっていない。北魏後期では王爵を得た者は従四品以上の官に就任するが、王でない者が従四品以上の、しかも詔の発行に関わるという重要な実務の官職に就任する事例はほかに認められない。伝を見ても、中書侍郎が起家官であることを示すような記載はなく、これは起家官ではなかったと判断する。

c・起家官として問題があるとした元欣（巻二一上）は、孝明帝初の通直散騎常侍（正四）・北中郎将（従三）を初見とするが、父広陵王羽の爵を嗣いだ弟の元恭（前廃帝）を見れば、宣武帝の延昌年間に通直散騎常侍とあって、延昌元年（五一二）としても一五歳。元欣は弟より先に官途に就いた可能性が高く、かつその官品の高さから考えて、孝明帝初の就任は起家官ではなかったと判断する。

（5）本章においては、『魏書』は列伝の場合は巻数のみを記し、本紀は「～紀」、志は「～志」と記す。『北斉書』は『斉』、『周書』は『周』と記す。

（6）墓誌は最も情報量の多い梶山智史『北朝隋代墓誌所在総合目録』（明治大学東アジア石刻文物研究所、二〇一三）所掲のものに限定した。

（7）世宗紀によると、永平二年（五〇九）に爵位をもつ者の「選式」を定めた。ただし、表1に載せた者たちは、後に王爵を嗣ぐにしても起家時には無爵であり、この規定の適用を受けてはいない。有爵者はただひとり、覇城県公元子正がいるが、彼は正五上と、「選式」の規定する正六よりはるかに高い官職で起家している。要するに、以下の起家官の分析には爵位の影響を考慮する必要はない。故に表1には爵位を表示しない。

（8）本章においては将軍号の「将軍」字を省く。

（9）元英が戦功を重ねて中山王に封ぜられたのは正始元年（五〇四）のことである。英の後継となる元熙は、墓誌によれば「年未志学」つまり一五歳未満で起家している。弟の元誘は正光元年（五二〇）に三七歳で死去しているから、景明元年（五〇〇）で一七歳。このことからすると元熙の起家は父が王でなかった時期に当たると考えてよいだろう。

(10) 養子とあるから子永が世子として扱われた可能性があるが、養子の語がない礼之と同じような起家官である。

(11) それにも拘わらず墓誌には「以皇宗釈褐」とある。

(12) 墓誌には河間王の子とあるが、巻二〇の伝には、未封のまま死去した河間王若に追封があり、その爵を京兆王の子の太安が嗣いだ。しかし、太安と若は従兄弟の関係にあるから継承が取り消され、太安は王ではなくなっている。墓誌は王と記しているが、一時的なものであり、斌と霊曜は正確には始蕃王の子とすべきではない。なお、元定墓誌（『校注』三―三三六）には「前河間王元泰安、諱定」とあり、斌の墓誌には「金紫光禄大夫荊州刺史河間王之子」、霊曜の墓誌には「荊州刺史之第二子」とある。

(13) 北魏時代の結婚年齢は一般に早かったとされるから、二五歳段階では父は霊太后の妹を妻にしていたと考えてよいだろう。寥健琦「北朝社会婚姻状況芻議」（『史学月刊』一九九八―三）参照。

(14) 鑽遠は五歳の時に父を失っている。正始三年（五〇六）の計算となる。

(15) 従七上起家の明元系始蕃王の孫元弼の事例があるが、皇帝子孫の起家で正七以下の事例はこれ一例である。ただし後述するように三公行参軍は正七並みに扱われている。

(16) 前註（９）参照。

(17) 元則の墓誌では「弱冠為」と弱冠年に起家したと記されている。通常弱冠は二〇歳及びその前後を指す。例えば元平墓誌（『校注』五―二五〇）に「年廿弱冠為奉朝請」とある。ところが則は三〇歳前後の起家であるから、弱冠の語で三〇歳前後を指していることになる。この時期の弱冠の語を安易に二〇歳前後と捉えるのは問題であるということになる。

(18) 前注（７）参照。

(19) 表３の時期より僅かに遅れるが、孝武帝を擁立した高歓の従祖兄の子高永楽は従五上の通直郎で起家し、太昌初（五三二）に開国伯を受けている（『斉』巻一四、『安豊』一七八）。爾朱紹ほど高位ではないが、高歓の一族であることによる特例であろう。

(20) 墓誌では諱を懿、字を貴珍と記す。伝は劉貴とする。『校注』は字から珍字が欠けたと想定している。

(21) 景冑と諱の一字を共有する景相は墓誌によると曽祖父が太尉宜都貞宣王（観に相当）、祖父が司空宜都文宣公とある。景相は巻二七に簡単な経歴が記載されているが、それによると、観の弟建安公顗の曽孫となっている。諱の一字共有からすると『魏書』の記載に誤りがあると考えられる。ただいずれにせよ、正七は他の事例と比べると穏当な起家ではある。

(22) 纂の墓誌には起家を示す語はない。しかし高陽王雍が太尉となったのは正始四年（五〇七）であり、その時纂は一六歳であるから、起家官として間違いないであろう。なお、高陽王はその後も太尉になっているが、纂は正光二年（五二一）に前将軍・（正三）荊州長史として桓叔興の叛討伐にあたっており、官品差からすれば正始四年の起家と考えるべきである。

(23) 第四節で詳説する。

(24) 前註と同じ。

(25) もちろんこれは可能性だけであり、実際その通りであったとは言えないが、北魏末の内乱で将軍号が高くなり、贈官で一層高くなるというのは蓋然性の高い想定である。

(26) 子雍は粛宗紀孝昌三年条では子邕と表記されている。葛栄を討伐して戦死したことから同一人物であることは間違いない。

(27) 弘農楊氏については本書第Ⅲ部第5章参照。

(28) 伝では諱は謐、墓誌は諱・字ともに遵智とする。

(29) 少し時期が早いので表3からは省いたが、椿の長子である昱は墓誌（『校注』七―一六）によると暐と同格での起家となっている。

(30) 軍功が官品に反映されることについては第4章参照。

(31) 李挺は伝では神儁、小名が提となっている。墓誌では諱が挺、字が神儁。

(32) 孚は父が死去した時は三三歳で起家年齢はかなり高かったことに間違いはないにせよ、兄より高いレベルで起家できた理由は不明である。

(33) 弟の高道穆は伝によると初見官は「御史」、次に奉朝請に遷っている。この御史は侍御史（正八）と思われる。これも高氏の起家官の一例の可能性がある。

(34) 鄭道忠（『校注』五―一六一）は高陽王国常侍で起家しているが、高陽王雍は太和一八年の封王であるので、表3から除外した。起家のレベルは鄭氏の他の事例と同じと考えられるので、この表では取り上げる。なお、道忠は巻五六では忠となっている。

(35) 第Ⅲ部第3章参照。

(36) 後述の第四節参照。

(37) 墓誌（梶山智史「稀見北朝墓誌輯録」（明治大学東アジア石刻文物研究所『東アジア石刻研究』五、二〇一三）所収）によると李蹇は太宰主簿、加陵江将軍（従五上）で起家している。しかし巻三六の伝では「歴大将軍府法曹参軍（従六上）、太宰府主簿」となっていて、その前に官職を経ており、しかもそれが起家官であることを示す語はない。従五上は趙郡李氏の起家官としては高すぎ、従六上にしても同様である。墓誌の記載ではあるが、取らない。また巻三六によると映は南安王常侍（従七）が初見官。但し南安王は元楨しかいないが、彼は太和二〇年の卒。当時映は一二歳であった。この年齢で起家の可能性はないわけではないが、何らかの誤りがあると考え、除外する。

(38) 李翼の盪寇将軍が三公行参軍並の扱いであったと考えられることについては第四節参照。

(39) 表3所掲でこれまでの叙述で扱わなかった諸人の父祖は以下の通りである。体裁は既述の諸姓に倣う。

姓名	官品	祖	父
鞠基	七上	*涼州刺史*・桂陽侯	*征虜将軍*
王温	七上	*征虜*・平州刺史	*竜驤*・楽浪太守
辛匡	七上	*王国常侍*	*始蕃王長史*
任恭	七上	阿連鎮将	*平州別駕*
郭欽	七上	*輔国*・荊州刺史	*洛州安西長史*
劉通	七上	（郷酋）	（郷酋）

張略	七	*代郡太守*	*信都県令*
楊済	七	*武威太守*	天水太守
趙鑒	七	平西・秦州刺史	*伏波*・羽林監
何琛	七	庫部給事	撫軍・金紫光禄
司馬昇	従七上	儀同三司、琅邪王	（鎮剖隴西）
尹祥	従七上	*楡中県令*	*昌国県令*
韓震	従七上	*綏遠*・虎牢司馬	*竜驤*・平州刺史
郭肇	従七上	*輔国*・荊州刺史	*安西長史*
馮景之	従七上		*陵江*・県令
楊機	従七	（夏）郡功曹	*洛州刺史*（贈か）
敬顕儁	従七		
邢偉	従七	*冠軍*・定州刺史（贈）	*州主簿*
鄧子詢	従七		
賈祥	従七	*武威太守*	*済州刺史*
姫静	従七	*竜驤*・代郡太守	撫軍・燕予二州刺史
寇永	従七	*建忠*・弘農太守	安南・光禄大夫
趙紹	従七		
張彦	従七		
辛術	従七	*安遠*・隴西太守	撫軍・相州刺史
張徹	従七		
趙静	従七	*征西長史*	驃騎・太中大夫（贈か）
席盛	八上	*冠軍主簿*	陝州都
劉悦	八上	*振威*・予州刺史	平北・東莞太守
劉欽	八上		敦煌鎮将
華孝	八上	黄竜鎮将	*朔州主簿*

郭挺	八上	河間太守か	太原太守か
唐耀	八		
樊上	従八上		
徐淵	九上		国子博士

「正七クラス」で起家した者の父祖の官位がともに三品以下の事例が多いが、任恭・郭欽の将軍号は起家後の加官と考えられることは先述した。辛匡の将軍号も加官であろう。とすれば正七上の事例は半減する。個別には父祖ともに県令で従七上の起家などの事例はあるが、全体として（特に従七以下）本文の記述と合致するとしてよいであろう。太原郭・河間邢・隴西辛・安定席・上谷寇・河内司馬などの漢人名族とされる一族も、このクラスの起家だったわけである。

(40) 前註の表を参照。なお宣武帝以降に八、九品で起家した事例は列伝でもごく少ない。僅かに巻八四李業興（上党の人）が孝廉に挙げられて校書郎（正九上）となったという事例がある。武定七年（五四九）に六六歳で没したから宣武帝初で一〇代後半である。父祖ともに孝廉に挙げられ、父は金郷県令。なお、孝文帝期であるが、河内の人常景が律博士（前令で正六中、後令で正九上）が初見である。父は天水太守（巻八二）。

(41) 表3では、起家前に爵位を有する者の欄を設けた。ただし、実際に起家した官職は永平の選式より高い。

(42) 本節における各人の遷転の解釈を含め、第3章参照。

(43) 第4章参照。

(44) 伝では平東将軍・恒州刺史となっている。安東ではなく平北であったとしても、左将軍よりは半階上位である。

(45) 第3章参照。

(46) 誕業の墓誌の標題は「平東将軍・斉州刺史」とあるが、序では「追贈安東将□□□□□」となっている。序では刺史となったことを示す表現が見られないから、平東将軍で死去し、安東将軍を贈られたとする理解は成立し難い。「平」か「安」のいずれかが誤りであろう。なお、平西でも安西でも、輔国よりは上位である。

(47)　元昂墓誌については、胡海帆「〝元昂墓誌〟及北魏陽平王嗣息之探析」（『中国国家博物館館刊』二〇一一―九）参照。

(48)　河陰の変と明示されているわけではないが、「河梁の西」で没し、同じ年の永安元年一一月の葬、そして「横波奄久」の語から、変の犠牲者のひとりと想定できる。後令で寧朔は従四、歩兵校尉は正五。直閤将軍は不明だが、北斉の官品では従四。歩兵校尉単独を本官とすると格下げになるので、寧朔を維持していたと考えられる。

(49)　巻一六の世遵の伝によると平北将軍であった。

(50)　第3章で元乂にふれているが、この点については論及していない。墓誌と列伝を併せて検討してもなお記載されていない官職があることになる。

(51)　第3章に付した「遷転過程一覧」の69楊昱の項で述べたように、墓誌の起家年齢に誤りがあると考える。伝・墓誌とも皇子常侍起家で一致しているが、広平王懐は太和二一年の封王であり、五四歳で死去した昱は、その時点で二〇歳ということになる。

(52)　昱は孝昌三年（五二七）一月に蕭宝夤が敗北した後の揚州を防守した後洛陽に戻り、撫軍・徐州刺史となり、さらに鎮東（従二）・東南道都督となった。そして建義元年八月に太山太守羊侃が南叛して梁軍が徐州に侵入すると、それに連動した続零珍を撃破しているから、昱は四月に起こった河陰の変の段階では徐州に居た（そのため河陰の変を免れた）と考えられる。とすれば河陰の変の前には撫軍、鎮東のいずれかであったことになるが、孝荘帝即位による増位によって鎮東となった可能性が高いと判断する。

(53)　侃の伝では「建義初、除冠軍将軍（従三）・東雍州刺史」とある。この表現では四月の改元以前の五二八年を含む可能性を排除できない。しかしその前の就任である鎮遠・通直常侍との間には大きな差がある。この差は孝荘帝即位に伴う増位による可能性が高い。よって河陰の変前に鎮遠・通直常侍であったと判断する。仲宣も伝では「建義初、遷通直常侍」とある。しかし墓誌に見えるその次の征虜・中書侍郎就任を記していない。『疏証』六二は意図的な省略であろうという（一五三頁）。河陰の変段階では鎮遠・通直郎、孝荘帝即位に伴い征虜・中書侍郎となったが、伝は征虜・中書郎を記載しない故に同年の通直常侍就任を建義初と記した、と判断する。

(54) 中華書局標点本『魏書』巻二一清河王懌伝の校勘記参照。

(55) 散騎の語を含む官職はいくつかあるが、通常起家官に用いられるのは員外散騎侍郎（員外郎）である。宮崎氏註（3）前掲書四五三頁、及び本章第二節参照。

(56) 宮崎氏は殿中侍御史（従八上）と検校御史（正九上）が起家官として用いられるとする（四五五頁）。しかし侍御史が起家官であったことは表3で明らかであり、伝でも高昚（巻三二）・陸恭之（巻四〇）を宣武帝以降の事例として確認できる。清河王懌の上表の御史に正八に属する侍御史が含まれることは間違いない。他方、殿中侍御史は墓誌、列伝ともに起家官としての用例は管見の限り見当らない。検校御史については、巻七九馮元興が孝廉次いで秀才に挙げられた後、御史中尉王顕に奏記したことにより召されてこの官に就いている。その後に殿中侍御史に転じ、さらに奉朝請に除せられたというから、検校御史が元興の起家官であったとしてよいであろう。宮崎氏は殿中侍御史とともにこの官は御史中尉の辟召に委ねられ、寒士が任ぜられたという（四五四頁）。清河王懌の言う「御史」は甲乙丙丁姓の起家官の下限であるので、侍御史を指すと解釈したい。

(57) 「長兼」の下には種々の官職が付せられるが、この場合は、宮崎氏の長兼行参軍という理解に従う（四五二頁）。司徒・太尉の場合は従八上、司空の場合は従八、以下逓減し、従二品将軍府までが従九品までに含まれて、官氏志に見える。ただし、清河王懌の上表では、後文に引用するように、三公の正参軍、行参軍が問題とされているから、この場合の長兼行参軍とは三公のそれに限定されると考えられる。

(58) 『魏書』に見える代人について、松下憲一氏は、代国から北魏前期における支配者集団を形成した北族とその子孫を指すとする（『北魏胡族体制論』〈北海道大学大学出版会、二〇〇七〉、一八九頁）。康楽氏は、代人に少数とは言うものの漢族を含めている（『従西郊到南郊』稲禾出版社、一九九五、第一編第二章）。本章では松下氏の示す意味内容でこの語を用いる。胡族の語は代人と重なる部分が多いが、より広い範囲を包含する。以下、本節においては、漢族と対比して用いる場合は胡族、胡族の中から宗室を除いた部分を「胡族」と表記する。

(59) 中華書局標点本は全体を詔文として扱っているが、「原出朔土」以下は別敕の内容とする唐長孺「論北魏孝文帝定姓族」

（『魏晋南北朝史論拾遺』中華書局、一九八三）の考えに従う。
(60) 宮崎氏註（3）前掲書第五章第七節。引用部分は四三二頁。
(61) 「四姓試釈」（『魏晋南北朝隋唐史資料』七、一九八五）。
(62) 「《魏書・官氏志》載太和三令初探」（『魏晋南北朝隋唐史資料』一一、一九九一）。
(63) 『世家大族与北朝政治』中国社会科学出版社、一九九八、第二章。
(64) 「三世」が「三世代の中で」を意味する可能性があるので、一言しておく。支親に関わる規定に「微有一二世官」という条件が示されているから、その解釈は成立しない。
(65) 『新唐書』では「吏部正員郎」とある。吏部員外郎に対して吏部正員郎とした可能性があるが、他のクラスでは複数の官職を挙げているのに、吏部正員郎一官に限定するのは納得しがたいし、何よりも対象者がごく少なくなり、基準としての意義がなくなる。吏部郎と正員郎つまり散騎侍郎と考えるべきであり、宮崎氏も吏部郎と散騎侍郎を指すとする（註（3）前掲書四三三頁）。
(66) 宮崎氏註（3）前掲書三九四頁。
(67) 姓族分定詔には後令不記載の官職が多い。故に前令で考察せざるをえない。詔に見える後令不記載の官職の換算方法があったはずである。
(68) このように考えれば、「族1」の太守は区分が下位の太守（後令では正五の中郡太守に相当）、「族2」の太守は区分が上位の太守（後令では正四の上郡太守に相当）ということになろう。丁姓の下限が正五であるか従五であるかは現在のところ明らかにしえない。
(69) 正史で確認できる事例を挙げておこう。太宰で杜超・常英・李峻の三名がいるが、いずれも外戚。太傅・太師になった馮熙も外戚。司徒の馮誕は馮熙の、司空の杜元宝は杜超の嫡子でやはり外戚としての就任。僕射の李蓋は太武帝の妹に尚したことによる就任であろうか。あるいはその子李恵が孝文帝生母の父であったことによるのかも知れない。尚書令の王叡・王襲父子は恩倖伝に見え、僕射の張祐は宦官。それ以外はわずか五名である。その中で、太尉張黎は太武帝横死後に宗愛によって担がれたものの文成帝即位に伴い誅殺され、司空李訢は文明太后の寵臣として抜擢されるも献文帝に誅殺され、尚書令崔宏・司徒崔浩父子のうち浩も太武帝により誅殺されている。誅殺の憂き目に逢わなかったのは宏のほかには孝文帝期に重用された尚書僕射の李沖のみ。なお尚書令王肅は太和二三年の就任である。

(70) 唐氏前註（59）所掲論文参照。十六国や東晋・南朝からの「帰国」者に対する厚遇を見ると、これらの政権における官爵が考慮された可能性は高い。

(71) 「中古門第観念探微」（『興大歴史学報』五、一九九五）。

(72) 先に引いた『資治通鑑』の記事の後段に、当時「高華」の家を指す場合、趙郡の李氏を加えて「五姓」がトップであった、という記事がある。崔盧王鄭と並んで隴西李沖の女が孝文帝の妃となり、また「清脩之門」を条件とする孝文帝の弟たちの妃に李沖とその兄李輔の女が選ばれている。両李氏は魏晋以来の名族である崔盧王鄭の「四姓」に準ずる扱いを受けていたと考えてよい。

(73) 吉岡真氏は「膏粱・華腴」を「四姓」として扱っている（「北朝・隋唐支配層の推移」〔『岩波講座世界歴史』九、一九九九〕）。その点は賛同できる。ただし甲姓を「上下」、乙姓を「中上」、丙姓を「中下」、丁姓を「下」とランクづけ、乙丙丁姓を一括して統計処理している点には同意しがたい。また代人の「姓」族に対応するのが甲姓のみであるとするのにも同意しがたい。

(74) 「帝室十姓」に数えられる長孫氏や叔孫氏など九姓の扱いも問題である。長孫嵩の父は部落大人であったかどうかは不明であるが、代国時代に南部大人であった（巻二五）。叔孫建の父は代王の子と同じように代王の太后によって育てられた（巻二九）。北魏になっても長孫氏や叔孫氏などは北魏の政治、軍事上で大きな位置を占めていたから、「八姓」に劣る扱いを受けたとは考えにくい。「八姓」に準じたのであろう。

(75) 前註（56・57）参照。長兼行参軍は太尉と司徒が従八上、司空が従八である。

(76) 官品表の「二大・二公」の語が示すように、三公府には司徒・太尉府と同格の大司馬・大将軍府も含まれるであろう。

(77) 宮崎氏註（3）前掲書四五四、四五五頁の理解に従う。

(78) この上表文では尚書令僕の扱いが判然としない。甲乙丙丁姓と比較されているから、①の公卿令僕に相当するのであるが、事柄を明確に示すために三公だけを取り出していると考える。

(79) 公府行参軍の上位に置かれる強弩将軍、正従五品将軍長史・司馬、蘯字の付く四将軍で起家した実例は、表3の二例がある。京兆の韋隆と長楽の馮景之である。前者の祖は刺史、父は太守である。後者の祖は不明、父は陵江将軍（従五上）と官品自体は高くないが、外戚であった馮氏と血縁関係が近かった可能性は残る。いずれも「甲乙姓」「丙丁姓」のいずれかという判断は難しい。ただ、上記の公府行参軍の上位の各官職は「甲乙姓」の起家官として扱われたと考える方が、論理の上では整合性があるとは言えよう。

(80) 前註（79）のように考えた場合、「丙丁姓」が起家できる従七上の官職は公府行参軍の下位のそれであるという可能性が生じることになる。つまり従七上の諸官職のうち三公行参軍とそれより上位が「甲乙姓」の起家官、下位が「丙丁姓」の起家官という可能性である。ただこれはあくまでも可能性の指摘にすぎず、証明は困難である。また従七上の上位の諸官職で「丙丁姓」と「甲乙姓」の双方が起家することができたとして、本章の趣旨に変化が生じるわけでもない。

(81) 補足として世宗紀永平二年（五〇九）条の記事（永平選式）を検討しておきたい。

十有二月、詔曰、五等諸侯、比無選式。其同姓者出身、公正六下、侯従六上、伯従六下、子正七上、男正七下。異族出身、公従七上、侯従七下、伯正八上、子正八下、男従八上。清修出身、公従八下、侯正九上、伯正九下、子従九上、男従九下。可依此叙之。

これは王以外の有爵者の起家官のレベルを定めたものであるが、「同族」は宗室、「異族」は宗室以外の代人（本章では「胡族」）、「清修」は漢族高門を指すという先行研究の理解に従う。姓族分定における爵位保有者の扱いは、「族2」が子・男爵、「族1」が侯爵であった。太和後令では侯爵が正二、子爵が正四、男爵が正五である。公爵（後令で正一）が尚書より高いように、分定の基準では官職より爵位の方が高めに設定されている。「族2」の侯爵が上郡太守（後令正四）より高いことはそれで説明できるし、「族1」の子・男爵は中郡太守（後令で正五）とほぼ釣り合うとしてよい。とすれば、永平選式の規定においては「姓」「族」及び漢族の甲乙丙丁姓は、従七上〜従九下で起家することになっていたわけである。これは過度に整序を求めたために宗室以外の起家のレベルを低くし、また漢族を「胡族」の下に置いていて、その点問題が多いが、宗室以外の起家官が従九までに収められている点は本章の記述と矛盾しない。「異族」の起家の上限が従七上とされているのは、あくまでも爵位保有者に限定した範囲であり、「姓」族（「甲乙姓」）の起家官の上限を正七上とする規定を改訂したものではない。実例を見ても、この選式による起家と判断できる事例は見当たらない。爵位をもっていて起家した実例はいずれもこの規定よりは高く、家格によると思われる起家をしている（第1、2章参照）。

永平選式の性格を考えてみよう。周知のように、孝文帝の姓族分定は代人には不満をもたらした。宣武帝期はそれへの対処が試みられており（凌文超「鮮卑四大中正与分定姓族」〈『文史』二〇〇八―二〉参照。ただし凌氏はこの選式を胡漢高門の合流と評価していて、その理解には従いがたい）、その一環として、このような基準が設けられたと考えられる。しかし、新基準は一時的には効果があったかも知れないが、漢族の子弟が「異族」と同じようなレベルで起家する状況は変わらなかった。それは、この基準が爵位に基づく規定にすぎず、起家は、爵位も含むが父祖の官職を重視する姓族分定に基づく家格によったからであろう。

なお、有爵者の起家の下限を従九とする永平選式の考えを用いると、「丙丁姓」の起家の下限は従八ではなく従九である可能性が考えられる。表3の徐淵は父が正五上の国子博士であった（前註（39）参照）。祖の官は不明であるが、彼は「丙丁姓」の基準に合致する可能性がある。父が天水太守である常景も孝文帝期であるが正九上で起家した（前註（40）参照）。本章は清河王懌の上表に示された基準を重視したが、この点は課題として残る。

（82）前註（39）に掲げた諸姓も以上の叙述に矛盾しない。

（83）「三代」の父祖が家格の認定に用いられているので、祖・父だけでなく曽祖父も取り上げるべきであるが、曽祖父までとなるとデータを揃えるのが難しい。故に割愛した。

（84）宮崎氏註（3）前掲書四〇〇頁。

（85）黄恵賢・聶早英氏註（62）前掲論文、および岡部毅史「北魏における官の清濁について」（『大阪市立大学東洋史論叢』一一、二〇〇二）参照。

（86）『太平御覧』巻二二九～二三二、『職官分紀』巻一八～二〇に九少卿の清濁が記されている。「第一清」が太常（一三）、「第二清」が光禄（一七）・衛尉（九）・鴻臚（八）、「第三清」が太僕（五）・廷尉（一七）・宗正（七）・司農（八）、「士人官」が太府（一三）である。『魏書』列伝と墓誌で検索すると、かなりの就任事例を知りうるが（上記の括弧内は就任事例数）、大多数は孝明帝期であり、孝文帝の制のあり方とは異なっている可能性がある。しかし彭城王勰の子の元劭が宗正少卿で起家し、献文帝系皇子の第三子元譚（巻二一上・『校注』六―一七七）が宗正→太僕→光禄少卿という経歴をもつなどの事例を見ると、岡部氏が推測するような「第一清」なら「第一清」に属する官職群をたどる遷転（前註所掲岡部論文）はなかったのではないか。宗室の成員が太府少卿に就任した事例が見られないことは、この官職が清官でなかったことを反映している可能性があるが、これとても、隴西王源賀の孫で尚書左僕射を経歴にもつ源懐の子であってまず間違いなく「姓」姓と思われる源纂（巻四一）や、博陵の崔敬邕（巻五七、『校注』四―三六一）の就任が見られ、また太府→廷尉少卿という遷転が記録される京兆の韋祉（巻四五）の事例がある。官の清濁についての扱いには慎重さが求められるようである。

(87)「正佐」や「行僚」という表現ではなく、「参軍事」となっていることに注目すべきである。

(88)建武三年は北魏では太和二〇年（四九六）に当たる。太和一九年一二月に北魏は太和中令を定めた。本章では宮崎市定氏に従い、太和中令は太和後令とほぼ同内容であったという立場を採っている。この史料では秘書令李彪が発言しているが、秘書令は後令には見えない。見えないからといって後令に存在しなかったと断言はできないが、それはともかくこの議論は太和二〇年以前に行われた可能性がある。ただし、その場合でも姓族分定に関わって行われたことは確かであろう。

(89)この部分は難解である。まず「中秘書監令」であるが、巻四四伊馥伝に「中秘二省多諸文士」とあり、中書省と秘書省を指すから、両省の監と令である。中書監は前令で従一中、中書令は正二中であり、柳芳の基準では監は華腴、令は甲姓に該当するが、秘書監は従二中、秘書令は従三上で双方ともに丙姓に入る。華腴・甲姓・丙姓の子が正七の秘書郎で等しく起家するということは考えにくい。従って厳密に官品を念頭に置いた発言とは考えられない。

(90)宮崎市定氏は「門閥と起家官との対照表の原案を臣下に示し」たとしている（宮崎氏註（3）前掲書四三九頁）。

(91)この議論については谷川道雄氏前註（1）所掲論文が詳細である。

(92)壬申詔が出て一〇日後の壬午の日に、孝文帝は朝堂において親ら黜陟を行った。この時の黜陟は厳しく、尚書令僕射以下、二〇余人が黜退されたという（『通典』巻一五）が、この厳しさは考課と黜陟の持つ重要性を臣下に認識させる必要性によるのであろう。

（93）北魏の考課制度については多くの先行研究がある。その主なものを挙げると、福島繁次郎『増訂中国南北朝史研究』（名著出版、一九七九）、陶新華『北魏孝文帝以後北朝官僚管理制度研究』（巴蜀書社、二〇〇四）、戴衛紅『北朝考課制度研究』（中国社会科学出版社、二〇一〇）。第4章でもふれている。

（94）張金竜氏は孝文帝の統治を全体としてみれば、賢才を重んじることが主で、門閥を問うことはその次である、としている（「北魏孝文帝用人政策及其在改革中的作用」『北魏政治与制度論稿』甘粛教育出版社、二〇〇三所収、初出一九九一）。岡部毅史氏も、孝文帝の治世は決して南朝のような貴族制に裏付けられた国家運営がそのまま行われたわけではないとし、考課が重視されたことからそれが窺われるとしている（前註（85）所掲論文の註（33）参照）。

（95）第二節で「正七クラス」で起家する中で正七上で起家する系統の存在があることを示した。これは恐らく甲姓（または「膏粱・華腴」）であると想定される。しかし厳密に甲姓（または「膏粱・華腴」）と判断することは難しい。「丙丁姓」についても然りである。「甲乙姓」の中の甲姓と乙姓、「丙丁姓」の中の丙姓と丁姓の弁別はさらに困難であり、現在では成し遂げられていない。

（96）「北魏の宗室」（『魏晋南北朝官僚制研究』汲古書院、二〇〇三、第三部第二章、初出一九九九）の「おわりに」参照。

（97）前註に同じ。

（98）「河陰の変小考」（『魏晋南北朝官僚制研究』汲古書院、二〇〇三、第三部第一章、初出一九八八）。

第5章補論　北魏後期の門閥制に関わる覚書

前章の「おわりに」において、孝文帝はなぜこのような門閥制を採用したのであろうかという課題を示した。それに関わる筆者の理解を、かなり粗い内容であるので、覚書として述べておきたい。

（一）北魏は鮮卑族を中心とする胡族が華北の地を支配するに至った政権である。前身の代国時代においても北辺の州郡出身の漢族を含んでいたが、後燕に代わって華北を制圧して以後は多数の漢族を官僚として体制内に取り込んだ。しかし胡族が支配層の主要部分を占め、このことは既に諸先行研究で明らかにされているのであるが[1]、今一度確認しておこう。筆者はかつて太和前令の従一品以上、後令の従二品以上のうち特進・諸将軍を除いた諸官就任者一覧を提示したことがある[2]。それは万斯同の「魏将相大臣年表」に依拠したもので、修正の余地があるが、大勢を知るのには十分であろう。同一覧から宗室・「胡族」[3]・漢族・その他（外戚、恩倖、宦官の各伝に記載される人物）に分けた就任者数を記すと**表1**のようになる[4][5]。同一人が複数の官職に就任した場合は、それぞれについてカウントし、後期の数字をも併せて示す。

前期においては「胡族」が六割弱を占め、宗室は二割弱、併せて八割弱に達し、胡族が政権の中枢を握っていたことを如実に示している。外戚や宦官などを除いた漢族は一割弱を占めるにすぎない。

ところが後期になると、一転して宗室が六割弱、「胡族」は一割を切る。両者を併せると七割弱であるから、胡族中心であるということは変わらないが、胡族の内実には大きな変化が生じている。他方、漢族はまだ少数であるが二

表1　胡・漢・宗室に分けて見た最上層官職就任者

	前期				後期			
	宗室	胡族	漢族	他	宗室	胡族	漢族	他
丞相	0	1	0	0	1	0	0	0
太師	0	0	0	1	3	0	0	1
太宰	1	0	0	3	0	0	0	0
太傅	1	0	0	1	5	0	0	0
太保	1	2	0	0	4	0	1	0
大司馬	0	1	0	0	3	0	0	0
大将軍	0	0	0	0	1	0	1	1
太尉	2	4	1	0	4	0	1	0
司徒	3	6	2	0	5	0	1	3
司空	0	7	1	1	9	1	3	1
尚書令	2	9	0	2	4	2	3	1
尚書僕射	5	12	0	3	12	4	9	1
中書監	0	3	3	0	5	2	2	2
計	15	45	7	10	56	9	21	10

割強を占めるようになり、一割弱の前期と比べるとその占める割合は大きく増加している。(6)(7)

表1の官職に次ぐレベルの、姓族分定詔で甲姓の基準とされた列曹尚書就任事例で再度確認してみよう。前期については佐藤賢氏の挙例に依拠して表2とする。

表2　胡・漢・宗室に分けて見た列曹尚書就任者（前期）

	宗室	胡族	漢族	他	備　考
南北西部尚書	1	15	11	0	比部→北部　四部→西部とする
吏部尚書	1	7	3	4	選部を含む
殿中尚書	3	21	3	3	
都曹尚書	0	4	1	1	
都官尚書	1	2	0	1	
儀曹尚書	0	2	3	2	
庫部尚書	0	4	1	1	
その他の尚書	2	7	5	4	
計	8	62	27	16	

宗室の就任は一割を大きく割りこみ、「胡族」の割合が過半を占める。両者を併せると六割強であるから、尚書令僕が八割強であったのと較べると宗室と「胡族」を併せた割合は低下している。しかも「胡族」が圧倒的に多い殿中尚書[8]を除くと、その割合は半数を割りこむ。他方、漢族が二割強を占める。これは官僚としての地位が表1所掲の諸官より一段下がること、及び行政を担う尚書という官庁の性格によるのであろうが、それはともかく、胡族が中心であるという状況は確認できる。

後期については如何であろうか。筆者の調査の結果を示すと次頁の表3のようになる[9][10]。

宗室が三割強と尚書令僕の場合と較べると少ないものの、前期と較べると明らかに数が増え、特に吏部では過半を占める。他方「胡族」は前期からは人数、比率とも激減している。令僕でこそ比率が高くなかった漢族は、列曹尚書

表3　胡・漢・宗室に分けて見た列曹尚書就任者（後期）

	宗室	胡族	漢族	他
吏部尚書	8	0	6	0
殿中尚書	2	1	7	2
度支尚書	7	0	15	0
都官尚書	5	2	5	0
儀曹尚書	0	0	3	1
七兵尚書	2	2	7	1
計	24	5	43	4

では最多数を占め、比率でも過半を占めるようになっている。

三公令僕クラスと尚書各曹において比率に相違はあるが、明白に前期は「胡族」が半数以上を占めていたけれども、後期には激減し、漢族と宗室の勢力が伸張していることが明らかである。

（二）孝文帝の改革以前における北魏宗室は、①王や公などの爵位と将軍号を以て軍を指揮する、②鎮将や刺史となる（代王子孫は太守にも就任）、③三都大官に就任する、④皇子や始蕃王の場合には中央の官職には就かないというあり方を示していた（二蕃王、三蕃王については不明）[11]。改革後には一転して、皇帝に血縁の近い諸王も中央の官職に就任するようになる。その結果が表1～3に現れているわけである。

（三）この改革の背景には北魏の置かれた状況の変化がある。後燕の領域を奪取して北魏を建国した後、支配領域は西方、東方に次第に拡大して太武帝期には華北を統一し、次いで献文帝期に淮北をも含むようになる。そのことは、強力な胡族騎馬軍団を必要に応じて中央から派出するという従来の方式のみでは軍事的には対応しきれなくなったことを意味する[12]。その結果、対南朝の前線に近い洛陽への遷都が行われたほかに新制度の導入が行われる。

そもそも華北を統治したといっても、北魏は郷村の民までを秦漢時代のように把握できていたわけではない。北魏はその強力な軍事力で華北を支配したのであるが、地方ではせいぜいで郡県の治所レベルの地域を抑えるのみで、郷・里のレベルまで入り込むことは困難であった。宗主のような存在が地域に強い影響力を及ぼしていたのである。そのような情況を打破し、農民を中央政府が把握して、兵役にも従事させるのが新制度――三長制・均田制であった[13]。

もちろん、孝文帝の構想したところはより大きい。北魏の皇帝は中華の皇帝としての装いをとるのであるが、孝文帝は真実の中華の地の皇帝であろうと志向した。中華の「土中」である洛陽への遷都はその意思の表明であって[14]、「漢化政策」と称される制度改革もその志向に沿うものであった。遷都後、まだ遷ってきた人々が落ち着かない状況下で三次にわたる南朝への親征を試みたのは、「南伐」が遷都の口実ではないことを示そうとしたということでは説明しきれない。であれば、同じ中華の一員である漢族から有能な人物を官僚として重用することに不思議はない。本覚書は孝文帝の構想のうちの人事に関わる側面を取り出したにすぎない。

（四）北魏は建国当初から、本貫とする地域において強い影響力、規制力を有する一族を背後にもち、五胡諸国において官僚として仕えた経験のある漢族の人物を官僚として用いたが、統治地域の拡大による問題の複雑化に対応し、新政策を打ち出すために、有能な漢族官僚の力をより必要とするようになった。三長制・均田制を立案したのは漢族官僚である。

（五）他方、孝文帝改革以前の北魏は、宗室が中央、地方の軍の指揮という点で重要な機能を果たしているにせよ、ともに北魏を建国し、その基礎を確立した部族（のリーダーたち）の占める政治的軍事的位置は非常に高かった。しかも彼らは場合によっては皇帝権力を制約する存在でありえたし、かつ保守的であって[15]、平城から洛陽への遷都はその状況を打破するという意味をもっていた[16]。

（六）このように拡大した領域を効果的に統治するための制度への転換を図る必要性が認識されるようになった段階で、「胡族」が統治組織の上層部の圧倒的多数を占める状況を打破すること、そのために、「胡族」の占めていた官僚制の中核部分の多くを宗室に置き換えること、漢族官僚を上層部にも取り込むことが目指されたのである。これが孝文帝の官制改革それに伴う人事政策の背景にあったと考えられる。

（七）宗室が重視された点については、付属して述べたいことがある。第5章で明らかにしたように、孝文帝改革以後、宗室は皇帝との世代の隔たりで起家官が異なり、皇子や王の子が優先された。ほぼ順調に父子間で皇帝位が継承されて孝明帝期に至ったことを背景におけば、そのことは現皇帝に血縁が近いほど起家官が高い、つまり現皇子や生存する始蕃王が容易に高い地位に到達しうる可能性が高いことを意味しよう。それを確認しておきたい。表1の後期の欄には宗室五六名とあるが、実数は二八。その内実は

孝文帝五王：廃太子を除く四王全員
献文帝六王：太和二三年に三一歳で死去した趙郡王を除く五王、皇子の子が一名
文成帝五王：改革前に四名死去。残る一王と皇子の子二名
景穆一二王：改革前に一一王死去。残る一王と皇子の子四名、始蕃王の子三名
太武帝五王：皇子の子（始蕃王）と皇子の曽孫（三蕃王）が各一名
明元帝六王：該当者なし
道武帝七王：皇子の孫とその子（二蕃王と三蕃王）
代王子孫　：三名

となる。孝文・献文・景穆子孫が重要な政治的地位を占め、文成・太武子孫がそれに次ぐこと、現皇帝に近いほどその割合が高いことを確認できる。孝文帝改革後は宗室、その中でも皇帝に血縁が近いほど政治的に高い地位に就く可能性が高い状況が生まれていた。つまり、改革以後は宗室、特に皇帝に近い血縁の宗室が「胡族」の位置に取って代わったと言えるのである。孝文帝改革は礼制の四廟の範囲に含まれる太武帝の以後の宗室とそれ以前の宗室を区別したが[17]、それに通じる政策であると言えよう。

（八）漢族についても付け加えて述べておきたい。先述のように北魏は建国段階から漢族を官僚として用いた。しかし政界上層部に到達できる人物は、明元・太武帝期に活躍した崔宏・崔浩父子などごく少数にとどまっていた[18]。神䴥四年（四三一）に漢族中の名族三五名が徴召されたが、彼らが得た官職は決して高いものではなく、その中でリーダーと目される高允にしても、崔浩誅殺の影響があったとはいえ、「郎と為り二十七年、官を徙らず」（『魏書』巻四八）とあるように、三〇年近くを本官としての中書侍郎を遷ることなく過ごしている[19]。その状況は文明太后執政期に変化を示し始める。高允や高閭が大政に参加できるようになり、続いて李沖、王粛らが高位の地位に就いて孝文帝の改革を支えるようになる。そして改革後には高位の官職就任においても「胡族」を凌駕するに至るのである。文明太后執政期に状況は変化しつつあったのであるが、表1が示すように、孝文帝の改革が大きな境目になっていることに疑いはない。

ただし、漢族と一括してしまうと問題が残る。太武帝の頃までに北魏で活躍し、列伝に記載された漢族官僚は、崔宏ら後燕系の官僚よりも、建国段階から北魏に加わっていた人々の方が多い[20]。彼らは中国では北辺に位置する諸郡の出身であり、中央で知られる名族の系譜には属さなかった。五胡諸政権の君主の一族やその高級官僚、東晋南朝から北魏に亡命する宗室や高級官僚も少なからず、彼らは北燕の馮氏、西涼の李氏、東晋の司馬氏らに見るように、厚遇を受けていた[21]。京兆の杜氏や長楽の馮氏など外戚になって最高級の地位に就く漢族がおり、また一部「胡族」を含むが、漢族が大部分を占める宦官や恩倖の人が高級官僚となることも少なくない。そのことは表1に明らかである。他方、魏晋以来の漢族の名族は、一部を除いて北魏に仕えることを避ける傾向があり、彼らが官僚として北魏の中央政権に包含されるようになるのは神䴥四年の徴召以後である[22]。

従って漢族を分ける必要がある。表1の前期に現れる漢族は七名にとどまるが、張黎は辺郡の人、劉昶は亡命者、後の「四姓」に属するのは崔浩と李敷の二名、それ以外の漢族が三名（渤海の高允・范陽の李訢、外戚の馮熙）となっている。後期になると、辺郡の人は見えず、亡命者が劉昶[23]・蕭宝夤・蕭賛の三名、「四姓」に属するのが李沖・崔亮・崔光の三名、ただし崔亮と崔光は平斉民であり、亡命者に含めてもおかしくはない[24]。そしてそれ以外の漢族が安定の皇甫度、琅邪の王粛、頓丘の李崇と李平、太原の郭祚、広平の游肇と六名にのぼる（複数の官職を歴任した者が多いから表1の数字とは一致しない）。「四姓」の占める割合は高くないのである。『新唐書』巻一九九に載せる柳芳の議論は天下の名族をグループに分けて列挙するが、山東の「郡姓」として彼が挙げる王・崔・盧・李・鄭氏（すなわち「四姓」）と並ぶ関中の「郡姓」韋・裴・柳・薛・楊・杜氏も表1には姿を見せない[25]。

列曹尚書就任者についてはどうであろうか。表2つまり前期では上谷の張延（巻二四）、昌黎の谷渾（巻三三）、安定の鄧宗慶（巻二四）、燕郡の公孫叡・邃（巻三三）、上党の堯暄（巻四二）の六名は辺郡の人、呂羅漢（巻五一）、皮豹之・皮喜（巻五一）の三名は武将、毛脩之・毛法仁（巻四三）、司馬金竜・司馬躍（巻三七）の四名は「帰国」者。「四姓」に含まれるのは清河の崔宏、趙郡の李順・李敷・李弈（巻三六）、順の従父弟李孝伯（巻五三）、隴西の李沖（巻五三）の六名。それ以外の就任者が范陽の李訢（巻四六）、北海の王嶷（巻三三）、高陽の許宗之（巻四六）、広平の游明根（巻

五五）、安帝の韓均（巻五一）の五名であり、関中の諸姓は見られない。(26)「四姓」は四分の一である。(27)

表3（後期）については如何であろうか。同表は同一人物が異なる曹に就任した場合、双方とも数えている。その数字をそのまま用いると、三分の一強を「四姓」が占めるが、重複を数えないと三四名中の八名、四分の一弱にとどまる。(28)他の諸姓を見ると、北魏初から仕えた辺郡の漢族はなく、(29)柳芳が関中の「郡姓」とする弘農楊氏が三名、河東裴氏が二名、その他の関中に本貫を置く隴西辛・天水楊氏が各一名。柳芳の言う山東地域に該当する諸姓では渤海封・広平宋・広平游・中山甄・頓丘李・河間邢氏が各一名で計六名。そして「帰国」者は六名。西魏・北周で力をもつ関中諸姓が台頭しつつあり、また山東地域の「四姓」以外の諸姓も、小さからぬ位置を占めていたのである。(30)

漢族について総じて言えば、北魏前期においては辺郡出身者、「四姓」、「四姓」に次ぐ山東諸姓が均衡に近い割合を占めていたが、後期には辺郡出身者が力を失って関中諸姓がその位置に取って代わって「四姓」や山東諸姓と対抗するようになったと見ることができよう。このことから考えれば、「四姓」は他の漢族諸姓に較べて優位にあったとは言えようが、しかし「四姓」が他を圧していたとまで言うことは難しいであろう。

（九）「胡族」についても補足しておきたい。表1の前期の欄の「胡族」諸姓の内実を見ると、実数の三六名のうち、姓族分定詔に「八姓」として見える諸姓が一三名と三分の一強を占める。(31)これは同詔の「太祖已降、勲著当世、位尽王公、灼然として知るべき者」という表現に適合するが、陸氏五名、穆氏三名と両姓が突出していて、「八姓」全体が他姓を圧倒していたとは必ずしも言えないようである。このあり方は漢族の「四姓」と同じであるとしてよいのではないか。

（一〇）第5章と補論をまとめると以下のようになる。

国制の転換期に遭遇していた孝文帝にとっては、保守的な「胡族」の制約の排除が課題であり、他方これまで以上に漢族官僚を重用する必要があった。そのために孝文帝は、宗室、それもより皇帝に近い宗室を官僚制の上層部に大量に取り込む一方、「胡族」と漢族を同格に扱う姓族分定を行う。「胡族」の場合は祖先が部落大人であったか否かと、父祖三代の官爵の高下が基準となり、漢族の場合は父祖の官爵が重視されたが、他の要素も考慮された。父祖の官爵による家格の認定は、「胡族」も反対しにくい基準であったと想像される。他方、「胡族」の中でも有力であった諸姓は「八姓」に認定し、漢族の中でも優位の位置にあった「四姓」と同格として、特別扱いとした。ただし、双方ともに起家官は「胡族」の「姓」族、漢族の「甲乙姓」と同じレベルであった。「八姓」「四姓」が突出していたわけではない。皇帝に血縁の近い宗室は別格として、他の宗室や胡漢諸姓は、正七上～従七下（一部従八を含む）という狭い枠内で起家したのであり、起家レベルに差があったとしてもその差は逆転可能であった。家格の認定の仕組み、起家のあり方、その後の昇進には、孝文帝の胡漢一体化（中華帝国臣民）という理念が反映していたと考えられる。

（一一）以下の点を併せて指摘しておきたい。孝文帝は門閥制を導入したが、それは父祖の官職を基準として家格を設定し、家格によって起家官のレベルを定め、かつ一定の幅で昇進するというきわめて官僚制的な内実をもっていた。しかも考課制度を重視しようとしたこと、将軍号を官僚の地位の表示として用いたこと（唐代の散官と同じではないが散官としての機能を果たす）と、通常場合の官僚の遷転は「階」を基準として行われたことは、南朝の貴族制の示す姿とは異なっていて、直接ではないにせよ、唐代の律令官僚制につながる側面をもつ。その点で非常に重要な改革であったと評価できる。第1章から第5章に及ぶ検討は、北魏後期の貴族制が官僚制の姿態をとるという指摘をより精密に裏付けたにすぎないかも知れないが、しかし家格の設定、起家官の定め方、その後の昇進に規則性があるということは、北魏の貴族制に新たな光を当て、ひいては隋唐の貴族制理解にもつながるのではないかと考える。残念ながら、孝文帝の改革した官僚制は、その後の北魏の内乱の過程で将軍号がインフレーションを起こして孝文帝の意図した機能を果たしえなくなるなど、大きく躓くのであるが。

註

（1）このことに関する先行研究は数多いが、長いスパンで論じた吉岡真「北朝・隋唐支配層の推移」（『岩波講座世界歴史』九、一九九九）のみを挙げておく。
（2）「北魏門下省初稿」（『魏晋南北朝官僚制研究』汲古書院、二〇〇三、第一部第二章）九〇～九二頁。
（3）本補論では第5章の註（58）に倣い宗室を除く胡族を「胡族」と表現する。宗室と「胡族」双方を指す場合には括弧を付けない。なお、以下の記述において、胡族か否かの判断は、主として姚薇元『北朝胡姓考』（中華書局修訂版、二〇〇七、科学出版社版は一九五八刊）に依拠する。
（4）毛漢光『両晋南北朝士族政治之研究（上）』（中華学術著作奨助委員会、一九六六）の「両晋南北朝官吏総表」は詳細で大いに参考になるが、宗室を除外している。
（5）註（2）所掲の旧稿は門下省を扱う故に侍中・黄門侍郎四人を置いたという官氏志の記載を重視して太和一五年（四九一）以前を前期として扱った。本補論では太和一八年の洛陽遷都までを前期として扱う。その結果就任者六名の後期から前期への入れ替えが必要となった。ただし議論の大勢に影響はない。
（6）北魏前期の尚書省高官就任者については、佐藤賢「北朝前期の〝内朝〟・〝外朝〟と胡漢問題」（『集刊東洋学』八八、二〇〇二）、長部悦弘「北魏尚書省小考――録尚書事・尚書令・尚書左右僕射に関して」（『琉球大学法文学部紀要　日本東洋文化論集』一三、二〇〇七）の研究がある。両氏の挙げる事例には出入があり、また筆者の判断ともくいちがうところがあるが、指摘している内容は大筋で一致する。

（7）第Ⅲ部第2章で示した文成帝期の三公令僕クラスの就任者では、宗室は二、「胡族」は一〇、漢族は外戚の一例のみとなっており、北魏前期に通じる状況を示している。

（8）殿中尚書は尚書の名称をもつが、実態は禁衛の部隊の長官である。張金竜『魏晋南北朝禁衛武官制度研究（下）』（中華書局、二〇〇四）第一六章参照。

（9）後期は尚書制度が改変されて曹数が減少する。厳耕望「北魏尚書制度考」（『中央研究院歴史語言研究所集刊』一八、一九四八）参照。

（10）就任者と出典を以下に記す。数字は『魏書』の巻数、ハイフンで繋ぐのは『校注』の巻数・頁数。傍線は「四姓」に属することを示す。

吏部：元暉（一五）、元淵（一八）、元脩義（一九上）、元澄（一九中）、元順（一九中）、元英（一九下）、元徽（一九下）、元斡（二一上）、李韶（三九）、李沖（五三）、宋弁（六三）、李平（六五）、甄琛（六八）、崔亮（六六）

殿中：元淵（一八）、元脩義（六―四二）、穆紹（二七）、崔亮（六九）、封回（三二）、李韶（三九）、蕭宝夤（五九）、邢巒（六五）、裴延儁（六九）、崔休（六九）、高猛（八三下）、胡祥（八三下）

度支：元萇（一四）、元昭（一五）、元継（一六）、元匡（一九上）、元徽（一九下）、元端（六―一九三）、元欽（六―一二三八）、封回（三二）、李冏（三六）、李彦（三九）、楊昱（五八）、楊侃（五八）、畢祖朽（六一）、王誦（六三）、邢巒（六五）、崔亮（六六）、袁翻（六九）、崔休（六九）、裴植（七一）、盧同（七六）、楊機（七七）

都官：元端、元諶、元謐、元顥（以上、二一上）、元脩義（六―四二）、于忠（三一）、宇文福（四四）、封回（三二）、楊椿（五八）、崔亮（六六）、賈思伯（七二）、辛雄（七七）

儀曹：盧淵（四七）、游明根（五五）、劉昶（五九）、馮誕（八三上）

七兵：元欽（校六―一二三八）、元遙（四―三五〇）、長孫稚（二五）、穆紹（二七）、封回（三二）、李憲（三六）、李韶（三九）、裴詢（四五）、楊鈞（五八）、裴延儁（六九）、崔休（六九）、閻豆（八三上）

(11) 拙稿「北魏の宗室」(『魏晋南北朝官僚制研究』汲古書院、二〇〇三、第三部第二章)。
(12) 拙稿「北魏地方軍（特に州軍）について」(『魏晋南北朝官僚制研究』汲古書院、二〇〇三、第一部第八章）参照。
(13) 佐川英治「北魏の編戸制と徴兵制度」(『東洋学報』八一―一、一九九九）参照。
(14) 『文館詞林』巻六六五に載せる孝文帝の「遷都洛陽大赦詔」は、道武帝が魏と国号を改めたが、「壌陏寒沢」とし、また「土非沃壌区、甸乖三千之域、虞夏之所棄絶、殷周之所莫顧」と平城が中華の都としてふさわしくないことを述べる。
(15) 拙稿「北魏の議」(『魏晋南北朝官僚制研究』汲古書院、二〇〇三、第二部第三章）参照。
(16) 洛陽遷都の理由については様々な見解がある。張金竜氏はこれまでの研究は、①経済的な原因、②社会・文化的な原因、③政治的・軍事的な原因に整理できるとし、②を保守勢力の脅威を離れ、漢化政策を進めるため、としている。張金竜『北魏政治史』七（甘粛教育出版社、二〇一〇）の第三章「洛陽遷都原因」参照。
(17) 註（11）前掲拙稿参照。
(18) 外戚として高位の官職を得る事例はある。
(19) ただし、郎を本官としてもちながら他の官職を数官経てはいる。
(20) 第Ⅲ部第5章で論じる弘農楊氏を例にとれば、後燕が滅びた段階で北魏に仕えたが、二代にわたり郡太守にとどまり、第三代目で孝文帝初年に刺史となっている。
(21) 堀内淳一「北魏における河内司馬氏」(『史学雑誌』一一九―九、二〇一〇）参照。ただし、征服されたという事情によって平斉民のように劣悪な環境に置かれる事例もある。
(22) 例えば滎陽鄭氏がそうである。第Ⅲ部第3章参照。
(23) 劉昶は前期に中書監、後期に大将軍。
(24) 崔光は東清河に本貫をつなぐ。「四姓」に含まれるかどうか微妙なところである（梶山智史「北朝における東清河崔氏――崔鴻『十六国春秋』編纂の背景に関する一考察」〔『史林』九六―六、二〇一三〕参照）。なお、後註（27）に見える清河の崔衡の父は北涼からの帰国者である。崔亮が平斉民であることは前述した。

(25)　京兆の杜氏の場合は外戚として処理する。

(26)　合計二四名で表2の漢族の合計欄とはくいちがうが、李訢は三度、毛法仁は二度の尚書に就任していることによる。

(27)　同様のことは「方伯」つまり州刺史就任者についても指摘できる。孝文帝改革以前における漢族の刺史就任事例はかなりの人数が知られ、かつその比率も次第に高くなるが、就任者を見ると、以下のような特色がある。まず上下に分かれていた州の区分のうち、筆者が上州と考える冀・定・相・幽・洛・雍・恒・秦・徐・青・兗の諸州の刺史（「北魏の州の等級について」〔『魏晋南北朝官僚制研究』汲古書院、二〇〇三、第一部第五章〕参照）について見ると、上谷の張袞（幽州：巻二四）、上谷の王建（冀州：巻三〇）、昌黎の谷闌（相州：巻三三）、太原の薛提（冀州：巻三三）、河内の張蒲（相州：巻三三）・張昭（幽州）父子、昌黎の韓秀（青州：巻四二）、范陽の酈範（青州：巻四二）は辺郡の人、または北魏建国段階から仕える人々であった。昌黎の韓麒麟（冀州：巻六〇）も、父は太守どまりであったが、恐らくはこの分類に属する人であろう。北魏建国以後、周辺の政権からの帰国者およびその係累が任ぜられた事例もあり（南朝の刺史が帰降してそのままその地の刺史となる事例は除外する）、馮朗（雍州）・馮熙（定州：巻八三上）や畢衆敬・畢元賓（兗州：巻六一）が挙げられ、薛道次・薛道標（秦州：巻六一）もこの例に含めえよう。范陽の李崇は北燕からの帰降者で北幽州刺史となった（巻四六）。これは上州ではないが、その子の訢は相州・徐州刺史となっている。巻八三の外戚およびその一族が任ぜられる事例としては、京兆の杜道生（秦州）、常忻（幽州）、李恵（秦州・青州）と、少なくない事例がある。これ以外の事例では高陽の許彦（相州）・許宗之（定州：巻四六）父子、弘農の李洪之（秦州：巻八九）、中山の張赦提（幽州：巻八九）があるが、いずれもそれほど知られた一族ではない。「四姓」やそれに次ぐような一族の事例はわずかに清河の崔賾（冀州：巻三二）、范陽の盧度生（青州：巻四七）、趙郡の李霊（洛州：巻四九）の三例しか知られない。下州と思われる州の刺史の事例では、渤海の高允（懐州：巻四八）・高祐（西兗州：巻五七）・高祚（東青州：巻五七）、清河の崔衡（泰州：巻二四）、博陵の崔鑒（東徐州：巻四九）、滎陽の鄭羲（西兗州：巻五六）といった事例が見られるが、いずれも孝文帝期のものである。下州は官品不明であるが、上州に下ることは間違いなく、それらの州にしか「四姓」に類する一族が就任しえていないことは注目すべきである。なお、孝文帝末年までの州刺史就任者については玉野卓也「北魏における州刺史の出自についての一考察」（『高橋継男教授古稀記念

東洋大学東洋史論集』東洋大学文学部史学科東洋史研究室、二〇一六）参照。

(28) 前註所掲の事例を参照。

(29) 上谷の寇治（巻四二）は墓誌（『校注』六―六五）によれば度支尚書となっているが、伝では兼とある。それに従い除外する。たとえ除外しなくても、僅かに一例にとどまる。

(30) 註（15）前掲の張金竜氏著書の第六章は孝文帝時期の統治集団を本稿と同じグループに分けて論じること非常に詳細である。ただし漢族を「四姓」とそれ以外に分ける分析方法は採っていない。また改革の前後で分ける方法論も採用していない。

(31) 陸馥、陸麗、陸叡、陸儁、陸定国、穆亮、穆寿、穆平国、尉元、尉眷、于洛抜、劉尼、楼毅である。

第Ⅲ部　石刻資料を用いた北魏史研究

第1章　北魏服属諸族覚書

はじめに

短命に終わった五胡諸国と統治が一五〇年に及んだ北魏との相違が何によるのかということは、当該時代の研究において重要な問題である。谷川道雄氏は北魏初における部族解散を重要視したが[1]、しかし、北魏全時期を通じて部落やそれを率いる長の存在が確認され、両者をどのように整合させるのかという問題がある[2]。そもそも部族解散についてはその実施の時期、対象、目的について、様々な議論があり[3]、その理解が前記の問題に大きく関わってくる。

最近、侯旭東氏は、北魏は領域内の胡族統治に際して二つの政策を併用したことを明らかにした[4]。一つは部族解散であり、それによって部民を編戸化し、もう一つは五胡十六国以来の旧制を継承した護軍や鎮戍の制度であって、その鎮撫の下に部落の存在を容認したという。少し詳しく述べれば以下のようになろう。部族解散は、田余慶氏や李憑氏が述べるように、一つの法令の下に一斉に行われた措置ではない。長い時間をかけて実行された措置である。道武帝の時期の部族解散は四方の諸部を対象としていて、その際高車のような強悍な部族は原有の組織を維持するのを許し、各地の護軍統治下の多くの部族（爾朱氏も含まれる）も類似の待遇を得た。その後、護軍が太守に置き換わることに示されるように、護軍治下の各部族は次第に編戸化されて行く。以上は非常に優れた着眼であって、これまで問題となってきた点はかなりの程度解消できると考える。

ただし、侯氏の説でもなお論じる余地が残されている。侯氏は道武帝期に行われた部族解散は「拓跋部以外の四方諸姓」を対象としていたとする。「拓跋部」は内入諸姓を含んでいるわけである。『魏書』巻一一三官氏志は、北魏政権を構成した諸族を帝室、四方諸部、内入諸姓に分けるが、四方諸部と内入諸姓は、記されるような截然と区分された存在だったとは思われない。さらに、侯氏の「拓跋部」は部族解散されたのか、されたならその時期はいつなのか、この問題についても明言されていない。

再建代国時代を含めて北魏初期には多数の部族が領域内に入った。本章ではそれらに対する北魏政権の具体的な扱いを検討し、それを通じて、部族解散について考えたい。

一　華北統一以前に北魏に入った諸族

登国元年（三八六）に代王として牛川（内モンゴル興和県か）で即位した道武帝は、次々に周辺の諸族を征服して行く。太武帝による華北の統一段階までに、北魏に征服された諸族について本節では検討するが、北魏に内附してきた事例、服属していたものの背反行動により北魏の攻撃を受けた事例をも、征服活動に含める。内入、四方、その他の諸部（諸姓）に分けて検討するが、それに先だって四方諸部＝四方諸姓とは何かを確認し、それに関する若干の検討をしておきたい。

（1）内入諸姓と四方諸姓

官氏志では、帝室十姓の後は以下のように構成されている。

神元皇帝時、余部諸姓内入者、
丘穆陵氏、後改為穆氏。
（中略七四姓）
東方宇文・慕容氏、即宣帝時東部、此二部最為強盛、別自有伝。
南方有茂眷氏、後改為茂氏。
（中略六姓）
西方尉遅氏、後改為尉氏。
（中略一五姓）
凡此諸部、其渠長皆自統衆。而尉遅已下、不及賀蘭諸部氏。
北方賀蘭、後改為賀氏。
（中略九姓）
凡此四方諸部、歳時朝貢。登国初、太祖散諸部落、始同為編民。

内入諸姓は神元皇帝（＝力微）の時に内入したとあるが、代王でもない力微の時にこれら諸部がそろって服属していたということはありえない。実態は、旧代国時代あるいは代国再建段階でその傘下にあった諸部ということになる。しかも、記録を見る限り、北魏時代になってから加わった可能性の高い事例を含む。例えば、破六韓氏と思われる韓茂[5]の父韓耆は明元帝の時に夏から帰したし（巻五一）、爾綿氏は太武帝の太平真君一〇年（四四九）の来降が初見である（世祖紀下）。康楽氏[6]は、阿鹿桓氏や乞扶氏も道武帝以後の帰附の事例に挙げる。もっとも、列伝などに記載される人物の祖先の帰附の時期以前に、同族の他のグループなり個人の帰附があった可能性は残るのであるから、内入の諸族が、何らかの形で代国再建時もしくはそれ以前に代王のもとに（一時的であるにせよ）属していたと考えることは可能である。その可能性を含めて、内入諸姓として北魏政権で理解されていたということである。

それに類する理念的な処理の仕方が内入諸姓に見られる。夏を建国した鉄弗部の赫連勃勃の弟の文陳は天興二年に北魏に附し、その子は明元帝の時に宿六斤を賜姓され（巻三〇宿石伝）、この宿六斤氏が内入諸姓に含まれる。鉄弗を代国時代の服属部族と理解しての扱いであろう。賀蘭部は代国再建に大きな役割を果たしながら、その後代王と対立する立場に置かれた。これが、賀蘭氏を四方諸姓に含める理由であろうが、他方同じ賀蘭部の一部が賀頼氏として内入諸姓扱いになっている。(7)(8)

東方以下の四方諸姓については、官氏志のこの部分の読み方に議論がある。「凡そ此の四方諸部、歳時朝貢す」までが四方諸姓に関する記述であるとする考え方と、「登国の初め、太祖諸部落を散じ、始めて同に編民と為す」は内入諸姓を含めた全体を対象とするという考え方があるからである。この相違は部族解散の時期と対象をめぐる論争で重要な位置を占める。(9) この部分は全体の構成から論ずべきであろう。「神元皇帝の時、余部諸姓内入する者」は、単独では文となっていないが、その後の七五姓を併せ見ると完結性をもっている。他方、東方以下の四方諸姓は、「毎年（代国に）朝貢してきていた」だけでは、文そのものは完結するにせよ、意味の上での完結性がない。「部族解散が行われて朝貢関係は消滅し、編民として北魏に組み込まれた」という一文があって始めて意味の上で完結するのである。四方諸姓がすべて登国の初年に北魏に入ったというわけではない。このことは後述するところで明らかである。ではあるが、内入諸姓が神元皇帝の時に既に服属下にあったという設定下に置かれているのと同じ扱いで、四方諸姓は道武帝の初年に編戸となったという設定がなされたのである。このことから、四方諸姓が部族解散を受けたのは確かであるが、それは必ずしも登国初年でなくてもよいという理解が可能となる。部族解散が登国はじめに一斉に行われたわけではないとは多くの論者の一致するところであり、そのことについては「はじめに」でもふれたが、官氏志の記述の構成からもそれが裏付けられるのである。[10]付言すると、官氏志の記す部族解散の対象は四方諸姓であるが、これを根拠にして内入諸姓・宗室の部族解散を否定することはできない。官氏志は四方諸姓に対する措置を述べたにすぎないからである。

以上から、四方諸姓とは、代国再建時期以降に編民となった、つまり代国・北魏の傘下に入ったと理解されていた諸部を指すということでよいであろう。

（２）内入諸姓

代国再建時期から華北統一までの間に北魏の征討を受け、或いは北魏に附してきた内入諸姓は以下の通りである。若干の説明を加えて示す。

①独孤部：代国が再建された段階で最大の脅威は南に位置する独孤部であった。それへの対処は三次に分けられる。登国元年、劉顕が善無（山西右玉県）からその南の馬邑（山西朔州市）に走ると、従兄弟の劉羅辰（＝劉奴真）[11]が所部を率いて降って来る（①―１）。翌登国二年、道武帝は馬邑を攻撃して劉顕を西燕に逃亡させその部落を手に入れる（①―２）。また後燕に降って弘農太守となっていた劉顕の弟の劉亢泥を、皇始元年に撃破し、その配下の部落を徙した（①―３）。

②乙弗部と③護仏侯部：登国元年、劉顕に与して代王攻撃を企図していた部帥代題と侯辰が叛走した。代題は一旦復帰したが、再度劉顕のもとに走ったので、その孫の倍斤に部落を領せしめた。

④鉄弗部：南方の独孤部と北方の賀蘭部の脅威をひとまず取り除いた代国の、次の段階における主敵は、西方から

西南に位置する鉄弗部であり、登国六年九月から一二月にかけての攻防で一旦壊滅に追い込んでいる。これにより代国の勢力はオルドスに及んだ。劉衛辰の子の劉直力鞮に対しては「尽く其の衆を并す」（巻九五）とあるから、かなりの鉄弗部衆が代国に入ったと見てよい（④―1）。後秦に逃れた鉄弗部から、赫連文陳が「帰闕」したことは前述した（④―2、巻三〇宿石伝）。

⑤俟呂隣氏：登国八年四月には苦水（寧夏南部）に入寇していた柔然別部の俟呂隣部を親征し、大破した（巻一〇三高車伝附）。

⑥是賁氏：後燕との戦いの最中、并州刺史拓跋延を攻めようとした并州の守将封真を撃破した。封真は、「種族」つまり是賁部と徒何を率いていた。

⑦吐伏盧氏：皇始年間であろう、後燕から帰した（『周』巻一九豆盧寧伝）。

⑧屈突氏[12]：後燕から道武帝に帰附した（巻三三屈遵伝）。

⑨是楼氏：後燕から「帰国」した（巻三二高湖伝）。

⑩破六韓氏：明元帝の永興年間に夏から来降した（巻五一韓茂伝）。

⑪阿鹿桓氏：太武帝期、北涼が滅んだ時の徙民と思われる（巻八八鹿生伝[13]）。

⑫乞伏氏：帰した時期は不明だが西秦滅亡後であろう[14]。

①～④、⑥はともかく、それ以外も「内入」の扱いとされているのは、前節で述べたように、それより以前に内入していたという理解に基づくのであろう。⑤俟呂隣部は、旧代国の什翼犍の時期に帰してきた一派があり、故に内入扱いとなる。呂洛抜の曽祖父がそれにあたる（巻三〇[15]）。

これら内入諸姓は、北魏に帰した本人もしくはその子孫が北魏において官僚となったことが確認できる。④⑧⑨⑩

⑪は、上記の出典を見れば、それ以上の説明は必要ないであろうし、①—1の劉羅辰は『魏書』外戚伝に載せられている。叛いた人物とそれに近い者は何らかの処分を受けたはずであるから、その子孫が官僚となる可能性は低いであろうが、同族の場合でも官僚となる事例は少なくない。②は文成帝期の権臣乙渾を生み、③は侯淵（巻八〇）などの人物を出していて、⑥には封勅文（巻五一）などがいる。

このうち①劉羅辰、④宿石、⑤呂洛抜は列伝で「代人」と記され、討滅された封真の属する⑥是賁氏の封勅文も「代人」、②乙弗氏の乙瓌も「代人」である（巻四四）。このほか③侯淵（巻八〇）は「神武の人」、つまり鎮人であるが、これは代人からの分出として理解できる。つまり内入諸姓の人々は、被征服ないし来降により、首都近辺に居住させられることになったと考えてよい。⑦盧魯元（巻三四、吐伏盧氏）と⑧屈遵は昌黎、⑨高湖は渤海に本籍を繋ぐが、いずれも後燕に仕えた者たちである。後燕系の人々は多数が平城近くに徙民されたが、これらの者はその対象となった可能性が高い[16]。しかし、正史が記述される段階で、後燕系の人々は代を本籍としない事例が多かったということであろう。北涼系の⑪鹿生も一旦は徙民されているが、本籍を済陰に繋いでいる。

（3）　四方諸姓

代国再建時期から華北統一までの間に北魏の征討を受け、或いは北魏に附してきた四方諸姓は以下の通りである。

（イ）　賀蘭部系

道武帝の代王即位にあたり大きな役割を果たした（ⅰ）賀蘭部は、その当時は代王国の北に位置する地にあって、服属する部族を多数擁し、代王に匹敵するような力をもっていた。独孤部勢力を分散化させるのに成功した代王は、この段階では賀蘭部の力を削ぐ方向に動く。

（ii）紇突隣部・（iii）紇奚部の両部はその大人こそ異なるが、同一の遊牧地をもっていたようであり、賀蘭部に服属していたらしい。登国五年四月に代王は意辛山（内モンゴル四子王旗）でこれら三部を撃破した。その結果、（ii）・（iii）両部の大人はそれぞれの部民を率いて内属してきた。のち、劉衛辰の攻撃を受けて降伏を求めてきた賀蘭部を、登国六年六月に代王は親ら救援し、その部落を徙して東境に置いた（i―1）。これで北方の脅威は去ったことになる。[17]皇始二年（三九七）二月、代王が敗北したとの噂により賀蘭部帥附力眷は紇突隣部帥・紇奚部帥とともに陰館（山西朔州市）で反したが、将軍庾岳に滅ぼされた（i―2）。

（ロ）後燕系

賀蘭部、独孤部、鉄弗部を滅ぼし、あるいは傘下に収めると、後燕との対立が必至となる。登国一〇年一一月に侵入してきた後燕軍を参合陂で大破し、翌年三月、親ら遠征に乗り出してきた慕容垂が途上で病死すると、撤退する敵軍を追って代国軍は後燕領になだれ込み、河北を奪い取る。この段階で代国に帰したのは、前節で述べた内入諸姓のほかに、（iv）慕容氏（巻五〇慕容白曜伝）、（v）宇文氏（巻四四宇文福伝）があり、かなり遅れて（vi）可朱渾氏（巻八〇朱瑞伝）がある。

（ハ）西方・西南系

鉄弗部が南走した段階で後秦及び西方・西南系の諸族と境界が接する。（vii）薛干部[18]は、登国八年鉄弗の劉衛辰の子の劉屈丐（赫連勃勃）が逃げ込んだ先で、道武帝の親征を受け、その民は徙され、部帥太悉仏（太悉伏）は後秦に逃亡した。太悉仏に率いられていた部民は、のち夏の統万城が陥落した段階で北魏に入れられ、編戸となる（巻一〇三）。このほか、天興二年（三九九）には（viii）庫狄部と（ix）宥連部を撃破して「其の別部諸落を塞南に徙」し（巻二九奚斤伝）、天興四年には（x）破多蘭部を撃破してその民を京師に徙した（巻一〇三）。夏からは明元帝泰常年間（四一六～四二三）末に（xi）費連氏が来降（巻四四費于伝）、北涼からは太武帝の太延五年（四三九）に（xii）綦連部が北魏に入った（巻八一綦儁伝(19)）。

（二）その他

以上の他にも征討を受けた諸族がいる。登国五年九月に西北方にあった（xiii）叱奴部を嚢曲河で撃破し、雲中に徙したが、天興二年には庾真が（xiv）侯莫陳部を攻撃して多数の馬牛羊を獲た。その部が北魏に属したことは巻三四陳建伝ほかで確認できる。次いで永興五年（四一三）に跋那山（内モンゴル烏拉特前旗東南）にいた（xv）越勤倍泥部を奚斤が攻撃し、二万余家を大寧川（河北張家口市）に徙民して計口受田している（巻二九奚斤伝）。この部はこれより先の天興五年に莫弗が万余家を率いて内附し、五原（内モンゴル包頭市）の北に置かれた。征討ではない内属の事例には天興六年の（xvi）尉遅部があり、朔方にいた別帥が万余家をもって内属し、雲中に入居した（太祖紀）。

以上一六の四方諸姓の扱いで注目されるのは、徙民措置を受けていることである。上に記したところで徙民が明示されているのは（i―1）・（vii）・（viii）・（ix）・（x）・（xiii）・（xv）の七例であるが、（i―2）を見れば、（ii）・（iii）も徙されていたことがわかる。（xvi）も強制を示す語はないが、徙民としてよいだろう。このほか（v）宇文氏と（xii）綦連氏は「代人」と記され、（vi）可朱渾氏は「代郡桑乾人」と記されていて、畿内もしくはその近辺に徙されている。(xiv)侯莫陳部は詳しくは後述するが、陳建は「代人」と記されている。(iv)慕容白曜伝は籍貫を記さないが、慕容氏が畿内に徙されたことは疑いない。四方諸姓はすべて居住していた地から離されたとしてよいのである。居住地を離れたこれら諸姓は多く官僚を輩出していることが確認できる。(iv)・(v)・(vi)・(xi)・(xii)・(xiv)は上記で示した典拠に明らかである。(i)・(ii)・(iii)はそれぞれ賀訥(巻八三上)・竇泰(『斉』巻一五)・嵇抜(巻三四附伝)などの人物を出し、(vii)には薛野賭(巻四四)がいる。(xvi)は尉元(巻五〇)を挙げれば十分であろう。(x)破多蘭氏は改姓後の潘氏が漢姓にもある故、漢族との判別が難しいが、『文物』二〇〇六―一〇で紹介された大同沙嶺北魏壁画墓の漆皮の題記に「侍中主客尚書領太子少保平西大将軍□……□破多羅太夫人」とある太夫人は破多蘭氏である。高官の妻であったから、実家の破多羅氏も相応の地位にあったと見てよいであろう。(xiii)については叱奴輝墓誌(『疏証』一五二)で確認できる。(viii)庫狄部は後に詳しく見る。奚斤によって同時期に破られ、塞南に徙された(ix)宥連部も、(viii)と同じ扱いを受けた可能性が高い。

(4)内入・四方に含まれない諸姓(その一)

代国再建時期から華北統一までの間に北魏の征討を受け、或いは北魏に附してきた諸族には内入諸姓・四方諸姓に含まれない諸姓がある。

(イ)柔然系

北方の賀蘭部勢力を削いだ北魏にとって、新たに柔然対策が課題となり、代王は早くも登国六年に柔然を親征し、南牀山で大破している。捕虜としたその部衆は多く登国九年に逃亡して北帰しようとして、追撃を受けた。この後、柔然は屢々入寇し、北魏も屢々皇帝が親征を行った。そのような関係の中で、柔然の一部が北魏に附してくる。本紀によると、天賜元年に悦伐大那らが柔然主社崘を殺そうとして失敗して来奔し、永興三年には社崘の弟斛律の宗党吐觝于らが内属、太平真君一〇年には別部帥爾綿他抜が来降した。（a）爾綿氏は内入諸姓に含まれる。また本紀には見えないが、柔然可汗の姓である（b）郁久閭氏に属する閭毗も太武帝の時に来降している（巻八三上）。次いで天興四年に（c）黜弗・（d）素古延部を和突が「六千騎を率いて襲いてこれを獲」（巻一〇三高車伝附）たとあるから、徙民したのであろう。黜弗部については、これより先の登国六年に拓跋儀・拓跋虔を派遣して大破している。両部は官氏志に記載がないが、巻一〇三蠕蠕伝によれば柔然が救援に動いているから、柔然の勢力下にあったと考えられる。

（ロ）高車系

柔然より先に境を接したのは高車であり、北魏は早くから攻撃を行っている。その最初は登国四年初めに行われているが、親征から一旦戻った代王は、登国五年には再度遠征した。三月に鹿渾海近辺にあった（e）袁紇部を破り、「生口馬牛羊二十余万」を得たとされる（巻一〇三高車伝）。さらに登国五年一〇月には狼山（内モンゴル杭錦後旗西）で（f）豆陳部を撃破した。さらに天興二年に親征、天興六年には伊謂が攻撃を行った。その一方で、天興三年には別帥勅力犍、天興四年に別帥の内附の記録が残されている。後者は高車伝の解批莫弗にあたり、解批部は内入諸姓の（g）解枇氏に該当する。なお、太武帝が神麚二年（四二九）に柔然親征を行った帰路、已尼陂に屯していた東部高車を安原に襲撃させ、獲得した新民を漠南に置く措置をとった（世祖紀上）ことはよく知られている。高車伝によれば、降る者数十万落であったという。なお、高車の近くにいた（h）解如部と、同部と「脣歯」の関係にある（i）吐突隣部を破り、解如部については「悉くその部落畜産を略徙して還」った（高車伝）という記録がある。

（ハ）庫莫奚

登国三年、東方の庫莫奚を攻撃、雑畜十余万頭を得た。巻一〇〇によれば四部落をも獲ている。間違いなく徙民したであろう。

（ニ）類抜部と泣黎部

登国八年、後燕に攻撃された西燕を拓跋虔らに救援させ、その途上で（j）類抜部を破り、徙民した。このほか、登国七年に（k）泣黎部大人茂鮮が叛走し、長孫嵩を派遣して大破させた。

以上の諸姓についてまとめると、まず、徙民の有無であるが、柔然と高車の場合は、敵対する遊牧国家ないしは部族連合である両者の部民を獲得した場合、それ等を原住地にとどめることはありえない。その事例は既に述べた。庫莫奚のほか、（j）も徙民されている。（k）の場合の措置は記されていないが、叛走であるから、その処置は厳しかったはずで、そのままもとの地に留められるとは考えられない。つまり、以上の諸部に対しては徙民が通常の措置であったと思われる。

またこれらの諸族の官僚としての登用の有無であるが、柔然については、巻三五崔浩伝に「蠕蠕の子弟来降するに、貴き者は公主を尚り、賤しき者も将軍・大夫、居りて朝列に満つ」とあるように、来降して北魏朝廷内で政治的地位を得る者が多数にのぼった。高車は斛律や斛斯姓の者が北魏末の内乱時期から頻見するが、それ以前には活動が記録に残される者は少ない。「孝文皇帝弔殷比干墓文」碑陰（『金石萃編』巻二七）に直閤武衛中臣斛律慮が見える。「文成帝南巡碑」[20]碑陰第二列に「散騎□□□□□□□尚書汝南公袁紇尉斛」とあるのは（e）の族人であろう。（k）も同碑第四列に泣利傉但とあるのが同族であろう。庫莫奚及び（h）・（i）・（j）は、その一族について官僚を出したという記録は残っていない。しかし、考えてみれば、内入諸姓でもそのすべてが官吏として記録される子孫をもつわけではない。官氏志の記す内入諸姓はすべてで七五姓。そのうち子孫が何らかの形で北朝の記録に残されているのは、管見の限り五四姓。二一姓、二八％については子孫の動向がつかめないのである。四方諸姓についてみれば、官氏志に記されるのは三五姓。うち二一姓が何らかの形で子孫が北朝に記録を残していて、記録が残されないものが一四姓、四〇％である。逆に、官氏志に見えない諸族で文成帝南巡碑にその名称が記されるものが少なからずある。[21]上記の解如などの四姓も、北朝で官僚を出した存在であった可能性は高いと考えてよいのではなかろうか。（g）の幡豆建は、内附の結果威遠将軍に叙せられ、官属を置いた。このようなことは普通に行われたであろう。

（5）内入・四方に含まれない諸姓（その二）

前項で扱った以外の、代国再建時期から華北統一までの間に北魏の征討を受けて降り、或いは内附、内属という形で北魏に包摂され、しかし内入諸姓・四方諸姓に含まれない諸姓について検討する。まず、主として現在の山西省西部、陝西省、甘粛省東部方面に居住していた諸族について。これら諸族は、「山胡」や「河西胡」というように『魏書』に「胡」という語でもって表現される匈奴系が多いが、氐や羌、丁零なども少なくない。その居住地域からして北魏と接触するのは、鉄弗部を破って以後であるが、最初の事例は登国六年である。鉄弗部に属していたと見られる山胡の酋長幡頽・業易于らが降伏し、馬邑に置かれた。恐らく徙民されたのであろう。

以下、煩雑になるが内附・内属の事例を挙げる。天興元年、鄜城の屠各の董羌、杏城の盧水胡の郝奴、河東蜀の薛楡、氐帥苻興が「種（種族）を率いて内附」、同二年には西河胡帥護諾于、丁零帥の翟同、蜀帥の韓礱が内附した。

明元帝期の永興三年には河東蜀の黄思・郭綜と西河胡の張賢が内附、同五年には河東（＝河東蜀）の薛相が「部を率いて内属」した。さらに神瑞元年には河西胡劉遮らが、神瑞二年には河西胡の劉雲らが内属、泰常二年には氐豪の斉元子ら、同三年には河東胡・蜀、同五年には河西の屠各と羌酋の不蒙娥、杏城の羌酋狄温子、同八年には河東蜀の薛定らが「内属」「内附」と記される。太武帝期前半にもこのような状況は継続する。始光四年に三城の胡帥鵲子が内附、神䴥元年には上郡の休屠胡の酋長金崖が「部を率いて内属」し、同年には上洛の巴酋の泉午觸と上郡の屠各隗詰帰も内属している。続いて延和二年には隴西の休屠の王弘祖が内属した。しかし、この後は内附の記事は世祖紀には見られなくなる。

以上に挙げたことは、北魏の勢力が拡大して行くに伴い、後秦や夏に服属していた諸族が北魏側に取り込まれて行く状況を示しているのであり、そのような動きは四一七年の後秦、四三一年の夏の滅亡によってほぼおさまるということであろう。その後は新たに境界を接するようになる吐谷渾からの内附が見られるようになるのである。

北魏への帰属の事例の減少傾向とは逆に、これら「胡」と称される人々による反乱が目立つようになる。北魏領内に入った諸族は、それまでにも屢々反乱を起こし、あるいは叛走を試みたが、上述した事例と同時期における丁零や羌、胡と称される人々による北魏への抵抗活動を挙げると、天興元年に離石胡帥呼延鉄と西河胡帥張崇が叛して庾岳に討平され、永興五年には西河胡の張外、河西胡曹竜らが反乱を企て、曹竜が大単于と称しているが、鎮圧された。同じ年には吐京の叛胡が劉潔らに攻められたが、逆に優勢を示している。また神瑞二年には河西胡が白亜栗斯のもとに上党で起ち上がり、のちリーダーは山胡の劉虎に変わったが、一年半に及ぶ長期の反乱となって、叔孫建らに鎮圧された。神䴥元年には并州の胡酋卜田が反し、延和二年には、上述の金崖が叛いて胡空谷に拠った。この反乱は同じ涇州の安定鎮将の陸俟に鎮圧されたが、金崖の部衆を継承した金当川が翌年に反し、平涼郡に属する陰密を包囲したが、拓跋素に敗れている。また延和三年には西河にあった山胡の白竜が親征を受けた。太平真君六年には、杏城鎮将郝温が反しているが、同年同じ杏城で盧水胡の蓋呉の乱が起こっている。これに河東蜀の薛永宗が呼応した大反乱は、太武帝の親征により一旦敗北したが、翌年には蓋呉は再度杏城で兵を挙げている。太平真君八年には、山胡の曹僕渾が河西に渡って反し、元提らにより鎮圧された。同年に吐京胡が盗賊行為をなして討伐を受けているのも、反乱行為とみなしてよいであろう。

後秦や夏の領域にあった諸族で四方諸姓とされる諸部が徙民されたことは既に述べた。四方諸姓に含まれない諸族では、既述の登国六年の山胡の事例があるほか、離石胡の呼延鉄と西河胡の張崇が、「内徙を楽しまず、党を聚めて反叛す」（巻二八庾業延伝）とあり、徙民に抵抗したことがわかる。しかし、その他の諸族は、北魏に入った時点で居住していた地域を動いていないようである。少なくとも徙民されたという記録はないし、逆に動いていないと思われる事例が散見する。例えば、西河胡の張外らが聚党して逆を為した時、劉潔は「西河に屯して以てこれを鎮撫」した（巻二八）。平涼の休屠金崖の場合は、内属後征西将軍の地位を得ていたが、平涼郡（甘粛東部）の属する安定鎮将と涇州刺史との間に紛争があったということは、平涼もしくはその近辺に、金崖は率いて降った部衆を伴ってあったということであろう。挙兵後に彼が拠った胡空谷（陝西彬県）は安定郡（甘粛涇川県）から遠くないことが、その裏付けとなる。盧水胡の蓋呉が反乱の拠点とした杏城（陝西黄陵県）は、杏城鎮将であった尉撥の統治宜しきを得て「上郡の徒各・盧水胡八百余落、悉く附して民と為る」（巻三〇）とあるように、部落組織を残した盧水胡が居住する所であった。蓋呉が杏城に近く住む盧水胡を反乱の基盤と頼ったことが想像できるのである。これら諸族は多くの場合官氏志にその名が見えない。蓋楼氏（蓋氏）のみ内入諸姓中に見えるが、蓋呉とは異なる系統の蓋楼氏が、代国時期に服属した可能性がある。

注番号: (22)(23)(24)

結論として、初期には「胡」も徙民される状況はあったようだが、四方諸姓として扱われる以外の諸姓、――それらは匈奴、氐、羌、丁零系の諸族であった――は、基本的に原住の地にとどめられたと言える[25]。

関連して述べるべきことがある。後燕の領域にあった諸族の扱いである。周知のように、後燕の都の中山を陥落させた直後の天興元年正月に「山東六州の民吏及び徒何・高麗の雑夷三十六万、百工伎巧十万余口を徙し、以て京師を充たす」（太祖紀）措置が執られた。鮮卑徒何種が徙民されたことには裏付けはあるが[26]、泰常三年に「冀・定・幽三州の徒何を京師に徙す」（太宗紀）とあって、すべての徒何が天興元年正月の段階で徙民されたわけではない。征服した領域の民は多く、その全てを徙民することはできないことは自明である。徒何以外でも、天興元年九月に渤海郡で亡命の徒二千余家を集めて烏丸王と称した烏丸の張超（太祖紀）は、正月の徙民から逃れた可能性が高い。後燕領域ではさらに天興五年に丁零の鮮于次保が乱を起こして、常山太守に鎮圧され、泰常二年には山東の楡山の丁零翟蜀が劉裕に通じたという理由で叔孫建らに滅ぼされている。また丁零は、太平真君八年にも定州にいた三千家が京師に徙民されている。後燕の領域内でも、もとの地に居住する諸族が存在していたのである。後秦・夏領域下の諸族ほど明瞭な形ではなかったにせよ、それに通じる措置が執られていることになる。

本項で扱った諸族の場合、金崖の例に見るように将軍号を得たり、地方官に任ぜられるケースを確認できる。しかし、北魏の末期を除いては中央の高級官僚となる事例はなかったようである。少なくとも列伝をもつものはいない。

二　服属した諸族のあり方

（1）徙　民

前節で見たように、代国再建以後に服属した諸族の場合、西南の諸族が原住の地に留められたものの、少なからぬ諸族が徙民され、特に天興以前に服属した諸族は、基本的に徙民の対象となった[27]。彼らはどこに徙されたのであろうか。康楽氏は、平城及び王畿（畿内）に住むことが「代人」の条件であるという[28]。畿内とは、巻一一〇食貨志に「天興の初め京邑を制定す。東は代郡に到り、西は善無に及び、南は陰館を極め、北は参合を尽し、畿内の田と為す」とある、今日の桑乾河盆地に相当する地域である。代人が畿内に居住していることには異論はないが[29]、「代人」と記される人物を輩出した一族でも、その徙民先を見てみると、必ずしも畿内に限られない。前節で既に言及している事例が多いが、あらためて徙民先を表1で確認しておく[30]。

これを見ると平城、京師と記される事例が多いが、そこに徙された人々は、後燕領域と北涼領域、蓋呉の乱に際して長安、そして南朝領域から移されたものが多く、一部徙何・丁零などの非漢族を含むにせよ、徙民された多数は漢族であると思われる[31]。非漢族の諸族の場合は、京師と記される事例は少ない。とはいえ、前節でも言及したが、太祖紀皇始二年二月条の「是の時、栢肆の役、遠近流言し、賀蘭部帥附力眷・紇突隣部帥匿物尼・紇奚部帥叱奴根、党を聚めて陰館に反す。南安公元順軍を率いてこれを討つも克たず、死者数千。安遠将軍庾岳に詔して万騎を総べ、還りて叱奴根等を討たしめ、これを滅ぼす」という記事がある。研究者は多く、部族解散された後にこれら三部が陰館近辺に置かれていたと考えている。それでよいであろうが、紇突隣・紇奚部は登国五年に内附した。それから七年後に両部が蜂起していることは、これら両部が、畿内の南端に位置し、既述の諸族の徙民先の条件に合致する陰館に内附の段階で配置されたであろうことを示す。これに賀蘭部、破多蘭部を合わせると四例になり、後燕系や北涼系列でない四方諸姓も、畿内に徙されていることに間違いはないのである。

しかし他の諸族・諸部は、多くが畿内の外部に置かれている。(viii)の庫狄部の場合、『斉』巻一五庫狄干伝には、

表1　諸姓徙民表

区別	記号	部族等	徙民先	時期
内入・四方諸姓	①—3	劉亢泥の部落	平城(32)	皇始元
	i—1	賀蘭部	東境	登国六
	xii	薛干部	不明	登国八
	viii	庫狄部	塞南	天興二
	ix	宥連部	塞南	天興二
	x	破多蘭部	京師	天興四
	xiii	叱奴部	雲中	登国五
	xv	越勤部	五原の北	天興五
	xv	越勤倍泥部	大寧	永興五
	xvi	尉遅部	雲中	天興六
その他諸姓		高車	京師(33)	天興二
		高車	漠南	神䴥二
		徒何・高麗の雑夷	京師	天興元
		冀・定・幽三州の徒何	京師	泰常三
		北燕の民	幽州	延和元
		定州の丁零	京師	太平真君八
		山胡	馬邑	登国六
		北涼の諸族	京師	太延五
		長安の工巧	京師	太平真君七
		西河離石の民	京師	太平真君九
		南朝宋の官民	京師	皇興三
		南朝の降民	京師	正平元
		六州の官民	代都	天興元
		雑人	北辺	太平真君八

「曽祖越豆眷、魏の道武の時、功を以て善無の西臘汙山の地方百里を割き、以てこれに処らしむ。後、部落を率いて北遷し、因りて朔方に家す」とあり、最初の徙民の段階では、畿内の西の境界の善無のさらに西となっている。この地は、畿内ではないにせよ、『元和郡県志』巻一四雲州条の「後魏道武帝、又此に於いて都を建つ。東は上谷軍都関に至り、西は河に至り、南は中山隘門塞に至り、北は五原に至る。地方千里、以て甸服と為す」とある甸服の領域内にある。甸服は太祖紀の「有司に詔して封畿を正し、郊甸を制せしむ」に当たり、雲中・五原・大寧・馬邑はいずれもこの郊甸に含まれる(34)。つまり、四方諸姓は畿内には含まれない、そ

の周辺の郊甸の領域にも多く徙されたのである。(35)

柔然の場合、登国六年に多数の捕虜を出したが、その後北帰したことは前述した。他の時期の内附や捕虜の場合に置かれた地については明らかにし難いが、朝廷に満ちあふれた柔然の人々に限れば、畿内に居住していたことは間違いない。高車については、これも既にふれたが、神䴥二年、獲得した「新民を漠南に列置し、東は濡源に至り、西は五原・陰山に曁び、三千里に竟る」（世祖紀上）という。濡源（河北沽源県東南）から五原といえば、郊甸の東西の範囲に合致する。しかし、この地は郊甸とは異なる。漠南という語は『魏書』にも頻見するが、皇帝の行幸先として度々記されるほか、「漠南に屯して蠕蠕に備う」、あるいは漠南から柔然に出撃という時に多く現われる。比較的位置関係のわかりやすい事例を挙げると、太武帝が北涼を親征する際、穆寿に柔然に備えて漠南に伏兵を置くように指示した。穆寿はそれを怠り、柔然に善無の西までの侵入を許すのであるが、この時、建寧王崇らは別に漠南に鎮して柔然主呉提の兄の軍と対峙して陰山の北で撃破し、北に帰る呉提を漠南まで追撃したという（巻二七穆寿伝、巻一〇三蠕蠕伝）。漠南は陰山より北を指していることが明らかである。つまり、高車は郊甸とは異なる、その北方の地に置かれたのである。天象志三にこのことを記して「遂に高車を降して、以て漠南を実たし、地を闢くこと数千里と云う」とあるように、多くの他の徙民された人々がいたはずの地ではなかった。(36)

（2）　農業と牧畜

代国・北魏に服属した諸族・諸部がいかなる生活を営んだかについては、あまり明確にはなっていない。徙民された者が農業に従事させられたことはよく知られているが、太祖紀天興元年二月条の「詔して内徙の新民に耕牛を給し、計口受田せしむ」という措置の対象は、同一月条に京師への徙民の記事が載せられる「山東六州の民吏及び徒何・高麗の雑夷三十六万」であろう。漢族が多かったことが想定できるのであるが、徒何や高句麗人も農業に従事させられている。他方、奚斤等が獲た越勤倍泥部落については「二万余家を大寧に徙して計口受田せしむ」（太宗紀永興五年七月条）とあり、遊牧を事としていた部族も農業に就かせられた。ということは、他の諸族・諸部でも同様の措置を受けた可能性がある。農業に親しむことはなかったであろう越勤部に受田するからにはよほどの必要性があったのであろう。それは、対北燕戦を見据えた措置かも知れないし、(37) 人口が増加する一方の畿内の人々の食糧をまかなうための措置であったかも知れない。とはいえ、これはひとり越勤部だけで解消する問題でもなかったと考えられる。徙民された諸族・諸部に限られるわけではないが、中国の研究者は、部族解散を受けた部民は「分土定居」されて農業に従事するようになったと考える向きが強い(38)。

他方、日本における近年の研究においては、郊甸の地における牧畜を強調する傾向が強く出ている(39)。郊甸の西寄りの部分には確かに部落が存在した。永興五年「（七月）丙戌、車駕、（雲中旧宮の）大室より西南のかた諸部落を巡り、其の渠帥に繒帛を賜うこと各々差有り。遂に南のかた定襄の大落城に次し、東のかた十嶺山を踰え、善無川に田《かり》す。八月癸卯、車駕還宮す」（太宗紀）という記事がある。この地域は牧畜が盛んな地であった。巻八〇斛斯椿伝には「広牧富昌の人なり。父敦、粛宗の時、左牧令たり。時に河西の賊起こり、牧民不安、椿乃ち家を将いて爾朱栄に投ず」とある。広牧は五原の西にあったようである(40)。左牧令は牧畜を管理する官職であるが、高車系の斛斯氏は五原近辺に居住して、この地域の牧畜を管理する立場であったのであろう。この段階で庫狄部がなお善無にいたかどうかは定かでないが、方百里の地を与えられた庫狄部も、牧畜を行っていた可能性が高い。

黄河を隔てた河西も、牧畜の地であった。巻一一〇食貨志に「世祖の統万を平らげ、秦隴を定むるや、河西は水草の善なるを以て、乃ち以て牧地と為す。畜産滋息し、馬二百余万匹、橐駝将にこれに半ばするに至り、牛羊は則ち無数」とある。粛宗紀に「西部勅勒斛律洛陽、桑乾に反し、西のかた河西の牧子と通連す」とあり、巻七四爾朱栄伝ではこのことを「費也頭牧子と迭いに相い掎角す」と記す。その費也頭の帥である紇豆陵伊利を高歓が捕虜とし、「其の部落を内地に遷す」という記事が出帝紀永熙三年条に見える。牧畜を行う集団が部落制をとっていたことがわかるのである(41)。

郊甸以外の地での牧畜は、高車においてより明確である。神䴥二年に濡源から五原・陰山の範囲に高車新民を置いたことは前述した。高車伝には、これについて「皆徙して漠南千里の地に置く。高車に乗り、水草を逐い、畜牧蕃息し、数年の後、漸く粒食を知り、歳に献貢を致す。是に由り国家の馬及び牛羊は遂に賤に至り、氈皮委積す」という。この場合の「千里」は東西の幅ではなく、南北を指すのであろう。数十万落という数は誇大にせよ、桁違いに多い新民を置き、しかも「水草を逐う」遊牧を思わせる形態で牧畜を行うにはそれだけの広大な面積の地が必要である。高車については、「太祖の時、諸部を分散す。唯だ高車は粗獷に類し、使役に任ぜざるを以て、故に別に部落を為すを得」（高車伝）とある。その後北魏に入った高車も同様に部落組織を維持していたはずであるし、それに違う事例はない。もっとも、高車のすべてが漠南に置かれたわけではないようである。『資治通鑑』巻一三三宋泰始七年条に付された胡三省注によれば、柔然や高車は、武周塞外以西を西部、以東を東部、「漠南に依りて居る者」を北部と言ったという(42)。

以上のように、郊甸及びそれに接続する地域における牧畜の盛行について確認できる(43)。かつ、その牧畜を担うものは、多くが部落を維持していた(44)。しかし、それは農業がこの地域においてもつ重要性を損なうものではない。先に挙げた高車伝の記事でも、次第に粒食を知るようになったとある。六鎮についても、宣武帝の時に源懐が上表して、「景明以来、北蕃は連年災旱、高原陸野、営殖に任ぜず。唯だ水田有り、少しく菑畝すべし。然るに主将参僚、腴美を専擅し、痩土荒疇を百姓に給す。此に因りて困弊し、日月滋々甚し。諸鎮の水田は、請う、地令に依りて細民に分給し、貧を先にし富を後にし（後略）」と述べているように、農業が行われている。故に世宗紀延昌元年四月条に「饑民に詔して六鎮に就穀せしむ」という措置が可能だったのである。畿内の宗室や内入諸姓も、肉や乳を食することがあったにせよ、穀食をしないではすませられない。そのための計口受田であったはずである。食貨志に畿内制定の記事に続けて「其の外の四方四維、八部帥を置き以てこれを監せしめ、農耕を勧課し、収入を量校し、以て殿最を為す」とある。畿内を含むか否かに議論は残るにせよ、かつ例え一部であろうにせよ、旧遊牧・牧畜の民が北魏初期から農耕を強いられていることに注意すべきである。佐藤智水氏は、北魏皇帝の行幸を分析して、北魏前半期における鮮卑族の牧畜中心の生活を指摘した。その佐藤氏は、牧畜中心の生活様式が献文帝期以降変化することをも指摘している。(45)(46)

三　部族解散について

ここで再び紇奚部に戻りたい。注意しなければならないことがあるからである。陰館で反乱を企てて鎮圧された紇奚部であるが、のちに華陽公主を尚り尚書令に至った嵇（奚）抜、その子大司馬長楽王嵇敬を出している。それはどうして可能だったのであろうか。世祖紀下太平真君五年六月条に「北部の民、立義将軍衡陽公莫孤を殺し、五千余落を率いて北走す。漠南に追撃し、其の渠帥を殺し、余は冀・相・定三州に徙して営戸と為す」とあり、北魏の反乱参加者への処罰は厳しかった。(47) 高祖紀上延興元年一〇月条、延興二年三月条にも反した勅勒を営戸とした記録が残されている。これから推すに、この時旧部帥に従ったはずの紇突隣部や紇奚部民は、殺害されるか営戸のような隷属民とされたであろう。そのような状況下で華陰公主を尚った奚抜のような人物を出すことは難しかったはずであるから、この時の反乱に立ち上がったのは、紇奚部の一部の系統であったと考えてよい。嵇抜の父は嵇根であるが、彼は「皇始の初め部を率いて魏に帰し、昭成の女を尚り、子抜を生む」（『北』巻二五万安国伝附）とある。登国五年に降った大人庫寒とは、北魏に帰した時期及び首長の名が異なる。根の率いた部は別にあったと考えられる。(48) 陰館で紇奚部と共に反した賀蘭部にしても同様の酷しい措置を受けたはずであるから、一二年後、道武帝が清河王に殺された段階で「京師草草、（賀）泥出でて烽を安陽城北に挙げ、賀蘭部人皆往きてこれに赴く」（巻八三上）とある賀泥（賀訥の従父弟の子）は、部帥附力眷とは別の系統であったとしてよいであろう。(49) このように考えれば、反乱に起ち上がらなかった旧紇奚部、賀蘭部の成員は、陰館とは異なる地域に居住していたとしてよい。両部と密接な関係にあった旧紇突隣部も同じである。

四方諸姓は降伏ないし服属した段階で部族解散の対象となったとされる。とすれば、賀蘭部や紇奚部がそれぞれ異なる系統ごとに異なる地にいたことを、部族解散の結果と考えることはできる。部族には全体の部族長のほかに、別帥のような小集団の長がいたのであるから、部族がそのような小集団に分割（解散）されて、それぞれ異なる地域に置かれたという可能性があるからである。しかし「党を聚めて」という表現は、その前には集団を形成してはいなかったことを示す。呼びかけに応じうる地域には居住していたにせよ、集団は形成していなかったのである。解散された四方諸部族の成員は、畿内に居住させられて「代人」となり、恐らくその上層部は官僚として用いられ、他の多くは北魏の基幹兵力を構成した。

他方、畿内ではなく郊甸に居住させられた人々もいた。庫狄氏がその代表である。彼等が部落を維持していたことは既に述べた。『斉』巻一五庫狄干伝によると、彼は魏初に善無の西の方百里の地、ついで朔方に移った越豆眷の曽孫で、爾朱栄に従って入洛している。一方、同じく爾朱栄に従った庫狄廻洛（『斉』巻一九）の場合、庫狄洛墓誌（『校』九―一一〇）によると、洛（字は廻洛）は「朔州部落の人」で「大酋長公の孫、小酋長公の子」とある。ともに部落の酋帥の子孫である両者の関係について『北斉書』は言及しない。関係が近ければ、言及するはずであるから、恐らくは関係が薄かったのであろう。このことから推測するに、庫狄部はいくつかの集団に分かれていたのではないか。「朔州の人」とは懐朔鎮に属していたことを示し、「朔方に家」したという表現も懐朔鎮の所属になったことを示唆する[50]。このように考えれば、庫狄部は、成員が個別化されたわけではないにせよ、緩い形での部族解散の対象となったとしてよいのではないか。他の牧畜に従事した諸部についても同様の扱いであったと考えてよいであろう。彼等は北魏の軍事行動を支える軍馬の生産に関わるとともに、宋の滑台攻撃が順調でないことを怒り明元帝親ら出征した時のこととして、「四方の蕃附の大人、各々所部を率いて従う者五万余人」（太宗紀泰常七年条）と記されるように、軍事活動にも従うことがあったのである。

多く畿内の地に居住し「代人」と称せられるようになった内入の諸姓についてもふれておきたい。彼等は中央、地方の官僚となったほか、北魏の基幹の兵力を構成したが、その一部は、太武帝の頃から構築された北辺や西方の諸鎮に移され、そこに籍を置くようになった。鎮民と記される人には「代人」の同族が多く確認できるから、部族全体が鎮に移されたわけではないことは明白である。そして移された鎮が複数にわたる事例がある。破六韓氏の韓茂が「代人」と記されることは前述した。『斉』巻一五の韓軌、同二〇の歩大汗薩は「太安狄那の人」、『斉』巻二七の破六韓常は「附化の人」、『斉』巻一九の韓賢は「広寧石門の人」とあって、ともに懐朔鎮人である。しかるに、同じ鎮に所属、同じ時期に活動しているにも拘わらず、相互の関係が記録されていない。しかも、姓の表記がそれぞれに異なり、かつ鎮が廃されたあとの所属の郡県が異なっている。このことは、これらの人々が異なる存在の仕方をしていた可能性の高さを示す。さらに『周』巻二七韓果伝は「代武川の人」としていて、武川鎮の人となっており、六鎮の乱の引き金を引いた破六韓抜陵は沃野鎮人であるから、破六韓氏の居住地の分散はより大きい。これをかなりの程度まで細分化された小集団をなしての移住と考えることは可能ではある。(51)

近年その存在が注目されるようになった申洪之墓誌(52)には、延興年間に死去した洪之が、文忸于呉提・賀頼吐伏延・賀頼吐根・高梨高郁突の四人の地主から、京師つまり平城の桑乾河南の地二〇頃を墓域として購入したことが記されている。侯旭東氏はこれを原有の部落が解体されている証拠として扱った。(53)侯氏の場合、部族解散が部族制再編成であるとする理解に反対する立場からの発言であり、その部族解体がどの範囲のものなのかを明言していないが、文忸于は内入諸姓の忽忸于であり、賀頼も内入諸姓に属する（高梨は高麗と考えられている）から、この段階では内入諸姓も解体されているという理解であることがわかる。ただし、氏は、四方諸姓（の一部）が道武帝初期に解散されたことは示すものの、内入諸姓の解散の時期は明言していない。侯氏は、部族解散は長期に亙り、徐々に進行したという考えであるから、明言しないのも当然ではある。(54)

このことを考慮すれば、太武帝期から進行した鎮への移住が、個別化された内入諸姓をも対象としたとする理解が可能であり、それは上述の可能性より蓋然性が高いと考える。つまり、内入諸姓も、早い段階で解散されていたのではないか。官氏志に孝文帝の姓族分定の記事を載せるが、まず勲臣八姓について述べた後、「原《もと》と朔土に出、旧《もと》と部落大人と為り、而して皇始より已来、三世、官の給事已上、及び州刺史・鎮大将に在り、及び品の王公に登る者有るは姓と為す。若し本《もと》と大人に非ず、而して皇始より已来、職官の三世尚書已上、及び品の王公に登りて中間に官緒を降さざるは亦た姓と為す。諸部落大人の後にして皇始より已来、官は前列に及ばずして三世中散・監已上、外は太守・子都（将）と為り、及び品の子男に登る者有るは族と為す。若し本と大人に非ず、而して皇始已来、三世令已上、外は副将・子都・太守と為り、品の侯已上に登る者有るは亦た族と為す」と記す。中国的官制を採用して以来の官職の高下とともに、もと部落大人の子孫であるか否かが姓と族を分かつ重要な要素として挙げられている。「もと」であり、現在の大人ではない。しかも、大人から三世代以上経過していることが前提とされており、非大人にしても、大人が一般に存在していた段階における大人でなかったことを意味する。これは、太宗紀永興三年に「附国の大人に錦罽衣服を賜うこと各々差有り」とあり、同泰常七年に南巡した時に「四方蕃附の大人各々所部を率いて従う者五万余人」とあるような北魏に附してなお部落体制を維持している大人ではない。太祖紀天賜元年一一月条に「上、西宮に幸し朝臣を大選し、各々をして宗党を弁じ才行を保挙せしむ。諸部の子孫の業を失い爵を賜わる者二千余人」とあるのは、部族解散によって大人としての地位を失った部族の指導者に対する措置であると考えてよく[55]、この措置と姓族分定の際の区分とがつながるのである。また官氏志に「（天興元年）十二月、八部大夫・散騎常侍・待詔等の官を置く。其の八部大夫は皇城の四方四維に、面ごとに一人を置き、以て八座に擬し、これを八国と謂う」とあり、平城周辺の内入諸姓が居住する地が八部に分割されている。これと第二節で引いた食貨志の八部帥が同一か、異なるかで議論があるが、畿内に置かれたのが八部大夫で、その周辺（郊甸）に置かれたのが八部帥と考える李憑氏の理解[56]が妥当であろう。内入諸姓が官僚を多く輩出するとともに、北魏の軍事力の根幹部分を構成したことは論をまたない。北魏の支配領域が拡大するとともに、各地に内入諸姓を中核とする軍団が駐屯する。また北辺や西北の鎮に簡抜されて、八部は六部、四部へと縮小する[57]。これらのことは、部族解散が内入諸姓にも及んだとしてはじめて理解できるのである。

初期の北魏軍団の中核をなす内入諸姓が当初から部族解散を受けたとすれば、対立する部族を征服し、解散させる強制力を得にくいという批判があるが、賀蘭部、独孤部を解散させ、鉄弗部も一部を解散、大部分は逃亡させ、後燕に勝利を得た段階、つまり抵抗がただちに外部の対抗勢力に結びつく危険性が去った段階で、内入諸姓の部族解散の断行に踏み切ったのであるから、あながち危険な賭であったとも思えない。

付言すれば、四方諸姓も、鎮に移住させられた。例えば、陳建は「代人」と記され（巻三四）、祖父は右衛将軍、父は尚書であったが、侯莫陳崇は祖父の時代に武川鎮人となった（『周』巻一六）。また、費連氏の費于は「代人」であるが（巻四四）、『周』巻二五李賢伝には万俟醜奴の党として原州に拠った費連少渾の名が見える。少渾は高平鎮人であった可能性がある。ただし、彼等は部族解散を受けたのち時間を経ての移住であるから、原則は個別的な選抜によることになる。このほか細分化されたにせよ部族体制を維持したままで鎮に所属させられる四方諸姓（例えば庫狄氏）については既に述べた。

おわりに

部族解散は、代国再建以後、周辺の諸部族を征服するごとに継続的に行われたが、おそらく天賜元年段階では内入諸姓にも及んだ。その後も、征服されることによって解散される部族はあったと想定される。その意味で、部族解散は一時に断行されたものではない。また、部族の成員を個別化し、編戸化することに基本が置かれたにせよ、部隊など小集団としてのまとまりまでは維持させた可能性が考えられ、また軍馬生産など軍事面の要請からであろうが、小集団に分割することで牧畜体制を維持することを認めたものもあった。部族解散は、時間的にも、形態的にも、幅をもって実施されたと言うことができよう。

以上についてほとんどを先行研究に依りつつ述べてきたが、最後に部族解散後について一言しておきたい。部族解散は部族の長と成員とを分断するものであったが、心情的な結びつきまでは絶つことは難しかったのではないか。柏肆の役に際しての賀蘭部人の行動はそれを示す。また、内入・四方諸部からまんべんなく内朝官を選ぶことが文成帝の段階でも行われていたが[58]、これは旧部族のバランスを考慮する必要があったことを示すものと考えられる。

註

（1）谷川道雄『隋唐帝国形成史論　増補版』（筑摩書房、一九九八）第Ⅱ編第一章「北魏の統一過程とその構造」。

（2）川本芳昭『魏晋南北朝時代の民族問題』（汲古書院、一九九八）第一編第四章「部族解散の理解をめぐって」、初出一九八二年。

（3）松下憲一『北魏胡族体制論』（北海道大学出版会、二〇〇七）第一章「〝部族解散〟研究史」参照。

（4）侯旭東「北魏対待境内胡族的政策――従〝大代持節豳州刺史山公寺碑〟説起」（『近観中古史　侯旭東自選集』中西書局、二〇一五、初出二〇〇八）。

（5）『魏書』は韓茂を安定の人としていて漢人のごとく見えるが、姚薇元『北朝胡姓考』（修訂本、中華書局、二〇〇七。以下、『胡姓考』と略記する）一三六頁に従う。

（6）康楽『従西郊到南郊――国家祭典与北魏政治』（一九九五、稲禾出版社）の「代人表」による。

（7）前燕の時、賀頼頭が率いる三万五千戸が大寧に置かれた。張継昊「北魏王朝創建歴史中的勳臣賀氏」（『従拓跋到北魏――北魏王朝創建歴史的考察』稲郷出版社、二〇〇三、第一章、一九九六初出）はこの賀頼から出たとする。一方田余慶氏は賀頼頭の一派は後燕により竜城に徙民されたと考える。「賀蘭部落離散問題――北魏『離散部落』個案考察之一」（同『拓跋史探』新華書店、二〇〇三、所収、初出一九九七）を参照。

（8）北魏に降ってきた五胡諸王朝の宗室の扱いについて述べておく。慕容氏については上引の四方諸姓に見えるが、巻五〇慕容白曜伝には「初め、慕容破れし後、種族仍お繁く、天賜の末、頗る忌みてこれを誅す。時に遺免有り、敢えて姓を復さず、皆輿を以て氏と為す」とあり、誅殺を免れた慕容氏は慕輿氏と名乗ることとなったとされる。この慕輿氏は内入諸姓に数えられる。もっとも慕容白曜の例を見れば、すべてが慕輿と改めたわけではないようである。かつ、『晋書』載記には慕輿も慕容と並んで見られるので、官氏志の慕輿はそれを指すと考えることができる。慕輿が内入、慕容が四方諸姓と扱いが異なるのは、慕容が燕という王朝を建てたことを重視したのであろう。西秦の乞伏氏は鮮卑であり、官氏志は内入諸姓（乞扶氏）に数える。南涼の禿髪氏の場合、禿髪傉檀の子が来奔して、太武帝から「同源」として源の姓を賜わった（巻四一源賀伝）。「同源」だからであろう、官氏志には載せられない。北燕の馮氏は漢族の扱いだから、当然官氏志には載せられない。後秦はその滅亡段階で姚黄眉が来帰して官爵を受けたが（巻八三上）、姚氏は官氏志には見えない。世祖紀下太平真君五年七月条に謀反して誅されたとある東雍州刺史沮渠秉は、北涼の沮渠氏の同族であろうが、沮渠氏も官氏志に見えない。官氏志は、後述するように天興年間以降北魏に帰属するようになった河東や河西の胡（匈奴系）や氐・羌の姓は四方諸姓扱いにしていない。姚氏や沮渠氏はその扱い方に従ったのであろう。

（9）松下憲一氏註（3）前掲書、参照。たとえば勝畑冬実「拓跋珪の〝部族解散〟と初期北魏政権の性格」（『早稲田大学大学院文学研究科紀要』文哲史学別冊二〇、一九九四）は、後半部を、次の姓族分定の記事につなげて読む。

（10）官氏志の構成については、松下憲一氏の分析がある。松下氏前掲書第六章「北朝正史における〝代人〟」。

（11）劉羅辰と劉奴真が同一人物であることは、田余慶「独孤部落離散問題――北魏〝離散部落〟個案考察之二」（同氏註（7）前掲書所収、初出一九九七）に従った。独孤部については同論文及び張継昊註（7）前掲書前篇第三章「北魏王朝創建歴史中的匈奴劉氏」参照。

（12）尸突は屈突の誤りであること、屈遵が屈突姓であることについては『胡姓考』一四八頁参照。

（13）鹿生は済陰の人と伝にある。『胡姓考』八〇頁により胡族とした。父が北涼の沮渠牧犍の尚書郎であったので、北涼が滅んだ段階で北魏に入ったと考えられる。

（14）并州刺史乞伏成竜の名が見える。乞伏と乞扶は同一である（『胡姓考』一一四頁）。

（15）『胡姓考』は旧代国の昭成帝時に帰してきた一派を内入諸姓の叱呂氏とし、呂洛抜はその曽孫、登国年間に代国に含みこまれた俟呂隣部は同族であるが異訳だという（一一八頁）。

(16) 康楽氏註（6）前掲書の詳細な「代人表」には、盧魯元、屈遵、高湖は載せられていない。
(17) 田余慶氏註（7）前掲論文参照。
(18) 官氏志には叱干氏とあるが、薛干氏とも記されることについては、『胡姓考』二二一頁に従った。
(19) 『胡姓考』は、奚眷が張掖・酒泉を攻略して三万余家を代に徙した時に綦連氏も徙民されたと考えている（二二八頁）。それに従う。
(20) 『文物』一九九七―一二に録文が示された。
(21) 碑陰第一列に斛骨、代伏云、社利、挟庫、第二列に比子、胡優、袁紇、熱何、豆連、斛律、第三列に胡翼、胡比、契胡、蓋毛、第四列に大野、勒烦、折枋、奚斗、泣利。
(22) 世祖紀には上郡とある。しかし休屠の金氏は平涼が根拠地であったようである（『胡姓考』三〇九頁）。前述したように金崖の後を嗣いだ金当川も平涼郡で活動している。
(23) 反乱を起こした諸族とその部落との関係については、張継昊「従北魏時期変乱史料看部落民的分布」（『史原』一四、一九八五）参照。
(24) 『胡姓考』一六四頁は、孝文帝皇后高氏の母の蓋氏を蓋楼氏かとしている。巻一三の高皇后の伝では、父の高氏、母の蓋氏ともに東裔に生まれたという。蓋氏が蓋楼氏だとしても杏城に本拠をもつ蓋呉の系統とは異なるであろう。また『胡姓考』は巻八七節義伝に見える蓋儁もこの族かとしている。しかし蓋儁は山東の魯郡の人で「六世同居」とあり、漢族の可能性が高い。
(25) 滅亡した五胡政権の兵士が北魏の兵として用いられた――その場合は移動を伴う――ことは、拙稿「北魏の地方軍（特に州軍）について」（『魏晋南北朝官僚制研究』汲古書院、二〇〇三、第一部第八章、初出一九八四）参照。
(26) 天興元年三月に漁陽の庫傉官韜が反しているが、これは徙民を嫌ってという可能性が考えられるので、徙民の対象外であったとは言い切れない。泰常元年に「徒何部落の庫傉官斌先に降り、後復た叛して馮跋に帰す。驍騎将軍延普、濡水を渡り討撃し、大いにこれを破り、斌及び馮跋の幽州刺史漁陽公庫傉官昌、征北将軍関内侯庫傉官提等の首を斬り、庫傉官女生を生擒し、京師に縛送す」（太宗紀）とある。北燕に同族が多数いる庫傉官斌は濡水を渡って東に走っている。天興元年に徙民されていた徒何の人であった可能性がある。

(27) 徙民については河地重造「北魏王朝の成立とその性格について――徙民政策の展開から均田制へ」（『東洋史研究』一二―五、一九五三）参照。

(28) 康楽氏註（6）前掲書第二章第二節「代人集団」。

(29) 内入諸姓の居住地については、巻二八和跋伝に、天賜四年に処刑に臨んだ和跋が弟に「灅北の地は瘠せたり。水南に居りて、就きて良田を耕し、広く産業を為し、各々相い勉励し、務めて自ら纂修すべし」と、灅水（桑乾水）の北の地から南の地への移住を勧めている事例がある。灅水は畿内の西南隅から東北に流れているので、和跋は畿内に居住していたと考えられる。

(30) 古賀昭岑「北魏における徙民と計口受田について」（『九州大学東洋史論集』一、一九七三）が詳細な徙民表を載せる。それを参照したが、徙民先の理解に問題があると思われる事例が散見し、それらは省いてある。例えば、滅ぼされた君主や指導者が京師に送られて斬られたという場合、それは個人もしくは少数であって、必ずしもその他多数が京師に送られたことを意味しない。そのほかにも採用しなかった事例は少なからずあるが、本文の趣旨には多くは影響しないと考える。

(31) 西河離石の民は「胡」であった可能性がある。

(32) 巻二三莫題伝で徙民先は平城であることが判明する。

(33) 高車は平城まで連行されて鹿苑の建設に動員された。ただし、その後平城近辺に置かれ続けたという記述はない。他の高車の例からみて、畿内からは離れた所に遷されたと考えられる。

(34) 畿内と郊甸については、勝畑冬実「北魏の郊甸と〝畿上塞囲〟――胡族政権による長城建設の意義」（『東方学』九〇、一九九五）参照。

(35) 徙民先は、食貨志に上文に続けて「其の外の四方四維は八部帥を置きて以てこれを監す」と記される八部の地域内であったと考えることができよう。

(36) 漠南の地に置けば逃走が容易であろうと想像できるが、地形志上朔州条には、「本と漢の五原郡。延和二年置きて鎮と為す。後、改めて懐朔と為す」とあり、四年後に六鎮の前身が設置されている。鎮による統制下に置かれるのである。漠南に置かれた段階では、長孫翰・劉潔・安原・古弼が「鎮撫」したとあるように、監視手段がとられていた。

(37) 古賀昭岑氏註(30)前掲論文四五頁。

(38) 以下に続く日本における研究を含めて、松下憲一『北魏胡族体制論』(北海道大学出版会、二〇〇七)第一章「〝部族解散〟研究史」を参照した。

(39) 古賀昭岑氏註(30)前掲論文は、徙民された人々が農業を行うだけではなかったとして牧畜を重視し、佐藤智水氏は、「北魏皇帝の行幸について」(『岡山大学文学部紀要』五、一九八四)において、北魏前半期にあっては牧畜が重視されていたことを示した。また勝畑冬実註(34)前掲論文は、畿内・甸服の地にある胡族が放牧を生活手段としていたことを述べ、それを継承した吉田愛「北魏雁臣考」(『史滴』二七、二〇〇五)は、北方・西方の地域が遊牧北族の居住域であったとする。

(40) 地形志には広牧郡は見えないが、附化郡に広牧県が見える。王仲犖氏『北周地理志』下(中華書局、一九八〇)所収「北魏延昌地形志北辺州鎮考証」によると、現在の内モンゴル杭錦旗西北境にあったとする。

(41) 石見清裕氏は、費也頭は匈奴系の費也頭種と考える(『唐の北方問題と国際秩序』汲古書院、一九九八、第一部第一章「唐の建国と匈奴の費也頭」、初出一九八二)。費也頭については、これを牧子(牧民)とする考えもある(唐長孺「拓跋国家的建立及其封建化」二一〇～二一三頁、参照)。費也頭の帥であった紇豆陵伊利の紇豆陵氏は四方諸姓の紇突隣氏のことである(『胡姓考』一九〇頁)。伊利が率いていた部落が、紇豆陵部の民である可能性はあるが、牧畜管理の官僚として率いていた他の部族であった可能性も考えられる。

(42) 巻五四高閭伝に、高閭が孝文帝に、六鎮の北に長城を築くことを提案した上表文を載せるが、その五つの利点のひとつに「北部の放牧、抄略の患無し」がある。長城を築けば、北部の人々の放牧が柔然による攻撃の心配をしなくてよい、ということが述べられている。この北部が郊甸の内部の北部であると考えることもできそうであるが、しかし永興四年に明元帝が東巡して濡源に至り、そこから「西巡し、北部の諸落に幸し、賜うに繒帛を以てす」(太宗紀)とある。濡源のすぐ近くには後の禦夷鎮があり、郊甸の東端の線を北に延長した位置にある。つまり郊甸そのものではない。後の六鎮のラインに沿った地域である。ここには部落が散在し、その部落の民は牧畜を行っていたということになる。塞南に置かれた高車を一部含むのかも知れない。

(43) 官氏志に見えない爾朱氏も、牧畜を行い部落組織を保っていたことは、よく知られている。巻七四に爾朱栄は北秀容の人とされる。周一良氏は、その牧地を忻県（現忻州市）に当てる（「北朝的民族問題与民族政策」一九四九初刊、『魏晋南北朝史論集』北京大学出版社版〈一九九七〉一七一頁）が、『洛陽伽藍記』巻一永寧寺条に「爾朱栄は馬邑の小胡」とあるので、爾朱氏は馬邑の近辺にいたと考えたい。つまり畿内との境界線上に位置する。この地は河西につながる。秀容郡であれば郊甸の中に位置するが、周氏の説に従うと郊甸には含まれない。爾朱氏は契胡とされ、後燕平定時に既に道武帝に従っていた。馬邑に徙された山胡の事例もあるが、これは征服されたからである。

(44) 『斉』巻一五婁昭伝では、太武帝時に封侯された祖父は「家僮千もて数え、牛馬は谷を以て量る」と、大規模な牧畜を営んだことを伝える。婁氏＝匹婁氏は内入諸姓であり、その場所は畿内もしくは郊甸であろう。ただしそれは「家僮」を以てなされており、部落民を擁するものではなかったようである。時期は降り孝明帝時期のこととして、巻一八広陽王淵伝に「後、恒州刺史と為る。州に在りては受納する所多く、政は賄を以て成る。私家の馬千匹を有する者は必ず百匹を取り、此を以て恒と為す」とある。恒州であるから、この場合、畿内もしくは郊甸の地で牧畜を営んでいるのであるが、「私家」とされているところに、婁氏と同じように部落を維持しての牧畜ではないことを窺わせる。

(45) 佐藤氏註（39）前掲論文。ピアース氏も、明元帝時の鄴への遷都案に反対する崔浩の発言を重視して、鮮卑は以前の遊牧民の移動性は捨てたが、なお家畜の群れはもち、他方農産物に頼り始めたとしている（S・ピアース著、早大北朝史研究会訳「代の地――内陸アジア境界地域社会の起源・発展および歴史的意義――」『史滴』二七、二〇〇五）。

(46) 畿内や郊甸での牧畜を「遊牧」とする見解がある。夏と冬の営地を移動する遊牧が可能であったとは思えない。放牧的な牧畜であったのであろう。

(47) 営戸については、浜口重国『唐王朝の賤人制度』（東洋史研究会、一九六六）第五章第四節参照。

（48）『胡姓考』は叱奴根と根が同一人物であるとする（二四〇頁）。

（49）安陽城の位置について、田余慶氏は現在の山西陽高県とする（同氏註（7）前掲論文七二頁）が、侯旭東氏は河北陽原県とする（「北魏申洪之墓誌考釈」〈張鶴泉主編『一―六世紀中国北方社会・民族・辺疆国際学術研討会論文集』科学出版社、二〇〇八〉二二一頁）。賀泥は平城に居住していたこと、旧賀蘭部は烽火でもって集まることができたのであるから、ある程度近い範囲にまとまって居住していたことが注目される。なお賀蘭氏の移動については田氏論文参照。

（50）王仲犖氏註（40）前掲書による。以下、鎮とその廃止後の郡県との関係については同書による。

（51）素和氏について一言しておく。巻二八の和跋は早くに誅殺されたが、巻四四の和其奴の場合はその子が孝文帝初期に下大夫で没している。代人である。一方、和邃墓誌（『校注』六―八八）によると、和邃は「朔州広牧黒城の人」である。曽祖は具体的に官職を記さないが「職は鼎列に居り」とあり、祖父は「宦は崇礼に参じ」、父は河北郡二千石。本人は奉朝請から起家して左衛司馬に至り、孝明帝の孝昌二年に洛陽で没し、邙山に葬られた。代人として問題ない経歴である。しかるに懐朔鎮人であることを示す朔州の人という。彼の籍は鎮にあったのであろう。鎮民でありながら、鎮を離れた経歴をもつ事例と考えられる。なお、巻七四爾朱栄伝は、并州の牧子素和婆崘嶮が叛逆した記事を伝える。并州の牧子は牧民（恐らくはその指導者）であると考えられるから、ここの素和氏が部落を形成していた可能性があるが、必らずしもそうとは断じえない。が、改姓を行っていないことをみれば、代人グループではなかったと想定できる。

（52）日比野丈夫氏「墓誌の起源について」〈江上波夫教授古稀記念事業会編『江上波夫教授古稀記念論集　民族・文化篇』山川出版社、一九七七〉及び殷憲「北魏早期平城墓銘析」（『北朝研究』第一輯、一九九九）参照。

（53）侯旭東氏註（49）前掲論文。

（54）同前。

（55）岡田和一郎「前期北魏国家の支配構造」（『歴史学研究』八一七、二〇〇六）参照。

（56）李憑『北魏平城時代』（社会科学文献出版社、二〇〇〇）。なお、厳耀中『北魏前期政治制度』（吉林教育出版社、一九九〇）、第二章分部制、並びに俞鹿年『北魏職官制度考』（社会科学文献出版社、二〇〇八）、第二章の（一）大人官、参照。

(57)　このことについては、先行研究を踏まえつつ、かつて拙稿「北魏前期の尚書省について」(『魏晋南北朝官僚制研究』汲古書院、二〇〇三、第一部第一章、初出一九七八)で論じた。

(58)　本書第Ⅲ部第2章参照。

第2章　文成帝期の胡族と内朝官

はじめに

北魏は部族連合国家として出発し、その結果それに由来する制度や慣行を長く残していた。強力な部族の力を次々と解体し、殺ぐことにより拓跋王権は次第に強化されて行くが[1]、そこにおいては拓跋氏を中心として結集していた諸族はなお一定の政治的力量を保持しえていたのであり、その証しは『魏書』列伝の胡族各氏の族譜的記述に明らかに示されている。ただし、列伝に記されている以外の諸族のもつ政治的位置については、従来不分明のままであった。

一方、上記の有力な胡族各氏の子弟が中散官を中心とする内朝官に任じていたことは鄭欽仁氏の研究以来注目され、それに関わる研究は少なくない[2]。特に近年報告された文成帝南巡碑[3]（以下、本章では「碑」と略称する）は、これまで知られなかった少なからぬ内朝官名とそれに就任した大量の胡族、漢族の人名を明示し、研究者の研究意欲をかきたてたが[4]、その職に就いた諸族の総合的な分析はまだ行われていない。

本章では、「碑」のもたらした情報を利用しつつ、北魏政権において胡族諸姓が占めた位置について、初歩的な整理を行う。これは筆者の北朝官僚制研究の一環としての内朝官研究の側面をもつが、同時に官僚制の中に身を置いた人々の分析への一歩でもある。北魏が建国されて半世紀余、他政権から帰した世代の人々が少なくなり、第二、第三の世代が活動する文成帝期は、いかなる形で官僚としての途を歩むかという分析には適切な時期である。

一　文成帝期の官僚と内朝官

正史などによって文成帝時代に官僚であったことが確認され、かつ一回限りの記載でなく、ある程度の官歴が判明する事例は、宗室を除くと現在のところ一〇六例である。それらについて、初任、もしくは初見の官を胡族と漢族に分けて調べてみよう。初任の官は、（a）奏事中散など各種の中散を含む中散官、（b）内侍左右・執事左右といった記載のある事例、これには皇太子への内侍を含める、（c）侍郎、（d）三郎・内三郎、（e）羽林中郎・虎賁中郎、（f）太学生・中書学生を経た者、（g）中書博士、（i）その他、（j）不明、の各項目に分ける。このほか、五胡諸国が滅亡した段階、あるいは南朝からの亡命者が北魏に仕えるようになった事例は初任官とは性格を異にするから、（h）として帰附、の項目を設ける。この分類に基づいて次の頁に掲げる表1を作成した（『北史』をもあわせ検証したが、出典としては『魏書』の巻数のみを記す）。

胡族については（a）から（e）までの内朝官として一括できる官に就任した事例が五〇例中で三〇例という多数を占める。[5] そうでない事例を検討してみよう。中書博士から中書侍郎に進むという、この時期の漢人士族の典型コースを歩んだ（g）の竇瑾は、頓丘衛国の人とあって、『魏書』は漢人の扱いをしているが、同時に竇融の後と「自ら云う」と記している。このことから姚薇元氏の『北朝胡姓考』[6] は紇豆陵氏であると判断しているが、漢人と同じような教養の持ち主であったのであろう。（i）の屈抜はともに尚書右僕射に至った祖父と父の故に、かつ父が遠征の帰途に急死したことによって、一四歳で特に南部大夫を授けられたものである。同じく（i）の陸定国は献文帝と同所に育てられるという特別な事情から僅か六歳で太子中庶子を授けられたもので、この二例は特例である。（j）の不明の欄に入れた事例は、おおむね記述が簡単であって、初見官を初任とするには適当でないという判断からこの項目に含めたのであるが、この中の来丘頽の場合は、中散となる前にいったん将軍号と爵を与えられ、遠征に従軍して将軍号を進められている。また、穆多侯は殿中給事から司衛監になり、陸雋は給事、侍御長を経験している。（i）の慕容白曜も中書吏から給事東宮に転じ、その後北部下大夫になっている。また明元帝の親征に中軍執幢として従軍し、功によって虎賁中郎将に転じた韓茂は羽林郎としての従軍であった可能性がないわけではないと考える。こう見てくると、太学生として出発しながら、その後自ら希望して遠征に従って軍将としての経歴を歩んだ尉撥、既に述べた屈抜・陸定国・竇瑾、それと（h）帰附に入れた二例は、胡族の官歴としては例外であり、経歴がある程度わかる胡族の場合、内朝の官から官歴を始めるか、内朝の官を経るのが普通であったと言ってよいのではないか。[7]

漢人の場合について見ると、五六例のうち中散を初見官とする事例は七例にすぎない。（b）の酈範、（i）に含めた「父任」の故に給事中となった孔伯恭、この二例を併せたとしても、内朝官として一括できる官職に就いた事例は九例、一六・一％にとどまる。これは漢族と胡族の初任のあり方が異なることを示すかの如くである。他方、（f）の中書学生、（g）の中書博士からスタートした事例が一六例と二八・六％を占める。ただし、この数字だけで漢族と胡族を比較するのは問題である。（h）の帰附が一三例、（j）の不明が一五例にのぼっていて、両者を併せると五六例の半数に達するからである。しかも、一一歳で中書学生となった（f）の李安世は、二四歳で中散となっている。同じく中書学に入っていた李敷は、東宮に給侍し、さらに中散となっている。徴召されて中書博士となった（g）の游雅はその後東宮内侍長となったと記され、李霊は中書侍郎、淮陽太守を経た後であるが、文成帝に学問を教えるために中散・内博士を加えられている。また（j）不明に含めた堯暄は千人軍将と東宮吏を経歴した後に中散となっている。さらに巻三六李敷伝をみると、「又た中散と為り、李訢・盧遐・（盧）度世等と、並びに聡敏を以て機密に内参

表1　文成帝期の初任・初見官

	官職	胡族
a	中散	乙乾帰44　于洛抜31　王叡93　奚受真29　源懐41　高謐32　苟頽44　宿石30　薛初古抜42　長孫頭26　封敕文51　穆顗27　陸竜成40　韓均51　韓備51
b	内侍左右 執事左右 侍東宮	尉眷26　奚兜29　薛虎子44　陸麗40　盧統34
c	侍郎	伊馛44　陸俟40
d	三郎 内三郎	陳建34　豆求周30　陸真30　和其奴44
e	羽林中郎 虎賁中郎	尉元50　長孫陳26　薛野賭44　劉尼30
f	太学生 中書学生	尉撥30
g	中書博士	竇瑾46
h	帰附	乙瓌44　源賀41
i	その他	屈抜33　慕容白曜50　陸定国40　韓茂51
j	不明	尉長寿26　王安都30　奚烏侯29　穆安国27　穆多侯27　穆羆27　穆伏真27　羅伊利44　来丘頽30　陸雋40　陸馛40　閭鳳30

漢族
許宗之46　張宗之94　張白沢24　皮喜51　皮彪之51　李孝伯53　李璨49
酈範42
呂羅漢51
高祐57　谷洪33　游明根55　李安世53　李訢46　李敷36　盧度世47
賈秀33　高閭54　高允48　宋愔63　張霊符33　裴駿45　游雅54　李祥53　李霊49
王憲33　崔寛24　司馬楚之37　司馬霊寿37　辛紹先45　刁雍38　趙柔52　程駿60　唐和43　唐玄達43　李宝39　劉藻70　劉昶59
韓麒麟60　孔伯恭51　毛猛虎43
韓秀42　堯暄42　厳稚玉43　孔昭51　谷闡33　常英83上　常喜83上　常伯夫83上　常振83上　鄧怡24　馮熙83上　毛法仁43　李恵83上　李峻83上　李洪之89

し、詔命を出入す」とあり、（f）の李訢・盧度世も、その伝ではふれられていないが中散であった可能性が高い。つまり漢人の場合、初任ではなく、官歴の中途で内朝の官に就く事例が少なくない。漢人の通常の就官コースと考えられる（f）、（g）そして（i）の一九名の中で、内朝官に就いた経歴を確認できる者が六名、三分の一弱を占めることは注目されてよいだろう。

以上の検討から除外しておいた北魏宗室について簡単にふれておきたい。孝文帝の改革以前においては皇子とその後継の王は州の刺史や鎮の大将、及び三都大官には就任し、また軍を動かす時の指揮官には任ぜられたが、それ以外の中央官に就くことはなかったことを筆者はかつて述べた[8]。その際に皇子の子（始蕃王）以下は皇帝の側に内侍する可能性を推測しておいた。ただし中散と明示される事例は道武帝子孫の元法寿の侍御中散（孝文帝期）しかなく（巻一六）、左右に侍した事例は同じく道武帝始蕃王の南平王渾しかない（巻一六、太武帝期）。一方、代国時代の王たちの子孫は各種の中央官に就いたが、そのうち内朝系列の官に就任した事例は多数にのぼる。文成帝期に活動が確認される代王の子孫一二名を例にとってみても、以下の事例を知りうる。

元郁	「初以羽林中郎内侍」	巻一四
元大頭	内三郎	巻一四
元丕	羽林中郎	巻一四
元目辰	羽林郎	巻一四
元幹	「拝内将軍・都将、入備禁中」	巻一五
元庫汗	羽林中郎将	巻一五
元素	「少引内侍」	巻一五

代王の子孫の列伝における記述量はおおむね少なく、従って記載されなかった事実が多いと想定できる中で、内朝官についた事例が過半であることのもつ意味は大きい。旧稿における指摘は、少なくとも代国時代の王たちの子孫については確実に該当すると考えてよい[9]。

二　文成帝南巡碑に見える内朝官

「碑」には和平二年（四六一）の文成帝南巡に従った官僚とともに、北魏独特の内朝官に任ぜられていた多数の人々の姓名が載せられている。前節に見たように、文成帝期に活動した官僚は胡族の場合はほとんどが、漢人の場合でも履歴の判明する事例（（h）帰附と（j）不明を除く）の半ばが内朝官に任ぜられていた。とすれば、「碑」に載せられている内朝官は、北魏の官僚の出身母体をある程度まで反映しているのではないかと想定される。そこで本節ではこの点の検討を試みる。

検討に入る前に二、三確認しておくべきことがある。第一に、内朝の官という場合、侍中や散騎常侍、中常侍といった中国伝統のものがある。「碑」にもこれらの官職に就いている者が少なくない。一方で胡族独特の内朝の官がある。本節以降では胡族独特のそれを「内朝官」と記すことにする。「内朝官」に含まれる範囲は、厳密な検討を経るべきであるが、さしあたり「碑」に記された中で、外朝の官および中国伝統の内朝官でないものを「内朝官」として扱う。

第二に、中散の場合「名家の子」「功臣の子」「父任」などの理由でもって任命されることが少なくない。また内行内小や内三郎も初任の場合に任ぜられる官であるが、それら初任の官と、それより上位にあると考えられる給事などの官、さらに上位にある内行阿干など、「内朝官」には階層がある。これら内朝官の制度的な側面については既にいくつかの優れた先行研究があり、それらの間では見解が必ずしも一致しないところがあるけれども、本節ではその問題の検討は行わず、「内朝官」に任ぜられた人々の分析を中心的な課題におく。

第三に、前節で項目として取り上げた中散官は「内朝官」である、つまり『魏書』や『北史』では中散官が「内朝官」を代表していたのに対して、現在確認できる限りでは「碑」には中散官は一例も見えない、という問題がある。厳耀中氏は墓誌に散見する内小を中散に類似する官であると考えたが、これは類似はしていても別の官であるとの意になる。これに対して松下憲一氏は墓誌の内小が『魏書』では中散に置き換えられていること、「碑」の内行内小歩六孤竜成が巻四〇の伝では中散となったと記されていることを理由に挙げて、中散と内小は同じであるとしている。ただし丘哲墓誌(10)を見ると内小から中散に転じた事例が確認できる。これをもって、張金竜氏は内行内小と中散とは一職ではないようだ、としている(11)。確かに丘哲墓誌の証言の意味は大きい。しかし、松下氏が挙げるように『魏書』で中散に置き換えられている墓誌の内小の事例は三例もある。また歩六孤竜成の事例も重要である。筆者としては松下氏の見解を支持したい。付け加えれば、もし内行内小が中散と異なるならば、「碑」の第一列に内侍の官と明示されて二一名も並ぶのに、ただの一例も内行内少が『魏書』に記載されないのはなぜか、というより大きな問題にぶつかることを指摘できる。内小も『魏書』には一例もない。逆に史籍には奏事中散などを除いた、単に中散と記されたものだけで六三例も記載されているのである。

「碑」に中散が記載されていた可能性がまったくないわけではない。「碑」には欠落した部分が少なくないからである。しかし、「碑」の各人には多く将軍号が記されており、断片のものも将軍号か、その一部と確認できるものが少なくない。将軍号が記載されないのは、内行内三郎二名、内行内小二一名中の二〇名と内三郎六一名中の一八名、中都坐折紇真・外都坐折紇真各一名、そして三郎幢将のうちの九名、雅楽真幢将のうちの二名、斛洛真八名中の六名、それと賀渾吐略渥一名にすぎず、他はすべて将軍号が記載されている。幢将は明らかに武官であるし、斛洛真も『南斉書』魏虜伝に基づいて一種の侍衛の武官だとする張慶捷・郭春梅氏の説(12)が妥当と考えられるから、いずれも中散とは異なる。とすれば、将軍号・爵を伴わない中散が、しかもこの時期には複数いるはずの中散が、「碑」に記載されていた可能性は低いと思われる。しかも、「碑」が大きく欠落しているのは第五列以下であり、中散の占めていた位置から考えるとそこに中散が刻されていたとは考えがたい。また中散が記載されていたとして、彼らは複数いたと考えられるから、内行内小に内行令、内三郎に内三郎幢将がいたように、中散を束ねる存在が必要であろうが、それに類する存在もない。故に、「碑」より後のある段階で中散が訳語として用いられるようになり、それによって『魏書』は内小、内行内小を書き換えて記載したという可能性の方が大きいのではないかと考える。ただ、松下氏のように内行内小と内小をともに同じ中散と考えると問題が残る。早くに鄭欽仁氏が指摘したように、太和前令で中散は正五品中、侍御中散は正五品上に位置している。内行内小はより皇帝に近いと考えられる「内侍之官」に含まれていたのであるから、侍御中散の語がそれにふさわしい。内小は中散、内行内小は侍御中散と考えることができるのではないか(13)(14)。

本節のはじめに述べた検討課題に戻ろう。五胡・北朝期に活躍した胡族のうち、『魏書』官氏志に帝室十姓、内入諸姓、四方諸部として挙げられているのは一一八姓にのぼる。そのうち太武帝期までに活動が見られ、列伝に立てられているのは三五姓であるが、これに主として文成帝期から活動が知られ、列伝を有する慕容白曜（巻五〇）と宿石（巻三〇）及び孝文帝前期に活動が知られる宇文福（巻四四）、宣武帝期に死去したが、父が北涼に仕えた経歴からして活動は遷都以前からと考えられる鹿生（巻八八）、献文帝に殉じた婁提（巻八七）、遷都前に死去したと思われる胡泥（巻八九）を加えると、四一姓となる。他方、一一八姓の中で「碑」にその族名が見えるのは三四姓であるから、両者はかなり接近した数を示している。両者は重なるものが多いが、一致しないものも少なくない。

「碑」に記された官職は、当時の官職を網羅したものではなく、「内朝官」を中心としたもので、かつ「内朝官」のすべてを網羅したものではない可能性が大であるが、「内朝官」を経るのが当時の胡族の通常の昇進コースであったのであるから、「碑」は官僚としての胡族のあり方を分析する有力な材料となろう。

そこで、上記四一姓（同一姓で複数の伝をもつ事例は、それぞれを記す）に、列伝はもたないが同じ期間内に官爵を有したことが確認できる六姓（その出典を括弧内に示す[15]）を加えてA欄に、「碑」に刻されている三四姓の官名（将軍号や爵、太子太傅など名誉的と思われる官職は省略）と姓名（姓名の前の数字は「碑」の列数を示す）をB欄に、孝文帝後期（改革後の意味で用いる。以下同じ）以降に官爵を有していたことがわかる事例をD欄に記載して表2を作成した。D欄はさらに、①A欄の人物の伝に子孫として記載されているケース（A欄の人物の名によってそれを示す）、②『魏書』の中に列伝をもつケース、③『魏書』以外の北朝関係正史に伝を有するか官職を記載されている、或いは墓誌をもつケースに分ける。③のケースでは、本人が後期に活動した場合と、祖先が北魏で官爵を得たなどの活動した場合とを含む。鎮民や領民酋長の類いであった事例もあるので、③のケースはそれらの情報をも書き込む。D欄にのみ現れる姓も少なくないので、表2には一一八姓中の六七姓が載せられることになる。さらに同表には、太和一八年（四九四）に孝文帝が平城から洛陽に遷都する途次に建てた弔比干墓文碑（『金石萃編』巻二七）の碑陰に刻された八二名中、上記六七姓に含まれる一四姓二四名の官職をC欄として載せておく。同碑は当時の官職就任者を十全の形で反映しているわけでは必ずしもないが、胡族の位置を考える際の参考となるからである。

表の記載内容を整理してみよう。A欄に記載された伝をもつ胡族は四一姓。これを「I」のグループとし、さらにそれを以下の四つの小グループに分けてみる。

I—1：北魏後期に官爵を得て活動した子孫をもつ（鎮民や酋長を除く）
I—2：北魏後期に官爵を得て活動した同姓の者をもつ（鎮民や酋長を除く）
I—3：北魏後期には鎮民や酋長であった同姓の者しか活動が知られないもの
I—4：北魏後期には官爵を得た、或いは鎮民や領民酋長であった子孫・同姓の者の記述が見えないもの

表2　南巡碑と氏族

氏族	A　孝文帝改革以前	B　高宗南巡碑	C　弔比干墓文碑	D　孝文帝以後　子孫	魏書記載	周書・北斉書・隋書・墓誌
紇骨	[胡泥（89）]					
普	周幾（30） 周観（30）			幾の孫安国		周揺（隋55）：曽祖の素は北魏の北平王
抜抜	長孫嵩（25） 長孫肥（26） 長孫道生（25）	2（不明）抜抜侯侯頭 5三郎幢将抜抜古斤□□	符璽郎中	嵩の玄孫悦		長孫倹（周26）：嵩五世孫、長孫子沢（校七―八〇）：嵩曽孫 長孫盛（七朝32）：肥玄孫 長孫紹遠（周26）：道生玄孫、長孫嵩（邙洛16）：同前 長孫紹（周26）、長孫子梵（邙洛28）、ほか二墓誌
達奚	奚眷（30） 奚牧（28） 奚斤（29）	3内三郎達奚屈居陵 3内三郎達奚庫勾		斤の玄孫遵	奚康生（73）	達奚武（周19）：眷の孫 達奚寔（周29）：四世祖は征西将軍 達奚子儒（隋53）：祖は定州刺史 奚真（校五―二四二）・奚智（校四―七四）父子：北魏末に死去
伊婁	伊馛（44）	1内行内小伊楼諾	宰官令	馛の孫盆生		伊婁穆（周29）：父は宇文泰の親信
丘敦	丘堆（30）					丘哲（校六―二九六）：堆の孫か
乙旃	叔孫建（29）	1内都幢将乙旃恵也抜 1内阿干乙旃阿奴 1内行内小乙旃伏洛汗 1内行内小乙旃俟俟	武騎侍郎 給事中2 直閤武衛中2		直閤叔孫侯（31于烈）	叔孫固（校八―一一）：祖は尚書令 叔孫都（安366）：祖は雍州刺史

車焜	車路頭（34）					
丘穆陵	穆崇（27）	3殿中給事丘目陵□仁 4内三郎丘目陵呉提	司空 光禄少卿 員外常侍	崇の子孫多数		穆循（校四―一三〇）：父は相州刺史 穆良（秦晋52）：孝明帝期に起家 穆子寧（安371）：祖は荊雍二州刺史、ほか三墓誌
歩六孤	陸真（30） 陸俟（40）	1司徒公歩六孤伊□（陸麗） 1内行内小歩六孤竜成（陸竜成） 1内行内小歩六孤羅 3内三郎歩六孤歩斗官 5雅楽真幢将歩六孤	散騎侍郎 員外侍郎	真の子延 俟の子孫多数		陸騰（周28）：俟の玄孫 陸子玉（安192）：俟の曽孫 陸紹（校六―一九九）：曽祖は定州刺史・酒泉公 陸延寿（安362）：祖は北部尚書・上党公
賀頼	賀狄干（28） 賀訥（83上） 賀迷（83上）	1内行内小賀頼去本 7斛洛真□賀頼内□□				賀蘭祥（周20）：鎮民
独孤	劉尼（30） 劉羅辰（83上）	2殿中尚書独孤侯尼須（劉尼） 3内三郎独孤□□ 3内三郎独孤去頹 3内三郎独孤他突 4内三郎独孤乙以愛 4内三郎独孤□□ 4□□折紇真独孤平城 5三郎幢将独孤□真	武騎侍郎	羅辰の玄孫仁之（81）		独孤忻（安229）：劉尼の玄孫 独孤信（周16）：鎮民 劉豊（斉27）：鎮民か 独孤輝（晋刻217）：父は普名鎮将
賀楼	楼伏連（30）			伏連弟の曽孫毅		賀楼子幹（隋53）：祖は侍中・太子太傅
万忸于	于栗磾（31）	3内三郎万忸于忿提	司衛監 武騎侍郎 給事	栗磾の曽孫忠	于勁（83下）	于纂（校六―七一）：栗磾の四世孫 于或（安159）：于勁（栗磾孫）

			顕武将軍		の孫 于謹（周15）：曽祖は懐荒鎮将 于纂（校六―一〇八）：祖は安西大将軍・燕州刺史 于孝卿（安316）：祖は尚書左僕射 于神恩（邙洛26）：祖は営州刺史
若干	苟頽（44）	1内阿干若干周（苟若周）	直閤武衛中	頽の孫愷	若干恵（周17）：鎮民か 若干栄（西市18）：祖は鎮東・幽冀二州刺史：鎮民か
抜列蘭		3給事抜烈蘭真樹 3内三郎抜烈蘭黄頭 3内三郎抜烈蘭歩愛			梁禦（周17）：鎮民 梁椿（周27）：鎮民か
撥略					都督抜略昶（周14賀抜勝）
若口引	西平公寇提（世祖紀下）				
叱羅	羅結（44）	1内行内小叱羅騏 4内三郎叱羅呉提	直閤武衛中	結の曽孫伊利	羅宗（七朝14）：結の玄孫 叱羅協（周11）：「少寒微」
是賁	封敕文（51）			敕文の族曽孫静	封和突（校四―一二三）：屯騎校尉 封昕（校四―一二〇五）：奉朝請
阿鹿桓	［鹿生（88）］				
烏丸	王建（30）				王徳（周17）：爾朱栄に附す 王軌（周40）：宇文泰に見出される
素和	和跋（28） 和其奴（44）	1内行内小素和莫各豆 2散騎常侍素和勅俟伕 2尚書左僕射素和其奴		跋の曽孫延穆	和士開（斉50・安334）：司空行参軍起家 和子源（安303）：其奴の玄孫

		（和其奴） 2（不明）素和匹于提 3（不明）素和使若須 3内三郎素和具文 4内三郎素和斛提 4（不明）素和 5雅楽真幢将素和□思抜				和照（校八—一七九）：祖は彭城子都将
胡口引					侯淵（80） 侯剛（93）	（淵は鎮民） （剛はもと「寒微」）
賀若		1（不明）賀若盤大羅 1内行内小賀若貨別				賀若敦（周28）：鎮民か
匹婁	[婁提（87）]					婁昭（斉15）：鎮民か 婁叡（斉48・校九—三二六）：昭の甥
吐伏盧	盧魯元（34）	1内行内小吐伏盧大引				豆盧寧（周19）：高祖は郡守、父は柔玄鎮将
牒云						牒舎楽（斉20）：爾朱栄に従う
是云						是云宝（周19付）：東魏の将 是云侃（秦晋64）：祖は内三郎・郡守
叱列	李栗（28）				叱列延慶（80）	（延慶は爾朱世隆の姉婿） 叱列伏亀（周20）：父を嗣ぎ領民酋長 叱列平（斉20）：第一領民酋長を嗣ぐ
乞扶						乞伏慧（隋55）：祖・父ともに領民酋長
俟幾					俟幾長貴（75付）	（長貴は万俟醜奴の涇州刺史）
賀児	司空児烏干（世祖紀下）					
吐奚	古弼（28）					

庾	庾業延（28）					
賀抜			符節令		賀抜勝（80）	（勝の祖は武川鎮軍主）
叱呂	呂洛抜（30）		直閤武衛中			
莫那婁	莫含（23）	1内行内小莫耐婁□ 3殿中給事莫那婁愛仁	監御令			莫多婁貸文（斉19）：鎮民
歩大汗	韓茂（51）	3殿中給事出大汗僖徳		茂の曽孫宝石		韓果（周27）：鎮民 韓軌（斉15）：鎮民 歩大汗薩（斉20）：祖は太守。鎮民 破六韓常（斉27）：鎮民か 韓売奴（晋刻75）：祖は冠軍・懐朔鎮将
慕輿						輿珍（周14賀抜勝）：鎮民
俟伏斤	宜陽公伏樹（30王建）				伏阿奴（51付）	（阿奴は略陽公）
是楼	高湖（32）	1内阿干是婁勅万斯		湖の孫樹生		高歓（斉1）：鎮民（樹生の子）
屈突	屈遵（33）					
丘林	林金閭（13皇后伝）	1中常侍・尚書林金閭				
蓋楼		1内阿干蓋婁太抜 3都長史給事中蓋婁内亦干				
宿六斤	［宿石（30）］	1内行令宿六斤阿□（宿石）			宿勤明達（粛宗紀）	（明達は夏州の賊帥）
土難		1（不明）吐難子如	直閤武衛中		山偉（81）	
屋引		3殿中給事屋引立真□				房謨（北55）：正光末太守を歴任
乙弗	［乙渾（高宗紀）］ 乙瓌（44）	1太子太保・尚書一弗歩□□（乙渾） 1（不明）一弗阿伏真		瓌の孫海		乙弗朗（北49）：上樂に家す 乙弗紹（校一〇—一二一三）：祖は内三郎
宇文	［宇文福（44）］	4主客折骨真俟文出六斤 ①			宇文忠之（81）	宇文泰（周1）：鎮民 宇文貴（周19）：鎮民か

						宇文虬（周29）：鎮民 宇文盛（周29）：鎮民 宇文淵（周27、秦晋42）：宇文泰の族子 宇文永（秦晋23）：正光五に洛陽に遷葬 宇文景尚（安248）：曽祖は恒州刺史 宇文紹義（安194）：祖は鎮南（将軍） 宇文長（安317）：祖は羽真尚書 宇文斌（安386）：祖は衛・幽安二州刺史 宇文延（聖殿75）：宣武帝時奉朝請起家 宇文善（聖殿74）：散騎で起家
慕容	［慕容白曜（50）］	2（北部尚）書慕容白曜 3太官給事慕容男呉都		白曜の弟の孫昇		慕容紹宗（斉20）：祖は岐州刺史 慕容儼（斉20）：正光中に河間王琛の軍主 暮容鑒（安152）：祖は幽州刺史
紇豆陵	竇瑾（46）			瑾の子僧演	竇瑗（88） 紇豆陵歩蕃（出帝紀） 紇豆陵伊利（75付）	竇泰（斉15）：鎮民 竇熾（周30）：鎮民 （歩蕃は河西費也頭） （伊利は河西費也頭）
侯莫陳	陳建（34）	4内三郎侯莫陳烏孤	羽林中郎将		侯莫陳悦（80）	侯莫陳崇（周16）：鎮民 侯莫陳相（斉19）：鎮民
庫狄		4賀渾吐略渥庫狄□				庫狄昌（周27）：鎮民 庫狄干（斉15）：鎮民

						庫狄廻楽（斉19・校九―一一〇）：鎮民 庫狄盛（斉19）：鎮民 庫狄業（校九―二八〇）：「家伝酋長之官」
尉遅	尉古真（26） 尉撥（30） 尉元（50）	1太子太保・尚書尉遅其地		古真弟の曽孫建元の孫景興		尉遅迥（周21）：妻は宇文泰姉 尉景（斉15）：鎮民 尉長命（斉19）：鎮民 尉問（秦晋72）：尉元の曽孫
歩鹿根	竜驤将軍歩堆（世祖紀上）					
破多羅						潘楽（斉15）：鎮民か
叱干	薛野䐗（44）	4内三郎叱干幡引		野䐗の曽孫衎		薛孤延（斉19）：韓楼の反に衆を率いて参加 薛琡（斉26）：野䐗の孫か②
費連	費于（44）			于の孫穆		
其連		3内三郎其連受洛抜			綦儁（81）	綦連猛（斉41）：父は燕郡太守
和稽		3賀渾吐略渥和稽乞魚提				
独孤渾	杜超（83上）				鎮人杜洛周（粛宗紀）	
紇奚	嵆抜（34）					
越勤		3給事夷都将越勤右以斤			岐州刺史越肱特（出帝紀）	
叱奴		4内都坐折紇真叱奴地□				叱奴興（周19宇文意）：西魏の開府
渇燭渾					朱瑞（80）・朱長生（87）	可朱渾元（斉27）：鎮民
烏洛蘭	左僕射蘭延（33薛提） 員外郎蘭英（高祖紀上）					

註（1）A欄の［　］は文成帝以後の事例を示す。
（2）B欄の数字は「碑」の列を示す。D欄はA欄と同じ姓なので姓名は省略してある。
（3）B欄は、将軍号・爵は省き、実職と思われるもののみを記した。ただし、侍中・散騎常侍は実職か加官か判定しがたいので省略した。
（4）D欄の典拠は『魏書』は巻数のみ、『周書』は周、『北斉書』は斉、『隋書』は隋、『北史』は北と略した。
（5）①は『胡姓考』の宇文＝俟文という説に従う。
②は同じく父彪之＝虎之という説に従う。

一方、A欄に記載のない胡族は二〇姓。これを「Ⅱ」グループとし、さらにそれを以下の三つの小グループに分ける。
Ⅱ—1：祖、父または本人が北魏時代に官爵を有していたもの
Ⅱ—2：祖、父または本人が北魏時代に鎮民や酋長であったと記されるもの
Ⅱ—3：北魏以後の正史に伝もしくは記載のある、または東西魏以後の墓誌をもつが父祖の記述はないもの
Ⅱ—4：祖・父・本人の記述がB欄以外にないもの
このほか、列伝をもたないが官爵を有していたことが確認できA欄に記載のあるものを「Ⅲ」グループとすると、これに含まれるのは六姓である。
六七姓を以上の区分に基づき、されにそれをB欄に記載のある各姓と記載のない姓を分けて掲げてみると表3のようになる。またC欄に記載のある諸姓は傍線を付してそれを示した。
これを見ると、Ⅰ—1、すなわち列伝に記載されていて子孫も官爵を得ている姓が「碑」にも多く見えていることが明白である。しかもその一六姓のうち九姓までがC欄、つまり孝文帝時の弔比干墓文碑にも姿を見せている。もっ

とも、B欄は「内朝官」以外の官職をも含んでいるから、「内朝官」だけを取り出してみる必要がある。B欄にみえる三四姓中、「内朝官」を一例ももたないのは、土難（「碑」では吐難）・乙弗・尉遅の三姓のみである。このうち土難氏は「碑」第一列第二一番めに「□□□□□□□□□陽男吐難子如」とあり、男爵をもつことしか判明しないが、前後は内阿干に就いた人々でそれに挟まれて刻されているので、同じ内阿干であった可能性が高い。表2のB欄の三四姓は、ほぼすべてが「内朝官」を出していたと考えてよいのではないか。(16)しかもそのうち、初任の官であることが確実

表3　表2の諸姓の分類

	B欄に記載のある諸姓	B欄に記載のない諸姓
Ⅰ—1	抜抜、達奚、伊婁、丘穆陵、歩六孤、独孤、万忸于、若干、叱羅、素和、歩大汗、乙弗、宇文、慕容、尉遅、叱干	普、丘敦、賀楼、是賁、紇豆陵、費連
Ⅰ—2	吐伏盧、乙旃、俟莫陳	
Ⅰ—3	賀頼、莫那婁、是楼	叱列、烏丸、匹婁、独孤渾
Ⅰ—4	宿六斤	紇骨、車焜、阿鹿桓、吐奚、庾、叱呂、屈突、紇奚
Ⅱ—1	土難、屋引、綦連、越勤	胡口引、是云、渇濁渾
Ⅱ—2	抜烈蘭、賀若、庫狄	乞扶、慕輿、破多羅、賀抜
Ⅱ—3	叱奴	牒云、俟幾、撥略
Ⅱ—4	蓋楼、和稽	
Ⅲ	丘林	若口引、賀児、俟伏斤、歩鹿根、烏洛蘭

な内行内小・内三郎を出しているのが過半数の一七姓に及ぶ。
列伝に記載されるほどの活動をして高い地位にのぼった人物の子弟が中央、地方の官職に就き、それが数代にわたって繰り返されている情況は、あたかも族譜の如く大量の子孫とその官職を記録している『魏書』列伝を見れば明らかであるが、その場合それらの子弟は「功臣の子」や「父任」といった名目でまず中散官に就任したことを前節で指摘した。それと同じような情況の存在を表3は示している。中散官は「内朝官」のひとつであるから、これはむしろ当然の結果であると言えよう。

注目すべきは、伝には記載されないような諸姓の者でも、「内朝官」に就任しえたと想定できることである。Ⅱ―1は父祖が北魏で官僚としての地位を得ていたことが明らかな諸姓であるから、「碑」にその姓が刻されていても不思議ではないが、Ⅱ―3、4の諸姓の場合は父祖の位置を知るすべがない。それでも「碑」にはその姓の者が載せられていて、同姓の者が刻されていない事例に比べると、三対三と拮抗している。Ⅱのグループ全体でも、「碑」に刻された姓と刻されなかった姓の比率は一〇対一〇と拮抗している。列伝を有するⅠのグループの諸姓の「碑」における記載の有と無の比率が二三対一八であるのと比べても非常に大きな差とは言えないのである。

では、表2、3に挙げられていない諸姓についてはどうであろうか。「碑」には、官氏志所掲の一一八姓以外の多数の姓が刻されている。それらは筆者の判断では二五姓に及ぶ。二五姓の中には高車種である斛律氏や袁紇氏など、『魏書』などの正史に記載のあるものが含まれているが、系統の明らかでないものも少なくない。しかし、それらの族が「内朝官」に就く者を（しかも斛律氏のように内三郎五名を数えるといった事例がある）出しているのである。「内朝官」の数は一定の時期をとれば限りがあるはずである。限られた数の「内朝官」に、一〇〇を大きく超える諸姓のすべてを網羅的に採用することはできないであろう。とすれば、官氏志所掲の、伝にも表2にも記載のない五一姓が他の時点で「内朝官」を出していた可能性は大であると考えてよいのではなかろうか。北魏政権に加わった胡族諸姓は、「内朝官」に任ぜられ、到達度はともかくとして政権内で一定の政治的地位を確保していたのである。前節で、正史の記載を用いて、胡族が官僚となる場合まず中散官など内朝の官を経由したと考えたが、列伝に記載のない胡族も同じような途をたどったのである。

三　文成帝期の胡族官僚

北魏政権に加わった胡族諸姓が等しく「内朝官」に任ぜられる者を生み出しえたにしても、官僚層の上層部に到達できる者は限られてくる。列伝をもつような有力な人物の子孫であっても、必ずしも上層部には到達できない。たとえば表3のⅠ―4の諸姓を例にとると、まず吐奚氏の人で北魏初期の名臣とされる古弼（巻二八）は、後述する事情で文成帝即位後間もなくに官を免ぜられたあと、怨言と巫蠱の罪で家人とともに誅された。列伝に子孫への言及がないので、同族のうち少なくとも彼の系統は絶えたか顕れなくなったようである（もちろん他の諸姓のあり方から見た場合、奚斤の系列ではない吐奚氏が北魏で一定の政治的な地位を占めていた可能性は十分にある。しかしそのような人物は現在のところ確認できない）。他方、屈遵（屈突氏、巻三三）の曽孫の屈抜は太武帝の怒りにふれて散員大夫に貶せられたが、献文帝期に復活し、のち鎮将となっている。ただしその子孫の記録はない。庾岳（庾氏、巻二八）は道武帝の怒りにふれて誅されたが、太武帝はその子を召して襲爵させた。ただしそのほかの記録はなく、子孫への言及はない。この二姓は打撃から一定程度回復することができたが、政治的に繁栄するほどには至らなかったということであろう。車路頭（車焜氏、巻三四）は明元帝期に死去し、その子が爵を嗣いだが、それのみの記載。嵇抜（紇奚氏、巻三四）の孫は外都大官で子の根が長楽王を嗣いだが、「根の事迹遺落す、故に略附すと云う」とあるのみ。爵位は高いが、やはり記すに値する地位には就かなかったのであろう。高い地位に就いた者が必ず伝に記載されるわけではないにせよ、族譜に近い記載方法をもつ『魏書』が敢えて記さないのは、記すに値するような官職を得られなかった可能性が高いとしてよいであろう。

ともあれ、このように一定の政治的地位を維持する姓もあれば、維持できない姓もある。また数代にわたって政治的に非常に顕栄していても、世代と世代の継承の谷間の時期には一時的に高い政治的地位からはずれるといった情況が出現しうる。そこで本節では文成帝期の官僚層上層部の分析を詳細に行いたい。まずこの時期の上層部の動向について『魏書』、『北史』、『資治通鑑』によって概観しておく。

太武帝を殺し南安王余を擁立したものの、八ヶ月後にはその南安王をも殺した宗愛に対し、クーデターを敢行して文成帝を擁立したのが源賀、長孫渇侯であり、渇侯が尚書令となる。彼は太宰となった元寿楽と権を争って両者ともに死を賜わる。また南安王の時に重用された太尉張黎、司徒古弼は退けられて、周忸が太尉、陸麗が司徒、杜元宝が司空となったが、周忸も死を賜る。これらは一〇月に即位した文成帝の初年に起こっているが、さらに杜元宝も翌年二月に誅されている。他にも誅殺される王や宗室が見られ、文成帝即位当初は太武帝末年の政治的混乱の余波が続いていたのであるが、即位三年めの興光年間に入ると落ち着きをみせる。太武帝の保母常太后の一族の常英が太宰、のちには太師を兼ねて文成帝末年に及び、伊馛が司空となって太安五年（四五九）に死没するまでその地位を保った。また尉眷が太安三年に太尉となり、和平四年（四六三）に没している。

以上の三公クラスに続いては、韓茂が長孫渇侯の後任の尚書令となって太安二年に死んだが、恐らくその後を于洛抜が継いで太安四年に没した。尚書右僕射は、劉尼が興安二年（四五三）に就任したが間もなく刺史に転じ、その後を宗室の元目辰が継いで文成帝末年に及んだとみられ、左僕射は時期ははっきりしないものの太安三年以前に和其奴が就任して、これも文成帝末年までその地位を保っている。

これ以外は太和前令で従二品下までの官職名と就任者のみを記す（括弧内の数字は『魏書』の巻数。「碑」にのみ見えるものも記す）。

太常　高允（四八）
領軍将軍　伊馛（四四）
都曹尚書　伊馛
殿中尚書　于洛抜（三一）・毛法仁（四三）・元郁（一四）・劉尼（碑）・斛骨乙莫干（碑）
南部尚書　黄盧頭（五）
北部尚書　慕容白曜（五〇）
その他尚書　常喜（八三上）・常伯夫（同）・常員（同）・陸真（四〇）・李訢（四六）・元幹（一五）・毛法仁・皮豹之（五一）・和其奴（四四）・穆伏真（二七）・林金閭（一三）・乙渾（碑）・尉遅其地（碑）・張益宗（碑）・楊保年（碑）・符真衛（碑）・袁紇尉解（碑）・宜勤渇侯（碑）
中書令　高允
秘書監　游雅（五四）
侍中[17]　張黎（二八）・薛提（三三）・和疋（九四宗愛）・伊馛・于洛抜・閭毗（八三上）・閭紇（同）・乙乾帰（四四）・劉尼（三〇）・元丕（一四）・劉昶（五九）

中央官だけでなく、呉廷燮「元魏方鎮年表」に中心的に依拠し、厳耕望『中国地方行政制度史　上編四』第一一章

「北魏軍鎮」をも参照して、文成帝期に刺史・鎮将となった人々を抜き出してみよう。[18]鎮将と刺史を兼ねるケースは刺史の項目で代表する。どのような姓の人々が任じたかを知るにはそれで十分であるからである。州には上下の区分があるが、孝文帝期までは涇州と平州が上下の双方の可能性を示すほかはいずれも上州である[19]（括弧内に出典を記す。数字は『魏書』巻数）。

営州　于洛抜・楊難当（一〇一）・張偉（八四）
夏州　陽平王新成（元颺墓誌）
冀州　源賀（四一）
涇州　尉長寿（二六）・封阿君（五一皮豹之）・李峻（八三上）
朔州　司馬楚之（三七）・司馬金竜（三七）
秦州　封敕文（五一）・李恵（八三上）
相州　陸馛（四〇）・李訢（四六）
定州　劉尼（三〇）、許宗之（四六）・乙瓌（四四）・馮熙（八三上）・和其奴（四四）
平州　王睹（八三上常英）
并州　乞伏成竜（三〇陸真）・王憲（三三）・薛野賭（四四）
幽州　陳建（三四）・孔昭（五一）
雍州　楽安王良（一七）・元石（一四）
涼州　南平王渾（元倪墓誌）・淮南王他（一六）
懐荒鎮　李宝（三九）

仇池鎮　皮豹之
虎牢鎮　汝陰王天賜（一九上）
高平鎮　苟莫于（五一皮豹之）
晋昌鎮　尉撥（三〇）
長安鎮　永昌王仁（五）・京兆王子推（一九上）・陸真（三〇）
統万鎮　武昌王提（一六）・南陽王恵寿（五）
平原鎮　呂洛抜（三〇）
離石鎮　奚受真（二九）
和竜鎮　楽浪王万寿（一九上）・任城王雲（一九中）

以上に姓名が出現した胡族の中で、長孫渇侯（抜抜）・奚受真（達奚）・伊䪸（伊婁）・穆伏真（丘穆陵）・陸麗（歩六孤）・陸真・陸䪸・劉尼（独孤）・于洛抜（万忸于）・苟莫于（若干）・和其奴（素和）・和疋・乙乾帰（乙弗）・乙瓌・慕容白曜（慕容）・尉眷（尉遅）・尉長寿・尉撥・尉遅其遅・薛野賭（叱干）の一三姓二〇名は表3のⅠ―1（以下、本節で用いるⅠⅡⅢの記号は表3のそれである）の中の「碑」に記載のある一六姓に属する。[20]Ⅰ―1の残る三姓について見ると、叱羅氏は伝のある羅結（巻四四）が外都大官、その子の羅斤が長安鎮都大将に至ったが、いずれも太武帝期に死去した。斤の子の羅敦は庫部尚書に至ったが、その子の羅伊利が文成帝の時に襲爵したというから、尚書になったのは太武帝末か文成帝期である。伊利が内行長になったのは文成帝期か献文帝期であろう。宇文氏は、宇文福の祖父が後燕から北魏に帰して第一客となったとされ、福は太和初めに羽林郎将となり、宣武帝期に尚書、太僕卿を経て懐朔鎮将に至っている（巻四四）。尚書令に至った歩大汗氏の韓茂（巻五一）は太安二年（四五六）に死去した。長子備は安定公を襲爵し征南大将軍となり、その弟の均も征南大将軍で州刺史・鎮大将を歴任して孝文帝の初期に没した。茂の子たちは文成帝期には高位を得る年齢に達していなかったのである。三姓は時期的な事情によりその名が見えなかったのであり、上記の就任一覧に現れる諸姓に匹敵する存在であったと考えてよい。

I―1で「碑」に記載のない六姓について見ると、二姓が文成帝期に高い地位に就いていた。帝室十姓の普氏であるが、文成帝初に楽陵王・太尉となった周忸（高宗紀）の場合伝をもたず、『胡姓考』に言及はないが、康楽氏は普氏としている。(21) 従うべきであろう。普氏で伝をもつ周幾（巻三〇）は将軍としての活躍が著しかったが太武帝時に陣没し、その子・孫が襲爵したものの、事績は顕れていない。周観（巻三〇）も秦州刺史となったが太武帝期の薛永宗の乱で敗死し、その子は太守で終わっている。そのような状況ではあるが、周忸が太尉に至ったということは普氏が帝室十姓にふさわしい地位をこの時期まで保っていたことを示している。忸が死を賜ってからこの系統は衰えたのであろう。また、『北史』巻七三周揺伝によると揺の曽祖父と祖父は北平王であったという。『魏書』に該当者はいないが、忸らと異なる系統の普氏であった可能性が考えられる。是賁氏の封敕文（巻五一）の場合、祖の封豆は道武帝期に刺史を歴任、父の封涅は明元帝期に侍御長であった。敕文も太武帝期に西部尚書から秦益二州刺史となり、以後長く西南国境で活躍し、献文帝初年に卒した。封阿君については皮豹之伝（巻五一）に前涇州刺史と見えるだけで、胡族か漢族か判断に苦しむが、漢人の刺史が少ない時期であることから同じく是賁氏と考えておきたい。和平元年の段階での「前」刺史であるから、就任していたのは文成帝期の可能性が大である。

次に賀楼氏であるが、楼伏連（巻三〇）とその長子楼真は太武帝期に没し、真の弟楼大抜は孝文帝前期に中都大官に至っている。文成帝期における官職は明かでない。また大抜の従兄弟の孫の楼毅は孝文帝期に尚書右僕射に任ぜられている。費連氏の費于（巻四四）の祖父費峻は夏より北魏に帰し、広阿鎮大将となり、父費郁は太守で終わったが、于本人は内三郎で起家し、平南将軍・懐州刺史に至った。その子費万は太和初年に平南将軍・梁国鎮将となっている。賀楼・費連の二姓とも文成帝期には本節最初に示した官に就いたという記録がなく、そのような位置になかった可能性が高いのであるが、他の時期を含めると、既述のI―1の諸姓に準ずる位置にはあったようである。

残る二姓であるが、紇豆陵氏の場合、竇瑗（巻八八）が内都大官に至ったが文成帝初めに誅されており、その子は太守、孫は庫部令で終わった。紇豆陵氏であることは前述した。竇瑾（巻四六）は中書博士から中書侍郎という漢人官僚の典型的コースを歩んでいるが、紇豆陵氏であることは前述した。太武帝末期に冀州刺史から内都大官に至ったが、文成帝即位の年に四人の子とともに誅殺され、その後の記載はない。『北斉書』巻一五竇泰伝では祖父が統万鎮将だったと記しているが、別系統であろう。丘敦氏の丘堆（巻三〇）は太僕に至ったが誅殺され、その子は太武帝の時安遠将軍として戦死。孫が東兗州刺史・東海公となっているが、顕栄の地位とは言えないようだ。この二姓の場合、子孫はI―1の他姓ほどには栄えなかったようである。

I―2の諸姓は如何であろうか。まず乙旃氏の場合であるが、征討で名を知られた丹陽王叔孫建（巻二九）は太武帝期に没し、子の安城王叔孫俊はそれより先に明元帝期に没している。俊の弟の叔孫隣は、おそらく太武帝期であろうが尚書令となり、次いで涼州鎮都大将となったが、誅に伏し、俊と隣の子孫は正史に記述がない。しかし叔孫固墓誌（『校注』八―一）では、太和中に起家した固の祖叔孫石洛侯が尚書令、父叔孫俟懃真が司空と記す。また巻八九胡泥伝に孝文帝期の殿中尚書叔孫侯頭が見える。叔孫建の系統は文成帝期以降には活躍のあとが見られないが、乙旃氏をトータルに見た場合、政治的力量は保持されていたとしてよいであろう。次に吐伏盧（豆盧）氏の盧魯元（巻三四）[22]であるが、太武帝期に太保・録尚書事に至った。その子の盧統は文成帝の時に選部・主客二曹を典したが、興安年間に卒した。弟が爵を嗣いで北鎮都将となったが、文成帝期であるかどうかはわからない。『周書』巻一九豆盧寧伝によると、寧の父は柔玄鎮将だったという。吐伏盧氏も一定の政治的力量を保持しえていたようである。侯莫陳氏の陳建（巻三四）は司徒に至り太和九年（四八五）に死去、子の陳念が襲爵し中山太守になったが、弾劾を受けて免官され爵を除かれている。その後は明らかでない。しかし孝文帝期前半に三公であったことは重視すべきであろう。

Ⅰ―3の賀頼氏は賀蘭氏に同じである。(23)道武帝の母の兄賀訥（巻八三上）は部族解散の後は「統領する無し」と記されるが、訥の従父弟賀悦の子の賀泥は太武帝の時に光禄勲・外都大官に至っている。田余慶氏は、賀蘭部に対する部族解散が実行された後にあってはかつての賀蘭部の強大な力は失われたとする。(24)確かに拓跋部に匹敵したかつての力は失われたにせよ、他の諸姓クラスの力はなお維持していたと見てよいのではないか。ただし「碑」に二名が記されるものの、文成帝期以降には事績が史書に記されることがなくなる。なお賀狄干（巻二八）は「小族」と記され、後秦に使いして抑留の憂き目にあい、帰国して直後に弟とともに誅殺された。子孫の記載はない。恭宗の生母つまり太武帝の妃賀氏には父兄がおらず、父の従兄の賀迷（巻八三上）が爵を与えられたことが判明するのみである。賀訥とは系統が異なる可能性が高い。付記すれば、『周書』巻二〇賀蘭祥伝は鎮に移住した賀頼氏の姿を示す。旧代国時代から仕え雁門の人と伝にある莫含（巻二三）は莫那婁氏であると考えられ、(25)孫の莫題は道武帝期に活躍したが死を賜り、弟の莫雲は太武帝時に死去している。両人ともにその子孫への言及はない。「碑」に二名が見え、弔比干墓文碑にも一名が見える。これらが含の子孫であったか否か判断はできないが、含の子孫は太武帝期以降、特に記録するに値する人物を生まなかったとは言えよう。なお、莫多婁貸文（『北斉書』巻一九）は鎮民である。周知のように是楼氏の一員である高歓の系統も鎮民であり、(26)高歓の妃の弟匹婁氏の婁昭（『北斉書』巻一五）、と甥の高叡（同・校九―三二六）も鎮民である。叡の父は南部尚書・恒州刺史とあるが、祖の司徒が贈官であり、これも贈官であろう。烏丸氏と考えられる王建（巻三〇）(27)は冀青二州刺史で卒し、孫の王度は太武帝期に長安に鎮した。その子の王安都は文成帝期に内都大官に至り、建の曽孫の王樹は献文帝以降であるが涇州刺史になっている。独孤渾氏の杜超（巻八三上）は明元帝皇后の兄として太宰となり、その子弟は先述した司空杜元宝をはじめ文成帝初期に高官を輩出したが、元宝の誅殺に伴い親族も皆斬られ、その後は顕れない。六鎮の乱の首魁のひとり杜洛周は柔玄鎮民であった。叱列氏の李栗（巻二八）[28]は代王（道武帝）の賀蘭部への逃避に従った元従二一人のひとりであるが、道武帝の時に誅殺され、その子孫の記述はない。少なくとも文成帝期には力を失っていたと思われる。叱列氏の場合、鎮民や部落酋長であった同姓が三例知られるが、中央では顕栄しなかった可能性が高い。以上、I—3の諸姓は、文成帝期には独孤渾氏と烏丸氏以外には中央での大官に就いた事例は記録に残っておらず、また烏丸氏が州刺史クラスの地方長官を生んだのを除けば、孝文帝改革後と確認できる子孫の事例はない。他方、鎮民もしくは酋長であると思われる同姓者を確認できる。

I—4の諸姓であるが、「碑」に見えない五姓については本節のはじめに既にふれた。残る四姓であるが、阿鹿桓氏は宣武帝期に征東長史（従四上）で死去した鹿生の後は記されず、叱呂氏も文成帝末に平原鎮都将であった呂洛抜（巻三〇）の子呂文祖が外都曹奏事中散（つまり孝文帝改革前である）で誅されたあとは不明である。紇骨氏は胡泥（巻八九）が遷都前に平東将軍・定州刺史であったが、その子孫への言及はない。これらは特に高位ではないが一定レベルの官僚を孝文帝期までは維持しているわけであるが、その後は記録するに値する地位は得なかったということであろう。宿六斤氏は「碑」に「鷹揚将軍内行令蔡陽男宿六斤阿□」とある宿石（巻三〇）に至って伝をもつが、彼は赫連勃勃の弟赫連文陳の曽孫である。文陳は北魏の宗室の女性を妻として与えられて上将軍となり、その子も上将軍。石の父は給事となったが、若くして太武帝期に陣没。石は一三歳で中散、文成帝期に内行令、献文帝初には吏部尚書となっている。子孫としては子が比部侍郎で終わったことが知られるのみである。北魏末に賊帥宿勤明達がいるが、近い関係ではないであろう。宿六斤氏は孝文帝期以降中央では顕栄しなかったようである。

Ⅱのグループについては情報量が少ない。Ⅱ―1に挙げたが渇濁渾氏の可朱渾元（『北斉書』巻二七）は「世々渠帥」とあり、若くして高歓と相知であった。曽祖父は懐朔鎮将で懐朔に家したとあり、鎮民であろう。朱瑞（巻八〇）も「代郡桑乾人」とあり、父祖は県令・太守クラス、瑞は若くして爾朱栄の功曹参軍となっているから、鎮民あるいは部落組織を保った集団の一員であった可能性が高い。綦連氏であるが、巻八一の綦儁伝によれば、時期不明だが祖父が并州刺史となり、綦連猛（『北斉書』巻四一）の父は燕郡太守であった。孝明帝期に太守であった屋引氏の房謨（『北史』巻五五）、は父祖不明。胡口引氏の侯剛（巻九三）は「寒微」とされ父祖は不記。侯淵（巻八〇）は鎮民である。土難氏の山偉（巻八一）は祖父が献文帝時に内行令となり、父は太守であった。是云氏の是云侃（『秦晋』六四）の祖は内三郎、太守であり、越勤氏は北魏末に州刺史。これらのⅡ―1のグループの諸姓は刺史・鎮将クラス就任例もあるが、地方官としては太守クラスの方が多い。少なくとも文成帝期に刺史・鎮将レベルの官職就任者を出していることは確認できない。

Ⅱ―2は鎮民もしくは酋長の系列であるが、簡単にふれておく。庫狄氏は、『周書』『北斉書』に四名の立伝者がおり、庫狄業には墓誌（『校注』九―二八〇）があるが、いずれも鎮民もしくは酋長の家である。賀抜氏の賀抜勝（巻八〇）は鎮民。抜列蘭氏も、梁禦（『周書』巻一七）は爾朱天光の左右、梁椿（同巻二七）は統軍として爾朱栄に従って入洛とあり、ともに鎮民であった可能性がある。破多羅氏の潘楽（『北斉書』巻一五）も『胡姓考』によれば鎮民であった。賀若氏の賀若敦（『周書』巻二八）の父も「往事葛栄」とあり、鎮民であった可能性がある。慕輿氏の輿珍（『周書』巻一四賀抜勝伝）も鎮民であろう。乞扶氏の乞伏慧（『隋書』巻五五）の父・祖はともに領民酋長である。

Ⅱ―3の牒云氏の牒舎楽（『北斉書』巻二〇）は若くして爾朱栄に従い軍主、西魏の開府であった叱奴興（『周書』巻一九宇文貴伝）とともに父祖の状況は判明しない。俟幾・撥略も同様である。Ⅱ―4の蓋楼、和稽氏についてはまったく情報がない。

以上の検討をまとめてみると、Ⅰ―１で「碑」に記載のある諸姓はほとんどが文成帝期にも高位の官職に就いていた。「碑」に記載のない諸姓でも六姓のうち四姓までは、前後の時期を併せ見ると「碑」に記載のある一六姓に匹敵する位置にあった。ただ残る二姓はそれほど振るわなかった可能性がある。Ⅰ―２では「碑」に記載のある三姓のうち二姓は族全体として見ると高い地位を保ったようであり、一姓は孝文帝の前半期には有力者を出している。Ⅰ―３では「碑」に記載のある一姓が上記した他姓に近いと思われるほか、記載のない二姓が文成帝期に中央の大官に就いているが、その後は一姓だけが刺史を出しているにすぎない。その他の諸姓は文成帝期およびその後の時期に顕栄した形跡を確認できない。Ⅰ―４では屈突氏が文成帝前後の時期に刺史クラスを出し、宿六斤氏が文成帝末に顕れたが、他の諸姓は活躍のあとが見られない。Ⅱでは文成帝期における活躍のあとをとどめる記録はなく、記載されるのも太守クラス中心である。

以上のことは正史に多くを依拠した結果にすぎず、不十分な分析であることは言うまでもない。列伝のない賀児氏の児烏干が世祖紀下によって司空であったことがはじめて判明するように、正史における記録上の不備は否定しえないからである。列伝が立てられなかった諸姓に属する人物、あるいは伝に立てられている者とは別系統である同姓者が政治的に重要な地位に就いている事例はかなりあると想定しなければならない。

ただ、一部に政治的打撃を受けて子孫が絶えたか顕栄しなくなった諸姓が生じているけれども、Ⅰ、Ⅱに含まれる多くの姓が、同姓の者を含め、かつ文成帝前後の時期を含めると一定レベル以上の官職就任者を輩出していることは認めてよいのではないか。このことは北魏政権に加わった胡族がいずれも「内朝官」に任ぜられ、北魏政権内で一定の政治的地位を獲得するという前節の見通しを支持するものである。

しかし、北魏政権に加わった諸族が政治的平等の位置にあったかと言えば、決してそうではなかったであろう。上の検討において、三公クラスを出す姓もあれば、刺史クラスの地方長官どまりと思われる姓もあった。太守クラスしか確認できない姓もある。そのような差は何によってもたらされるのか。もちろん、北魏建国時における寄与、その後の政治過程において果たした役割が大きな要素を占めるのであろうが、さらに別の要素も考えられるのではないか。Ⅰ―1の普氏において伝をもつ子孫ではないふたりの人物が顕職についていることに注目してみたい。ひとつの姓の中で、ひとつの系統のみが高いレベルの官職につくというわけではなかったことを示すからである。同様のことを乙弗氏でも確認することができる。乙弗部は吐谷渾の北方で強勢を誇った部族であるが、太武帝の時に部衆を統べる父の命令で入貢した乙瓌（巻四四）は、そのままとどめ置かれて数次の遠征に将軍として従い、西平王の爵を受けて定州刺史に至った。彼は文成帝期に二九歳で死去し、子の乙乾帰が一二歳で侍御中散となる。瓌・乾帰・乾帰の孫の瑗と公主に尚していて、北魏皇帝から厚く遇されたことは禿髪氏（源氏）に匹敵する。ただし乙瓌の系統は中央での政治的に重要な地位に就いて活動した跡が見られない。これに対して、乙渾は「碑」で陸麗に次ぐ位置にあり、また周知のように献文帝即位直後にクーデターを行って専権をふるった。伝がなく、正史各所に少なからず見られる記述はほとんどがクーデターかその後の専権と伏誅に関するもので、彼の履歴は詳しくはわからない。車騎大将軍・東郡公から太原王になったことが知られるのみである。けれども、瓌の系統の者が渾の誅殺に連坐していないところを見ると、乙瓌と乙渾は系統を異にしたと想定できるのである。

さらに「碑」に複数の「内朝官」が刻されている諸姓の存在がある。複数の「内朝官」が同一系統から出ている可能性はもちろんあるが、必ずしもすべてがそうではないのではないか。表2を見れば明らかなように、一姓で多数の「内朝官」を出した姓が少なくない。文成帝期までに列伝を有し（［　］を附した三姓を含める）、かつB欄に「内朝官」

の記載のあるのは二二姓であるが、独孤氏の七例を最高に、それら二二姓で四二の「内朝官」を占める。一姓平均で一・九一である。これに対して伝をもたないのは九姓、その占める「内朝官」の数は一一、一姓平均一・二二となる。伝をもつ人物を出した姓の方が、明らかに「内朝官」を多く出している。

これに対しては、『魏書』を見れば、列伝に載せられるような有力者の場合、その直系に限らず子弟は多く官僚の地位を保持し続ける傾向がはっきりと認められるから、「内朝官」も多く出して不思議ではないという説明が可能である。丘穆陵氏を見てみよう。巻二七の穆崇伝から関係部分を系図化すると

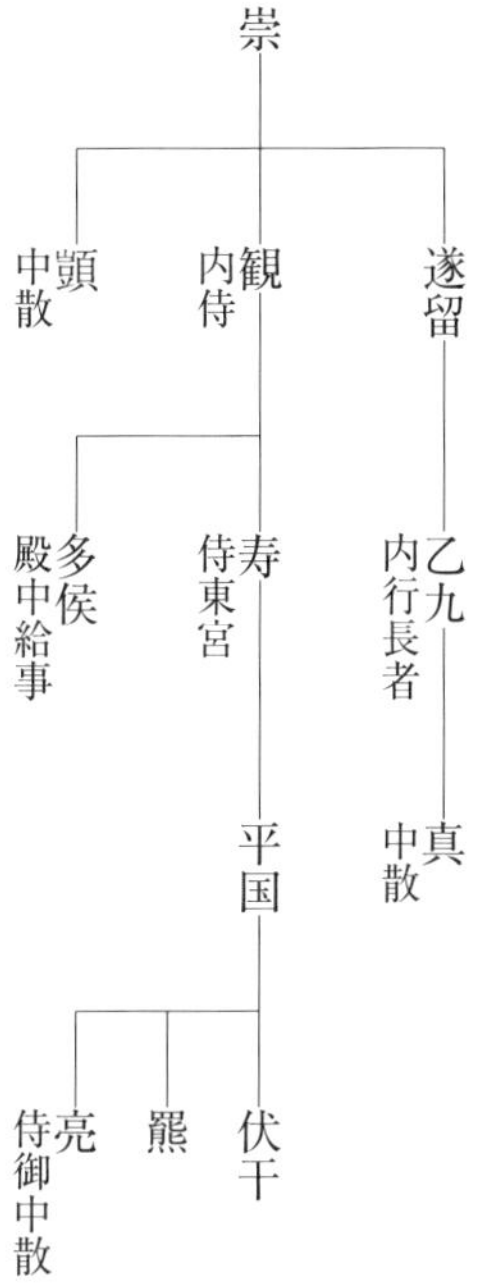

となる。道武帝時に太尉となった崇の子孫は、七名の内侍の官就任を知りうるのである。しかし、上記の穆氏の人々が「内朝官」に就任した時期を考えてみると、観の内侍したのは道武帝であり、顗は明元帝時の中散。寿は太武帝の時に侍中・中書監に至っているから、太武帝の皇太子時代に侍したとみられる。とすると従兄弟の乙九が内朝官に任ぜられたのは少なくとも文成帝期ではない。平国は侍中・中書監を経て太武帝の末年に卒しているから、真の中散は太武帝期となろう。亮の侍御中散となったのは献文帝時である。ひとり「長寧子・左将軍・殿中給事」多侯は「碑」

に刻された「右将軍殿中給事□□子丘目陵□仁」と官爵が一致し、同一人物であることがわかる。とすれば「碑」にもうひとり記されている内三郎丘目陵呉提は、上記系図に載せられている以外の人物であることが確実であり、正史で知りうる限りの範囲では穆氏に該当者はいない。また孝文帝の弟河南王幹の妃の父穆明楽は、中散であったことが確認できるのであるが、穆崇伝にはその名が見えない。明楽が崇の子孫であった可能性がないではないが、それならば崇の伝に付されなかった理由が不分明となり、やはり崇の子孫とは異なると考えた方がよいのではないか。(29)

さらに達奚氏であるが、北魏初期の功臣奚斤（巻二九）は太武帝期に没し、その長子奚他観、他観の子の奚延はそれぞれ都将、離石鎮将になり、他観の弟の奚和観は刺史、その子の奚受真は文成帝期に給事中、離石鎮将に至っている。和観の弟の奚抜は太武帝期に尚書を経験し、斤の甥の奚烏侯は虎牢鎮将となって文成帝期に死に、その子の奚兜は薄骨律鎮将となった。このように奚斤の系統は多数の鎮将、刺史クラスの人を輩出しているが、和観、抜、兜が内侍の官であったと記され、受真は中散の職を経ている。奚牧（巻二八）は道武帝期に并州刺史に至ったが、誅されていて、その子孫については記述がない。奚眷（巻三〇）も太武帝期に活躍し長安に鎮したが、軍令に違反して誅され、その子孫は知られていない。正史から判明する各人の経歴とその就任時期を検証した時、「碑」に記されている達奚氏の二名の内三郎は、少なくとも牧、眷の子孫ではないと推定できる。

「碑」に九名を数える素和氏、四名を数える乙旃氏も、ひとりの人物の子孫というよりは、複数の人物の子孫と考えた方が自然である。同一姓の異なる系統がそれぞれに「内朝官」を出す。これは族としてのふくらみを示す。族としてのふくらみが族としての強さ、政治的な力を示し、それがより重要かつ高位の政治的地位の獲得に結びつく。もちろん、政治的地位はそれのみによるのではなく、前述のように北魏建国時の働きやそれぞれの時期の政治的軍事的功績が少なからぬ要素を占めることは間違いないのであるが、もうひとつの要素として族的基盤があるのではないか。

そう考えるとき、表2のB蘭に記載のあるⅠ―1の一六姓は九姓までが、Ⅰ―2では三姓中の一姓、Ⅰ―3でも三姓のうち二姓が、Ⅱでは抜烈蘭・蓋楼・賀若の諸姓が「碑」に複数の人物が刻されていることの意味は大きい。それら諸姓が族的なふくらみをもっていたことを示すものと想定してよいように思われるからである。

さらに弔比干墓文碑を検討に加えてみよう。同碑の碑陰に宗室と漢族以外に見えるのは一八姓であるが、C欄にはそのうち一四姓が記されている。三名の記された乙旃氏・丘穆陵氏、二名の歩六孤氏は「碑」に複数の人物が記されており、一名の名が見える抜抜・独孤・叱羅・莫那婁もB欄が複数となっている。「碑」にひとりしか記載がなかったグループのC欄を見ると、万忸于氏が四名、伊婁・若干・土難・侯莫陳氏が各一名となっている。C欄にあってB欄に記載がないのは叱呂・賀抜の二姓のみなのである。ちなみに弔比干墓文碑に名が見える他の胡姓はわずかに三姓にすぎないのであるが、その郁久閭・斛律・大野氏はいずれも「碑」にも記載がある。時期が異なり、かつ碑陰に記載された官職にも大きな差はあるが、両時期に皇帝に随行した胡族たちの姓の重なりが明らかに見てとれるのである。その意味するところは小さくない。

具体的には次のように言えるのではないか。表2のABCの各欄いずれにも見える一一姓（抜抜・伊婁・乙旃・丘穆陵・歩六孤・独孤・万忸于・若干・叱羅・莫那婁・侯莫陳）は、北魏前期において高位の官僚を輩出する有力な姓であった。このうち莫那婁を除く一〇姓が実際に文成帝期に高位の地位にあったことは先に確認したところである。そして表2に見るようにこの一一姓の多くは北魏後期にも官僚を出している。

また、列伝をもちB欄にも記載のある九姓（達奚・賀頼・素和・吐伏盧・歩大汗・是婁・乙弗・尉遅・叱干）も北魏前期において政治的に有力であったとしてよいであろう。これら九姓の多くも後期に官僚を出している。やや遅れて伝をもった宿六斤・宇文・慕容の諸姓もこれに並べることができよう。

もちろん、B欄に記載がなくても他の時期をとれば「内朝官」を輩出しえたのであるから、他の諸姓のうちいくつかが以上の諸姓に準ずる地位を占めえたことも確かである。たとえば、普・賀楼・是賁・紇奚・叱呂・丘敦・屈突の諸姓がそうである(30)。

官氏志記載の一一八姓のうち、表2に見えない五一姓が官僚を出さなかったわけではないことは、一一八姓以外の諸姓が「碑」に多数刻されていることで推測できる。そしてこれら北魏の皇帝権の下に包摂された胡族各氏も、「内朝官」としてその子弟を皇帝の側近に出仕させ、到達レベルはともかく、官僚としての途を歩ませえたのである。

なお、先に文成帝期の政治的上層部の分析を行った際、一一八姓以外の諸姓が含まれていた。それについてふれておくと、源賀（巻四一）は南涼の君主禿髪傉檀の子で、南涼が滅びたときに太武帝に帰した。代々公主の下嫁を受けるなど、優遇を受けている。閭毗・閭紇・閭染の兄弟（巻八三上）も元来は柔然可汗を出す郁久閭氏の一員で、太武帝の恭皇后の外戚として尊崇の扱いを受けた。この二姓は官氏志の内入諸姓に含まれていないが、出自の関係で特別な待遇を受けた一族である。似た存在にあるのが沮渠万年と乞伏成竜である。前者は北涼の君主沮渠牧犍の弟で太武帝の時に来降し、後者は西秦の君主乞伏熾盤の子で、太武帝の時に北魏に捕虜となった。仇池の氏族政権の君主である楊難当もこのグループに含めてよいであろうし、楊保年も氏族と考えてよいであろう。開国当初から北魏に付していたわけではないが、他の政権の君主の血を引くということのもつ政治的意味から重用されるケースがあったということになる。もちろんこれ以外の諸姓でも高位に就く事例はあって、斛骨乙莫干や袁紇尉解はその一例である。

また次の点も指摘しておきたい。有力な姓と判断した中の独孤・侯莫陳・莫那婁・是婁・尉遅の諸姓は、系譜関係は不明であるが、同姓の者が鎮民であったことを確認できる。B欄に記載のある抜烈蘭・歩大汗・庫狄・宇文氏も同様である。北魏は「良家強宗の子弟」つまり有力な一族の者を鎮に移住させたことが知られている(31)。表2に挙げた諸姓の子弟が鎮に籍をもつ可能性は高いのである。

おわりに

本章で論じた内容を確認しておこう。北魏の華北統治が始まって半世紀を経た文成帝期には、胡族の場合は原則として「内朝官」を経由して官僚としての道を歩んでいることを確認できる。「内朝官」を出すのは北魏に加わった諸姓（官氏志に見える一一八姓のみならず、北魏の征服活動の進展に伴い新たに加わった諸姓を含む）全体に及んだと想定される。ただし、その中で少なからぬ諸姓は複数の「内朝官」を同時に輩出することができたのであり、それが結果として彼ら諸姓が北魏の政治的上層部を中心的に構成することを可能にした。もちろんそれ以外の諸姓が上層部に加わることがあり、その中には五胡諸国の君主や柔然君主の一族など、北魏政権が政治的に見て有為だと判断したものが含まれていた。以上のことは、これまでの蓄積されてきた研究から想定されていたこと、あるいは想定可能なことである。ただ史料の制約で確認が困難であったのであるが、「碑」の発見はその確認を可能にしたのである。また、以上のことは、部族解散後も、少なくとも政治的な部族的まとまりが維持されているという理解につながるものであることを確認しておく必要があろう(32)。

「碑」に見える「内朝官」就任者はどの政治的レベルまで到達しえたのだろうか。陸竜成はのちに青州刺史に至り、穆多侯は司衛監になったが乙渾のクーデターで陸麗とともに殺された。これ以外については現在のところ確認できない。また「碑」には特定の尚書以外の、当時多数存在していたはずの各曹の尚書就任者が欠けている。九卿の類はまったく記載がない。文成帝の南巡に直接関わらない部局の官吏は平城に残っていたはずである。それらの官職に任じた人々は文成帝期に関する限りほとんどが判明しない。このことからわかるように本章はごく小さな部分を明らかにしたのみであり、多くの検討は今後に残されている。また本章では、第一節で漢人官僚についてふれるところがあったが、第二、第三節では漢人については検討から除外している。今後は漢人官僚のあり方の検討が課題となる。表3に見える北魏の宗室について言及しなかったのは筆者が以前に扱ったことがあるからであるが、[33]「碑」に見える「内朝官」就任者が宗室のどの範囲のものなのかも今後の検討課題となろう。

註

(1) これについては田余慶『拓跋史探』(三聯書店、二〇〇三)に詳しい。

(2) 鄭欽仁『北魏官僚機構研究』(牧童出版社、一九七六。一九九五稲禾出版社再刊)のほか、川本芳昭「北魏の内朝」(『魏晋南北朝時代の民族問題』汲古書院、一九九八、所収。初出一九七七)、厳耀中「北魏内行官試探」(中国魏晋南北朝史学会編『魏晋南北朝史研究』四川社会科学院出版社、一九八六)、張金竜「北魏中散諸職考」(『北魏政治与制度』甘粛教育出版社、二〇〇三、所収。初出一九九三)、佐藤賢「北魏内某官制度の考察」(『東洋学報』八六―一、二〇〇四)など。

(3) 山西省考古研究所・霊丘県文物局「山西霊丘北魏文成帝〝南巡碑〟」(『文物』一九九七―一二)。

(4) 主だったものを挙げると、張慶捷「北魏文成帝〝南巡碑〟碑文考証」(『考古』一九九八―四)、張慶捷・郭春梅「北魏文成帝〝南巡碑〟所見拓跋職官初探」(『中国史研究』一九九九―二)、川本芳昭「北魏文成帝南巡碑について」(『東アジア古代における諸民族と国家』汲古書院、二〇一五、初出二〇〇〇)、松下憲一「北魏石刻史料に見える内朝官――「北魏文成帝南巡碑」の分析を中心に――」(『北朝胡族体制論』北海道大学大学院文学研究科、二〇〇七、初出二〇〇〇)、張金竜「北魏前期的内侍・内行諸職」(『北大史学』七、二〇〇〇)などがある。

(5) (e)については、補足を必要とする。尉元は一九歳で虎賁中郎将となり、ついで羽林中郎となったと『魏書』にあるが、これはいずれかに誤りがある。『北史』巻二五は羽林中郎の方のみを記しており、虎賁中郎将ではなく、虎賁中郎が正しいのではないかと考える。薛野賭は伝に「召補羽林」と記す。その後に給事中に遷っており、羽林中郎であったと判断する。
（6）科学出版社、一九五八。本章では二〇〇七年中華書局修訂版を用い、『胡姓考』と略称する。
（7）本章は「補記」で述べるように旧稿を改めている。旧稿においては韓茂を漢族としたが、これは誤解であった。康楽氏『従西郊到南郊――国家祭典与北朝政治』（稲禾出版社、一九九五）は胡族であると考えており（三一八頁）、『胡姓考』も歩大汗氏の項で韓茂の父耆を匈奴であるとしている（一三七頁）。
（8）『魏晋南北朝官僚制研究』（汲古書院、二〇〇三）第三部第二章、初出一九九九。
（9）代王子孫で中散と明示される事例は、文成帝期にはなく、他の時期を見ても、元昭が司州の茂才から主文中散に転じたことが墓誌（『校注』五―二五三）に、元志が主文中散であったことが巻六二の高道悦伝に見えるだけである。元志の伝には主文中散に任ぜられたことは載せられていない。
（10）『校注』六―一九六によると、丘哲は孝文帝の時、七歳で内行内小となり、その後中散になったという。没年から計算すると、太和二年に七歳である。
（11）以上の諸氏の見解は註（2）、註（4）所掲のそれぞれの論著に見える。
（12）註（4）前掲論文。
（13）鄭氏は主文中散の地位は中散に、奏事中散の地位は侍御中散に同じとした（註（2）前掲鄭氏著書）。その名称の相違が内小、内行内小以外の語に示されるや否やは明らかにしがたい。
（14）もっとも、そうすれば「碑」に内小が一例もないことが新たな問題となる。第四列に中堅将軍庫部内小幢将、揚威将軍内小幢将、宣威将軍内小幢（将）の三例があるが、いずれも将軍号をもっており、一般に将軍号と爵をもたない内行内小より下位の内小にはふさわしくない。やはり内小幢将とすべきであろう。内小は一例もないのである。これについては、欠落部分にあった可能性を指摘することもできるが、これは占める位置からして、欠落部分にはなかったのではないかという、本文で中散の欠落の可能性を否定した論法が通用するのではないか。ただし、内小幢将が少なくとも三名いて内小がいないのは解釈が難しい。考えられる可能性は三つある。まず、内小が随従しているのに「碑」からは欠落した、という可能性。しかし内小が中散であるという仮説が当っているなら、太和旧令で正五品中にあたる内小が欠けるのは納得しがたい。次に内小幢将の内小は内侍としての内小とは異なるという可能性。これも内三郎幢将、三郎幢将ほかの用例を見れば、成り立ちがたい。第三として以下の可能性が考えられる。南巡という行動の中で、内侍の官すべてが随従する必要はなかった、つまり側近で護衛にあたる内三郎やその外部での警護を行う三郎衛士、さらに全体を警護すべき兵士の集団とその指揮官たち、さらに行幸中でも必要な業務があるので、それに関わる官僚達は随従したのであるが、いわば無任所の立場にある官吏としては皇帝に最も近く侍る内行内小だけが随従したのであって、内小は幢将の一部が随従して配下の内小は都にとどまっていたのではないか。筆者としては第三の可能性を採りたいのであるが、幢将のみの随従という点で問題を残し、かつ決め手に欠けるので、可能性の指摘にとどめておく。

(15)『胡姓考』は、『魏書』皇后列伝に平原人と記されている孝文貞皇后林氏を丘林氏ではないかと疑っている（一六一頁）。それに従う。皇后の叔父とされている林金閭は常太后に寵愛されて尚書・平涼公となったというが、これは「碑」第一列第六番めの中常侍林金閭の官爵と一致する。

(16)表2で掲げている乙弗紹（『校注』一〇―二一三）の祖父は内三郎であった。

(17)侍中は加官の可能性があり、判断が難しい。さしあたり万斯同の「魏将相大臣年表」の判断を用いる。

(18)鎮将就任者の分析については玉野卓也「北魏における軍鎮将の出自についての一考察」（『白山史学』四七、二〇一一）がある。

(19)註（8）前掲拙著第一部第五章参照。

(20)Ⅰ―1の一六姓として数えた中で、問題のある二姓についてふれておく。奚受真は奚斤の孫である。彼は中散から文成帝が即位した段階で竜驤将軍・成都侯を授けられ、給事中に遷った。その後に就いた離石鎮将は、文成帝期でない可能性がある。功臣奚斤は太平真君中に死に、その長男奚他観は都将、他観の子は瓦城鎮将。他観の弟の奚和観は冀青二州刺史となっている。受真はその子である。和観の弟の奚抜は選部尚書となり、一時罪を得たがのちに散騎常侍に復活している。こうしてみると、達奚氏は他のⅠ―1の諸姓と匹敵する政治的地位を保っていたとしてよいのではないか。また苟莫于は苟頽（巻四四）の伝には記されていない。頽は中散として太武帝の南征に従い、その後奏事中散、内行令、給事中、司衛監、洛州刺史となった（その後は孝文帝期であることが確実なので省略）。弟の苟若周が「碑」に内阿干として記載されており、内阿干は内行令より上位にあるとみなされるから、頽は和平二年の段階では給事中か司衛監であったと思われる。このほか皮豹之伝に高平鎮将であることが見える苟莫于はその同族であろう。苟頽のその後の地位を考慮すれば、若干氏も少なくとも地方長官クラスを輩出する姓であったと考えられる。

(21) 康楽氏註（7）前掲著書二九七頁。

(22) 盧魯元は列伝では昌黎徒何の人とある。彼が豆盧＝吐伏盧氏であることは『胡姓考』一〇三頁以下に詳しい。

(23) 『胡姓考』三六頁参照。

(24) 「賀蘭部離散問題」（田余慶氏註（1）前掲著書、所収）。

(25) 『胡姓考』一三二頁参照。

(26) 高歓の曽祖父高湖が鮮卑族であることは浜口重国「高斉出自考――高歓の制覇と河北の豪族高乾兄弟の活躍」（『秦漢隋唐史の研究　上』東京大学出版会、一九六六、初出一九三八）が早くに明らかにした。是楼氏であることは『胡姓考』一四六頁による。

(27) 『胡姓考』二七六頁参照。

(28) 李栗は伝では雁門の人とある。『胡姓考』の判断に従う（三二二頁）。

(29) 歩六孤氏の場合についても検討しておく。陸俟は明元帝の時に侍郎を拝し、内侍に遷った。長安鎮都大将を経て外都大官に至り、文成帝の時に東平王となり、太安四年に六七歳で卒した。長子の陸馛は内都下大夫で、文成帝初年に父とは別に聊城侯の爵を受け、次いで相州刺史となっている。馛の子の陸琇は孝文帝初期に亡くなった父の爵を嗣ぎ、侍御長となり、その弟の陸凱は中書学生から侍御中散となっている。兄の侍御長に先立つ任官と考えられるが、文成帝期にはさかのぼらないであろう。馛の弟の陸麗は太武帝の時に左右に入侍し、南部尚書になり、文成帝の擁立に功績があり、司徒の地位に就いた。長子陸定国が六歳で中庶子となったことは前述した。次子陸叡が献文帝初年に乙渾に殺された父麗の爵位を一〇余歳で嗣いでいるから、和平二年にはまだ一〇歳になるかならないかである。麗の弟陸頽は早卒とあるが子がいる。頽の弟陸陵成は「中校尉、河間太守、秘書中散」とあり、弟の陸竜成は「碑」に内行内小であったと記されている。よく知られているように、歩六孤叡が崔鑒の女を娶る時「平原王は才度悪しからず、但だ其の姓名の殊に重複を為すを恨む」と鑒に言われたように、歩六孤氏の漢文化への親近は比較的早い。竜成という漢族風の名の採用はその現れであろう。とすれば竜成と「成」字を共有する陵成、「竜」字とつながる弟の騏驎も同じ段階での命名であろう。陵成、騏驎の名が「碑」に見えないことは彼らが文成帝に随行していなかったことを示すであろう。なお騏驎は侍御中散から侍御長に転じ、太和初年に太守となったという。

俟の族弟陸宣は時期不明であるが、雲中鎮将。その子の陸雋は文成帝時期に「侍中・給事を歴す」とあり、献文帝初期に侍御長となっている。侍中という記述は不可解であり、誤りであると思われるが、給事の語からして「碑」の中の記載人物には該当しないと考えてよいであろう。

列伝で見る限り、陸氏は多数の「内朝官」を輩出している。このうち麗が「碑」の第1列第1番めに「侍中撫軍大将軍太子太傅司徒公平原王歩六孤伊□」と見え、竜成が内行内小として見える。「碑」にはさらに内行内小歩六孤羅、内三郎歩六孤歩斗官、雅楽真幢将歩六孤某の三名がいるが、上述した範囲の陸氏には該当者はいないと見られる。ただし俟には一二名の子がいたというから伝には三名が欠け、琇と凱はそれぞれ第五、六子であった。また石跋、帰、尼には子孫の記載がない。これらの事情を考えると、不記載の俟の子孫の中に「碑」の上記三名の該当者がいる可能性は排除できない。よって註で扱ったのであるが、三名のすべてが俟の子孫であった可能性は少ないと見てよいのではないか。

(30) 賀楼・紇奚の二姓は、孝文帝の姓族分定詔で猥官に充ててはならないとされた「八姓」に含まれている。
(31) 浜口重国「正光四五年の交における後魏の兵制に就いて」(『秦漢隋唐史の研究　上』東京大学出版会、一九六六所収、原刊一九三五)。
(32) 筆者の部族解散についての理解は第1章で示した。
(33) 前掲拙著第三部第二章。

補記　本稿は旧稿（張金竜主編『黎虎教授古稀紀念　中国古代史論叢』（世界知識出版社、二〇〇六）に載せていただいた「文成帝期的胡族与内朝官」）を改めている。旧稿作成時期に較べると『安豊』所収のものなど東魏・北斉・西魏・北周時期の墓誌が相当数増加したこともあり、墓誌を取り込んだ考察とすべきだと考えた故である。その結果、諸姓の子孫の扱いにかなりの修正が生じている。また胡漢の弁別に一部修正を加えた。その他細かな修正点は少なからずあるが、大筋の論旨には変更はない。なお、「内朝官」に関わる最新の重要な研究に黄楨「北魏前期的官制結構：侍臣・内職与外臣」（『民族研究』二〇一六―三）がある。

（二〇一六年記）

第３章　北魏における滎陽鄭氏

はじめに

北魏政権により「四姓」のひとつとして認定され、その門閥としての地位が唐まで続いた滎陽鄭氏についての研究は、これまでにも少なからずある。矢野主税氏は漢代から唐代までの鄭氏について詳細な検討を行っているが、同氏の場合、貴族（この場合には鄭氏）が寄生官僚であるかどうかに主たる関心があり、鄭氏の動きを当時の政治的な動向の中に位置づけるという点では物足りないところがある。(1) 魏晋南北朝時期の貴族の存立基盤を郷里に求める谷川道雄氏の場合は、氏の理解する貴族のあり方とは矛盾するかの如き側面を示す鄭氏について、孝文帝頃を境として自らの基盤と遊離しがちになって行く傾向として把握するところが、最も注目すべき点であり、政治的な動向面での分析面については、発表媒体の関係もあろうが、なお検討の余地を残しているように思える。(2) 筆者もかつて北魏における漢人貴族のあり方の中に鄭氏を位置づけようと試みたことがあったが、鄭氏そのものの分析には十分でないところがあった。(3)

近年になって陳爽氏は北朝政治における漢人大族のあり方について優れた研究を発表し、大族の事例研究のひとつとして鄭氏を扱った。(4) 陳氏の論ずるところは体系があり、多くを首肯できるが、南朝宋における鄭氏のあり方を検討に取り込むことができるなど、なお、補うべきところが残されているように思われる。また韓樹峰氏は南北両朝の狭

鄭氏系図

- 温
  - 曄（汝陰太守）
    - 白驎（　）
      - ○
        - 道標（随郡太守）
    - 小白（中書博士）
      - 胤伯（鴻臚少卿）
        - 希儁（州主簿）
          - 道育（二州刺史）
        - 幼儒（司州別駕）
          - 敬道（開州刺史）
          - 敬徳（青州刺史）
      - 平城（東平原太守）
        - 伯猷（太常卿）
        - 仲衡（開府中郎）
        - 輯之（東済北太守）
        - 懐孝（仁州刺史）
    - 洞林（　）
      - 敬叔（濮陽太守）
        - 籍（平東府長史）
        - 瓊（范陽太守）
          - 道邕（司空）
            - 詡（邵州刺史）
            - 訳（岐州刺史）
        - 儼（中書令）
          - 文寛（　）
      - 子恭（衛尉少卿）
        - 子貞（開府司馬）
        - 子湛（光禄大夫）
        - 昭伯（東平太守）
        - 子嘉（　）
          - 大護（司空参軍）
    - 叔夜（　）
      - 伯夏（東莱太守）
        - 道忠（右軍将軍）
        - 豪（東平原太守）
      - 謹（琅邪太守）
        - 嵩賓（左光禄大夫）
    - 連山（　）
      - 思明（直閤将軍）
        - 先護（大都督）
          - 偉（華州刺史）
      - 思和（太尉参軍）
        - 康業（通直郎）
          - 彬（相国参軍）
      - 季長（太学博士）
        - 喬（左光禄大夫）

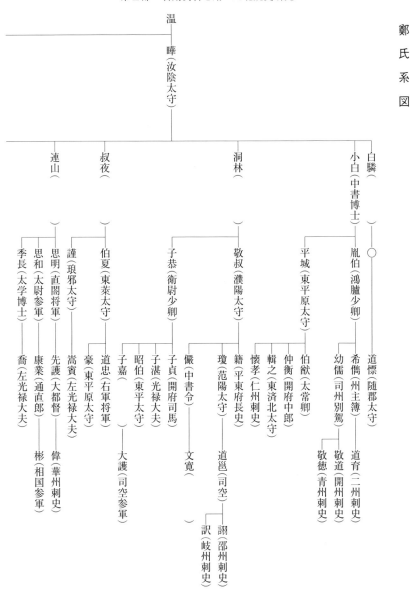

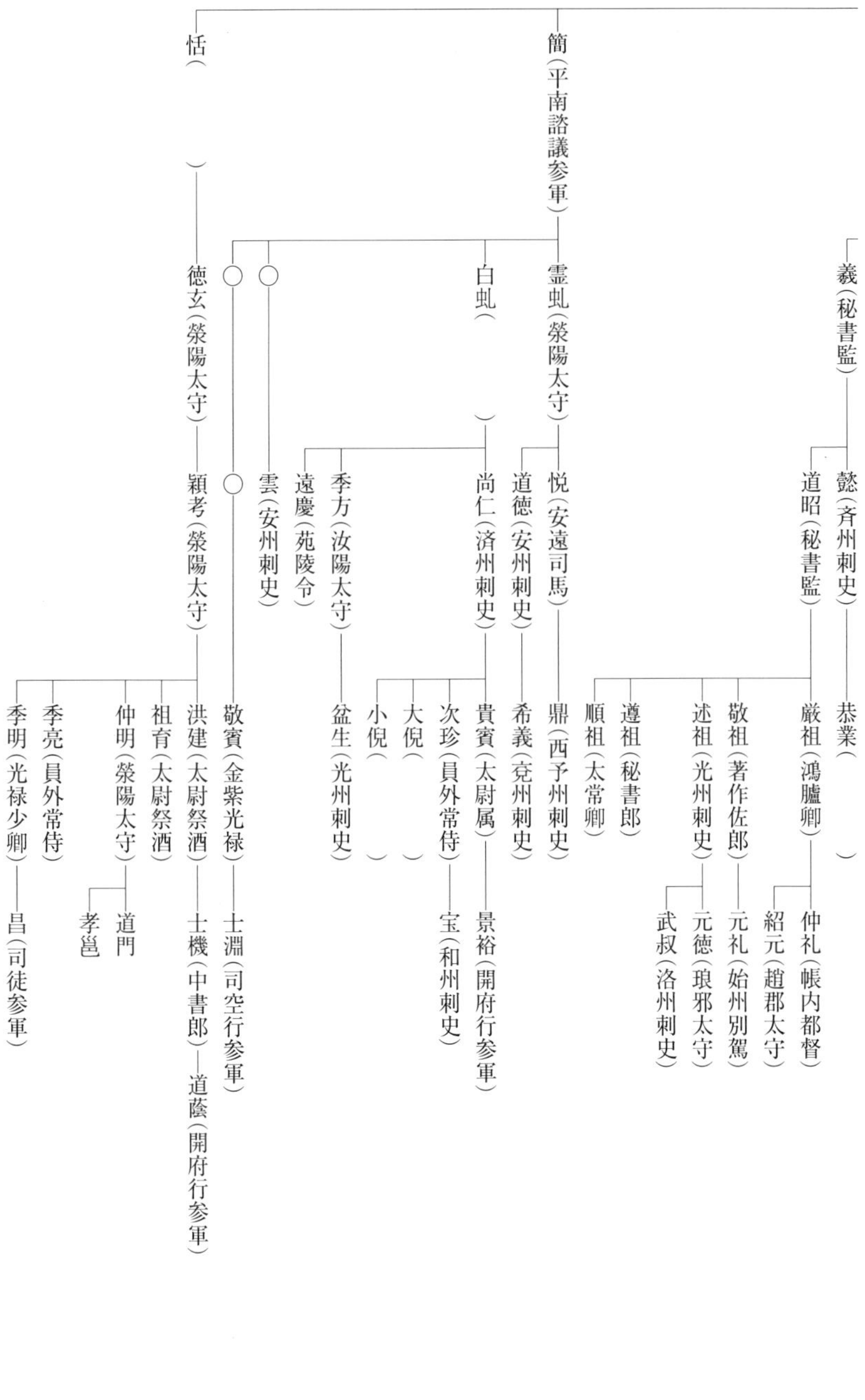
羲（秘書監）
簡（平南諮議参軍）
恬（　　　　）
懿（斉州刺史）
道昭（秘書監）
霊虬（滎陽太守）
白虬（　　　）
○
○
徳玄（滎陽太守）
恭業（　　　）
厳祖（鴻臚卿）
敬祖（著作佐郎）
述祖（光州刺史）
遵祖（秘書郎）
順祖（太常卿）
仲礼（帳内都督）
紹元（趙郡太守）
元礼（始州別駕）
元徳（琅邪太守）
武叔（洛州刺史）
悦（安遠司馬）
道徳（安州刺史）
鼎（西予州刺史）
希義（兗州刺史）
尚仁（済州刺史）
季方（汝陽太守）
遠慶（苑陵令）
貴賓（太尉属）
次珍（員外常侍）
大倪（　　）
小倪（　　）
盆生（光州刺史）
景裕（開府行参軍）
宝（和州刺史）
雲（安州刺史）
○
敬賓（金紫光禄）
士淵（司空行参軍）
穎考（滎陽太守）
洪建（太尉祭酒）
祖育（太尉祭酒）
仲明（滎陽太守）
季亮（員外常侍）
季明（光禄少卿）
士機（中書郎）
道蔭（開府行参軍）
道門
孝邕
昌（司徒参軍）

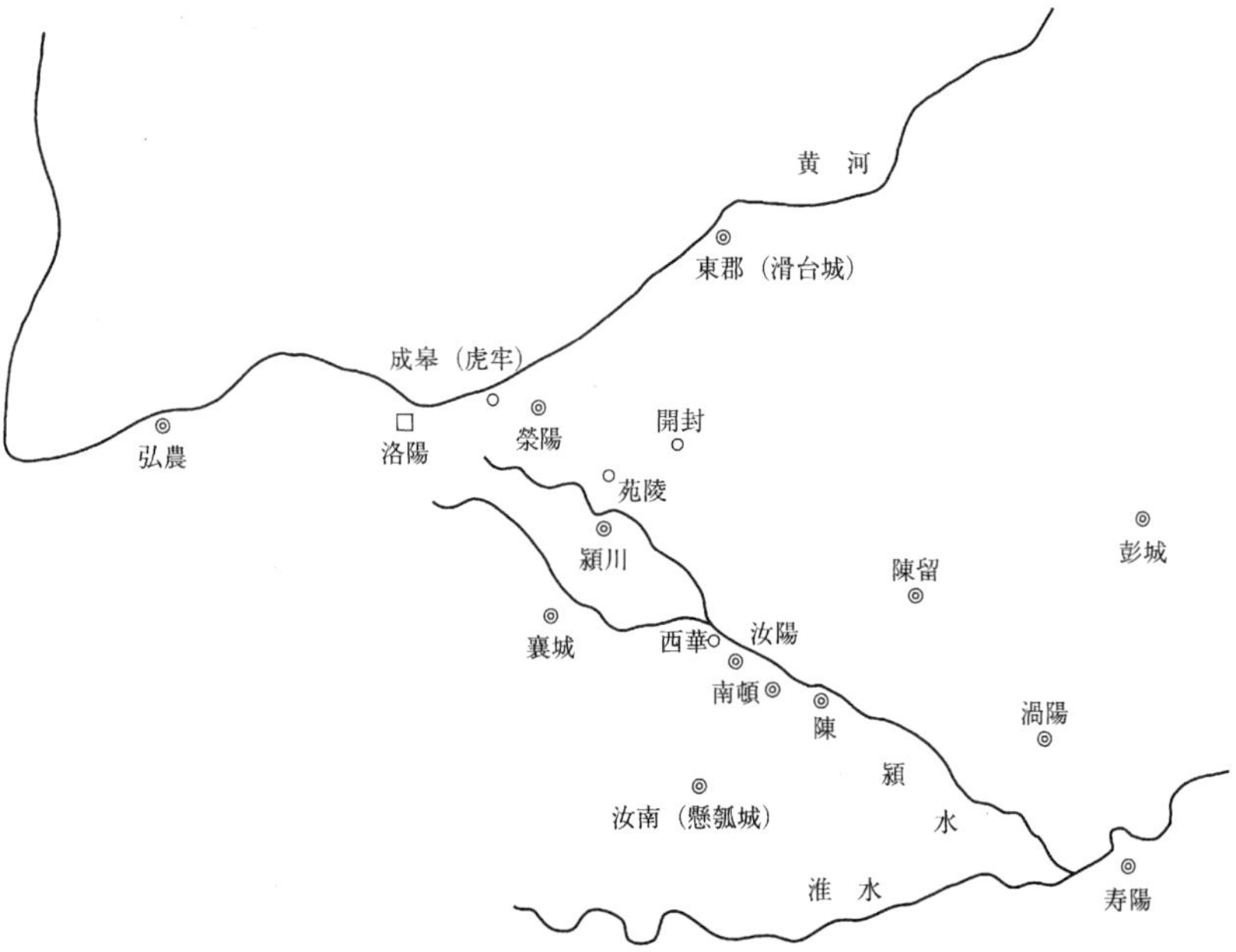

鄭氏活動関係略図（譚其驤主編『中国歴史地図集・東晋十六国南北時期』により作図）

間にある地域の豪族のあり方を論じ、その一環として鄭氏にもふれている(5)。しかし、分析は北朝領域下にある鄭氏には及んでいない。

本章は、北朝における鄭氏の政治的な行動に込められた自他の期待と、それを支えたものをできる限り詳細に分析することを目標とする。なお、鄭氏系図と鄭氏の活動に関わる地図を付すので適宜参照していただきたい。

一　北魏における鄭氏

滎陽開封に本貫をつなぐ鄭氏が北魏の官僚としての姿を現すのは比較的遅い。それは彼らの居住する滎陽が北魏領に入る時期と深く関係するからである。

永嘉の乱後に華北の名族で故郷を離れるものは少なくなかったが、鄭氏にもその動きがあった。「滎陽鄭文公之碑」（以下、「下碑」）(6)には、「有晋竟《きそ》わず、君道陵夷し、（劉）聡・（劉）曜虔劉するに値《あ》い、地を冀方に避け、隠括して全を求め、静居して自逸す」とある。鄭略は後趙に仕え、その子は後燕、孫は燕（後燕もしくは南燕）に仕えた。滎陽は後趙、後燕の領域に含まれている。一時冀州方面に避難したとはいえ、鄭曄の系統と故郷滎陽との関係は復活したと見てよい。後に示すように滎陽の東南にあたる淮西地方、さらに淮南に移住する鄭氏が見られるが、それらは永嘉の乱による移動であった可能性がある。

北魏がその都を陥した時、後燕の領域が全て北魏に帰したわけではない。滎陽の地はいったんは後秦領に入るが、のち劉裕が北伐して後秦を滅ぼしたことによって東晋、そして東晋に代わった宋の領有するところとなる。

北魏が黄河の南に進出したのは天興二年（三九九）で、滑台を占領して拠点としているが、その後領域を拡大した形跡はなく、泰常元年（四一六）には滑台を失っている。泰常七年（四二二）になって二方面から黄河以南への進出を図り、宋の兗州や東陽方面では成果を挙げなかったが、洛陽およびその東方の地においては、まず滑台を占領、翌年には洛陽をも取り、続いてさらに南方の陳留や許昌を占領した。けれどもその支配は永続せず、神䴥元年（四二八）には宋による陳留・虎牢攻撃を受け、同三年には宋の河南回復行動によって全軍が河北に一時撤退するに至っている。

北魏は同年中に態勢を立て直して黄河を渡り、洛陽、虎牢、次いで翌四年には滑台を再占領した。これによって、北魏の黄河以南の地（黄河以南の洛陽、滑台、潁川一帯。青斉地方・淮西地方はこの段階ではまだ宋の領域内にある）の領有はほぼ確定したとみてよい。

神䴥三年の宋軍との攻防の段階で北魏軍の一翼を担った司馬楚之が潁川にいたことが確認できる（『魏書』世祖紀上）ので、滎陽も泰常七年前後に北魏領に入ったと見てよいであろう。『魏書』巻三八王慧竜伝によると、この神䴥三年末、再占領に成功した段階で王慧竜が滎陽太守に任命され、その後になお継続した宋の到彦之らの攻撃をよく防いだとされている。この経過を見れば、滎陽が北魏領として確定するのは、やはり神䴥四年段階に至ってからであると考えられる。

神䴥四年は、北魏で漢人名族の徴召が行われた年である。周知のように、この時の徴召は華北に残留していた漢人名族を網羅していた。「下碑」によると、鄭羲の高祖の鄭略は後趙で給事黄門侍郎に徴せられ、侍中・尚書に遷り(7)、曽祖の鄭豁は後燕の中山尹、太常卿(8)、祖父の鄭温は燕の太子詹事とあり、このように鄭氏は五胡時代に高官を輩出した。その鄭氏が、徴召の対象から除外されているのは、郷里の滎陽が北魏領に入って間がないという事情が背景にあると見られる。

王慧竜伝に「真君元年（四四〇）使持節・寧南将軍・虎牢鎮都副将を拝し、未だ鎮に至らずして卒す。没に臨み、功曹鄭曄に謂いて曰く、（中略）時の制は、南人の入国する者は皆桑乾に葬る。曄等遺意を申べ、詔してこれを許す」とある。既に見たように神䴥三年末に王慧竜は滎陽太守となった。伝に「滎陽太守を拝し、仍お（安南大将軍）長史を領す。在任十年、農戦並びに修まり、大いに声績を著す」とあるように、真君元年に虎牢鎮に移動するまでまさしく一〇年その任にあったことになる。彼の功曹(9)であった鄭曄は、鄭羲の父である鄭曄と同一人物であった可能性が高い。つまり、北魏領に入った段階では中央に徴召されることはなかったが、鄭氏は地方の有力者として、滎陽の地に赴任した地方長官の属官として重んぜられたのである。(10)

鄭曄の末子である鄭羲は中書博士から官歴を始めた。(11)さらに臨時的に府官に就いたあと、中書侍郎に就任している。神䴥四年の徴召に応じた三四名の名が『魏書』巻四八高允伝の「徴士頌」に見えるが、彼らの中で本伝、付伝などで経歴が判明する者は一七名、その中で一〇名が中書博士をまず拝している。一〇名の中書博士のうち中書侍郎に遷った者が六名、それとは別に中書博士を経歴したことの記載がないものの、中書侍郎に就任した者が三名いる。つまり中書博士、中書侍郎に就任するケースが多いことを指摘できるのであるが、この神䴥四年の被徴召者の多くと同じ経歴を義はたどったわけである。かつ、鄭羲の次兄の鄭小白も中書博士となっている。小白と羲の中書博士就任が同時期であった可能性がなくはないが、兄小白の方が先んじたと考えるのが妥当であろう。中央官界と鄭氏は羲以前も無関係であったわけではないのである。さらに述べれば、小白以外の羲の四人の兄には就官の記載はないが、郡功曹であった鄭曄が「不仕」と鄭羲伝に記されたこと、また、鄭叔夜について、その孫の鄭道忠の墓誌に「祖は清静もて治を為し、化は枌楡に洽し」とあることを引いて、「枌楡」は本州の職であり、州郡の職は顕要でないから正史はこれに言及しなかったのであろう、とした陸増祥の判断（『八瓊室金石補正』巻一五）があることを考えれば、(12)鄭叔夜のみならず他の兄弟についても州郡の職に就いた可能性があるとしてよいのではないだろうか。

鄭羲が中書博士に叙せられたのは和平年間（四六〇～四六五）のことである。列伝には「弱冠」と記すが、太和一六年（四九二）に没した時の年齢が「下碑」によれば六七歳であるから、中書博士になった時は最も若くても三四歳にはなっているはずである。出身の時期としてはやや遅いという感がある。(13)だが、羲の婚姻関係を見てみよう。羲の妻は趙郡の李孝伯の女である。李孝伯は太武帝期に尚書、長安鎮都大将に至った李順の従父弟で、本人も比部尚書、さらには秦州刺史に就任した。当時としては清河の崔氏とならび漢人として最高の位置にあった一族である。孝伯は太安五年（四五九）に死去したが、その段階で鄭義は中書博士に就く前の三三歳。結婚はそれ以前であったとしてよいであろう。(14) 既に中央政界で確たる地位を占めていた趙郡李氏との婚姻は、鄭氏が地方に埋没したままでいたわけではないことを示すであろう。なお、鄭氏と趙郡李氏との間にはその後も婚姻関係が見られるが、現在知りうる範囲では義の曽孫の世代となっていて、世代の間隔が空いている。(15)

他方で、鄭氏は隴西李氏との婚姻関係が密となる。最初の婚姻が行われた時点について検討してみよう。西涼が滅んだ後、太平真君五年（四四四）に李宝が北魏に入朝し、外・内都大官、并州刺史、懐荒鎮将を歴任し、太安五年に五三歳で没した。その長子李承は、列伝によれば文成帝の末年に滎陽太守となり、延興五年（四七五）に四五歳で没している。父のための三年の喪に服したはずだから、滎陽太守となったのは、早くても和平三年（四六二）であろう。李沖は『魏書』巻五三の伝に「少くして孤、長兄滎陽太守承の携訓する所と為る。（中略）兄に随いて官に至る」とあり、滎陽に至ったのが和平三年のこととして、その時には一三歳であった。

この時点では、李沖の義父となる鄭徳玄はまだ宋の領域にとどまっている。伝に

義従父兄徳玄、顕祖初、自淮南内附、拝滎陽太守。

とある。顕祖の初年の淮南からの内附とは、天安元年（四六六）に起こった宋の晋安王劉子勛の内乱の結果、宋の北辺の諸州が北魏に帰した事件に連動する動きであると見て間違いない。諸州はその後宋に復帰したため北魏が武力でもってそれら諸州を奪還することになり、淮水をはさんだ国境が新たに確定するのは皇興三年（四六九）のことになる。淮南から内附した徳玄の場合、天安元年から皇興三年までのいつの時点であるか判然としないが、滎陽の南の上蔡（懸瓠）に拠っていた宋の予州刺史常珍奇の内附と同時であった可能性が高いと考える。とすれば天安元年のこと

である。この時点で李沖の年齢は一七歳である。

李沖の結婚は天安元年から延興五年までに行われたと見てよい。さらにしぼると、献文帝の末に李沖は中書学生になって滎陽を離れ、孝文帝の初期に秘書中散となっているので、その前に結婚した可能性が高い。中書学生になった時が献文帝の譲位の前年の皇興四年だとして、その年には彼は二一歳であった(16)。

以上のように見てきた時、問題はふたつある。まずひとつは、なぜ李沖と鄭徳玄との間に婚姻が結ばれたかということである。隴西李氏と鄭氏との間に関係が生じたのは李承が太守として滎陽に赴任してからであることに恐らく間違いはない。だが、その段階では徳玄は南朝に居り、滎陽において徳玄と接するのは、早くても天安元年以降であるから、婚姻が行われるまでには、三年の期間しかない。三年の期間は婚姻締結には十分であるにせよ、移住してきて、住地、政界での位置がまだ確定しない状態であるとすれば、三年の期間は決して長くはない。当時、漢人名族間において身分的内婚制が行われていたのであるから(17)、婚姻相手の選択は重要な問題であった。実際に婚姻を取り決めたのは、李沖の親代わりであった兄の李承であろう。彼は滎陽の太守として鄭氏については十分に観察できていたはずであり、鄭徳玄を弟の妻家として選ぶにはそれなりの理由があったはずである。

ふたつめの問題は、鄭羲が李沖と婚姻関係にあることが繰り返し正史で述べられていることである。羲は中書侍郎の職をつとめた後、中山王王叡の傅となったのであるが、「是の後歴年転ぜず、資産亦た乏し。因りて仮を請いて帰り、遂に盤桓して返らず。李沖貴寵せらるるに及び、羲と姻好なれば、乃ち家に就きて徴して中書令と為す」とあるような経緯をたどる。またのちに西兗州刺史となった時のこととして、「羲は受納する所多く、政は賄を以て成る。性又た嗇吝、民の礼餉する者有るに、皆な杯酒臠肉を与えず、西門に羊酒を受け、東門にこれを酤売す。李沖の親なるを以て、法官はこれを糾せざるなり」とある。

ここでは紙幅の関係でいちいちは挙げないが、義およびその子孫と鄭徳玄及びその子孫の就いた官職にも差があって、義の系統の就いた官職の方が地位が高い傾向がある。それは何故なのか。節を改めよう。

二　河南における北魏の活動と鄭氏

鄭氏による郷里滎陽と関わる行動は少なからずあり、先行研究もこの点に着目しているが、鄭氏の行動がもつ意味を考えるためには、北魏の黄河以南の洛陽・陳留・潁川・滎陽一帯の地域に関わる主要な政治的動きをすべて取り上げて、それと鄭氏の関わりの有無を検討する必要があろう。以下にそれを記す。

（a）明元帝の泰常年間の「河南」の地の領有

これについては前述した。滎陽はそれまで東晋南朝の領域下にあったが、この時に北魏領に入った。鄭氏も一部南朝領内にとどまる者はあるものの、(18)多くは北魏領内に入ることとなる。この時の鄭氏の行動は記録に残されていない。

（b）神䴥三、四年の宋による「河南」奪回行動（その前哨戦としての神䴥元年の滎陽方面攻撃を含む）

これについても前述した。神䴥元年に宋将王玄謨らの滎陽侵攻があり、南蛮校尉王慧竜が戦って滎陽太守に任ぜられている。この段階で鄭曄が王慧竜の功曹となっているかどうかは確認できず、また鄭氏の活動も明確には確認できない。(19)

（c）太武帝の太平真君一一年（四五〇）の宋軍北伐と北魏の反撃

鄭徳玄が北伐した宋軍に呼応して、挙兵している。

（d）献文帝時の淮北領有

これについては一部前述した。鄭徳玄が再入国しているが、このほかにも鄭氏の行動がある。常珍奇の迎接に向かった殿中尚書元石の軍の参軍事として鄭羲が上蔡に至り、城内に北魏軍を迎え入れたもののなお不穏の動きのあった珍奇の衆に対し、「明日、羲白虎幡を齎して郭邑を慰し、衆心乃ち定まる」とある重要な働きを行った。なお、同時期、滎陽の東方では宋の徐州刺史薛安都が内属したが、琅邪太守であった滎陽の鄭演が内附に賛成し、ともに入国している（『魏書』巻五五劉芳伝[20]）。

（e）孝文帝初の洛州における賈伯奴らの反乱

延興五年（四七五）九月に洛州の人賈伯奴と予州の人田智度がそれぞれ弘農王、上洛王を自称して洛州を攻めたが、州郡によって鎮圧されたと高祖本紀上にある。鎮圧にあたったのは洛州刺史丘頽と北予州刺史尉撥であったが（『魏書』巻三〇尉撥伝）、中書侍郎として平城にあった鄭羲も特に派遣されて洛陽に赴き説得行為を行っている。なお、北予州は虎牢を治所としており、滎陽はこの時期北予州に属している（『魏書』地形志中）。

（f）宣武帝初の魯陽蛮の乱

景明二年（五〇一）に潁川の西南の魯陽の蛮が乱を起こし、『魏書』巻一〇一蛮伝によると潁川に迫ったという。左衛将軍李崇が派遣されて討伐にあたった。鄭氏の関与は記録されていない。

（g）孝明帝時の魯陽蛮の乱

孝昌元年（五二五）に魯陽蛮が再び乱を起こし、臨淮王彧が討伐にあたった。鄭氏の関与は記録されていない。

（h）孝明帝時の劉獲らの反

孝昌三年（五二七）に梁将の湛僧珍が東予州を攻略したが、それに呼応して予州陳郡の民の劉獲と、恐らく滎陽鄭氏である鄭弁が西華県で挙兵した。源子恭が曹正表に代わって予州刺史となり、曹正表が東南道行台となって鎮圧した。

（i）孝明帝末年の李洪の反

武泰元年（五二八）二月に鞏県以西、伊闕以東で群盗とされる李洪の乱が起こり、李神軌らの中央軍が派遣されて鎮圧した。鄭氏の関与は記録されていない。

（j）孝荘帝時の爾朱栄の入洛

武泰元年三月に鄭儼・徐紇を除く名目で挙兵した爾朱栄は、四月に孝荘帝を擁立し、洛陽に入って河陰の変を起こす。鄭義の兄鄭洞林の孫である鄭儼はそれに先んじて従兄の鄭仲明を滎陽太守に任命させていて、いざという場合に滎陽に拠って挙兵することをもくろんでいたが、成功せず、部下に殺される。

（k）孝荘帝時の元顥入洛

永安元年（五二八）に、梁が自国に亡命していた北海王顥を北魏に送り込む。北海王は翌二年五月に滎陽を陥し、洛陽に入る。しかしもろくも七月にはその政権は瓦解し、北海王は敗走途中で殺される。この時、広州刺史（治所は魯陽）であった鄭先護は反北海王の挙兵を行った。鄭先護は鄭義の兄鄭連山の孫である。のち爾朱栄誅殺後の爾朱氏反撃に対抗しようとして失敗、梁に亡命している。

（l）孝武帝の「入関」

永熙三年（五三四）五月に孝武帝は河南諸将の兵を徴発、斛斯椿らが虎牢に、賈顕智が滑台に鎮して高歓に備え、弘農にまで迎えに出た宇文泰を頼って洛陽を脱出、長安に入った。孝武帝の「入関」に従った鄭氏には、鄭洞林の曾孫鄭道邕（字は孝穆）、鄭文寛（鄭儼の子）がいるが、鄭氏の多くは高歓に擁立された孝静帝の政権（東魏）に残留している。

（m）東西魏の攻防（五三七年まで）[21]

孝武帝が長安に入ってから暫くの間、東西両政権の間で激しい戦闘が繰りひろげられる。その主舞台は華陰から洛陽の東方までの、黄河沿い、およびその南方の地域であった。

五三四年から五三七年の前半までは東魏が西魏に攻勢をかけ、潼関を中心に、蒲津、上洛といった関中への入口にあたる地域で戦闘が繰り返される[22]。五三七年八月に西魏が東伐して弘農を占領したが、同年一〇月には東魏が反撃して関中に攻め入っている。しかし東魏は沙苑で大敗、逆に西魏が洛陽に入り、許昌、潁川を領する潁州が西魏に入り、滎陽も西魏領となる。西魏はさらに汝南方面への進出を狙い、この情勢を見て、東方の河間や范陽でも西魏に呼応する勢力が立ち上がる。『周書』文帝紀下大統三年八月条には、この情勢を「是れより先、河南の豪傑多く兵を聚めて東魏に応ず。是に至り、各々所部を率いて来降す」と表現する。この大統三年に発生した事態に鄭氏も深く関わっている。鄭偉や鄭栄業が挙兵し、梁州刺史を捉えて西魏に付しているのであり、鄭偉の族人の陽城・陳留二郡太守の鄭頂[23]も、子の鄭常とともに挙兵に参加している（『周書』巻三六）[24]。

（n）東西魏の攻防（五三八年～五四三年）

五三八年になると、東魏が反撃する。西魏は潁川、汝南から撤退し、南汾州、広州も手放し、七月には洛陽をも失い（河陰の戦い）、前年に立ち上がった河間や范陽の兵も潰え、西魏の東方への前線は弘農となる。その後年末に西魏が反撃に出て、崤・澠までを奪回、その北では汾州が東西の国境となる。この後情勢はしばらく落ち着く。この時期には鄭氏の動きは伝えられていない。

（o）東西魏の攻防（五四三～五四七年）

五四三年に、東魏の高慎が虎牢を治所とする北予州をもって西魏に降り、西魏は洛陽に至る。その結果邙山の戦いが起こるが、西魏は利あらず、弘農の守備を固め、北予、洛州は東魏領にもどる。この時、舅の高慎に従い滎陽開封の人鄭術が西魏に入っている。(25)

（p）東西魏間、および北周・北斉間の攻防（五四七年以後）

五四七年に東魏の高歓が死ぬと、侯景が背き、情勢は再び流動化する。東魏は侯景を潁川に攻め、西魏は侯景を救援して潁川に入城するのであるが、一方、梁も彭城に向けて大挙北伐し、別に羊鴉仁が懸瓠に入る。しかし羊鴉仁は東魏に迫られて義陽に撤退。東魏の水攻めを受けて五四九年に潁川も陥落。五五〇年には宇文泰が東征しようとしたが蒲坂に至って引き返す。この結果、河南は洛陽より東、河北は平陽より東は皆東魏の有するところとなり、この方面の勢力図は基本的にはこれ以後変わらない。(26)五五八年に北斉の北予州刺史司馬消難が北周に付したが、周軍は消難本人の迎接には成功したものの、勢力範囲には変化は見られないのである。

五六三年頃より北周の北斉攻撃の動きが活発化する。この場合、汾水流域沿い、あるいはそれより北からの攻撃ルートが主となり、長安から東進して洛陽をめざす攻撃ルートは副次的となる。その中で五六四年に北周の尉遅迥が洛陽、権景宣が懸瓠を攻めたが、成功に至らず撤退している。そして五七六年に始まった北斉攻撃は、晋州、并州、鄴というルートで進行し、北斉の滅亡に至った。

五四七年以後のこの期間における鄭氏の活動は記録されていない。

以上、一六回に分けて見た政治的行動のうち九回について鄭氏が何らかの形で関与している。（m）～（p）の四回は含まれる期間が長く、（a）～（l）の一二回と同一に扱うのは問題だという批判は当然あるであろうが、鄭氏の関与する事例が多いということには誰しも異論がないであろう。ケースに分けて検討してみよう。

まず、（e）（f）（g）（i）の四件は、対立する王朝間の争いや、中央における政治的党争とは直接の関係はないように見える。つまり局地的な事件であった。（e）は、首都が平城にあった時期の事件で、刺史の率いる地方軍が鎮圧し、中央軍の出動は最終的にも見られなかったものの、「義は河南の民望、州郡の信ずる所と為るを以て、義を遣わして伝に乗りて慰諭せしむ。義到り、禍福を宣示し、重く募賞を加うるに、旬日の間、衆皆な帰散す」とあるように、鄭義が駅伝を利用して中央から急行し、説得にあたった。それは鄭氏が「民望」として河南に影響力をもつことが認められていて、それを利用することを中央政府が考えたからである。他方、（f）（g）（i）は鄭氏の関与が見られない。その理由としては、（f）（g）が魯陽という、潁川から約一〇〇㎞ほど西方に離れた地域であることよりも、蛮族の反叛行動であることがまず考えられる。また洛陽に遷都して中央軍が比較的短時日のうちに対処できることも理由に挙げえよう。（i）の場合は、まさしく後者の理由による事例であろう。河南方面での反乱への対処という点では、遷都後鄭氏の関与の必要度が弱まったのである。

次に（a）（b）（c）（d）（h）は、南朝と北魏の対立抗争の場において起こった事件である。滎陽一帯が北魏領に入った（a）の段階では、鄭氏が主体的に北魏による占領に協力したという記録は現在のところ見られない。鄭義の中書博士任官時の年齢がやや高いことを見ても、北魏側が占領に先立ち鄭氏に働きかけを行っていたとは考えられない。（a）は北魏による河南における橋頭堡の確保のための軍事行動という側面が強いのである。

しかし、いったん占領下においた河南地域の確保に際しては、五胡時代に高官を輩出した鄭氏の影響力を利用することが北魏にとって望ましいと考えられるようになったようである。南朝からの帰降者としてよい王慧竜が滎陽太守となったのは、南辺統治に関わる北魏政府の方針に沿った措置であったであろうが[27]、この人事は鄭氏を北魏に落ち着かせるのに役立ったであろうし、王慧竜の属僚に鄭氏が用いられて行く。

北魏の鄭氏に対する期待は、（d）に最もよく示されている。鄭羲が汝南の人々に白虎幡を掲げて説得活動を行い、それが効果を挙げた理由は何であったのだろうか。

晋安王劉子勛が明帝に反旗を翻したのは宋の泰始元年（四六五）末であったが、それに呼応したひとりに汝南の人常珍奇がいた。これに対して、『宋書』巻八七殷琰伝に

淮西人前奉朝請鄭黒[28]、率子弟・部曲及淮右郡、起義於陳郡城。有衆一万。太宗以為司州刺史。後虜寇淮西、戦敗見殺。

とあり、明帝側に立って淮西の鄭黒が、また少し遅れて同伝に

淮西人鄭叔挙、起義撃常珍奇、以為北予州刺史。

と、同じ立場で同じ淮西人鄭叔挙が挙兵している。淮西とは、『資治通鑑』巻一三一泰始二年一二月条胡三省注に「淮西七郡とは、汝南・新蔡・汝陽・汝陰・陳郡・南頓・穎川なり」とあって、淮水以北の地である。これに対して常珍奇は北魏に降伏を申し入れ、北魏はこの方面に殿中尚書元石を派遣、鄭羲がその参軍事として従った。常珍奇が拠っていたのは上蔡（懸瓠城）であり、鄭羲が収攬しようとしたのは直接的には上蔡の人々、つまり常珍奇に従っていた人々であったのであるが、反常珍奇の立場で挙兵していた人々、特に鄭氏に対しての影響力行使をも期待していたと考えることができるように思われる。鄭黒がどの時点で戦死したのかは不明であるが、鄭黒及び鄭叔挙は滎陽鄭氏の一員であったと考えられるからである[29]。

一方、晋安王劉子勛の乱に加担した宋の予州刺史殷琰は寿陽に鎮していた。これに対し『宋書』巻七九竟陵王劉誕伝に、

太宗初即位、鄭瑗為山陽王休祐驃騎中兵参軍。予州刺史殷琰与晋安王子勛同逆、休祐遣瑗及左右邢竜符説琰。琰不受。鄭氏、寿陽強族。（中略）及寿陽城降、琰随輩同出。

とあるように、鄭瑗が説得のために寿陽に派遣されている。その理由はわざわざ挿入されている「寿陽の強族」であることによるのであろう。寿陽の人々に対する影響力の大きさを背景に説得工作を行ったわけである。この鄭瑗は滎陽鄭氏であろうと安田二郎氏はいう。[30]『梁書』巻一一鄭紹叔伝に「滎陽開封人也、世居寿陽」とあるからである。

また、これに先立つ宋の元嘉二七年（四五〇）二月の『宋書』文帝紀に、

索虜寇汝南諸郡、陳・南頓二郡太守鄭琨、汝陽・潁川二郡太守郭道隠[31]、委守走。

という記事がある。鄭琨は『梁書』鄭紹叔伝に紹叔の祖父として見えていて、寿陽に居住する滎陽鄭氏である。[32]

さらに、淮水以北が北魏領となって約六〇年後の（h）の陳郡の人とされる鄭弁の場合を見ると、彼の挙兵した西華県は陳郡城からは西北に六〇kmほど離れているが、陳郡は淮西にあり、彼は東南方に発展していった滎陽鄭氏の一員であったであろう。しかも彼は曹正表の部下が「湛僧珍の敢えて深く入りて寇を為す所以の者は、（劉）獲・（鄭）弁の皆な州民の望たりてこれが為に内応するを以てなり」と発言しているように「州民の望」であったのであり、形勢が傾くとそのもとに逃げ込むことができたほど、北魏の有力な官員であった源子恭と親旧の間柄であった（『魏書』巻七二曹正表伝）。

このように見てくると、滎陽鄭氏の一部は、郷里滎陽開封を離れて東南の方向、すなわち淮西の地方、確実な居住地としては陳郡、さらには淮水を越えた寿陽にまでも移住して行き、それらの地域にも巨大な影響力をもつ強族になっ

ていたことがわかる。滎陽から陳郡を経、寿陽に至るルートは潁水などの河川を利用しうる交通の幹線であった[33]。鄭氏はそのルート沿いに拠点をつくって拡大して行ったと考えられる。鄭黒は奉朝請と地位は低いものの宋の官僚となった経歴があり、鄭瑗も驃騎中兵参軍の地位を保っている。鄭叔挙は挙兵当時無官であったが、挙兵に対する権宜の措置であったにせよ、刺史の地位を獲得していて、刺史の官を一時的にせよ与えられるにふさわしい背景をもっていたことを想定できる。より注目すべきなのは鄭琨である。彼が太守として就任していた陳・南頓郡は淮西七郡に属するからである。彼の居住地は寿陽であったにせよ、同じ滎陽鄭氏が居住し、挙兵して一万の人々を糾合しうるほどの影響力をもっていた地域に太守として赴任していたのであり、本籍地長官任の事例に準じると考えてよい[34]。

以上のように検討した結果、滎陽鄭氏が居住し、強い影響力をもっていた淮西の地に赴く派遣軍に中書博士であった鄭義が参軍事として起用された意味は明らかになったと考える。中央政府がこの地における滎陽鄭氏の影響力を理解し、それを利用することを考慮しての任命であったと考えて誤りあるまい。一方、滎陽から淮西、寿陽にかけて居住する鄭氏に対しては、北魏側からの働きかけのみが行われたわけではなかった。（c）（h）は南朝側からの働きかけに北魏領内の鄭氏が応じた事例である。

南朝との国境線が淮水に移り、淮水以南が南北の争いの場となる状況が固定すると、鄭氏の南北朝の狭間にあっての動きは目立たなくなる。

次に北魏末期の政治的抗争に鄭氏が関わった事例がある。（j）の場合、鄭氏の万一の場合の抵抗拠点として滎陽が設定されている。『魏書』地形志中によれば、それまで滎陽郡に属していた開封県が、孝昌年間から陳留郡に属するようになっていて、（j）の時点では滎陽は鄭氏の本郡ではなくなっているが、地域区分の変更があった直後の行動であり、鄭氏の培った影響力が滎陽においてなお強いという状況がなければ、鄭儼はこのような企てはしなかったであろう。鄭儼にとっては、情勢を見計らった部下に裏切られて失敗に終わったのは意外であったであろうにせよ。（k）の鄭先護が拠った広州は永安年間に設けられた州で、治所は魯陽に置かれ、襄城の地をも含む（『魏書』地形志中）。魯陽は上述のように潁川の西約一〇〇㎞にあたり、蛮族以外の住民に滎陽鄭氏の影響力が及んでいた可能性もあるが、それよりも東方の滎陽や淮西地方に住む滎陽鄭氏のもつ力との連携を、鄭先護としては期待していたと想定できるのではないか。

残る（l）（m）（n）（o）（p）は、北魏の分裂時と分裂後の時期に関わる事例であるが、東西両政権のちょうど中間に位置する滎陽の地にある鄭氏は、必然的に政治的抗争に巻き込まれる。（l）の孝武帝が「入関」する際には、洛陽の東方の滑台までを高歓軍に対する防御措置範囲内に含めている。ただし、この防御措置は十分には機能しなかった。洛陽に居を構えていた官僚の多くは孝武帝に従わず、洛陽もすぐに高歓軍の手に帰している。孝武帝に直接従った者たちはいたが、滎陽を拠点とした行動を鄭氏がとった形跡はない。

鄭氏が本拠地に拠って行動するのは（m）の時期である。『周書』文帝紀大統三年条には、先述の潁州が西魏に帰した記事に続けて、

滎陽鄭栄業・鄭偉等攻梁州、擒其刺史鹿永吉、清河人崔彦穆・檀琛攻滎陽、擒其郡守蘇定、皆来附。梁・陳已西、将吏降者相属。

と記す。東西魏が分立した段階で地方区画に変更が加えられており、この段階では梁州は大梁城を治所として陳留、開封、陽夏郡を領していた。一方、滎陽郡は、滎陽郡を分割して成立した広武郡、成皋郡とともに北予州に属している（『魏書』地形志中）。つまり滎陽開封の鄭氏は、この段階では梁州に属しているのである。鄭偉は鄭先護の子であり、父とともに梁に亡命したあと、孝武帝が長安に入ったのを見て、故郷に帰り、しばらく官に就こうとしなかったが、

西魏が洛陽を回復した段階で親族に語らい、「是に於いて宗人栄業と州里を糾合し、義を陳留に建つ。信宿の間、衆万余人有り」（『周書』巻三六）という動員力を発揮したのである。(35)

しかし、（n）に見られるように、五三八年に東西魏の国境が洛陽の西方の弘農の線で落ち着くと、滎陽鄭氏の活動の余地は少なくなる。（o）は東魏の内紛に起因する高慎の西魏への内附の事例であるが、鄭術墓誌によると、「君の舅高慎、牧して予州為り。君深く逆順を知り、機萌を洞識す。乃ち謀謨を賛翼し、思いを志就に潜む。既にして左提右契、衆を挙げて西帰す」とあって、その際高慎の姉妹の婿鄭術が中心的な働きをしたことがわかる。鄭術の祖父は本州別駕、父は巻県令であったが、術はそれまで就官したという記載は墓誌に見えない。(36) 未就官の彼がどの程度の影響力を鄭氏あるいは郷里に及ぼしえたであろうか。恐らくごく限られた範囲にとどまったであろう。北周による北斉併合の戦いの主戦場は、（p）に見るように黄河を離れた地域であった。滎陽鄭氏の本拠に根ざした活動が見られないのはむしろ当然と言える。

三　隴西李氏と鄭氏

以上に見てきたように、「河南」を舞台に繰りひろげられた北魏の政治的動きにおいて、鄭氏は滎陽開封と、移住した淮西、寿陽方面における影響力を行使し、あるいは行使することを期待されて、政権から使命を与えられた。(37) ここで、第一節で挙げたふたつの問題に一応の解答を出しておきたい。

鄭徳玄は、宋の元嘉二七年（北魏では太平真君一一年。四五〇）の北伐に際し、『宋書』巻七二南平王劉鑠伝に「鑠は中兵参軍胡盛之を遣して汝南に出、到坦之をして上蔡に出て、長社に向かわしむ。（中略）到坦之等進んで大索に向かうに、滎陽の民鄭徳玄・張和、各々起義し、以て担之に応ず」とあるように、宋軍に呼応して挙兵した。宋の北伐は多方面で同時に遂行されたが、南平王劉鑠麾下の軍が向かったのは淮西から洛陽方面であって、この記事の直後に到担之らは虎牢で敗北して逃げ帰っている。鄭徳玄が呼応したのはこの方面の軍であったのであり、大索は滎陽県城の西にあったのであるから[38]、徳玄が挙兵した地域は故郷の滎陽かその近辺であったと想定して間違いない。

宋の北伐は最終的には失敗し、北魏の太武帝は反撃して長江のほとりにまで至っているが、それはともかく、鄭徳玄はもちろん北魏領内にはとどまりえず、南朝に入っていたはずである。宋の司州刺史魯爽が宋の孝建元年（四五四）に南郡王劉義宣とともに挙兵して敗死しているが、その際の配下の将軍に鄭徳玄の名が見える。魯爽は上述の北伐の際に大索に向かったひとりである。また北魏に仕えながら北伐の前年に宋に付した経歴をもつ[39]。鄭徳玄が北魏に背いて挙兵したあと、魯爽の配下に編入されたという可能性は高い。魯爽の敗死後、その有力な配下の部将が無事でありえたことに問題は残るが、以上に述べた鄭徳玄はいずれも同一人物であったと考えてよいであろう。鄭徳玄は「淮南より内附」したとされている。先に居た鄭氏と同じ寿陽に居住したということであろう[40]。

鄭徳玄はなぜ再入国したのだろうか。彼が入国した時の官職は記載されていない。記載が省略されただけである可能性はあるが、魯爽の配下であったことにより官職を失っていたと考えることもできる。少なくとも彼は南朝での先行きに不安を感じていたと考えて誤りないであろう。他方、短くても一六年を南朝で過ごした者が再度入国することは容易ではなかったはずである。史料が残っていないので、確認はできないが、この間滎陽にある一族との間で連絡があり、常珍奇の内属に際して北魏復帰の働きかけが行われたとするのが最もありうる筋書である。また、それが滎陽太守であった李承の承認のもとで行われたと想定してもあながち的はずれとは言えないのではないか。

宋の北伐に呼応しての挙兵は鄭徳玄が滎陽鄭氏の中でも影響力のあった人物であることを意味する。また挙兵して付したという功績はあるにせよ、宋の刺史のもとで将軍、しかも「偏師馬歩三千」の派遣を命じうる高い地位の将軍[41]であったことを考えると、彼の復帰は北魏にとって大きな意味をもったと考えうる。復帰働きかけは試みるに値した行動であろう。鄭徳玄は再入国後、いつの時点か不明であるが（早くとも李承の死去する延興五年以後である）滎陽太守となった。その功績が評価されての人事であるが、他方、滎陽の統治を委ねてもよいという中央政府の判断がなければできない人事でもある。

従って、鄭徳玄の復帰は故郷の鄭氏一族に抵抗なく迎えられたと考えられる。もし想定したように李承が復帰に関与していればなおさら、関与していなくても影響力の大きい鄭徳玄の系列と結びつくことは、李氏にとって利益となる。

隴西李氏が北魏に入国した際には、確かに李宝はもと国主の血筋として厚遇を得たが、その子たちの地位はさほど高くはならなかった。長子李承でさえも、比較的若くして死去したとはいえ、滎陽太守で終わっている。その状況下で、滎陽鄭氏の郷里における影響力を見たとき、李承が鄭氏と提携して将来を切り開く手段とすることを考えたとしても不思議ではない。李承が伴っていた末弟李沖と、再入国して故郷にもどったばかりではあるが鄭氏の中でも有力である鄭徳玄の女の婚姻はこうして成立したのであろう。

次に鄭羲と李沖の関係について検討してみよう。『魏書』は鄭徳玄を鄭羲の従父兄としている。一方、『新唐書』宰相世系表は、鄭曄の父鄭温には四子があり、曄が北祖、簡が南祖、恬が中祖とされている[42]。『魏書』では鄭簡を鄭羲の叔父としていて、宰相世系表と一致するが、鄭恬については記載がない。恐らく鄭徳玄は鄭恬の子であろう。

曄、簡、恬の三兄弟は滎陽開封の地に居住して北魏期を迎えた。鄭曄が郡の功曹であったことからすれば、簡、恬も郡の属官クラスで終わった可能性が高いが、しかし、滎陽の帰属がめまぐるしく動く政治的に不安定な時期にあたっており、必然的に一族の安寧を保持するための兄弟の結束の強さが求められたはずである。

鄭曄兄弟の子らの世代にもその結束の固さは継承されたのではないか。その故に、いったん故郷を離れた鄭徳玄も故郷に再び落ち着きえたのであり、しかも故郷滎陽の太守から姻戚となることを求められている。李承としてみれば、鄭氏一族の結束の固さがなければ敢えて南朝に身を置いた徳玄に婚姻を求める必要はなかったと言える。徳玄と姻戚となることで滎陽鄭氏、特に鄭曄、鄭簡の子孫との関係が深まると考えたのであろう。

当時の滎陽鄭氏の中では、鄭曄の子孫が中央政界との結びつきを強めつつあり、特に鄭羲が趙郡李氏と婚姻関係を確立し、政治的に有望であった。兄李承の意図を受け継いだ李沖は滎陽鄭氏の牽引役を鄭羲とその系統の人々に期待したのである。李沖の娘は六名いた。三女が范陽の盧氏、四女が彭城王勰、五女が清河の崔氏、六女が元氏に嫁しているが、長女を鄭羲の長男の鄭道昭、次女を鄭徳玄の孫の鄭洪建と(43)、まず鄭氏に、しかも鄭羲と鄭徳玄の系統に妻として与えていることに、明確に彼の意図を読み取ることができるのである。

景明二年（五〇一）、咸陽王禧の謀反事件が起こる。その首謀者とされ誅殺された禧の妃の兄李伯尚は李沖の兄李茂の長子であるが、この時鄭徳玄の孫にあたる太尉祭酒鄭洪建、その弟の同じく太尉祭酒鄭祖育、さらに鄭羲の甥太尉中兵参軍鄭思和が禧の叛逆に加わったとして処刑されている。孝文帝の長弟として勢威のあった禧の周囲に鄭氏三名と李沖の甥がいたことは、隴西李氏と滎陽鄭氏の結びつきの強さを示すものである。

四　郷里における鄭氏の力

『魏書』巻七七辛纂伝に、北海王顥の軍を退けて孝荘帝が洛陽に復帰した直後のこととして

還鎮虎牢、俄転中軍将軍・滎陽太守。民有姜洛生・康乞得者、旧是太守鄭仲明左右、豪猾偸窃、境内為患。纂伺捕擒獲、梟於郡市、百姓忻然。

という記事がある。既述のように、爾朱栄が孝荘帝を擁して洛陽に入る前、鄭儼が滎陽太守に任命して万一の場合に備えたのは鄭仲明であった。鄭仲明は滎陽の「豪猾」を左右、つまり主要な郡吏として採用した。郡太守の統治は一般にこのような措置で確保されるのであるが、鄭徳玄の系統は三代（徳玄、穎考、仲明）、このほかに鄭簡の子の鄭霊虬も滎陽太守となっている。(44) 仲明の就任直前に開封県は滎陽郡から切り離されたが、滎陽郡における鄭氏と「豪猾」の関係は絶たれていなかったと考えてよいのである。さらに滎陽郡内の県の県令を鄭氏が占める事例もある。『魏書』巻八八良吏・宋世景伝に

尋加伏波将軍、行滎陽太守。鄭氏豪横、号為難治。済州刺史鄭尚弟遠慶先為苑陵令、多所受納、百姓患之。世景下車、召而謂之曰、与卿親、宜仮借。吾未至之前、一不相問、今日之後、終不相捨。而遠慶行意自若。世景縄之以法、遠慶懼、棄官亡走。於是僚属畏威、莫不改粛。

とある。宋道璵は『魏書』巻七七によると、永平元年（五〇八）の京兆王愉の反乱の際に死んでいる。この時点では開封はなお滎陽郡に属しており、苑陵県は開封の西南五〇㎞ほどにある。

鄭氏が本郡の太守を占めた事例の多さ、郡の属僚を占めたことについては既に述べた。これに加えて郡内の県の統治を押さえ、また郡内の他姓の「豪猾」と結ぶ、さらに洛陽が近くであるということにもよるのであろうが、官吏としての経歴の合間に故郷に戻る事例も見られる。(45) 鄭氏以外の太守にとって「難治」とされるほどの鄭氏の影響力は、このようにして維持されたのであろう。

そのようにして培われた鄭氏の隠然たる力は、鄭氏の特定の系統にのみ帰するものではなかったのではないか。そ

の点についてはは前節でふれたが、あと一例を追加しておこう。爾朱栄入洛に際して滎陽で抵抗しようとした鄭氏のうち、鄭儼は鄭洞林の孫であり、鄭仲明は鄭徳玄の孫であって、正史には仲明は儼の従弟とあるが[46]、高祖父が同じであるにすぎず、血縁関係はかなり薄い。さらに鄭義の孫にあたる鄭敬祖も、この時に故郷にいたようで、「郷人」に殺されている。鄭氏の影響力に期待した鄭儼のもくろみは、恐らくは形勢を見た鄭氏の大多数の支持するところとはならず、失敗に帰し、鄭氏は少なからぬ打撃を受ける。それは或いは鄭氏の東西魏政権への分属という現象につながった可能性がある。しかし、それは鄭氏の力の弱さを示すものではなかったのである。

そのような郷里における鄭氏の力は、同族がその東南の淮西一帯に拡がっていることにより、いっそう強いものと中央政府には意識されたであろう。鄭氏が東西魏分裂時期においても重要な働きを示したのは、そのひとつの現れである。

五　北魏末の鄭氏——おわりに

以上、滎陽を中心とする鄭氏の拠って立つ力の源を不十分ながら考察した。最後に北魏末の鄭氏について、その力が衰えたとする見解が近年示されているので、それについて言及して、末尾の言葉に代えたい。

一九八〇年代に開封市朱仙鎮で発見された鄭胡墓誌（磚誌）は、延昌四年（五一五）に死去した鄭胡が他の三祖（その他に一族一七人）とともに太昌元年（五三二）一一月に改葬されたことを記す。表裏あわせて八五字の簡単な記載内容である。これについて、郭世軍・劉心健氏は、鄭先護らが孝荘帝とともに爾朱栄を誅殺したことに対する報復で多数の鄭氏が殺されたが、その人々が爾朱氏が滅びたあとに葬られたものと考えた[47]。これに対し、羅新・葉煒氏は、太昌以前に鄭胡ら四祖は死亡して葬られていたのであるが、(j)に示した鄭儼の挙兵失敗に際し、「豪横」であって、郷里の人々に「これを疾むこと仇の若し」と恨まれていた鄭氏は、鄭敬祖のように殺され、祖先の墓も暴かれたのであって、死亡した者の埋葬と暴かれた者の改葬とが太昌元年に行われたのであるとする。羅氏らはまたこの段階で滎陽開封における鄭氏の力は衰えたのであって、鄭氏が孝武帝の入関に従う原因のひとつになり、故郷における鄭氏の力の復活は北周が北斉を滅ぼすまでまたねばならなかったという。(48) これは非常に鋭い分析であるが、筆者は以下のように考える。

鄭義の兄弟の名が『魏書』では二字となっているが、これは字《あざな》であり、一字の諱をもっていたという点は同意できる。鄭小白が宰相世系表により名が茂であることが確認できるからである。従って墓誌の「一祖鄭驎」が鄭白驎であること、墓誌の「鄭胡」が鄭義兄弟の誰かであることには同意できる。

墓誌に記された「四祖」に鄭徳玄が含まれないことは確実である。なぜならば、孝荘帝の母は彭城王勰の妃、つまり李沖の第四女である。また李沖の次女は鄭徳玄の孫の鄭洪建に嫁していた。その故に洪建の弟鄭季明は孝荘帝擁立に与していたのであるが、季明の兄、洪建の弟である鄭仲明は、爾朱栄とその擁立した孝荘帝に対して挙兵したにもかかわらず、「国に奉ずるの意有り」という理由で、孝荘帝から追贈を受けた。また仲明の子の鄭道門は大梁に鎮する大都督李叔仁を挙兵に誘う使者となって派遣され、叔仁に斬られたにもかかわらず、その死の年(恐らくは埋葬の年)にやはり贈官を受けている。鄭儼と鄭仲明の挙兵によって鄭徳玄の系統は死者は出したけれども、政治的な不利益は蒙らなかったと考えられる。

同じく李沖の長女を妻にした鄭道昭の系統も、たまたま鄭敬祖は故郷にあって巻き込まれたが、鄭儼等の行動によって他の者が政治的に不利になった形跡は見られない。例えば、鄭道昭の甥の鄭仲礼の姉は高歓の妻になっている。鄭氏であることが政治的な不利を示したとは考えられないのである。一方、鄭連山の孫の鄭先護は、（k）に見るように北海王顥の入洛に対して孝荘帝側に立って挙兵している。

このように見てくると、滎陽の人々の中に鄭氏の「豪横」の行為に恨みを抱く者がいて、その故に鄭敬祖のように殺される者がいたことは確かであるが、鄭氏が死者を葬り、暴かれた遺体を改葬できないような状況を孝荘帝が許したとは思えない。

とすれば、爾朱栄誅殺に対する爾朱氏の反撃が鄭胡墓誌の背景にあるという劉世軍氏等の想定が正しいのではないか。鄭先護はこの時爾朱氏に敗れ、子の鄭偉とともに梁に逃れた。孝荘帝と鄭氏との関係の深さは広く知られていたのであり、それに鄭先護の抵抗もあって、鄭氏は爾朱氏による攻撃を受けたのである。

太昌元年三月に爾朱氏の主力は高歓に敗北しており、翌年一月には爾朱兆も滅ぶ。墓誌に記された太昌元年一二月は、爾朱氏復活の可能性がないことが広く認識された時期と見てよい。この段階ではじめて鄭氏は死者を葬ることができたのである。

とすれば墓誌の「四祖」は必ずしも鄭義兄弟でなくてもよいことになる。しかし、鄭胡の子孫が墓誌を作ったのであり、彼らが「祖」と考える残るふたりも、羅新氏等の言うように鄭義の兄弟である可能性は高いとしてよい。

孝武帝の入関に従ったのは鄭小白の曽孫鄭敬道と鄭敬徳兄弟、鄭洞林の曽孫鄭道邕、その従兄弟で鄭儼の子の鄭文寛である。少し遅れた大統三年に挙兵して西魏に入ったのが鄭連山の曽孫鄭偉。こう見てくると、鄭義の三人の兄弟の曽孫が西魏に積極的に加わっている。墓誌の「四祖」のひとりが鄭白驎であるから、残る三祖が鄭小白・鄭洞林・鄭連山であり、墓が暴かれる屈辱を許した北魏およびその継承政権に拒否感をもっていたということは十分ありうる想定である。

本章は北魏における鄭氏の力を考察したのであり、羅氏等の考えるように北魏末に郷里においてその力が打撃を受けたとしても、それ以前についてのあり方には変更をきたすものではないであろうが、敢えて見解を付してみた。

註

(1) 矢野主税「鄭氏研究」(『長崎大学学芸学部社会科学論叢』八、九、一〇、一九五八〜六〇)。
(2) 谷川道雄「鄭道昭とその一族」(『書論』六、一九七五)。
(3) 拙稿「北朝における滎陽鄭氏——鄭道昭の背景」(『書と書論』七、一九八六)。
(4) 陳爽『世家大族与北朝政治』中国社会科学出版社、一九九八。
(5) 韓樹峰『南北朝時期淮漢迤北的辺境豪族』社会科学文献出版社、二〇〇三。
(6) 鄭道昭の手になる父鄭羲の頌徳碑。山東省にあり、『山左金石志』巻九、『八瓊室金石補正』巻一四に録文が載せられていて、碑額が「滎陽鄭文公之碑」となっている。「鄭羲下碑」と称されることが多い。別にやはり鄭道昭の手になる「鄭羲上碑」もある。よって本章では「下碑」と略称する。
(7) 『新唐書』宰相世系表五上は趙の侍中、『元和姓纂』巻九によると前趙の侍中という。
(8) 『魏書』鄭羲伝では後燕の太常卿となっている。宰相世系表は太子少傅とするが、贈官の可能性がある。
(9) 『魏書』官氏志に載せる太和後令に諸開府功曹史が見える。『魏書』巻二四崔玄伯伝には前秦に征東将軍府功曹が存在したことが記されている。厳耕望氏は以上により州の軍府に功曹がいたとしている(『中国地方行政制度史』上編四、五七二頁)。つまり鄭曄は寧南将軍府の功曹であった可能性もあるが、この場合は郡太守の属官としての功曹であろう。
(10) 鄭羲伝によれば、曄は「不仕」だったという。しかし『新唐書』宰相世系表五上によると、曄は北魏の建威将軍・南陽公であったと記す(『文苑英華』巻九五三「舒州刺史鄭公〔甫〕墓誌銘」もそうなっている)。一方「下碑」には、曄は建威将軍・汝陰太守とある。この時期の北魏では爵位と将軍号のみをもって活躍する事例が多いが、建威将軍は太和前令で四品中、ほぼ中位の将軍号で、公爵との差が大きい。一方の汝陰はこの時期には宋の領域にあることが鄭羲伝で確認できる。谷川道雄氏は、南朝宋の内乱に乗じて北魏が山東から河南にかけての地を占領した際、鄭曄もそれに協力しその功績によって名目的な官号を得たのではないかとする（谷川氏註（2）所掲論文）。「下碑」の「仁は義徒に結ばれ、績は寧辺に著し」という鄭曄に関する記述は、確かに献文帝期における功績の可能性をもつが、神䴥年間の段階の可能性を排除するものではない。筆者としては贈官の可能性が一番大きいのではないかと考える。陳爽氏も贈官とする（註（4）所掲書）。北魏の贈官は、「将軍号＋地方長官号＋（爵位）」が基本形で、曄の場合、それに適合するからである。通常、九品官制外の者には贈官はなされないと考えられるが、鄭羲、鄭道昭と相次いで三品の地位に登り、鄭羲の女が孝文帝の嬪、鄭羲の子の鄭懿の女が孝文帝の皇太子の妃、広平王懐の妃、懿の弟鄭道昭の女が北海王詳の妃というように帝室との婚姻関係も密となった段階で追贈が行われたとする理解は可能である。また、鄭羲が父の爵を嗣いだという記述はなく功績によって平昌男の爵を得、ついで李沖との結びつきによって政治的な位置を高めて滎陽侯、さらに西兗州刺史に任ぜられたときに南陽公の爵を仮されている。子の鄭懿は滎陽伯を襲爵したから、南陽公はあくまでも鄭羲に仮されたもので、鄭曄に与えられた爵の承継とは考えがたい。なお、爵については川本芳昭『魏晋南北朝時代の民族問題』（汲古書院、一九九八）第二編第三章「封爵制度」、大知聖子「北魏の封爵制とその実態――民族問題を中心に」（『岡山大学大学院文化科学研究科紀要』一二、二〇〇一）、将軍号については拙稿「北魏初期の将軍号」（『魏晋南北朝官僚制研究』汲古書院、二〇〇三、所収）参照。贈官については拙稿「北魏における贈官をめぐって」（同前掲書所収、初出二〇〇〇）参照。

（11）以下、『魏書』巻五六鄭羲伝、『北史』巻三五鄭羲伝による場合は、出典を記さない。

（12）付言すると、「枌楡」は漢の高祖の故郷豊にあった社であり、高祖が父太公のために長安に新豊を造った時、この社も移して父を慰めたという故事に基づいた表現である。

（13）朱大渭「魏晋南北朝政界名人成才年齢結構剖析」（『六朝史論』中華書局、一九九八、所収）参照。

（14）後註（16）の李沖兄弟の婚姻年齢の検討を参照。なお、以下の点も判断の根拠となる。太安五年以後の結婚だとすると、李孝伯の死後三年の喪を経なければならず、鄭羲は三五、六歳となる。註（10）に記したように鄭羲の子二人は帝室に妃を出している。鄭義の結婚後、直ちに子が生まれ、その子らが二〇歳で結婚し、直ちに女子が誕生し、その女子が、女性の結婚年齢は低いことを考慮して一五歳で妃となったとしても、太和二三年（四九九）が妃となる可能性のある最も早い年である。皇太子は太和二〇年に死去している。つまり、李孝伯の死去以前に鄭義の結婚は成立していたと考えられる。もっとも、鄭義のふたりの息子がともに李孝伯の女を母としていないという可能性はあり、その場合はこの推論は成立しない。

(15) 鄭義の兄鄭洞林の曽孫鄭道邕が李憲の女と結婚し、鄭義の兄鄭連山の曽孫鄭偉の妻が趙郡李氏であった（『文苑英華』巻九四七鄭偉墓誌銘）。

(16) 李沖の一族で二〇歳前後での結婚の事例は複数ある。『魏書』巻三九李宝伝に載せられる李氏一族では没年と没年齢が記されている事例が多い。父と長男の生年が明らかになれば、父の結婚年齢の下限が判明する。その計算を行ったところ、李沖の兄の李承が二一歳の時に長男李韶が生まれ、李沖の兄の李茂の子李静は同じく二一歳で長男李遐が生まれている。もちろん、二〇代後半、三〇代に長男が誕生している事例の方が多いが、二〇歳前後での結婚が行われる事例もあるということである。

(17) 仁井田陞「六朝および唐初の身分的内婚制」（『中国法制史研究――奴婢農奴法・家族村落法』東京大学東洋文化研究所、一九六二、所収）参照。

(18) 宋の尚書右僕射に至った鄭鮮之は、祖父の鄭襲の時に江東に居住した（『宋書』巻六四）。襲の父鄭哲の兄鄭崇の子孫が鄭義である。宋の高平太守となった鄭琨は代々寿陽に居住していた（『梁書』巻一一鄭紹叔伝）。後述する鄭演もこの事例に含まれる。

(19) 「下碑」の「仁は義徒に結ばれ、績は寧辺に著し」がこの時期の鄭曄の活動を示す可能性があるが（註（10）参照）、可能性にとどまる。

(20) 『魏書』巻五五に鄭演の伝が附せられている。彼の入国直後の居住地は不明。恐らく平斉民とされたであろう。その後鄭演は彭城太守となり、子孫は彭泗の地に居住したという。鄭演と鄭義、鄭徳玄らとの関係は薄かったと考えられる。

(21) 以下、（p）までの東西両政権間の河東をはさんだ攻防については、宋傑『両魏周斉戦争中的河東』（中国社会科学出版社、二〇〇六）が詳しい。
(22) 荊州奪取の目的で派遣された西魏軍は敗北、その将領たちが梁に逃れるといった一幕も見られた。
(23) 『文苑英華』巻九四七の周大将軍鄭常墓誌には「鄭頊」と作る。
(24) 鄭小白の曽孫鄭敬道は西魏で開州刺史になり、弟の鄭敬徳は北周で青州刺史に至っている。鄭偉の行動に与した可能性がある。
(25) 鄭術の墓誌が『文博』二〇〇三―六に紹介されたが、拓片はなし。『疏証』九八の鄭術墓誌に拠った。
(26) 同時期、西魏は漢東方面への進出には成功している。
(27) 陳爽氏註（４）所掲書第五章参照。
(28) 『宋書』では鄭墨と作る。『資治通鑑考異』により、黒と改める。
(29) 韓樹峰氏註（５）所掲書八六～八七頁。
(30) 安田二郎「晋安王劉子勛の反乱と豪族・土豪層」（『六朝政治史の研究』京都大学出版会、二〇〇三、所収、初出一九六七）。
(31) 『資治通鑑』巻一二五には郭道隠を鄭道隠と作る。『宋書』索虜伝は郭道隠である。註（５）所掲書で韓樹峰氏はその上で鄭氏と判断しているかの如くであるが、ここでは鄭氏である可能性は認められるものの、さしあたり『宋書』の記載に従っておく。
(32) ただし『梁書』によれば、鄭琨は高平太守とある。時期は明らかではない。『宋書』巻五二垣護之伝、巻六八南郡王劉義宣伝に、孝建元年（四五四）の宋の内乱に柳元景の配下の偏帥として見える鄭琨も同一人物であろう。
(33) 註（５）所掲韓樹峰氏著書八七頁参照。
(34) 拙稿「魏晋南北朝における地方官の本籍地任用について」（『魏晋南北朝官僚制研究』汲古書院、二〇〇三、所収）参照。
(35) 西魏政権に加わった山東士族については、劉馳「山東士族入関房支与関隴集団的合流及其復帰」（『六朝士族探析』中央広播電視大学出版社、二〇〇〇、所収）参照。
(36) 西魏に入ってから、鄭術はその功績を賞せられて開国伯の爵を得、最後は始州刺史に至っている。

(37) 鄭氏は、南北あるいは東西両政権の中間地帯に位置していた。陳金鳳『魏晋南北朝中間地帯研究』(天津戸籍出版社、二〇〇五)は、南北の中間地帯として青斉、荊州方面を扱っているが、鄭氏の根拠地帯は重視していない。
(38) 『読史方輿紀要』巻四七滎陽県条参照。
(39) 以上、『宋書』巻七四魯爽伝、巻八三宗越伝参照。
(40) 魯爽の挙兵が失敗した段階で、鄭徳玄が北魏にもどった可能性は考えられない。魯爽及び鄭徳玄が宋軍と戦った地は長江北岸に近い歴陽及びその西北ほど近い大峴、小峴である。鄭徳玄が北魏に帰したのは献文帝のはじめであるという『魏書』の記載は信頼できるであろう。
(41) 『宋書』巻八三宗越伝参照。
(42) 残る鄭濤は隴西に居住したという。
(43) 李媛華墓誌銘(『彙編』一四八)による。
(44) 『魏書』巻五六鄭羲伝、『魏書』巻九三恩倖・鄭儼伝、『北史』巻三五鄭羲伝。
(45) 鄭羲が中山王傅の時、休暇で故郷に戻ってそのまま長く勤務に復帰しなかったことは前述した。また鄭羲の孫の鄭敬祖は、著作佐郎に起家したと記されたあと、後に述べるように鄭儼の挙兵失敗時に郷人に殺されたとある。郷里に戻っていたと考えられる。
(46) 『魏書』『北史』は従兄とする。
(47) 「開封発現北魏鄭胡墓誌磚」(『文物』一九九八—一一)。
(48) 『疏証』五七鄭胡墓誌。

補記　本章は二〇〇五年に上海で行われた「復旦大学百周年紀念・歴史学系八〇周年紀念国際学術研討会」で発表した内容に一部加筆し、また体裁を少し変更したものである。お茶の水女子大学に着任した年と停年退職の年の『お茶の水史学』に論文掲載を許されたことに感謝したい。

(二〇〇八年記)

第４章　長楽馮氏に関する諸問題

はじめに

北魏孝文帝の治世を論ずる際に、その祖母である文明太后の存在は重要である。孝文帝は太后によって養育され、帝の治世のうち父献文帝の死から太后の死までの期間は太后による執政が行われていたからである。最近、文明太后の兄である馮熙の墓誌が紹介された。(1) これを機会に、文明太后を含めた長楽馮氏について、そのいくつかの問題について検討してみたい。

一　長楽馮氏の系譜

文明太后は長楽郡信都県（現河北省冀州市）の人であるとされる。ところで『晋書』地理志にはこの郡はなく、信都県は安平郡の属県となっている。『宋書』州郡志二、冀州刺史条に「広川太守、本と県名、信都に属す、……（後漢）安帝の延光中、改めて安平と曰う。晋武帝の太康五年、又た改めて長楽と為す」とあり、西晋時代に安平郡から長楽郡に改名されたのであり、北魏はこれを踏襲した。よって『読史方輿紀要』巻一四には「晋亦た安平国と曰う。後魏は長楽郡と曰い、冀州を兼置す」と記し、「魏収志、魏晋の冀州、皆信都に治す、と。亦た長楽郡は、沈約云う、晋太康五年、安平を改めて長楽と為す、と。魏収亦た云う、晋改む、と。而して晋志は載せず」と注をつけている。一般に郡望名は西晋時代の郡県名を用いることが多い。馮氏の長楽郡信都県もそれに合致するわけである。実際に長楽馮氏で正史に名を断片的にではあるが残す人物も晋代に見える。

では、文明太后の一族は晋代から長楽郡にいたのかというと、その点は判然としない。『十六国春秋』北燕録(2)によると、北燕君主馮跋について、祖父の代に上党に永嘉の乱を避けたが、父馮安が西燕を立てた慕容永の将軍となり、永が死ぬと和竜に移ったという。その後馮跋は遼東方面に逼塞していた後燕に仕えたが、後燕君主慕容熙を打倒する慕容雲（高雲）のクーデターに加わり、さらに雲に代わって北燕主となった。馮跋に代わったのが弟の馮弘であり、その馮弘の孫が文明太后である。

この馮跋・馮弘は鮮卑文化の影響を強く受けていたものの漢族であるというのが通説であった。ところが最近内田昌功氏が、馮氏は鮮卑族、あるいは東北諸族に出自するという説を提出した(3)。内田氏の根拠を筆者なりにまとめて箇条書きに示すと、

（a）「跋」という名前は漢族としては稀で、実例を見るとほとんどが非漢族である。

（b）馮跋の小字「乞直伐」は漢人の小字とは考えがたく、恐らくは本名であろう。十六国においては中国式の王朝が建立されると君主一族の名が漢字一字になる傾向がある。

（c）『魏書』では馮氏は昌黎（和竜）に家して以後「夷俗に同じ」くなったとするが、一世代も経過しないうちに鮮卑化するというのは考えられない。馮跋の弟の馮素弗の墓は、鮮卑文化を基礎に漢文化、とりわけ官僚の文化を取り入れたものと理解すべきである。

（d）馮氏が長楽の人とする理解は、文明太后の意を承けて腹心の高閭が『燕志』に記したことに淵源があり、『十

六国春秋』は『燕志』を参照して書かれた。『魏書』も馮氏の漢族出自を否定しないどころか、積極的に漢族説を補強している。

となり、傾聴すべき見解である。が、以下のような問題が残るのではないか。（a）について述べれば、非漢族でも、鮮卑族の北燕政権内で生きるための手段として鮮卑名をもったという説明も成り立つであろう。（c）について「跋」字が使われるのは複数の漢字の一部としてであり、一字使用例は少なく、根拠としてはやや弱い。（b）についいては、鮮卑文化にも詳しい宿白氏の漢族文化ベースであるとする説は一概に否定しえない。

内田説の当否の判断は当面措いて、長楽馮氏のその後の動向を述べよう。[4] 馮弘の後継をめぐる紛争から弘の子の馮崇が、同母弟の馮朗・馮邈とともに北魏に降り（四三二年）、馮朗は秦雍二州刺史となって長安に赴任したが、馮邈が柔然に走ったことにより誅殺された。[5] 馮朗の息子馮熙は西の氐・羌族の中に逃れ、そこで弓馬の道を身につけ、ほとぼりがさめた段階で長安に戻り、学問を習ったという。一方、馮熙の妹は父の誅殺により恐らく没官されて宮中に入ったが、幸いにそこには太武帝の左昭儀となっていた姑[6]がいて、その庇護を受けることになる。そして一四歳で文成帝の貴人に選ばれ、四五六年には皇后、献文帝が即位した段階で皇太后、孝文帝が位に即くと太皇太后となる。これが文明太后である。

文明太后は、皇后になった段階であろうが兄を探す。その結果平城に赴いた馮熙は侯爵を受け、さらに景穆帝の女の博陵長公主を妻とする。そして献文帝が即位するとその直後の四六五年に昌黎王に封ぜられ、四六八年には太傅の地位を与えられる。これ以後、馮氏に対する厚遇は目を奪わせるものがあった。そのことはまた後に述べよう。

二　馮熙墓誌

馮熙墓誌は縦横ともに六二cm。趙君平氏は出土地不明とするが、李風暴氏は孝文帝の陵墓長陵の東、鳳凰山の西峰と記す。一行一九字で一九行、全三二八字。

趙・李両氏を参照して定めた馮熙墓誌の釈文の訓読案を以下に示す。説明に便であるように、丸数字を付した。なお、墓誌本文は皇帝などの語の前には空格を設けているが、訓読案には反映させていない。□は判読不能の文字。

太師京兆郡開国馮武公墓誌銘

太師京兆郡開国公、姓は馮、諱は熙、①字は晋国、冀州長楽郡信都県の人。②畢公高の苗裔、③燕の昭文皇帝の孫、④大魏の太宰燕宣王の中子、⑤景穆皇帝の壻、文明太皇太后の兄、⑥顕祖献文皇帝の元舅なり。又た⑦国の外舅為り。⑧惟れ公、剛健の秀気を含み、慈順を体して以て神を苞《つつ》み、武は則ち震眩して収を啇《はか》り、仁は焉《すなわ》ち喧旴して景《ひかり》を生ず。⑨家の圮《ひ》運に遭い、鴻は西沼に漸《すす》む。⑩睿后の基いを康んずるや、或いは代淵に躍り、堂構を一朝に紹《つ》ぎ、脩業を来祀に輝かす。⑪孝は家の遠きを光《かがやか》し、道は国の遙かなるを譪《しげ》らす。⑫精は玄幽を悟り、沖《ふか》きは微洞を尚ぶ。覚を欽《よろこ》びて和に帰し、超《とお》きを識りて津《うる》おさんと欲す。⑬福履未だ鍾《あつ》まらざるに星寓隧戻す。太和十九年、歳は乙亥に在る⑭正月辛未朔廿四日甲午、年五十有八を以て代の平城の第に薨ず。謚して武公と曰う。其の年十二月庚申、⑮河南洛陽の北芒に窆《ほうむ》る。其の辞に曰く、

⑯瓊光　姫を肇《はじ》め、琇業　晋を闢《ひら》く。馮に凝して姓を命じ、燕の祚胤を升《な》す。金風　兊を蘦《きざ》し、蘭雲　震を周くす。気は霜飈《ひょう》を陵ぎ、慧は曦《ぎ》巾を□す。牧に出でて姜を均しくすること、実に民の吝《うら》みを恬《やわら》げ、台に入りて鄭《ねんご》ろ

なるを同じくすること、寔《まこと》に大順に融《とお》る。芳を睿《えい》妣《ひ》に聯《つら》ね、耀きを坤鎮に□ぬ。霊を国娅《あ》に承け、基いを畳峻に深くす。道は曩華を逸《す》ぎ、望は時儁を騰《こ》ゆ。渟《てい》渟たる淵照、鏘《しょう》鏘たる玉韻。上玄宝を泯《ほろぼ》し、川は輟《つ》き瑤《たま》は燼《つ》く。神を冥墟に殲《つ》くし、痛みを含みて鑴《ほ》り問う。

簡単に解説を加えておこう。①の字は伝では「晋昌」に作る。『北史』では「晋国」。『南斉書』巻四七王融伝に見える王融の上疏文中に「師保則后族馮晋国」とあり、『魏書』が誤りである。

②『元和姓纂』巻一によると、馮氏は畢公高の後裔と主張していたようである。畢万が魏に封ぜられて子孫が采邑を馮に食み、これを氏としたという。

③『太平御覧』所引の『十六国春秋』によると北燕の馮弘の廟号は「昭成帝」。趙郡王妃馮会墓誌（『校注』四―三〇二）や楽安王妃馮季華墓誌（『校注』五―二九七）はいずれも「昭文皇帝」となっており、「昭文皇帝」が北魏時代の認識であった。なお、『魏書』では十六国の皇帝や天王にはいずれも「僭帝号」「僭立」というように「僭」の字をつけ、その正統の皇帝ではないことを明示する。皇帝を称しなかった場合には「自称某王」「私署某公」など、勝手に王や公、ある場合には大単于を名乗ったとする表現をとる。皇帝でなければ「僭」という字は用いない。馮跋伝では「自立して燕王と為る」とされているが、これは先代の高雲にとって代わった故の記述であって、本紀では「僭号し、大燕天王と自称す」とあり、馮弘も「僭立」と記されている。であるのに、馮熙墓誌では「燕昭文　皇帝」と「僭」に類する表記がないのみならず、皇帝の語の前には一字空格を設けている。これは北魏の皇帝や皇太后に対する扱いと同じである。先に挙げた趙郡王妃や楽安王妃墓誌にも「燕昭文皇帝」とある（もっともこの場合は皇帝の前の空格は設けられていない）。これは長楽馮氏に対する特別待遇というわけではないようだ。西涼の李暠は「国人諡を上りて武昭王と曰う」と国内の人々から王号のついた謚をたてまつられたが（『晋書』巻八七）、その子孫である李遵の墓誌（『校

注』五—二二四）によると「高祖涼武昭王」となっているからである。(7)

④文明太后臨朝後、馮朗は燕宣王の諡号を与えられた。

⑤馮熙は景穆帝の女の博陵長公主を妻とした。

⑥文明太后は献文帝にとって「母」である。馮熙は母の兄であるから「元舅」となる。

⑦孝文帝の皇后は馮熙の女であった。皇后列伝によると、文明太后は「家世の貴寵」を望み、馮熙の二人の女を後宮に入れた。のちに皇后となった女は、当時一四歳。うち一人は早世したが、残る一人が甚だ寵愛を受けた。ところが病気になったので、文明太后は家に戻して尼とさせた。太后への喪が明けた太和一七年に孝文帝は馮熙の別の女を皇后とする。ところが孝文帝は尼としていた姉を洛陽に至らせ、再度寵愛し、昭儀とする。昭儀は皇后を讒言し、太和二〇年に皇后は廃される（廃皇后）。新たに太和二一年に皇后となった馮氏（幽皇后）は失徳の行為があり、死を目前とした孝文帝の遺命で死を賜る。馮熙の女は前後三名が孝文帝の後宮に入ったと『魏書』には記され、以上のことはそれに合致するように思われる。ただし、前述の楽安王妃馮季華墓誌によると四名が後宮に入ったとあり、これ以外に一名の馮熙の女がいたはずである。『魏書』に二人の皇后とひとりの昭儀とある、その昭儀がそれにあたると考えられる。『魏書』は早く亡くなったひとりを数えていないのであろう。

⑧以下、馮熙の人となりと行いの叙述。対句を多く使用して、武の側面と文の側面が、古典をふんだんに引用して述べられる。

⑨馮朗が誅され、その結果西方の地に逃れ、そこで育ったことを指す。

⑩文明太后によって中央に出て馮家を再興し、功業を修めたことをいう。

⑪その結果、自らの家と国家に益することがあったことを述べる。

⑫この四句は馮熙の精神のあり方を述べたものであろう。
⑬よい人間なのに天は幸いを与えることなく、死が訪れるという墓誌によくある表現。
⑭太和一九年（四九五）に五八歳であるから、馮熙は太延四年（四三八）の生まれということになる。文明太后の誕生は太平真君三年（四四二）であるから、四歳年長ということになる。馮熙の死は本紀によれば三月となっている。当時南斉遠征からの帰途にあった孝文帝のもとに洛陽の留台から死去の報告が届いた日を、本紀は記したのであろう。
⑮伝によると、晩年の馮熙は病気で四年間寝たきりの状態であった。その故であろう、遷都には従わず、平城で死去した。孝文帝は馮熙に先だって死去していた妻博陵公主の棺とともに洛陽に向かわせ、北魏宗室や高官の墓所であった北邙山に埋葬させている。
⑯以下は銘辞。最初の四句が祖先、次の四句が資質、次の四句が官歴、次の四句が北魏帝室との関係、次の四句が馮熙の優れたあり方を総括的に述べ、最後の四句が死と刻石について述べている。

この墓誌が珍重されるべき理由は二つある。(8) ひとつは正式に洛陽遷都が行われ、皇帝が洛陽に到着したのが前年の一一月。そのほぼ一年後に作成された墓誌であるということ。これまで遷都後最も早かった元楨墓誌よりも一年早い。もうひとつはこの墓誌が孝文帝の撰文になる可能性が高いこと。馮熙の伝には「葬日、送りて墓所に臨み、親しく誌銘を作る」とあり、孝文帝が馮熙墓誌を書いたことが明言されている。それまで墓誌を作らなかった北魏宗室および鮮卑族が突然に数百字に及ぶ墓誌を作るようになった。それは南朝の影響によるであろうが、北魏政権の積極的な指導があったのではないか、筆者はそのことを先年述べた。(9) そのトップを切るような時期に孝文帝自らが模範となる墓誌を作ったわけである。これがひとつのモデルとして影響力をもったことは大いに考えられる。例えば字数。馮熙墓誌は三百字を僅かに超えるが、元楨墓誌もほぼ似た字数である。また馮熙墓誌の序においては具体的な官歴などの記載を一切避けて抽象的な表現にとどめているが、元楨墓誌もまさしくそうであった(10)。

ところで、孝文帝が撰した墓誌には長楽信都を馮氏の本貫としている。このことは北魏王朝において馮氏が漢族であると公的に認定されていたことを示す。内田氏は文明太后の働きかけで『北燕録』に長楽出身であることが記されたとされたが、そのように考える必要はない。

なお、『宋書』巻九七夷蛮伝東夷高句驪国条に「義熙の初め、（慕容）宝の弟熙、其の下馮跋の殺す所と為る。跋は自立して主と為り、自ら燕王と号す。其の治は黄竜城なるを以て、故にこれを黄竜国と謂う。跋死し、子弘立つ」とある。『宋書』は四八八年に完成した。南朝においては北燕の君主は馮を姓とすると認識されていた。たとえ鮮卑風の字《あざな》を用いていても、それ以前から馮が姓であったことにも注目しておいた方がよいであろう。

三　長楽馮氏と北魏帝室

長楽馮氏が北魏王朝で果たした役割は、正史による限りそれほど大きくはないように見える。馮熙については、洛州刺史として兗後応王を名乗る反乱を鎮圧（高祖紀太和元年一一月）したこと、南征の仮梁郡王嘉らの諸軍を迎えたこと（高祖紀太和四年三月）、西道都督として義陽に出て（同一〇月）、翌年二月垣崇祖の軍を撃破したことが記録される。軍事面で貢献していることがわかる。故に謚が武と定められたのであろう。しかしそれらは非常に大きな功績とまでは言えない。内政面では、太師の任に長くあったほか、中書監・領秘書事、内都大官など要職を歴任しているが、特筆されることはない。他方、馮熙の嫡子馮誕は孝文帝の側近としての政治的な活動が知られる。司徒として、正式遷都に先立って亀卜で吉凶を占うように咸陽王禧や李沖らとともに孝文帝に求め（巻一四元丕伝）、南斉の雍州刺史曹虎が内附してきたとき、孝文帝に求められて、咸陽王禧・彭城王勰・穆亮・李沖らとその応接の是非を議論し（巻一九中任城王澄伝）、律令の議定に加わり（巻三一封琳伝）、衣冠の制度の制定に参加し（巻九一術芸・蔣少游伝）、太和一五年の北魏の行次を定める議の際に穆亮・陸叡・游明根・郭祚らと連名で上言している（礼志一）。

ただし、馮誕には学問がなかったとされる。彼は孝文帝と同い歳で、幼い時から孝文帝の勉学に侍っていたから、非常に仲がよく、孝文帝と同じ輿に乗り、同じ食卓で食事し、同じしとねに坐りかつ寝たという。太和一六年に馮誕が司徒に任命されたとき、形として「三譲」してから受けるのであるが、孝文帝はその辞退の上表文を代筆し、司徒を受けてからの謝文をも書いてやったという。馮誕は容姿が美しく、寛雅で慎み深かったという。孝文帝が文明太后の一族に期待したのも或いはこのようなあり方ではなかったか。

「高祖　馮氏を奉ずること過厚、李氏に於いては過薄」と『魏書』外戚・李恵伝は批判的に記す。孝文帝の時期、馮氏に対する厚遇が度をすごしていたというのである。ではどの点が「過厚」であったのか。

北魏の外戚がどのような扱いを受けたかを示す表1を作成した。

これによれば北魏初期三代の皇后はすべて五胡諸国の君主の女である。また北魏全時期を通じてすべての皇后が在位中に男子を産まなかった(11)。この結果初期三代で外戚としての扱いを受けたのは、後秦から降ってきた姚黄眉系列だけである。公主を妻とし、公爵を受けたことは外戚の扱いとしておかしくはないが、「帰国」が評価されたことも含まれているかも知れない。彼は夏国攻撃に将軍として加わったことが知られるが、政治的には特に重い位置を与えられてはいない。皇后の一族が重きをなしたのは文成帝皇后外戚である馮氏以後であるが、しかし宣武帝皇后外戚の于氏は外戚として重んぜられたもののさほどの力を発揮することはなかった。孝明帝胡皇后は孝明帝生母霊太后の従兄冀州刺史胡盛の女であるが、盛についてはそれ以上のことは不明。

表1　北魏皇后外戚表

道武帝生母	賀氏	兄賀訥：もと東部大人
道武帝皇后	慕容氏	[父は後燕皇帝]
明元帝生母	劉氏（賜死）	兄劉羅辰：永安公・征東将軍・定州刺史
明元帝皇后	姚氏	[父は後秦皇帝]。弟姚黄眉：尚公主、隴西公・太常卿
太武帝生母	杜氏（先没）	兄杜超：尚公主、陽平王・太宰 超弟杜遺：広平王・安南将軍・相州刺史　→　内都大官
太武帝保母	竇氏	弟漏頭：遼東王
太武帝皇后	赫連氏	[父は大夏皇帝]
景穆帝生母	賀氏（先没）	父の従兄弟賀迷：長郷子
文成帝生母	郁久閭氏（先没）	兄閭毗：河東王・征東将軍・評尚書事 毗弟紇：零陵王・征西将軍・中都大官 他に王二名、公五名、侯六名が同時に受封
文成帝乳母	常氏	兄常英：遼西王・太宰 英弟喜：燕郡公・洛州刺史？
文成帝皇后	馮氏	
献文帝生母	李氏（賜死）	兄李峻：頓丘王・太宰 峻弟五名は公
献文帝皇后	なし	
孝文帝生母	李氏（賜死）	父李恵：南郡王・雍州刺史　→　族誅
孝文帝皇后	馮氏（廃后）	

孝文帝皇后	馮氏（賜死）	
廃太子生母	林氏（賜死）	近親なし　↑　林氏は父兄の誅死により入宮
宣武帝生母	高氏（暴卒）	兄高肇：尚公主、平原公・司徒 肇弟顕：澄城公 肇甥猛：尚公主、渤海公
宣武帝皇后	于氏	父于勁：太原公・定州刺史
孝明帝生母	胡氏	父胡国珍：安定公・司徒
孝明帝皇后	胡氏	

註：「先没」：生んだ子が皇太子もしくは皇帝になる以前に死去
「賜死」：孝文帝皇后（幽后）の場合は、太子の母である故の死ではない
「暴卒」：高氏は宣武帝が皇太子となる以前に急死し、幽后による謀殺の疑いがかけられている

馮氏以外で外戚として力をもったのは、皇帝（景穆帝を含む）の生母あるいは皇帝を育てた保母・乳母の一族である。ただし、道武帝の母である賀氏は賀蘭部の出身で、賀蘭部は代国再建時期には多数の服属部族を擁し代国に匹敵するような力をもっていた。道武帝は華北に政権基盤を確立すると賀蘭部の勢力を削ぐことに努め、しかも部族解散を断行したので、かつては東部大人であった賀訥はほとんど力を揮うことがなかった。明元帝生母の劉氏も道武帝を援助した有力部族の独孤部出身である。この部族には道武帝に敵対する動きもあり、道武帝はやはりその勢力削減に努める。かつては南部大人であった劉羅辰が公爵にとどまり、任地が中核の州であるにせよ、刺史で終わっているのは恐らくその結果である。

太武帝の時、皇帝生母の一族杜超が王に封ぜられ、以後皇后、皇帝生母を問わず外戚は王に封ぜられるようになる。ひとりだけでなく、複数の者が王となることもあり、王となる者の兄弟を中心に公侯の爵位を得る者も多い(12)。

杜超以後、外戚は太宰もしくは司徒に至ることが多く、兄弟も高位の官職に至ることが少なくない。太宰や司徒についた者の中には、具体的な活動は知られず名誉職的であると思われる者もいるが、他方、宣武帝後半期で実権を握った高肇、孝明帝期霊太后臨朝時に高陽王雍ら三名とともに輔政の任にあたった胡国珍のように、政治的に重要な役割を果たす事例も見られる。このほか閭毗と常英は太安年間に評尚書事であり、三都大官(13)の事例も表1で二例ある。李恵は青州刺史の時に誅殺されたが、これは文明太后がその勢力を憚っての政治的措置であって、それがなければさらに官職は上昇したはずである。

さらに外戚は公主を妻とすることが多かった。表1だけで四名にのぼる。文成帝皇子の斉郡王簡が常英の弟燕郡王常喜の女を妻とし、李恵の妻が襄城王韓頽の女であるように、宗室や有力者との間の婚姻も確認できる。

このように見たとき、馮熙や馮誕が王に封ぜられ、それぞれ太宰、司徒となり、公主を妻としたことは特別な事例とは言えない。ふたりは軍事や政治の場でそれなりに活動しているが、後の高肇や胡国珍ほどの力は揮ってもいない。では何が「過厚」だったのであろうか。筆者はそれを北魏帝室との過度の密着に求めたい。その最たる現れが帝室との婚姻である。馮氏と帝室との婚姻については既に魯才全氏の詳細な研究があり(14)、それに加える事例は今のところない。魯氏の挙げる事例から馮氏婚姻関係を図示してみよう。

まず、公主を娶る事例の多さについて。北魏に入国した者に対する恩典の一つに公主を妻として与えることがある。馮氏以外にも事例があるから、馮朗が北魏に入ったときに公主を妻にしたことは特別な扱いではない。馮熙が景穆帝の女、馮誕が献文帝の女を娶ったのも、先述のように外戚に類似の事例はある。しかし馮熙の息子の馮聿が献文帝の

女、馮誕の息子の馮穆が孝文帝の女を娶るとなると類似の事例はなくなる。(15)

馮煕には「子女数十人」と伝にあるから、次頁の図でその半ば近くが判明するわけであるが、そのほとんどが宗室との間で婚姻している。孝文帝の後宮に四名が入り、しかもそのうちふたりが前後して皇后となっていることは、馮氏の執念を物語るが、さらに孝文帝の皇太子元恂と馮誕の長女の婚姻も計画されていた。皇太子は勉学に専念すべきだという反対論があって実現しなかった（巻二二廃太子伝）が、孝文帝皇子の広平王懐の妃として見える馮氏はこの馮誕の女であろうと魯氏は推測する。その説を支持して上図には広平王の方を記しておいたが、馮氏の狙いは明らかであろう。

それ以外の婚姻でも宗室なら誰でもよいというわけではなく、選択が加えられた可能性がある。孝文帝の太和年間から宣武帝の時代に、太和後令で正三品以上の官職に就いた元氏を後掲の表2に記す。父祖を記しているので、『魏書』の巻数は省略し、墓誌をもつものはそれを括弧内に示す。

この時期に政治的に活躍したのは景穆帝皇子とその子・孫であり、孝文帝の末年からは孝文帝の弟たちが台頭する。その景穆帝皇子一二名の中でも重用されたのは任城王澄であり、孝文帝死後の輔政者のひとりとなる。中山王英は南安王楨の継承者であり、対南朝戦争で非常に大きな役割を果たした。他方、汝陰王系は太和一三年に貪残の罪で官爵を削除され、その子孫はふたたび王爵を得ることはなかった。済陰王系は始蕃王鬱が太和一五年に「黷貨」を理由に官爵を除かれ、その後復活する王位の継承をめぐり混乱があった。楽浪王のようにほとんど事績の記されていない王系もある。もちろん馮煕の娘の数は限定されており、婚姻相手にもふさわしい年齢の未婚の男子がいることが前提となるから、すべての景穆帝皇子の系列に婚姻対象を見出すことは当然困難である。その中で、任城王澄本人のほか、中山王英ほか三王の子・孫と婚姻していることは、有力な系列を選んだということであろう。

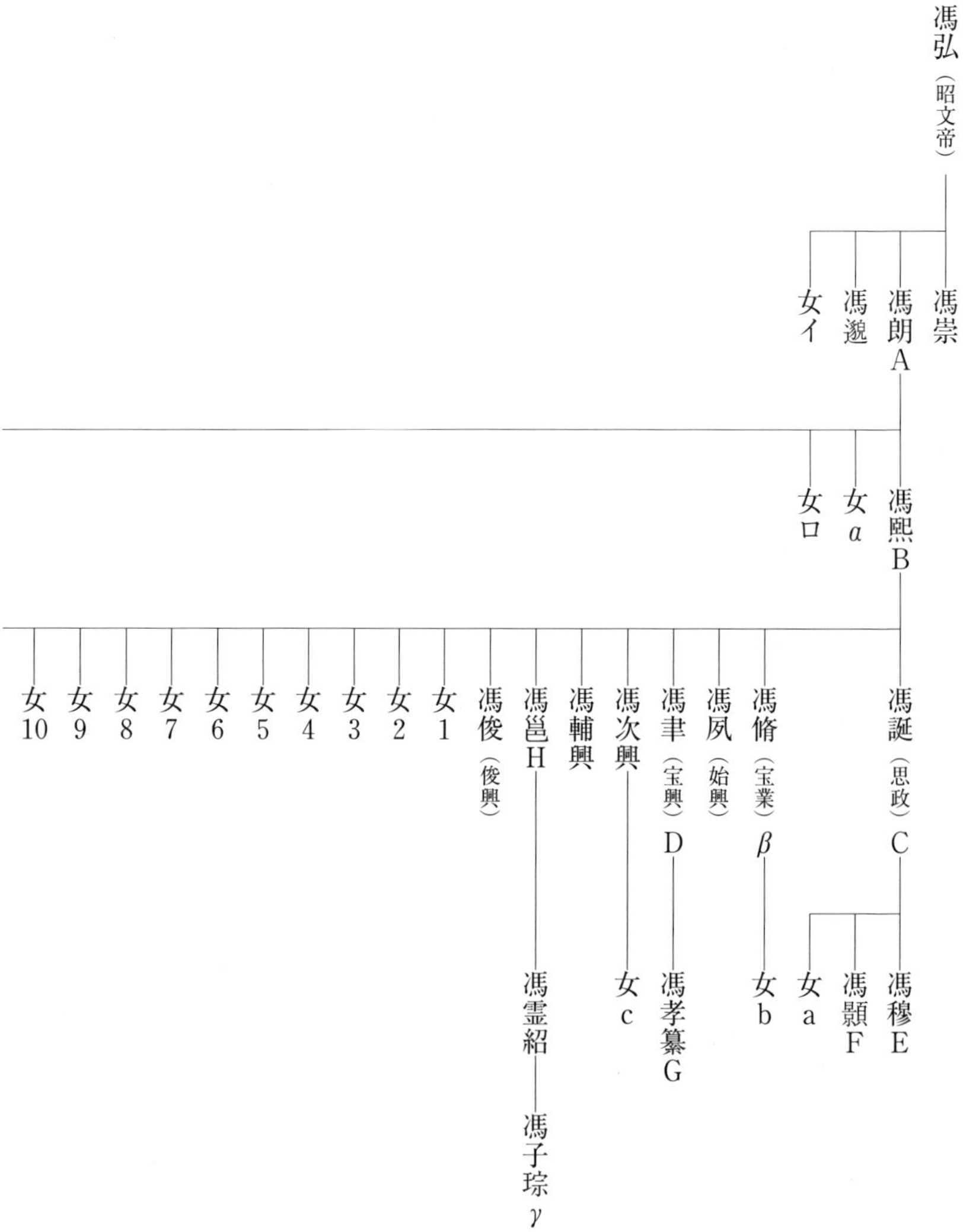
馮弘（昭文帝）
馮崇
馮朗A
馮邈
女イ
馮煕B
女α
女ロ
馮誕（思政）C
馮脩（宝業）β
馮夙（始興）
馮聿（宝興）D
馮次興
馮輔興
馮邕H
馮俊（俊興）
女1
女2
女3
女4
女5
女6
女7
女8
女9
女10
馮穆E
馮顥F
女a
女b
馮孝纂G
女c
馮霊紹
馮子琮γ

馮某
女11
女12

イ　太武帝左昭儀
ロ　文成帝皇后（文明太后）
A　公主
B　景穆帝女（博陵公主）
C　献文帝女（楽安公主）
D　献文帝女（彭城公主）
E　孝文帝女（順陽公主）
F　景穆帝子孫城陽王孫女
G　昭成帝子孫元暉女
1　道武帝子孫南平王纂妃
2　孝文帝皇后（幽后）
3　孝文帝皇后（廃后）
4　孝文帝昭儀
5　孝文帝昭儀
6　文成帝孫安豊王延明妃
7　景穆帝孫任城王澄妃
8　明元帝子孫楽安王悦妃
9　景穆帝曽孫元顕魏妻
10　景穆帝曽孫元竫妻
11　景穆帝曽孫元誘妻
12　献文帝孫元端妻
a　孝文帝皇子広平王懐妃？
b　献文帝孫趙郡王謐妃
c　景穆帝曽孫元液妻
α　穆真妻
β　妻は穆亮女
γ　霊太后妹

註：①馮夙は『魏書』八三上では馮風。校勘記に従う。
②Dの彭城公主（劉昶の子の妻であったがこの段階では寡婦）は幽皇后に強いられて馮夙に嫁ぐことになってその期日も決まっていたが、結婚をいやがり、孝文帝の行宮に駆け込んで幽皇后の醜行為を訴えている。その結果実際に婚姻が行われたかどうかは不明。
③このほか任城王澄の子の彝が馮氏を娶る。

表2　正三品以上の官職に就いた宗室

祖先	名	孝文帝期	宣武帝期	備考	墓誌
代王子孫	宜都王目辰	司徒		太和三に伏法	
	元暉		冀州刺史（鎮東）		『彙』一一〇
	元忠	尚書右僕射			
	元珍		尚書左僕射	延昌三没	『彙』七六
	元丕	太傅・録尚書事	三老	景明四没	
	元禺		徐州刺史		
道武帝子孫					
二蕃王	武昌王平原	雍州刺史（征南大）		太和一一没	
二蕃王	江陽王継	柔玄鎮大将（鎮北）	度支尚書	孝明帝末に太尉	『彙』二五九
二蕃王	広平王霄	左光禄大夫		太和一七没	
明元帝子孫					
二蕃王	元緒		宗正卿（少卿か）		『彙』五二
太武帝子孫					
始蕃王	高陽王嘉	尚書左僕射	司空	永平四没	
景穆帝子孫					
皇子	南安王楨	相州刺史（鎮北大）		太和二〇没	『彙』三六
皇子	汝陰王天賜	征西大・儀同三司		太和一三削除官爵	
皇子	任城王雲	雍州刺史（征南大）		太和五没	

皇子	安定王休	太傅・大司馬		太和一八没	
始蕃王	京兆王太興	守衛尉卿		仏門に。太和二二没	
始蕃王	中山王英	尚書	尚書僕射	太和段階では未継承	
始蕃王	任城王澄	尚書右僕射	司徒	神亀二没	
始蕃王	済陰王鬱	徐州刺史		太和一五賜死	
始蕃王	陽平王頤	青州刺史（征西大）		景明一没	
始蕃王	城陽王鸞	并州刺史（冠軍）	定州刺史（安北）	正始二没	『彙』四六
始蕃王	広平王匡		度支尚書	尚書時は未継承	
二蕃王	元衍	雍州刺史か		陽平王頤の弟	
二蕃王	元遙	左衛将軍	中護軍・右光禄大夫	熙平二没	『彙』九三
二蕃王	元嵩	左中郎将	揚州刺史（安南）	正始四没	『彙』五一
二蕃王	元麗		尚書左僕射	済陰王鬱の弟	
文成帝子孫					
皇子	安楽王長楽		太尉→定州刺史	太和三賜死	
皇子	斉郡王簡	太保		太和二三没	『彙』三七
皇子	安豊王猛	儀同三司・営州刺史		太和一三没	
始蕃王	安楽王詮		尚書左僕射	永平五没	『彙』六四
始蕃王	河間王琛		定州刺史	直後に廃されて家に	
献文帝皇子	咸陽王禧	太尉	太保	景明二賜死	
	趙郡王幹	都督中外諸軍事		太和二三没	
	広陵王羽	青州刺史（車騎大）	司徒	景明二没	『彙』四〇

孝文帝皇子	高陽王雍	相州刺史（征北）	侍中・太師	建義一没	
	彭城王勰	司徒	太師	永平一没	『彙』五四
	北海王詳	司空	太傅・録尚書事	正始一没	『彙』五四
	京兆王愉	徐州刺史	冀州刺史	永平一挙兵敗死	
	広平王懐		太保・領司徒	熙平二没	『彙』九二
	清河王懌		司空	正光一没	『彙』一七二

註：『彙』は『彙編』。

選択という点では、他の皇帝子孫の場合にも言える。表2でわかるように、数多い代王の子孫で高位に登る者は多くない。代王子孫で最も重要な動きを示したのは、文明太后に協力したものの孝文帝の改革には抵抗した元丕であるが、その次に注目されるのは元暉である。道武帝子孫ではこの時期特に政治的に活躍する者は見られず、その中で広平王霄は得た地位が最も高い。元纂はその嗣子。なお江陽王継が活躍するのは孝明帝期である。明元帝皇子の場合多く国が除かれ、楽安王系だけが残る。文成帝皇子では安楽王長楽が謀反を図り誅殺され、斉郡王簡は長老として重きをなしたが、飲酒過度で公私を分かたずと『魏書』は手厳しい。その中で安豊王猛は記述はごく僅かしかないが鎮都大将・州刺史として威略ありと称せられ、その王位を嗣いだ延明は饑饉の際に家財を出して賓客を救済したことが伝に記される。彼はこの時期にはそれほど地位は高くないが孝明帝期に活躍した。献文帝皇子については孝文帝が改革の一環として華北の名族の女性を妻合わせ、馮氏は除外された。しかしその次の世代のふたりに馮氏は嫁いでいる。孝文帝の子の世代では、皇太子となった元恂と馮誕の女の婚姻が計画されたが実現せず、のち馮誕の女は広平王懐に嫁したことは前述した。このように馮氏は、この時期重要な人物をひとりしか出していない太武帝系列を除くすべての皇帝の子孫と代王の子孫に、その政治的地位を考慮しつつ婚姻関係を結んでいる。

このような馮氏と宗室とのあまりにも露骨な婚姻関係を推進したのは、幽皇后の伝に「文明太皇太后家世の貴寵を欲し、乃ち熙の二女を簡び倶に掖庭に入らしむ」とあるように、文明太后であっただろう。ただし馮氏と宗室の婚姻は文明太后の死後も続く。北燕から降ったグループのみが生き残っていただけの一族が馮邈の扳でさらに多く誅殺された。その馮氏にとって、権勢を維持する手段としては婚姻が最も重要だったと考えられる。馮熙の姉妹が北魏官界において最も有力であった穆氏の一員穆真の妻となった。実は穆真はその先に長城公主を尚っていて、離婚後に勅命で馮氏を娶ったのであるが、勅とあるところを見れば、或いは離婚も真みずからの意図ではなかった可能性がある（巻二七）。さらに馮脩が穆亮の女を娶り、のち馮誕の甥の息子馮子琮は霊太后の妹を娶っている（『北斉書』巻四〇）ことも、この時代の通例と言えばそれまでであるが、馮氏の権力と密着しようとする志向によるのであろう。

逆に言えば、文明太后が権力を握り、その死後も文明太后を追慕する姿勢を強く示している孝文帝時期、馮氏の姻戚となることは大きなプラスと考えられていたことも容易に想像される。太后死後も馮氏と宗室との婚姻は続いている。そして母が馮氏である場合、兄弟の中でも優位に立つことがあったようである。任城王澄の子の彝は澄の継室馮氏の所生。第四子でありながら任城王を嗣いだのは母が馮熙の女である（巻一九中）ことによろう。なお彝はみずからも馮氏の女性を娶っている。

文明太后は、婚姻以外の点でも馮氏を特別扱いしている。博陵公主と馮熙との間に生まれた馮誕と馮脩が「年纔かに十余歳、文明太后　倶に禁中に引入し、申ぶるに教誡を以てす」とあるように禁中で教育を受けたのである。「誕・脩は並びに宮禁に長ずと雖も、而れども性趣は乖別す」とあり、恐らくは皇子と等しい扱いを受けたのであろう。ふたりとは母を異にするが、幽皇后の同母弟である馮夙の場合も幼くして「宮」つまり後宮で育てられたとある。母を同じくする姉が一四歳で後宮に入ったので、その時に伴われて後宮に入り、そこで育てられることになったのであろうか。

幼くして宮中で育てられた事例を他に求めてみよう。早くには昭成帝子孫の拓跋纂が五歳で道武帝に命ぜられて宮中で養われ、「恩は諸皇子と同じ」という扱いを受け、のち王爵を得た（巻一五）。明元帝皇子楽安王範の子拓跋良は「兄弟の子は猶お子なり」という理由で子のない段階の太武帝に養われ、のちに常に軍国の大計に加わったという（巻一七）。以上は宗室の一員であるが、ほかにも帝室十姓に数えられる叔孫氏の叔孫建の父骨は、旧代国時代に昭成帝の母に養われ、皇子（代王であるから王子が正しい）と同列に扱われたとされ（巻二九）、穆氏と並び宗室以外で最も有力であった陸氏の一員陸定国は、むつきにあった段階で文成帝に命ぜられて宮内で養育され、「遊止に至りては常に顕祖（＝献文帝）と同処」という（巻四〇）。遊牧国家時代から継承する伝統であるが、幼い君主と同じ場所で同じように育てられ、成長した君主のもとで忠節を尽くすことが期待されたのである。

文明太后にもそのような狙いがあったと考えて誤りあるまい。宮中で育てられた馮氏三名は、まず文明太后に寵愛された馮夙が数年で北平王に封ぜられたという（外戚伝）。本紀太和二年条に北平王となったとある馮始興がそれであろう。他方、本紀によると世子馮誕は太和五年に南平王となっている。孝文帝と同年の生まれであるから、一五歳である。また時期は明示されないが馮脩は東平公とされた。いずれも孝文帝が親政後に異姓の王爵を奪うまでの話である。(16) 太和二年、五年という時期は実際の政治は文明太后によって動いていたから、この封爵は文明太后の意志であることは間違いない。父の馮熙の昌黎王と併せて一家で三人の王が出現しているわけで、異例の措置である。しかも息子の世代の三名には北・東・南に「平」を加えた爵号を与えている。東平、北平、南平ともに当時郡が実在しており、爵号自体に不自然さはないが、兄弟にまとめて与えられていることからすれば、その授与には意図があると考えるべきであろう。文明太后は自らの生家の馮氏の繁栄を望んだだけでなく、馮氏を帝室元氏と結びつけ、孝文帝と同じ世代の馮氏を皇子と同じく待遇して、藩屏としての役割をも期待したのではなかろうか。

四　文明太后と孝文帝

『魏書』は文明太后が献文帝の子である孝文帝を養育したとする。祖母と孫の関係となるが両者には血の繫がりはない。他方、孝文帝は文明太后の実子であるという説がある。呂思勉、大沢陽典、鄭欽仁、川本芳昭氏らがその代表である。[17] 川本氏の整理によればその根拠は以下の通り。

（a）孝文帝が生まれた時、献文帝は僅か一三歳であった
（b）文明太后が死去した時、孝文帝は三年の喪に服そうとした
（c）『魏書』皇后伝に後述するような不可解な記事がある
（d）孝文帝が馮氏一族を優遇しながら生母とされる李氏については冷遇している
（e）権勢欲の強かった文明太后が孝文帝の誕生と同時に政務を離れている
（f）『魏書』天象志によれば孝文帝は馮氏に仇をなす可能性があるとして屢々殺害されそうになるが、献文帝はそれを見過ごしている
（g）巻五八楊椿伝に太后と孝文帝の関係を「母子」の語でもって表現している

（a）（b）（d）（e）（f）はいずれも反論が可能であり、李憑氏が詳論している。[18] 川本氏もそれら反論の可能性を認めるものの、新たに提出した論拠によって文明太后生母説が正しいと主張する。その内容を検討してみたい。まず

（c）の記事であるが、

太后外礼民望元丕・游明根等、頒賜金帛輿馬、毎至褒美叡等、皆引丕等参之、以示無私。①又自以過失、懼人議己、小有疑忌、便見誅戮。②迄后之崩、高祖不知所生。③至如李訢・李恵之徒、猜嫌覆滅者十余家、死者数百人、率多枉濫、天下冤之。

となっていて、②については従来次のふたつの解釈が行われている。

（A）孝文帝は自分の生母が李氏であることを知らなかった

（B）孝文帝は自分の生母が文明太后であることを知らなかった

川本氏は（A）（B）の解釈がともに可能であるとしつつ、巻八三上外戚伝に

太和十二年、高祖将爵舅氏、詔訪存者。而恵諸従以再罹孥戮、難於応命。唯道念敢先詣闕、乃申后妹及鳳兄弟子女之存者。於是賜鳳子屯爵柏人侯、安祖浮陽侯、興祖安喜侯、道念真定侯、従弟寄生高邑子、皆加将軍。

とあることから、太后死去以前に孝文帝が自分の生母が李氏であることを知っていたとし、よって（A）は成立せず、（B）、つまり孝文帝は文明太后の実子であったと考える。

非常に説得力がある議論に思える。ただし、それでも疑問が残る。②がここに置かれる意味がわからないのである。①は太后が自分の過失から人にあげつらわれることを恐れ、小さな疑惑であっても誅殺したこと、③は十余家がその対象となったことを述べる。①と③で意味はつながっており、そこに「孝文帝は自分の生母が文明太后であることを知らなかった」という一文が入ると論旨が切断されることになる。②はなぜ挿入されたのか。そのことを論じなければならない。とすれば、②は「どの家に生まれたか」を知らなかったかという意味ではなく、「生家の人々についてよく知らなかった」と解釈すべきであろう。そしてその後に「それというのも」という形で③につながるのである。

文明太后が生母であるとする説においては孝文帝の父が誰かということも問題となる。大沢氏は太后の寵臣李弈であると推測するが、その説の成立しないことは川本氏が詳細に論じている。その川本氏は、父を献文帝であるとする説を提出している。父としての年齢の問題は、北魏皇帝が一般に非常に若く子をなしていることでクリアできる。また遊牧民族にレヴィレート婚の習俗があることは周知のことで、父文成帝の妻を献文帝が自らの妻とすることはありうる。さらに他に孝文帝の父となる可能性をもつ者がないのであるから、献文帝が父である。川本氏はこれを論拠とし、それを支持する記録を天象志三の次の記事に求めている。

至承明元年四月、月食尾。五月己亥、金・火皆入軒轅。庚子、相逼同光。皆后妃之讁也。天若言曰、母后之釁幾貫盈矣、人君忘祖考之業、慕匹夫之孝、其如宗祀何。是時、献文不悟、至六月暴崩、実有酖毒之禍焉。由是言之、皇天有以覩履霜之萠、而為之成象久矣。其後、文明皇太后崩、孝文皇帝方修諒陰之儀、篤孺子之慕、竟未能述宣春秋之義、而懲供人之党、是以胡氏循之、卒傾魏室、豈不哀哉。

文明太后が献文帝を毒殺したことが明言されていて、にも拘わらず孝文帝が太后の死後太后のため喪に服し「孺子」としての追慕の情を示すが、これは祖考の業を忘れ、匹夫の孝をなしたものであるとの批判が述べられているとし、孝文帝の、本来父母に対してなすべき三年の喪に服そうとする強い志向を、実の母であれば理解できることとするのである。

非常に魅力的な見解ではある。しかし、礼志三はその紙数のほとんどが孝文帝が文明太后のために喪に服する際の議論で占められているが、「三年の喪」は祖母のための喪ではないという論点は提出されていない。父母のための三年の喪であるが、皇帝としては万機をみないといけないのであるから短期で「公除」すべきであるというのが臣下の立場であり、孝文帝はそれでは孝が尽せないとする。では孝文帝がなぜ三年の喪にこだわるのかといえば、「朕　少くして鞠育を蒙り、慈厳兼ね至る。臣子の情、君父の道、備誨せざる無し。（中略）朕誠に不徳、位に在りて紀を過ぎ、未だ能く恩四方に洽く、化万国に行われずと雖も、仰いで聖訓を稟け、億兆をして君有るを知らしむるに足れり。此の日に於いて、哀慕の心を遂げずんば、情礼倶に損じ、喪紀圮壊せしめん者、深《こと》く痛恨すべきなり」というのであり、慈愛と厳格さをもって育ててくれたことを、母としての教育と位置づけている。そしてそのこと自体に臣下は何の疑問も提出していない。李彪が太后の死の直後に南斉に使者として赴き、南斉の主客郎劉絵と孝文帝の服喪について議論しているが、李彪は「今、聖上、鞠育の深恩を追い、慈訓の厚徳に感ず」ということを孝文帝の服喪の根本に挙げており、劉絵も三年の喪を孝文帝が行うこと自体がおかしいという議論はしていない（巻六二）。南斉が実母である故に三年の喪に服そうとしていると認識していたのであれば、当然その「事実」＝スキャンダルをどこかで記しているはずであり、そのことがない以上、南斉サイドはそのことを知らなかったと考えてよい。劉絵が、「母育」してもらったことに対する三年の喪という孝文帝の立場を問題にしていないのは、『魏書』がその部分を記さなかったから、と考える必要はないであろう。文明太后が実母である必要はないのである。（g）の楊椿伝の「母子」の表現も以上のように考えれば、何ら問題ない。

文明太后が「母」として孝文帝を教育しようとしたことには、理由がある。呂思勉氏の考えるような授乳のための臨朝称制中断ではない(19)。北魏は周知のように皇太子の生母に死を賜る習慣があった。もっとも、皇太子となる以前に生母が死去していることもあり、実際に皇太子の生母として死を賜るのは、献文帝生母李氏以後である。そのような状況下、乳母が大きな意味をもってくる。文成帝に乳を与えたのは常氏である。乳を与えた時には生母の郁久閭氏は健在であったが、乳母としての存在は大きかったようで、文成帝即位後に保太后として、のちには正規の皇太后にされて、大きな権力を握る。その一族も外戚としての扱いを受けた。生母に代わり養育することが大きな政治的権力を生む源泉となることが明確な形で示されたのである。これに学んだのが文明太后であり、誕生直後から孝文帝を養育した。生母李氏は孝文帝が皇太子となった段階で死を賜ったが、それ以前にも孝文帝に接することは制限されたであろう。孝文帝が馮氏に対しては厚く、李氏に対しては薄いと批判されるのも、そのような育て方に一因があったと考えられる。それはともかく、孝文帝は文明太后の「母育」に刻印されたのであって、それが（彼の本心であったかどうかは別として）漢族教養が導くままの文明太后に対する態度をとらせたのである。そのような育て方の効果を真似しようとしたのが、文明太后の姪で孝文帝の後宮に入った馮昭儀（幽后）であった。宣武帝との関係について、『魏書』孝文昭皇后高氏伝に

及馮昭儀寵盛、密有母養世宗之意、后（＝生母高氏）自代如洛陽、暴薨於汲郡之共県、或云昭儀遣人賊后也。世宗之為皇太子、三日一朝幽后、后拊念慈愛有加。高祖出征、世宗入朝、必久留后宮、親視櫛沐、母道隆備。

とある。

おわりに

以上、長楽馮氏に関するいくつかの問題を検討した。そこで明らかにしたことは、次のようになる。

（イ）馮熙夫妻の墓所が洛陽に作られた。このことは遷都に従った代人を洛陽に埋葬する政策の遂行に非常に大きな意味をもったはずである。

（ロ）孝文帝は自ら馮熙墓誌を撰文した。その内容を見ると、遷都後急速に普及する定型墓誌、特に皇子墓誌のモデルとなった可能性が高い。

（ハ）文明太后は馮氏の繁栄を期待して、帝室と馮氏の結びつきを推進した。それは馮氏の繁栄を主目的としていたが、馮氏が帝室の藩屏となることをも願ったと考えうる。
（ニ）文明太后と孝文帝との間には養育・訓導を通じて「母子」としての強い結びつきが生まれていた。
（ホ）他方、保母・乳母の力の大きさ、皇子以外の者を宮中で養育するなどの拓跋鮮卑の習俗が文明太后の権力掌握、孝文帝との関係に影響を及ぼしていた。

論じたことは大きくはないが、以上の結果を孝文帝の改革の検討に生かして行きたい。

註

（1）趙君平「魏孝文帝撰〝馮熙墓誌〟考述」（『河洛文化論叢』五、二〇一〇）、李風暴「北魏〝馮熙墓誌〟考評」（『中国書法』二〇六、二〇一〇）。筆者も二〇一〇年九月に洛陽市の竜門博物館準備室でそれを実見した。なお、趙氏は馮誕墓誌の存在に言及しているが、詳細は不明であるので、本章では扱わない。
（2）関尾史郎・岩本篤志主編『五胡十六国覇史輯佚（稿）』（新潟大学大域プロジェクト研究資料叢刊、二〇一〇）に逸文が収集されている。
（3）内田昌功「北燕馮氏の出自と『燕志』、『魏書』」（『古代文化』五七、二〇〇五）。
（4）馮氏に関する記述は主として『魏書』と『北史』の外戚伝、皇后伝によった。これらは一々は註記しない。なお、外戚伝を引く場合、『魏書』と記す。
（5）太平真君四年（四四三）に太武帝が柔然を親征した時、鎮北将軍封沓が柔然に亡入した。馮邈の事件もこの時のことであろうと張金竜氏は推測する（『北魏政治史』五、甘粛教育出版社、二〇〇八、一九七頁）。
（6）馮弘の末娘。北燕に対する太武帝の要求で後宮に入っていた。
（7）『彙編』では「涼」を「梁」に誤っているが、涼が正しい。なお、唐代の石刻では「昭成皇帝」と記すものもある（『金石萃編』巻一一三昌黎馮王新廟碑、など)。

（８）馮熙墓誌は出土の情況が不明である。従って偽刻の疑いがかけられる恐れがある。煩雑にすぎるので出典提示は避けたが、銘辞も序と同じく徹底的に古典を踏まえている。なまじの知識ではこれほどの序と銘辞は作れないだろう。当時の墓誌のスタイルに合致していることは本文で述べた。字体については筆者は判断能力をもたないが、この時期から唐代にかけての墓誌についての権威である趙振華氏が問題視していないことを受け入れたい（二〇一一年一月二二日、立正大学における講演要旨)。

（９）本書第Ⅰ部第１・２章にあたる。

（10）第Ⅰ部第１・２章で述べたように、特に皇子墓誌については孝文帝の示したパターンがその後継承された。

（11）明元帝姚皇后は「金人」の鋳造に成功しなかったので正規の皇后には立てられなかったが、皇后としての扱いを受けた。

（12）孝文帝の改革により、道武帝以降の皇帝の子孫でなければ王爵を許さなくなった。よって高肇以後、爵位は最高でも公にとどまる。

（13）三都大官は孝文帝の官制改革までに見られた北魏独特の官職。宗室の王が多く就任した。

（14）魯才全「長楽馮氏与元魏宗室婚姻関係考——以墓誌為中心」(『北朝研究』一九九五—四)。

（15）巻二七穆崇伝によると、外戚ではないが、穆氏は公主を妻とする事例が際立って多い。一一例にのぼる。

（16）もっとも、王爵が奪われ、他の爵も一等減ぜられた段階で馮夙の爵位が侯になったことからすれば、それ以前に夙の爵は王ではなく公になっていた可能性があり、事実、皇后列伝では北平公となっている。脩の公爵も侯にされた。

（17）川本芳昭「孝文帝のパーソナリティと改革」(『魏晋南北朝時代の民族問題』汲古書院、一九九八、第二篇第五章。原載一九八一）に先行研究がよくまとめられている。ここでは川本論文名のみを掲げる。

（18）李憑『北魏平城時代』(社会科学文献出版社、二〇〇〇）第四章、参照。

（19）この点については李憑氏の論点に基本的に依拠する。

補記1　本章は平成二三年度立正大学史学会大会における講演に加筆したものである。また平成二三年度科学研究費補助金（基盤研究（A））「石刻史料と史料批判による魏晋南北朝史の基本問題の再検討」による研究成果の一部である。

（二〇一一年記）

補記2　馮誕墓誌は『秦晋』一二で拓本が紹介された。本書第Ⅰ部第2章で同墓誌についてふれたが、本章の叙述に特に加えるところはない。また馮聿の墓誌が、宮万瑜「邙洛近年出土馮聿・源模・張懋三方北魏墓誌略考」（『中原文物』二〇一二―五）で紹介されている。

（二〇一六年記）

補記3　本章の元となる一文を公表した時、表2に相当する箇所は宗室の人名を挙げるのみであった。今回、論の展開に資するように内容を補って表とした。またその後に将軍号の理解が深まったことにより、従三品以下の将軍号をもつ刺史の事例は除いた。また系図印刷に手違いがあったので、改めている。

（二〇一六年記）

第５章　北魏における弘農楊氏

はじめに

従来も墓誌を中国史研究に利用することは行われてきたけれども、その利用の仕方は、文献資料の欠落を補う形のものが中心であった。近年、墓誌を社会状況や政治状況の分析に用いる研究が目立つようになっている。その背景には、中国で新たに大量の墓誌の発見が相次ぎ、また旧蔵・新発見を含めた墓誌の拓本写真や録文を載せた大型書籍の刊行が相次いだことがある。新発見の墓誌は出土情況の不確かなものを少なからず含んでいて、史料として直ちに扱ってよいかどうか疑問がないわけではないけれども、出土情況が明らかであるもの、墓誌原石が公的な機関に収蔵されているものなどは、一定の信頼性をもつと考えてよいだろう(1)。

北朝から隋唐にかけての墓誌の中では、この時代に重要な政治的社会的位置を占めた弘農楊氏関係の墓誌が際だって多い(2)。これを利用すれば弘農楊氏に関する重厚な研究が可能となると期待されるが、残念ながら、これまでのところ実現していない。多くの研究は個別の墓誌の解釈あるいはごく一部の墓誌を利用したものにとどまっている(3)。しかし一墓誌を読みこなすだけで多大の労力と時間を要するのであるから、このような状態であるのも無理からぬところがある。現在はまだ、ひとつの時代の楊氏を論ずることが中心となる段階であろう。

北魏時代の弘農楊氏についての現段階における最も包括的な研究は、李文才・兪鈺培氏による「北朝楊播家族研究(4)」

であろう。この論文は、まず楊播一族は孝文帝の遷都後、孝文帝の門閥重視政策により、弘農華陰に居住するようになったのであり、彼らの郡望は仮託であると言う。次に楊播家族が栄えるようになったのは北魏皇室との関係が密接であったからであり、また楊氏が勇武善戦の家風をもっていたからであるとし、楊播・楊椿・楊津三名の具体的な活動を示す。さらに、注目される「政治家族」となった楊氏は政治変動の影響を受けることになったとし、高肇・元乂・爾朱氏による打撃を論じる。そして結語で崔・盧・李・王・鄭氏のような純粋な儒学礼法に立脚した華北の大族とは異なり、文武兼修の独特の門風を形成したところに楊氏の特色があると締めくくる。他の論者の場合、理解の仕方は別として、論ずる範囲はこれを超えないように思われる。

筆者の場合も論ずる範囲そのものは李氏等とそれほど変わらない。だが、墓誌を詳細に分析して、列伝などと対照して行くと、先行研究の示さなかった点がいくつか見えてくるし、またその誤りもいくつか指摘できる。何よりも、中国における研究においては、楊播の一族が示した倫理的な生き様の指摘にとどまって、それがいかなる意味をもつのか、という視点が欠けていることが気になる。周知のようにこれについては谷川道雄氏が早くに重要な見解を示している(5)。それにふれない楊氏研究には物足りなさを感じざるをえない(6)。

本章では、楊播兄弟とその子孫からなる弘農楊氏がいかなる生き方をしたのか、関係墓誌を網羅した上で、論じることにする。先行研究はその過程で扱うこととし、ここではふれない。

一　楊氏の墓誌と墓地

北魏政界で活躍した弘農楊氏は、五胡十六国時代に生きた楊結の子孫である。結の子に珍と継がおり、珍の子が真

（または仲真）[7]、真の子が懿、そして懿の子は八名のうち六名までが『魏書』巻五八楊播伝に立伝され[8]、うち三名については非常に詳細な記述がある。一方の継の子は暉、暉の子が祐と恩で[9]、恩の子の鈞以下が楊播伝に附載されるが、この系統は隋唐時代に活躍する。両系統とも多くの墓誌が残されているが、本章では珍の子孫を扱い、継の子孫は比較の必要がある場合にのみ取り扱う。北朝末に楊珍系列が衰えたのに対し、継の子孫はその時以後により繁栄するという違いがあるからである。

結の世代をⅠとし、以下Ⅶの世代までの系図を掲げよう[10]。継の系統も参考のためにⅥの世代までを掲げる。名を囲ってあるのは墓誌を有する者を示すが、実線は太昌元年（五三二）の作成を、点線はそれ以前の作成を示す。珍の子孫で太昌元年以後北朝末までに作成された墓誌には傍線を付し、妻の墓誌は「～氏」で示し、夫の名の左横に置く。また、系図に載せた人物たちの墓誌のデータを一覧表にして表1に示す[11]。そのうち珍の系統は①～㉙の番号を付して以下の記述に便ならしめる。本人の官職は最終官を記し、贈官は中心となる官職のみを記した。葬地の記載は墓誌に基づいて整理したもので、出土地欄は主として『校注』によりつつ、出土地もしくは出土地とされる地を記し、⑨、⑪、⑫は葬地ではなく殯の地が記載されているので、それを示した。

珍の子孫で最も早く華陰に葬られたのは、永平四年（五一一）一一月一七日の四名である。ただし、没年はすべて異なる。②の阿難は太和八年（四八四）に当時の都平城で没している。当時、北魏に入った「南人」つまり漢族は帰葬を許されなかった。墓誌に「仍りて代に殯す」と、殯だけを平城で行なった如く記述しているが、実際は平城近辺に埋葬されたのである[12]。阿難の兄③穎は永平四年五月に、遷都後に居住するようになった洛陽依仁里で死去し、同年一一月に華陰に帰葬されている。穎の子の①範は、父に先立つ景明元年（五〇〇）に死去し、「済州に殯す」とあるから、済州でいったん葬られたのである[13]。父が華陰に帰葬したのに合わせて、遷葬したのであろう。つまり、永平四年

楊氏系図

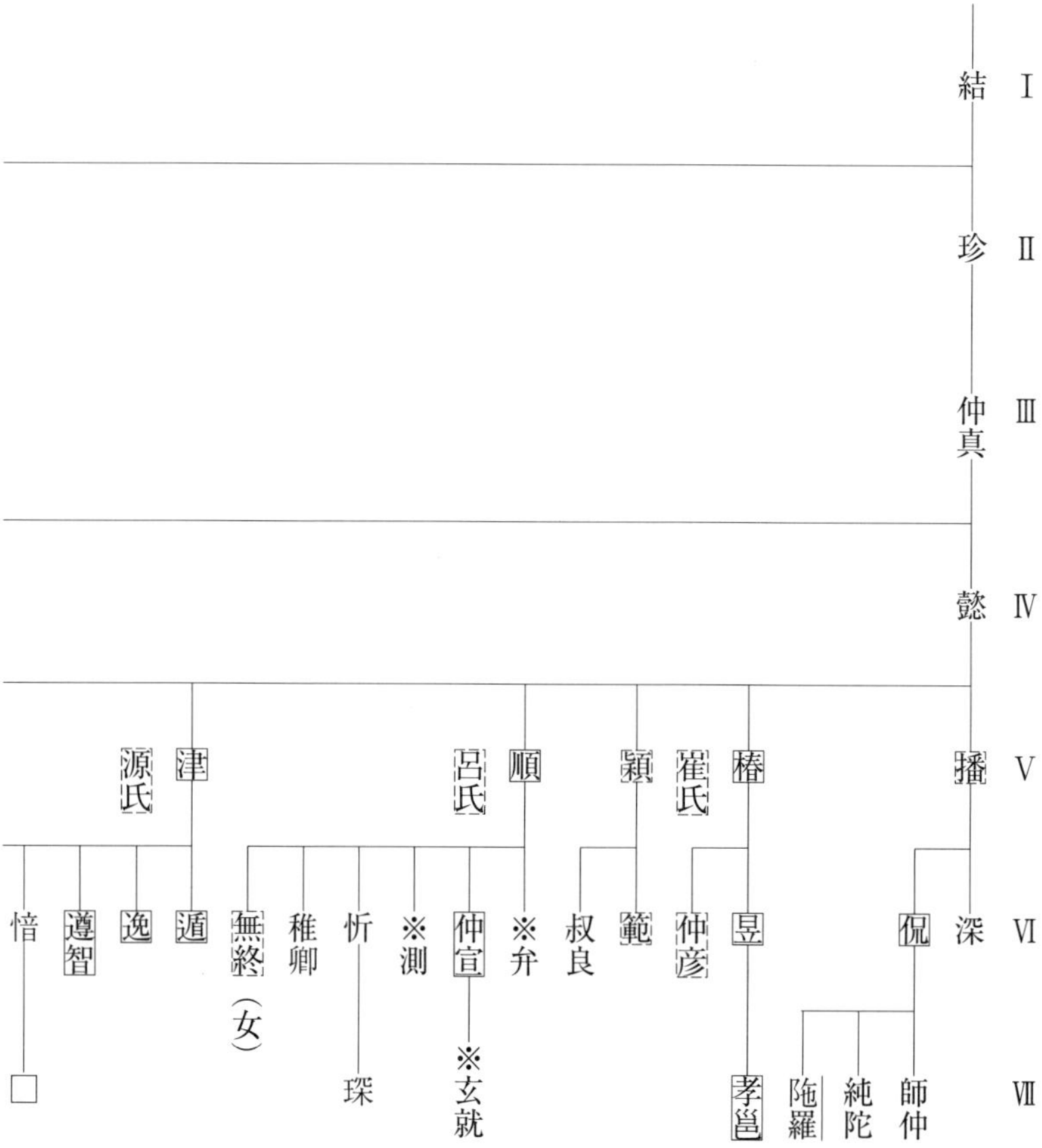
Ⅰ 結
Ⅱ 珍
Ⅲ 仲真
Ⅳ 懿
Ⅴ 播 椿 崔氏 穎 順 呂氏 津 源氏
Ⅵ 深 侃 昱 仲彦 範 叔良 ※弁 仲宣 ※測 忻 稚卿 無終 (女) 遁 逸 遵智 愔
Ⅶ 師仲 純陀 隖羅 孝邕 ※玄就 琛 □

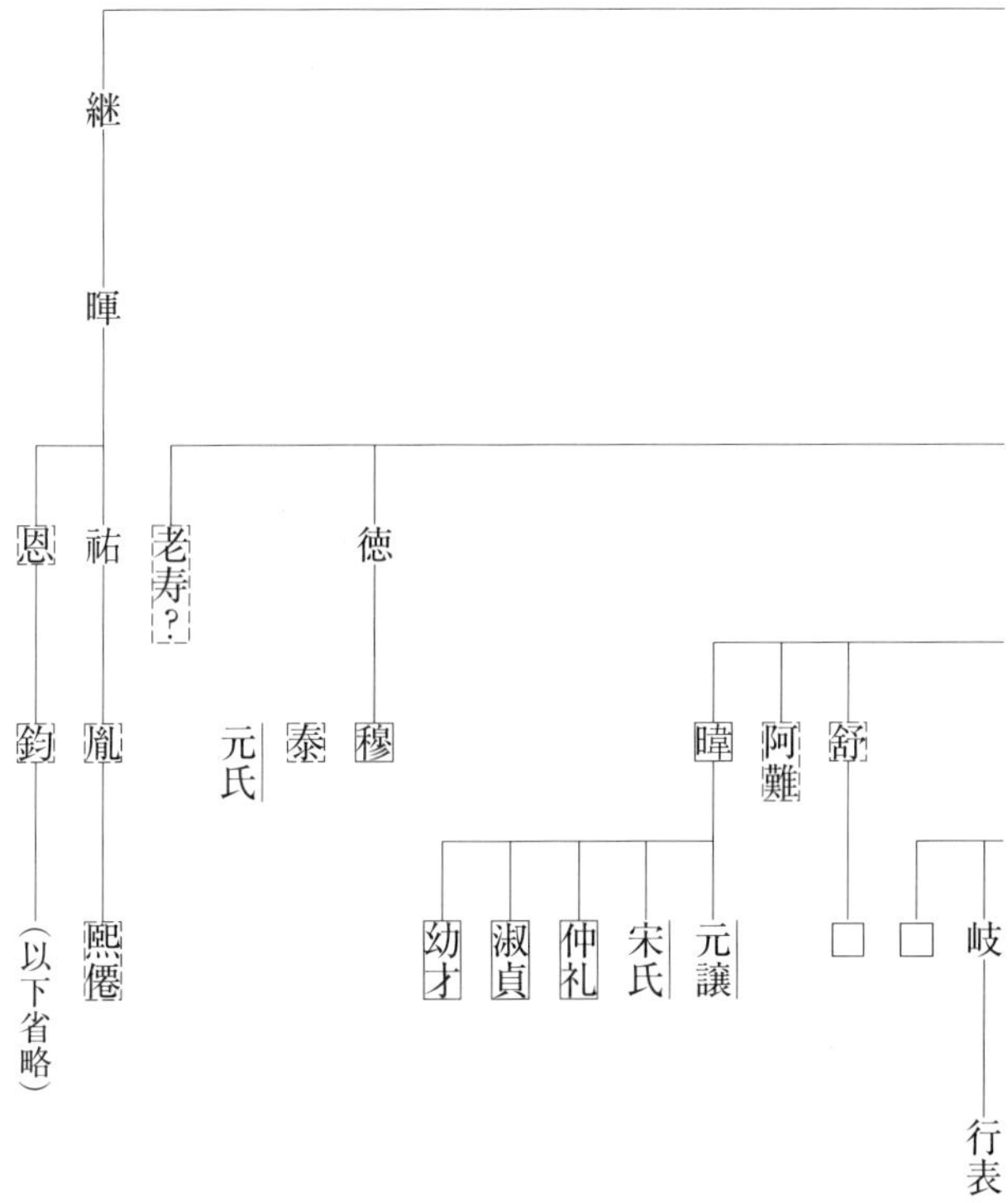

註：※は墓誌未発見の普泰元年の死者。なお補註に示す三墓誌のデータも記す。

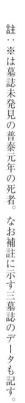

年齢	葬年	葬地	寸法	字数	備考	出典
	永平２(509)		35・28	12・９＋27字	遷葬起誌とあり	区系411
19	永平４・11・17	窆於里	20・26	９・13	華陰	4-180
13	永平４・11・17	返厝(華陰潼郷)	41・47	19・21	華陰五方村	4-182
48	永平４・11・17	窆於潼郷	52・48	22・24	華陰五方村	4-177
	永平４・11・17		23・18	６・８	華陰五方村	4-186
54	永平４・11・17	窆於里	21・27	10・12	洛陽出土？	新見13
	延昌２・11・11	窆(華陰潼郷大塋之北)	23・23	10・10	華陰五方村	区系412
	熙平１・２・12	洛・公路澗西	52・53	26・26	漢太尉墓の東南	4-292
61	熙平１・９・２	窆于本県旧塋	68・68	32・32	華陰五方村	4-307
	熙平１・11・22	華山之陰	45・49	18・17	華陰	4-327
42	熙平１・11・21	仙郷乾渠里	36・35	13・13	楊懿の第５子の妻	邙洛11
46	熙平２・９・２	窆於本県之旧塋	55・55	28・28	華陰五方村	4-353
21	熙平３・２・23	定城里で殯	37・37	16・15		4-369
54	熙平３・２	華岳の東北	65・65	22・20	華陰司家村	4-371
61	正光４・９・26	権殯於本邑習仙里	33・33	11・９	華陰五方村	5-222
45	孝昌３・３・４	殯於宅之辛地	27・29	11・10		区系422
	建義１(528)	帰葬(華山の下)		約1500字		千唐440
55	太昌１？	遷葬(華陰の旧塋)	47・47	27・27	華陰五方村	7-39
44	太昌１・11・19	帰窆(雍州使君神塋)	50・50	23・21	華陰五方村	7-16
78	太昌１・11・19	帰窆(華陰の旧塋)	52・52	27・27	華陰五方村	出土文献研究８
54	太昌１・11・19	帰窆(丞相神塋)	55・55	27・24	華陰五方村	7-7
66	太昌１・11・19	帰窆(華陰の旧塋)	52・51	26・19	華陰五方村	7-10
63	太昌１・11・19	帰窆(華陰の旧塋)	68・68	30・34		碑林集刊14
42	太昌１・11・19	帰窆(太傅神塋)	57・50	24・26	華陰五方村	7-19
48	太昌１・11・19	帰窆(太尉の神塋)	45・45	21・21	華陰五方村	7-12
18	太昌１・11・19	帰窆(儀同の神塋)	51・51	25・12	後半空白	拓本
17	太昌１・11・19	帰窆(儀同公の神塋)	24・32	12・12	華陰	7-24
15	太昌１・11・19	帰窆(儀同公の神塋)	24・24	12・12	華陰	7-26
32	太昌１・11・19	帰窆(太傅神塋)		25・25		拓本
23	太昌１・11・19	帰窆(太傅神塋)	45・43	20・20	華陰	7-22
34	太昌１・11・19	祔葬(散騎司空公の塋)	53・53	20・20		秦晋36
29	天保４.８.24	漳河の北安和里	57・56	23・21	安陽	安豊230
60	武平２・11・28	漳河の北安仁里	57・57	25・24	安陽	安豊345
71	大統17(551)	潼郷	43・43	18・18	華陰司家村	8-218
53	？		33・30	10・11	華陰五方村	7-14
	開皇９・11・20	改葬（華陰の旧塋)	50・40	25・20	華陰	秦晋90

表１　弘農楊氏関係墓誌

	名	本貫表記	曽祖	祖父	父	本人官職	贈官	没年	没地
	楊恩	恒農華陰	結	継	暉	河間太守			
①	楊範(僧敏)	習仙里	仲真	懿	穎	なし		景明１・２・９	済州
②	楊阿難	習仙里	珍	仲真	懿	なし	中散	太和８	平城
③	楊穎	習仙里	珍	真	懿	本州別駕		永平４・５・27	洛・依仁里
④	楊椿妻崔氏								
	楊老寿	習仙里	結	珍	仲真			景明２・５・23	殯於洛陽
⑤	楊懿第６孫妻							延昌２・９・７	滎陽
	楊熙僊	習仙里	暉	祐	胤	華州主簿			洛・阮曲里
⑥	楊播	習仙里		仲真	懿	定州刺史	雍州刺史	延昌２・11・16	洛・依仁里
	楊胤		継	暉	祐	済州刺史		熙平１・４	京師
⑦	楊君妻源氏							熙平１・８・25	州治
⑧	楊舒	習仙里		仲真	懿	太尉府事	華州刺史	延昌４・９・９	洛・依仁里
⑨	楊無醜(女)	習仙里	仲真	懿	順			熙平３・１・18	白馬郷
⑩	楊泰	習仙里		并州刺史	秦州刺史	朔州刺史	汾州刺史	熙平２・５・３	朔州
⑪	楊順妻呂氏							正光４・９・22	家
⑫	楊仲彦	習仙里		懿	椿	司空掾		孝昌３・２・30	洛・依仁里
	楊鈞	弘農		暉	恩	懐朔鎮大都督		正光５・８・29	懐朔鎮
⑬	楊暐	弘農華陰		仲真	懿	武衛将軍	儀同三司	建義１・４・13	河陰
⑭	楊侃	習仙里	真	懿	播	金紫光禄	秦州刺史	普泰１・６・28	長安
⑮	楊椿	習仙里	珍	真	懿	致仕帰郷	大丞相	普泰１・６・29	習仙里
⑯	楊昱	習仙里		懿	椿	大行台	司空公	普泰１・６・29	習仙里
⑰	楊順	習仙里	珍	真	懿	左光禄大夫	太尉公	普泰１・７・４	洛・依仁里
⑱	楊津	習仙里	珍	真	懿	司空	太傅	普泰１・７・４	洛・依仁里
⑲	楊遁	習仙里	真	懿	津	金紫光禄	儀同三司	普泰１・７・４	洛・依仁里
⑳	楊仲宣	習仙里		懿	順	金紫光禄	右僕射	普泰１・７・４	洛・依仁里
㉑	楊仲礼	習仙里		懿	暐	司徒参軍事	趙郡太守	普泰１・７・４	洛・依仁里
㉒	楊叔貞	習仙里		懿	暐	開府参軍	蘭陵太守	普泰１・７・４	洛・依仁里
㉓	楊幼才	習仙里		懿	暐	なし	尚書郎	普泰１・７・４	洛・依仁里
㉔	楊逸	習仙里		懿	津	光州刺史	尚書僕射	普泰１・７・13	(光)州治
㉕	楊遵智	習仙里		懿	津	金紫光禄	兗州刺史	普泰２・４・１	晋陽
㉖	楊孝邕	習仙里	懿	椿	昱	員外常侍	東梁州刺史	普泰２・３・１	洛・行路
	楊元譲妻宋氏							武定２・８・10	晋陽
㉗	楊元譲	弘農華陰		懿	暐	高密太守	北徐州刺史	武平２・７・20	□舎
㉘	楊泰妻元氏							大統15	長安
㉙	楊穆	習仙里		真か	徳	華陰令			被害于家
	楊陁羅	弘農華陰		播	侃	(斉)司空中郎		開皇３・３・25	定州宅

註：補註に示した３墓誌をも掲載する。

以前には他所で埋葬したのであって、楊播兄弟は華陰には帰葬していない。

これら三墓誌には葬年以外にも共通点がある。本貫を「弘農華陰潼郷習僊里」(14)と表記すること、末尾に祖先の配偶者とその父を記すことである。恐らく、依仁里に居住するようになった楊氏一族の中で最も早く死去した穎を華陰に帰葬させる段階で、既に死去し、華陰以外の地で葬られていた楊氏も遷葬させることにしたのであり、墓誌の作り方などにも一定の了解事項があったのではないかと想定できる。(補註1)さらにこの時には④椿の妻崔氏も遷葬されたと考えられる。(15)

なお、華陰に遷葬した時期で言えば、楊継子孫の楊恩の方が永平二年と早い。(16)三八歳で死去したで終わる墓誌本文の後、細字で同年一一月一一日に「遷葬起誌」と記す。没年を書いていないので明確には言えないが、いったん埋葬していた地から華陰に遷葬したと理解すべきであろう。彼の死は遷都以前、従って代の地に埋葬されていたと想定できるのではないか。弘農楊氏の場合、遷都直後でこそないが、それから間もない時期に華陰への遷葬、帰葬が始まったのである。(17)(18)

懿の子で次に華陰に葬られたのは長男の⑥播である。彼は、権臣高肇との対立により除名の憂き目にあったままの状態で、延昌二年(五一三)一一月一六日に洛陽依仁里の自宅で死去した。子息等は冤罪を主張し、伝によると「柩を停めて葬らず」、墓誌によると「三年冬、権りに殯を華陰の郷館に遷す」とあり、恐らく殯の状態のままで洛陽で約一年を過ごし、その後華陰に柩を移したが、なお正規の葬の儀礼は営まなかったのである。高肇が失脚したあとの熙平元年(五一六)、播の除名処分は解除され、贈官を得たあと、正式に埋葬される。

懿の第六子⑧舒は、延昌四年九月に洛陽依仁里で死去し、熙平二年九月に華陰で葬られた。この間二年を要していて、やや期間が長いが、特段の理由があったとは記されていない。あるいは後述する死去の前後の楊家の情況が影響したのかも知れない。

懿の末子⑬暐は建義元年（五二八）の死去。四月一三日の河陰の変の犠牲者のひとりである。但し墓誌の作成日時は記載されていない。末尾に「太昌元年華陰の旧塋に遷葬す」とあるから、太昌元年（五三二）の作成と受け取られかねないが、『疏証』はこの部分を後刻とし、暐はいったん洛陽で葬られたとする。従うべきである。[19] この墓誌は恐らく五二八年段階で作成されたのであるが、葬地と葬日を記載していないことを見れば、後日の遷葬を予定していたのであろう。

懿の第二子椿の次男⑫仲彦墓誌も同様の可能性が考えられる。彼は孝昌三年（五二七）二月三〇日に洛陽依仁里で死去し、三月四日に「宅の辛地菓園の内」に殯した。この時点では父椿は生存しており、仲彦墓誌に記される椿の官名は仲彦死去段階のものであるから、この墓誌は孝昌三年に作成されたとして問題はない。ただ、正規の墓誌として作成されたとすることにはためらいを感じる。当時儀同三司の地位にある椿の次男で、本人も司空掾の官職を得ていた人物であるのに、一行一一字で一〇行と字数が非常に少ない。このことは特に異例とまでは言えないにせよ、後半に二行分の空白を残していること、「二月卅　日」と一字空格を置いているが、この空格部分の拓本は白くなっていて字を削った可能性がある、つまりほとんど考えられないようなミスに対する措置を削るだけで間に合わせていること、殯の場所が宅地内の果樹園であること、などを考え合わせると、仮の埋葬とするのが妥当ではないか。孝昌三年二月には莫折念生軍が潼関を占領し、同年一〇月には長安で西方反乱軍の討伐に当たっていた蕭宝夤が叛くなど、この段階での華陰への帰葬は困難であった。ただ、仲彦墓誌が遷葬した段階でそれを記すことをなぜしなかったのかという問題は残る。[20]

ところで⑬暐以外の⑥播・⑧舒・⑫仲彦の三墓誌は、「習仙里」と永平四年の墓誌の本貫記載を踏襲している。また殯地だけを記し、葬地を記さない墓誌を除くと、葬られた場所の表記は⑥播と⑧舒が「本県（之）旧塋」と共通した表記となっている。後の太昌元年に埋葬された彼らの兄弟の場合は、⑬・⑮・⑰・⑱のいずれも「華陰之旧塋」であるから、それに近い表記である。これを永平四年の②の「華陰潼郷」、③の「潼郷」という表記と較べるとやや異なるところがある。旧塋という意識を強めているように思われるのである。

ここで⑩楊泰について見てみると、父祖については名が記されず、官職名だけが記されている。先行研究では多く彼を楊逸の子とするが[21]、熙平二年（五一七）に五四歳で死去しているから和平五年（四六四）の生まれと計算され、播兄弟と同世代である。祖と父が刺史であったふたつの州名に合致する人物を特定できないこと、墓誌の出土地が五方郷ではなく、一〇㎞ほど東方の孟塬鎮司家村であることを併せ考えると、懿の子孫ではないとすべきであろう。武官の経歴をもつことは播兄弟と共通するので、播の従兄弟か再従兄弟の可能性が考えられる。㉘の楊泰妻元氏墓誌も夫と同所から見つかっている。

この間、女性の墓誌も泰の妻以外に四方確認できる。④は楊椿の妻、⑪は楊順の妻、⑨は楊順の女であり、⑤は夫の名を特定できない。先に挙げた㉘を除き、楊氏に嫁した女性四名と、楊氏に生まれた女性一名の墓誌には共通点がある。いずれも、その夫や父については弘農簡公つまり懿の第何子あるいは第何孫という表現になっていて、名が記されないのである。表1には名に置き換えておいたが、墓誌には、それぞれ第二子の婦、第五子の婦、第四子の女・婦と記される。懿の子の妻、懿の孫の妻という形で妻や女が表現されているのは、懿の子としてのまとまりが優先していることを示すであろう。なお、⑪は「権殯於本邑華陰之潼郷習仙里家宅之西庚地」とあり、標題には「墓誌」ではなく「殯誌」とある。死去して四日後の殯であるから、通常の殯であって、葬ではありえない。しかし蓋には「墓誌」とあるので、墓誌として作成されたことは間違いない。この墓誌は夫の楊順墓誌と同時に同じ地から出土したという。[22] 夫人の死去した正光四年九月は六鎮の乱発生の直前であるが、楊順が特に埋葬を急ぐ事情があった形跡はない。夫が健在であるので、殯という用語を用いた可能性がある。⑨の場合は、二一歳で白馬郷で病死し、翌月定城里で殯したという。この場合の殯は埋葬を意味すると考えてもおかしくはないが、断定はできない。⑦は末尾に自らの祖父とその配偶者を記す。この点は先述の永平年間の三墓誌に類似する。

楊氏墓誌が集中して作成されるのは太昌元年（五三二）年一一月一九日で、現在一三方の存在が知られ、このほか㉙もほぼ近い時期の作成と思われる。[23] これらの人々は前年に爾朱氏によって殺され、爾朱氏が滅びたあと、名誉回復を果たし、同日に華陰で葬儀が営まれ、埋葬された。播の弟四名の葬地が「華陰之旧塋」と記されていることは既に述べたが、彼らの子の世代では、播の子の⑭侃が「雍州使君」、椿の子⑯昱が「丞相」、順の子⑳仲宣が「太尉」、楊津の子⑲遁と㉔逸と㉕遵智（謐）がともに「太傅」、暐の子㉑仲礼と㉒叔貞と㉓幼才がともに「儀同」の「神塋」に葬られたと記載されている。いずれも贈官によって示されるそれぞれの父の墓域に葬られたという記載になっている。播の孫の世代の墓誌では、㉖の孝邕が「司空公」の「神塋」[24] と、やはりその父昱の贈官が墓域の表記に用いられている。

以上のように太昌元年作成の墓誌では、播の兄弟の墓域表記が「華陰の旧塋」で一致し、その子と孫の世代ではそれぞれの父親の神塋と、表記形式が共通するのであるが、このような統一性はほかにも見られる。全員の本貫表記が一致しているのはそのひとつである。この点は、そもそも⑬を除いて永平年間から続いていたから新たに指摘するほどのことではないとも思われるが、祖先の記載では永平年間以降のそれとは明らかな相違がある。遠祖として後漢の楊震と晋の楊瑤を挙げるのは③⑭⑮⑰⑱⑲㉗、楊震のみを挙げるのは⑬㉔㉖ 建義元年以前には、③の楊顗を除いてこれらの遠祖表記は見られない。また播兄弟の祖父真（仲真）の郡太守の官職については、建義以前では③が清河府君と記すほか、河内府君（②）・河内（⑬）・河内清河二郡府君（⑧）・河内清河二郡太守（⑥）と記す。これに対して太昌の墓誌ではすべて清河太守である。また、本人が父の第何子であるかについても、①⑥⑬と太昌以前では記載しないこともあるのに対して、太昌の墓誌では全員に記載がある。

このように見れば、永平から建義の頃までと、太昌の墓誌には、継続性をもった記載がある一方で、相違もあることが明らかである。このことは太昌の墓誌がそれまで以上の統一性をもって、言い換えれば一定の指針のもとに作成されたことを示すであろう。(25) 太昌の墓誌は、「太昌革運、追贈……」（⑭）のように、非命に倒れた楊氏各人に対して「革運」「革命」があって、すなわち高歓が擁立した皇帝によって、追贈が行われ、同年一一月一九日に葬られたことを例外なく記す。このことが明確に示すように、以上の相似性は高歓に付すことによって政治的地位を得た楊津の子の楊愔の主導によって追贈、葬儀が行われたことによるのである。

関連して言えば、墓誌の大きさ、字数にも一定の配慮がなされているように思われる。葬儀を主催した楊愔の父である関係であろうか、贈官のランクが最も高いことが理由となったとも考えられるが、⑱津の墓誌が最も大きく、かつ字数も最大である。ところが、長兄⑥播の墓誌と較べると、寸法が同じで、字数もほとんど同じ、つまり長兄を超えていない。播は贈官のレベルは弟たちと較べて数段下であるにも拘わらず、そうである。そして彼ら兄弟の子の世代の墓誌においては、石の大きさこそ⑮椿・⑰順を僅かに超えるものはあるが、字数を見ると⑱津はもちろん、⑮椿を超えるものはない。⑰順の場合、字数が少ないが、⑮椿と一行の字数がほぼ同じである。この墓誌は、本人の経歴は記すが、その事績は記さず、また人柄を記さない。結果として兄の⑮と同じ大きさの石を用意しながら、拓本を見れば明らかなように、後半が空白のままで置かれることになったのである。そこまでは墓葬を取り仕切った人物の予想しなかったところかも知れないが。孫の世代では官途に就かなかったか、就いた直後に死去した者を含み、彼らの墓誌は小さく、かつ字数も少なくなっている。曽孫の世代は、石の大きさはともかく、字数はおおむね孫の世代より少ない。

ここでこれまでふれなかった表１の㉙楊穆墓誌について述べておく必要があろう。同墓誌は「弘農華陰潼郷習仙里」を本貫とし、楊震・楊瑤の子孫であるとしているから、楊懿子孫と同じ書き方である。しかも祖父は清河太守とあり、太昌年間の書き方に一致する。ただし父は侍郎であった徳となっており、これらのことから判断すると、播兄弟とは従兄弟の関係と判断できる。地方官を歴任し、「華陰に再臨し、督華山郡事を領す」であった時、五三歳で自宅で殺されたとある。その後墓誌は「朝野」と続けるが、そこで文が途切れていて、文章としては完結していない。『校注』は普泰元年の楊氏族難のおりの死者と推定し、太昌元年一一月の並びに置いている。その扱いでよいであろう。何故このような中断の形のままなのか不分明ではあるが[26]。

以上、やや煩瑣にわたったが、楊播兄弟とその子孫は永平年間から弘農華陰、現在の五方郷に墓域を作り、そこに帰葬するようになったが、その一族は郡県のみならず里名にまで及ぶ本貫記載を墓誌に刻むことを最初から行なっている一方、まとまって墓誌を作成する事情がある場合には、それぞれの時期ごとに共通する了解事項があったらしいことを述べた。一族としてのまとまりがかなり強力であったことがわかるのである[補註2]。

本節を終えるにあたり、墓域について一瞥しておこう。墓誌出土地が確認できるのは⑧楊舒であって、現華陰県城の西南五方郷の楊家城の北二・五華里にある。華陰県城から西に一二華里の地である[27]。また杜葆仁・夏振英氏は[28]②楊阿難・③楊穎・⑥楊播墓誌が華陰県西五方村からの出土であるとしており、国家文物局編『中国文物地図集　陝西分冊上』には楊家城村遺址の北に「楊氏家族墓地」が記されている。『雍正陝西通志』巻七一の引く『州志』には「（華陰）県の西五方村の北前の双乳台に楊氏先塋墓の存する者有り、蜿蜒として十八有り」とあって、漢代以来の楊氏墓が連なっているとしており、楊家城村の北の地を中心に楊懿の子孫の墓域が設定されていたと認めてよいのではないか[29]。表1出土地欄に五方村・五方郷と記したのは『校注』の記載を移録したものであるが、これらは⑥播・⑧舒の墓の近辺に位置していたと考えておきたい[30]。

ここで表1に挙げた二九方の墓誌の真偽問題について一言しておく必要があろう。先述したように、公的機関に原石が収蔵されている墓誌の信頼性は高いとしてよいであろうが、出土経緯が明らかでない墓誌がかなり含まれているからである。また、これまで紹介されておらず、たまたま入手できた拓本をも利用している。しかし、以上の検討から明らかなように、表1の墓誌には様々な点で共通する特徴があり、一方で作成された時期による書式の相違、誰を父にするかによって異なる墓域表記がある。それらをきちんと把握した上でなければ偽刻は困難であろう。二九方すべてが真刻ではないかも知れないが、ほとんどが真刻だと考えてよいのではないか。

二　楊氏の事績

（1）出　自

楊播伝では、

楊播、字延慶、自云弘農華陰人也。高祖結、仕慕容氏、卒於中山相。曽祖珍、太祖時帰国、卒於上谷太守。祖真、河内清河二郡太守。父懿、延興末為広平太守、有称績。（中略）徴為選部給事中、有公平之誉。除安南将軍洛州刺史、未之任而卒。贈以本官、加弘農公、謚曰簡。

とあって、楊播の弘農華陰出自には疑問符が付けられている。『北史』巻四一では、ほぼ同文であるが、「自云」は省いている。こちらは出自を弘農と認めているわけである。

楊播の出自をめぐっては、従来議論がある。墓誌で楊瑤が遠祖として挙げられることを見てきたが、その瑤は史書には記載がない。ただし楊順などの墓誌には侍中・尚書令とあり、『晋書』に見える楊珧が就いた尚書令と一致する。よって瑤と珧を同一人物とする見方が行われている。ただし、唐長孺氏は、西晋で栄えた楊氏は、永嘉の乱ののち南に移動したが南朝宋の時期に滅び、西晋の外戚であった楊駿の一族もこれより早く賈氏に敗れて誅滅されて、珧の後は絶えたとし、楊播は、東雍州に居住する豪族で、もと弘農楊氏に属するとしても疏族であるとした(31)。「駿の親党を誅し、皆な三族を夷ぐ、死者数千人」(『晋書』巻四〇楊駿伝)とされるから、唐氏の説明は説得力がある。珧の子孫が絶えている故に、その子孫を称することに障害はなかったと考えることができるのである。ただ、近年紹介された楊恩墓誌(32)では、恩は瑤の五世の孫、散騎侍郎・諫議大夫彰の玄孫、中山相結の曽孫と記している。結の子孫がこのように称しただけという可能性は残るが、珧の子に彰が実在した可能性もある。ただ、彰が実在したとしても、父とともに殺害された可能性が高いから、結は父祖などの支えがないところから新たな出発をしなければならなかったであろう。本章では、この立場をひとまず採用することとする(33)。

華陰近くに居住していた楊氏の一部は、五胡の争乱の中に活躍の途を見出す。上に引いた楊播伝では楊結は慕容氏(恐らくは前燕)の中山相であったとし、『新唐書』宰相世系表一下も「太尉震の子奉、字季叔、後漢の城門校尉、中書侍郎。八世の孫結、慕容氏に仕え中山相たり。二子、珍・継」としている。他方、表1の⑮⑰⑱は「(楊)結石中山相」と記す。「結石」を諱とする解釈(34)や、「石」を「卒」の誤刻とする見方(35)があるが、はたしてそうであろうか。⑮楊椿墓誌は「高祖結石中山相」に続けて

曽祖珍、上谷太守、祖真、清河太守、洛州刺史・弘農簡公懿之第二子。高祖以晋室分崩、流宦石朝。大魏兆基、

曽祖帰化。

と記す。高祖の結は西晋が滅びたたあと石朝つまり後趙に仕え、その後北魏が建設された段階で、曽祖珍が北魏に帰したと言うのである。北魏の墓誌は、祖先とその官職を記すにあたって、北魏の官職の場合には「魏」の語を冠することもあるが、多くは何も書かない。他方、漢や西晋の場合は当然として、南朝の宋や斉、あるいは五胡諸国の官職の場合は、たとえば「宋」や「燕」の語を書き加える。(36)中山相が北魏の官職でないことは楊椿墓誌の記載で明らかである。とすれば、それにはその時の王朝名が冠せられなければならない。「高祖結、石中山相」と句読すべきで、「石」は後趙を意味するのである。

問題は『魏書』と墓誌で中山相となった王朝名が異なることである。後趙が滅びた段階で恐らく楊氏は前燕に仕えるようになったであろう。後趙が滅びたのが三五二年。その領域の東方部分を継承した前燕が滅びたのが三七〇年。この間は一八年しかないから、どちらの可能性もある。それぞれ異なる時期にできた墓誌三方の記述が一致して後趙を示していることを重視して、本章では後趙の中山相としておきたい。

前燕は前秦によって滅ぼされる。この段階で楊氏は西に戻ったという考えがある。(37)その場合、楊氏が北魏政権に取り込まれる可能性がある時期を考えれば、初代道武帝の時ではなく、後秦が滅びた四一七年前後であろうから、北魏では第二代明元帝統治下ということになる。前燕滅亡からすると既に五〇年近く経過していて、楊結の子の珍が北魏に仕えたとする理解は、成立しないわけではないが、難しい。北魏が後燕の領域を占領して多数の華北の人士を政権内に取り込んだのは皇始元年（三九六）。この段階で既に老年に達していたと想定できる楊珍が北魏に入り、入魏時期には壮年であったであろう真、そして懿と続いて、四五三年に懿の長子播が誕生すると考えると、時間的に無理がないであろう。(38)後趙が滅んだ段階で楊氏は前燕に仕え、前燕が前秦に滅ぼされても華北にとどまり、後燕が成立するとそれに仕え、さらに後燕を滅ぼした北魏で官途についた、ということになる。[39] このような事情がある故に『魏書』は慕容氏の中山相と誤ったのであろう。[40]

（2）　楊播兄弟の経歴

楊播兄弟の経歴には際だった特色がある。内朝官就任である。[41] 第2章で、文成帝時代の就任者を検討し、代人を中心とする胡族は内朝官から経歴を開始する一方で、漢族の場合は半数近くが就任するようになっているものの、最初の就官ではなく、その前に別の官職を経由したと述べた。時期が孝文帝期であり、より漢族の就任が進んだからという可能性は残るが、楊播兄弟の場合は、それとは異なる側面を見せる。以下に彼らの経歴の前半を示す。名の前の丸数字は表1の墓誌の番号である。上段に『魏書』、中段に墓誌の記述を示し、判明する就任時期も下段に併せ記す。

⑥楊播

	司州秀才	皇興一
中散	内小	
	内行羽林中郎	
給事、領中起部曹	給事中、領内起部	
北部給事中	（以本官）釐北部尚書事	
竜驤将軍・員外常侍	竜驤将軍・員外常侍・北征都督	太和一五

⑮楊椿

中散、典御厩曹	内行内小	太和一
内給事	内行給事	太和五
領蘭台行職、改授中都曹(42)		
宮輿曹少卿、加給事中	宮輿卿	太和一五

⑱楊津

侍御中散	侍御中散	太和三
符璽郎中	符璽郎中	
振威将軍、領監曹奏事令	振威将軍、領監曹奏事	
直寝	加直寝	
太子歩兵校尉	太子歩兵校尉、加直閤将軍	
都督征南府長史		太和一八(43)

『魏書』の記載に墓誌の記載を併せて見ると、楊播兄弟の内朝における活動期間が非常に長期にわたることがわかる。椿は太和元年（四七七）、二五歳で内行内小となった。内給事ではその後に「並侍禁闈」とあっても確実とは言い切れないが、内行給事となると明白に内朝官である。「蘭台行職、改授中都曹」は三都大官のひとつ中都大官の属官であろうが、『魏書』に載せる椿の言に

太和初、吾兄弟三人並居内職、兄在高祖左右、吾与津在文明太后左右。于時口敕、責諸内官、十日仰密得一事、不列便大瞋嫌。諸人多有依敕密列者、亦有太后・高祖中間伝言構間者。吾兄弟自相誡曰、……十余年中、不嘗言

一人罪過、当時大被嫌責。……於後終以不言蒙賞。及二聖間言語、終不敢輒爾伝通。

とあり、椿は一〇余年にわたり内朝官であったと解しうる。とすれば、領とあるから内行給事として裁判のことを扱う中都曹に勤務したのであろう。太和一五年に宮輿曹少卿に転じたことによって内朝官を離れたのではないか。この場合加官された給事中は内朝官ではなく中国伝統の官職であろう。

兄の播が内小になった時期は不明であるが、椿より一歳年長であり、かつ椿の発言があるから、太和元年より遅いことはないだろう。内起部には内朝官としての派遣であり、この際の給事中は内朝官としての勤務を示す。釐北部尚書事も給事中として北部尚書に派遣されたのであろう。とすれば、播も太和一五年に転出するまで、内朝官であったことになる。

津の場合は明白な内朝官就任は侍御中散だけである。しかし、符璽郎中は印璽を担当するわけで、皇帝や皇后の印璽もその中に含まれる。直寝は親衛の武官、(44)太子歩兵校尉は太子親衛部隊長である。監曹奏事も、具体的な職務内容は明らかでないが、奏に関わる職務を担当したと思われる。一貫して内朝もしくは内朝に近い場にあって任務を担当したとして誤りあるまい。津がはっきりとした形で内朝から離れたと確認できるのは太和一八年である。しかし、太和一九年にかけての孝文帝南征の途中で親衛の武官を率いる直閤将軍として呼び戻され、宣武帝の初期の段階でもなお直閤将軍であった。

残る五人の就官情況も確認しておこう。③穎は最初の就任は大司農丞。太和後令を仮に適用すると正七品である。平北録事参軍（後令では正七上）、本州治中を経て四八歳の時、本州別駕で卒した。⑰順は穎の二歳年下である。伝によると奉朝請（後令では従七）で起家したとあるが、墓誌では員外散騎侍郎（後令で正七上）で釈褐し、直寝であったという。その後の経歴を見ると墓誌の方が正しいのではないか。墓誌によると続いて員外常侍・直閤将軍、さらに驍騎将軍、次いで武衛将軍と禁衛の武官のルートをたどっていて、津の経歴に類似する。⑧舒には伝はなく、墓誌によると散騎郎が初任であるが、員外散騎侍郎の誤りであろう。次に宣武帝期に揚武将軍府長史（正七上）に就き、参太尉府事で延昌四年（五一五）に卒している。②楊阿難が官途に就く前の太和八年に死去したことは前述した。中散を贈官されている。最後に⑬暐は太和二三年（四九九）に奉朝請で起家した。墓誌には八度にわたる就官の事例が記録されているが、直閤将軍、武衛将軍になっていることが、兄弟の事例を併せ考える時に注目される。

このように楊播兄弟には内朝官および禁衛の武官就任が目立つ。その理由は恐らく文明太后の「外姑」という関係に求められるであろう。(45) 太后は実家の馮氏を厚く遇し、帝室の藩屏の役割をも期待した。(46) 先に見た楊椿の発言からは、文明太后が内朝官に孝文帝の監視役をも担わせていた気配が伺われるが、楊播兄弟は孝文帝と太后の双方の側近にあって両者の関係の円滑化につとめており、それはこの時期の統治の安定化に寄与したのである。

禁衛武官として禁中で警衛の任務にあたるだけでなく、楊播兄弟の場合は、実際の軍事活動でも活躍している。播は太和一六年に＊地豆于と柔然を討ち、＊洛陽遷都には万騎を率いて従って中枢部を護り、続く南朝斉への親征に際しては、撤退時の殿軍という難しい任務をきちんと果たした。太和二一年の南斉親征には鄧城攻城戦で功績を挙げ、翌年には＊三万の兵を率いて洛州の巴氐泉栄祖を討った。(47) 椿は、宣武帝の時、都督として氐の楊会の反乱を討ち、また続いて起きた氐の叛を鎮圧した。秦州の羌の呂苟児・涇州の屠各陳瞻の反乱には別将として鎮圧行動に加わって瞻を斬り、城人成景儁が宿予で叛いた時には四万の兵を率いて討伐した。北魏末の内乱時には、雍州刺史として西方にあって対処し、さらに行台として関西の諸将を節度することを命ぜられたが、病によって辞退し、替わって刺史・行台となった蕭宝夤が背くと大都督として討伐を命ぜられたが、やはり老病を理由に断っている。津は、孝文帝の南斉攻撃に都督府長史として従軍したが、この時には戦闘に加わったかどうか記載はない。六鎮の乱が起こると、危機に陥った定州に入り、最終的には陥落させられるが、鮮于脩礼や葛栄の攻撃を三年にわたって防いだ。孝荘帝の時、梁の支援を受けた北海王顥が洛陽に入るが、この時、防禦は実際には果たせなかったものの、中軍大都督に任ぜられ、爾朱栄誅殺後の爾朱氏の動きに対しては、実際に動かせる兵力はごく僅かであったにせよ、北道大行台に任命されて、東に向かっている。舒はその名が伝にないが、墓誌は彼の三回にわたる軍事的活動を詳細に記している(48)。まず宣武帝の景明元年（五〇〇）、梁から裴叔業が寿春を以て北魏に降伏してきた時、揚武将軍傅永の府の長史としてその応接に関わり、功績によって大鴻臚丞に転じている。続いて景明四年から翌年にかけて中山王英が梁の義陽を奪取するが、舒は英の鎮南将軍府の参軍事であった。またこの戦いの一環として田益宗が鈞城の軍糧を焼いているが、舒は益宗の監軍事であったという。義陽奪取後もこの一帯での南北の戦闘は宿予や梁城をめぐって継続し、北魏は前後併せて二〇万を超える大軍を中山王英に与えて梁に対抗した。軍功によっていったん司空府中兵参軍に転じていた舒は、再度英の征南将軍府参軍事に就任、墓誌は「都督元王　特に器眷を深くし、杖するに幃幄の任を以てし、諮るに決勝の謀を以てす。偽軍一たび遁れ、烽烟四起するに及び、君　羽林鉄騎を領し、淮滸に長駈し、其の焚焼の委を救い、其の器械の資を収む」とその活躍ぶりを記す。末弟の暐の場合は特記されるような功績はなかったようであるが、楊播兄弟の軍事的活動は、孝文帝の時期頃から漢族の軍事的な活動が目立つようになってきている中でも、個人だけでなく一族全体としての活動として突出しているように思われる。兄弟の息子達も軍事的に活躍が目立つが、その一部は後述するので、ここでは省略しよう(49)。

軍事的な活動に較べると政治的活動はやや地味である。そもそも楊氏の場合、北魏に入ってからは郡太守が到達点であった。楊懿の時になって洛州刺史と一段上にのぼることができたのは妻が文明太后の外姑であったことによるのであろう。その地位は継承されて、楊播が死去した宣武帝の時期をとってみると、死去前の播が安北将軍・定州刺史(50)

と将軍号・刺史号ともに正三品である。[51] この頃、椿は安東将軍・太僕卿でこれも正三品。津の場合は孝明帝初年に正三品の右将軍で従三品の華州刺史。順は宣武帝の時期には将軍号は平西将軍と正三品であるが、官職は北中郎将と従三品のレベルにあった。孝荘帝が立った段階で正三品の太僕卿になる。このように高級官僚の仲間入りをしているが、三品を超えるレベルの官職への上昇までには至っていない。楊氏が最高の政治的地位を獲得するのは北魏末の内乱時期である。

（3）　政治的打撃

にもかかわらず、楊氏の成員は、屢々失脚の憂き目を味わっている。まず椿が済州刺史であった太和の末年頃、「市利を収め、官炭を費用す」を理由に免官された。次に永平二年（五〇九）に定州刺史に就任した播が、「借民田」を理由に御史王基に弾劾され官爵を奪われた。これについては「君　直方もて性に居るを以て権臣の忌む所、帝舅司徒公高肇、譖してこれを罪し、遂に除名せられて民と為る」と、宣武帝の外戚で当時権力を揮う高肇の差し金であるとする墓誌の記載が実情を示すであろう。[52] 播はそのまま洛陽で死去するが、これに対しては子の侃らが先述したように遺体を殯の状態のままにおいて正式には葬らず、激しく抵抗し、高肇が失脚したあと、官爵を回復し、贈官も得ている。

同じ頃、椿も罪に問われる。椿は永平三年に安北将軍・朔州刺史となったが、[53] 前任の太僕卿時期の「細人を招引し、牧田三四〇頃に盗種す」という罪名で、廷尉により五歳刑が提案された。これに続いて殿中尚書邢巒から正始別格を適用して椿は除名処分とし、戸籍には盗門と注記し、同籍の者はすべて官吏にしないという厳しい上奏がなされるが、宣武帝は廷尉の処分案を採用するものの贖を許すことにしたから、何とか身分と地位を保ちえた。邢巒は漢中で軍事活動中に良人を不法に奴婢としたとして罪に問われ、高肇の取りなしで処罰を免れたことがある（『魏書』巻六五邢巒伝）。高肇の党とまでは記録されないが、彼の意を受けて、或いは意を付度して、より厳しい処分を提案した可能性がある。さらに言えば、牧田への不法植え付けという断罪も、関係者が高肇の意を受けて行なったものであったのではないか。椿の行為が問題となった時期と楊播弾劾の時期とが重なるからである。なお、邢巒は延昌三年（五一四）に死去している。椿はさらにもう一度失脚を経験する。孝明帝期に定州刺史となったが、黒山道の道路工事を行なった際に、兵を用いて樹木を伐採して仏寺を造ったとして御史に弾劾され、除名処分を受けたのである。実は椿にはもう一度、処分される可能性があった。まだ定州刺史在任中の神亀二年（五一九）、謀反を起こして失敗した瀛州の民劉宣明を椿の子昱が匿い、さらに定州刺史椿と華州刺史津が「甲仗三〇〇具」を送ったという誣告を受けたのである。これは当時の権臣元乂の使嗾によるものであって、昱はいったん捕縛されるが、結局冤罪であることが判明した。この事件は楊舒の妻が武昌王和の妹、和は元乂の従祖父という姻親戚関係と、舒が早く死去したことにより妻が離婚を求めたが許されなかったこと、昱が霊太后の求めで元乂の収賄を告げて乂の恨みを買っていたことが遠因にあり、構図は複雑であるが、元乂と霊太后の対立の中で起こったという政治性は、それまでの失脚事件と共通する。

まだ政治の中枢部にまでは進出できていない楊播兄弟がこれほど連続して狙われるのは何故だろうか。それだけ脇が甘いという指摘もできようが、後に見るように、楊播兄弟は身の処し方に極めて慎重であった。そのことが官吏としての不法行為を行わないことには必ずしもつながらないにせよ、楊氏の堕落行為と見るにはためらいを感じる。筆者としては、高肇対宗室諸王、霊太后対元乂という大きな政治的対立の中で、禁衛軍武官を継続的に掌握するようになっていた楊氏への警戒感が、弾劾を引き起こしたのではと考えたいところである。

楊播兄弟およびその子孫にとって、最大の政治的打撃は普泰元年（五三一）に訪れる。この経緯をたどっておこう。

六鎮の乱が勃発して暫くは楊氏の政治的地位に大きな変化はなかった。五二五年八月に上谷で反した杜洛周討伐に当たっていた広陽王淵が洛陽帰還を求めたので、替わって楊津が北道大都督として派遣され、霊丘まで至ったが、翌年初めに挙兵した鮮于脩礼によって定州が危機に陥ったので、津はそのまま定州城に入り、ここで足かけ三年の間反乱軍の包囲に耐える。この間、長子遁が脱出して柔然の阿那瓌に救援を求め、洛陽にあった次子逸が爾朱栄に救援を求めることを、孝明帝に訴えて許されている。しかし、定州は五二八年一月に陥落し、津は捕虜となったが、九月に葛栄が爾朱氏に敗北して、解放される。(54)

椿は津が北に向かったあとその後任として左衛将軍となったが、間もなく西方の反乱に対処するため車騎大将軍・開府儀同三司・雍州刺史として派遣される。これまでの二品の壁を突破したわけだが、この頃になると将軍号は乱発されてインフレ傾向を示すから、あまり参考にはならない。続いて尚書右僕射として行台を率い、関西の諸将を節度して支配地域の五品以下の官職の任免権を与えられたが、病いを得て五二七年四月に華陰に戻る。後任がやがて反乱に身を投ずる蕭宝夤である。

五二八年になると事態は大きく動く。まず二月に霊太后が孝明帝を殺して幼主を立てる。これに対して三月に爾朱栄が挙兵し、洛陽に進軍する途中の四月に孝荘帝を擁立し、さらに河陰で霊太后はじめ群臣を虐殺する。そして東に進撃して九月には葛栄を捕らえる。

群臣の大量の死による穴は、爾朱栄一派の昇進だけでは埋めることはできない。この段階で、楊氏の官僚としての地位は飛躍的に高まる。まず椿が司徒公、続いて太保となり、五二九年八月に致仕し、郷里華陰に戻る。捕虜から解放された津は五二九年閏七月に司空、順は五月の段階で要地冀州の刺史であることが確認できる。もっとも楊氏の地位は高位の地位が空白であったことのみによるのではない。孝荘帝は即位の前に黄河の北の河陽で爾朱栄に会い、ともに黄河を南に渡って即位するのであるが、その河陽にあった孝荘帝のもとに他に先んじて駆けつけたのが津の次子逸であった。彼は即位直後の孝荘帝から給事黄門侍郎・領中書舎人に任命され、河陰の虐殺で怯える孝荘帝に付き添い、帝の寝台の旁らで宿直したという。楊順も孝荘帝推戴に与ったという功績で三門県開国伯に封ぜられている。(55)孝荘帝と楊氏一族との関係はこのようにしてできる。

孝荘帝の政権は不安定であり、間もなく亡命していた北海王顥が梁軍に送られて洛陽に迫る。それに備えて播の子の侃が北中郎将として河内を守り、椿の子昱が東南道大都督として滎陽に鎮した。備えは効果をもたらさず、昱は捕虜となり、孝荘帝は洛陽を脱出するが、やがて爾朱氏の軍が北海王を駆逐する。この時、渡河の方法で悩む爾朱栄に対し、侃は筏を以て渡ることを進言し、爾朱兆と侃は、協力した馬渚の諸楊氏とともに、黄河を南に渡って北海王の子の元冠受を捕虜にしている。

孝荘帝は五三〇年九月に入朝した爾朱栄を殺害する。謀殺の中心人物のひとりが侃であった。孝荘帝の企ては爾朱氏の反撃を招くのであるが、この時楊氏は孝荘帝側の主力となり、津は北道行台として河汾経略を命ぜられ、昱は一〇月に兵士八千を集めて東道より爾朱氏攻撃に向かう（西道は源子恭）。しかし津が当初率いた羽林兵は僅かに五〇〇、東方で募集を試みたが兵が不足して解散して戻る始末であったことが示すように、孝荘帝側は爾朱氏の敵ではなかった。爾朱氏は長広王曄を擁立し、孝荘帝を捕らえ、晋陽に連行して殺害する。

爾朱氏の楊氏への復讎は厳しかった。六月二八日に最も爾朱氏に睨まれた侃が長安の爾朱天光のもとに出頭して殺され、翌二九日には華陰に引退していた椿と、爾朱氏攻撃ができず故郷に戻っていた子の昱が、爾朱天光に殺された。七月四日には、洛陽依仁里に居住していた順、津兄弟、その子の世代の仲宣・遁・仲礼・叔貞・幼才が殺され、また伝の記述からほぼ間違いなく洛陽で、仲宣の兄弟の弁と測、仲宣の子の玄就も害に遭った。七月一三日には光州刺史として任地にいた逸が殺され、さらにいったんは逃れて高歓と結んで爾朱氏打倒を図っていた昱の子孝邕は、洛陽に潜入して機会を伺ううちに、密告によって捕えられ、五三二年三月に殺される。またその一ヶ月後には晋陽で遵智[56]が殺害された。

爾朱氏によって命を落とした人数として、楊播兄弟とその子孫で以上の一六名を確認できる。『北斉書』巻三四楊愔伝に、高歓が爾朱氏を滅ぼした後、楊氏に贈官が行われたことを載せて、

> 頃之、表請解職還葬。一門之内、贈太師・太傅・丞相・大将軍者二人、太尉・録尚書及中書令者三人、僕射・尚書者五人、刺史・太守者二十余人。追栄之盛、古今未之有也。

とあるから、被害者はさらに多かったようである。表1の㉙楊穆は没年は記さないが、「被害于家」とある。『校注』はこのことから、五三一年の被害者のひとりと想定する。恐らくそうであろう。本貫を楊播の一族と同じく潼郷習仙里まで記し、漢の楊震、晋の楊瑤を祖先として挙げることも他の楊播一族と同じである。祖父は清河太守とあるから、楊真であろう。父は侍郎楊徳とある。該当する名前は史書や他の墓誌に見られないが、以上のデータからすれば、楊播兄弟とは従兄弟の関係にあると考えられる。このことから考えるに、爾朱氏による楊氏攻撃の対象は少なくとも楊懿の兄弟の子孫にまでは及んだのであろう[57][58]。

三　楊氏の倫理的生活

「はじめに」でふれたように、北魏政治社会に身を置く楊氏が保とうとした厳しいモラルについては、谷川道雄氏の優れた分析がある。それは権勢や財貨に対する欲望を超越して、士人としての世界に生きること、それによって始

めて家門の繁栄が維持されるという理解として要約しうるが、具体的には権勢者との交遊、通婚を避ける、俸禄や賜与を親戚や知己に散ずる、倹約の生活を送る、兄弟間の和睦を図ることなどが目指されていた。特に楊播兄弟とその子孫が四世代にわたり同居して財産を共にしたことは、累世同居が高く評価された当時においても、代表的な事例に数えられる。

この厳しいモラルは、楊氏だけでなく、当時の北朝貴族に共通すると谷川氏は考えており、その点は筆者も同意する。ただ、楊氏がそのようなモラルを追求するには、楊氏なりの必要があったのではないかということも考えておく必要があろう。

『北斉書』巻三四楊愔伝によれば、同居の家には学館があって就学者が三〇余人いたという。先に示した系図に示しただけで、愔の世代には二二名、愔の子の世代で八名がいるが(59)、すべてが同時期に学齢にあるとは限らないから、あるいは楊懿の直接の子孫以外の楊氏を学館に受け入れていたのかも知れない。しかし、女子の数も相当数いたことは間違いないから、楊播伝の「一家の内、男女百口」というのは誇張ではなく、実数に近かったであろう。これだけの大家族を「庭に間言無し」という状態で維持するには、上に立つ者の統率力が必要であるが、その実際は播の亡き後の年長者椿を立てる弟津の姿に如実に示されている。儒教の尊ぶ兄弟の秩序は、もっぱら弟津の懸命の努力が支えとなっていたと魏収は捉えている如くである。

ところで表１に明らかなように、遷都以後の楊播兄弟とその子孫が死去した場所は、爾朱氏により殺害された一部の者を除き、すべて洛陽依仁里である。累世同居が見られた場所は洛陽であって、故郷華陰ではない。

そもそも楊結以来、その子孫と華陰の結びつきはといえば、ほとんどなかったと言ってよい。結以来、故郷を離れて後趙と慕容氏政権に仕え、その後はそのまま北魏に出仕して墓地さえ平城近辺に営まねばならなかったからである。

洛陽遷都後、故郷との関係を新たに築くことが楊氏には求められたのである。長い切断の後、急に故郷に本拠を置くことにはためらいがあったと考えてよいのではないか。楊播兄弟が北魏の官界で重きをなしてきたことも洛陽居住を必然とした。この結果一族を挙げて依仁里に同居し、華陰との再度の関係は墓地を営むことから始まったのである。他方、楊穎が本州（華州）治中と別駕を歴任し、楊播と楊津が前後して華州刺史に就任して、行政を媒介としての華陰との結びつきが築かれ、強化されて行く。その結果、楊侃を例にとれば、ひとつには洛陽に入った北海王顥に対する攻撃に際して馬渚の諸楊氏を動員することを可能にし、ふたつには華陰に身を潜めて爾朱氏の反撃を少なくとも半年近く遅らせることを可能にしたのであろう[60]。楊椿が華陰に隠退するだけの素地はできてきていたのである。

しかしそれまでの間、楊氏は故郷との結びつきが薄いままで過ごさねばならなかった。この点、たとえば滎陽の鄭氏などの北朝の諸名族との間には相違がある。そしてそのような情況にある楊氏にとって、一族の団結こそが死活的に重要であったと考えられる。

しかも楊氏の故郷からの長い切断は、真実に弘農華陰の人であるかどうかの疑いを、当時の人々に抱かせたようである[61]。楊氏は、魏晋以来の名族の子孫であることを必死になって示さねばならなかった。過剰とも思える楊播兄弟とその一族の倫理的な生活はそのためであったのではないか。

これまで注目されてこなかった、楊氏による礼の実践事例をここで掲げておく。楊椿は母親が老いたので侍養のために梁州刺史の職を去った。楊集始の来降と楊会の反乱とに挟まれた期間のことであるので、宣武帝初期の景明年間と想定できる。楊津は母憂つまり母の死によって岐州刺史の職を去った。父母の老齢化や死による去職は必ずしも特別な行為ではなく、他に例は少なからずあるが、兄弟がともに列伝に記されるのは珍しい。楊舒は墓誌の記載によると、母新昌君の死によって「幾んど尽きんとする者《こと》二三、孺慕の音、昼夜絶えず、漿溢の礼、口を歴れど飲むこと莫し」と「顔回や曹参らも及ばぬ」礼の実践を行い、遂に「瘦甚し」いことによって死去したという。延昌四年九月のことであった。津が母の死後に華州刺史に復帰したのが延昌四年であるから、舒の死は服喪の最も重い時期ではなかった可能性があるが、食事もろくに取らない喪の実践が、舒の体力を奪ったことは間違いないであろう。このような楊氏兄弟の孝養の手厚さには、母が文明太后の外姑であることが大きく与かっていたであろうし、また服喪がきちんと実践されなければさらに指弾を受ける恐れがある情況下にあったとしても、(62)死にまでつながるような過酷な礼の実践を行ったことは、やはり注目すべきであろう。楊氏は必死になって倫理的な生き方を実践したように思える。

おわりに

権勢者との交遊、通婚を避ける生き方を追求した楊氏であったが、北魏の政治社会において占めた位置は、楊氏の穏やかな繁栄の願いとはほど遠い結果をもたらしたことは既に見た通りである。ここで楊氏の婚姻関係を一瞥しておこう。墓誌①②③によると、珍の妻は北平太守を父にもつ扶風の竇氏、真の妻は東宮侍郎を父にもつ高陽の許氏。播が興安二年（四五三）生まれであることから考えれば、懿が楽浪の王氏を娶った時は、文明太后はまだ高宗の後宮に入る前であった。このように楊氏の婚姻相手は自らの郡太守の家柄に釣り合った家から選ばれていた。懿およびその妻の父が州刺史となったのは文明太后が権力を握って以後のことであろう。

播の世代では、妻の墓誌も作製されている。それによると④椿の妻は清河の崔氏である。父の名と官職は不明であるが、崔氏は北魏で最高の名族であったことは言うまでもない。⑪順の妻は天水の呂氏。これも父の名と官職が記されていないが、天水地方の有力な一族であったと思われる。(63)⑦津の妻は楽都の源氏と墓誌にはあるが、もと南涼の君主禿髪傉檀の子で、北魏に入って太尉にまで至った源賀を祖父、武将として活躍し、死後司徒を贈られた源懐を父にもつ。北魏末に武将として活躍した源子雍・源子恭はその兄弟である。墓誌には記さないが、舒の妻が武昌王和の妹であることは前述した。和は道武帝の皇子河南王曜の子孫で、宣武帝の時に要地徐州の刺史を勤めた武昌王鑒の子であるから、舒の婚姻相手は宗室の中でも有力者であったわけである。宗室といえば播兄弟の従兄弟と思われる泰も㉘元氏を娶っている。高柳太守・臨慮侯元鳳皇の女とあり、『魏書』に記載はないものの侯爵を有する人物の女で、自らも華山郡主に封ぜられている。⑤楊懿の孫の世代の人物の妻は滎陽の鄭氏の出身。汝陽・淮陰二郡太守であった祖父子敬、予州主簿であった父元仲ともに『魏書』では確認できないが、鄭氏は言わずと知れた北魏時代四姓のひとつに認定された家柄である(64)。また楊侃の子の妻は関中の名族として知られる京兆の韋氏である(補註4)。

こう見てくると、楊播の世代からは、婚姻相手の家格や政治的地位が父までの世代と較べると上昇していると言える。しかし、楊椿が誡めるような、権勢者ではない。また楊氏が特段に権勢者にすり寄った形跡も見られない。とすれば、楊氏が占めるようになった政治的地位、就中禁衛軍もしくは首都近辺を防衛する四中府の指揮官もしくはそれに準ずる指揮官にこもごも就任するという立ち位置そのものが、政治的抗争から中立的ではありえなかったのであって、それが楊播兄弟およびその子孫達の不幸につながったと考えられるのではないか。

五胡時代からの長期にわたる郷里からの隔たりによって意図的に倫理的な生活を選択し、そうすることで家門の繁栄の維持を図ろうとしたが、占めた政治的位置がその永続を許さなかった。そのことが楊播兄弟とその子孫の悲劇を招いた、そのように理解できるのである。

谷川道雄氏は、楊氏が誰しもが認める名家ではなかったことと楊氏の倫理的生き方を結びつけている。慧眼と言うべきその基本的な見方を継承しつつ、本章では、谷川氏が扱わなかった楊氏の失点とも思われる側面をも含めて、政治的立ち位置から強いられた選択として捉え直そうとした。それによって如何なる視界が開けるのか、今後の課題となる。

それにあるいは関係してくるかと思われるのが、楊継の子孫のあり方である。楊結が後趙そして前燕に仕え、その子の珍が北魏に仕えるようになった時、珍の兄弟の継も北魏に仕えるようになったと考えられる。継の子の暉が内朝官と思われる庫部給事に就任した経歴をもったこと、洛陽遷都までは代の地にいて、その後に華陰に墓を営むようになり、その子孫も華陰に帰葬することも、楊珍の子孫と軌を一にする。また継の系統の人々も文武両面にわたり優れた資質をもっていた(65)。楊鈞の経歴を見ると(66)、宣武帝時期に将軍号は正三品の平北、官は従三品の斉州刺史に達しており、六鎮の乱勃発直前には撫軍将軍（従二品）・七兵尚書（正三品）・北道大行台であった。この段階では同世代の楊播兄弟に遜色はない。鈞自身は六鎮の乱初期に死去するが、鈞の子孫は普泰年間の楊氏誅殺に巻き込まれることなく、その後おおいに繁栄する。両系統のこの差を生んだのは何であったのか、そのことにも注意して行く必要があろう。

以上の重要な問題点を今後に残して、筆を止め、大方の叱正を俟つことにする。

註

（1）同一の墓誌の「原石」が複数の公的な機関に収蔵されているケースがあるので、必ず信頼できるというわけではない。「一定の」という所以である。

（2）『駿台史学』一四四（二〇一二刊）に北朝・隋代（梶山智史編）と唐代（石野智大編）に分けて、弘農楊氏墓誌目録が載せられている。前者で八一、後者で三五五点の墓誌が挙げられている。

（3）前註の『駿台史学』に「弘農楊氏主要関係文献目録」が載せられている。

（4）中国魏晋南北朝史学会・大同平城北朝研究会編『北朝研究』六、科学出版社、二〇〇八。

（5）「北朝貴族の生活倫理」（中国中世史研究会編『中国中世史研究』東海大学出版社、一九七〇、所収）。以下、谷川氏の見解を引く場合、この論文を指す。
（6）註（4）所掲の李文才・兪鈺培氏論文では、文武兼修の側面については別稿を用意しているとのことである。
（7）『魏書』巻五八楊播伝では真。しかし楊氏墓誌では真のほかに仲真という記載も見られ、どちらが正しいか決定しがたい。真が諱で、次男であったので仲字を付して呼ばれた可能性が考えられる。
（8）以下、『魏書』巻五八の楊氏の伝に依る記述を行う場合、多くは伝あるいは列伝とのみ記し、必要な場合のみ『魏書』の語を用いる。なお、『魏書』に依った事実記載を連ねる場合は、伝あるいは列伝という語をも省略することがある。
（9）楊鈞伝及び本人の墓誌（『秦晋』一五）では恩。ただし子孫の墓誌では宥あるいは育と記載される。
（10）弘農楊氏の系図については田中由起子「弘農楊氏系図」（『駿台史学』一四四、二〇一二）が詳細であるのでそれに依拠し、一部加筆した。
（11）表1および以下の行論において用いる墓誌の中には筆者が補記に記す科学研究費補助金による活動の一環として入手した拓本がある。「拓本」と表記したものがそれであり、本章末尾に拓本写真と筆者による釈文を載せる。
なお、参照の便を考えて、表1所載の墓誌主には丸数字を付し、以下の記述に添える。
（12）平城に都があった段階で平城近辺に葬られ、遷都後に遷葬する事例は、後述する楊恩もそうであるが、楊氏以外でもたとえば、李伯欽を挙げることができる。彼は西涼の君主の家柄で、一三歳で平城で没したが、景明三年（五〇二）に鄴の西南の地に葬られている（『校注』三―三六二）。なお、楊氏の墓誌では「殯」字は仮埋葬の意味合いで用いられることが多い。
（13）楊範の父穎は大司農丞から平北府録事参軍を経て本州の治中、さらに別駕となり、その後恐らく官を得ない状態で洛陽で没した。この平北府の府主が済州刺史であり、その参軍であった父に従って済州に居た段階で範は没し、その地にいったん埋葬されたのであろう。
（14）楊氏墓誌では「習僊里」と「習仙里」と、ふたつの書き方がある。本章では「習仙里」で統一するが、この永平の墓誌ではいずれも「習僊里」となっていることに注目したい。

(15) 墓誌の標題には「洛州刺史弘農楊簡公第二子婦」とある。『校注』四―一八六は簡公を椿としているが、簡公は懿であり、その第二子が椿である。この墓誌には没年も没地も葬地も記さないが、出土地点と葬年から本文のように推定できる。
(16) 『秦晋』一五。恩の墓誌は一行一二字で九行。その後の狭いスペースに一行二六字で遷葬の日が刻されている。
(17) 楊恩の墓誌は「恒農華陰人也」とあって、郷・里名を記さない。標題で官職を記し、諱と字、本貫、祖先、三八歳での死去のみを記し、墓誌が定型化しつつあった時期の墓誌としては記載内容が簡略であり、時期の近接する楊懿の子孫の墓誌とは異なる書き方となっている。ただし、熙平元年（五一六）に葬られた恩の甥胤（『校注』四―三二七）とその子熙僊（『校注』四―二九二）の墓誌はともに郷と里名までを記し、かつ銘の後に祖先を記す。これは永平四年（五一一）作製の楊穎らの墓誌に類似している。あるいは珍の子孫と継の子孫との間で情報が交換されていたのであろうか。なお、正光五年（五二四）に死去した楊鈞の場合は「弘農人」とだけ記し、この後作製される恩の子孫の墓誌は北周時期の楊操を除いて郷里名まで記すことはない。さらに付言すれば鈞・操の二墓誌を含め、恩の子孫の墓誌は多く『千唐』に収められている。
(18) 黄立猷『石刻名彙』巻二に、延昌元年一〇月の滎陽令楊祖興墓誌がもと陝西の潼関にあり、今は佚したという記載がある。弘農楊氏の一員の可能性が大であるが、出土地点とされる潼関は楊継系列の墓地と思われるので、表1には記載していない。楊為剛「中古弘農楊氏貫望与居葬地考論――以新出墓誌為中心」（『碑林集刊』一五、二〇〇九）参照。
(19) 『疏証』五八。なお、墓誌本文では「秊」という異体字が用いられているが、補刻部分では「年」字が用いられている。これも補刻であることを示す。
(20) 新たな墓誌が作られた可能性もあるが、現在はそれに対する解決案は持ち合わせない。今後の課題としたい。
(21) 竜仕平・毛遠明「隋代弘農華陰楊氏家族再考述」（『文献』二〇一〇―一）など。なお、泰は華陰伯の爵位をもっている。華陰伯は楊播も授けられて、熙平元年に楊侃が継承した。同じ爵が同時に複数存在する事例は北魏の場合ほかにも見られる。
(22) 『校注』五―一二三。
(23) 先述の⑬は太昌元年の遷葬であり、遷葬には太昌の一三方につながる事情があったが、ここではその数の中には含めない。
(24) 孝邕は父の墓域に葬られたと墓誌は明言する。そして父昱の墓は華陰にある。ところが、『秦晋』には二〇〇六年秋に洛陽市偃師市首陽山鎮出土とし、石は某氏に帰したという。このデータがどうして得られたのか、不明である。

(25)　㉒楊叔貞と㉓楊幼才の墓誌は一部を除き内容が一致しており、書体も似ている。⑳の石は横長で、空白が生じているが、両墓誌とも明らかに同じ人が作文し、同じ人が書いたと判断できる。また㉔楊逸と㉑楊仲礼墓誌は、死に際する表現が、㉔では「而権詭窃柄、忠賢見疾、淫刑遂往、首領無帰」、㉑では「而王道未康、政帰権鞲、淫刑遂往、首領無帰」と極めてよく似ている。字数こそ大きく異なるが、一行の字数は同じであり、そのため㉑は後半部に大きな空白が生じている。これも恐らくは同じ人物による作文であったと推定できる。

(26)　楊播伝に附載された楊鈞の伝に、子として華州別駕楊穆の名が見える。前掲註（21）の竜・毛論文では伝の誤りであるとする。他方、『疏証』六四は、別人だという。墓誌では華州別駕就任の記載はないので、別人の可能性は高い。ただ、同じ楊播伝に付せられるほどの近い関係にある人物と同名であるのは、気になるところではある。

(27)　崔漢林・夏振英「陝西華陰北魏楊舒墓発掘簡報」（『文博』一九八五—二）。

(28)　「華陰潼関出土的北魏楊氏墓誌考証」（『考古与文物』一九七四—五）。

(29)　筆者は二〇一二年九月六日に華陰県と潼関県で調査を行った。五方郷には塀で囲まれた「楊氏宗祠」が後裔の人々により建設されていて、漢の楊喜墓の墳丘がある。そして墳丘から少し離れた所に、近年建てられた楊椿墓碑があるが、これは信頼できない。ただ、この近辺から楊氏関係の墓誌が幾点か出土したと、案内していただいた陝西省考古研究院の孫偉剛氏から教えられた。この一帯は現在は平地に見えるが、華陰県城の東南から北東にかけては原（台地）が拡がる。県城のほぼ真東の標高の低い孟塬鎮の司家村からは⑩・㉘の楊泰夫妻の墓誌が出土している。その東方は標高の高い巨大な原につながり、北端は渭水と黄河の合流点近くに及んでいる。その北端に近い原上からは楊鈞子孫楊胤の季女の墓誌が出土しており（『考古与文物』一八八四—五）、また隋の大官楊素の墓も発見されている（『考古与文物』一九九一—二）。また原の北端の下には、後漢の太尉楊震の墓がある。こうしてみると、楊播兄弟の墓域は現在の五方郷、楊鈞の子孫の墓域は東方の現在の潼関県を中心とする原にあったとしてよいように思われる（前註（18）所掲楊為剛氏論文参照）。なお、楊氏の墓域については、衛麗著・会田大輔訳「弘農華陰楊氏の現地調査と考察」（『駿台史学』一四四、二〇一二）参照。

(30) 遷都以前と以後の北魏官僚の墓葬地の変化については、室山留美子「北魏漢人官僚とその埋葬地選択」(『東洋学報』八七―四、二〇〇六) 参照。
(31) 「《魏書・楊播伝》〝自云弘農華陰人〟弁」(『魏晋南北朝隋唐史資料』五、一九八三)。
(32) 前註 (16) 参照。
(33) 徐美莉「晋末十六国北魏前期弘農楊氏楊播系事迹考」(『甘粛民族研究』二〇〇九―二) は、『晋書』巻四〇楊駿伝に、駿らが粛清されて一〇年ほど後の三〇一年に、皇帝が蓩亭侯楊超を奉朝請・騎都尉に任命し、もって「蓼莪之思」つまり孝養を尽せなかった悲しみを慰めたという記事があることを根拠に、超が珧の後を嗣いだとする。しかし、蓩亭侯は元来が駿の兄の楊文宗が得ていた爵であり (『晋書』巻九三外戚伝)、その爵を継承していた超の官職を引き上げたのであって、この記事だけからは超が珧の後を嗣いだとすることはできない。なお、楊継の系統の楊胤墓誌 (『校注』四―三二七) によると、胤の曽祖父楊継は治書侍御史・中山相となっている。この中山相就任がどの王朝なのかは判定しがたい。
(34) 王慶衛「新見北魏〝楊椿墓誌〟考」(『出土文献研究』八、二〇〇七) などは「高祖結石、中山相」と句読点を付していて、結石は諱と考えられている(補註３)。
(35) 『校注』七―一〇楊順墓誌注釈。
(36) たとえば、韓顕宗墓誌 (『校注』三―三二一) には「故燕左光禄大夫儀同三司雲南荘公之玄孫」とある。事例は多いので、一例のみ挙げるにとどめる。もっとも前註 (16) の楊恩墓誌には中山相の前に朝代を記していない。そのような例はあるが多くない。
(37) 羅新「五燕政権下的華北士族」(『国学研究』四、一九九七)、王慶衛前註 (34) 所掲論文、参照。
(38) 楊駿一族は二九一年に誅滅された。駿の女である西晋武帝の悼皇后はその翌年に三四歳で死去している。このことから考えると、駿は死の段階で少なくとも五〇代の半ばは過ぎていたはずである。駿の弟の珧は尚書令や衛将軍を歴任しているので、年齢は駿とさほど離れていないと考えてよいだろう。とすれば珧の息子 (楊恩墓誌では彰) が珧の孫の結を二九一年段階もしくはそれ以前に生んでいたとしておかしくはない。また、二九一年から後燕が滅びた三九六年までには一〇五年の間隔がある。楊播が誕生する四五三年をとれば、一六二年である。一世代三〇年という仮定を適用すると、五世代が入る計算である。結─珍─真─懿の四世代であるから、三〇年より長い間隔で子どもが生まれたことになり、それがどの世代であったのか断定はできないものの、三九六年に北魏に入ったとして、その時に珍は老年に入っていたと考えて、ほぼ誤りないであろう。

(39) 前註(33)所掲論文で徐美莉氏は、永安二年(五二九)の楊椿の誡子の言葉の中に、「自爾至今二十年」とあるのは「百二十年」の誤りであり、入魏以来一二〇年であれば、道武帝の天賜六年(四〇九)に北魏に帰したことになると指摘している。参考となろう。なお、李文才氏は(「華陰出土北魏楊氏墓誌考釈」〔『陝西歴史博物館館刊』一四、二〇〇七〕)、漢の太尉楊彪の子孫という宮内司楊氏墓誌(『校注』五─一三九)の記載に基づいて、彼女の祖・父が皇始の初めに北魏に入ったと述べる。しかし、「皇始之初、南北両分、地擁王沢、逆順有時、時来則改、以歴城帰誠、遂入宮耳」は、皇始の初めに北魏が建国されて南と北に政権があったこと、時が経って歴城を以て北魏に入ったということを述べたもので、宮内司楊氏の家族は献文帝の時、歴城を含む淮北が北魏領となった段階で北魏に入った、つまり平斉民だったことを示しており、故に楊氏は後宮に入れられたのである。この楊氏を楊播一族とつなげるのには無理がある。

(40) 関中の名族で後燕に仕え、そのまま東方にとどまったのは楊氏だけではない。京兆の韋逵は後燕の大長秋卿であったが、子の韋閬は後燕の政治が乱れたことにより薊城に避難、同じく京兆の杜巖は後燕の秘書監であったが、趙郡に僑居し、子の杜銓と韋閬は神䴥四年(四三一)の徴召により北魏に仕えるようになる(いずれも『魏書』巻四五)。この両氏は後燕が滅んでもただちには出仕せず、北魏支配が安定するのを待って官途に就いている。

(41) 内朝官については少なからぬ研究があるが、川本芳昭「北魏の内朝」(一九七五初出、『魏晋南北朝時代の民族問題』〈汲古書院、一九九八〉第二篇第一章に再掲)は日本の研究の先駆けとして重要である。また第Ⅲ部第2章参照。

(42) 伝では中部曹とあるが、校勘記の指摘に従う。

(43) 年号が明記されていない場合は、没年と没時の年齢から生年を算出し、就任年齢の記載からその年号を計算した。楊播は延昌二年(五一三)に六一歳で死去。一五歳で秀才になった。楊津は普泰元年(五三一)に六三歳で死去し、一一歳で起家した。また太和一八年は高祖南征という時点の就任であることから判断している。以下、本章では、墓誌による没年と没年齢から計算した数字を用いることがあるが、それを一々指摘することは省く。
(44) 張金竜『魏晋南北朝禁衛武官制度研究』(下、中華書局、二〇〇四)第一八章、参照。
(45) 楊播伝によると「母王氏、文明太后の外姑」とある。『爾雅』によれば、外姑は妻の母を指すが、文明太后の立場からの記述の説明としては適用できない。姑には父の姉妹の意味もある。文明太后伝に「世祖左昭儀(馮氏)は后の姑なり」とあるのが、その一事例である。しかし、太后の父の姉妹であれば馮姓となる。これも太后の外姑の説明としては妥当性を欠く。太后の伝によると母は楽浪王氏であった。楊播の母と同じ王氏であり、「外」には母方、妻方の意味があるから、その関係を外姑の語で表現したという可能性が考えられるのである。太后が四四二年生まれであることから推すと、太后の母の方が姉、楊播の母が妹という関係ではなかったか。

表1の①②③の墓誌では、――この三墓誌は同年に同じ状況下で作成されたから、実質的には一墓誌からの情報と同じなのだが――楊懿の妻の父を王融としている。『魏書』世祖紀上、延和元年(四三二)七月条に北燕の建徳太守王融が来降した記事がある。四五三年に楊播が生まれているから、間隔が少し大きくなるが、建徳太守であった王融が楊懿の妻の父であった可能性があるとしてよいのではないか。そして延和元年一二月には、文明太后の父馮朗らも北魏に降る。太后と楊播とは、北燕の支配層の子であり、孫であったという点でもつながるのである。

なお、①②③は楊懿の妻を太原王氏としている。しかし名族である太原王氏ではなく、それよりははるかに族望の劣る楽浪王氏とする皇后列伝の記載の方が、信頼できるであろう。前掲註(33)所掲の徐美莉氏論文は、文明太后の祖父の馮弘(北燕君主)が太原王氏を娶り、王氏の兄弟の女が楊懿の妻となった、と想定する。しかし徐氏は太后の伝に「母楽浪王氏」とあることを採り上げていない。

仮に楊播と太后が母方のいとこであったとする筆者の見方が間違っていたとしても、両者が近い姻戚関係であったことには間違いはない。楊播の母は恐らく文明太后との関係の故に新昌郡君に封ぜられていた。

なお、この時期の楽浪王氏については、園田俊介「北魏時代の楽浪郡と楽浪王氏」(『中央大学アジア史研究』三一、二〇〇七）参照。

（46）本書第Ⅱ部第4章参照。

（47）＊印は墓誌にのみ記載が見えることを示す。

（48）董理「従楊舒墓誌看魏宣武帝時期的南北戦争——読〝魏故鎮遠将軍華州刺史楊君（舒）墓誌銘〟」（『陝西歴史博物館館刊』一四、二〇〇七）参照。

（49）楊播一族の文武兼修については谷川道雄氏も注目している。

（50）伝では安西将軍・華州刺史で終わっているが、墓誌によるとその後の永平二年に安北将軍・定州刺史となっている。

（51）州の上中下の区分については、拙稿「北魏の州の等級について」（『魏晋南北朝官僚制研究』〔汲古書院、二〇〇三〕第一部第五章）、参照。

（52）李文才氏は、宣武帝と高肇対宗室諸王の政治的対立という図式の中で、宗室との関係がよかった楊播に対する弾圧が行われたと解釈している（前註（39）所掲論文）。ところで、除名の原因となった「借民田」はどこの土地であったのか。伝では定州刺史就任については記載していない。よって華州の土地であったということになる。李氏は楊氏が華陰に家と墓地を構えたことにつながる行為が、強奪とみなされたという。一方、墓誌は永平二年に定州刺史となったことを記し、その後に除名処分を記す。墓誌の書き方の通例として高肇に除名の因が帰せられ、土地の問題は記されないが、就任年を明記しているから定州刺史就任、その後の除名処分という順序に疑いはない。「借民田」が定州刺史時代のことであれば、伝がなぜ定州赴任を書かなかったのか理解できない。定州赴任後に華州刺史時代のことが掘り返された可能性が考えられる。

（53）伝には就任年を記さないが、墓誌では「三年」とある。墓誌のその前の記述が正始五年、その後の記事が延昌三年であるから、就任年は永平三年として誤りない。また伝では平北将軍とするが、前任の太僕卿の時に安東であるから、墓誌の安北将軍が正しいであろう。

（54）これ以後の本章では、年号が頻繁に変わり煩わしいので、西暦を用いる。

（55）伝では開国公。

(56) 列伝では諱が謐。墓誌では諱・字ともに遵智とする。

(57) 『北斉書』楊愔伝の記載する楊氏への贈官の数と、墓誌や列伝で確認できる贈官とを比較してみると、齟齬するところがある。上段に『北斉書』の記載、下段に該当する者の名を掲げる。丸数字は表1の番号である。

太師・太傅・丞相・大将軍者二人：⑮椿・⑱津
太尉・録尚書及中書令者三人：⑬暐・⑯昱・⑰順・⑲遁
僕射・尚書者五人：⑳仲宣・㉔逸
刺史・太守者二十余人：㉑仲礼・㉒叔貞・測・玄就・㉕遵智・㉖孝邕
その他：㉓幼才

太師クラスは問題ない。太尉クラスは⑰が太尉で⑯が司空。残る⑬⑲の儀同三司も、『北斉書』では不明であるが、『通典』巻三八では正二品となっていて従二品の僕射より高いから太尉クラスに入れると、合計で四名になる。僕射クラスは五名のはずであるが、判明するのは二名。ふたつの官職を贈られてそれらを別々に数えた可能性があるが、それは太尉クラスの人々の贈官の数え方からして成立しがたい。この時被害に遭い、高位の贈官を得るに価する人物が他にもまだいたということであろう。その中には楊懿の子孫で名の知られていない人物（例えば舒の子）が含まれていた可能性があるが、㉙楊穆の事例は、難に遭った範囲が懿の子孫以外にもあったことを示している。穆の贈官は不明であるが、彼を含めた被害者にも贈官は及んだであろう。

(58) このことについては既に『疏証』六四が指摘している。同書はまた楊鈞の子に華州別駕楊穆がいたことについてふれるが、これについては前註（26）参照。穆の墓誌についてはもうひとつ述べておくべきことがある。この墓誌は一行一一行と非常に短い。かつ「被害于家」と死を記したあと「朝野」の二字があり、そこで文章が切れている。つまり文章として未完である。墓誌には必要な葬地も、葬年も記載されない。正規の墓誌として作成されたのではなく、仮埋葬用に作成されたものであった可能性が考えられる。

(59) 楊愔伝には「家門禍に遇い、唯だ二弟一妹及び兄の孫女数人有り」とあり、弟二人が生き残った。うちひとりが岐であるから、もうひとり弟がいたわけである。楊舒には伝によれば一男七女がいたという。これらの男子を含めての二一名である。また補註に記す楊陀羅を含めるとⅦの世代は八名となる。

(60) 爾朱天光は楊侃の子の妻の父韋義遠を通じて、罪を許すという条件で彼を招いた。その結果長安の天光のもとに出頭した侃は殺され、侃ひとりの犠牲で生き延びることを考えた華陰の楊昱らも殺されることになる。

(61) 楊播伝の書き出しの「自云弘農華陰人也」は、魏収が書いた最初の稿本にはなかった。悪評による三度目の修正の段階で「自云」の語が加えられたのである。『廿二史劄記』巻一三に魏収は楊愔に諂って都合の悪いことは書かなかったとする。修正段階では楊愔は既に誅殺されているから「自云」と本当のことを書いた可能性は残るが、当時の北斉内の政治的闘争がもたらした書き換えであって、それは魏収の本心でなかったという可能性もあり、本章はその立場を採る。ただ、楊氏が長く華陰を離れていたことが、このような書き換えを許したのであろうことは確かである。

(62) 服喪の時期は高肇との対立により、死去した楊播の柩が埋葬されないでいた時期に合致する。このことからも礼の実践を意図的に厳格にさせた可能性が考えられる。なお、前掲註（48）董理論文は発掘簡報（前註（27））が舒の死因を高肇との対立に求めるのは誤りとする。確かに新昌君を高肇とする理解については簡報は間違っているが、高肇との関係がなにがしかあったことまでは否定できないだろう。

(63) 天水の呂氏として名が知られるのは、六鎮の乱の過程で莫折念生と共に反乱に身を投じ、のち衆を聚めて念生を攻撃して敗れ、最終的には万俟醜奴に殺された呂伯度である（巻五九蕭宝夤伝）。また正始三年（五〇六）に反乱に立ち上がった秦州主簿呂苟児（世宗紀）も天水の人であった可能性が高い。これらからわかるように呂氏は天水地方の有力な豪族であったと思われる。

(64) 本書第Ⅲ部第3章参照。

(65) 欠端実「隋代の弘農楊氏をめぐって」（早稲田大学文学部東洋史研究室編『中国正史の基礎的研究』早稲田大学出版部、一九八四）参照。

(66) 楊鈞墓誌については、堀井裕之「〝北魏楊鈞墓誌〟の訳注と考察」（『駿台史学』一四四、二〇一二）がある。

補註

（1）本章の元となった論文刊行後に出た『新見』一一三楊老寿墓誌によると、老寿は景明二年に洛陽で没し、永平四年一一月一七日に「里」で葬られた。祖珍、父仲真の官職記載、本貫の記載の方式などは他の永平の諸墓誌と一致している。同時の遷葬であったと考えてよい。とすれば、この時の遷葬の範囲は懿の子だけでなく、兄弟（或いはその子も）にも及んでいると判断できる。

（2）本章の元となった論文は『安豊』二三〇楊元譲妻宋氏墓誌を失していた。武定二年没、天保四年の遷葬で、安陽出土。このほか、楊侃の子の楊陀羅墓誌が報告された。開皇三年の没で同九年の改葬、華陰出土（『秦晋』九〇）。

（3）前註（1）で述べた楊老寿墓誌では「曽祖父諱結、中山府君」となっていて、紛れがない。

（4）このほか『安豊』二三〇の楊元譲の妻宋氏は広平列人の宋氏。祖父は吏部尚書とあるから、『魏書』巻六三の宋弁、名族に数えられる。

（以上二〇一六年補）

補記（1）　本章は平成二四年度科学研究費補助金（基盤研究（A）「石刻史料と史料批判による魏晋南北朝史の基本問題の再検討」）による現地調査を踏まえている。その際陝西省考古研究院の孫偉剛氏は華陰の調査に同行してくださり、貴重な情報をいただいた。記して感謝の意を表する。また本章執筆に際して、明治大学東アジア石刻文物研究所の資料閲覧を許され、また趙振華、梶山智史、石野智大、宇都宮美生諸氏の多大の援助を得たことを付記する。

（二〇一三年記）

補記（2）　表1は並べ方を変更した。従って本章の元となった論文とは丸数字が異なる。また元となった論文には表2はなかったが、論の展開に資するようにデータを加えて表とした。

（二〇一六年記）

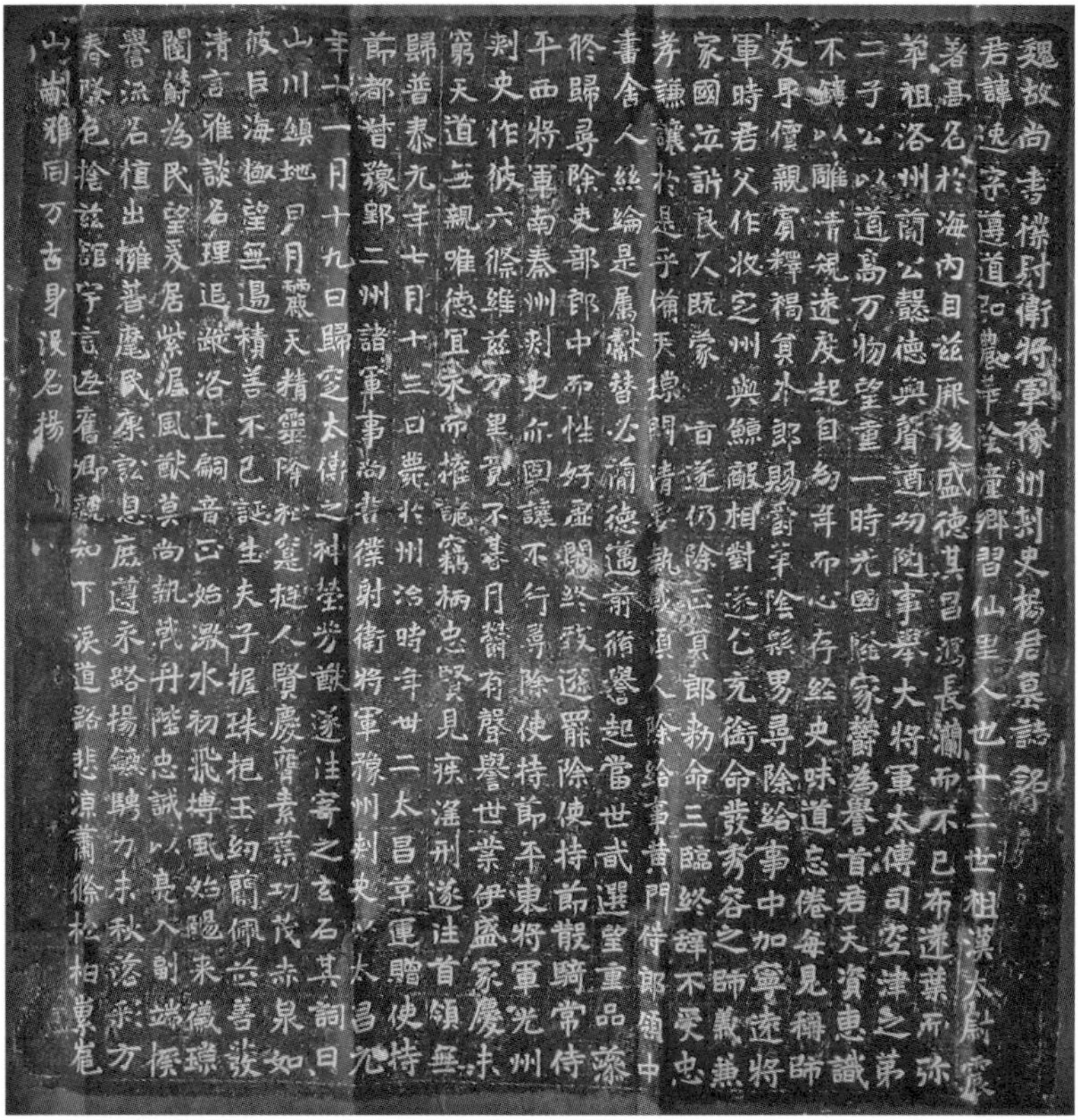

楊逸墓誌拓本・釈文

魏故尚書僕射衛將軍豫州刺史楊君墓誌銘
君諱逸字遵道弘農華陰潼鄉習仙里人也十二世祖漢太尉震
著高名於海内自茲厥後盛德其昌瀉長瀾而不已布遠葉而彌
萃祖洛州簡公懿德與聲遒功随事擧大將軍太傅司空津之第
二子公以道高万物望重一時光國隆家鬱爲譽首君天資惠識
不鏤以雕清規遠度起自幼年而心存經史味道忘倦毎見稱師
友取價親賓釋褐員外郎賜爵華陰縣男尋除給事中加寧遠將
軍時君父作牧定州與鯨敵相對遂乞充銜命發秀容之師義兼
家國泣訴良久既蒙　旨遂仍除正員郎勅命三臨終辭不受忠
孝謙讓於是乎備矣瑣門清要執戟須人除給事黄門侍郎領中
書舍人絲綸是屬獻替必簡德邁前脩譽起當世式選望重品藻
攸歸尋除吏部郎中而性好虚閑終致遜罷除使持節散騎常侍
平西將軍南秦州刺史亦固讓不行尋除使持節平東將軍光州
刺史作彼六條維茲万里竟不期月鬱有聲譽世業伊盛家慶未
窮天道無親唯德宜永而權詭竊柄忠賢見疾淫刑遂往首領無
歸普泰元年七月十三日薨於州治時年卅二太昌革運贈使持
節都督豫郢二州諸軍事尚書僕射衛將軍豫州刺史以太昌元
年十一月十九日歸窆太傅之神塋芳猷遂往寄之玄石其詞曰
山川鎭地日月麗天精靈降祉寔挺人賢慶膺素葉功茂赤泉如
彼巨海極望無邊積善不已誕生夫子握珠抱玉綛蘭佩芷善發
清言雅談名理追蹤洛上嗣音正始激水初飛搏風始颺來儀瑣
闥鬱爲民望爰居紫渥風猷莫尚執戟丹陛忠誠以亮入副端揆
譽流名植出擁蕃麾民康訟息庶遵永路揚鑣騁力未秋落彩方
春墜色捨茲館宇言歸舊鄉親知下涙道路悲涼蕭條松柏嵲峞
山崗雅同万古身没名揚

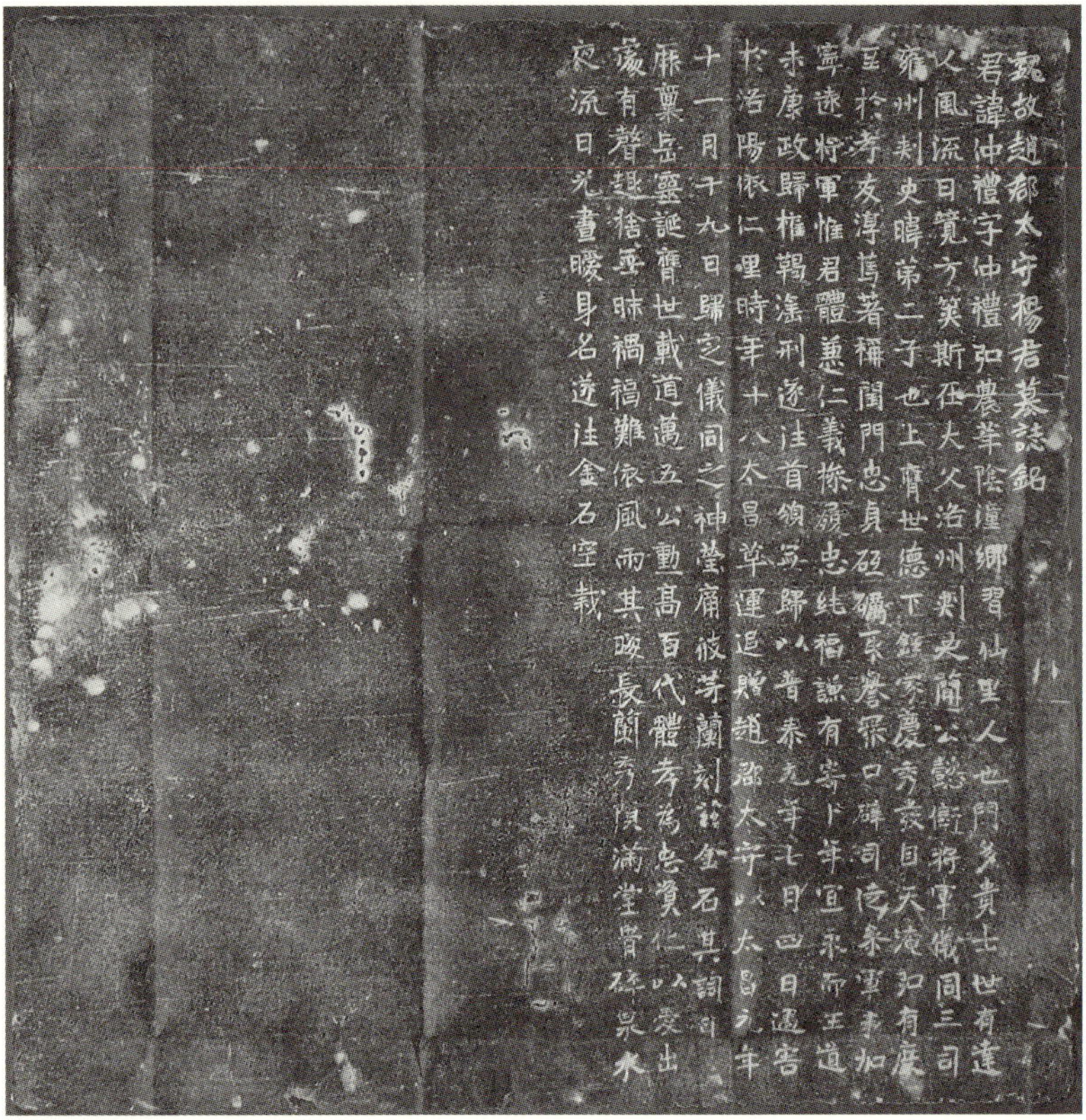
魏故趙郡太守楊君墓誌銘
君諱仲禮字仲禮弘農華陰潼鄉習仙里人也門多貴士世有達
人風流日寬方冥斯在大父治州刺史簡公懿衛將軍儀同三司
雍州刺史暐第二子也上齊世德下鍾家慶秀發自天德知有度
至於孝友淳篤著稱閨門忠貞砥礪家譽羅口辟司徒參軍事加
寧遠將軍惟君體蘊仁義操履忠純福謙有寄卜年宜永而王道
未康政歸權竊濫刑逆注首領並歸以普泰元年七月四日遇害
於洛陽依仁里時年十八太昌革運追贈趙郡太守以太昌元年
十一月十九日歸窆之儀同之神塋庸莜芽蘭刻銘金石其詞曰
麻嶽岳靈誕育世載道邁五公勳高百代體孝為忠資仁以愛出
處有聲趣捨無昧禍福難依風雨其晦長蘭秀隕滿堂管碎泉木
夜流日光晝暖身名逆往金石空栽

楊仲礼墓誌拓本・釈文

1 魏故趙郡太守楊君墓誌銘
2 君諱仲禮字仲禮弘農華陰潼鄉習仙里人也門多貴士世有達
3 人風流日競方策斯在大父洛州刺史簡公懿衞將軍儀同三司
4 雍州刺史暐第二子也上膺世德下鍾家慶秀發自天淹弘有度
5 至於孝友淳篤著稱閨門忠貞砥礪取譽衆口辟司徒參軍事加
6 寧遠將軍惟君體兼仁義摻履忠純福謙有寄卜年宜永而王道
7 未康政歸權鞨淫刑遂往首領無歸以普泰元年七月四日遇害
8 於洛陽依仁里時年十八太昌革運追贈趙郡太守以太昌元年
9 十一月十九日歸窆儀同之神塋痛彼芳蘭刻玆金石其詞曰
10 厥稟岳靈誕膺世載道邁五公勳高百代體孝爲忠資仁以愛出
11 處有聲趣捨無昧禍福難依風雨其晦長蘭秀隕滿堂骨碎泉水
12 夜流日光晝曖身名遂往金石空裁

あとがき

伊藤敏雄氏を代表者とする科学研究費補助金による研究「出土史料による魏晋南北朝史像の再構築」のメンバーに加わえていただいて墓誌研究に取り組み始めたのは、二〇〇六年のことであった。もちろん墓誌を自分の研究に用いることはそれ以前からあったが、それは文献史料を補う目的であって、いわば便宜的な墓誌利用であったと言える。どのように科研費補助金の研究を進めてよいか、しばし悩んだが、便宜的な利用ではあってもある程度数をこなして墓誌を見ていて、墓誌のスタイルに共通性があることを理解していたので、当時知られていた墓誌を網羅してそれを整理してみようと考えた。お茶の水女子大学を停年退職する時期に重なっていたので、整理が完了するまでにはかなり時間を要したが、北魏の墓誌の定型化にひとまずの見通しを得ることができた。それを補う研究を集めたのが、本書第Ⅰ部である。

科研の期間はまだ続いたし、その後も伊藤氏を代表として石刻を扱う科研費補助金申請を行う予定であったので、次の問題として、正史と墓誌の記載の比較を行うこととし、さらに墓誌と正史の双方に記載のある事例を中心に官僚の遷転の問題を扱うことにした。その結果、官僚の遷転がかなりの程度システマティックであることを確かめることができた。これは以前に行った北魏の贈官の決定には数字化できる部分があることを示した研究に対応するものであったから、さらに官僚制の問題と連結した研究を続けることとした。それが第Ⅱ部である。第Ⅱ部で最も重要な位置を占めると私が考えるのは第2章の将軍号のもつ機能である。北魏の将軍号に散官的な要素があることは前著以来感じていたことであったが、それを確実なものとして示すのは甚だ困難であった。しかし墓誌と正史を較べることで、それを果たすことができると、そのことを媒介に官僚の遷転のかなりの部分を説明できるようになる。結果として官僚の遷転が数値化可能な形で行われることに気づく。そうなると次には北魏後期の貴族制の問題につながる。こうして論理的な必然性をもった一連の研究が二〇一六年まで続いてきた。

第Ⅲ部で墓誌を重要な資料として用いているのは第2、4、5章である。しかし第3章も数は少ないが墓誌利用をしているので本書に収め、第1章は第Ⅱ部第5章との関連があるので、敢えて掲載することとした。

以上の経緯のもとに執筆した本書所収論文の初出を記す。一部に初出と異なる章題となっているものがあるが、それについては該当章の補記を参照されたい。

第Ⅰ部

第1章「墓誌の起源とその定型化」伊藤敏雄編『魏晋南北朝史と石刻史料研究の新展開――魏晋南北朝史像の再構築に向けて』平成一八～二〇年度科学研究費補助金（基盤研究（B））成果報告書、二〇〇九年二月

第2章「遷都後の北魏墓誌に関する補考」明治大学東アジア石刻文物研究所『東アジア石刻研究』五、二〇一三年三月

第3章「北魏墓誌中の銘辞」『立正大学文学部論叢』一三三、二〇一一年三月

第Ⅱ部

第1章「正史と墓誌――北魏墓誌の官歴記載を中心に」伊藤敏雄編『魏晋南北朝史と石刻史料研究の新展開――

魏晋南北朝史像の再構築に向けて』平成一八～二〇年度科学研究費補助金（基盤研究（B））成果報告書、二〇〇九年二月

第2章「北魏後期における将軍号」『東洋学報』九六―一、二〇一四年六月

第3章「北魏後期の官僚の遷転」伊藤敏雄編『石刻史料と史料批判による魏晋南北朝史研究』平成二三～二六年度科学研究費補助金（基盤研究（A））成果報告書、二〇一五年三月

第4章「北魏後期における品と階」『東方学』一三〇、二〇一五年七月

第5章「北魏後期の門閥制――起家官と姓族分定」『中国中古史研究』六、二〇一七年（公刊予定）

第5章補論「北魏後期の門閥制に関わる覚書」書き下ろし

第Ⅲ部

第1章「北魏服属諸族覚書」『立正大学大学院紀要』二六、二〇一〇年三月

第2章「文成帝期的胡族与内朝官」張金竜主編『黎虎教授古稀紀念　中国古代史論叢』世界知識出版社、二〇〇六年一一月

第3章「北魏における滎陽鄭氏」『お茶の水史学』五一、二〇〇八年三月

第4章「長楽馮氏に関する諸問題」『立正史学』一一一、二〇一二年三月

第5章「北魏における弘農楊氏」伊藤敏雄編『墓誌を通した魏晋南北朝史研究の新たな可能性』平成二三～二六年度科学研究費補助金（基盤研究（A））成果報告書、二〇一三年五月

公刊後一〇年近くを経ている章もあり、本来であればその後の研究を取り込むべきであろうが、次々と新しい墓誌が登場してくる状況では、新たに書き下ろすに近い作業量になることもあり、多くは元の姿で掲載することにしたが、あらためて検討してみると、少なからぬ加筆修正点が見つかった。また是非にと思う箇所には大幅な改稿を試みた。そのためもし今後小論を参照される場合には、本書に基づいてくださるよう希望したい。また一書にまとめるために体裁を統一した。

著者の二冊めの単著である本書は、論文集というよりもひとつの体系をもった著書に近いものとなった。このような研究を行いえたことを幸いに思う。その点で、きっかけを与えてもらえた伊藤敏雄氏、また科学研究費補助金のもと、調査や研究会・シンポジウムなどで行動や研究をともにし、またお世話になった内外の数多くの方々、および研究機関——あまりに多数である故にここでお名前を挙げることは避ける——に深く感謝したい。その中でただおひとり殷憲先生だけは記しておかねばならない。中国大同市でお目にかかった先生は、勤務されていた大同大学での交流のみならず、ご自宅にも調査団のメンバーを迎え入れて、蒐集された文物を手に取らせて下さった。逝去されたのはまことに残念で、謹んでご冥福をお祈り申し上げる次第である。

第Ⅱ部第5章を脱稿した段階で本書の刊行を思い立った。多くの、しかも大きな表を用いていることもあり、出版社には多大のご迷惑をかけるであろうことが予想されたが、汲古書院の三井久人氏の快諾を得、また独立行政法人日本学術振興会の平成二九年度科学研究費助成事業（研究成果公開促進費「学術図書」）の交付を得ることができた。編集にご腐心くださった小林詔子氏、本書の校正段階で出典照合など多くの検討作業に協力いただいた東京大学大学院後期課程生の田熊敬之氏と併せて、深く感謝申し上げる。

この間に、お茶の水女子大学停年後にお世話になった立正大学でも、二〇一二年に定年を迎えた。考えてみるに、停・定年後に潤沢になった時間の多くを机に向かうことに割けるようになってはじめて行いえた研究ではなかったか。加齢による能力の衰えもあり、研究の進みは決して速いものではなかったが、ひとまずの区切りをつけるところまで到達できたことは幸せと言うよりほかはない。あらためて多くの方々に感謝しつつ、あとがきを終えたい。

二〇一七年　七月

窪　添　慶　文

索　　引

事項索引

タ行

ナ行

ハ行

ワ

書名索引

人名索引

註：墓誌の場合は、ページ数の下に下線を施す。

ア行

カ行

サ行

研究者名索引

A Study of the Northern Wei Dynasty using epitaphs

by

Yoshihumi KUBOZOE

2017

KYUKO-SHOIN
TOKYO

著者略歴

窪添　慶文（くぼぞえ　よしふみ）

1941年生まれ。1973年東京大学大学院人文科学研究科博士課程単位取得退学。

東京大学文学部助手、高知大学教育学部助教授、同教授、お茶の水女子大学文教育学部教授、立正大学文学部教授を歴任。現在は（公財）東洋文庫研究員。

主要編著書

単著：『魏晋南北朝官僚制研究』（汲古書院、2003）

共著：『中国史２――三国→隋唐――』（山川出版社、1994）

『水経注疏訳注（渭水篇　上）』（東洋文庫、2008）

『水経注疏訳注（渭水篇　下）』（東洋文庫、2011）

『水経注疏訳注（洛水・伊水篇　上）』（東洋文庫、2015）

汲古叢書145

墓誌を用いた北魏史研究

平成二十九年九月七日　発行

著者　窪添慶文
発行者　三井久人
整版印刷　富士リプロ㈱

発行所　汲古書院
〒102-0072　東京都千代田区飯田橋二-五-四
電話　〇三（三二六五）九七六四
FAX　〇三（三二二二）一八四五

ISBN978‐4‐7629‐6044‐4　C3322

133	中国古代国家と情報伝達	藤田　勝久著	15000円
134	中国の教育救国	小林　善文著	10000円
135	漢魏晋南北朝時代の都城と陵墓の研究	村元　健一著	14000円
136	永楽政権成立史の研究	川越　泰博著	7500円
137	北伐と西征—太平天国前期史研究—	菊池　秀明著	12000円
138	宋代南海貿易史の研究	土肥　祐子著	18000円
139	渤海と藩鎮—遼代地方統治の研究—	高井康典行著	13000円
140	東部ユーラシアのソグド人	福島　　恵著	10000円
141	清代台湾移住民社会の研究	林　　淑美著	9000円
142	明清都市商業史の研究	新宮　　学著	11000円
143	睡虎地秦簡と墓葬からみた楚・秦・漢	松崎つね子著	8000円
144	清末政治史の再構成	宮古　文尋著	7000円
145	墓誌を用いた北魏史研究	窪添　慶文著	15000円

（表示価格は2017年９月現在の本体価格）

100	隋唐長安城の都市社会誌	妹尾　達彦著	未　刊
101	宋代政治構造研究	平田　茂樹著	13000円
102	青春群像－辛亥革命から五四運動へ－	小野　信爾著	13000円
103	近代中国の宗教・結社と権力	孫　　江著	12000円
104	唐令の基礎的研究	中村　裕一著	15000円
105	清朝前期のチベット仏教政策	池尻　陽子著	8000円
106	金田から南京へ－太平天国初期史研究－	菊池　秀明著	10000円
107	六朝政治社會史研究	中村　圭爾著	12000円
108	秦帝國の形成と地域	鶴間　和幸著	13000円
109	唐宋変革期の国家と社会	栗原　益男著	12000円
110	西魏・北周政権史の研究	前島　佳孝著	12000円
111	中華民国期江南地主制研究	夏井　春喜著	16000円
112	「満洲国」博物館事業の研究	大出　尚子著	8000円
113	明代遼東と朝鮮	荷見　守義著	12000円
114	宋代中国の統治と文書	小林　隆道著	14000円
115	第一次世界大戦期の中国民族運動	笠原十九司著	18000円
116	明清史散論	安野　省三著	11000円
117	大唐六典の唐令研究	中村　裕一著	11000円
118	秦漢律と文帝の刑法改革の研究	若江　賢三著	12000円
119	南朝貴族制研究	川合　　安著	10000円
120	秦漢官文書の基礎的研究	鷹取　祐司著	16000円
121	春秋時代の軍事と外交	小林　伸二著	13000円
122	唐代勲官制度の研究	速水　　大著	12000円
123	周代史の研究	豊田　　久著	12000円
124	東アジア古代における諸民族と国家	川本　芳昭著	12000円
125	史記秦漢史の研究	藤田　勝久著	14000円
126	東晉南朝における傳統の創造	戸川　貴行著	6000円
127	中国古代の水利と地域開発	大川　裕子著	9000円
128	秦漢簡牘史料研究	髙村　武幸著	10000円
129	南宋地方官の主張	大澤　正昭著	7500円
130	近代中国における知識人・メディア・ナショナリズム	楊　　韜著	9000円
131	清代文書資料の研究	加藤　直人著	12000円
132	中国古代環境史の研究	村松　弘一著	12000円

67	宋代官僚社会史研究	衣川　強著	品　切
68	六朝江南地域史研究	中村　圭爾著	15000円
69	中国古代国家形成史論	太田　幸男著	11000円
70	宋代開封の研究	久保田和男著	10000円
71	四川省と近代中国	今井　駿著	17000円
72	近代中国の革命と秘密結社	孫　江著	15000円
73	近代中国と西洋国際社会	鈴木　智夫著	7000円
74	中国古代国家の形成と青銅兵器	下田　誠著	7500円
75	漢代の地方官吏と地域社会	髙村　武幸著	13000円
76	齊地の思想文化の展開と古代中國の形成	谷中　信一著	13500円
77	近代中国の中央と地方	金子　肇著	11000円
78	中国古代の律令と社会	池田　雄一著	15000円
79	中華世界の国家と民衆　上巻	小林　一美著	12000円
80	中華世界の国家と民衆　下巻	小林　一美著	12000円
81	近代満洲の開発と移民	荒武　達朗著	10000円
82	清代中国南部の社会変容と太平天国	菊池　秀明著	9000円
83	宋代中國科擧社會の研究	近藤　一成著	12000円
84	漢代国家統治の構造と展開	小嶋　茂稔著	10000円
85	中国古代国家と社会システム	藤田　勝久著	13000円
86	清朝支配と貨幣政策	上田　裕之著	11000円
87	清初対モンゴル政策史の研究	楠木　賢道著	8000円
88	秦漢律令研究	廣瀬　薫雄著	11000円
89	宋元郷村社会史論	伊藤　正彦著	10000円
90	清末のキリスト教と国際関係	佐藤　公彦著	12000円
91	中國古代の財政と國家	渡辺信一郎著	14000円
92	中国古代貨幣経済史研究	柿沼　陽平著	13000円
93	戦争と華僑	菊池　一隆著	12000円
94	宋代の水利政策と地域社会	小野　泰著	9000円
95	清代経済政策史の研究	黨　武彦著	11000円
96	春秋戦国時代青銅貨幣の生成と展開	江村　治樹著	15000円
97	孫文・辛亥革命と日本人	久保田文次著	20000円
98	明清食糧騒擾研究	堀地　明著	11000円
99	明清中国の経済構造	足立　啓二著	13000円

34	周代国制の研究	松井　嘉徳著	9000円
35	清代財政史研究	山本　　進著	7000円
36	明代郷村の紛争と秩序	中島　楽章著	10000円
37	明清時代華南地域史研究	松田　吉郎著	15000円
38	明清官僚制の研究	和田　正広著	22000円
39	唐末五代変革期の政治と経済	堀　　敏一著	12000円
40	唐史論攷－氏族制と均田制－	池田　　温著	18000円
41	清末日中関係史の研究	菅野　　正著	8000円
42	宋代中国の法制と社会	高橋　芳郎著	8000円
43	中華民国期農村土地行政史の研究	笹川　裕史著	8000円
44	五四運動在日本	小野　信爾著	8000円
45	清代徽州地域社会史研究	熊　遠報著	8500円
46	明治前期日中学術交流の研究	陳　　捷著	品　切
47	明代軍政史研究	奥山　憲夫著	8000円
48	隋唐王言の研究	中村　裕一著	10000円
49	建国大学の研究	山根　幸夫著	品　切
50	魏晋南北朝官僚制研究	窪添　慶文著	14000円
51	「対支文化事業」の研究	阿部　　洋著	22000円
52	華中農村経済と近代化	弁納　才一著	9000円
53	元代知識人と地域社会	森田　憲司著	9000円
54	王権の確立と授受	大原　良通著	品　切
55	北京遷都の研究	新宮　　学著	品　切
56	唐令逸文の研究	中村　裕一著	17000円
57	近代中国の地方自治と明治日本	黄　東蘭著	11000円
58	徽州商人の研究	臼井佐知子著	10000円
59	清代中日学術交流の研究	王　宝平著	11000円
60	漢代儒教の史的研究	福井　重雅著	品　切
61	大業雑記の研究	中村　裕一著	14000円
62	中国古代国家と郡県社会	藤田　勝久著	12000円
63	近代中国の農村経済と地主制	小島　淑男著	7000円
64	東アジア世界の形成－中国と周辺国家	堀　　敏一著	7000円
65	蒙地奉上－「満州国」の土地政策－	広川　佐保著	8000円
66	西域出土文物の基礎的研究	張　娜麗著	10000円

汲 古 叢 書

1	秦漢財政収入の研究	山田　勝芳著	本体 16505円
2	宋代税政史研究	島居　一康著	12621円
3	中国近代製糸業史の研究	曾田　三郎著	12621円
4	明清華北定期市の研究	山根　幸夫著	7282円
5	明清史論集	中山　八郎著	12621円
6	明朝専制支配の史的構造	檀上　　寛著	13592円
7	唐代両税法研究	船越　泰次著	12621円
8	中国小説史研究－水滸伝を中心として－	中鉢　雅量著	品　切
9	唐宋変革期農業社会史研究	大澤　正昭著	8500円
10	中国古代の家と集落	堀　敏一著	品　切
11	元代江南政治社会史研究	植松　　正著	13000円
12	明代建文朝史の研究	川越　泰博著	13000円
13	司馬遷の研究	佐藤　武敏著	12000円
14	唐の北方問題と国際秩序	石見　清裕著	品　切
15	宋代兵制史の研究	小岩井弘光著	10000円
16	魏晋南北朝時代の民族問題	川本　芳昭著	品　切
17	秦漢税役体系の研究	重近　啓樹著	8000円
18	清代農業商業化の研究	田尻　　利著	9000円
19	明代異国情報の研究	川越　泰博著	5000円
20	明清江南市鎮社会史研究	川勝　　守著	15000円
21	漢魏晋史の研究	多田　狷介著	品　切
22	春秋戦国秦漢時代出土文字資料の研究	江村　治樹著	品　切
23	明王朝中央統治機構の研究	阪倉　篤秀著	7000円
24	漢帝国の成立と劉邦集団	李　開元著	9000円
25	宋元仏教文化史研究	竺沙　雅章著	品　切
26	アヘン貿易論争－イギリスと中国－	新村　容子著	品　切
27	明末の流賊反乱と地域社会	吉尾　　寛著	10000円
28	宋代の皇帝権力と士大夫政治	王　瑞来著	12000円
29	明代北辺防衛体制の研究	松本　隆晴著	6500円
30	中国工業合作運動史の研究	菊池　一隆著	15000円
31	漢代都市機構の研究	佐原　康夫著	13000円
32	中国近代江南の地主制研究	夏井　春喜著	20000円
33	中国古代の聚落と地方行政	池田　雄一著	15000円